# Excel 财务会计
## 应用思维、技术与实践

田媛 ◎ 编著

北京大学出版社
PEKING UNIVERSITY PRESS

## 内 容 提 要

本书以 Excel 2016 为操作平台，以财会人员的实际工作需求作为出发点，分别从思维、技术与实践这三方面，全面系统地讲解和分享 Excel 在财务工作中的运用思维、实操技能及综合管理应用的思路。

本书分为三部分：第一部分（第 1 章）主要介绍学好和用好 Excel 的几种基本思维方式，以及 Excel 基础知识和具体操作的方法与技巧；第二部分（第 2~5 章）主要介绍和讲解财会人员必知必会的 Excel 工具操作技能、应用技巧及经验，内容包括各种实用工具的使用技能、编写公式的"基本功"、各类函数和各种图表的作用及具体运用方法，从而帮助财会人员精进、精通 Excel 的核心技术；第三部分（第 6~10 章）则是以几个财务管理为实例，综合前面篇章所讲的各种技能，讲解 Excel 在财会工作中的实践应用，同时向读者分享财务管理思路与工作经验，内容包括会计凭证与账簿管理、固定资产管理、往来账务管理、税金及纳税申报管理、财务报表和财务指标分析等。

全书内容循序渐进，由浅入深，案例丰富翔实，既适合财会从业人员用于提高 Excel 技能水平、积累和丰富实战工作经验之用，也适用于基础薄弱又想快速掌握 Excel 技能的初学者，还可作为财会培训机构、各职业院校及计算机培训班的教学参考用书。

**图书在版编目(CIP)数据**

Excel财务会计应用思维、技术与实践 / 田媛编著. — 北京：北京大学出版社，2021.3
ISBN 978-7-301-31960-4

Ⅰ.①E… Ⅱ.①田… Ⅲ.①表处理软件 – 应用 – 财务会计 Ⅳ.①F234.4-39

中国版本图书馆CIP数据核字(2021)第015470号

| | |
|---|---|
| 书　　　名 | Excel财务会计应用思维、技术与实践<br>EXCEL CAIWU KUAIJI YINGYONG SIWEI、JISHU YU SHIJIAN |
| 著作责任者 | 田　媛　编著 |
| 责任编辑 | 王继伟 |
| 标准书号 | ISBN 978-7-301-31960-4 |
| 出版发行 | 北京大学出版社 |
| 地　　址 | 北京市海淀区成府路205 号　100871 |
| 网　　址 | http://www.pup.cn　　新浪微博：@ 北京大学出版社 |
| 电子信箱 | pup7@ pup.cn |
| 电　　话 | 邮购部010-62752015　发行部010-62750672　编辑部010-62570390 |
| 印 刷 者 | 北京宏伟双华印刷有限公司 |
| 经 销 者 | 新华书店 |
| | 787毫米×1092毫米　16开本　25.75 印张　585 千字<br>2021年3月第1版　2021年3月第1次印刷 |
| 印　　数 | 1-4000册 |
| 定　　价 | 119.00 元 |

未经许可，不得以任何方式复制或抄袭本书之部分或全部内容。
**版权所有，侵权必究**
举报电话：010-62752024　电子信箱：fd@pup.pku.edu.cn
图书如有印装质量问题，请与出版部联系，电话：010-62756370

## 思维、技术与实践,三管齐下打造 Excel 财务高手

> 为什么写这本书?

这是一个数据为王的时代。无论哪个领域、哪种行业,其经营状况、财务成果、发展策略无一不是从数据中获取、分析、挖掘而来。如果不重视数据,企业的经营和发展都将无所依据。

这也是一个效率至上的时代。随着经济的高速发展,信息技术的全面覆盖,数据早已呈现爆炸式的增长。如果不重视效率,企业就会错失很多先机,就无法在竞争激烈的市场中立于不败之地。

企业中财务人员的工作日常就是与海量繁杂的数据打交道,如果想以最高的效率对数据进行最准确的处理和分析,并从中挖掘出对企业最有价值的信息,除要掌握专业的财会知识外,还必须学好、用好 Excel 这个功能强大的数据处理和分析的工具。

但是,在实际工作中,Excel"菜鸟"很多,高手却很少。为什么呢?因为大多数财务人员对 Excel 认知不足,所了解的只是它的"冰山一角",同时缺乏系统的学习思维,总是"学而不得其道",始终无法掌握 Excel 的精髓,再加上缺少实践经验,以至于在工作中除运用 Excel 画表格和做简单的运算外,遇到稍有难度的问题时,就束手无策了。

为此,我们编写了本书,希望能够帮助广大财会人员加深对 Excel 的认知,养成良好的学习思维习惯,打下牢固的基础,进一步掌握更精深的技术,并通过实践积累经验,最终实现从"菜鸟"到 Excel 高手的蜕变!

> 这本书的特点是什么?

(1)讲授角度新颖。本书不是单纯地介绍 Excel 的功能和作用,而是分别从思维、技术与实践三种不同的角度,三管齐下的同时又循序渐进地讲授 Excel 中的基础知识、核心技术,最后在财

务工作实例中综合运用，帮助读者逐步掌握并精通 Excel。

（2）讲述语言生动形象。本书打破了传统的教条式讲解模式，通过生动形象的描述和浅显易懂的图文将原本烦琐、枯燥的内容，生动有趣地表现出来，让读者能快速理解每一个知识点，并能灵活运用到工作中解决实际问题。

（3）内容在精不在多。Excel 的功能多而强，如果面面俱到地讲解，只会让读者学习起来既费时、又费力，效果适得其反。因此，本书遵循"二八定律"，精心挑选 Excel 在财务管理工作中最常用的 20% 的核心功能进行深入讲解，足以帮助财会人员解决工作中 80% 的问题。

（4）案例丰富"接地气"。本书列举的案例全部来源于真实的财务日常实际工作，既"接地气"，又极具代表性和典型性。同时，为读者准备了与案例同步的 Excel 文件，只要多多动手操作练习，就能充分理解和掌握操作技巧。

（5）高手自测，查漏补缺。有效的学习需要配合即时的练习，本书在每一章的重要知识点处设置了共 29 个"高手自测"题目，帮助读者检验学习成效，以便及时查漏补缺，巩固学习成果。

（6）高效神器，助力高效学习和工作。尺有所短，寸有所长，Excel 功能强大，但同样有短板，为了帮助读者提高数据处理分析能力及学习和工作的效率，本书推荐了 8 个实用的 Excel 插件及第三方工具，巧妙地弥补了 Excel 的短板。

> 这本书写了些什么？

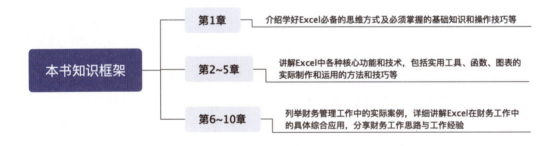

> 通过这本书能学到什么？

（1）培养学好和用好 Excel 的几种思维方式：包括清零思维、偷懒思维、逆向思维、发散思维等，同时巩固 Excel 中基础部分的操作。

（2）掌握 Excel 的核心功能，精进技术的各种实用工具：包括数据排序、筛选、定位及数据透视表的具体运用，函数的作用、原理及其在财务中的应用，各种图表（包括动态图表）制作方法。

（3）会计凭证与账簿管理：掌握原始凭证、记账凭证、明细账及总分类账的制作和动态查询数据的方法。

（4）固定资产管理：运用函数制作固定资产卡片、自动生成固定资产清单及固定资产折旧表的制作方法和技巧。

（5）往来账务管理：建立往来账款台账、创建账龄分析表，自动汇总账龄并进行评级、运用图表动态分析账龄等。

（6）税金及纳税申报管理：根据发票信息自动计算各种常见的税金，包括增值税、附加税、印花税及企业所得税等，并同步生成相关的记账凭证附件；记录纳税申报进度，避免遗漏；万年历制作的极简方法。

（7）财务报表和财务指标分析：运用 Excel 制作资产负债表、利润表、现金流量表并做数据分析，同时制作图表动态呈现报表数据；财务指标的计算与分析方法，包括偿债能力指标、营运能力指标、盈利能力指标和发展能力指标。

> **有什么阅读技巧或注意事项吗？**

（1）适用软件版本：本书基于 Excel 2016 软件进行写作，建议读者结合 Excel 2016 进行学习。由于 Excel 2010、Excel 2013、Excel 2019 的功能与 Excel 2016 大同小异，因此本书内容同样适用于其他版本软件的学习。

（2）高手自测：本书重点章节中均有一道测试题。建议读者根据题目，回顾小节内容，进行思考后动手写出答案，最后再查看参考答案。

> **除了书，您还能得到什么？**

（1）本书配套的同步学习文件。

（2）本书"高手自测"题答案。

（3）本书推荐的高手神器。

（4）Excel 完全自学教程教学视频。

（5）10 招精通超级时间整理术教学视频。

（6）5 分钟教你学会番茄工作法教学视频。

温馨提示：以上资源，请用手机微信扫描下方二维码关注公众号，输入代码"G202024"，获取下载地址及密码。

资源下载

官方微信公众号

> 看到不明白的地方怎么办？

（1）发送 E-mail 到读者信箱：2751801073@qq.com。

（2）加入读者学习交流 QQ 群：292480556（新精英充电站群3）。加群时按照提示进行操作。

本书由胡子平、田媛组织编写。在本书的编写过程中，我们竭尽所能地为读者呈现最好、最全的实用功能，但仍难免有疏漏和不妥之处，敬请广大读者不吝指正。若读者在学习过程中产生疑问或有任何建议，可以通过 E-mail 或 QQ 群与我们联系。

## Chapter 01
▶ Excel 高手必备的学习思维

### 1.1 从零开始：学习 Excel 要有清零思维 ............................................................ 002
- 1.1.1 开启 Excel：认识 Excel 的基本元素和结构框架 ........................... 002
- 1.1.2 创建表格：分清"普通表"和"超级表" ......................................... 003

### 1.2 事半功倍：提升效率要有偷懒思维 ............................................................ 007
- 1.2.1 批量操作：让数据处理以一当十 ..................................................... 007
- 1.2.2 数据导入：让外部数据信手拈来 ..................................................... 017
- 1.2.3 规范格式：让数据处理得心应手 ..................................................... 019
- 1.2.4 DIY 工具栏：让"御用"按钮伸手可及 ........................................... 026
- 1.2.5 存储定制界面：让个性化设置一劳永逸 ......................................... 028

### 1.3 反其道而行之：设计表格要有逆向思维 ..................................................... 029
- 1.3.1 改变汇总行的位置 ............................................................................. 029
- 1.3.2 两种表格搭配使用 ............................................................................. 031

### 1.4 三生万物：数据分析要有发散思维 ............................................................ 032
- 1.4.1 多角度分析一组数据 ......................................................................... 033
- 1.4.2 多维度分析多组数据 ......................................................................... 034

高手神器 1：Excel 内置模板——快速掌握基础的学习教程 ..................034

高手神器 2：E 灵——富有灵气的 Excel 插件 ..................035

## Chapter 02
### 工欲善其事，必先利其器——高手必知必会的实用工具 P038

**2.1 数据千万条，安全第一条：保障工作成果安全的工具** ..................039
　2.1.1 自动保存海量数据不被丢失 ..................039
　2.1.2 加密保护机密文件不被窥视 ..................040
　2.1.3 隐藏保护重要公式不被修改 ..................041

**2.2 数据千万条，规范最重要：规范数据格式的工具** ..................043
　2.2.1 数据分列：将同列数据分门别类 ..................044
　2.2.2 数据验证：让数据输入循规蹈矩 ..................048

**2.3 数据千万条，突显重点有必要：突出目标数据的工具** ..................054
　2.3.1 遵循内置规则设置条件格式 ..................054
　2.3.2 设置公式建立条件格式规则 ..................059

**2.4 数据千万条，精准定位有妙招：定位目标数据的工具** ..................061
　2.4.1 定位常量快速翻新工作表格 ..................062
　2.4.2 定位空值批量输入相同数值 ..................063

**2.5 数据千万条，按序排列有诀窍：让数据井然有序的工具** ..................064
　2.5.1 单列数据排序 ..................064
　2.5.2 多列数据排序 ..................065
　2.5.3 自定义序列排序 ..................066

2.5.4 忽略"合计"数据排序 ........................................................................ 067

## 2.6 数据千万条，挑出目标见分晓：筛选目标数据的工具 ........................ 068

2.6.1 添加筛选按钮自动筛选数据 ............................................................ 069

2.6.2 运用高级筛选功能筛选数据 ............................................................ 073

2.6.3 借助切片器筛选数据 ........................................................................ 075

## 2.7 数据千万条，动态分析有法宝：运用数据透视表分析数据 ................ 077

2.7.1 什么是数据透视表 ............................................................................ 077

2.7.2 数据透视表对数据源的要求 ............................................................ 078

2.7.3 三招创建数据透视表 ........................................................................ 078

2.7.4 多角度动态分析数据 ........................................................................ 080

**高手神器 3：Excel 易用宝——化繁为简，简单易用的 Excel 工具箱** ........ 087

# Chapter 03

▶ 练好基本功，学习核心技术——函数公式基础

P089

## 3.1 小符号，大能量：函数公式中各类符号一览 ........................................ 090

3.1.1 不可或缺的要素符号 ........................................................................ 090

3.1.2 各司其职的运算符号 ........................................................................ 091

3.1.3 独树一帜的特殊符号 ........................................................................ 091

## 3.2 "相对"简单，"绝对"不难：彻底搞清公式中的各式引用 ................ 092

3.2.1 相对引用、绝对引用和混合引用 .................................................... 092

3.2.2 表内引用、跨表引用和跨工作簿引用 ............................................ 094

## 3.3 条条大路通罗马：编写函数公式不止一种方法 .................................... 094

3.3.1 插入函数的方法 ............................................. 094

3.3.2 定义名称简化函数公式 ....................................... 097

## 3.4 知其然，知其所以然：寻根探底，弄清公式出错原因 ............ 100

3.4.1 #N 系列错误值 ............................................. 100

3.4.2 #DRV 系列错误值 ........................................... 102

## 3.5 公式检查官：公式审核，确保公式准确无误 .................... 104

3.5.1 摸清公式的来龙去脉 ....................................... 104

3.5.2 步步追踪公式引用和结果 ................................... 105

# Chapter 04

## ▶ 修炼内功，掌握硬核技术——函数运用

P107

## 4.1 逻辑函数 ................................................... 108

4.1.1 IF 函数：明辨是非的条件判断高手 ........................... 108

4.1.2 AND、OR 和 NOT 函数：IF 函数的"神助攻" .................... 110

4.1.3 IFERROR 函数：公式错值的纠错能手 .......................... 111

## 4.2 数学与三角函数 ............................................. 112

4.2.1 SUM 函数：简单却富有"内涵"的求和函数 ..................... 113

4.2.2 SUMIF 和 SUMIFS 函数：有的放矢的条件求和函数 .............. 114

4.2.3 SUMPRODUCT 函数：打包乘积求和的函数 ....................... 117

4.2.4 SUBTOTAL 函数：数据分类运算的法宝 ......................... 118

4.2.5 ROUND 函数家族：精准控制小数位数的函数 .................... 120

4.2.6 INT 函数："抹杀"小数的取整函数 ........................... 121

4.2.7 TRUNC 函数：不遵循四舍五入规则的截数函数 .................. 121

4.2.8　ABS 函数："正能量"的绝对值转换器 ........................................... 122
  4.2.9　MOD 函数：数字相除的余数计算器 ............................................... 122

## 4.3　查找与引用函数 ........................................................................ 123

  4.3.1　VLOOKUP 和 HLOOKUP 函数：众里寻它，只需三四步 ................. 123
  4.3.2　LOOKUP 函数：全方位、多条件查找神器 .................................... 130
  4.3.3　INDIRECT 函数：引用单元格数值的实力函数 ............................... 133
  4.3.4　"INDEX+MATCH"函数组合：所向披靡的组合查找神器 ................ 137
  4.3.5　OFFSET 函数：全方位偏移追踪目标数据 ..................................... 140
  4.3.6　ROW 和 COLUMN 函数：查询目标数据行列坐标 .......................... 141
  4.3.7　SMALL 和 LARGE 函数：按序抓取目标数据的函数 ....................... 143
  4.3.8　HYPERLINK 函数：穿梭时空的超链接神器 .................................. 145
  4.3.9　ADDRESS 函数：单元格地址测量仪 ............................................. 146

## 4.4　统计函数 ................................................................................... 149

  4.4.1　COUNT 函数：数字专用计数器 .................................................... 149
  4.4.2　COUNTIF 和 COUNTIFS 函数：单条件和多条件统计函数 .............. 149
  4.4.3　COUNTA 和 COUNTBLANK 函数：统计非空与空格数量 ................ 151
  4.4.4　MAX 和 MIN 函数：最大和最小数值搜索器 .................................. 152
  4.4.5　RANK 函数：智能排序函数 .......................................................... 154

## 4.5　时间与日期函数 ........................................................................ 155

  4.5.1　TODAY 函数：今夕是何夕，它会告诉你 ..................................... 156
  4.5.2　YEAR、MONTH 和 DAY 函数：标准日期分解器 ........................... 156
  4.5.3　DATE 函数：标准日期配置器 ...................................................... 156
  4.5.4　DATEDIF 函数：计算日期间隔的隐世高手 ................................... 157
  4.5.5　EDATE 函数：计算到期日的函数 ................................................. 158
  4.5.6　EOMONTH 函数：月末日期计算器 ............................................... 158

4.5.7 NOW 函数："此时此刻"的时间使者 .................................................. 158

4.5.8 WEEKDAY 函数：计算日期的星期数 .................................................. 159

## 4.6 文本函数 .................................................. 160

4.6.1 LEFT 和 RIGHT 函数：左右截取字符的函数 .................................................. 160

4.6.2 MID 函数：中途截取字符的函数 .................................................. 161

4.6.3 LEN 和 LENB 函数：字符长度计算器 .................................................. 162

4.6.4 TEXT 函数：文本格式转换器 .................................................. 163

4.6.5 FIND 函数：字符位置定位仪 .................................................. 164

4.6.6 CONCATENATE 函数：字符连接函数 .................................................. 165

## 4.7 财务函数 .................................................. 166

4.7.1 SLN 函数：计算直线法折旧额 .................................................. 167

4.7.2 SYD 函数：计算年数总和法折旧额 .................................................. 168

4.7.3 DDB 和 VDB 函数：计算双倍余额递减法折旧额 .................................................. 168

**高手神器 4：公式向导——直观导向公式思路，让公式编写轻而易举** .................................................. 170

# Chapter 05

## 一图胜千言，运用图表展现数据内涵

P172

## 5.1 掌握图表基础，轻松创建各式图表 .................................................. 173

5.1.1 各类图表各有所用 .................................................. 173

5.1.2 创建图表两步到位 .................................................. 177

5.1.3 迷你图表制作与设计速成 .................................................. 179

## 5.2 玩转图表布局，打造财务专业图表 .................................................. 180

5.2.1 看清图表全貌，才能玩转图表布局 ...... 180

5.2.2 打造专业图表，就是玩转图表布局 ...... 186

## 5.3 打造动态图表，为图表注入活力 ...... 201

5.3.1 添加辅助表制作动态图表 ...... 201

5.3.2 定义名称法制作动态图表 ...... 207

5.3.3 数据透视图：与生俱来的动态图表 ...... 209

**高手神器 5：Easy Chart——简洁易用的图表插件** ...... 211

## Chapter 06 管好企业的一本账——会计凭证与账簿管理 P213

### 6.1 管好原始凭证，杜绝凭证漏洞 ...... 214

6.1.1 智能电子收据 ...... 214

6.1.2 防范电子发票重复报销 ...... 220

### 6.2 制作记账凭证，财务数据自动生成 ...... 223

6.2.1 制作会计科目表 ...... 223

6.2.2 定制记账凭证模板 ...... 224

### 6.3 会计账簿管理，让财务数据自动生成各类账表 ...... 231

6.3.1 制作初级明细账 ...... 231

6.3.2 升级明细账，弥补账表短板 ...... 235

6.3.3 编制总分类账 ...... 241

**高手神器 6：会计网——便捷实用的在线工具库** ...... 248

# Chapter 07

## 管好企业的重要资产——固定资产管理

P249

### 7.1 做好入账登记管理，让原始信息繁而不乱 ...... 250
- 7.1.1 定制固定资产卡片 ...... 250
- 7.1.2 制作动态折旧预算表 ...... 253
- 7.1.3 工作量法下的固定资产卡片和折旧计算表的制作 ...... 257

### 7.2 汇总固定资产卡片，让资产信息一览无余 ...... 260
- 7.2.1 分析卡片结构，捋清制表思路 ...... 260
- 7.2.2 生成资产清单，自动列示信息 ...... 261

### 7.3 制作折旧明细表，分类汇总期间费用 ...... 264
- 7.3.1 制作动态折旧明细表 ...... 264
- 7.3.2 分类汇总期间费用 ...... 272

# Chapter 08

## 管好企业的资金链——往来账务管理

P274

### 8.1 建立往来账款台账，业务频繁却不乱 ...... 275
- 8.1.1 制作应收账款台账模板 ...... 275
- 8.1.2 制作应收账款辅助表单 ...... 279

### 8.2 做好应收账龄分析，让收款周期一目了然 ...... 289
- 8.2.1 创建账龄分析表 ...... 290

8.2.2 生成账龄汇总表 ...296

8.2.3 图文并茂分析账龄 ...299

## 8.3 根据账龄划分等级，让问题账户无所遁形 ...302

8.3.1 运用函数法制作"五星"评级 ...302

8.3.2 运用条件格式法制作"五星"评级 ...304

# Chapter 09
## 管好企业的涉税风险防范——税金及纳税申报管理
P308

## 9.1 增值税管理 ...309

9.1.1 捋清思路，设计发票登记表 ...309

9.1.2 总览全局，生成发票汇总报告 ...314

9.1.3 实时控制税负，打造动态税负"观测台" ...315

9.1.4 按月汇总实缴税金，实时监控税负变动率 ...318

9.1.5 分类汇总发票金额，多角度分析数据 ...320

## 9.2 "税金及附加"管理 ...325

9.2.1 增值税附加税费 ...326

9.2.2 印花税管理 ...327

9.2.3 制作记账凭证附件 ...331

## 9.3 企业所得税管理 ...332

9.3.1 计算季度预缴税额 ...333

9.3.2 生成季度预缴明细表 ...336

9.3.3 快速创建工作簿目录 ...339

## 9.4 个人所得税管理 ............................................................. 342

### 9.4.1 工资表和专项附加扣除明细表 ................................. 343
### 9.4.2 计算累计预扣预缴税额 ........................................... 344
### 9.4.3 引用累计预扣预缴税额 ........................................... 348

## 9.5 纳税申报管理 ................................................................. 350

### 9.5.1 制作申报进度表,实时跟踪申报进度 ...................... 351
### 9.5.2 化繁为简制作动态万年历 ....................................... 354

## 高手神器 7:发票提取工具——一键提取进销发票明细 ........ 359

## 高手神器 8:税务工具箱——财务人员的办税好助手 ............ 360

# Chapter 10
## ▶ 做好企业的经营成果分析——财务报表和财务指标分析  P362

## 10.1 财务报表编制与分析 ..................................................... 363

### 10.1.1 资产负债表数据分析 ............................................... 363
### 10.1.2 利润表数据分析 ..................................................... 367
### 10.1.3 现金流量表数据分析 ............................................... 374

## 10.2 财务指标计算与分析 ..................................................... 381

### 10.2.1 偿债能力分析 ......................................................... 382
### 10.2.2 营运能力分析 ......................................................... 386
### 10.2.3 盈利能力分析 ......................................................... 390
### 10.2.4 发展能力分析 ......................................................... 392

# 01 Chapter

## Excel 高手必备的学习思维

Excel 作为一款高效办公软件,在现代化的管理工作中发挥着重要作用。财务工作中,它更是每位财务人员必不可缺的数据处理和分析工具。然而,在实际工作中,会用 Excel 的人很多,但是用得好的人却很少。因为无论是学习和运用 Excel,或者是其他任何领域的知识,都必须具备正确的思维方式,并以此为导向,形成正确的思路,才能真正学好并掌握知识的精髓,也才能充分运用到工作之中,提高工作效率和质量,成为领域中的高手。

本章以"思维"为切入点,向读者分享高手必备的学好和用好 Excel 的几种基本思维方式,以及高手必知必会的 Excel 基础知识和具体操作方法与技巧。

### 请带着下面的问题走进本章

(1) Excel 高手所称的"超级表"是什么样的表格?它有什么超级功能,与普通表又有什么区别?

(2) 运用 Excel 对基础数据进行处理时,有什么"偷懒"妙招能够提高工作效率,达到事半功倍的效果?

(3) 财务表格通常超长超宽,不便于汇总,那么如何设计表格才能解决这一问题?

(4) 在做数据分析时,可以从哪些角度或维度进行分析?

## 1.1 从零开始：学习 Excel 要有清零思维

Excel 作为一款自动化办公软件，早已被广泛应用于各个行业的日常管理工作之中，相信职场人士都会使用。但是，很多财务人员虽然使用 Excel 多年，对于它的认知却始终停留在画表格和简单运算这个层面上，并且以留存在脑海中的那些关于 Excel 的碎片知识为主，没有进行全面系统的学习，没有深入钻研和挖掘其中更强大的功能，所以始终无法汲取 Excel 中的精髓，以至于在工作中遇到稍有难度的问题时，即使手握 Excel 这样强大的数据处理工具，也往往束手无策。所以，财务人员想要真正学好、用好 Excel，首先要抱持一种空杯心态和清零思维，清理掉之前对于 Excel 的浅显认知和碎片知识，将自己当作一个初学者，从零开始，从最基础的知识学起，再由浅入深，循序渐进地深入学习，逐步精进技术，才能成长为 Excel 高手。

### 1.1.1 开启 Excel：认识 Excel 的基本元素和结构框架

学习 Excel 基础的第一步，就是全面认识和了解 Excel 的组成元素和基本框架，了解了这些才能充分理解后面篇章所讲内容的基本含义。

#### 1.Excel 的三大组成元素

Excel 的三大组成元素是指工作簿、工作表和单元格。三者的从属关系如右图所示。

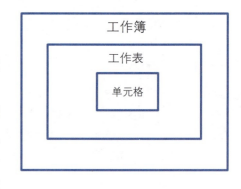

（1）工作簿：是 Excel 用于存储并处理工作数据的文件，一个 Excel 文档就是一个 Excel 工作簿。

（2）工作表：是用于完成工作的基本单位。每一个新建工作簿中，最多可以建立 255 个工作表。工作表的默认名称为"Sheet1，Sheet2，Sheet3，…"，名称的标签位于工作簿窗口底部，右击标签，在弹出的快捷菜单中选择【重命名】命令即可修改工作表名称。注意工作表名称不得为空，也不能重名。

（3）单元格：每一个 Excel 工作表都被划分成若干行和列构成的长方格，即单元格，是存储数据的最小单位。每个工作表中最多可以有 1048576 行、16384 列数据。每个单元格都有其固定且独一无二的地址，由行号和列标代表。其中，行号用数字 1，2，3，…表示，列标用英文字母 A，B，C，…表示。例如，"B10"，即代表 B 列第 10 行的单元格。

#### 2.Excel 初始界面的结构框架

开启 Excel 2016 应用程序，即可创建一个 Excel 工作簿，并自动建立一个工作表。下面介绍其初始界面的主要框架结构，如下图所示。

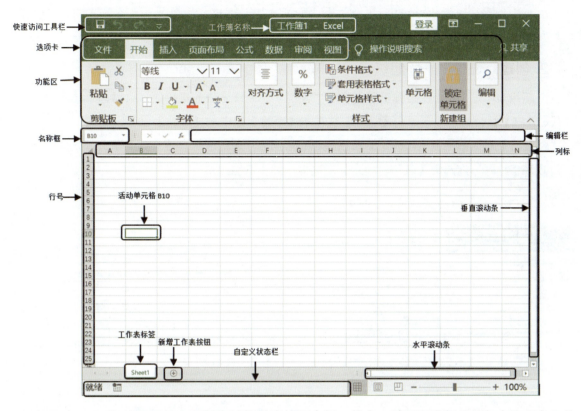

上图对 Excel 初始界面的主要框架结构做了简要介绍。其中，最重要的部分是每个选项卡及其功能区，它们如同一个个工具箱，存放着 Excel 中的各类实用工具。关于 Excel 高手必知必会的工具的实际运用方法和操作技巧，本书将在第二部分的相关章节中做详细介绍。

## 1.1.2 创建表格：分清"普通表"和"超级表"

对于创建表格，Excel 高手都清楚一个基本常识：在 Excel 中可以创建两种表格，即普通表和超级表。但是，很多基础薄弱的财务人员却只知其一，不知其二。只会制作普通表，却不知道超级表的存在，对于它的功能和作用更不了解。对此，本小节将介绍两种表格的创建方法、超级表的功能及二者之间的主要区别，帮助财务人员分清它们的特点和用途，以便在实际工作中灵活选择，创建适合工作需要的表格。

### 1. 绘制普通"区域"——普通表

绘制普通表很简单，只需在工作表中选中一个单元格→按住鼠标左键不放，拖出一个矩形区域→添加框线→设置字段名称即可成功创建一个空白表格，地址表现形式为"左上角第一个单元格地址:右下角最末端单元格地址"，如右图所示表格的单元格区域地址为 A2:F12。

但是,这样的"表格"对于 Excel 而言,并非真正的表格,而仅仅是一个普通的"单元格区域"。为了与超级表有所区分,一般称之为"普通表"。

### 2. 创建"表格"——超级表

"超级表"是 Excel 视为真正智能化的"表格"。创建方法非常简便,只需选中单元格区域→按【Ctrl+T】组合键,或者单击【插入】选项卡【表格】组中的【表格】按钮,如左下图所示→弹出【创建表】对话框→单击【确定】按钮即可成功创建"超级表"。注意如果所选单元格区域中已经设置表格标题,应选中【表包含标题】复选框,如中下图所示。创建成功的"超级表"如右下图所示。

> **专家点拨** 普通表和超级表可以互相转换
>
> 普通表转换为超级表时,按照以上操作创建即可。超级表转换为普通表时,单击【表格工具】-【设计】选项卡【工具】组中的【转换为区域】按钮或右击超级表区域中任一单元格,在弹出的快捷菜单中选择【表格】→【转换为区域】命令即可。

### 3. 超级表的"超级"功能

通过【插入】→【表格】操作创建的"表格"表之所以被称为"超级表",是因为它拥有普通表不具备的"超级"强大的功能,它不仅可以让用户更轻松、高效地设置表格样式,还能够快速实现排序、筛选、运算等基础操作。下面介绍超级表的几种主要功能。

（1）一键替换表格样式。

超级表创建成功后,Excel 已自动为其添加默认样式。如需替换样式,只需选中其中任一单元格,激活【表格工具】,在【设计】选项卡【表格样式】组中选择心仪的风格即可一键替换,如下图所示。

（2）智能扩展表格区域。

当用户在紧邻超级表行或列的单元格中新增任何信息后，超级表即能智能识别该单元格，并将其所在的行或列纳入表格区域内，同时自动添加表格框线和样式。用户无须再进行手动设置。例如，右图所示的超级表的区域范围为 A2:F12，其中包含了存货 01~ 存货 10 的基本信息。新增存货时，只需在 A13 单元格中输入数字序号"11"（或在其他单元格中输入信息），那么 A13:F13 单元格区域即会按照原有样式添加表格框线并填充颜色，如右图所示。

（3）智能填充公式。

超级表除能够自动扩展行和列外，还能智能识别单元格中的公式并将其自动填充至同行或同列的区域中。例如，在超级表中计算"金额"（单价 × 数量），只需在 F3:F13 单元格区域的任一单元格中输入公式，即可快速将其填充至该区域的所有单元格中。例如，在 F8 单元格中输入公式"=D8*E8"后，F3:F13 单元格区域中的所有单元格已经全部填充公式并得出计算结果，如右图所示。

（4）多种运算一键完成。

实际工作中，通常需要对表格中的一组数据进行汇总运算，如计算合计数、平均值、计数、最大值、最小值、方差等。这些运算在普通表中必须手动设置不同的公式才能完成，而在超级表中只需添加一个"汇总行"，即可一键快速切换各种运算方式。添加汇总行的操作步骤如下。

激活【表格工具】→选中【设计】选项卡【表格样式选项】组中的【汇总行】复选框，如下图所示。

完成以上操作后即可看到超级表中已自动增加一行"汇总行"（A14:F14 单元格区域），并在每一单元格中生成一个可供选择不同汇总方式的下拉列表。下面选中 F14 单元格，即可激活下拉列表按钮→单击按钮，展开下拉列表，在其中选择汇总方式即可，如右图所示。

（5）专属筛选器。

创建超级表后，Excel 即在标题行自动添加筛选按钮，可对数据进行分类筛选。普通表也可以手动添加。但是，还有一种更"高大上"的筛选器，仅能在超级表或在其基础上制作的数据透视表和数据透视图中使用，即"切片器"。在超级表中激活【表格工具】后，单击【设计】选项卡【工具】组中的【插入切片器】按钮即可。运用"切片器"能够更快捷、更直观地筛选出所需数据。本书将在第 2 章中详细介绍切片器的具体运用方法。

### 4. 普通表和超级表的主要区别

前面所讲的超级表的几种常用"超级"功能，正是与普通表的主要区别所在。下面再补充两表的区别并列于表中，以便读者对比学习，快速掌握，如表 1-1 所示。

表 1-1　超级表和普通表的区别

| 对比项目 | | 超级表 | 普通表 |
| --- | --- | --- | --- |
| 表格名称 | | 在【表格工具】-【设计】选项卡中可直接命名表格名称 | 运用"定义名称"功能命名区域名称 |
| 布局、格式 | 不能合并单元格 | | 无限制 |
| | 只能设置一行标题 | | 无限制 |
| | 直接套用表格样式 | | 手动设置 |
| | 自动扩展表格区域并添加框线 | | 手动扩展、手动添加框线 |
| | 自动调整行高和列宽 | | 手动调整 |
| 数据筛选 | 自动添加筛选按钮 | | 手动添加 |
| | 可运用"切片器"筛选 | | 不能运用"切片器"筛选 |
| 公式 | | 自动填充公式 | 手动填充 |
| 运算 | 自动分类汇总运算 | | 手动设置公式 |
| | 汇总行可快速进行多种运算 | | 分别设置公式 |

　　超级表还有其他与普通表不同的细节之处，读者可在实际操作中去发现和总结，这里不再赘述。

　　超级表的优势虽然明显，但是它也有短板，即不能合并单元格和只能设置一行标题。而实际工作中，恰恰有很多表格，尤其是对外报送的各类报表要求合并单元格和设置一行以上的标题行。

　　而普通表正因为"普通"，才更具灵活性。因为它虽然不具备超级表的诸多功能，但是它在表格布局方面不受限制，无论合并单元格还是标题行都不会对它有所束缚。

　　因此，财务人员在准备创建表格时，应根据实际工作需求灵活选择超级表或普通表。

## 1.2　事半功倍：提升效率要有偷懒思维

　　众所周知，财务工作是一项烦琐而枯燥的工作，那么财务人员在面对一些简单、重复、量大的工作时，就要善于运用"偷懒"思维，勤于思考和摸索"偷懒"方法，练好"偷懒"的基本功，才能最大程度提高工作效率。

### 1.2.1　批量操作：让数据处理以一当十

　　用户在创建表格之后，进行数据处理前第一步是录入或收集原始数据，这些操作大部分需要手动完成。那么，这里有什么"偷懒"妙招可用呢？最基本的技巧就是批量操作。例如，批量选择单元格或单元格区域、批量录入数据、批量复制粘贴数据、批量查找替换数据等。通过这些批量操作，能够在数据处理时事半功倍，大幅度提高工作效率。下面分别介绍几种批量操作技巧。

### 1. 批量选定单元格或单元格区域

如果要同时对多个单元格或多个单元格区域进行操作，首先要选定这些单元格。选择连续单元格（即选择单元格区域）的操作很简单，除 1.1.2 小节中介绍的使用鼠标拖动选择外，还可直接在名称框中输入地址，如输入“A2:F11”，即选择 A2:F11 单元格区域。那么，如何选择不连续的单元格或单元格区域呢？主要有以下两种方法。

（1）运用【Ctrl】键：按住【Ctrl】键→单击或拖动选择目标单元格或单元格区域即可。如左下图所示，即分别选择了 B5:B6、E5:E6 单元格区域和 B8、B11、E8、E11 单元格。

（2）运用【Shift+F8】组合键：如果不连续的目标单元格或单元格区域较多，可按【Shift+F8】组合键，切换为当自定义状态栏显示“添加或删除所选内容”后，单击或拖动选择目标单元格或单元格区域，如右下图所示。再次按【Shift+F8】组合键或按【Esc】键即可取消这一选择模式。

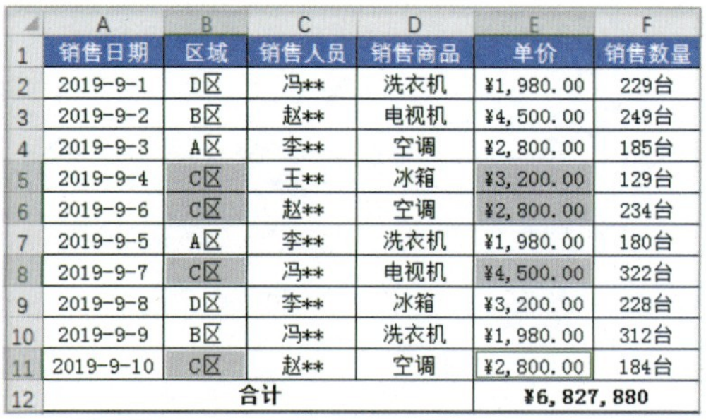

| | A | B | C | D | E | F |
|---|---|---|---|---|---|---|
| 1 | 销售日期 | 区域 | 销售人员 | 销售商品 | 单价 | 销售数量 |
| 2 | 2019-9-1 | D区 | 冯** | 洗衣机 | ¥1,980.00 | 229台 |
| 3 | 2019-9-2 | B区 | 赵** | 电视机 | ¥4,500.00 | 249台 |
| 4 | 2019-9-3 | A区 | 李** | 空调 | ¥2,800.00 | 185台 |
| 5 | 2019-9-4 | C区 | 王** | 冰箱 | ¥3,200.00 | 129台 |
| 6 | 2019-9-6 | C区 | 赵** | 空调 | ¥2,800.00 | 234台 |
| 7 | 2019-9-5 | A区 | 李** | 洗衣机 | ¥1,980.00 | 180台 |
| 8 | 2019-9-7 | C区 | 冯** | 电视机 | ¥4,500.00 | 322台 |
| 9 | 2019-9-8 | D区 | 李** | 冰箱 | ¥3,200.00 | 228台 |
| 10 | 2019-9-9 | B区 | 冯** | 洗衣机 | ¥1,980.00 | 312台 |
| 11 | 2019-9-10 | C区 | 赵** | 空调 | ¥2,800.00 | 184台 |
| 12 | 合计 | | | | ¥6,827,880 | |

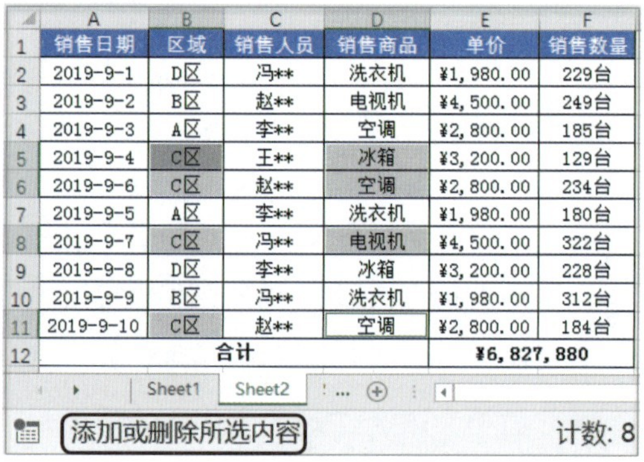

| | A | B | C | D | E | F |
|---|---|---|---|---|---|---|
| 1 | 销售日期 | 区域 | 销售人员 | 销售商品 | 单价 | 销售数量 |
| 2 | 2019-9-1 | D区 | 冯** | 洗衣机 | ¥1,980.00 | 229台 |
| 3 | 2019-9-2 | B区 | 赵** | 电视机 | ¥4,500.00 | 249台 |
| 4 | 2019-9-3 | A区 | 李** | 空调 | ¥2,800.00 | 185台 |
| 5 | 2019-9-4 | C区 | 王** | 冰箱 | ¥3,200.00 | 129台 |
| 6 | 2019-9-6 | C区 | 赵** | 空调 | ¥2,800.00 | 234台 |
| 7 | 2019-9-5 | A区 | 李** | 洗衣机 | ¥1,980.00 | 180台 |
| 8 | 2019-9-7 | C区 | 冯** | 电视机 | ¥4,500.00 | 322台 |
| 9 | 2019-9-8 | D区 | 李** | 冰箱 | ¥3,200.00 | 228台 |
| 10 | 2019-9-9 | B区 | 冯** | 洗衣机 | ¥1,980.00 | 312台 |
| 11 | 2019-9-10 | C区 | 赵** | 空调 | ¥2,800.00 | 184台 |
| 12 | 合计 | | | | ¥6,827,880 | |



### 2. 批量选定工作表

实际工作中，不仅需要对同一工作表中的单元格或单元格区域进行批量操作，而且也需要对多个工作表进行各种批量操作，如在 1~12 月的工资表中增加工资项目、职工姓名等。在进行这些操作之前，首先同样需要选择连续或不连续的目标工作表。操作方法分别如表 1-2 所示。

**表 1-2　选择工作表的操作方法**

| 目标工作表 | 操作 |
|---|---|
| 选择不连续工作表，如 Sheet2、Sheet5、 Sheet8 | 按住【Ctrl】键→分别单击目标工作表标签即可 |
| 选择连续工作表，如 Sheet2~ Sheet8 | 按住【Shift】键→分别单击第一个工作表标签（Sheet2）和最末一个工作表标签（Sheet8）即可 |
| 选择全部工作表 | 右击任意一个工作表标签→在弹出的快捷菜单中选择【选定全部工作表】命令即可 |

注意在完成多个工作表的操作之后，单击任意一个未被选定的工作表标签即可取消选择组合工作表。或者右击任意一个已被选定的工作表标签→在弹出的快捷菜单中选择【取消组合工作表】命令。

### 3. 批量录入数据

实际工作中，有时会需要在不连续的多个单元格或单元格区域中同时录入相同的数据或公式。例如，在右图所示表格中的 E4、E7、E10、E12 单元格中填入数字"100"，只需批量选定这些单元格→输入数字"100"→注意此时不要急于按【Enter】键，而应按【Ctrl+Enter】组合键，才能将数据一次性批量录入被选定的所有单元格中。

### 4. 批量填充数据

批量填充数据有多种操作方法，如操作鼠标填充、按组合键填充、打开功能区对话框填充等。下面分别介绍。

（1）操作鼠标填充。

实际工作中，时常需要为数据编制顺序号或填充公式，如果逐一手动输入，显然效率低下，最简单的方法就是使用鼠标拖动或双击填充柄进行快速填充。例如，在"2019年9月库存汇总表"的 A3:A22 单元格区域中为存货编排序号，并在 K3:K22 单元格区域中设置公式计算"期末结存金额"。

① 填充序号。分别在 A3 和 A4 单元格中输入数字"1"和"2"→选中 A3:A4 单元格区域→将光标移至 A4 单元格右下角，出现"十"字形的填充柄→双击填充柄或按住鼠标左键不放，拖动光标至 A22 单元格即可完成填充。

② 填充公式。在 K3 单元格中设置公式"=D3*J3"→同样双击或拖动填充柄即可。效果如下图所示。

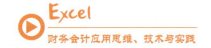

（2）按【Ctrl+E】组合键一秒填充。

如果需要将单元格中的内容快速合并，或者从中提取部分内容，操作鼠标就无法正确填充，其实运用【Ctrl+E】组合键即可一秒填充。操作步骤如下。

**步骤01** 合并单元格内容。例如，将左下图所示表格中“存货编号”“存货全名”“面料”等字段的内容快速合并至一个单元格中。在 E3 单元格中输入示例“HT001 短袖衬衫 纯棉”→选中 E4 单元格，按【Ctrl+E】组合键即可，效果如右下图所示。

| | A | B | C | D | E |
|---|---|---|---|---|---|
| 1 | 2019年9月库存余额表 | | | | |
| 2 | 序号 | 存货编号 | 存货全名 | 面料 | 合并内容 |
| 3 | 1 | HT001 | 短袖衬衫 | 纯棉 | |
| 4 | 2 | HT002 | 长袖衬衫 | 雪纺 | |
| 5 | 3 | HT003 | 短袖连衣裙 | 纯棉 | |
| 6 | 4 | HT004 | 长袖连衣裙 | 纯棉 | |
| 7 | 5 | HT005 | 无袖连衣裙 | 雪纺 | |
| 8 | 6 | HT006 | 男士短裤 | 棉麻 | |
| 9 | 7 | HT007 | 女士短裤 | 牛仔 | |
| 10 | 8 | HT008 | 女士长裤 | 金丝绒 | |
| 11 | 9 | HT009 | 女士长裤 | 牛仔 | |
| 12 | 10 | HT010 | 短袖T恤 | 纯棉 | |
| 13 | 11 | HT011 | 长袖T恤 | 纯棉 | |
| 14 | 12 | HT012 | 短款男士羽绒服 | 鸭绒 | |
| 15 | 13 | HT013 | 长款男士羽绒服 | 鸭绒 | |
| 16 | 14 | HT014 | 短款女士羽绒服 | 鸭绒 | |
| 17 | 15 | HT015 | 长款女士羽绒服 | 鸭绒 | |
| 18 | 16 | HT016 | 短款男士风衣 | 混纺 | |

| | A | B | C | D | E | F |
|---|---|---|---|---|---|---|
| 1 | 2019年9月库存余额表 | | | | | |
| 2 | 序号 | 存货编号 | 存货全名 | 面料 | 合并内容 | |
| 3 | 1 | HT001 | 短袖衬衫 | 纯棉 | HT001 短袖衬衫 纯棉 | ←输入的示例 |
| 4 | 2 | HT002 | 长袖衬衫 | 雪纺 | HT002 长袖衬衫 纯棉 | |
| 5 | 3 | HT003 | 短袖连衣裙 | 纯棉 | HT003 短袖连衣裙 纯棉 | |
| 6 | 4 | HT004 | 长袖连衣裙 | 纯棉 | HT004 长袖连衣裙 纯棉 | |
| 7 | 5 | HT005 | 无袖连衣裙 | 雪纺 | HT005 无袖连衣裙 纯棉 | |
| 8 | 6 | HT006 | 男士短裤 | 棉麻 | HT006 男士短裤 纯棉 | |
| 9 | 7 | HT007 | 女士短裤 | 牛仔 | HT007 女士短裤 纯棉 | |
| 10 | 8 | HT008 | 女士长裤 | 金丝绒 | HT008 女士长裤 纯棉 | 选中E4单元格，按【Ctrl+E】组合键填充 |
| 11 | 9 | HT009 | 女士长裤 | 牛仔 | HT009 女士长裤 纯棉 | |
| 12 | 10 | HT010 | 短袖T恤 | 纯棉 | HT010 短袖T恤 纯棉 | |
| 13 | 11 | HT011 | 长袖T恤 | 纯棉 | HT011 长袖T恤 纯棉 | |
| 14 | 12 | HT012 | 短款男士羽绒服 | 鸭绒 | HT012 短款男士羽绒服 纯棉 | |
| 15 | 13 | HT013 | 长款男士羽绒服 | 鸭绒 | HT013 长款男士羽绒服 纯棉 | |
| 16 | 14 | HT014 | 短款女士羽绒服 | 鸭绒 | HT014 短款女士羽绒服 纯棉 | |
| 17 | 15 | HT015 | 长款女士羽绒服 | 鸭绒 | HT015 长款女士羽绒服 纯棉 | |
| 18 | 16 | HT016 | 短款男士风衣 | 混纺 | HT016 短款男士风衣 纯棉 | |

**步骤02** 提取部分内容。例如，从左下图所示表格中的身份证号码中按照“yyyymmdd”的数字组合形式提取出生日期。注意这里需要输入两个示例才能正确填充，即在 D2 和 D3 单元格中分别输入“19820920”和“19810616”→选中 D4 单元格，按【Ctrl+E】组合键即可，效果如右下图所示。

| | A | B | C | D |
|---|---|---|---|---|
| 1 | 工号 | 姓名 | 身份证号码 | 出生日期 |
| 2 | 1001 | 赵** | 51 1198209201266 | |
| 3 | 1002 | 钱** | 51 3198106161962 | |
| 4 | 1003 | 孙** | 51 6199005112162 | |
| 5 | 1004 | 李** | 51 2198308126513 | |
| 6 | 1005 | 周** | 51 219801109260X | |
| 7 | 1006 | 吴** | 51 3199203211763 | |
| 8 | 1007 | 郑** | 61 1198602150346 | |
| 9 | 1008 | 王** | 51 5198512163659 | |

| | A | B | C | D | E |
|---|---|---|---|---|---|
| 1 | 工号 | 姓名 | 身份证号码 | 出生日期 | |
| 2 | 1001 | 赵** | 51 1198209201266 | 19820920 | 输入的示例 |
| 3 | 1002 | 钱** | 51 3198106161962 | 19810616 | |
| 4 | 1003 | 孙** | 51 6199005212162 | 19900521 | |
| 5 | 1004 | 李** | 51 2198308126513 | 19830812 | |
| 6 | 1005 | 周** | 51 219801109260X | 19801109 | 选中D4单元格，按【Ctrl+E】组合键填充 |
| 7 | 1006 | 吴** | 51 3199203211763 | 19920321 | |
| 8 | 1007 | 郑** | 61 1198602150346 | 19860215 | |
| 9 | 1008 | 王** | 51 5198512163659 | 19851216 | |

（3）打开功能区对话框填充。

如果以上两种填充方法仍然无法满足某些工作要求，例如，以等差或等比数字序列填充，按年、月或工作日填充日期等，此时可通过功能区中的对话框选择相应的选项进行填充。操作步骤如下。

**步骤01** 单击【开始】选项卡【编辑】组中的【填充】按钮→在弹出的下拉列表中选择【序列】选项，如左下图所示→弹出【序列】对话框，如右下图所示。

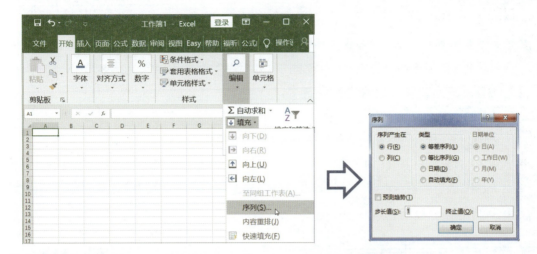

【序列】对话框中包含各种不同的选项。其中，【类型】中的【自动填充】选项与操作鼠标填充效果相同。下面列表对比【等差序列】【等比序列】【日期】等选项的填充效果。

步骤02 在 B3:G3 单元格区域中各输入一个示例→分别选择不同的【类型】进行填充。注意将每一种填充类型的【序列产生在】设置为"列"，将【步长值】全部设置为"2"，如左下图所示。各选项的填充效果对比如右下图所示。

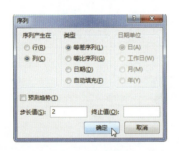

| | A | B | C | D | E | F | G |
|---|---|---|---|---|---|---|---|
| 1 | 项目 | 等差序列 | 等比序列 | 日期 | | | |
| 2 | | | | 日 | 工作日 | 月 | 年 |
| 3 | 输入示例 | 1 | 1 | 2019-12-1 | 2019-12-1 | 2019-12-1 | 2019-12-1 |
| 4 | 填充效果 | 3 | 2 | 2019-12-2 | 2019-12-2 | 2020-1-1 | 2020-12-1 |
| 5 | | 5 | 4 | 2019-12-3 | 2019-12-3 | 2020-2-1 | 2021-12-1 |
| 6 | | 7 | 8 | 2019-12-4 | 2019-12-4 | 2020-3-1 | 2022-12-1 |
| 7 | | 9 | 16 | 2019-12-5 | 2019-12-5 | 2020-4-1 | 2023-12-1 |
| 8 | | 11 | 32 | 2019-12-6 | 2019-12-6 | 2020-5-1 | 2024-12-1 |
| 9 | | 13 | 64 | 2019-12-7 | 2019-12-9 | 2020-6-1 | 2025-12-1 |
| 10 | | 15 | 128 | 2019-12-8 | 2019-12-10 | 2020-7-1 | 2026-12-1 |
| 11 | | … | | | | | |

### 5. 批量"花式"粘贴数据

复制和粘贴数据应该是 Excel 中最常用和最简单的批量数据处理技能，相信无人不知，无人不会。但是，很多 Excel 新手正因为这一操作简单至极，往往只会普通粘贴（即将单元格中的信息复制后全部粘贴），却忽视了其中的一个更高端的功能——选择性粘贴。它不仅可以根据用户的工作需求选择粘贴部分信息，如仅粘贴数值、公式、格式、批注、数据验证、超链接等，还能在粘贴的同时转换数据的行列、进行加减乘除运算等。"选择性粘贴"中的各种功能如右图【选择性粘贴】对话框所示。

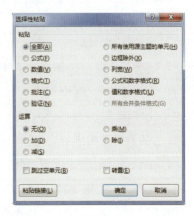

下面介绍几个选择性粘贴中常用的"花式"粘贴实用技巧。

**（1）选择性粘贴 - 公式。**

实际工作中，财务人员在同一区域中输入不同的计算公式时，就需要用到"选择性粘贴 - 公式"。例如，左下图所示的"2019年12月部门收入报表"的E3:E19单元格区域中，E3单元格公式"=C3-D3"用于计算"成本利润额"，而E6单元格公式"=SUM(E3:E5)"用于汇总同一部门的数据。另外，F3:F20单元格区域中，各"小计"单元格中的格式略有不同，因此这里不能批量填充公式，而要使用"选择性粘贴"功能粘贴公式。操作步骤如下。

**步骤01** 选中E3单元格→按【Ctrl+C】组合键复制→批量选定E4:E5、E7:E10、E12:E16、E18:E19单元格区域后右击→在弹出的快捷菜单中选择【粘贴选项】下的【公式】快捷按钮 ，如右下图所示。

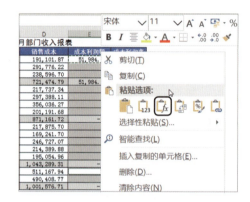

**步骤02** 按照同样的方法将E6单元格公式选择性粘贴至E11、E17、E20单元格→将F3单元格公式选择性粘贴至F4:F19单元格区域即可。

> **专家点拨**
>
> 选择性粘贴其他内容时，若快捷菜单中没有所需快捷按钮，可选择【选择性粘贴】命令，打开【选择性粘贴】对话框选择粘贴方式即可。

**（2）选择性粘贴 - 运算。**

财务工作中，核算数据通常需要设置函数公式，但是如果在某些临时或紧急的情形下对数据进行一些简单的加减乘除运算，可以通过【选择性粘贴】对话框中的"运算"方式快速完成。例如，在"2019年12月部门收入报表"中临时预算次月的以下数据：销售收入上浮15%，销售成本下调2%后的数据及相应的成本利润额和成本利润率。操作步骤如下。

在任意两个空白单元格，如G2和H2单元格中分别输入数字"1.15"和"0.98"→选中G2:H2单元格区域，按【Ctrl+C】组合键复制→批量选定C3:D5、C7:D10、C12:D16和C18:D19单元格区域→打开【选择性粘贴】对话框→选中【粘贴】列表下的【边框除外】单选按钮（可保留被选定单元格区域的表格框线）和【运算】列表下的【乘】单选按钮→单击【确定】按钮即可，如左下图所示。此时可看到所有数据已发生变化，如右下图所示。

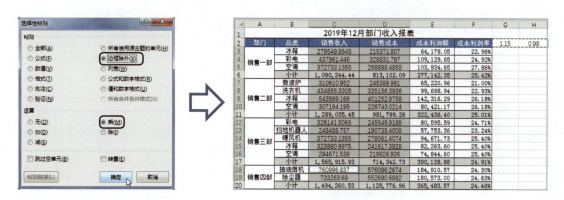

（3）选择性粘贴 - 跳过空单元。

这一选项可避免在被复制的单元格区域中出现空单元格时，粘贴至目标单元格区域后替换掉其中原有数据。

例如，在"2019年12月部门收入报表"中，各部门均有部分产品未产生销售收入。预测这些产品在2020年1月的销售收入并已预先填入"2020年1月部门收入报表"中，如下图所示。现需将2019年12月其他产品的销售收入上浮15%后复制粘贴至1月报表中，以作为参考，预算所有部门的相关数据。

操作步骤如下。

**步骤 01** 批量选定 J3:J19 单元格区域中的空白单元格→输入数字"1.15"后按【Ctrl+Enter】组合键即全部填入相同的数字。

**步骤 02** 删除 C3:C19 单元格区域中的"小计"数字→选中 C3:C19 单元格区域，按【Ctrl+C】复制→选中 J3:J19 单元格区域→打开【选择性粘贴】对话框→默认【粘贴】类型为"全部"→分别选中【运算】列表下的【乘】单选按钮和【跳过空单元】复选框→单击【确定】按钮，如右图所示。

此时可看到 J3:J19 单元格区域中的数据粘贴效果，如下图所示。

（4）选择性粘贴 - 转置。

实际工作中，为了便于变换角度分析数据，需要改变表格布局，此时就可利用"选择性粘贴"中的"转置"功能实现。此选项的主要作用是将被复制表格内容的行列互换。

例如，现需从部门的角度横向对比右图所示的"2019 年 12 月部门收入报表 1"中各部门销售收入等数据。操作步骤如下。

选中 A2:E6 单元格区域（也可将"合计"行一并选中）→按【Ctrl+C】组合键复制→右击任一空白单元格→在弹出的快捷菜单中选择【转置】快捷按钮即可，效果如下图所示。

（5）选择性粘贴 - 粘贴链接。

粘贴链接的作用是将被复制单元格或单元格区域以链接的方式粘贴至目标单元格，其中将显示单元格引用。工作中需要设置简单的链接公式时可运用此项功能。需要注意的是，被复制的单元格或单元格区域，粘贴链接至目标单元格或单元格区域后的效果（引用形式）有所不同。具体区别如表 1-3 所示。

表 1-3　粘贴链接效果的区别

| 被复制单元格或单元格区域 | 目标单元格或单元格区域 | 引用形式 | 粘贴链接效果 |
|---|---|---|---|
| A6 单元格 | B6 | 绝对引用 | B6 单元格显示"=$A$6" |
| | B1:B6 | | B1:B6 单元格区域全部为"=$A$6" |
| A1:A6 单元格区域 | B1:B6 | 相对引用 | B1 单元格显示"=A1" |
| | | | B2 单元格显示"=A2" |
| | | | …… |
| | | | B6 单元格显示"=A6" |

## 6. 批量查找替换数据

查找和替换功能虽然是 Excel 中的简单常用功能，但是有很多 Excel 基本功不够扎实的财务人员只会进行基本的查找和替换，却不知简单中也隐藏着技巧。只有充分掌握这些技巧后，才能真正做到以一当十，大幅度提高工作效率。基础的查找和替换操作方法不再赘述，下面介绍几种查找和替换功能的技巧。

（1）批量选定空单元格并录入数据。

前面讲过，批量选定单元格或单元格区域后录入数据的操作是：按住【Ctrl】键或按【Shift+F8】组合键选择后，输入数据再按【Ctrl+Enter】组合键。但如果目标单元格全部为空，则可利用查找和替换功能更快一步实现。

例如，本小节在介绍"选择性粘贴 - 跳过空单元"的操作步骤时，其中一步即是在"2020 年 1 月部门收入报表"中的空单元格中全部输入"1.15"。下面运用查找和替换功能一步完成。

选中 J3:J19 单元格区域→按【Ctrl+H】组合键打开【查找和替换】对话框→【查找内容】文本框中不输入任何内容，只需在【替换为】文本框中输入"1.15"→单击【全部替换】按钮即可，如左下图所示，效果如右下图所示。

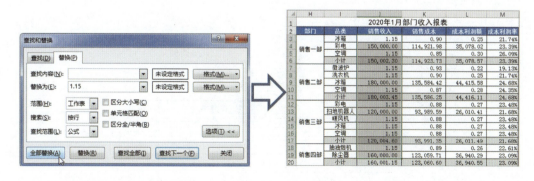

（2）批量删除无效字符。

查找和替换功能不仅可以批量输入数据，还能批量删除数据中的无效字符。例如，下图所示的"××公司 2019 年 12 月销售日报表"中，由于部分单元格中的数字（标识为灰色）当中包含空格或字符".."，因此数字无效，将导致"合计"数也不准确。

| | A | B | C | D | E | F |
|---|---|---|---|---|---|---|
| 1 | ××公司2019年12月销售日报表 | | | | | |
| 2 | 日期 | 销售一部 | 销售二部 | 销售三部 | 销售四部 | 合计 |
| 3 | 2019-12-1 | 1 9900.32 | 28 919.44 | 34818.96 | 37870.8 | 72689.76 |
| 4 | 2019-12-2 | 20289.50 | 23329.1 | 23021.4 | 27715.1 | 94355.1 |
| 5 | 2019-12-3 | 20246.15 | 35 108.4 | 29377.7 | 26641.55 | 76265.4 |
| 6 | 2019-12-4 | 9227.6 | 27410.8 | 42080.1 | 32072.2 | 101563.1 |
| 7 | 2019-12-5 | 18456.05 | 42044.4 | 168 86.95 | 27625. | 60500.45 |
| 8 | 2019-12-6 | 21692.85 | 12427 | 39082.15 | 29631.85 | 102833.85 |
| 9 | 2019-12-7 | 26525.95 | 14425.35 | 15892.45 | 15703.75 | 72547.5 |
| 10 | 2019-12-8 | 3323..5 | 42407.35 | 10335..15 | 16560.55 | 58967.9 |
| 11 | 2019-12-9 | 18529.15 | 32465.75 | 3864 6.1 | 25253.5 | 76248.4 |
| 12 | 2019-12-10 | 15758.15 | 29590.2 | 15765.8 | 15401.15 | 76515.3 |
| 13 | 2019-12-11 | 37871.75 | 1918 5.35 | 32067.95 | 42165.95 | 112105.65 |
| 14 | 2019-12-12 | 11687.50 | 240 08.25 | 37172.2 | 12590.2 | 61449.9 |
| 15 | 2019-12-13 | 16801.95 | 23377.55 | 33816.4 | 8641.95 | 82637.85 |
| 16 | 2019-12-14 | 31880.10 | 32298.5 | 9666.2 | 36120.75 | 109965.35 |
| 17 | 2019-12-15 | 20541.10 | 14202.65 | 40759.2 | 29347.1 | 104850.05 |
| 18 | 合计 | 260280.20 | 293978.45 | 353520.51 | 355716.4 | 1263495.56 |

下面运用查找和替换功能批量删除这些无效字符。

**步骤01** 打开【查找和替换】对话框→在【查找内容】文本框中输入一个空格，【替换为】文本框中不输入任何内容→单击【全部替换】按钮即可删除，如左下图所示。

**步骤02** 在【查找内容】对话框中输入".."→在【替换为】对话框中重新输入"."→单击【全部替换】按钮，即可删除数字中多余的符号"."。完成替换后，即可看到"合计"数据的变化，效果如右下图所示。

| | A | B | C | D | E | F |
|---|---|---|---|---|---|---|
| 1 | ××公司2019年12月销售日报表 | | | | | |
| 2 | 日期 | 销售一部 | 销售二部 | 销售三部 | 销售四部 | 合计 |
| 3 | 2019-12-1 | 19900.32 | 28919.44 | 34818.96 | 37870.8 | 121509.52 |
| 4 | 2019-12-2 | 20289.50 | 23329.1 | 23021.4 | 27715.1 | 94355.1 |
| 5 | 2019-12-3 | 20246.15 | 35108.4 | 29377.7 | 26641.55 | 111373.8 |
| 6 | 2019-12-4 | 9227.60 | 27410.8 | 42080.1 | 32072.2 | 110790.7 |
| 7 | 2019-12-5 | 18456.05 | 42044.4 | 16886.95 | 27625 | 105012.4 |
| 8 | 2019-12-6 | 21692.85 | 12427 | 39082.15 | 29631.85 | 102833.85 |
| 9 | 2019-12-7 | 26525.95 | 14425.35 | 15892.45 | 15703.75 | 72547.5 |
| 10 | 2019-12-8 | 3323.50 | 42407.35 | 10335.15 | 16560.55 | 72626.55 |
| 11 | 2019-12-9 | 18529.15 | 32465.75 | 38646.1 | 25253.5 | 114894.5 |
| 12 | 2019-12-10 | 15758.15 | 29590.2 | 15765.8 | 15401.15 | 76515.3 |
| 13 | 2019-12-11 | 37871.75 | 19185.35 | 32067.95 | 42165.95 | 131291 |
| 14 | 2019-12-12 | 11687.50 | 24008.25 | 37172.2 | 12590.2 | 85458.15 |
| 15 | 2019-12-13 | 16801.95 | 23377.55 | 33816.4 | 8641.95 | 82637.85 |
| 16 | 2019-12-14 | 31880.10 | 32298.5 | 9666.2 | 36120.75 | 109965.35 |
| 17 | 2019-12-15 | 20541.10 | 14202.65 | 40759.2 | 29347.1 | 104850.05 |
| 18 | 合计 | 292731.62 | 401199.89 | 419388.71 | 383341.4 | 1496661.62 |

（3）批量替换格式。

运用查找和替换功能可以按单元格格式查找和替换字体颜色、单元格填充色、边框等。例如，在下图所示的"××公司2019年12月销售日报表"中将销售为"0"的数字删除并填充单元格颜色。

| | A | B | C | D | E | F |
|---|---|---|---|---|---|---|
| 1 | ××公司2019年12月销售日报表 | | | | | |
| 2 | 日期 | 销售一部 | 销售二部 | 销售三部 | 销售四部 | 合计 |
| 3 | 2019-12-1 | 19900.32 | 28919.44 | 34818.96 | 37870.8 | 121509.52 |
| 4 | 2019-12-2 | 20289.5 | 23329.1 | 23021.4 | 27715.1 | 94355.1 |
| 5 | 2019-12-3 | 20246.15 | 35108.4 | 0 | 26641.55 | 81996.1 |
| 6 | 2019-12-4 | 0 | 27410.8 | 42080.1 | 32072.2 | 101563.1 |
| 7 | 2019-12-5 | 18456.05 | 42044.4 | 16886.95 | 27625 | 105012.4 |
| 8 | 2019-12-6 | 21692.85 | 12427 | 0 | 29631.85 | 63751.7 |
| 9 | 2019-12-7 | 26525.95 | 14425.35 | 15892.45 | 15703.75 | 72547.5 |
| 10 | 2019-12-8 | 3323.5 | 0 | 10335.15 | 0 | 13658.65 |
| 11 | 2019-12-9 | 18529.15 | 32465.75 | 38646.1 | 25253.5 | 114894.5 |
| 12 | 2019-12-10 | 15758.15 | 29590.2 | 15765.8 | 15401.15 | 76515.3 |
| 13 | 2019-12-11 | 0 | 19185.35 | 32067.95 | 0 | 51253.3 |
| 14 | 2019-12-12 | 11687.5 | 24008.25 | 37172.2 | 12590.2 | 85458.15 |
| 15 | 2019-12-13 | 16801.95 | 23377.55 | 33816.4 | 8641.95 | 82637.85 |
| 16 | 2019-12-14 | 31880.1 | 32298.5 | 0 | 36120.75 | 100299.15 |
| 17 | 2019-12-15 | 20541.1 | 14202.65 | 40759.2 | 29347.1 | 104850.05 |
| 18 | 合计 | 245632.27 | 358792.54 | 341262.66 | 324614.9 | 1270302.37 |

打开【查找和替换】对话框→在【查找内容】文本框中输入"0"→在【替换为】文本框中输入一个空格→选中【单元格匹配】复选框→单击【替换为】文本框右侧的【格式】按钮→打开【替换格式】对话框,选择颜色后关闭对话框,即可看到预览效果,如左下图所示→单击【全部替换】按钮即可,效果如右下图所示。

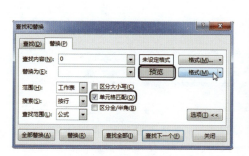 

**专家点拨**

本例中,【单元格匹配】选项的作用是仅仅将数字完全为"0"的单元格内容替换为空值。如果未选中此选项,那么所有包含了"0"的单元格中的数字"0"都将被删除,如"19900.32"将被替换为"199.32"。

## 1.2.2 数据导入:让外部数据信手拈来

实际工作中,财务人员很多时候需要从外部收集原始数据,如 ERP 系统、财务软件、B2B 电子商务平台(网站)等。虽然 Excel 早已普及并渗透到各个行业领域之中,这些软件或网站中的数据通常都可以导出 Excel 文件,但是目前仍然有部分软件中的某些数据暂时无法以 Excel 文件格式直接导出,为基础数据的获取和后续处理带来诸多不便。例如,财务人员日常使用的"增值税发票税控开票软件",其中的客户资料、商品资料等数据就只能导出文本文件。

对此,可运用 Excel 提供的"获取外部数据"功能。其作用就是将其他软件、系统或网站中的数据导入 Excel 工作表中,方便用户更快捷地获得基础数据,而且能通过多种途径获取数据,无论是文本文件(即 TXT 文件)、XML 文件还是 Access 数据库管理系统、SQL Server 数据库、Microsoft Query 数据处理工具,或者是网站中的数据等,都可以信手拈来。

下面以文本文件为例,介绍将外部文件数据导入 Excel 的操作步骤及数据后续处理技巧。

**步骤 01** 首先从"增值税发票税控开票软件"中导出"客户编码"(或"商品编码")文本文件→单击 Excel 中的【数据】选项卡【获取外部数据】组中的【自文本】按钮,如左下图所示→打开【导入文本文件】对话框后选择文件→单击【导入】按钮,如右下图所示。

步骤 02 系统弹出【文本导入向导-第1步,共3步】对话框,提示将数据分列,如左下图所示。但是,由于文件中的文本字符串过长,且无规律,若此时处理并不能取得理想效果,因此这里先不做处理,直接连续单击【下一步】至【完成】按钮→弹出【导入数据】对话框,选择数据放置位置后单击【确定】按钮即可,如右下图所示。

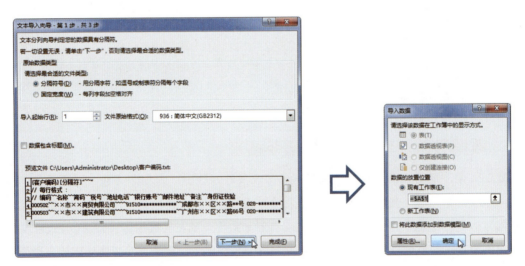

数据导入后可看到同一行中的所有文本全部被放置在 A 列中,如下图所示。

步骤 03 运用【Ctrl+E】组合键填充方法快速分列提取文本,效果如下图所示。最后再做其他格式设置即可。

| | B | C | D | E | F |
|---|---|---|---|---|---|
| 3 | 客户编码 | 客户名称 | 税号 | 地址电话 | 银行账号 |
| 4 | 000502 | ××市××商贸有限公司 | 91510********** | 成都市××区××路**号 028-******** | 中国工商银行股份有限公司××支行 230************** |
| 5 | 000503 | ××市××建筑有限公司 | 91440********** | 广州市××区××路66号 020-******** | 中国农业银行××街支行 22-10************ |
| 6 | 000504 | ××市××科技有限公司 | 91110********** | 北京市××区××路16号 010-******** | 中国建设银行股份有限公司××分行 510************ |
| 7 | 000505 | ××市××旅游有限公司 | 91510********** | 成都市××区××路82号 028-******** | 中国工商银行股份有限公司××路支行 440************ |
| 8 | 000506 | ××市××超市有限公司 | 91430********** | 长沙市××区××街123号 0731-******* | 中国工商银行××路支行231************ |
| 9 | 000507 | ××市××食品有限公司 | 91331********** | 台州市××区××街469号 0576-******* | 邮政储蓄银行××大道支行951************ |
| 10 | 000508 | ××市××体育有限公司 | 91510********** | 成都市××区××路182号 028-******** | 中国建设银行××支行510************ |

> **专家点拨** 导入文件还有两种"偷懒"方式
>
> 导入文件还有两种"偷懒"方式：一是部分外部文件中的数据可以直接全部复制粘贴至 Excel 工作表中；二是直接拖曳文件至工作表窗口中，系统将自动生成一份新的同名 Excel 工作簿。

## 1.2.3 规范格式：让数据处理得心应手

我们运用 Excel 制作各种表格处理海量数据的终极目标是为了提高工作效率并保证工作质量。要真正实现这一目标，就要从制表的每一个细节做起。其中，最重要的一点是首先从表格的布局、格式上对数据进行规范化处理，让数据排列整齐划一，这是制作表格的基本要求。同时，财务人员的工作日常是核算分析，在 Excel 中更多的是运用函数公式进行自动计算。而函数公式对于数据格式的规范要求更加严格，倘若一组数据中某一个数据格式不符合规范，就会导致整体计算结果出错。这一点在 1.2.1 小节的示例文件"×× 公司 2019 年 12 月销售日报表"中已有所体现。因此，规范数据格式对于数据的后续处理至关重要，财务人员应予以高度重视，充分学习并掌握操作方法，才能在后期处理数据时得心应手。那么，在 Excel 中，数据格式有哪些类型呢？应该从哪些方面规范数据格式，其中又有哪些"偷懒"技巧呢？下面介绍相关内容。

**1. 数据格式类型**

数据的格式均通过【设置单元格格式】对话框进行设置。其中，"数字"格式的类型均在打开对话框后默认的【数字】选项卡中，如右图所示。设置格式时，首先选中单元格或单元格区域，通过以下三种方式打开对话框：
（1）按【Ctrl+1】组合键；（2）右击需要设

置格式的单元格或单元格区域中的任一单元格→在弹出的快捷菜单中选择【设置单元格格式】命令；（3）单击【开始】选项卡【单元格】组中的【格式】按钮。

要规范数据格式，首先应对格式的类型及其作用做一个全面了解。下面梳理各种格式类型的特点，以便读者对比学习，快速掌握其中要点，如表 1-4 所示。

表 1-4　各种格式类型的特点

| 数字格式类型 | 特点 | 数字格式简例 |
| --- | --- | --- |
| 常规 | 一般为初始默认类型，无特定格式 | • 输入 123，显示"123"<br>• 输入 123.60，显示"123.6"<br>• 输入 123.685，显示"123.685" |
| 数值 | （1）可设置数字的小数位数并自动四舍五入，输入位数不足的在数字尾部自动补零<br>（2）可添加千分位分隔符<br>（3）可设置 4 种负数格式 | 设置小数位数为"2"，添加千分位分隔符：<br>• 输入 123，显示"123.00"<br>• 输入 1123.6，显示"1,123.60"<br>• 输入 0，显示"0.00"<br>• 输入 -1123.6，可设置显示为"(1,123.60)"、"(1,123.60)"、"1,123.60"、"-1.123.60"、"-1.123.60" |
| 货币 | 与"数值"格式大致相同。不同点：<br>（1）不能添加千分位分隔符<br>（2）可添加各国货币符号 | 设置小数位数为"2"，货币符号为"¥"：<br>• 输入 1123，显示"¥1123.00"<br>• 输入 0，显示"¥0.00"<br>• 输入负数，可显示带"¥"符号的与"数值"格式相同的 4 种格式 |
| 会计专用 | 与"数值"和"货币"格式相同点：<br>（1）可设置小数位数<br>（2）可添加各国货币符号<br>与"数值"和"货币"格式不同点：<br>（1）自动添加千分位分隔符<br>（2）无负数格式选项<br>（3）输入数字"0"的显示方式不同<br>（4）货币符号与数字对齐单元格方式不同 | 设置小数位数为"2"，货币符号为"¥"：<br>• 输入 1123，显示"¥1,123.00"<br>• 输入 -1123，显示"¥-1,123.00"<br>• 输入 0，显示"¥-"<br>• 货币符号自动靠左对齐，数字自动靠右对齐 |
| 日期 | （1）可设置多种日期格式<br>（2）可显示为星期<br>（3）日期中可包含时间<br>（4）可选择国家/地区 | 2019-12-20、2019 年 12 月 20 日、二〇一九年十二月二十日、星期五、周五等 |
| 时间 | （1）可设置多种时间格式<br>（2）可选择国家/地区 | 3:30 PM、15:30:30、15 时 30 分、15 时 30 分 30 秒等 |
| 百分比 | 可设置小数位数，自动添加"%"符号 | • 设置小数位数为"1"，输入 25.55，显示"25.6%"<br>• 设置小数位数为"2"，输入 25.55，显示"25.55%" |
| 分数 | （1）可设置分母位数为 1~3 位数<br>（2）可分别指定分母为 2、4、8、16 | • 设置分母位数为"1"，输入 0.25，显示"1/4"<br>• 设置分母为"8"，输入 0.25，显示"2/8" |
| 科学记数 | （1）可设置小数位数<br>（2）在"常规"状态下输入整数数字超过 11 位将显示科学记数格式 | 设置小数位数为"2"：<br>• 输入 1，显示"1.E+00"<br>• 输入 2.68，显示"3.E+00" |
| 文本 | （1）单元格显示内容与输入内容完全一致<br>（2）输入身份证号码、条形码等位数较多的数字在文本格式中可正常显示<br>（3）公式不能对文本格式的数字进行有效计算 | — |
| 特殊 | 可设置显示固定长度为 6 位的邮政编码、中文小写数字、中文大写数字三种类型 | • 邮政编码：输入 1，显示"000001"<br>• 中文小写数字：输入 123.68，显示"一百二十三.六八"<br>• 中文大写数字：输入 123.68，显示"壹佰贰拾参.陆捌" |
| 自定义 | 可自定义多种格式，配合各种通配符、数字格式进行设置 | • 设置"0.00 元"，输入 123，显示"123.00 元"<br>• 设置"#.## 元"，输入 123，显示"123 元" |

## 2. 自定义格式的"偷懒"妙招

通过表 1-4 可以看到，在 Excel 提供的 12 种格式类型中，除"常规"和"自定义"外，其他类型都有各自特定的格式，在单元格中输入数字后会根据特定格式显示，基本可以满足日常工作需求，但是"偷懒"作用不大。其实对于 Excel 高手而言，真正能够达到"偷懒"的格式是内有乾坤的"自定义"格式。在遵循 Excel 内置格式规则的前提下，用户可充分拓展"偷懒思维"，自行定义任何格式，提高工作效率。

设置自定义格式的操作很简单，打开【设置单元格格式】对话框→在【分类】列表框中选择【自定义】选项→在【类型】列表框中选择内置的自定义格式或在文本框中输入自定义格式代码即可，如右图所示。

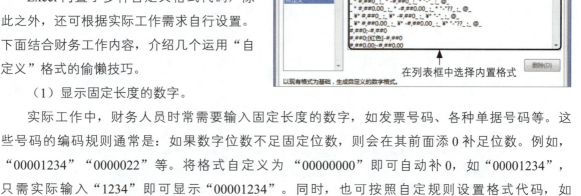

Excel 内置了多种自定义格式代码，除此之外，还可根据实际工作需求自行设置。下面结合财务工作内容，介绍几个运用"自定义"格式的偷懒技巧。

（1）显示固定长度的数字。

实际工作中，财务人员时常需要输入固定长度的数字，如发票号码、各种单据号码等。这些号码的编码规则通常是：如果数字位数不足固定位数，则会在其前面添 0 补足位数。例如，"00001234""0000022"等。将格式自定义为"00000000"即可自动补 0，如"00001234"，只需实际输入"1234"即可显示"00001234"。同时，也可按照自定规则设置格式代码，如"HT-001""HT-002"等，只需设置自定义格式代码为"HT-000"即可。

（2）显示带单位的数字。

财务表格中有时需要在数字后面添加单位，如果在单元格中直接输入"数字 + 文本"，如"10000 元"，那么公式无法根据数字正确计算。而通过自定义格式添加单位则不会对公式计算有任何影响。对比效果如表 1-5 所示，注意区分数字占位符"0.00"和"#"所显示的不同效果。

表 1-5 对比效果

| 项目 | 其他格式 | 自定义格式 | |
|---|---|---|---|
| | 示例 | 示例 | 自定义格式代码 |
| 单价 | 123 元 | 123.00 元 | 0.00 元 |
| 数量 | 10 个 | 10 个 | # 个 |
| 金额 | #VALUE! | 1230.00 元 | 0.00 元 |

（3）设置条件，显示指定文本。

如果需要在表格中频繁输入几个固定的文本，也可以通过自定义格式设置条件，分别指定数字代替输入文本。例如，在右图所示的"发票登记表"中标识发票的类型，包括专用发票、普通发票、无票三种，即可设置自定义格式以数字代替。自定义格式代码为"[=1]专用发票;[=2]普通发票;无票"。

注意这种自定义格式代码的设置规则如下。

① 所设条件和指定显示内容的自定义格式代码为"[ 条件 ] 显示的内容 ; [ 条件 ] 显示的内容 ; 显示的内容"。其中，方括号"[]"除可用于设定条件外，还可指定字体颜色。例如，指定负数显示为红色，非负数显示为蓝色，自定义格式代码为"[ 红色 ][<0];[ 蓝色 ][>=0]"。自定义格式中一共可设置八种颜色，包括红色、洋红、黄色、蓝色、绿色、青色、黑色、白色。

② 最多只能设置 2 组条件，并指定显示 3 项不同的内容。如本例，所设条件和显示内容分别如下：输入数字 1 时，显示"专用发票"；输入数字 2 时，显示"普通发票"；当数字不为 1 或 2 时，显示"无票"。因此，即使本例在 F4 单元格中输入了数字"3"，但事实上只要输入除 1 和 2 外的任何数值，都会显示"无票"。

（4）显示固定文本。

实际工作中，财务人员制作各类表格时，通常都会在标题前面冠以企业名称，或者在标题相同的表格中添加不同的日期。例如，"××市××有限公司销售日报表""××市××有限公司 2019 年 12 月利润表"。这里同样可以充分运用自定义格式偷懒，在固定文本中添加文本占位符"@"或插入日期占位符"yyyy"（年份数）、"m"（月份数）、"d"（日期数）后，只需输入几个关键字，即可显示完整的表格标题，效果如下图所示。

| | A | B | C |
|---|---|---|---|
| 1 | 实际输入内容 | 显示内容 | 格式代码 |
| 2 | 销售日报 | ××市××有限公司销售日报表 | ××市××有限公司@表 |
| 3 | 12-1 | ××市××有限公司2019年12月利润表 | ××市××有限公司yyyy年m月利润表 |

（5）利用特殊符号发挥特殊作用。

自定义格式中，各种符号发挥不同的作用，如前面介绍的"[]""#""@"等。下面再介绍以下三个工作中可运用的特殊符号及其特殊作用，主要包括";;;""aaaa""*"，其作用及效果如下图所示。

| | A | B | C | D | E |
|---|---|---|---|---|---|
| 1 | 格式代码 | 作用 | 实际输入内容 | 显示内容 | |
| 2 | ;;; | 隐藏单元中内容，但编辑栏中会显示 | 1 | | |
| 3 | aaaa | 显示星期数 | 1 | 星期日 | |
| 4 | * | 以单元格列宽为限，重复显示*号之后的字符，直至填满单元格。例如，自定义格式代码为"0*0"，见D4:D9和E4:E9单元格区域因不同列宽所显示的不同效果 | 1 | 1000000000 | 100000000000000000 |
| 5 | | | 12 | 1200000000 | 120000000000000000 |
| 6 | | | 123 | 1230000000 | 123000000000000000 |
| 7 | | | 1234 | 1234000000 | 123400000000000000 |
| 8 | | | 12345 | 1234500000 | 123450000000000000 |
| 9 | | | 123456 | 1234560000 | 123456000000000000 |

> **专家点拨**
>
> "自定义"格式还有很多种精彩的应用方法,本书将在后面章节中充分运用"自定义"格式设置单元格格式,这里不再一一列举。读者也可深入钻研,挖掘出更多的"偷懒"妙招。另外,【设置单元格格式】对话框中还包括【对齐】【字体】【边框】【填充】和【保护】选项卡,主要是对单元格及其数据的外观、工作表数据的安全性等方面进行规范,操作方法都非常简单,需用时在相关选项卡中按需设置即可,这里不再赘述。

### 3. 数据规范技巧

了解了数据格式的各种类型及自定义格式的运用方法后,下面讲解几个快速设置规范格式的实用技巧。

（1）批量设置单元格格式。

财务表格中,几乎 90% 以上数据是数字,因此可以在每次新建工作簿后首先将整个工作表进行批量设置。其中,数字格式通常设置为"数值"或"会计专用",即使后面在单元格中输入日期,Excel 也会智能识别并将单元格格式自动转换为日期格式。如果输入文本字符也不会影响其正常显示。与此同时,批量设置字体、对齐方式等。具体操作方法如下：将光标移至工作表左上角,即行号和列标交叉处的图标上,光标变为"十"字形后单击即可选中整个工作表,再打开【设置单元格格式】对话框进行设置,如右图所示。

完成整个工作表格式设置后,在绘制表格时,注意要合理布局表格和数据排列方式。根据制表习惯,一般布局方式是数据明细纵向排列、数字横向运算。因此,如果需要单独设置某一字段的格式,可单击列标选中整列进行批量设置,如下图所示。

（2）运用格式刷复制粘贴格式。

"格式刷"是用于复制粘贴格式的快捷工具。如果需要将某一单元格或单元格区域,甚至工作表的格式设置为完全相同的格式，就可以使用格式刷快速复制粘贴格式。注意操作时单击和双击“格式刷”会发挥不同作用。

① 单击“格式刷”。

只能进行单次粘贴，主要用于复制粘贴连续的单元格区域。例如，将 A1 单元格的格式复制粘贴至 H1:H4 单元格区域。操作步骤如下。

选中 A1 单元格→单击【开始】选项卡【剪贴板】组中的格式刷按钮→光标变为一个“十”字形和刷子→按住鼠标左键拖曳选中 H1:H4 单元格区域后释放鼠标即可。

如果目标单元格区域地址与被复制的单元格区域的行数和列数相同，那么只需在单击格式刷后，单击一次目标单元格区域的第一个单元格即可。例如，将 A1:A6 单元格区域的格式复制粘贴至 H1:H6 单元格区域，那么只需选中 A1:A6 单元格区域→单击一次格式刷→单击 H1 单元格即可。

② 双击“格式刷”。

双击后即进入“粘贴”状态，可进行多次粘贴。完成粘贴后须按【Esc】键退出“粘贴”模式。主要用于复制粘贴不连续的单元格、单元格区域的格式及其数据。

例如，将 A1:A6 单元格区域的格式复制粘贴至 C1:C6、D1:D8、F1:F10 单元格区域，只需选中 A1:A6 单元格区域→双击格式刷→分别拖曳鼠标选中以上单元格区域→操作完成后按【Esc】键取消即可。

双击格式刷还可用于粘贴单元格中的数据，其作用相当于按【Ctrl+C】和【Ctrl+V】组合键全部复制粘贴。例如，将 A1:A6 单元格区域的格式及数据粘贴至 I1:I6 单元格区域，双击格式刷复制粘贴格式后按【Enter】键即可，同时自动退出“粘贴”状态。

（3）运用“错误检查”工具快速转换格式。

前面讲过，公式无法对文本格式的数字进行正常计算。实际工作中，我们从其他软件、网站导出的 Excel 表格，其中的数字通常就是文本形式存储的。例如，社保官方网站导出的“实缴明细表”，在 I10:K10 单元格区域设置求和公式，由于数字均为文本格式，因此计算结果均为 0，如右图所示。

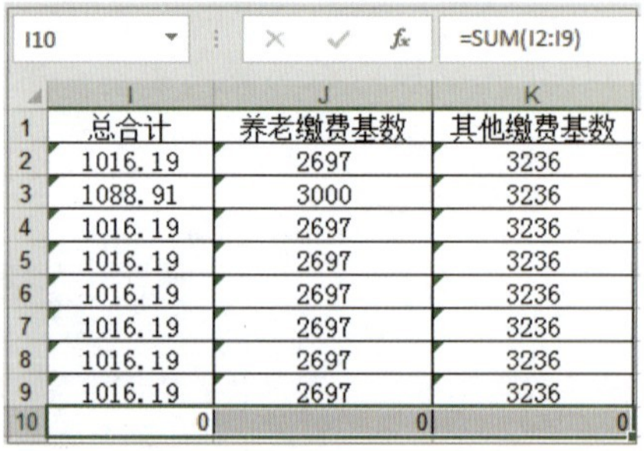


| | I | J | K |
|---|---|---|---|
| 1 | 总合计 | 养老缴费基数 | 其他缴费基数 |
| 2 | 1016.19 | 2697 | 3236 |
| 3 | 1088.91 | 3000 | 3236 |
| 4 | 1016.19 | 2697 | 3236 |
| 5 | 1016.19 | 2697 | 3236 |
| 6 | 1016.19 | 2697 | 3236 |
| 7 | 1016.19 | 2697 | 3236 |
| 8 | 1016.19 | 2697 | 3236 |
| 9 | 1016.19 | 2697 | 3236 |
| 10 | 0 | 0 | 0 |

下面运用“错误检查”将数字的文本格式快速转换为数字格式。选中 I2:K9 单元格区域→可看到单元格右上角显示按钮→单击下拉按钮→在弹出的下拉列表中选择【转换为数字】选项，如左下图所示→此时可看到 I10:K10 单元格区域已计算得出正确结果，如右下图所示。

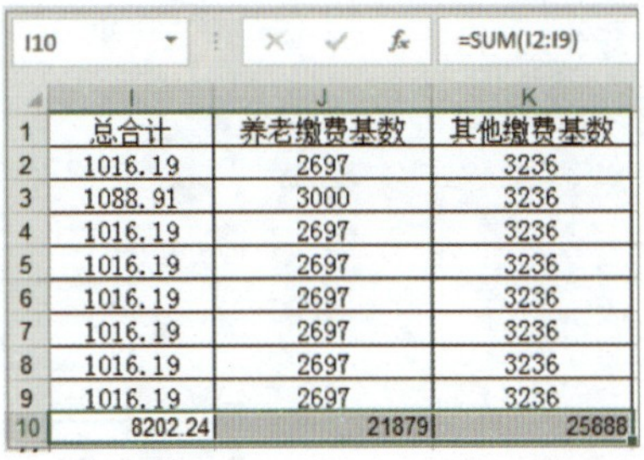

**专家点拨**

如果文本形式的数字所在的单元格区域中，未在单元格左上角标识绿色小三角标记，表明"错误检查"工具未被激活，只需单击【文件】选项卡中的【选项】命令，打开【Excel 选项】对话框→在【公式】选项中选中【错误检查】组中的【允许后台错误检查】复选框即可。

（4）"移花接木"套用格式规范的表格模板。

日常工作中，财务人员除需要处理上面示例文件中所体现出的不规范的数字外，其实还会遭遇到很多从其他软件、网站导出的整体格式都极不规范的 Excel 表格。例如，下图所示表格是从某银行官网中导出的每月一份的交易明细表（其中涉及交易日期、交易金额等均为虚拟内容）。

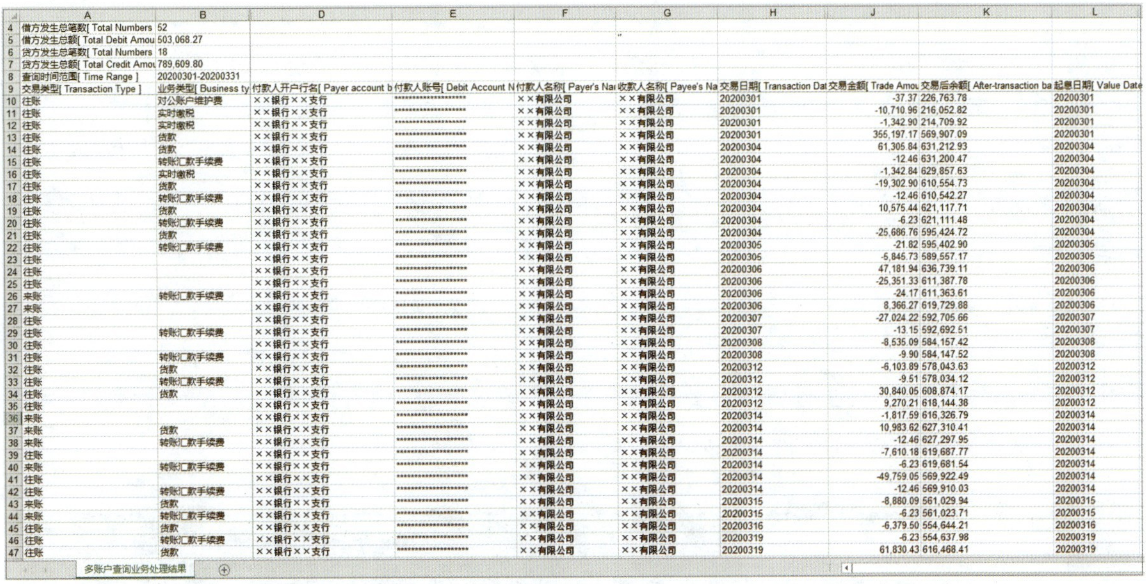

上图所示表格的特点是：字体过小、表格过长、无用的字段内容过多，整体视觉效果凌乱，收入和支出金额列示在同一列中，不便于分项统计。如果每次在原始表格的基础上调整格式，同样是一项耗时费力的工作。其实，对于这类需要定期导出的格式不规范的表格，通常"偷懒"的处理方

法是：预先自制一份表格模板→按照实际工作需求设置字段→并调整好数字格式及其他格式。此后即可每次套用模板，对原始表格进行"移花接木"，以"选择性粘贴 - 数值"的方式将需要的相关数据粘贴至模板表格中，同样可达到快速规范格式的目的。调整后的效果如下图所示。

| | A | B | C | D | E | F |
|---|---|---|---|---|---|---|
| 1 | ××市××有限公司公司银行交易明细 | | | | | |
| 2 | 上期末余额 | 226,801.15 | 银行账户明细所属期间：2020年3月1日-2020年3月31日 | | | |
| 3 | 交易日期 | 收入金额 | 支出金额 | 余额 | 对方户名 | 交易摘要 |
| 4 | 20200301 | - | 37.37 | 226,763.78 | | 对公账户维护费 |
| 5 | 20200301 | - | 10,710.96 | 216,052.82 | 国家金库××市××区支库（代理） | 税款 |
| 6 | 20200301 | - | 1,342.90 | 214,709.92 | 国家金库××市××区支库（代理） | 税款 |
| 7 | 20200301 | 355,197.17 | - | 569,907.09 | ××有限公司 | 货款 |
| 8 | 20200304 | 61,305.84 | - | 631,212.93 | ××有限公司 | 货款 |
| 9 | 20200304 | - | 12.46 | 631,200.47 | | 转账汇款手续费 |
| 10 | 20200304 | - | 1,342.84 | 629,857.63 | 国家金库××市××区支库（代理） | 税款 |
| 11 | 20200304 | - | 19,302.90 | 610,554.73 | ××有限公司 | 货款 |
| 12 | 20200304 | - | 12.46 | 610,542.27 | | 转账汇款手续费 |
| 13 | 20200304 | 10,575.44 | - | 621,117.71 | ××有限公司 | 货款 |
| 14 | 20200304 | - | 6.23 | 621,111.48 | | 转账汇款手续费 |
| 15 | 20200304 | - | 25,686.76 | 595,424.72 | ××有限公司 | 货款 |
| 16 | 20200305 | - | 21.82 | 595,402.90 | | 转账汇款手续费 |
| 17 | 20200305 | - | 5,845.73 | 589,557.17 | 国家金库××市××区支库（代理） | |

## 1.2.4 DIY 工具栏：让"御用"按钮伸手可及

1.1.1 小节向读者展示了 Excel 初始界面的主要框架结构。其中，常用工具都存放在功能区中的各个选项卡中，用户需要展开相应的选项卡，从功能区中寻找到所需工具后，才能使用。但是，这样会给用户带来一定程度上的不便，也会影响工作效率。不过，Excel 是一款非常人性化的智能软件，当然会为用户提供一个能够完美解决这一问题的功能。这就是"自定义快速访问工具栏"（以下简称"工具栏"）。用户可根据自身的操作习惯和喜好，将日常工作中频繁使用的"御用"工具按钮放置在伸手可及的工具栏中，以便快速打开所需工具，提高工作效率。下面介绍 DIY 工具栏的操作步骤。

**步骤01** 将工具栏转移至伸手可及的位置。右击工具栏，在弹出的快捷菜单中选择【在功能区下方显示快速访问工具栏】命令，如左下图所示。

**步骤02** 隐藏功能区可以使工作界面更整洁、更清爽。右击功能区空白处，在弹出的快捷菜单中选择【折叠功能区】命令即可。以上操作完成后，效果如右下图所示。

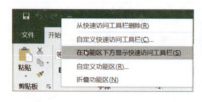

**步骤03** DIY 工具栏。可以通过三种途径将所需工具按钮快速添加至工具栏中。

① 单击工具栏右侧的下拉按钮→在弹出的下拉列表中选择相应的选项即可将按钮添加至工具栏中，如左下图所示。

② 下拉列表中提供的工具按钮有限，如果需要添加其他工具，可展开各个选项卡→在功能区中右击工具按钮→在弹出的快捷菜单中选择【添加到快速访问工具栏】命令即可，如右下图所示。

③ 打开【Excel 选项】对话框，在【快速访问工具栏】选项中进行添加。选中左侧列表中的工具按钮后，单击【添加】按钮即可将其添加至右侧列表（即工具栏）中。如果【常用命令】列表中没有需要的工具按钮，可单击【从下列位置选择命令】下方的下拉按钮，分别选择相应的选项卡或【所有命令】【不在功能区中的命令】选项等，以便在指定范围内寻找所需工具按钮。添加完毕后，单击【自定义快速访问工具栏】列表框右侧的方向按钮，调整工具按钮的排列顺序，最后单击【确定】按钮关闭对话框即可，如下图所示。

另外,还可在【自定义功能区】选项中添加选项卡。这里预先将常用的【帮助】选项卡和后面章节需要使用的【开发工具】选项卡添加至功能区中。

以上操作完成后,工具栏及功能区的最终效果如下图所示。

## 1.2.5 存储定制界面:让个性化设置一劳永逸

Excel 除能够让用户 DIY 工具栏和功能区,打造个性化的工作环境外,还能为用户保存定制的工作界面,可以说将其人性化的特点发挥到了极致。用户首次进行自定义操作,并将所有个性化设置存储后即可一劳永逸,无须再重复操作。此后无论是重新安装 Excel 程序还是在其他计算机中使用 Excel,都可一键导入存储文件。

存储操作非常简便,只需在【Excel 选项】对话框的【自定义功能区】或【快速访问工具栏】选项中单击【导入/导出】按钮→在弹出的下拉列表中选择【导出所有自定义设置】选项,如左下图所示→弹出【保存文件】对话框→单击【保存】按钮将文件存储至目标文件夹中即可,如右下图所示。如需导入自定义设置,即选择【导入/导出】下拉列表中的【导入自定义文件】选项,在目标文件夹中选择已保存的自定义设置文件即可。

**高手自测 1**

在数字的"会计专用"格式中,无法将负数标识为红色。那么,能否通过自定义设置实现?请参考"会计专用"格式按照以下要求进行设置:(1)保留两位小数;(2)数字为0时显示"-",数字为负数时标识为红色;(3)添加千分位分隔符,不添加货币符号。

**高手自测 2**

如果用户自行设置不激活"错误检查"工具,那么有什么其他简便方法能够将文本格式的数字快速转换为数字格式?

## 1.3 反其道而行之:设计表格要有逆向思维

财务人员在创建每一份表格之前,首先一定是明确制表目的,然后构思设计表格的布局。表格布局的内容主要包括字段名称、字段属性(如哪些字段用于列示基础信息,哪些字段用于设置公式进行计算)、字段之间的关系、字段的排列顺序等。那么,怎样才能设计出布局合理的专业表格,这就要求制表者具备一定的逻辑思维,其实这对于思维缜密的专业财务人员而言,自然是轻车熟路。但是,财务人员在设计应用于某些工作情景中的表格时,也应当有意识地去突破固有的逻辑思维习惯,善于"反其道而行之",使用逆向思维导向制表思路,才能制作出能够真正提高工作效率的表格。

### 1.3.1 改变汇总行的位置

日常工作中,财务人员制作的大部分表格都会因为数据量太大而导致超长超宽,例如,各种明细账、销售日报表等。由于很多财务人员早已习惯性地将汇总行设置在表格最末一行或最右一列,这样就会给查看汇总数据带来一丝不便。那么,对于这类表格,财务人员可以启用逆向思维来反思一个问题:如果表格仅供企业内部使用,而不必对外报送,也就无须按照相关部门的制表要求设计表格布局,那么为何不能改变汇总行的位置,将其放置于始终可见之处呢?

例如,在下图所示的"2019年现金日记账"表格中,为了便于按日期分类汇总收入和支出数据,将全年的现金收入和支出明细均列示在这张表格中。

如果按照惯性思维将汇总行设置于远在第 370 行的表格最末行，那么查看汇总数据时就极为不便。下面通过两种方法解决这一问题。

### 1. 将汇总行置于首行

将汇总行设置在表格首行后，再将第 1~4 行冻结，即可始终呈现其中数据。操作步骤如下。

**步骤01** 在 C3 单元格中设置分类汇总公式"=SUBTOTAL(9,C5:C369)"→将公式向右填充至 D3 单元格→在 E3 单元格中设置公式"=B3+C3-D3"，计算余额（关于函数的相关知识，本书将在第 4 章中进行详细讲解）。

**步骤02** 选中 A5 单元格→单击"自定义访问工具栏"中的【冻结窗格】按钮（此按钮在功能区中的位置是【视图】选项卡→【窗口】组）→在弹出的下拉列表中选择【冻结窗格】选项即可，如左下图所示，效果如右下图所示。

### 2. 运用神奇的"照相机"

"照相机"是隐藏在 Excel 中一个神奇的截屏工具。它的神奇之处在于，能够将表格中的任何一部分截取为图片后放置于工作表中的任何位置，并且能在图片中同步"直播"被截取表格部分的

## Chapter 01
### Excel 高手必备的学习思维

数据变化。换言之，运用"照相机"后，即便将汇总数据设置在最末行也能使汇总数据始终可见。操作步骤如下。

在"2019年现金日记账1"表格的第370行添加汇总行→单击"自定义快速访问工具栏"中的【照相机】按钮 📷（此按钮通过【Excel选项】-【快速访问工具栏】-【不在功能区中的命令】进行添加），此时鼠标指针变为"十"字形→按住鼠标左键，在第3行拖曳出一个矩形后释放鼠标即可成功绘制一张汇总行的"照片"，效果如下图所示。

### 1.3.2 两种表格搭配使用

本小节所讲的"两种表格"是指超级表和普通表。1.1.2 小节介绍了超级表的各种"超级"功能，并比较了两种表格的区别和优势。那么，财务人员在实际工作中如何充分利用二者的长处，创建理想的表格呢？其实就是要善于打破只能在两种表格选择其一的惯性思维，将二者巧妙结合，才能把它们的优势发挥到极致。

例如，上级要求财务人员按照以下要求制作"2019年1~12月企业所得税统计表"：（1）表格框架、布局、字段等均由上级确定，不得改变，如下图所示；（2）分月列示所有字段的相关数据；（3）能够使用"切片器"按照月份筛选并分类汇总数据。

从上图中可以看到，表头为两行表头，并且有合并单元格。同时，由于"切片器"只能在超级表中使用，如果要同时满足两行表头、合并单元格和使用切片器的要求，那么就必须将普通表和超

031

级表搭配使用，即表头部分创建普通表，A4:Ll6 单元格区域则创建超级表。具体操作步骤如下。

**步骤01** 首先绘制普通表，设置好格式并填入数据→选中 A4:L16 单元格区域创建超级表，注意在【创建表】对话框中取消选中【表包含标题】复选框，系统自动为超级表添加标题行，字段名称为"列 1，列 2，…，列 12"，如左下图所示。

**步骤02** 将每一字段的标题修改为与普通表相同的名称→隐藏第 4 行→删除原第 17 行的"合计"→选中【表格工具】-【设计】选项卡【表格样式选项】组中的【汇总行】复选框→调整表格样式→单击【插入】选项卡【筛选器】组中的【切片器】按钮→打开【插入切片器】对话框，选中【2019 年】复选框→单击【确定】按钮即可，如右下图所示。

表格最终效果如下图所示。

切片器

## 1.4 三生万物：数据分析要有发散思维

财务的基本工作是数据处理，而工作的重心与核心原则是在做好数据基本处理的基础之上，将隐藏在看似杂乱无章的数据中的信息集中并提炼出来，以揭示数据所反映的内在规律，进一步挖掘数据的内在价值，这就是数据分析。那么，怎样才能对一组或多组数据做出更充分、更透彻的分析？这就需要财务人员保持一种"一生二，二生三，三生万物"的发散性思维，既要善于从不同的思维视角导向分析思路，寻获多种分析方法，也要擅于运用 Excel 中多种强大的数据分析工具来高效率完成这一核心工作。

## 1.4.1 多角度分析一组数据

实际工作中，财务人员往往习惯于运用财务思维对多组数据做比较分析。例如，连续三年相同会计期间的多组数据做环比分析、同比分析；比较财务报表中的各科目数据，以分析各种财务指标；等等。但是，如果只有一组数据应该如何揭示它们的规律、挖掘它们的价值？其实只要充分运用发散思维，就能从中找到更多更好的分析角度。

**2020年1月上旬营业收入日报表**

| 销售日期 | 营业收入 |
|---|---|
| 1月1日 | 53, 969. 76 |
| 1月2日 | 42, 623. 47 |
| 1月3日 | 51, 015. 58 |
| 1月4日 | 44, 962. 04 |
| 1月5日 | 39, 979. 14 |
| 1月6日 | 35, 703. 79 |
| 1月7日 | 49, 887. 70 |
| 1月8日 | 47, 181. 27 |
| 1月9日 | 50, 485. 71 |
| 1月10日 | 38, 648. 52 |
| 合计 | 454, 456. 98 |

例如，右图所示的“2020 年 1 月上旬营业收入日报表”中列示了 1~10 日的一组营业收入数据，请思考可以从哪些角度对这 10 个数字做出分析。至少可以从以下几个角度来分析。

（1）比重：即每日的营业收入占 1~10 日总收入的比重。分析得出结果后，可从中发现营业收入的日期对收入高低的影响。

（2）环比增长额 / 率：即与前一日相比，每日增长（或下降）的金额与比率，不仅能够反映当前营业收入的发展趋势规律，还可以帮助分析者结合每日所发生的各种外在和内在因素，找出营业收入增长或下降的原因，以预测后期的营业收入状况。

（3）高于（或低于）日均收入额与比率：即每日的收入额比 1~10 日的日平均收入高于或低于多少金额及比率，可以辅助分析收入增加或下降的原因。

（4）收入排名：反映 1~10 日的营业收入高低排位，能够更直观地体现出日期与营业收入高低的内在联系。

（5）最高 / 最低收入：标识 1~10 日中的最高和最低营业收入额，同样有助于分析营业收入高低的原因。

运用 Excel 中的各种函数设置运算公式，可以快速得到上述一组数据的多角度分析结果，效果如下图所示。

**2020年1月上旬营业收入日报表**

| 销售日期 | 营业收入 | 比重 | 环比增长/下降额 | 环比增长/下降率 | 高/低于日均收入额 | 高/低于日均收入比率 | 收入排名 | 最高收入额 | 最低收入额 |
|---|---|---|---|---|---|---|---|---|---|
| 1月1日 | 53, 969. 76 | 11. 88% | – | – | 8, 524. 06 | 18. 76% | 1 | √ | – |
| 1月2日 | 42, 623. 47 | 9. 38% | -11, 346. 29 | -21. 02% | -2, 822. 23 | -6. 21% | 7 | – | – |
| 1月3日 | 51, 015. 58 | 11. 23% | 8, 392. 11 | 19. 69% | 5, 569. 88 | 12. 26% | 2 | – | – |
| 1月4日 | 44, 962. 04 | 9. 89% | -6, 053. 54 | -11. 87% | -483. 66 | -1. 06% | 6 | – | – |
| 1月5日 | 39, 979. 14 | 8. 80% | -4, 982. 90 | -11. 08% | -5, 466. 56 | -12. 03% | 8 | – | – |
| 1月6日 | 35, 703. 79 | 7. 86% | -4, 275. 35 | -10. 69% | -9, 741. 91 | -21. 44% | 10 | – | √ |
| 1月7日 | 49, 887. 70 | 10. 98% | 14, 183. 91 | 39. 73% | 4, 442. 00 | 9. 77% | 4 | – | – |
| 1月8日 | 47, 181. 27 | 10. 38% | -2, 706. 43 | -5. 43% | 1, 735. 57 | 3. 82% | 5 | – | – |
| 1月9日 | 50, 485. 71 | 11. 11% | 3, 304. 44 | 7. 00% | 5, 040. 01 | 11. 09% | 3 | – | – |
| 1月10日 | 38, 648. 52 | 8. 50% | -11, 837. 19 | -23. 45% | -6, 797. 18 | -14. 96% | 9 | – | – |
| 合计 | 454, 456. 98 | 100. 00% | – | – | – | – | – | – | – |

## 1.4.2 多维度分析多组数据

既然在一组数据中能够挖掘到多个分析角度,那么在多组数据中,除可从不同角度对其中每一组数据进行分析外,更能够通过多种维度对多组数据做出分析。

例如,下图所示的"职工季度销售业绩报表"中,包含了多组数据。表格本身是从职工和时间维度统计了每位职工在每一季度中的业绩。

| 职工姓名 | 销售部门 | 第一季度 | 第二季度 | 第三季度 | 第四季度 | 合计 |
|---|---|---|---|---|---|---|
| 职工01 | 销售四分部 | 225,663.36 | 432,521.44 | 376,105.60 | 122,028.81 | 1,156,319.21 |
| 职工02 | 销售三分部 | 353,539.27 | 557,889.99 | 282,079.20 | 153,576.45 | 1,347,084.91 |
| 职工03 | 销售二分部 | 300,884.49 | 564,158.41 | 313,421.34 | 488,937.29 | 1,667,401.53 |
| 职工04 | 销售四分部 | 250,737.07 | 438,789.87 | 75,221.12 | 438,150.22 | 1,202,898.28 |
| 职工05 | 销售一分部 | 351,031.90 | 282,079.20 | 156,710.67 | 294,616.06 | 1,084,437.83 |
| 职工06 | 销售一分部 | 438,789.87 | 313,421.34 | 200,589.66 | 161,725.41 | 1,114,526.28 |
| 职工07 | 销售四分部 | 263,273.93 | 376,105.60 | 407,447.74 | 172,747.25 | 1,219,574.52 |
| 职工08 | 销售三分部 | 200,589.66 | 75,221.12 | 413,716.17 | 401,304.68 | 1,090,831.63 |
| 职工09 | 销售四分部 | 300,884.49 | 488,937.29 | 282,079.20 | 200,589.66 | 1,272,490.64 |
| 职工10 | 销售二分部 | 614,305.83 | 225,663.36 | 338,495.04 | 409,275.33 | 1,587,739.56 |
| | 合计 | 3,299,699.87 | 3,754,787.62 | 2,845,865.74 | 2,842,951.16 | 12,743,304.39 |

除此之外,至少还可再从以下维度对上面的数据进行分析。

(1)从销售部门和时间维度汇总分析所有职工在第一至第四季度的销售业绩,如左下图和右下图所示。

| 销售部门 | 第一季度 | 第二季度 | 第三季度 | 第四季度 | 合计 |
|---|---|---|---|---|---|
| 销售一分部 | 789821.77 | 595500.54 | 357300.33 | 456341.47 | 2198964.11 |
| 销售二分部 | 915190.32 | 789821.77 | 651916.38 | 898212.62 | 3255141.09 |
| 销售三分部 | 554128.93 | 633111.11 | 695795.37 | 554881.13 | 2437916.54 |
| 销售四分部 | 1040558.85 | 1736354.2 | 1140853.66 | 933515.94 | 4851282.65 |
| 合计 | 3299699.87 | 3754787.62 | 2845865.74 | 2842951.16 | 12743304.39 |

| 销售部门 | 销售一分部 | 销售二分部 | 销售三分部 | 销售四分部 | 合计 |
|---|---|---|---|---|---|
| 第一季度 | 789821.77 | 915190.32 | 554128.93 | 1040558.85 | 3299699.87 |
| 第二季度 | 595500.54 | 789821.77 | 633111.11 | 1736354.2 | 3754787.62 |
| 第三季度 | 357300.33 | 651916.38 | 695795.37 | 1140853.66 | 2845865.74 |
| 第四季度 | 456341.47 | 898212.62 | 554881.13 | 933515.94 | 2842951.16 |
| 合计 | 2198964.11 | 3255141.09 | 2437916.54 | 4851282.65 | 12743304.39 |

(2)从销售部门和职工的维度汇总分析第一至第四季度的销售业绩,如下图所示。

| 销售部门 | 职工01 | 职工02 | 职工03 | 职工04 | 职工05 | 职工06 | 职工07 | 职工08 | 职工09 | 职工10 | 合计 |
|---|---|---|---|---|---|---|---|---|---|---|---|
| 销售一分部 | - | - | - | - | 1,084,437.83 | 1,114,526.28 | - | - | - | - | 2,198,964.11 |
| 销售二分部 | - | - | 1,667,401.53 | - | - | - | - | - | - | 1,587,739.56 | 3,255,141.09 |
| 销售三分部 | - | 1,347,084.91 | - | - | - | - | - | 1,090,831.63 | - | - | 2,437,916.54 |
| 销售四分部 | 1,156,319.21 | - | - | 1,202,898.28 | - | - | 1,219,574.52 | - | 1,272,490.64 | - | 4,851,282.65 |
| 合计 | 1156319.21 | 1347084.91 | 1667401.53 | 1202898.28 | 1084437.83 | 1114526.28 | 1219574.52 | 1090831.63 | 1272490.64 | 1587739.56 | 12,743,304.39 |

在 Excel 中,对多组数据进行多维度分析,这是数据透视表工具的看家本领,本书将在第 2 章中详细介绍数据透视表的运用方法。

## 高手神器 1:Excel 内置模板——快速掌握基础的学习教程

Excel 2016 在旧版的基础上新增了多种内置模板。其中,最受欢迎的是几种"教程"类模板,

> Chapter 01
> Excel 高手必备的学习思维

例如,"欢迎使用 Excel""公式教程""数据透视表教程"等。每一个模板中的示例都图文并茂地向用户介绍相关基础知识,是用户快速入门并掌握 Excel 基础的最佳实用工具。下面以"欢迎使用 Excel"模板为例,介绍调用 Excel 内置模板的操作步骤。

**步骤01** 打开任何一个 Excel 工作簿→单击【文件】选项卡后即可看到窗口中已经列示出如下图所示的几种教程模板。

**步骤02** 单击"欢迎使用 Excel"模板后弹出对话框→单击【创建】按钮即可生成一个新的工作簿,其中包含数个工作表,分别介绍了"添加""填充""拆分""转置""排序和筛选""表格""下拉列表""分析""图表"和"数据透视表"等 10 种基础功能操作方法,如下图所示。

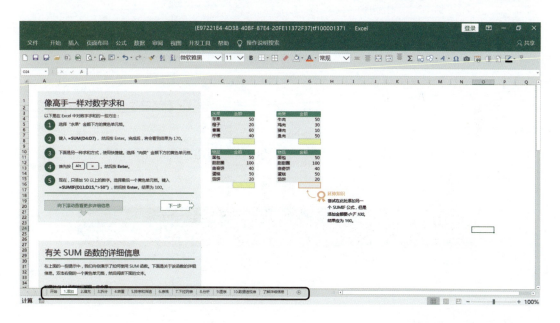

## 高手神器 2:E 灵——富有灵气的 Excel 插件

E 灵是一款用于强化 Excel 功能、简化具体操作流程、提升制表速度的 Excel 插件工具。E 灵集中了多种类型的工具,包括日期工具、报表批处理工具、合并工具、财务工具、图片工具、重复值工具、文件处理工具、打印工具、函数工具等,共有 200 多种功能,其中很多功能都是颇具特色,灵气十足,完全能够弥补 Excel 中的短板,满足用户日常工作需求。下面简要介绍其中两个特色功能。

### 1. 文件管理

文件管理是 E 灵中最具特色的功能之一。下载安装 E 灵后开启 Excel，即可看到【- E 灵 -】选项卡已经被加载至功能区中。同时，【文件管理】任务窗格已自动打开，并在其中显示日历，方便用户快速查询日期和管理工作簿。例如，"工作簿列表"中列示了所有打开的 Excel 工作簿，只需单击目标工作簿即可一键切换。单击【保存所有】【保存关闭】或【关闭所有】按钮也可批量操作所有工作簿，如下图所示。

通过【文件管理】任务窗格还能快速搜索并打开计算机中的文件和备份文件。例如，打开 F 盘中的"公司明细账"工作簿，只需切换至【搜索文件】选项卡，在【盘符】下拉列表中选择【F:】选项→在【包含】文本框中输入关键字"明细账"即可→搜索完成后将列示出指定盘符中所有包含关键字的文件→单击文件，列表下方显示指定文件的完整存储路径，双击则可快速打开文件（不能打开其他类型的文件），如下图所示。

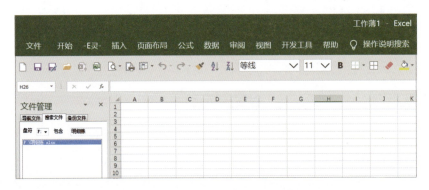

如需备份文件，切换至【备份文件】选项卡根据提示操作即可。

### 2. 财务工具箱

财务工具箱中包含了多种财务工作上的实用工具，都是专为财务人员量身打造。单击【- E 灵 -】

选项卡中的【财务工具箱】按钮,即可看到下拉列表中的各种功能选项,如下图所示。操作方法也非常简便,选择相应选项,根据对话框提示操作即可。

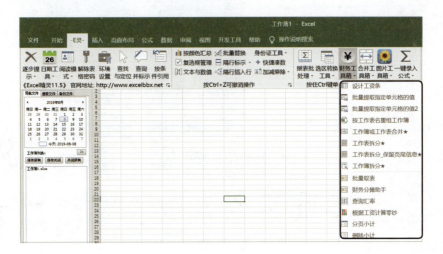

# 02 Chapter

## 工欲善其事，必先利其器
## ——高手必知必会的实用工具

---

财务人员要精进 Excel 技术，成为效率高手，首先必须掌握 Excel 中的一系列实用工具，"工欲善其事，必先利其器"，熟练掌握好相关技术，做到运用自如，驾轻就熟，才能在实际工作中，面对成千上万条数据时，游刃有余地解决各种难题。

### 请带着下面的问题走进本章

（1）财务的工作日常就是处理大量数据，却经常因意外而丢失工作成果，如何才能保障其安全？

（2）原始数据是财务核算的重要依据，如何规范整理原始数据，保障后续核算结果精确无误？

（3）财务数据不计其数，如何才能在海量数据中迅速准确地找出目标数据？

（4）财务需要从不同角度分析数据，有什么简单实用的工具能够快速准确地完成数据分析工作？

## 2.1 数据千万条，安全第一条：保障工作成果安全的工具

实际工作中，相信财务人员都曾遭遇过如此窘境：处理好的数据，却时常因断电、电脑死机等意外因素而功亏一篑，痛心疾首之余不得不重整思路，重新再做；录入好的重要数据，设置好的运算公式，却因自己的一时疏忽出现手误而被修改或删除，导致后续核算出错，只能从头追查错误；等等。

所以，财务人员每天处理大量数据，首先要懂得运用各种工具保护好自己的工作成果，才能从容不迫地做好后续工作，也才能真正提高工作效率。

### 2.1.1 自动保存海量数据不被丢失

Excel 文件主要有以下三种手动保存的方法，如下图所示。

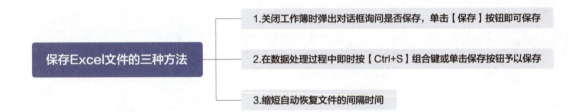

以上保存 Excel 文件的操作虽然都是举手之劳，但是如果出现意外，用第一种方法为时已晚。而第二种方法又容易被没有养成保存习惯的财务人员忘记。

其实，很多财务人员不知道 Excel 中还具备了第三种保存文件的方法，即自动恢复文件功能，用户可以自行设置自动恢复的间隔时间，当发生意外时，即使尚未手动保存，也能够将损失降到最低。操作步骤如下。

**步骤01** 打开"同步学习文件\素材文件\第 2 章\增值税统计表.xlsx"文件→打开【Excel 选项】对话框→单击左侧列表框中的【保存】选项，默认设置如右图所示。

步骤02 Excel默认【保存自动恢复信息时间间隔】为10分钟,将时间修改为系统允许设置的最短时间,即1分钟→单击【确定】按钮即可。其他选项,如【自动恢复文件位置】【默认本地文件位置】等设置,如无特殊要求,建议维持原状,不做修改。

下面测试效果。

在表格区域中对数据任意做一些修改,修改后如左下图所示→不关闭工作簿,也不做保存操作,重启电脑后再次打开,Excel即列示出自动恢复的文件列表并已注明自动恢复的时间→单击最近时间恢复的文件,即可打开之前未被保存的工作表,如右下图所示→按照系统提示保存文件即可。

## 2.1.2 加密保护机密文件不被窥视

财务数据是高度商业机密,任何一家企业都不会允许无关人员随意查看。因此,财务人员也应格外重视,注意对储存重要财务数据的Excel工作簿进行加密保存,以免被别有用心之人窥视。操作步骤同样很简单,三步即可。

步骤01 打开"同步学习文件\素材文件\第2章\收支核算表.xlsx"文件→单击【文件】选项卡中的【信息】命令→单击【保护工作簿】按钮,在弹出的下拉列表中选择【用密码进行加密】选项,如右图所示。

## Chapter 02
### 工欲善其事，必先利其器——高手必知必会的实用工具

**步骤02** 弹出【加密文档】对话框，在【密码】文本框中输入数字、字母，或者"数字＋字母"形式的密码，如"123456"→单击【确定】按钮，如左下图所示。

**步骤03** 弹出【确认密码】对话框，在【重新输入密码】文本框中输入相同的密码→单击【确定】按钮，如右下图所示。

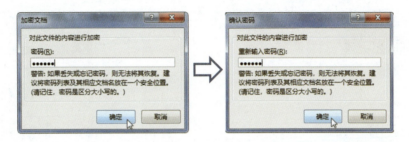

保存并关闭工作簿后，重新打开该文件，就会弹出【密码】对话框，此时输入正确密码才能打开工作簿。

## 2.1.3 隐藏保护重要公式不被修改

财务人员制作的工作表中通常设置了大量的重要公式，在 Excel 的默认设置下，单元格公式会显示在编辑栏中。如下图所示，表格中灰色区域部分的所有单元格全部设置了公式，单击其中任一单元格，如 B4 单元格，编辑栏即显示其中公式内容。

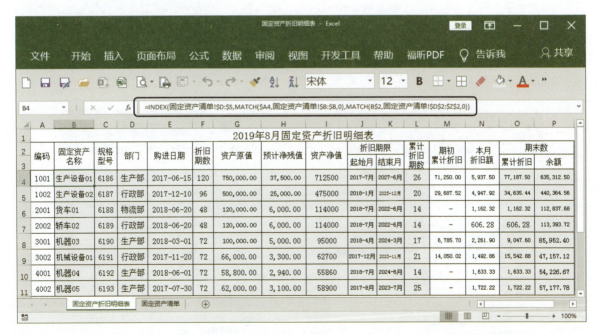

财务人员因工作需要将表格报送至其他部门查阅时，如果不想让他人查看计算过程或为防止他人擅自修改公式，可以将公式隐藏，使其只在单元格中显示计算结果，而公式内容则不会显示在编

041

辑栏中。操作步骤如下。

**步骤01** 按住【Ctrl】键不放→选择包含公式的B4:L11与O4:P11单元格区域→打开【设置单元格格式】对话框→切换至【保护】选项卡→Excel已默认选中【锁定】复选框，这里补充选中【隐藏】复选框→单击【确定】按钮，如下图所示。

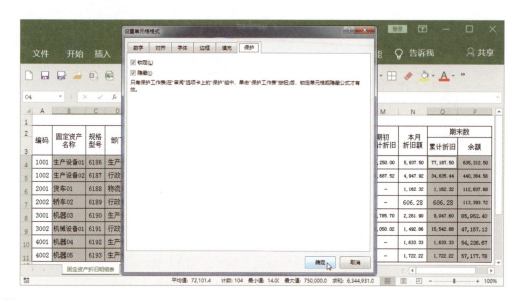

**步骤02** 单击【审阅】选项卡中的【保护工作表】按钮，打开【保护工作表】对话框→在【取消工作表保护时使用的密码】文本框中输入密码，如"123"→在【允许此工作表的所有用户进行】列表框中按照自己的需求选中其中复选框（【选定锁定单元格】和【选定未锁定的单元格】为默认选中，可以自行取消选中）→单击【确定】按钮→弹出【确认密码】对话框，在【重新输入密码】文本框中再次输入密码"123"→单击【确定】按钮，如下图所示。

步骤 03 返回工作表,单击任一包含公式的单元格,如 B4 单元格,即可看到编辑栏中不再显示公式,如下图所示。

[表格图片]

**专家点拨** 被锁定和隐藏的区域同时也不能被编辑

双击单元格时,将弹出对话框,提示取消保护工作表后才能做修改。取消保护工作表的操作是:单击【审阅】选项卡中的【撤销工作表保护】选项,输入密码即可。

**高手自测 3**

如果设定了工作表保护,但是需要他人帮助设置格式,应该如何设置呢?

## 2.2 数据千万条,规范最重要:规范数据格式的工具

前面讲过,财务人员运用 Excel 核算数据更多的是通过函数公式自动计算,而函数公式对于数据的规范性要求非常严格。在千万条数据中,任何一个数据格式不合要求,公式运算都会出现错误,甚至导致整体核算结果千差万错。所以,财务人员在核算处理数据之前最重要的一步就是要确保原始数据格式符合规范,符合后续核算要求。第 1 章已经介绍过对于一些虽不规范,但比较简单

的数据格式，可运用部分基础功能进行规范，如利用【设置单元格格式】对话框批量整理数据格式的基本方法。本节针对几类既不规范且相对复杂的数据格式，介绍 Excel 中两个更为"高端"的规范格式的实用工具。

## 2.2.1 数据分列：将同列数据分门别类

数据分列工具的主要功能就是将同一单元格中，不同类别的数据，分门别类地按指定格式快速拆分至数列中，以满足财务核算要求。根据原始数据的不同类型和格式，数据分列主要有两种方式，分别适用不同的情形，如下图所示。

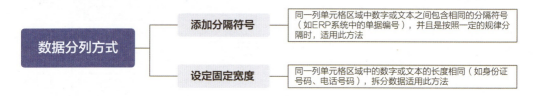

下面通过三个示例介绍数据分列的运用方法。

### 1. 根据分隔符号拆分数据

如下图所示，B2:B9 单元格区域中的数据是从 ERP 系统中导出的按销售单据统计的毛利报表中的部分单据编号。首先明确编号规则，如 B2 单元格中的"XS-20190701-1907001"，其中字母"XS"和"XT"代表单据类别，含义分别为"销售单"和"退货单"，"20190701"代表销售日期为 2019 年 7 月 1 日，而"1907001"才是真正的单据顺序编号。

为了便于后期根据单据类别、销售日期统计分析销售毛利数据，需要将原始单据编号分为 3 列。操作步骤如下。

**步骤01** 选中 B2:B9 单元格区域→单击【数据】选项卡【数据工具】组中的【分列】按钮，打开【文本分列向导 - 第 1 步，共 3 步】对话框→Excel 默认【分隔符号】为分列的标准，此时直接单击【下一步】按钮即可，如左下图所示。

步骤02 在【文本分列向导-第2步，共3步】对话框中选中【分隔符号】列表框中的【其他】复选框→并在文本框中输入符号"-"（单据编号中的符号）→单击【下一步】按钮，如右下图所示。

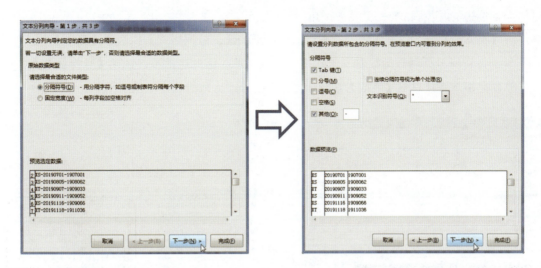

步骤03 在【文本分列向导-第3步，共3步】对话框的【列数据格式】中选择指定的格式，这里默认为"常规"格式→若需保留原始数据，应将数据分列到其他列→单击【目标区域】文本框，选中工作表中的C2:E9单元格区域，此时可在【数据预览】框中看到分列效果→单击【完成】按钮，如左下图所示，效果如右下图所示。

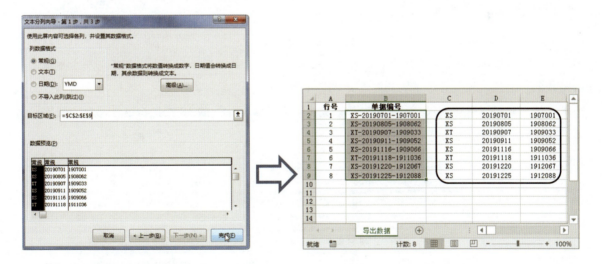

## 2. 快速转换数据格式

需要注意的是，上例分列而成的D列中的数据虽然代表日期，但不会被Excel识别为真正的日期格式，因此可再次运用分列工具快速将其转换为名副其实的日期格式。这里指定日期格式为"yyyy-m-d"，操作步骤如下。

步骤 01 选中 D2:D9 单元格区域→打开【文本分列向导 - 第1步，共3步】对话框→直接单击【下一步】按钮。

步骤 02 与前例中的【步骤2】完全相同，这里不再赘述。

步骤 03 在【文本分列向导 - 第3步，共3步】对话框的【列数据格式】中选中【日期】-【YMD】单选按钮→分列后原始数据已无作用，无须保留，因此这里不必修改【目标区域】中的默认单元格→直接单击【完成】按钮，如左下图所示，效果如右下图所示。

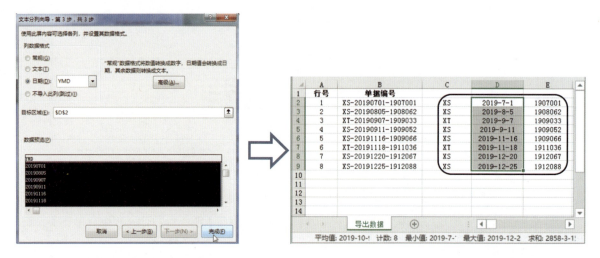

## 3. 按照固定宽度拆分数据

如果同一列数据中，需要拆分的字符串长度相同，则可以选择按照"固定宽度"来拆分数据。如下图所示的"人员信息"工作表，财务人员都非常熟悉，是从税务机关官方提供的用于申报个人所得税的"自然人税收管理系统扣缴客户端"中导出的人员信息采集模板。表格中要求填报的人员基本信息都需要手动录入，但是出生日期完全可以从长度相同的18位身份证号码中快速提取出来。下面演示操作步骤。

步骤 01 选中身份证号码所在的 D2:D9 单元格区域→打开【文本分列向导 - 第1步，共3步】对话框→选中【固定宽度】单选按钮→单击【下一步】按钮，如左下图所示。

► Chapter 02
工欲善其事，必先利其器——高手必知必会的实用工具

步骤02 在【文本分列向导 - 第2步，共3步】对话框的【数据预览】框中依次单击身份证号码的第6位和第7位之间及第14位和第15位之间的位置，建立分列线→单击【下一步】按钮，如右下图所示。

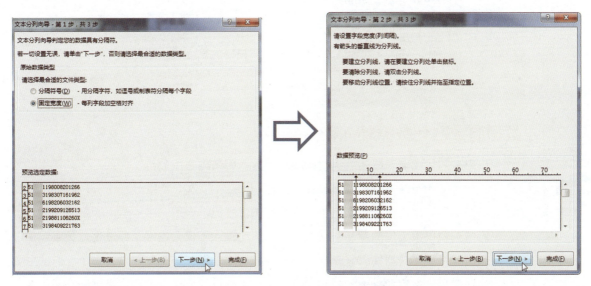

步骤03 在【文本分列向导 - 第3步，共3步】对话框的【数据预览】框中选择第1列，选中【不导入此列(跳过)】单选按钮→再选择第3列，再次选中【不导入此列(跳过)】单选按钮，如左下图所示→选择第2列，选中【日期】-【YMD】单选按钮→在【目标区域】文本框中设置分列的出生日期放置的起始单元格G2→单击【完成】按钮，如右下图所示。

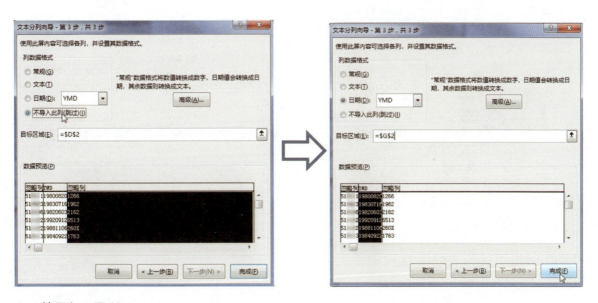

效果如下图所示。

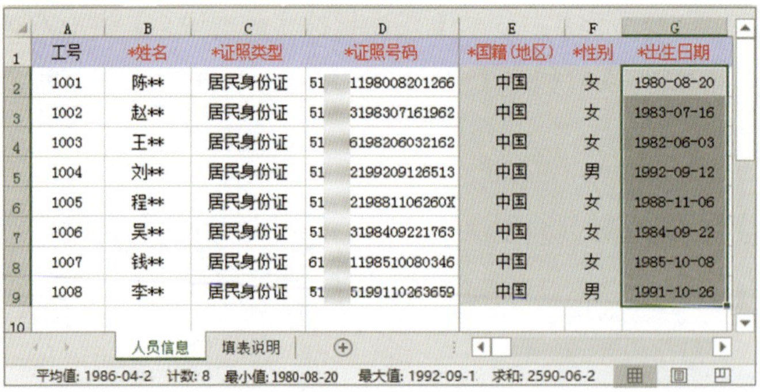

| | A | B | C | D | E | F | G |
|---|---|---|---|---|---|---|---|
| 1 | 工号 | *姓名 | *证照类型 | *证照号码 | *国籍(地区) | *性别 | *出生日期 |
| 2 | 1001 | 陈** | 居民身份证 | 51 1198008201266 | 中国 | 女 | 1980-08-20 |
| 3 | 1002 | 赵** | 居民身份证 | 51 3198307161962 | 中国 | 女 | 1983-07-16 |
| 4 | 1003 | 王** | 居民身份证 | 51 6198206032162 | 中国 | 女 | 1982-06-03 |
| 5 | 1004 | 刘** | 居民身份证 | 51 2199209126513 | 中国 | 男 | 1992-09-12 |
| 6 | 1005 | 程** | 居民身份证 | 51 219881106260X | 中国 | 女 | 1988-11-06 |
| 7 | 1006 | 吴** | 居民身份证 | 51 3198409221763 | 中国 | 女 | 1984-09-22 |
| 8 | 1007 | 钱** | 居民身份证 | 61 1198510080346 | 中国 | 女 | 1985-10-08 |
| 9 | 1008 | 李** | 居民身份证 | 51 5199110263659 | 中国 | 男 | 1991-10-26 |
| 10 | | | | | | | |

人员信息　填表说明

平均值: 1986-04-2　计数: 8　最小值: 1980-08-20　最大值: 1992-09-1　求和: 2590-06-2

## 2.2.2 数据验证：让数据输入循规蹈矩

实际工作中，财务人员在输入原始数据时需要频繁输入相同内容的数据，例如，记录费用明细时通常要输入部门名称、费用类别等，以便后续进行分类汇总和分析费用分布情况。再如，2.2.1小节示例的“人员信息”表中，要求输入每位人员的身份证号码，必须一字不差，否则无法通过官方系统比对，将影响纳税申报工作的顺利进行。但是，手动输入不仅会拖慢工作进度，更难以保证数据的准确性。这时就需要“数据输入督查员”——“数据验证”工具来助一臂之力了。它的主要功能是用户可以通过它预先设定数据输入规则，在实际输入数据时必须遵循自定义规则，若不经意“违规”输入数据，它就会立即发出提醒、警告信息甚至阻止继续输入，以确保数据准确无误。【数据验证】对话框中包含“设置”“输入信息”“出错警告”“输入法模式”四个选项卡，各选项卡都具备了不同的功能，如下图所示。

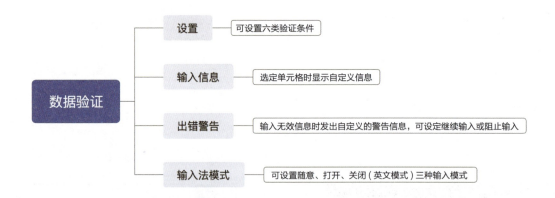

下面根据财务数据特点，通过三个示例介绍“数据验证”工具的常用方法。

### 1. 制作下拉列表快速准确地输入数据

下图所示为未输入“所属部门”“费用项目”“费用归集”数据前的“××公司费用记录表”。后期需要分别按“所属部门”“费用项目”“费用归集”统计分析费用分布情况，因此输入数据时必须保证内容一致、准确，可运用"数据验证"工具中的"序列"功能制作下拉列表，输入时直接从中选取数据，既快速，又准确。

具体操作步骤如下。

**步骤01** 新增工作表，命名为"序列"→分别设置所属部门、费用项目、费用归集的数据序列，如左下图所示。

**步骤02** 切换至"费用记录表"工作表→选中需要设置"所属部门"数据序列的C3:C12单元格区域→单击【数据】选项卡【数据工具】组中的【数据验证】按钮，如右下图所示。

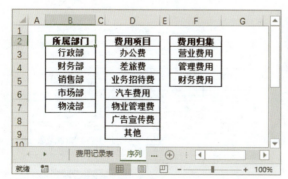 

**步骤03** 弹出【数据验证】对话框→在【设置】选项卡中的【验证条件】下的【允许】列表框中选择【序列】选项，Excel已默认选中【忽略空值】和【提供下拉箭头】复选框→在【来源】文本框中输入之前设置的"所属部门"序列数据所在区域"=序列!$B$3:$B$7"→单击【确定】按钮，如左下图所示。或者单击【来源】文本框，用鼠标切换至"序列"工作表并拖曳鼠标选中该区域。

**步骤04** 返回"费用记录表"工作表→单击C3:C12单元格区域中任意单元格右下角的下拉按钮，在弹出的下拉列表中可看到序列数据，选择对应部门即可，如右下图所示。

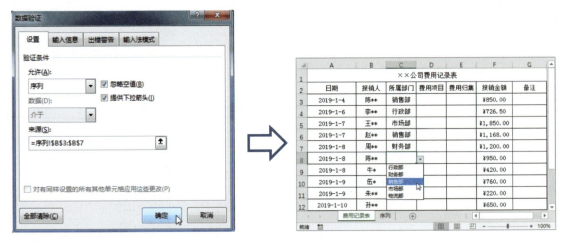

"费用项目"和"费用归集"按相同方法制作下拉列表。

> **专家点拨**
>
> "序列"来源既可以设置为序列数据所在的区域，也可以在数据序列数量较少且固定不变时，直接输入数据序列名称，但要注意直接输入时不得输入符号"="，同时数据之间必须添加英文逗号","以作间隔。例如，"费用归集"是指将各种费用归集为财务范畴专指的"期间费用"，包括"营业费用""管理费用""财务费用"三类，可在【来源】文本框中直接输入序列名称，如左下图所示，效果如右下图所示。

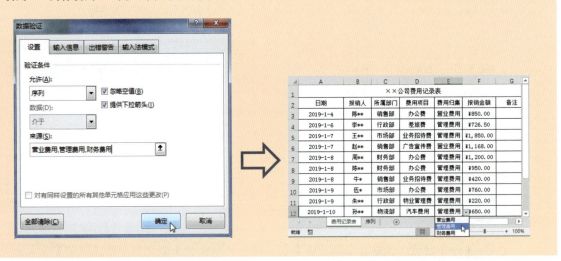

### 2. 限定文本长度防止数据多位或少位

限定文本输入长度，是"数据验证"工具中的另一大特色功能，在实际工作中发挥着极大的作用，尤其是在输入人员信息中的身份证号码、手机号码等有着固定长度的文本数据时更是功不可没，可有效防止手动输入号码位数多位或少位。下面仍以税务机关提供的"人员信息"模板为例，运用"数据验证"工具限定身份证号码位数，同时添加同步提示信息并设置输入错误时的警告信息。具体操作步骤如下。

**步骤01** 打开"同步学习文件\素材文件\第2章\人员信息1.xlsx"文件→选中身份证号码所在的单元格区域D2:D9→打开【数据验证】对话框→在【设置】选项卡下的【允许】列表框中选择【文本长度】选项→在【数据】列表框中选择【等于】选项→在【长度】文本框中输入身份证号码的固定位数"18",如左下图所示。

**步骤02** 切换至【输入信息】选项卡→Excel默认选中【选定单元格时显示输入信息】复选框→在【标题】和【输入信息】文本框中分别输入自定义的提示信息,如右下图所示。

**步骤03** 切换至【出错警告】选项卡→Excel已默认选中【输入无效数据时显示出错警告】复选框→【样式】列表框中包括"停止""警告""信息"三种,Excel默认为"停止"样式,此例不做改动→在【标题】和【错误信息】文本框中分别输入自定义信息→单击【确定】按钮,如左下图所示。

**步骤04** 返回工作表,单击D2:D9单元格区域中的任意单元格,可看到提示信息,如右下图所示。

**步骤05** 在D2:D9单元格区域中的任意单元格的身份证号码中增加或删除一个数字并按【Enter】键,

可看到弹出对话框，显示自定义警告信息，如下图所示。

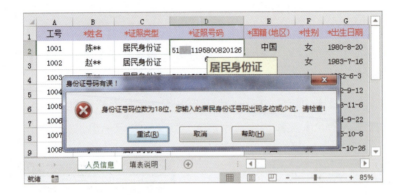

**专家点拨**

本例适用的出错警告样式为"停止"，数据输入错误时将被强制停止输入，单击【重试】按钮将持续弹出对话框。只有单击【取消】按钮，将数据修改正确后方可继续输入。如果设置为"警告"或"信息"则仅弹出对话框予以提示，但是仍然可以继续输入，因而错误依然容易被忽略。实际工作中，应根据不同的工作情形和工作需求设定样式。

### 3. 添加标识圈快速圈定目标数据

这一功能的主要作用是在已经输入完成的数据组中，根据设定的"数据验证"条件圈出"无效"数据。或者将【出错警告】中的【样式】设定为"警告"或"信息"，并输入数据后，添加标识圈才有意义（若设定为"停止"样式，无法输入无效数据）。

打开"同步学习文件\素材文件\第2章\人员信息2.xlsx"文件，如下图所示，根据出生日期可预知人员中有"80后"和"90后"，下面我们将圈释出"90后"的出生日期。

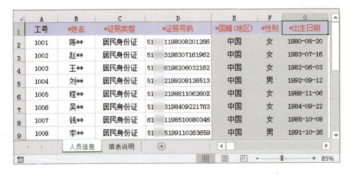

具体操作步骤如下。

**步骤01** 选中 D2:D9 单元格区域→打开【数据验证】对话框→在【设置】选项卡下的【允许】列表框中选择【日期】选项→ Excel 默认选择【数据】列表框中的【介于】选项→在【开始日期】

▶ Chapter 02
工欲善其事，必先利其器——高手必知必会的实用工具

和【结束日期】文本框中分别输入开始日期"1980-1-1"和结束日期"1989-12-31"，如左下图所示。

步骤02 切换至【出错警告】选项卡，将【样式】修改为"信息"→单击【确定】按钮。

步骤03 返回工作表→单击【数据】选项卡【数据工具】组中的【数据验证】按钮，在弹出的下拉列表中选择【圈释无效数据】选项，如右下图所示。

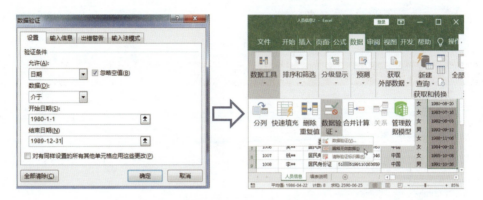

步骤04 圈释效果如左下图所示。单击 G5 单元格后按【Enter】键，弹出提示对话框→单击【确定】按钮表示忽略无效数据，允许继续编辑信息，如右下图所示。

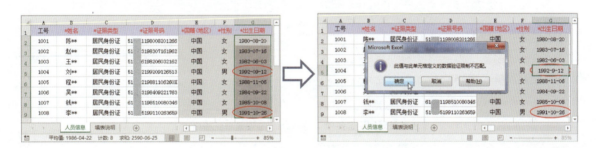

专家点拨

添加的标识圈只是暂时的，稍后会自动消失。若要立即手动取消标识圈，可单击【数据】选项卡【数据工具】组中的【数据验证】按钮，在弹出的下拉列表中选择【清除验证标识圈】选项。

除以上列举的示例中设置的条件外，"数据验证"工具还可设定【允许】验证条件为"整数""小数""时间""自定义"，前三项条件可参考"日期"的设置方法。"自定义"条件是将数据序列设置为公式。而正确编写有效公式的前提是熟练运用各种函数，本书将在第 4 章中讲解具体函数运用时提示在【数据验证】-【序列】中设置公式的方法和用途。同时，本书第三部分也将结合财务管理实例详细讲解具体设置方法。

053

**高手自测 4**

公司每收回一笔销售款后,财务人员必须及时记录,那么如何有效避免因手误输入的金额多位或少位呢?

## 2.3 数据千万条,突显重点有必要:突出目标数据的工具

实际工作中,财务人员每天都要面对 Excel 表格,处理和分析各类财务数据,通常需要从一组数据中直接抓取目标数据,以便更直观地分析数据。例如,销售会计需要从销售日报表的一组销售数据中获取当前销售额前 10 名的金额,也需要直观地对比每日销售额的高低,还需要从所有销售数据中找出最低和最高金额,等等。

那么,如何才能从一张布满数据的表格中快速获取目标数据呢?只要掌握了条件格式的运用方法,这些问题就会迎刃而解。

条件格式就是依据预先设定的规则条件,根据单元格中的数据变化,智能应用各种指定格式,让目标数据更突出、更生动地呈现出来。换言之,就是 Excel 自动为满足用户设定条件的数据添色增彩,使之跃然于眼前。设置条件格式的步骤非常简单,总体来说只需两步:一是遵循规则设定条件;二是设置单元格格式,如下图所示。

本节以销售会计日常工作中制作和处理的销售日报表为例,介绍财务常用的条件格式规则的设置方法和操作步骤。由于篇幅所限,示例文件仅列示某月 1~15 日的销售数据。

### 2.3.1 遵循内置规则设置条件格式

Excel 中提供了各种内置格式规则,其特点是操作轻松上手、应用极其简便,足以满足相对简单的工作需求。

#### 1. 快速突显满足数据条件的单元格

如需快速突出显示表格中的目标数据,可运用条件格式中的"突出显示单元格规则",设置大于、小于或等于某个数据及介于两个数据之间的某个数据,文本包含、发生日期、重复值的单元格格式。设置时直接从【突出显示单元格规则】子列表中选择即可。

▶Chapter 02
工欲善其事，必先利其器——高手必知必会的实用工具

例如，从"××公司2019年7月上半月销售日报表"客户A的1~15日销售数据中，找出销售额高于30000元的数据。

**步骤01** 打开"同步学习文件\素材文件\第2章\销售日报表.xlsx"文件，选中B3:B17单元格区域→单击【开始】选项卡【样式】组中的【条件格式】按钮→在弹出的下拉列表中选择【突出显示单元格规则】选项→在子列表中选择【大于】选项，如左下图所示。

**步骤02** 弹出【大于】对话框→在【为大于以下值的单元格设置格式】文本框中输入"30000"→Excel默认选择【设置为】列表框中的【浅红填充色深红色文本】选项（可设置其他颜色）。与此同时，可看到B3:B17单元格区域中大于30000的数字所在单元格被填充了浅红色→单击【确定】按钮即可，效果如右下图所示。

### 2. 快速突显靠前或靠后数据的单元格

如需快速突出显示一组数据中，最大或最小值，以及高于或低于平均值的数据，可运用条件格式中的"最前/最后规则"来实现。

例如，从"××公司2019年7月上半月销售日报表"客户B的1~15日销售数据中，突出显示销售额前6位的数据。

**步骤01** 选中C3:C17单元格区域→单击【开始】选项卡【样式】组中的【条件格式】按钮→在弹出的下拉列表中选择【最前/最后规则】选项→在子列表中选择【前10项】选项，如左下图所示。

**步骤02** 弹出【前10项】对话框→将默认数字"10"修改为"6"→为了和上一例区分颜色，可重新选择填充颜色，如选择【绿填充色深绿色文本】选项→单击【确定】按钮即可，效果如右下图所示。

055

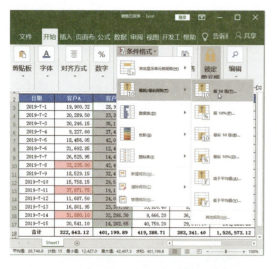

### 3. 添加数据条直观对比数据大小

条件格式中的"数据条"可以帮助财务人员直观地对比选定区域的数值大小。其中，当数值均为正值时，数值越大，数据条越长；数值越小，数据条越短。如果存在负值，则数据条会向反方向伸展。

例如，为"××公司2019年7月上半月销售日报表"中客户C的1~15日销售数据添加数据条。

**步骤01** 选中 D3:D17 单元格区域→单击【开始】选项卡【样式】组中的【条件格式】按钮→在弹出的下拉列表中选择【数据条】选项→在子列表中任意选择【渐变填充】或【实心填充】列表中的一种颜色即可，如左下图所示，效果如右下图所示。

**步骤02** 测试数据为负值（如当日退货额大于销售额）时的效果。将任意单元格如 D6 单元格的数据修改为"-10000"，即可看到数据条效果，如下图所示。

## Chapter 02
### 工欲善其事，必先利其器——高手必知必会的实用工具

### 4. 用色彩明暗变化体现数据高低

直观对比分析数据时，除添加数据条外，还可以运用条件格式中的"色阶"来实现。其原理是按照设定的阈值为单元格添加"双色刻度"或"三色刻度"两种色阶。双色刻度设定两个阈值，即最小值与最大值，同时设定两种颜色比较指定区域的单元格数据，颜色越深，代表数值越大，反之，数值越小；三色刻度设定三个阈值，即最小值、中间值与最大值，同时设定三种颜色比较指定区域的单元格数据（代表数值大小的颜色深浅也可以做相反设置，如颜色越浅，表示数值越大，以此类推）。

例如，为"××公司2019年7月上半月销售日报表"中的客户D分别设定双色刻度与三色刻度体现数据大小。

选中E3:E17单元格区域→单击【开始】选项卡【样式】组中的【条件格式】按钮→在弹出的下拉列表中选择【色阶】选项→在子列表中任意选择一种色阶，如左下图所示，效果如右下图所示。

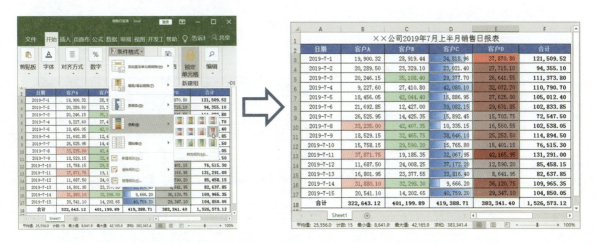

### 5. 使用图标集体现指标达成情况

如果要检查某一指标的达成情况，可使用"图标集"对数据进行标识，直观地体现数据低于、

高于或等于预定指标。

例如,对"××公司 2019 年 7 月上半月销售日报表"中的客户 D 添加图标集,这里假设每日销售指标为 25000 元。下面通过"新建规则"来设置规则。

**步骤 01** 清除之前设定的规则。选中 E3:E17 单元格区域→单击【开始】选项卡【样式】组中的【条件格式】按钮→在弹出的下拉列表中选择【清除规则】选项→在子列表中选择【清除所选单元格的规则】选项,如左下图所示。

**步骤 02** 单击【开始】选项卡【样式】组中的【条件格式】按钮→在弹出的下拉列表中选择【新建规则】选项,弹出【新建格式规则】对话框,默认设置如右下图所示。

**步骤 03** 在【新建格式规则】对话框中设置【格式样式】为"图标集"→设置【图标样式】为"自定义"→在【图标】选项区域设置图标,并在【值】和【类型】选项区域设置数学符号、数值及类型→单击【确定】按钮即可,如左下图所示,效果如右下图所示。

## Chapter 02
工欲善其事，必先利其器——高手必知必会的实用工具

> **专家点拨**
>
> 以上介绍的条件格式的内置规则，在设置时除可在每种规则下的子列表中直接选取规则外，均可选择【其他规则】选项或选择【条件格式】下拉列表中的【新建规则】选项，打开【新建格式规则】对话框，根据提示，对单元格条件格式进行更为细化、完善的设置。

## 2.3.2 设置公式建立条件格式规则

实际工作中，财务人员要处理的业务纷繁复杂，如果 Excel 提供的多种条件格式的内置规则仍然不能完全满足工作需求，就需要用到其中一种更具灵活性的规则类型——"使用公式确定要设置格式的单元格"达成工作目标。顾名思义，就是通过设置公式来建立条件格式规则。与【数据验证】-【序列】中的"自定义"条件相同，在条件格式中设置公式的前提也是必须熟练掌握各种函数的用途，本书将在第 4 章和第三部分中进行更详细的介绍。这里先介绍两种比较常用的设置方法。

### 1. 到期日期自动提醒

下图所示为"企业贷款明细表"，表格中详细列出了企业在各银行的贷款日期、贷款金额和到期日期。当前系统日期为 8 月 13 日，下面通过设置公式提醒 30 天内到期时间。

| 编号 | 贷款日期 | 银行 | 贷款金额 | 到期日期 |
|---|---|---|---|---|
| 001 | 2019-1-7 | 建设银行 | ¥150,000.00 | 2019-4-6 |
| 002 | 2019-2-4 | 中国银行 | ¥150,000.00 | 2019-5-4 |
| 003 | 2019-3-5 | 农业银行 | ¥100,000.00 | 2019-8-31 |
| 004 | 2019-3-20 | 光大银行 | ¥200,000.00 | 2019-9-15 |
| 005 | 2019-4-10 | 工商银行 | ¥100,000.00 | 2019-10-6 |
| 006 | 2019-4-15 | 招商银行 | ¥150,000.00 | 2019-7-13 |
| 007 | 2019-4-1 | 中国银行 | ¥200,000.00 | 2019-11-3 |
| 008 | 2019-6-30 | 兴业银行 | ¥100,000.00 | 2019-12-26 |
| 009 | 2019-7-10 | 农业银行 | ¥300,000.00 | 2020-1-5 |
| 010 | 2019-7-20 | 交通银行 | ¥100,000.00 | 2019-10-17 |
| 011 | 2019-8-10 | 工商银行 | ¥150,000.00 | 2019-11-7 |
| 012 | 2019-9-10 | 建设银行 | ¥200,000.00 | 2019-12-8 |
| 013 | 2019-11-11 | 工商银行 | ¥200,000.00 | 2020-2-8 |
| 014 | 2019-12-15 | 中国银行 | ¥300,000.00 | 2020-4-12 |

**步骤 01** 打开【新建格式规则】对话框→在【选择规则类型】列表框中选择【使用公式确定要设置格式的单元格】选项→在【为符合此公式的值设置格式】文本框中输入公式"=AND($E3>=TODAY(),$E3-TODAY()<30)"，如左下图所示。

**步骤 02** 单击【格式】按钮，打开【设置单元格格式】对话框→设置好突出显示的效果后，单击【确定】按钮，如右下图所示。

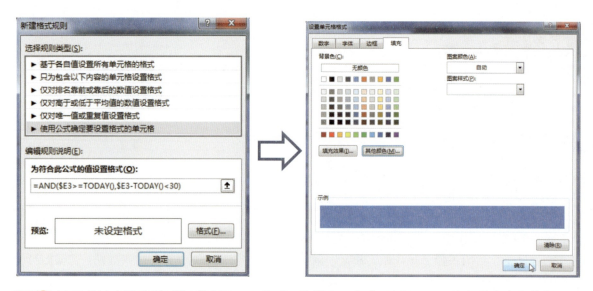

步骤03 返回【新建格式规则】对话框,可看到预览效果,如左下图所示→单击【确定】按钮,返回工作表,可看到到期日期在30天以内的贷款信息区域已被填充颜色,字体加粗并显示为白色,如右下图所示。

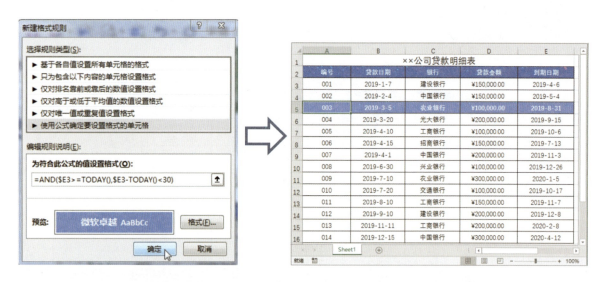

## 2. 自动添加或删除表格框线

1.1.2小节中曾讲过,普通表和超级表的区别之一是在超级表的单元格内输入数据时,单元格即可自动添加框线(但删除单元格数据不会自动删除框线),而普通表格却无此功能。但是,通过设置公式确定条件格式,普通表也能实现单元格内输入数据即自动添加框线,同时还能自动删除框线。下面仍然以"企业贷款明细表"为例,介绍设置方法。

步骤01 根据工作需求选定要设置条件格式的单元格区域,这里选中A3:E103单元格区域→打开【新建格式规则】对话框→在【选择规则类型】列表框中选择【使用公式确定要设置格式的单元格】

选项→在【为符合此公式的值设置格式】文本框中输入公式"=A3<>"""（公式含义：A3单元格的值大于或小于空，即不等于空）。

步骤02 单击【格式】按钮，打开【设置单元格格式】对话框→设置边框格式为"外边框"→单击【确定】按钮。

步骤03 返回【新建格式规则】对话框→单击【确定】按钮，返回工作表，测试效果。在 A3:E103 单元格区域内的任意空白单元格中输入数据，即可自动添加框线，如下图所示。

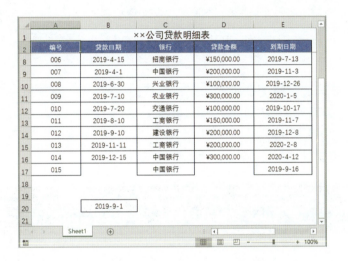

**专家点拨**

如需修改条件格式规则，可选择【条件格式】下拉列表中的【管理规则】选项，打开【条件格式规则管理器】对话框。工作表内已设置的所有规则全部列示在对话框中，选择要修改的规则并单击【编辑规则】按钮或直接双击所选规则即可打开【编辑格式规则】对话框进行修改。

**高手自测 5**

在"企业贷款明细表"中，如何突出显示不在 2019 年内到期的贷款金额？

## 2.4 数据千万条，精准定位有妙招：定位目标数据的工具

财务人员制作的每一张表格中通常都包含了各种类型的数据，以及不同格式的单元格，并且同类数据或相同格式的单元格并不连续。那么，当需要批量处理某一特定类型数据时，应该如何操作

呢?本书在第 1 章中讲过可按住【Ctrl】键或按【Shift+F8】组合键,然后逐个单击选中目标单元格,但是这种操作的工作效率仍然较低。而 Excel 高手通常都会使用功能强大的定位工具,通过三步操作瞬间定位目标数据或单元格的精确位置,随后即可轻而易举地完成批量操作。下面针对财务工作中的常见问题介绍两种运用定位工具解决问题的方法。

## 2.4.1 定位常量快速翻新工作表格

我们都知道,财务工作的一个最显著特征就是周期性很强,那么财务人员制作工作表也必然是周期性的。例如,以月度为一个周期,制作每月工资表、每月进销存核算表、每月收款报表、每月财务报表等。

制作这些周期性的表格通常都是模板化的,即保留相同的表格框架、相同的格式设置、相同的计算公式等,而要删除的仅仅是每月都会发生改变的数据。如下图所示的"××公司 2019 年 7 月工资表",在制作 2019 年 8 月及以后的工资表时,只需复制粘贴旧表,然后运用定位工具"秒杀"其中无用数据,即可快速翻新表格。具体操作步骤如下。

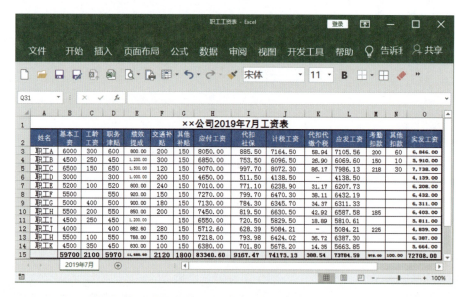

定位工具位于【开始】选项卡【编辑】组中【查找和选择】按钮下的下拉列表中,名称为"定位条件",但 Excel 高手使用时都会按【F5】键或【Ctrl+G】组合键一秒打开。

**步骤 01** 新建工作表,命名为"2019 年 8 月"→复制 2019 年 7 月工资表至新表中并修改标题→按【F5】键打开【定位】对话框→单击【定位条件】按钮,如左下图所示。

**步骤 02** 弹出【定位条件】对话框,其中包含了 15 种基本定位规则。这里选中【常量】单选按钮→Excel 默认选中【数字】【文本】【逻辑值】【错误】复选项,本例只需选中【数字】复选框,取消选中后三个复选框→单击【确定】按钮,如右下图所示。

▶Chapter 02
工欲善其事，必先利其器——高手必知必会的实用工具

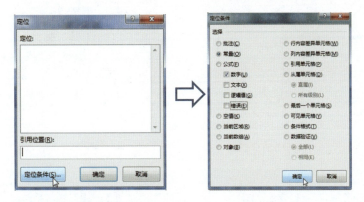

步骤03 返回工作表，可看到2019年8月工资表中不含公式的常量数据已被全部选中，如下图所示。此时按【Delete】键即可一秒删除所有数字。

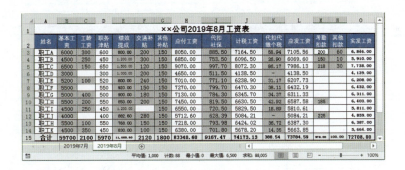

## 2.4.2 定位空值批量输入相同数值

在2.4.1小节示例的工资表中，我们可以看到很多空白单元格，这是因为财务人员在遇到本应填入数字0的情形时，却未填0而直接跳过单元格导致的。这样的表格显然不够规范，此时运用定位工具定位"空值"后，再配合组合键即可批量填入数字。操作步骤如下。

步骤01 选中B3:O14单元格区域→打开【定位条件】对话框→选中【空值】单选按钮→单击【确定】按钮。

步骤02 返回工作表，可看到所有空白单元格已全部选中。在编辑栏中输入数字"0"→按【Ctrl+Enter】组合键即可批量填入，效果如下图所示。

063

**专家点拨**

由于上图表格中的单元格格式设置为"会计"格式,并且未设置货币符号,因此填入数字0后单元格均显示符号"-"。

**高手自测 6**

公司要求将下图所示的职工工资表数据按部门分别汇总求和,如何运用定位功能实现快速批量的隔行求和?

| | A | B | C | D | E | F | G | H |
|---|---|---|---|---|---|---|---|---|
| 1 | | | | ××公司职工工资表 | | | | |
| 2 | 部门 | 姓名 | 基本工资 | 工龄工资 | 职务津贴 | 绩效提成 | 交通补贴 | 合计 |
| 3 | 销售部 | 职工A | 6,000.00 | 300.00 | 500.00 | 800.00 | 200.00 | |
| 4 | | 职工B | 4,500.00 | 250.00 | 300.00 | 1,200.00 | 300.00 | |
| 5 | | 职工C | 6,500.00 | 150.00 | 2,000.00 | 1,500.00 | 120.00 | |
| 6 | | 职工D | 4,000.00 | 250.00 | 200.00 | 400.00 | 120.00 | |
| 7 | | 职工E | 4,500.00 | 200.00 | 200.00 | 300.00 | 120.00 | |
| 8 | 销售部合计 | | | | | | | |
| 9 | 行政部 | 职工F | 3,000.00 | 300.00 | 500.00 | 1,000.00 | 200.00 | |
| 10 | | 职工G | 5,200.00 | 100.00 | 300.00 | 800.00 | 240.00 | |
| 11 | | 职工H | 5,500.00 | — | 500.00 | 920.00 | 150.00 | |
| 12 | 行政部合计 | | | | | | | |
| 13 | 财务部 | 职工I | 5,000.00 | 400.00 | 500.00 | 900.00 | 180.00 | |
| 14 | | 职工J | 5,500.00 | 150.00 | 400.00 | 850.00 | 200.00 | |
| 15 | | 职工K | 4,500.00 | 250.00 | 300.00 | 1,200.00 | 300.00 | |
| 16 | | 职工H | 5,200.00 | 450.00 | 500.00 | 1,080.00 | 300.00 | |
| 17 | 财务部合计 | | | | | | | |

## 2.5 数据千万条,按序排列有诀窍:让数据井然有序的工具

财务人员制作的原始表格中,数据仅能以一个单一的标准来排列,例如,销售会计统计分析销售部门全年的经营数据,是以月份为排序依据按1月到12月的顺序来排列。但是,在对数据进行分析时通常需要对各个项目中的数据进行排序,例如,对销售金额从低到高或从高到低排序,以便更直观地观察与分析数据大小的变化趋势和变化因素。

### 2.5.1 单列数据排序

单列数据排序是指以单一的数据列为排序条件,对数据区域进行升序或降序排列,操作简单,一键即可排序。

# Chapter 02
## 工欲善其事，必先利其器——高手必知必会的实用工具

例如，左下图所示的"销售一部利润贡献分析表"中原本是按月份升序排列，现在要将销售金额进行升序排列，只需选中"销售金额"数据列中的任意单元格，单击【数据】选项卡【排序和筛选】组中的【升序】按钮即可，效果如右下图所示。

### 2.5.2 多列数据排序

多列数据排序的作用是：当排序的字段或数据列中有相同的内容时，需要再以这些相同内容为依据，添加排序条件，对其他数据列中的数据再次排序。

例如，首先对"销售一部利润贡献分析表"中的"季度"按升序或降序排列，再在同一季度内对"销售金额"按升序或降序排列，那么销售金额的排序结果就与单列数据排序截然不同。具体操作步骤如下。

步骤01 单击【数据】选项卡【排序和筛选】组中的【排序】按钮，打开【排序】对话框→设置【主要关键字】为"季度"、【排序依据】为"单元格值"、【次序】为"降序"→单击【添加条件】按钮→设置【次要关键字】为"销售金额"、【排序依据】为"单元格值"、【次序】为"升序"→单击【确定】按钮即可完成排序，如下图所示。

步骤02 返回工作表，即可看到其中"季度"字段是以降序排列，而"销售金额"字段则是在排序后的同一季度内以升序排列，如下图所示。

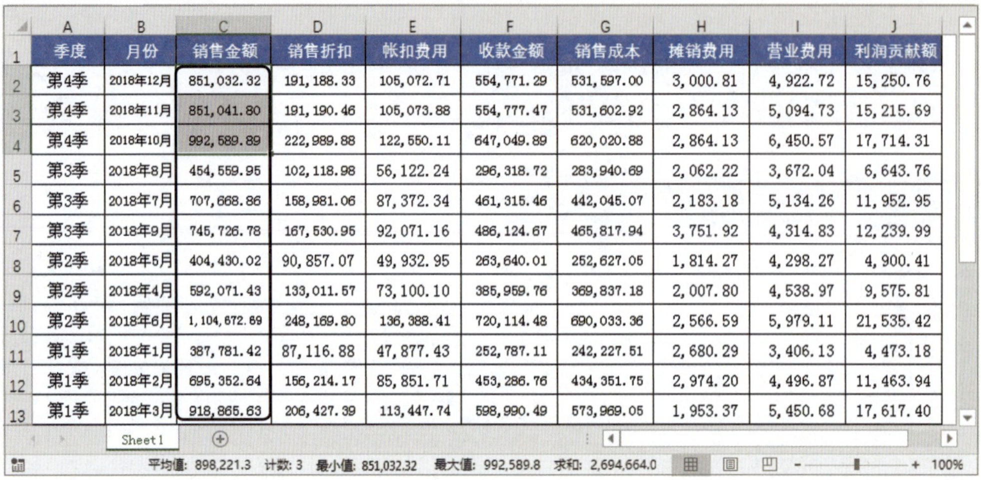

> **专家点拨**
>
> 对多列数据排序时,最关键一点是设置排序条件时分清"主要关键字"和"次要关键字"之间的逻辑关系。"主要关键字"只能设定一项,"次要关键字"可设定多项。同时,要注意设定为"主要关键字"的数据列中要有相同的字段或数据,只有这样进行多列数据排序才有意义。

### 2.5.3 自定义序列排序

通过前面两个例子我们可以看到,Excel 预置的排序次序中,仅包括升序和降序,如果实际工作中需要以特定的序列排序呢?例如,销售会计根据往年的销售数据统计分析得出每年从销售最高的旺季到销售最低的淡季,这 4 个季度的顺序是第 3 季、第 2 季、第 4 季、第 1 季,那么排序时要求首先对"销售一部利润贡献分析表"中的"季度"按这一顺序排列,再对"销售金额"进行升序或降序排列。对于这类需求,Excel 提供了"自定义序列"工具,用户可自行设定序列,并以此作为排序依据。具体操作步骤如下。

**步骤01** 打开【排序】对话框→单击【添加条件】按钮→设置【主要关键字】为"季度"、【排序依据】为"单元格值"→在【次序】下拉列表框中选择【自定义序列】选项,如左下图所示。

**步骤02** 弹出【自定义序列】对话框,Excel 在【自定义序列】列表框中已默认选择【新序列】选项→在【输入序列】列表框中输入自定义序列→单击【添加】按钮后即添加至【自定义序列】列表框中→单击【确定】按钮即可,如右下图所示。

▶ Chapter 02
工欲善其事，必先利其器——高手必知必会的实用工具

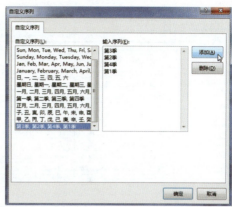

步骤 03 返回【排序】对话框，单击【添加条件】按钮，设置【次要关键字】为"销售金额"、【排序依据】为"单元格值"→在【次序】下拉列表框中选择【升序】选项→单击【确定】按钮，返回工作表即可看到"季度"字段是以自定义序列排列，而"销售金额"字段是以升序排列，效果如下图所示。

| | A | B | C | D | E | F | G | H | I | J |
|---|---|---|---|---|---|---|---|---|---|---|
| 1 | 季度 | 月份 | 销售金额 | 销售折扣 | 帐扣费用 | 收款金额 | 销售成本 | 摊销费用 | 营业费用 | 利润贡献额 |
| 2 | 第3季 | 2018年8月 | 454,559.95 | 102,118.98 | 56,122.24 | 296,318.72 | 283,940.69 | 2,062.22 | 3,672.04 | 6,643.76 |
| 3 | 第3季 | 2018年7月 | 707,668.86 | 158,981.06 | 87,372.34 | 461,315.46 | 442,045.07 | 2,183.18 | 5,134.26 | 11,952.95 |
| 4 | 第3季 | 2018年9月 | 745,726.78 | 167,530.95 | 92,071.16 | 486,124.67 | 465,817.94 | 3,751.92 | 4,314.83 | 12,239.99 |
| 5 | 第2季 | 2018年5月 | 404,430.02 | 90,857.07 | 49,932.95 | 263,640.01 | 252,627.05 | 1,814.27 | 4,298.27 | 4,900.41 |
| 6 | 第2季 | 2018年4月 | 592,071.43 | 133,011.57 | 73,100.10 | 385,959.76 | 369,837.18 | 2,007.80 | 4,538.97 | 9,575.81 |
| 7 | 第2季 | 2018年6月 | 1,104,672.69 | 248,169.80 | 136,388.41 | 720,114.48 | 690,033.36 | 2,566.59 | 5,979.11 | 21,535.42 |
| 8 | 第4季 | 2018年12月 | 851,032.32 | 191,188.33 | 105,072.71 | 554,771.29 | 531,597.00 | 3,000.81 | 4,922.72 | 15,250.76 |
| 9 | 第4季 | 2018年11月 | 851,041.80 | 191,190.46 | 105,073.88 | 554,777.47 | 531,602.92 | 2,864.13 | 5,094.73 | 15,215.69 |
| 10 | 第4季 | 2018年10月 | 992,589.89 | 222,989.88 | 122,550.11 | 647,049.89 | 620,020.88 | 2,864.13 | 6,450.57 | 17,714.31 |
| 11 | 第1季 | 2018年1月 | 387,781.42 | 87,116.88 | 47,877.43 | 252,787.11 | 242,227.51 | 2,680.29 | 3,406.13 | 4,473.18 |
| 12 | 第1季 | 2018年2月 | 695,352.64 | 156,214.17 | 85,851.71 | 453,286.76 | 434,351.75 | 2,974.20 | 4,496.87 | 11,463.94 |
| 13 | 第1季 | 2018年3月 | 918,865.63 | 206,427.39 | 113,447.74 | 598,990.49 | 573,969.05 | 1,953.37 | 5,450.68 | 17,617.40 |

## 2.5.4 忽略"合计"数据排序

财务人员在实际工作中进行排序时，经常都会遇到一个"坑"，也是排序工具的一个短板：由于表格一般都设有合计公式，而合计数据在同列数据中必然最高，那么升序排序时，自然不会有所影响，但是在降序排序时，将出现如下图所示的提示信息。

此时合计数据会被排列到数据区域中的第 1 行，从而影响排序的准确性，如下图所示。

要避开这个"坑",使合计数据不参与排序,一般有两种方法:一是隐藏合计区域;二是将合计区域划到整体区域以外。具体操作方法如下:在合计行与紧邻的数据行之间插入空白行,并取消空白行框线(可以隐藏空白行),如下图所示。

> **专家点拨**
>
> 数据排序还可按照单元格颜色、字体颜色或单元格格式进行排序,右击数据列中的单元格,在弹出的快捷菜单中选择【排序】子菜单中的相应命令或打开【排序】对话框操作即可。

> **高手自测 7**
>
> 如何按照"销售一部利润贡献分析表"中的"季度",从第1季到第4季的顺序对"利润贡献额"数据进行从高到低的顺序排列?

## 2.6 数据千万条,挑出目标见分晓:筛选目标数据的工具

日常工作中,财务人员制作的一个工作表中所包含的数据就多达成百上千条。财务人员在处理

# Chapter 02
工欲善其事，必先利其器——高手必知必会的实用工具

数据时，通常需要从各个角度，按照不同的分类标准，在海量数据中挑选符合当前工作需要的数据，使其集中列示，以便查阅、统计、分析、复制、打印等。如果仅凭手动操作进行挑选，那么这项工作就会像海底捞针一样困难，但是使用 Excel 中的筛选工具挑选目标数据，即使数据成千上万，都如同囊中取物般简单。

Excel 提供了两大筛选工具：普通筛选工具和专用筛选器。其中，普通筛选工具包括筛选按钮和高级筛选，可在普通表、超级表和数据透视表中使用，而专用筛选器包括切片器和日程表，专门用于超级表及数据透视表，两大筛选工具的比较如表 2-1 所示。

表 2-1　Excel 两大筛选工具的比较

| 数据筛选工具 | | 选项卡位置 | 适用范围 |
| --- | --- | --- | --- |
| 普通筛选工具 | 筛选按钮 | 【数据】选项卡→【排序和筛选】组 | 普通表、超级表、数据透视表 |
| | 高级筛选 | | |
| 专用筛选器 | 切片器 | 【插入】选项卡→【筛选器】组 | 超级表、数据透视表 |
| | 日程表 | | 数据透视表 |

本节首先介绍普通筛选工具与切片器的运用方法和筛选技巧。而日程表因其仅能在数据透视表中使用，因此将在 2.7 节中进行介绍。

## 2.6.1　添加筛选按钮自动筛选数据

通过对工作表表头添加筛选按钮可以自动、快速地挑选出目标数据，同时过滤掉暂不需要的数据并将其隐藏，这是筛选操作中最简单和最常用的一种方法。下面以"科目汇总表"为例，首先在表头上添加筛选按钮。

选中第 3 行→单击【数据】选项卡【排序和筛选】组中的【筛选】按钮或按【Ctrl+Shift+L】组合键即可添加，如左下图所示。此时即可看到表头中每一单元格右下角的筛选按钮，如右下图所示。如需清除筛选按钮，再次执行与添加筛选按钮同样的操作即可。

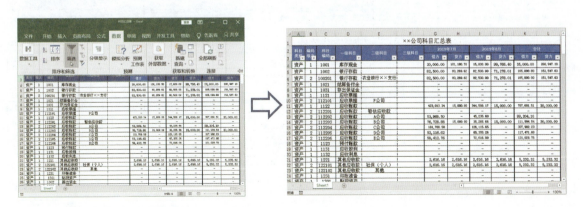

这里提示一个添加筛选按钮前，选择区域时应注意的细节：如上图所示，表头中包含合并单元

格，如果选中 A2:L3 单元格区域添加，那么筛选按钮将出现在单元格的右上角，如下图所示。此时 Excel 的默认筛选区域就会出错，从而导致筛选结果不准确。因此，为这类表头添加筛选按钮时，应当注意要直接选中想要被添加筛选按钮的整行。

由于添加筛选按钮的操作过于简单，很多财务人员误认为筛选工具的功能也很单一。其实，筛选工具貌似普通，实则技艺高超，它既可筛选指定的单项数据，也可在一张表格中进行多条件筛选，更可以模糊筛选，同时还能对设定的条件进行逻辑判断后智能筛选。因此，筛选工具能够发挥多大的作用，实际上取决于使用者对它掌握的熟练程度。下面结合日常工作中常见的数据需求，介绍几种筛选数据的方法与技巧。

### 1. 单项筛选

单项筛选是最基础的操作，是指仅以一个列次的数据为依据进行筛选。例如，在"××公司科目汇总表"中筛选出所有"负债"类科目的记录。操作步骤如下。

单击"科目类别"（A3）单元格的筛选按钮→弹出下拉列表→取消选中【全选】复选框，选中【负债】复选框→单击【确定】按钮，如左下图所示。此时即可看到筛选出的"负债"类科目的所有记录，如右下图所示。

### 2. 多条件及自定义筛选

当需要设定多个条件筛选数据时，对文本类数据，可根据需要依次在各单元格的下拉列表中选择相应的选项。而筛选数字类数据时，通常会使用到自定义筛选方式。

例如，筛选"资产"类科目中的一级科目"应收账款"，在2019年8月的借方发生额达到50000元以上（含本数）的记录。操作步骤如下。

**步骤01** 在"科目类别"（A3）单元格的筛选下拉列表中选中【资产】复选框，并取消之前选中的【负债】复选框→单击【确定】按钮，如左下图所示。

**步骤02** 由于一级科目数量太多，如果直接从列表框中查找"应收账款"选项，会影响工作速度，因此这里先在"一级科目"（D3）单元格的筛选下拉列表中的【搜索】文本框中输入"应收账款"，可看到列表框中直接列示并默认选中【应收账款】复选框→单击【确定】按钮，如右下图所示。

**步骤03** 在2019年8月"借方"（I3）单元格的筛选下拉列表中选择【数字筛选】选项→在子列表中选择【大于或等于】选项，如左下图所示。

**步骤04** 弹出【自定义自动筛选方式】对话框，在"大于或等于"右侧的文本框中输入"50000"→单击【确定】按钮，如右下图所示。

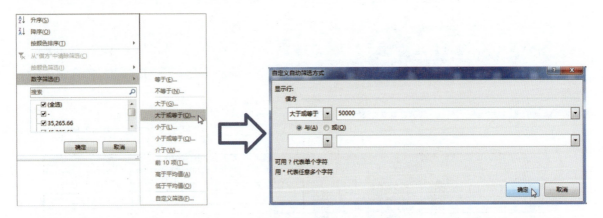

操作完成后，可看到符合条件的记录已被筛选出来，如下图所示。

| | A | B | C | D | E | F | G | H | I | J | K | L |
|---|---|---|---|---|---|---|---|---|---|---|---|---|
| 1 | ××公司科目汇总表 ||||||||||||
| 2 | 科目类别 | 编码级次 | 科目编码 | 一级科目 | 二级科目 | 三级科目 | 2019年7月 || 2019年8月 || 合计 ||
| 3 | | | | | | | 借方 | 贷方 | 借方 | 贷方 | 借方 | 贷方 |
| 11 | 资产 | 1 | 1122 | 应收账款 | | | 423,013.34 | 15,000.00 | 344,588.17 | 15,000.00 | 767,601.51 | 30,000.00 |
| 15 | 资产 | 2 | 112204 | 应收账款 | C公司 | | 181,786.58 | — | 126,115.65 | — | 307,902.23 | — |
| 16 | 资产 | 2 | 112205 | 应收账款 | D公司 | | 52,116.62 | — | 65,355.26 | — | 117,471.88 | — |
| 17 | 资产 | 2 | 112206 | 应收账款 | E公司 | | 58,412.76 | — | 72,616.00 | — | 131,028.76 | — |

### 3. 模糊筛选

模糊筛选主要用于筛选文本类数据，只需输入关键字即可，如果需要更精确的筛选，可从筛选下拉列表中的【文本筛选】下的子列表中的内置条件中选择筛选条件，同时也可以直接打开【自定义自动筛选方式】对话框设置条件进行筛选。

例如，查看科目汇总表中所有费用的发生额，在"一级科目"（D3）单元格的筛选下拉列表中的【搜索】文本框中输入"费用"二字，单击【确定】按钮即可，筛选结果如下图所示。

| | A | B | C | D | E | F | G | H | I | J | K | L |
|---|---|---|---|---|---|---|---|---|---|---|---|---|
| 1 | ××公司科目汇总表 ||||||||||||
| 2 | 科目类别 | 编码级次 | 科目编码 | 一级科目 | 二级科目 | 三级科目 | 2019年7月 || 2019年8月 || 合计 ||
| 3 | | | | | | | 借方 | 贷方 | 借方 | 贷方 | 借方 | 贷方 |
| 76 | 资产 | 1 | 1801 | 长期待摊费用 | | | — | — | — | — | — | — |
| 135 | 成本 | 1 | 5101 | 制造费用 | | | — | — | — | — | — | — |
| 152 | 损益 | 1 | 6203 | 摊回分保费用 | | | — | — | — | — | — | — |
| 165 | 损益 | 1 | 6542 | 分保费用 | | | — | — | — | — | — | — |
| 166 | 损益 | 1 | 6601 | 销售费用 | | | 680.00 | 680.00 | 1,200.00 | 1,200.00 | 1,880.00 | 1,880.00 |
| 167 | 损益 | 2 | 660101 | 销售费用 | 促销费 | | — | — | — | — | — | — |
| 168 | 损益 | 2 | 660102 | 销售费用 | 业务招待费 | | 680.00 | 680.00 | 1,200.00 | 1,200.00 | 1,880.00 | 1,880.00 |
| 169 | 损益 | 2 | 660103 | 销售费用 | 广告宣传费 | | — | — | — | — | — | — |
| 170 | 损益 | 2 | 660104 | 销售费用 | 工资 | | — | — | — | — | — | — |
| 171 | 损益 | 2 | 660105 | 销售费用 | 社保 | | — | — | — | — | — | — |
| 172 | 损益 | 1 | 6602 | 管理费用 | | | 57,563.57 | 57,563.57 | 51,605.63 | 52,489.31 | 109,169.20 | 110,052.88 |
| 173 | 损益 | 2 | 660201 | 管理费用 | 工资 | | 35,616.86 | 35,616.86 | 33,682.56 | 33,682.56 | 69,299.42 | 69,299.42 |
| 174 | 损益 | 2 | 660202 | 管理费用 | 社保 | | 6,986.39 | 6,986.39 | 6,986.39 | 6,986.39 | 13,972.78 | 13,972.78 |
| 175 | 损益 | 2 | 660203 | 管理费用 | 公积金 | | — | — | — | — | — | — |
| 176 | 损益 | 2 | 660204 | 管理费用 | 福利费 | | — | — | — | — | — | — |
| 177 | 损益 | 2 | 660205 | 管理费用 | 办公费 | | — | — | — | — | — | — |
| 178 | 损益 | 2 | 660206 | 管理费用 | 通信费 | | — | — | — | — | — | — |
| 179 | 损益 | 2 | 660207 | 管理费用 | 差旅费 | | — | — | — | — | — | — |
| 180 | 损益 | 2 | 660208 | 管理费用 | 水电费 | | — | — | — | — | — | — |
| 181 | 损益 | 2 | 660209 | 管理费用 | 折旧费 | | 2,100.00 | 2,100.00 | 2,100.00 | 2,100.00 | 4,200.00 | 4,200.00 |
| 182 | 损益 | 2 | 660210 | 管理费用 | 租赁费 | | — | — | — | — | — | — |
| 183 | 损益 | 2 | 660211 | 管理费用 | 物管费 | | — | — | — | — | — | — |

又如，查看科目汇总表中有关"增值税"的发生额，在"二级科目"（E3）单元格的筛选下拉列表中选择【文本筛选】选项，在子列表中选择【结尾是】选项，在弹出的【自定义自动筛选方式】对话框的"结尾是"右侧的文本框中输入"增值税"→单击【确定】按钮即可，筛选结果如下图所示。

| | A | B | C | D | E | F | G | H | I | J | K | L |
|---|---|---|---|---|---|---|---|---|---|---|---|---|
| 1 | ××公司科目汇总表 ||||||||||||
| 2 | 科目类别 | 编码级次 | 科目编码 | 一级科目 | 二级科目 | 三级科目 | 2019年7月 || 2019年8月 || 合计 ||
| 3 | | | | | | | 借方 | 贷方 | 借方 | 贷方 | 借方 | 贷方 |
| 93 | 负债 | 2 | 222101 | 应交税费 | 应交增值税 | | 103,683.81 | 103,683.81 | 89,554.50 | 89,554.50 | 193,238.31 | 193,238.31 |
| 94 | 负债 | 3 | 22210101 | 应交税费 | 应交增值税 | 进项税额 | 45,337.13 | 45,337.13 | 41,026.79 | 41,026.79 | 86,363.92 | 86,363.92 |
| 95 | 负债 | 3 | 22210102 | 应交税费 | 应交增值税 | 销项税额 | 58,346.68 | 58,346.68 | 48,527.71 | 48,527.71 | 106,874.39 | 106,874.39 |
| 96 | 负债 | 3 | 22210103 | 应交税费 | 应交增值税 | 减免税款 | — | — | — | — | — | — |
| 97 | 负债 | 3 | 22210104 | 应交税费 | 应交增值税 | 留抵进项税 | — | — | — | — | — | — |
| 98 | 负债 | 2 | 222102 | 应交税费 | 未交增值税 | | 12,368.28 | 13,009.55 | 13,009.55 | 7,500.92 | 25,377.83 | 20,510.47 |
| 102 | 负债 | 2 | 222106 | 应交税费 | 转出未缴增值税 | | — | — | — | — | — | — |

## Chapter 02
工欲善其事，必先利其器——高手必知必会的实用工具

**专家点拨**

除以上示例外，筛选工具中的自定义筛选功能还提供了更多筛选条件，如"小于""小于或等于""介于""高于平均值"等。同时，还能在【自定义自动筛选方式】对话框中设定双重条件：选中【与】单选按钮，代表筛选同时满足两个条件的数据；选中【或】单选按钮，代表筛选满足两个条件中的一个的数据。

如需清除筛选结果，选择筛选下拉列表中的【从"××"中清除筛选】选项或选中【全选】复选框即可。

### 2.6.2　运用高级筛选功能筛选数据

高级筛选比自动筛选更"高级"之处在于，可以设置更多、更复杂的条件进行筛选，可以将筛选结果直接复制到指定区域，以保留数据源区域完整，快速删除重复记录。下面分别介绍具体运用方法。

**1. 删除重复数据**

例如，下图所示的"职工季度业绩报表"中包含了几条重复的数据，为便于读者查看，我们已运用条件格式功能将重复数据标识出来。

| | A | B | C | D | E | F | G |
|---|---|---|---|---|---|---|---|
| 1 | | | | 职工季度业绩报表 | | | |
| 2 | 姓名 | 所属分部 | 第一季度 | 第二季度 | 第三季度 | 第四季度 | 合计 |
| 3 | 王** | 销售四分部 | 200,324.47 | 383,955.24 | 333,874.12 | 363,922.79 | 1,282,076.62 |
| 4 | 刘** | 销售三分部 | 313,841.68 | 495,246.62 | 250,405.59 | 136,331.93 | 1,195,825.82 |
| 5 | 孙** | 销售二分部 | 267,099.30 | 434,036.36 | 250,405.59 | 178,066.20 | 1,129,607.45 |
| 6 | 郑** | 销售四分部 | 222,582.75 | 389,519.81 | 266,774.82 | 388,951.98 | 1,267,829.36 |
| 7 | 朱** | 销售一分部 | 311,615.85 | 250,405.59 | 139,114.22 | 261,534.73 | 962,670.39 |
| 8 | 陈** | 销售一分部 | 286,520.81 | 278,228.44 | 158,286.32 | 143,565.87 | 866,601.44 |
| 9 | 唐** | 销售四分部 | 233,711.89 | 363,828.12 | 361,696.97 | 353,350.11 | 1,312,587.09 |
| 10 | 张** | 销售三分部 | 198,058.20 | 166,774.82 | 367,261.54 | 356,243.69 | 1,088,338.25 |
| 11 | 孙** | 销售二分部 | 267,099.30 | 434,036.36 | 250,405.59 | 178,066.20 | 1,129,607.45 |
| 12 | 杨** | 销售二分部 | 545,327.74 | 211,368.92 | 300,486.71 | 363,319.34 | 1,420,502.71 |
| 13 | 朱** | 销售一分部 | 311,615.85 | 250,405.59 | 139,114.22 | 261,534.73 | 962,670.39 |
| 14 | 刘** | 销售三分部 | 313,841.68 | 495,246.62 | 250,405.59 | 136,331.93 | 1,195,825.82 |
| 15 | 孙** | 销售二分部 | 267,099.30 | 434,036.36 | 250,405.59 | 178,066.20 | 1,129,607.45 |
| 16 | 沈** | 销售四分部 | 194,759.91 | 289,357.57 | 211,426.60 | 472,988.34 | 1,168,532.42 |
| 17 | | 合计 | 3,933,498.75 | 4,876,446.42 | 3,530,063.47 | 3,772,274.04 | 16,112,282.66 |

下面运用高级筛选功能删除重复数据。

**步骤01** 选中 A2:G17 单元格区域→单击【数据】选项卡【排序和筛选】组中的【高级】按钮，打开【高级筛选】对话框。

**步骤02** 选中【将筛选结果复制到其他位置】单选按钮→单击【复制到】文本框，单击选择一个空白单元格→选中【选择不重复的记录】复选框→单击【确定】按钮，如左下图所示。

**步骤03** 返回工作表,可看到筛选结果已被复制到 I2:O13 单元格区域,重复记录已被删除,如右下图所示。

### 2. 多条件筛选

下面在"职工季度业绩报表1"中筛选出销售四分部第一至第三季度销售业绩分别达到20万元、25万元、30万元以上或四个季度合计销售额达到150万元以上(含本数)的数据。

**步骤01** 在其他区域设置筛选条件,在此要注意两点:一是条件区域和数据源区域中的字段必须完全一致;二是逻辑关系为"与"的条件必须放置在同一行次,而逻辑关系为"或"的条件必须放置在不同行次,如下图所示。

**步骤02** 打开【高级筛选】对话框,选中【将筛选结果复制到其他位置】单选按钮→单击【条件区域】文本框,鼠标拖曳选中 A1:E3 单元格区域→单击【复制到】文本框,单击 I5 单元格→单击【确定】按钮,如左下图所示。

**步骤03** 返回工作表,可看到符合条件的数据已被复制到 I5:O9 单元格区域,如右下图所示。

Chapter 02
工欲善其事，必先利其器——高手必知必会的实用工具

**专家点拨**

在【高级筛选】对话框中设置筛选条件时，当选中【在原有区域显示筛选结果】单选按钮时，会将不符合条件的记录隐藏。如需恢复，单击【数据】选项卡【排序和筛选】组中的【清除】按钮即可。

## 2.6.3 借助切片器筛选数据

切片器是 Excel 为超级表和数据透视图配备的专用筛选神器之一，其原理是将一张表格中每一列次标题下的所有字段全部直观地列示出来，用户筛选数据时，无须通过普通筛选工具，只需直接单击选择字段（可单选或多选），即可轻松、快捷地筛选出目标数据。同时，切片器还能够清晰地标识当前筛选状态，便于用户更清晰准确地了解被筛选出数据组中的具体内容。切片器功能强大，但是在具体操作上极其简单，下面以"销售一部利润贡献分析表2"为例，介绍操作步骤。

**步骤01** 创建超级表。由于切片器不能在普通表中使用，因此首先要将普通表转换成超级表。选中 A1:J14 单元格区域创建超级表即可。

**步骤02** 插入切片器。选中表格中任意一个单元格→单击【插入】选项卡【筛选器】组中的【切片器】按钮→弹出【插入切片器】对话框，选中【季度】和【月份】复选框→单击【确定】按钮，如左下图所示。此时即在工作表中插入了两个图片形式的"切片"，可调整大小、移动位置，如右下图所示。

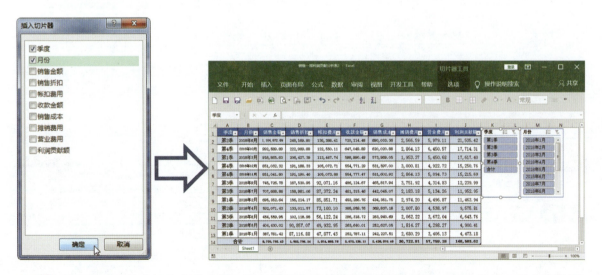

**步骤03** 单项筛选。单击切片中的字段，即可按季度或月份进行筛选。例如，筛选出第2季度的数据，单击"季度"切片中的"第2季"，可看到表格和切片器的变化，如下图所示。

**步骤 04** 多项筛选。筛选多个字段主要有以下两种操作方法。

① 拖曳鼠标可选中切片中连续多个字段的记录。例如,筛选 1~4 月的记录,鼠标拖曳选择 2018 年 1 月 ~2018 年 4 月这几个字段即可,筛选结果及切片效果如下图所示。

② 按住【Ctrl】键不放,单击相应的字段名称,可筛选不连续多个字段的记录。例如,筛选 2 月、4 月、6 月、8 月的记录,筛选结果及切片效果如下图所示。

注意每次进行新的筛选操作之前,先单击切片器右上角的【清除筛选器】按钮 ,清除当前的筛选结果。

### 专家点拨

选中切片器,可通过【切片器工具】-【选项】选项卡中的各个选项分别设置切片器的标题、样式、字段排序方式等。

### 高手自测 8

运用高级筛选功能在"职工季度业绩报表 1"中筛选出第一季度、第二季度及全年合计销售额分别达到 10 万元、30 万元、100 万元以上(均含本数)的数据,应当如何设置筛选条件?

> Chapter 02
> 工欲善其事，必先利其器——高手必知必会的实用工具

**高手自测 9**

运用切片器可以对数字设定条件进行筛选吗？为什么？

## 2.7 数据千万条，动态分析有法宝：运用数据透视表分析数据

　　在前面小节中，我们为财务人员介绍了 Excel 中的各种实用工具，足以高效、轻松地处理和分析工作中的大量数据。但是，这些工具对于原始数据的处理和分析是局限于数据的表象的，可以满足较为简单的数据分析需求。日常工作中，财务人员需要从不同的角度和维度动态分析数据，就必须熟练掌握更强大的工具——被 Excel 高手们誉为"战斗机"的数据透视表。本节以示例文件"2019年上半年销售日报表"作为数据透视表的数据源，为财务人员介绍数据透视表的相关内容。

### 2.7.1 什么是数据透视表

　　数据透视表是一种集各种排序、筛选、分类汇总、部分统计函数功能于一体的交互式报表。顾名思义，就是透过数据的表象看数据的本质和规律。它能够快速地从各种角度和维度深入分析数据，并根据数据源的变化而自动更新数据，是财务人员动态分析海量数据的制胜法宝。数据透视表综合了前面的数据处理分析工具的功能，还独具以下优点、功能和用途，如下图所示。

| 海纳百川 | • 与普通筛选工具、专用筛选器不同的是，无论普通表还是超级表，都能作为数据透视表的数据源表。换言之，在这两种表格的基础上都可以创建数据透视表 |
| --- | --- |
| 灵活变通 | • 突破了原始数据表格的局限，如同孙悟空的七十二变，在数据透视表中可以灵活改变表体布局，将其变大变小、变长变短，即可快速变出不同类型的报表。例如，日报、月报、季报、年报<br>• 例如，仅选择部分字段进行分析、表体的行列可以任意互换，可以添加多个筛选字段等，从而满足多角度"透视"数据内涵的需求 |
| 层次分明 | • 根据字段内容自动对数值数据进行多层级分类并汇总。或者由用户自定义数据的计算方式和公式 |
| 重点突出 | • 通过展开或折叠数据分类层级的操作，可以更清晰明确地查看和分析重点关注的数据明细 |
| 大道至简 | • 数据透视表在数据分析方面虽然拥有超强的"战斗力"，但是在具体操作上却简单至极，用户只需通过拖曳、折叠、展开及几步设置等傻瓜式操作即可轻松、高效地完成各项数据分析任务 |

资源下载码：G202024

077

## 2.7.2 数据透视表对数据源的要求

数据透视表对数据源有着较高的要求，因此创建一份规范的数据透视表之前，首先要保证数据源的规范性，主要从以下几个方面着手对数据源进行整理规范，如下图所示。

| | | |
|---|---|---|
| 1. 数据源表格第1行必须作为表头设置好字段名称，并且不能设置多行表头、合并或空白单元格 | 2. 数据源记录中同样不能有合并或空白单元格及空行、空列 | 3. 保证数据源表中每个字段中的数据类型必须一致 |
| 4. 数据源表中如果有文本类数据，应将其转换为数字 | 5. 数据源表中不得包含重复数值 | 6. 数据源表中的原始数据记录之间不得夹杂计算行或列。如不得在其中的行或列设置"小计"公式 |

## 2.7.3 三招创建数据透视表

快速创建数据透视表一般有三种方法和途径：一是插入数据透视表；二是选择推荐的数据透视表；三是通过数据透视表向导创建。

### 1. 插入数据透视表

这种方法最为简便，Excel 会自动识别数据源区域，由用户指定位置后创建一个空白数据透视表，用户需要自行选中字段，并调整各字段在数据透视表中的区域。具体操作步骤如下。

**步骤01** 选中"销售日报表"工作表中数据源中的任意单元格→单击【插入】选项卡【表格】组中的【数据透视表】按钮，打开【创建数据透视表】对话框，可看到 Excel 已自动识别数据源区域，并默认数据透视表的位置为"新工作表"→单击【确定】按钮即可，如左下图所示。

**步骤02** Excel 自动新建一个工作表，同时生成一个空白数据透视表。选中数据透视表区域中任意单元格，即可打开【数据透视表字段】任务窗格→选中要分析的字段名称，Excel 会根据字段的数值类型将选中的字段自动添加至相应的区域。如右下图所示，"月""销售日期""区域""销售人员""销售商品"字段被添加至【行】区域，而"销售数量"和"销售金额"被添加至【值】区域。用户可拖动【行】区域中各字段，调整字段排列顺序，以此确定字段在数据透视表中的层级，也可将各个字段在四个区域中相互拖曳。

▶ Chapter 02
工欲善其事，必先利其器——高手必知必会的实用工具

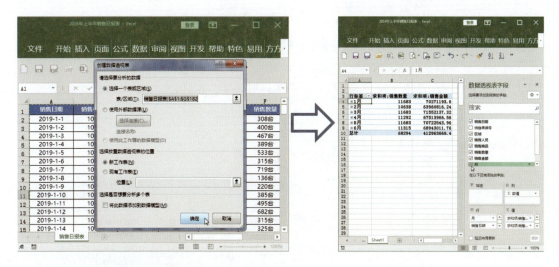

### 2. 选择推荐的数据透视表

如果对数据透视表中各个字段的排列、布局的"套路"不太熟悉或不确定，可使用"推荐"功能创建数据透视表。Excel 会根据数据源提供各式数据透视表的预览效果图，用户只需选择其中一种，即可生成数据透视表，无须手动选中字段。

单击【插入】选项卡【表格】组中的【推荐的数据透视表】按钮，在弹出的【推荐的数据透视表】对话框中选择适用的数据透视表即可，如左下图所示。创建成功后的数据透视表如右下图所示。

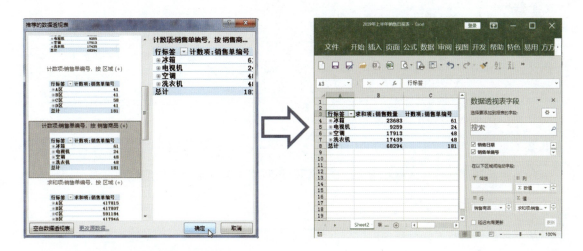

### 3. 通过数据透视表向导创建

Excel 旧版本中，数据透视表向导是放置是在【插入】选项卡【表格】组中。而在 Excel 2010 及之后的版本中，数据透视表向导已被隐藏起来，不在常用功能区中。可通过以下两种方式予以解决。

（1）在【Excel 选项】对话框的【快速访问工具栏】选项中选择【不在功能区中的命令】选项→在列表框中找到【数据透视表和数据透视图向导】选项→将其添加至【自定义快速访问工具栏】后单击按钮即可打开向导对话框。

（2）使用 Office 访问键，即按【Alt+D】组合键（以 Excel 2016 为例），Excel 窗口上方显示提示信息，如左下图所示→再按【P】键即可打开向导对话框，如右下图所示→单击【下一步】按钮→选定数据源区域→单击【完成】按钮即可。

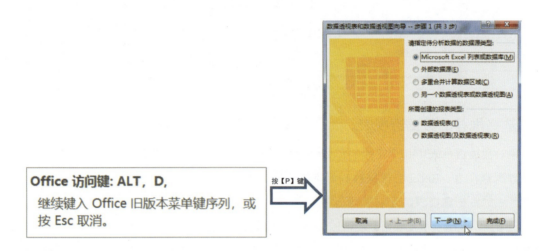

**专家点拨**

通过数据透视表向导创建单一数据源表的数据透视表与插入数据透视表在操作上并无区别。但是，如果要将多个数据源表的数据合并至一张数据透视表中，就必须通过数据透视表向导才能创建。

## 2.7.4　多角度动态分析数据

数据透视表作为 Excel 中的"战斗机"，最能体现它超强"战斗力"的就是通过简单的"拖曳"操作，就能快速从各种角度和维度动态分析海量数据，并且可同步生成各种报表。

### 1. 认识字段区域布局

分析数据之前，首先应对数据透视表的字段布局和格式有一个清晰的认识和了解，只有这样才能在分析数据时明确每个字段拖曳的方向。

数据透视表主要由四大字段区域组成：筛选区域、行区域、列区域、值区域。每一区域都各具特点，对于数据分析也发挥着不同的作用，具体如下图所示。

▶ Chapter 02
工欲善其事，必先利其器——高手必知必会的实用工具

| 筛选 | 行 | 列 | 值 |
|---|---|---|---|
| • 数据透视表中特有的区域<br>• 任何字段拖曳至筛选区域后，将在数据透视表上方生成单独的以此字段数据为条件的筛选行，展开筛选按钮可单选或多选筛选条件 | • 相当于普通表格的行标题<br>• 如果将多个字段拖曳至行区域中即形成多层级行标题。其中字段的从上到下的排列顺序决定了数据透视表中行标题的层级 | • 相当于普通表格的列标题<br>• 数据透视表默认"数值"字段在列区域中显示<br>• 将原行字段拖曳至列区域中，数据分析的维度即发生变化 | • 用于计算数值的区域，Excel会自动将数字型字段放至值区域<br>• 字段类型不限于数字，可以是文本<br>• 计算方式默认为"求和"，可快速改变为计数、平均、最大值、最小值、乘积、方差等 |

### 2. 拖曳字段动态分析数据

下面示范如何在数据透视表中，从不同角度和维度对"2019年上半年销售日报表"中的数据进行分析。

（1）从销售人员角度，查看并汇总每个销售区域中，每种商品的每日销售数量和销售金额。

**步骤01** 将"销售人员"字段拖曳至【筛选】区域→依次将"区域""销售商品""月""销售日期"字段拖曳至【行】区域→将"销售数量"和"销售金额"字段拖曳至【值】区域。可看到数据透视表已列示出所有销售员的销售数据，"销售区域"为第一层级，如左下图所示。

**步骤02** 单击数据透视表上方B1单元格中的筛选按钮，在下拉列表中任意选择一名销售人员，如"冯**"，可看到数据透视表中仅列示该名销售人员的相关信息→依次展开"A区"（A4单元格）下的字段，可看到效果如右下图所示。

（2）从销售区域角度，分析每个销售人员在同一日期的销售金额，同时销售人员按区域汇总1~6月的销售金额。

**步骤01** 将"区域"字段拖曳至【筛选】区域→将"销售人员"字段拖曳至【列】区域→调整【行】区域中字段的顺序，将"月"和"销售日期"分别拖曳至第1位和第2位→右击【值】区域中的"销售数量"字段→在弹出的快捷菜单中选择【删除】命令，即可将"销售数量"字段从【值】区域中移除，效果如下图所示。

081

[表格图片]

**步骤02** 查看B区的销售情况,在B1单元格的下拉列表中选择【B区】选项→依次展开"1月"(A5单元格)下的字段,可看到效果如下图所示。

[表格图片]

(3)从销售商品角度,分析每个区域中的所有销售人员的销售金额,同时找出"冰箱"的销售业绩最高的销售人员,并计算销售人员1~6月的月均销售额。

**步骤01** 将"销售商品"字段拖曳至【筛选】区域→将"区域"字段拖曳至【列】区域→将"销售人员"拖曳至【行】区域第1位,效果如下图所示。

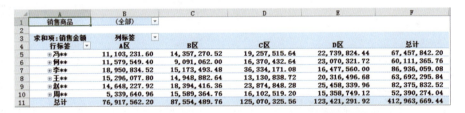

**步骤02** 在B1单元格的下拉列表中选择【冰箱】选项→右击数据透视表中任意单元格→在弹出的快捷菜单中依次选择【值汇总依据】-【最大值】命令,如左下图所示。此时可看到"总计"行(B11:F11单元格区域)显示的数字为每一列中的最大数字,即可找到相应的销售人员,如右下图所示。

## ▶Chapter 02
工欲善其事，必先利其器——高手必知必会的实用工具

我们在左上图的快捷菜单中看到，【值汇总依据】的子菜单下预置了多种汇总依据，用户根据数据分析需求选择相应的选项即可。例如，计算销售人员的月均销售额，即选择【平均值】选项。若菜单中没有相应的选项，则应选择【其他选项】选项，打开【值字段设置】对话框，可分别设置"值汇总方式"和"值显示方式"。

"值汇总方式"的对话框如左下图所示。而"值显示方式"（右键快捷菜单中也有此选项）的主要功能是以不同数据为基数计算百分比及排序等，如右下图所示。

### 3. 运用日程表分析数据

如果需要以日期或具体分类为筛选条件分析数据，实现交互式数据展示效果，就需要用到我们之前提到过的两大筛选神器——日程表和切片器，进行日期筛选和项目筛选，以排除其他项目数据干扰，让数据分析精准聚焦。

在数据透视表中插入日程表或切片器的步骤如下。

单击选中数据透视表中任意单元格，单击【数据透视表工具】-【分析】选项卡【筛选】组中的【插入切片器】或【插入日程表】按钮即可，如下图所示。

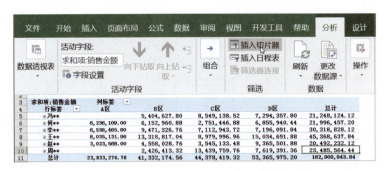

关于切片器的使用方法，在 2.6.3 小节中已经介绍过，这里不再赘述。而日程表的使用方法也与切片器大致相同，主要不同之处在于，日程表仅能在数据透视表中使用，并且筛选项目仅"日期"一种。因此，数据透视表中必须包含日期类型的字段才可有效运用日程表。下面简要介绍日程表的使用方法。

步骤01 执行插入日程表的操作后，在打开的【插入日程表】对话框中选中唯一的筛选项目【销售日期】复选框→单击【确定】按钮，如左下图所示。

步骤02 在"销售日期"日程表中单击选择或拖曳选择需要查看并分析的日期或日期的区间即可→单击日程表右侧下拉按钮，可切换筛选日期的最小单位区间，如中下图所示。例如，筛选 2019 年 2 月 4 日至 2019 年 2 月 10 日春节期间电视机的销售数据，切换为"日"后拖曳选择该区间即可，效果如右下图所示。

### 4. 快速生成各种报表

日常工作中，财务人员运用数据透视表分析数据后，时常需要将分析结果单独编制成报表以便通过发送或打印等方式传递给相关部门，例如，各种日报、月报、季报、年报表等。数据透视表功能强大，对这些常见的工作需求自然能够满足，下面举例介绍操作步骤。

（1）编制销售人员"冯**"1~6 月的销售日报表。

步骤01 按下图所示布局字段区域→右击 B11 单元格（"冯**"1~6 月的总计销售金额）→在弹出的快捷菜单中选择【显示详细信息】命令，如下图所示。

> **Chapter 02**
> 工欲善其事，必先利其器——高手必知必会的实用工具

需要注意的是，如果在数据透视表中选择某月数据所在单元格，例如，B10 单元格（"冯 \*\*" 6 月的销售金额），则仅生成 6 月的销售明细。

步骤 02 Excel 自动生成"Sheet2"工作表，同时按日列示"冯 \*\*" 1~6 月的详细销售数据，如下图所示。调整格式后即可打印或复制粘贴至新的工作簿中以便发送。

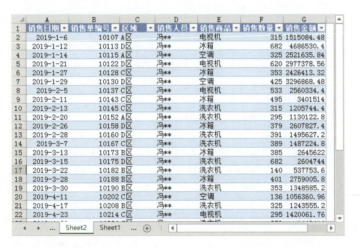

（2）编制第一季度销售日报表。

步骤 01 字段区域布局不变，右击 A5:A10 单元格区域中任意单元格（"销售日期"字段）→在弹出的快捷菜单中选择【组合】命令→弹出【组合】对话框，Excel 默认起始日期为数据透视表中的起始日期，即 2019-1-1，终止日期为数据透视表中最后一日的次日，即 2019-7-1，【步长】为"日月"，此例将终止日期修改为"2019-3-31"→单击【确定】按钮，如左下图所示，效果如右下图所示。

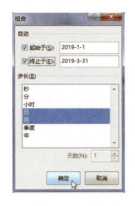

**步骤02** 右击 A10 单元格（总计）→同样在弹出的快捷菜单中选择【显示详细信息】命令，即生成"Sheet3"工作表，列示第一季度的所有销售数据，如下图所示。

若要取消日期组合，只需恢复之前的字段布局，在右键快捷菜单中选择【取消组合】命令→删除【行】区域中的"销售日期"字段→根据工作需求重新拖曳字段即可。

> **专家点拨**
>
> 如果数据源发生变化，单击【数据透视表工具】-【分析】选项卡【数据】组中的【刷新】按钮，在弹出的下拉列表中选择【刷新】或【全部刷新】选项后，数据透视表中的数据即可同步发生变化。

本小节介绍了数据透视表的主要常用功能及数据分析方法，还有许多其他实用工具可以运用，例如，设计表格样式、设置布局、字段设置、生成数据透视图、隐藏或显示【数据透视表字段】窗格等，均可通过【数据透视表工具】选项卡中的工具进行设置。

关于数据透视图，其实质是基于数据透视表而生成的动态图表，本书将在第 5 章中进行介绍。

▶ Chapter 02
工欲善其事，必先利其器——高手必知必会的实用工具

高手自测 10 >

如果要在"2019年上半年销售日报表"中按"日"查看销售数据，有几种方法？哪种方法最简便？哪种方法最不适用筛选日期，为什么？

## 高手神器 3：Excel 易用宝——化繁为简，简单易用的 Excel 工具箱

Excel 易用宝是由全球最具影响力的门户网站 ExcelHome 开发的一款 Excel 功能扩展工具软件。网站针对 Excel 用户在数据处理与分析过程中的多项常用需求，开发出了多个相应功能模块，将烦琐或难以实现的操作化繁为简，甚至能够一步完成，很大程度上提升了 Excel 的操作效率。

Excel 易用宝安装操作也非常简单，访问 ExcelHome 官方网站下载安装软件，根据提示安装成功后，打开 Excel 即可看到【易用宝】以选项卡的形式显示在常用功能区中，如下图所示。

Excel 易用宝中的"聚光灯"是一款实用性极强的工具。财务人员每天浏览大量数据，既耗费时间和精力，也很容易"看走眼"，影响工作效率。聚光灯的作用就是为选中的单元格或单元格区域所在的行和列动态填充颜色，并将"灯光"聚焦在选中的单元格或单元格区域中，高亮显示并突出目标数据，让财务人员的眼睛不再疲劳，轻松高效地完成工作。

聚光灯效果原本在 Excel 中需要在条件格式中设置公式，并编写 VBA 代码才能实现，而易用宝将这些复杂的操作简化为"傻瓜"式的操作，一步即可设置成功。

单击【易用宝】选项卡【视图】组中的【聚光灯】按钮→在弹出的下拉列表中选择【设置】选项→打开【聚光灯设置】对话框→设置颜色和模式即可，如下图所示。

聚光灯效果如左下图所示。同时，还可以设置自动隔行/列换色效果，如右下图所示。

易用宝中的其他功能也非常强大。例如，批量合并或拆分工作簿和工作表、批量命名工作表、为工作表智能排序、快速分列或合并单元格内容和批量删除空白行列等，而且所有功能在操作上都特别简单快捷。因此，Excel易用宝是广大财务人员工作中必不可缺的实用工具，更是能大幅度提高工作效率的神器。

# 03 Chapter

## 练好基本功,学习核心技术
## ——函数公式基础

从事财会工作的人都深知,财务人员真正的核心工作内容是核算与分析。核算收入、核算费用、核算利润、核算应收应付余额、核算库存、核算现金流、核算各类税金、核算分析各种财务指标等。而在如今的大数据时代,需要核算分析的数据更是不计其数。那么,面对海量数据,财务人员如何确保高质量的核算和分析结果?与此同时,保证高效率地完成工作?做好核心的工作当然是要掌握核心的财务专业知识,同时更要学习并精进 Excel 这个强大的数据处理系统中的核心——函数公式。

如果把 Excel 比喻为一门武功绝学,那么对于财务人员而言,前面介绍的各种实用工具的运用方法、技巧等可以算作是上乘的招数,而函数公式则是真正能够帮助财务人员高效、精确核算和透彻分析海量数据的上乘内功。

本章首先带领读者为学好第 4 章的内容之前做一个全面热身,介绍内功中的"基本功"——公式编写的相关基本知识。

### 请带着下面的问题走进本章

(1)每个公式中,除函数外,还包含了各种符号,这些符号各自有什么作用?

(2)时常听到 Excel 高手编写公式时谈及"相对引用""绝对引用""混合引用"等,到底是什么意思?各种"引用"有什么区别?

(3)为什么自己编写的公式经常都不能准确地核算数据,而显示各种"乱码"?

(4)有些公式太过冗长,有什么好办法可以简化公式?

(5)公式不可避免的会引用多个单元格,如何才能明确每条公式中所引用单元格的来龙去脉?

## 3.1 小符号,大能量:函数公式中各类符号一览

提到公式中的各种符号,财务人员都认为它太过简单,根本不值一提。事实上,最简单、最基础的内容往往最容易被忽视,所以大多数财务人员尚未打好函数公式基础,就急于求成地运用函数编写公式,以至于在实际工作中,往往只会生搬硬套其他公式,却始终无法做到灵活运用。

其实,每一个看似微不足道的小符号都蕴藏着大能量,在每一个函数公式中都发挥着举足轻重的作用。因此,财务人员要真正学好函数公式,就必须运用第1章所讲的清零思维,从零开始,全面了解并掌握公式中的各种符号。

根据符号在公式中的作用和重要程度,我们将各种符号划分为以下两类,如下图所示。

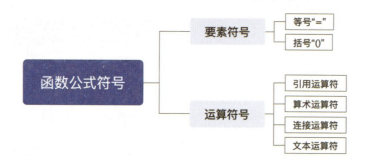

注意函数公式中的所有符号必须在英文输入法下键入。

### 3.1.1 不可或缺的要素符号

Excel 的函数公式包含三大要素,即函数、数据、符号。其中,符号包括等号和括号,对于公式的编写是不可或缺的要素,每一个函数公式都必须包含这两种符号,二者缺一不可。

#### 1. 四两拨千斤的等号"="

在 Excel 中,对所有公式是否发挥运算功能起着决定性作用的,就是能够四两拨千斤的"="。所有公式都必须以"="作为开端,Excel 才会根据公式内容进行运算。如果公式前面缺少了"=",即使公式逻辑再清晰,运算思路再完美,都不能发挥任何作用,Excel 只会认为公式内容是一长串文本字符而已。因此,切记编写任何函数公式时首先输入"="。

#### 2. 举足轻重的括号"()"

括号"()"在公式中主要发挥两个重要作用:一是每一个函数后面必须添加括号,将运算数据括起来,与函数区分开;二是当公式中嵌套多个函数时,需要插入多层括号,它的作用是控制各表达式的计算顺序。与平常的数学运算规则相同,Excel 公式也是按照由内向外的顺序依次计算括号中的数据。例如,公式"=ROUND(SUM(A1:B12,E1:H12),2)",首先运算得出"SUM(A1:B12,E1:H12)"的结果,再运用 ROUND 函数将其四舍五入至小数后两位。

这里提醒一点，公式要素中的"数据"不仅是指数字，也可以是文本、单元格或单元格区域引用。例如，上述公式中引用的 A1:B12 和 E1:H12 单元格区域。

## 3.1.2 各司其职的运算符号

Excel 公式中的运算符号不仅包括普通算术中的加减乘除符号，还包括其他各种符号。主要分为四大类，即引用运算符、算术运算符、比较运算符、文本运算符，它们在公式中各司其职，发挥不同的运算功能。每种运算符号的具体详情如下图所示。

**引用运算符**
- 冒号：主要引用单元格区域
- 单个空格：表示区域之间的交集部分，例如，"=SUM(A1:E6 B1:D12)"，是指对两个区域之间交集部分 B1:D6 求和
- 逗号：主要用于间隔公式中的各参数

**算术运算符**
- 加减乘除：+ - * /
- 乘幂号：^
- 百分比：%

**比较运算符**
- 等于：=
- 不等于：<>
- 大于：>
- 大于等于：>=
- 小于：<
- 小于等于：=<

**文本运算符**
- 文本连接符：&
用于连接公式中引用的一个或多个单元格数值与文本字符串，使其生成新的数据或文本字符串。例如：
A1&B1
A1&B1&" 元 "
A1&" 应收 * "
A1&"?"
……

## 3.1.3 独树一帜的特殊符号

除上述符号外，在 Excel 公式中，我们还经常见到两个特殊的身影，就是美元符号"$"和大括号"{}"。

其中，符号"$"出现于公式中时，就不再代表美元，而是用于锁定公式中所引用单元格的行号和列标的专用符号。根据它锁定单元格形式的不同，将产生两种不同的引用方式，也是财务人员在实际工作中使用频率最高的特殊符号。关于引用方式，将在 3.2 节中进行介绍。

而另一个符号"{}"，则是数组和数组公式的专用符号。根据它在公式中位置的不同，其含义、作用及输入方法也有所区别，具体如下图所示。

**{}位于公式当中**
- 数组，如公式 "=SUM(SUMIF(A2:A20,{">100","<60*})"
- 含义：对 A2:A20 单元格区域中大于 100 与小于 60 的数求和
- 输入方法：直接在公式中键入符号即可

**{}位于公式首尾**
- 数组公式，如公式 "={SUM(A2:A20*25)}"
- 含义：对 A2:A20 单元格区域中每一个单元格的数值乘 25 后的结果求和
- 输入方法：编写公式完成后，必须按【Ctrl+Shift+Enter】组合键。如果直接在公式首尾键入"{}"，数组公式无效

## 3.2 "相对"简单,"绝对"不难:彻底搞清公式中的各式引用

本节所讲的"引用",是指在 Excel 公式中对单元格的引用,例如,公式"=SUM(A2,B5,D8)"引用了 3 个单元格。实际工作中,很多公式基础薄弱的财务人员虽然会编写公式,但是对引用这一非常简单的概念和各式引用的区别与应用情形依然混淆不清。因此,本节主要介绍"引用"的相关内容,帮助财务人员彻底搞清公式中的各式引用。

引用形式可以从两个角度来划分。

(1)从引用单元格的行号列标是否锁定的角度划分,可分为相对引用、绝对引用和混合引用,三者之间的关系如左下图所示。

(2)从引用单元格的所在范围划分,可分为表内引用、跨表引用和跨工作簿引用,三者之间的关系如右下图所示。

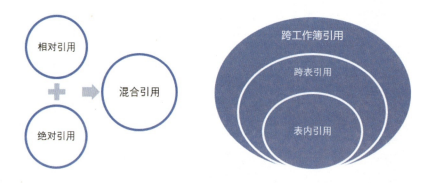

### 3.2.1 相对引用、绝对引用和混合引用

相对引用、绝对引用和混合引用是针对引用单元格来说的,其中绝对引用的标志就是在行号或列标前的符号"$"。三种引用的特征和具体表现形式如下。

(1)相对引用。

相对引用是指单元格地址中只有行号和列标,将公式复制粘贴至其他单元格后,公式中的行号和列标会以相同的范围和方向发生变化。如左下图所示,D2 单元格公式为"=B2*C2",下面向不同方向复制粘贴后的公式变化如下。

① 复制粘贴至 D3 单元格,公式变为"=B3*C3"。

② 复制粘贴至 G2 单元格,公式变为"=E2*F2",如右下图所示。

| | A | B | C | D | E | F |
|---|---|---|---|---|---|---|
| D2 | | | fx | =B2*C2 | | |
| 1 | 存货名称 | 期初库存数量 | 成本单价 | 期初库存金额 | 本期销售数量 | 销售单价 | 本期销售金额 |
| 2 | 冰箱 | 926 | 600 | 555,600.00 | 450 | 1080 | |
| 3 | 空调 | 665 | 1200 | | 450 | 2500 | |
| 4 | 合计 | 1591 | — | 555,600.00 | 900 | — | |

| | A | B | C | D | E | F | G |
|---|---|---|---|---|---|---|---|
| G2 | | | fx | =E2*F2 | | | |
| 1 | 存货名称 | 期初库存数量 | 成本单价 | 期初库存金额 | 本期销售数量 | 销售单价 | 本期销售金额 |
| 2 | 冰箱 | 926 | 600 | 555,600.00 | 450 | 1080 | 486,000.00 |
| 3 | 空调 | 665 | 1200 | 798,000.00 | 450 | 2500 | |
| 4 | 合计 | 1591 | — | 1,353,600.00 | 900 | — | 486,000.00 |

(2) 绝对引用。

绝对引用是指引用的单元格地址中的行号和列标前均添加"$"符号，同时锁定行号和列标。复制公式后，绝对引用的单元格地址都不会发生变化。例如，在 G1 单元格中设定一个比例，将每种存货的销售单价按照设定的比例计算上浮后的销售单价和销售金额。

① 设 H3 单元格公式为"=F3*(1+$G$1)"，如左下图所示。

② 将公式复制到 H4 单元格后，公式变为"=F4*(1+$G$1)"，如右下图所示。

(3) 混合引用。

混合引用是指公式中对单元格地址既有相对引用，也有绝对引用。具体包括两种混合引用形式："绝对列 + 相对行"和"相对列 + 绝对行"，如下图所示。

混合引用单元格时，将公式复制到其他单元格后，被绝对引用的列或行不会发生变化，而被相对引用的列或行发生相应变化。如左下图所示，根据预估销售数量计算上浮单价后的销售金额。

① 设 G3 单元格公式为"=$E3*F3"。

② 将公式复制到 I3 单元格后，公式变为"=$E3*H3"。

③ 将 I3 单元格公式复制到 I4 单元格后，公式变为"=$E4*H4"，如右下图所示。

> **专家点拨**
>
> 如何在公式中灵活运用绝对引用和混合引用，把握好最关键的一点，放准美元符号"$"在单元格的行号和列标前的位置。"$"放在谁的前面，谁就不会变化。我们将其规律总结为一句话，有助于理解和记忆："行号和列标，一见美元动不了。"

## 3.2.2 表内引用、跨表引用和跨工作簿引用

（1）表内引用。

在 Excel 公式中，对当前工作表的单元格引用即我们所讲的"表内引用"，3.2.1 小节的示例中都是此种引用方式。

（2）跨表引用。

如果公式引用的单元格在同一 Excel 工作簿的不同工作表中，即跨表引用。表现形式为"工作表名称!单元格"。例如，当前工作表中的 G3 单元格公式为"=Sheet2!E3*F3"，其中 E3 单元格即跨表引用，同时也是相对引用。

（3）跨工作簿引用。

如果公式引用的单元格在不同的 Excel 工作簿的某个工作表中，即跨工作簿引用。表现形式为"[工作簿名称]工作表名称!单元格"。例如，当前工作表中的 I3 单元格公式为"=[库存表]Sheet2!$G$3*H3"，其中 G3 单元格即跨工作簿引用，同时也是绝对引用。

> **专家点拨**
>
> 实际工作中，表内引用是最基本的引用形式，跨表引用也不可避免。而跨工作簿引用单元格的公式，其计算结果的准确性会受到工作簿名称、存储路径等多种因素的影响，所以对于数据钩稽关系盘根错节的财务工作表并不适用，因此建议财务人员尽可能将同一核算管理系统中的工作表存放在同一工作簿中，以避免出现跨工作簿引用的情况。

## 3.3 条条大路通罗马：编写函数公式不止一种方法

很多 Excel 初学者或公式基础比较薄弱的财务人员认为编写函数公式很难，因为记不清函数的英文拼写，对函数的语法也不熟悉，所以总是不能顺利编写公式或公式计算结果错误百出，似乎这是一道难以跨过的坎。其实 Excel 根据不同用户群体的特点和需求，提供了几种编写函数公式的方法，无须过多的手动输入和强制记忆，就能顺利编写出完整的常用公式。

### 3.3.1 插入函数的方法

函数公式中，必不可缺的主角毫无疑问就是函数，那么编写函数公式的关键自然是如何快速准确地插入相应的函数。插入函数的方法主要有以下几种。

## 1. 通过"函数库"插入函数

"函数库"位于【公式】选项卡下,包含所有类别的函数,插入函数时,单击函数类别的下拉按钮,即可在弹出的下拉列表中选择相应的函数。而其中"自动求和"功能在插入函数的同时能够直接计算得出结果。

(1)插入函数。

例如,计算"销售日报表 1"中 7 月 1 日的销售合计金额。选中 F3 单元格→单击【公式】选项卡【函数库】组中的【最近使用的函数】按钮→在弹出的下拉列表中选择【SUM】选项,如左下图所示→弹出【函数参数】对话框,Excel 已智能识别需要计算的单元格区域,单击【确定】按钮即可,如右下图所示。

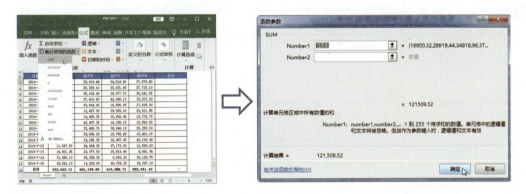

(2)运用"自动求和"功能。

"函数库"中,【自动求和】按钮的下拉列表中包含最常见的求和、平均值、计数、最大值、最小值等选项,可以根据事先选中的单元格区域直接计算,迅速得出结果。

例如,计算"销售日报表 1"中所有客户的日平均销售额。选中 B3:F17 单元格区域→单击【公式】选项卡【函数库】组中的【自动求和】按钮→在弹出的下拉列表中选择【平均值】选项即可马上得出计算结果,如左下图所示,效果如右下图所示。

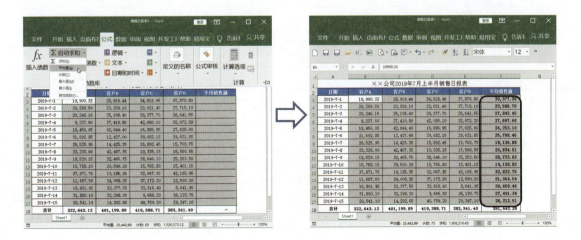

### 2. 通过对话框选择函数

如果不明确函数名称,可以单击【公式】选项卡【函数库】组中的【插入函数】按钮,打开【插入函数】对话框,通过简单的描述或选择类别找到所需函数。其实更快捷的方式是单击编辑栏左侧的【插入函数】快捷按钮,即可直接打开对话框,如下图所示。双击所需函数或选中函数单击【确定】按钮后即可打开【函数参数】对话框。

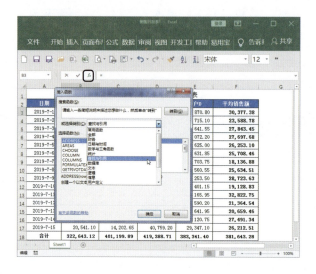

### 3. 手动输入函数

如果函数非常熟悉,并且能够正确书写函数的英文名称或模糊键入前面的一个或几个字母,可直接在单元格或编辑栏中输入函数。Excel 能够根据用户输入的字母搜索列出以该字母开头的所有函数并且给出简短的函数说明,以备用户选择插入,如下图所示。

**专家点拨**

需要注意的是,以上插入函数及模糊键入函数前面字母的方法只适用插入单个函数的公式,如果需要嵌套函数,那么第二个函数公式只能手动输入完整的函数英文名称和公式参数。嵌套函数是指函数语法中的参数也可以设定为函数公式。例如,公式"=ROUND(SUM(F3:F17),2)"即为嵌套函数的公式,如果先插入了 ROUND 函数,那么 SUM 函数必须手动输入。也可以先插入 SUM 函数,设置求和公式后作为 ROUND 函数中的参数之一,再手动补充输入 ROUND 函数及其他参数。

## 3.3.2 定义名称简化函数公式

Excel 中的"定义名称",顾名思义,就是取名字。被取名的对象包括单元格区域、常用数组。将被定义的名称应用到公式之中,不仅可以大幅度简化公式的编写过程,更能让原本冗长的公式变得简洁、直观、易懂。本小节以"库存汇总表"为例,介绍名称的创建及在公式中的运用方法。

### 1. 创建名称

定义名称时,必须遵循 Excel 设定的以下命名规则及注意事项,否则无法建立名称,如下图所示。

| | |
|---|---|
| 1. 单纯的数字不能作为名称,可以是任意字符与数字组合,也不能以数字开头定义名称。如果确实要求以数字开头,必须在前面添加下划线,例如,"_2019年应收明细" | 2. 名称中的字母不区分大小写,不能包含空格,不能与单元格地址相同 |
| 3. 不能使用除下划线、点号和反斜线(/)外的其他符号,允许用问号(?),但不能作为名称的开头,例如,"yszk?"可以,但是"?yszk"不可以 | 4. 名称的长度不能超过 255 个字符。名称应当尽量简短、易记,否则就失去了定义名称的意义 |

如下图所示,根据"库存汇总表"中已有数据计算本期出库成本、期末结存数量与期末结存金额。

| | A | B | C | D | E | F | G | H | I | J |
|---|---|---|---|---|---|---|---|---|---|---|
| 1 | 存货全名 | 期初结存数量 | 单位成本 | 期初结存金额 | 本期入库数量 | 本期入库金额 | 本期出库数量 | 本期出库成本 | 期末结存数量 | 期末结存金额 |
| 2 | 商品01 | 31 | 101.84 | 2,557.02 | 330 | 38405.17 | 160 | | | |
| 3 | 商品02 | 47 | 164.39 | 6,257.69 | 150 | 24,658.50 | 188 | | | |
| 4 | 商品03 | 19 | 122.74 | 1,888.90 | 200 | 24,548.00 | 110 | | | |
| 5 | 商品04 | 32 | 175.76 | 4,555.39 | 220 | 38,667.20 | 120 | | | |
| 6 | 商品05 | 20 | 187.61 | 3,039.11 | 360 | 67,539.60 | 115 | | | |
| 7 | 商品06 | 426 | 259.08 | 89,390.91 | 180 | 46,634.40 | 394 | | | |
| 8 | 商品07 | 143 | 122.81 | 14,224.12 | 600 | 73,686.00 | 107 | | | |
| 9 | 商品08 | 59 | 22.97 | 1,097.46 | 300 | 6,891.00 | 108 | | | |
| 10 | 商品09 | 618 | 19.21 | 9,614.58 | 280 | 5,378.80 | 175 | | | |
| 11 | 商品10 | 639 | 19.08 | 9,877.26 | 330 | 6,296.40 | 180 | | | |
| 12 | 商品11 | 34 | 123.97 | 3,413.83 | 406 | 50,331.82 | 120 | | | |
| 13 | 商品12 | 456 | 363.23 | 134,151.68 | 150 | 54,484.50 | 418 | | | |
| 14 | 商品13 | 75 | 133.72 | 8,122.74 | 180 | 24,069.60 | 158 | | | |
| 15 | 商品14 | 32 | 115.66 | 2,997.77 | 480 | 55,516.80 | 120 | | | |
| 16 | 商品15 | 16 | 142.85 | 1,851.25 | 450 | 64,282.50 | 110 | | | |
| 17 | 商品16 | 160 | 249.09 | 32,280.24 | 160 | 39,854.40 | 133 | | | |
| 18 | 商品17 | 475 | 214.52 | 82,531.16 | 300 | 64,356.00 | 393 | | | |
| 19 | 商品18 | 140 | 140.36 | 15,915.56 | 820 | 115,095.20 | 0 | | | |
| 20 | 商品19 | 106 | 55.45 | 4,760.34 | 400 | 22,180.00 | 30 | | | |
| 21 | 商品20 | 0 | — | — | 1000 | — | 0 | | | |
| 22 | | 3528 | — | 428,527.01 | 7296 | 822875.89 | 3139 | | | |

在未定义名称时,第 2 行各列单元格公式分别如下。

- H2 单元格:"=ROUND(G2*C2,2)"。
- I2 单元格:"=B2+E2-G2"。
- J2 单元格:"=ROUND(D2+F2-I2,2)"。

将已有数据的单元格区域定义为名称后即可在公式中直接引用相应的名称。

(1) 新建单个名称。

选中 B1:B21 单元格区域→单击【公式】选项卡【定义的名称】组中的【定义名称】按钮,如左下图所示→弹出【新建名称】对话框,由于选择单元格区域时包含了标题单元格(B1),因此 Excel 已将其默认为名称(可修改)。【范围】默认为"工作簿"(可在下拉列表中选择当前工作表)。【引用位置】即预先选中的单元格区域→单击【确定】按钮即可,如右下图所示。

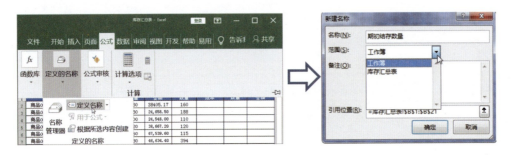

(2) 批量创建名称。

选中 C2:G21 单元格区域→单击【公式】选项卡【定义的名称】组中的【根据所选内容创建】按钮,如左下图所示→弹出【根据所选内容创建名称】对话框,根据表格布局选中相应的复选框,通常情况下都应当选中【首行】复选框→单击【确定】按钮,即可批量为 C2:G21 单元格区域中每列区域创建一个名称,如右下图所示。

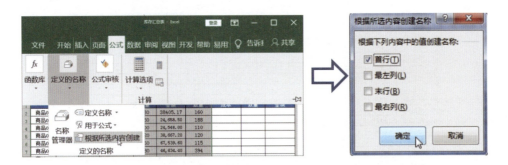

## 2. 管理名称

创建名称后,可在【名称管理器】对话框中对已有名称进行编辑、删除、筛选等,同时也可以新建名称。单击【公式】选项卡【定义的名称】组中的【名称管理器】按钮,即可打开【名称管理器】对话框进行相关操作,如右图所示。

### 3. 在公式中应用名称

编写公式时可直接输入名称，如果名称较多，不易记忆，可在【用于公式】按钮的下拉列表中选择名称插入公式中，操作方法如下。

（1）直接输入名称。

在"库存汇总表"的 H2 单元格（"本期出库成本"）中编写公式"=ROUND( 本期出库数量 * 单位成本 ,2)"，如下图所示。输入名称的同时，Excel 同样会搜索并列示以名称第一个字符开头的所有名称，可在列表中选择。

（2）在【用于公式】按钮的下拉列表中选择或粘贴名称。

I2 单元格的计算公式为"= 期初结存数量 + 本期入库数量 − 本期出库数量"。

**步骤01** 插入第一个名称。选中 I2 单元格（"期末结存数量"）→单击【公式】选项卡【定义的名称】组中的【用于公式】按钮，在弹出的下拉列表中选择相应的名称，如左下图所示。

**步骤02** 粘贴其他名称。在【用于公式】按钮的下拉列表中选择【粘贴名称】选项，打开【粘贴名称】对话框，选择相应的名称即可，如右下图所示。

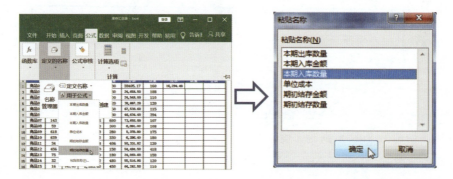

H2:J2 单元格区域公式全部编写完成后，即可将公式向下填充至 H3:J21 单元格区域。

---

**专家点拨**

定义名称虽然在 Excel 中归属于"公式"功能区，但是"名称"不仅能够应用于公式，还能在定位、数据验证、条件格式、动态图表等多种工作场景中发挥化繁为简的神奇作用。例如，快速定位时，直接在名称框的下拉列表中选择名称即可快速选定相应的区域；设置数据验证序列时直接输入"=+名称"即可。同时，名称的引用位置同样可设置函数公式，设置方法将在第 4 章讲解函数时介绍，并在本书第三部分运用到实践中。

> **高手自测 11**
>
> 如何在"库存汇总表"中结合"定义名称"的方法为商品名称制作下拉列表？

## 3.4 知其然，知其所以然：寻根探底，弄清公式出错原因

我们在 Excel 中编写公式时，经常会因为一些不明原因导致公式运算返回五花八门的"乱码"，如"#DIV/0!""#REF!""#VALUE!"等，相信财务人员对这些"乱码"既觉得眼熟，也感到头痛。由于大多数人只知其然，却不知其所以然，只知道这是公式出错，Excel 也会根据返回的错误值简要提示出错原因，但从未深究到底错在哪里，所以只会盲目地反复测试、修改公式，直到正确为止。如此一来，不仅影响工作效率，也让很多人对于学好 Excel 函数公式的信心受到不同程度的打击。其实，只要大家预先对这些公式错误值的含义及发生原因进行一个全面、正确的认识和了解，就可以在编写公式时有效避免出错，也能够在公式出错后迅速查清出错根源，以便对症下药，提高工作效率。

一般情况下，Excel 公式中返回的最常见的错误值主要包括八种，如右图所示。

### 3.4.1 #N 系列错误值

由于 #N/A、#NAME?、#NUM!、#NULL! 这四种错误值的拼写均以"#N"开头，因此我们将其划分为一组，命名为"#N 系列错误值"进行介绍，便于读者记忆和理解。公式返回这四种错误值的主要原因如下图所示。

| #N/A | •公式中引用的单元格的数值对函数或公式不可用 |
| #NAME? | •公式中的名称出现错误 |
| #NUM! | •函数公式中包含无效数字或数值 |
| #NULL! | •公式中使用了不正确的运算符或引用的单元格区域的交集为空 |

**1. #N/A 错误值**

当公式中引用的某个单元格的数值对函数或公式不可用时，即会返回 #N/A 错误值。这种错误

值通常会出现在查找与引用类函数公式中。例如，在"库存汇总表"中，L2:N4 单元格区域是为查询指定商品的相关信息而添加的辅助表格。其中，M2 单元格公式"=VLOOKUP($L2,A:I,9,0)"是指根据 L2 单元格中的数值查找 A:I 区域里 A 列中与之完全相同的数值，并返回第 9 列（期末结存数量）中与之匹配的数值。N2 单元格公式同理查找引用期末结存金额。

由于 L2 单元格为空，公式无法查找到匹配的数据，因此 M2 和 N2 单元格都返回了 #N/A 错误值。L3 单元格输入的存货名称错误，同样返回 #N/A 错误值。而 L4 单元格中的存货名称正确，公式即会返回正确结果，如下图所示。

| | A | B | C | D | E | F | G | H | I | J | K | L | M | N |
|---|---|---|---|---|---|---|---|---|---|---|---|---|---|---|
| 1 | 存货全名 | 期末结存数量 | 单位成本 | 期初结存金额 | 本期入库数量 | 本期入库金额 | 本期出库数量 | 本期出库成本 | 期末结存数量 | 期末结存金额 | | 存货名称 | 期末结存数量 | 期末结存金额 |
| 2 | 商品01 | 31 | 101.84 | 3,157.04 | 330 | 38405.17 | 160 | 16,294.40 | 201 | 25,267.81 | | | #N/A | #N/A |
| 3 | 商品02 | 47 | 164.39 | 7,726.33 | 150 | 24,658.50 | 188 | 30,905.32 | 9 | 1,479.51 | | 商品1 | #N/A | #N/A |
| 4 | 商品03 | 19 | 122.74 | 2,332.06 | 200 | 24,548.00 | 110 | 13,501.40 | 109 | 13,378.66 | | 商品01 | 201 | 25267.81 |

### 2.#NAME? 错误值

#NAME? 错误值名称中包含英文单词"NAME"，其中文意思是"名字""名称"等，顾名思义，主要原因就是公式中的某些名称出现错误。例如，函数名称、引用的单元格或单元格区域的"名称"、定义的名称出错，或者公式中引用了文本，但未添加双引号，都会返回 #NAME? 错误值。如下图所示，我们在"库存汇总表 1"中添加辅助表格，对于公式返回 #NAME? 错误值的公式表达式、返回结果及出错原因分析与正确公式进行对比，以便让读者更清晰地了解出错原因。

| L | M | N | O | P |
|---|---|---|---|---|
| | | 商品01 | | |
| 公式含义 | | 公式表达式 | 返回结果对比 | 出错原因 |
| 查找并返回M1单元格中商品的本期结存数量 | × | =VLOOKU($M$1,A:I,9,0) | #NAME? | 函数名称错误 |
| | √ | =VLOOKUP($M$1,A:I,9,0) | 201 | |
| 查找并返回M1单元格中商品的本期结存金额 | × | =VLOOKUP($M$1,AJ,10,0) | #NAME? | 引用区域错误 |
| | √ | =VLOOKUP($M$1,A:J,10,0) | 25267.81 | |
| 对商品01-09的本期出库数量汇总 | × | =SUMIF(存货全称,"商品0?",本期出库数量) | #NAME? | 引用的名称错误 |
| | √ | =SUMIF(存货全名,"商品0?",本期出库数量) | 1477 | |
| 判断M1单元格中的商品本期出库数量，如果大于150返回"畅销"，否则返回"滞销" | × | =IF($M$1>150,畅销,滞销) | #NAME? | 引用的文本未添加双引号 |
| | √ | =IF($M$1>150,"畅销","滞销") | 畅销 | |

### 3.#NUM! 错误值

#NUM! 错误值也可从其名称中理解出错原因，"NUM"是"Number"的缩写，代表数字。如果函数公式中包含无效数字或数值，就会返回 #NUM! 错误值。例如，SQRT 是一个非负实数的平方根函数，要求参数不能为负数，否则返回错误值，如左下图所示。

如果数字的长度超过 Excel 限定的最大长度，也会返回 #NUM! 错误值。例如，POWER 函数的作用是返回指定数字的乘幂，如右下图所示，运算结果远远超出 Excel 限定的数字长度，因此返回 #NUM! 错误值。

 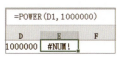

### 4.#NULL! 错误值

#NULL! 错误值名称中的"NULL"代表零值、空值。如果公式中使用了不正确的运算符或引用的单元格区域的交集为空,就会返回 #NULL! 错误值。

例如,单个空格如果运用在公式中,就作为引用运算符,表示两个区域之间的交集部分。如下图所示,公式"=SUM(A1:A5 C1:C5)"引用了 A1:A5 和 C1:C5 单元格区域,二者之间没有交集,因此返回了 #NULL! 错误值。

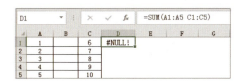

## 3.4.2 #DRV 系列错误值

同样为了方便读者记忆和理解,我们将另外四种错误值 #####、DIV/0!、#REF!、#VALUE! 名称中第一个符号或字母合并称为"#DRV 系列错误值"。公式返回这四种错误值的主要原因如下图所示。

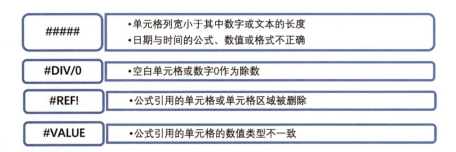

### 1.##### 错误值

如果 Excel 中出现了 ##### 错误值,只会是以下两种原因。

(1)单元格列宽小于其中数字或文本的长度。

从严格意义上讲,这并不算是一种错误,是因为列宽不够导致的,如左下图所示。可以通过以下三种方式解决:① 手动调整列宽;② 在【设置单元格格式】对话框中的【对齐】选项卡中选中【缩小字体填充】复选框,如中下图所示;③ 单击【开始】选项卡【单元格】组中的【格式】按钮,在弹出的下拉列表中选择【自动调整列宽】选项即可,如右下图所示。

## Chapter 03
### 练好基本功，学习核心技术——函数公式基础

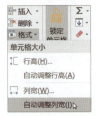

（2）日期与时间的公式、数值或格式不正确。

正确逻辑下，日期与时间数值不能为负数。所以，如果在 Excel 中的日期格式单元格中输入了负数，则会返回长串的 #####……错误值。如左下图所示，C1 单元格公式"=A1-B1"计算 2019 年 9 月 1 日的前两天的日期，但计算结果为负数，所以返回 ##### 错误值。正确的公式如右下图所示。

如果计算两个日期的间隔天数，当结果为负数，单元格格式为日期格式时，也会返回 ##### 错误值，如左下图所示。此时将单元格格式调整为"常规"格式即可解决，效果如右下图所示。

### 2.#DIV/0! 错误值

#DIV/0! 错误值名称中的"DIV/0"的意思是"除以零"。数字 0 不能作为除数，这是众所周知的一个数学知识，Excel 中自然也不会例外，如果公式中把空白单元格或单元格中的数字 0 作为除数，就会返回 #DIV/0! 错误值，如左下图和右下图所示。

### 3.#REF! 错误值

Excel 中的公式结果出现 #REF! 错误值的原因通常是删除了公式引用的单元格或单元格区域。如左下图所示，C1 单元格中设置了正确的公式。删除 B1 单元格后，原公式引用的单元格已不存在，所以返回 #REF! 错误值，如右下图所示。

103

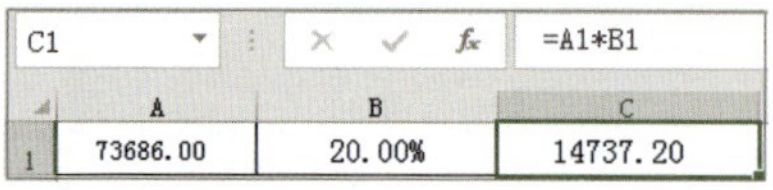

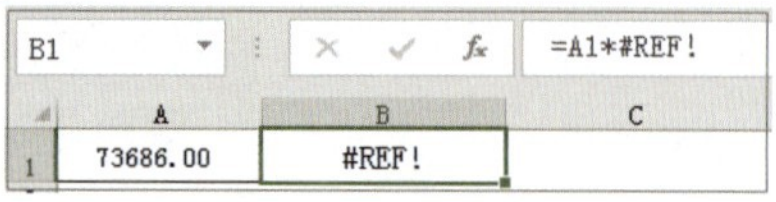

### 4.#VALUE! 错误值

#VALUE! 错误值主要是由于引用的单元格的数值类型不一致导致的。如下图所示，A1 单元格中的数值为数字类型，B1 单元格中的符号"-"为文本类型，C1 单元格引用前两个类型不同的单元格数值进行运算，所以返回了 #VALUE! 错误值。

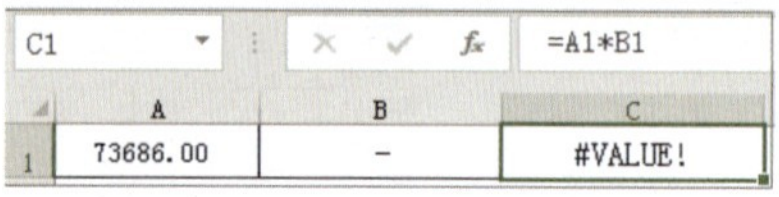

## 3.5 公式检查官：公式审核，确保公式准确无误

在 3.4 节中介绍了公式返回的各种错误值及出错原因，相信对财务人员公式基础知识的掌握有所帮助。但是，这些公式错误既然能够返回错误值，就是看得见的错误。而在实际工作中运用 Excel 编写公式进行财务核算时，往往会发生很多"隐形"错误。

例如，在一份财务表格中，各列的数据类型相同且无空值，数值格式也正确。财务人员在编写公式引用单元格时却张冠李戴，本应该设置公式为"=A3*B3"，却一时疏忽写成了"=A3*E3"。这一公式本身是正确的，因此不会返回任何错误值，如果两个公式计算得出的结果相近，财务人员就难以察觉到错误，特别是在核算财务指标时，财务人员更容易被"隐形"错误麻痹。在这种情形下，就是 Excel 中的"公式检查官"——公式审核来大显身手，帮助财务人员检查公式错误的时候了。本节以"偿债能力分析表"为例，介绍"公式审核"中主要功能的运用方法。

### 3.5.1 摸清公式的来龙去脉

检查公式的第一步，就是要摸清公式的来龙去脉，查清当前单元格公式的"引用和被引用"，即它引用了哪些单元格或单元格区域？又被哪些单元格公式所引用？例如，C1、E1、G1 单元格公式分别为"=A1+B1""=C1+D1""=E1*F1"，其中 C1 单元格公式引用了 A1 和 B1 单元格，同时又被 E1 单元格引用，对于 E1 单元格而言，C1 单元格从属于 E1 单元格，以此类推。它们之间的引用和从属关系如右图所示。

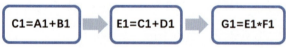

运用 Excel"公式审核"功能，可以为单元格的引用和从属单元格添加箭头，直观显示指定单元格公式的来龙和去脉。操作步骤如下。

**步骤 01** 查看"偿债能力分析表"中"流动比率"公式的引用。选中 C3 单元格→单击【公式】选项卡【公式审核】组中的【追踪引用单元格】按钮即可，效果如下图所示。

▶ Chapter 03
练好基本功，学习核心技术——函数公式基础

| | A | B | C | D | E | F | G | H |
|---|---|---|---|---|---|---|---|---|
| 1 | 项目 | | 指标数据 | | 资产 | 期末余额 | 负债及所有者权益 | 期末余额 |
| 2 | 短期偿债能力 | 营运资本 | 1,092,077.66 | | 货币资金 | 123,165.40 | 短期借款 | 61,582.70 |
| 3 | | 流动比率 | 955.00% | | 交易性金融资产 | 123,165.40 | 交易性金融负债 | - |
| 4 | | 速动比率 | 142.00% | | 应收账款 | 751,643.10 | 应付账款 | 637,782.27 |
| 5 | | 现金比率 | 35.00% | | 其他应收款 | 3,067.43 | 流动负债合计 | 705,162.58 |
| 6 | 长期偿债能力 | 资产负债率 | 39.00% | | 流动资产合计 | 1,797,240.24 | 非流动负债合计 | - |
| 7 | | 产权比率 | 54.00% | | 非流动资产合计 | 205,000.00 | 所有者权益（或股东权益）合计 | 1,297,077.66 |
| 8 | | 权益乘数 | 1.54 | | 资产总计 | 2,002,240.24 | 负债和所有者权益（或股东权益）总计 | 2002240.24 |

步骤 02 查看"偿债能力分析表"中"货币资金"公式的引用。选中 F2 单元格→单击【公式】选项卡【公式审核】组中的【追踪从属单元格】按钮即可，效果如下图所示。

| | A | B | C | D | E | F | G | H |
|---|---|---|---|---|---|---|---|---|
| 1 | 项目 | | 指标数据 | | 资产 | 期末余额 | 负债及所有者权益 | 期末余额 |
| 2 | 短期偿债能力 | 营运资本 | 1,092,077.66 | | 货币资金 | 123,165.40 | 短期借款 | 61,582.70 |
| 3 | | 流动比率 | 955.00% | | 交易性金融资产 | 123,165.40 | 交易性金融负债 | - |
| 4 | | 速动比率 | 142.00% | | 应收账款 | 751,643.10 | 应付账款 | 637,782.27 |
| 5 | | 现金比率 | 35.00% | | 其他应收款 | 3,067.43 | 流动负债合计 | 705,162.58 |
| 6 | 长期偿债能力 | 资产负债率 | 39.00% | | 流动资产合计 | 1,797,240.24 | 非流动负债合计 | - |
| 7 | | 产权比率 | 54.00% | | 非流动资产合计 | 205,000.00 | 所有者权益（或股东权益）合计 | 1,297,077.66 |
| 8 | | 权益乘数 | 1.54 | | 资产总计 | 2,002,240.24 | 负债和所有者权益（或股东权益）总计 | 2002240.24 |

**专家点拨**

注意引用和从属的箭头指向的方向是相反的，查看时注意区分。如需删除箭头，可单击【公式】选项卡【公式审核】组中的【删除箭头】按钮，一键删除所有箭头，或者在【删除箭头】按钮的下拉列表中选择【删除箭头】【删除引用单元格追踪箭头】或【删除从属单元格追踪箭头】选项。

## 3.5.2 步步追踪公式引用和结果

由于添加箭头只能追踪公式单元格的直属引用和直接从属关系，如果公式比较复杂，引用的单元格同样是公式单元格，此时要查清公式是否有错误，或者对公式不够理解，可运用"公式求值"工具逐步对每个公式单元格求值，查看公式的计算过程。例如，查看"偿债能力分析表"中的"产权比率"公式计算过程，下面介绍运用方法和操作步骤。

（1）连续求值。

选中 C7 单元格→单击【公式】选项卡【公式审核】组中的【公式求值】按钮，打开【公式求值】对话框→连续单击【求值】按钮，Excel 会按照公式的逻辑顺序分步求值，直至求出最终结果

为止。如果要重新查看，单击【重新启动】按钮即可。第 1 步和最后 1 步的求值结果如左下图和右下图所示。

第 1 步的求值结果

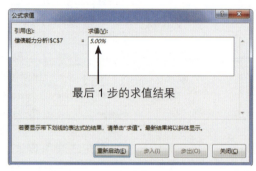
最后 1 步的求值结果

选中 C7 单元格→打开【公式求值】对话框→单击【步入】按钮，Excel 自动新增文本框显示所引用的第 1 个单元格的值，如左下图所示→单击【步出】按钮后，将值代入公式中，如右下图所示→连续单击【步入】【步出】【求值】按钮，Excel 将依次按照步入→步出→求值的顺序计算求出每一个所引用的单元格数值，直至求出最终结果为止。

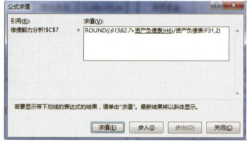

（2）【F9】键一键求值替换公式。

如果为了让公式表达式更直观，可用计算结果直接替换公式，使用【F9】键即可一键完成。例如，对 F8 单元格中的公式求值。

选中 F8 单元格→在编辑栏中拖曳鼠标选中公式中的 ""*"&E8&"*"" 部分→按【F9】键后，效果如右图所示。

### 专家点拨

除以上所讲的"公式审核"功能外，还包括"显示公式""监视窗口"功能。单击【显示公式】按钮，可切换显示当前工作表内所有公式单元格中的公式表达式或数值。单击【监视窗口】按钮，添加需要监视的公式单元格，可随时查看公式结果的变化。另外，公式较长难以理解时，可选中公式单元格，在编辑栏中操作非常简单，读者可自行测试，这里不再赘述。

# 04 Chapter

## 修炼内功，掌握硬核技术
## ——函数运用

前几章讲过，编写函数公式是财务人员必须掌握的 Excel 核心技术，而函数公式中的"主角"毫无疑问就是函数。函数是整个 Excel 数据处理系统中的灵魂，它最大的魅力在于每一个参数都可以用函数代替在公式中进行自动运算，也就是我们所说的"嵌套"函数，而且可以批量填充，能够帮助财务人员快速准确地核算和分析海量数据，这些是普通算术公式望尘莫及的。所以，灵活运用 Excel 中的函数编写公式更是财务人员应该学习并掌握的 Excel 核心技术中的硬核技术。

本书第 3 章已经介绍了公式编写的相关基础知识，练好函数公式的"基本功"之后，本章将带领读者修炼"内功"，进一步介绍和讲解 Excel 中各类常用函数的相关知识，以及在日常工作中的具体运用方法。

本章主要介绍 Excel 函数类别中的以下几种常用的具体函数。

- 逻辑函数
- 数学与三角函数
- 查找与引用函数
- 统计函数
- 时间与日期函数
- 文本函数
- 财务函数

### 请带着下面的问题走进本章

（1）Excel 中的函数多达几百个，哪些函数是财务人员必须要掌握的？
（2）财务常用函数的基本语法结构是什么？各包含哪些参数？
（3）各种函数之间如何相互嵌套？
（4）有些公式比较冗长，也会对工作效率有所影响，那么有什么方法可以简化公式？

## 4.1 逻辑函数

逻辑函数是 Excel 函数大类中一个极其重要的函数类别，主要作用是判断条件的真伪，返回布尔值，即 TRUE 和 FALSE。在财务日常工作中，逻辑函数的应用频率相当之高，适用于各种工作场景。

逻辑函数共包括 9 个函数，本节主要介绍 5 个常用函数，如下图所示。

### 4.1.1 IF 函数：明辨是非的条件判断高手

IF 函数的作用是根据指定的一个或多个条件进行真假值判断，并自动返回指定的结果（可以是文本、数值、公式或更多计算结果）。一个 IF 函数内，最多可以嵌套 64 个 IF 函数，也就是说，最多可以判断 64 个条件，并返回指定的值。

**标准语法**：IF(logical_test,value_if_true,value_if_false)

**语法释义**：IF( 指定的条件 , 结果为真时返回的值 , 结果为假时返回的值 )

IF 函数貌似简单，实则功能强大，它能够准确地按照指定条件明确辨别是非真假，并给出用户设定的结果。在 Excel 高手制作的财务工作表中，随处都可见其身影，可以作为财务人员的御用函数之一。下面列举三个示例，介绍 IF 函数的基本运用方法。

#### 1. 判断单一条件

IF 函数最简单的运用就是按照其标准语法，只对一组数据设定一个条件和两种结果，让它对这一条件进行非此即彼的判断。如左下图所示的 "2019 年 8 月部门预算费用分析报表"，首先判断各科目费用的实际费用是否超出或低于预算费用，同时计算超出或低于预算费用的具体金额。

在 D3 单元格中设置公式 "=IF(C3>B3," 超出预算 ￥"&C3-B3," 低于预算 ￥"&B3-C3)" →向下填充公式即可。注意在公式中的文本字符首尾添加英文双引号，并用文本运算符 "&" 与单元格引用连接，如右下图所示。

## 2. 判断多项条件

如果需要对一组数据设定两个及两个以上的条件进行判断，那么就需要嵌套 IF 函数。例如，"2019 年 8 月部门预算费用分析报表"中的"房租费"，实际费用和预算费用其实刚好相等，需要在这种情况下返回"持平预算"这一结果，只需在公式中嵌套一个 IF 函数，增加一个条件即可。

在 D3 单元格中设置公式"=IF(C3>B3," 超出预算 ￥"&C3-B3,IF(C3=B3," 持平预算 "," 低于预算 ￥"&B3-C3))"→向下填充公式即可，如下图所示。

## 3. 屏蔽错误值

我们在第 3 章中讲过，编写的公式会由于各种原因返回不同的错误值。例如，公式中把空白单元格或单元格中的数字 0 作为除数，即返回 #DIV/0! 错误值。这是财务工作表中最常见的错误值，严重影响表格的整洁和美观，如左下图所示。我们可以巧妙运用 IF 函数将错误值屏蔽，返回指定的内容。

在 D3 单元格中设置公式"=IF(B3=0," 预算外费用 ",(C3-B3)/B3)"→向下填充公式即可。同时，运用"条件格式"或"设置单元格格式 - 自定义"（"#,##0.00%;[ 红色 ]-#,##0.00%"）将负数标识为红色，如右下图所示。

D10　=(C10-B10)/B10

| 2019年8月部门预算费用分析报表 | | | |
|---|---|---|---|
| 科目名称 | 预算费用 | 实际费用 | 超支率 |
| 办公费 | ¥6,500 | ¥7,800 | 20.00% |
| 办公设备 | ¥60,000 | ¥50,000 | -16.67% |
| 差旅费 | ¥10,000 | ¥8,000 | -20.00% |
| 油费 | ¥12,000 | ¥20,000 | 66.67% |
| 房租费 | ¥20,000 | ¥20,000 | 0.00% |
| 工会经费 | ¥6,000 | ¥9,000 | 50.00% |
| 会议费 | ¥4,500 | ¥8,000 | 77.78% |
| 其他投入 | ¥0 | ¥2,500 | #DIV/0! |
| 通讯费 | ¥6,600 | ¥6,000 | -9.09% |
| 业务招待费 | ¥20,000 | ¥30,000 | 50.00% |
| 信息化建设经费 | ¥45,000 | ¥50,000 | 11.11% |
| 年审评估费 | ¥6,000 | ¥5,000 | -16.67% |

D10　=IF(B10=0,"预算外费用",(C10-B10)/B10)

| 2019年8月部门预算费用分析报表 | | | |
|---|---|---|---|
| 科目名称 | 预算费用 | 实际费用 | 超支率 |
| 办公费 | ¥6,500 | ¥7,800 | 20.00% |
| 办公设备 | ¥60,000 | ¥50,000 | -16.67% |
| 差旅费 | ¥10,000 | ¥8,000 | -20.00% |
| 油费 | ¥12,000 | ¥20,000 | 66.67% |
| 房租费 | ¥20,000 | ¥20,000 | 0.00% |
| 工会经费 | ¥6,000 | ¥9,000 | 50.00% |
| 会议费 | ¥4,500 | ¥8,000 | 77.78% |
| 其他投入 | ¥0 | ¥2,500 | 预算外费用 |
| 通讯费 | ¥6,600 | ¥6,000 | -9.09% |
| 业务招待费 | ¥20,000 | ¥30,000 | 50.00% |
| 信息化建设经费 | ¥45,000 | ¥50,000 | 11.11% |
| 年审评估费 | ¥6,000 | ¥5,000 | -16.67% |

## 4.1.2　AND、OR 和 NOT 函数：IF 函数的“神助攻”

IF 函数虽然功能强大，但是一个 IF 函数一次只能判断一个条件，如果需要对同时满足两个或两个以上的条件进行判断，那么仅靠 IF 函数无法实现。此时就需要嵌套其他辅助性的逻辑函数来协助 IF 函数进行判断。其中，AND、OR 和 NOT 函数是最能配合 IF 函数对数据进行准确判断的“神助攻”。

### 1.AND 函数

AND 函数的作用是判断所有条件是否为 TRUE，只要多个条件中的一个条件为 FALSE，就会返回 FALSE；只有全部条件为 TRUE，才会返回 TRUE。

**标准语法：** AND(logical1,[logical2],…)

**语法释义：** AND( 条件 1, 条件 2,…)

例如，将“2019 年 8 月部门预算费用分析报表”中的超支率在 ±20% 范围内的数据标识为“合理”，在此范围之外的其他数据标识为“不合理”。

在 E3 单元格中设置公式“=IF(AND(D3>=-20%,D3<=20%),"合理","不合理")”→向下填充公式即可，如右图所示。

E3　=IF(AND(D3>=-20%,D3<=20%),"合理","不合理")

| 2019年8月部门预算费用分析报表 | | | | |
|---|---|---|---|---|
| 科目名称 | 预算费用 | 实际费用 | 超支率 | 是否合理 |
| 办公费 | ¥6,500 | ¥7,800 | 20.00% | 合理 |
| 办公设备 | ¥60,000 | ¥50,000 | -16.67% | 合理 |
| 差旅费 | ¥10,000 | ¥8,000 | -20.00% | 合理 |
| 油费 | ¥12,000 | ¥20,000 | 66.67% | 不合理 |
| 房租费 | ¥20,000 | ¥20,000 | 0.00% | 合理 |
| 工会经费 | ¥6,000 | ¥9,000 | 50.00% | 不合理 |
| 会议费 | ¥4,500 | ¥8,000 | 77.78% | 不合理 |
| 其他投入 | ¥0 | ¥2,500 | 预算外费用 | 不合理 |
| 通讯费 | ¥6,600 | ¥6,000 | -9.09% | 合理 |
| 业务招待费 | ¥20,000 | ¥30,000 | 50.00% | 不合理 |
| 信息化建设经费 | ¥45,000 | ¥50,000 | 11.11% | 合理 |
| 年审评估费 | ¥6,000 | ¥5,000 | -16.67% | 合理 |

### 2.OR 函数

OR 函数与 AND 函数的作用恰恰相反，只要多个条件中的一个条件为 TRUE，就会返回 TRUE；只有全部条件为 FALSE，才会返回 FALSE。

**标准语法：** OR(logical1,[logical2],…)

**语法释义：** OR( 条件 1, 条件 2,…)

例如，对“2019 年 8 月部门预算费用分析报表”中的超支率设定以下条件进行判断后返回不同的结果。

（1）超支率小于 0，或者大于 15% 且小于 50%，或者为预算外费用时，标识为“一般关注”。注意这一条件语句中，“大于 15% 且小于 50%”表示同时满足两个条件，需要嵌套 AND 函数。

（2）超支率大于等于 50% 时，标识为“重点关注”。

（3）超支率在以上范围以外的标识为“不关注”。

在 E3 单元格中设置公式“=IF(OR(D3<0,AND(D3>15%,D3<50%),D3=" 预算外费用 ")," 一般关注 ",IF(D3>=50%," 重点关注 "," 不关注 "))”→向下填充公式即可，如右图所示。

E3　=IF(OR(D3<0,AND(D3>15%,D3<50%),D3="预算外费用"),"一般关注",IF(D3>=50%,"重点关注","不关注"))

2019年8月部门预算费用分析报表

| 科目名称 | 预算费用 | 实际费用 | 超支率 | 是否关注 |
|---|---|---|---|---|
| 办公费 | ¥6,500 | ¥7,800 | 20.00% | 一般关注 |
| 办公设备 | ¥60,000 | ¥50,000 | -16.67% | 一般关注 |
| 差旅费 | ¥10,000 | ¥8,000 | -20.00% | 一般关注 |
| 油费 | ¥12,000 | ¥20,000 | 66.67% | 重点关注 |
| 房租费 | ¥20,000 | ¥20,000 | 0.00% | 不关注 |
| 工会经费 | ¥6,000 | ¥9,000 | 50.00% | 重点关注 |
| 会议费 | ¥4,500 | ¥8,000 | 77.78% | 重点关注 |
| 其他投入 | ¥0 | ¥2,500 | 预算外费用 | 一般关注 |
| 通讯费 | ¥6,600 | ¥6,000 | -9.09% | 一般关注 |
| 业务招待费 | ¥20,000 | ¥30,000 | 50.00% | 重点关注 |
| 信息化建设经费 | ¥45,000 | ¥50,000 | 11.11% | 不关注 |
| 年审评估费 | ¥6,000 | ¥5,000 | -16.67% | 一般关注 |

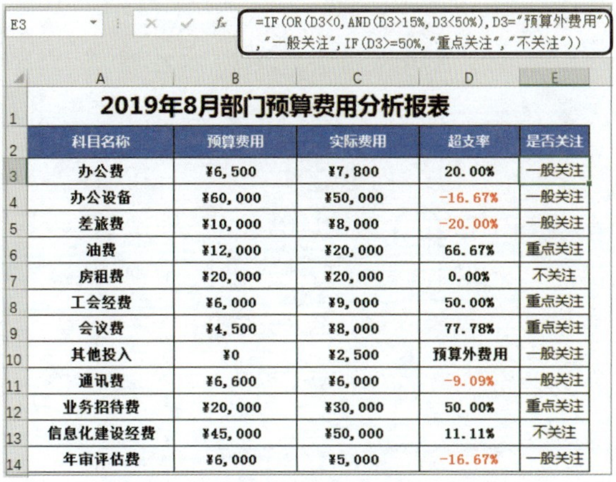

### 3.NOT 函数

NOT 函数的作用是对其参数的逻辑值求反，即不满足设定的条件才会返回 TRUE。

**标准语法：** NOT(logical)

**语法释义：** NOT( 条件 )

例如，将“2019 年 8 月部门预算费用分析报表”中大于 0 的超支率标识为“控制”，小于等于 0 的超支率标识为“关注”。

在 E3 单元格中设置公式“=IF(NOT(D3<=0)," 控制 "," 关注 ")”→向下填充公式即可，如右图所示。

E3　=IF(NOT(D3<=0),"控制","关注")

2019年8月部门预算费用分析报表

| 科目名称 | 预算费用 | 实际费用 | 超支率 | 是否关注 |
|---|---|---|---|---|
| 办公费 | ¥6,500 | ¥7,800 | 20.00% | 控制 |
| 办公设备 | ¥60,000 | ¥50,000 | -16.67% | 关注 |
| 差旅费 | ¥10,000 | ¥8,000 | -20.00% | 关注 |
| 油费 | ¥12,000 | ¥20,000 | 66.67% | 控制 |
| 房租费 | ¥20,000 | ¥20,000 | 0.00% | 关注 |
| 工会经费 | ¥6,000 | ¥9,000 | 50.00% | 控制 |
| 会议费 | ¥4,500 | ¥8,000 | 77.78% | 控制 |
| 其他投入 | ¥0 | ¥2,500 | 预算外费用 | 控制 |
| 通讯费 | ¥6,600 | ¥6,000 | -9.09% | 关注 |
| 业务招待费 | ¥20,000 | ¥30,000 | 50.00% | 控制 |
| 信息化建设经费 | ¥45,000 | ¥50,000 | 11.11% | 控制 |
| 年审评估费 | ¥6,000 | ¥5,000 | -16.67% | 关注 |

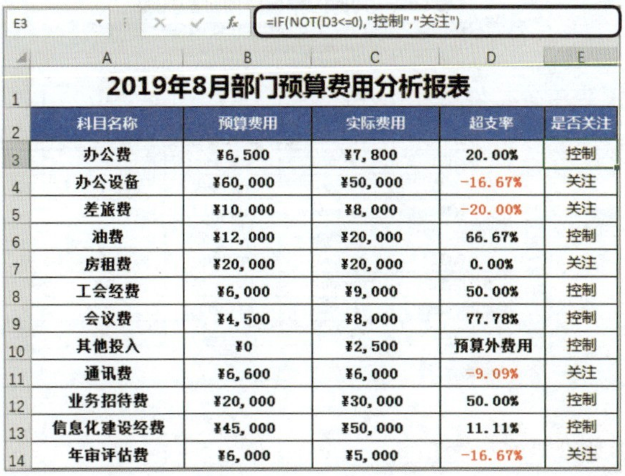

## 4.1.3　IFERROR 函数：公式错值的纠错能手

IFERROR 函数其实可以说是 IF 函数的加强版，专门用于检查和识别公式表达式中是否会返回错误值，如果无错误值，则返回公式运算结果；如果存在错误值，则发挥“纠错”的作用，返回用户指定的结果。所以，其他函数公式通常都会嵌套在 IFERROR 函数之中。

**标准语法：** IFERROR(value,value_if_error)

**语法释义：** IFERROR( 公式表达式 , 返回指定结果 )

例如，将“2019 年 8 月部门预算费用分析报表”中 D3 单元格公式设置为“=IFERROR((C3-B3)/B3," 预算外费用 ")”→向下填充公式后可看到 D10 单元格和之前使用 IF 函数相同的效果，如右图所示。

事实上，IF 和 IFERROR 函数都能发挥纠错的作用，但是在实际运用时要注意它们的区别。IFERROR 函数仅对返回错误值的公式表达式发生作用，而 IF 函数能够将任何设定的条件返回指定结果。

例如，"2019 年 8 月部门预算费用分析报表"中，"其他投入"的预算费用为 2500，"实际费用"为 0，计算超支率的公式为"=IFERROR((C10-B10)/B10," 未支出 ")"，其中需要识别的公式表达式"(C10-B10)/B10"并未出错，因此返回结果为"(C10-B10)/B10"的计算结果"-100%"，如左下图所示。在此情形下，就必须使用 IF 函数才能达到预想效果，公式为"=IF(C10=0," 未支出 ",IFERROR((C10-B10)/B10," 预算外费用 "))"，如右下图所示。

### 高手自测 12

如果在"2019 年 8 月部门预算费用分析报表"中不添加辅助列计算"超支率"，要求运用"条件格式"功能设置公式，将超支率小于等于 -20%，或者大于等于 50% 的"实际费用"数字标识为红色，应该怎样操作？

## 4.2 数学与三角函数

在 Excel 提供的"数学与三角函数"这一大类中，包含了 70 多个函数，本节主要介绍财务工作中常用的数学和三角函数，如下图所示。

## 4.2.1　SUM 函数：简单却富有"内涵"的求和函数

SUM 函数的主要作用就是对数据求和，可谓运用频率最高的一个函数。其语法非常简单，易于理解，即 SUM(number1,[number2],…)。

实际工作中，SUM 函数最基本的公式表达式为"=SUM( 单元格区域 )"，如"=SUM(A2:A20)"。同时，Excel 还为此函数提供了快捷按钮∑，操作非常方便，所以它大概是读者心目中公认的最简单的函数。但是，表面越简单的事物往往越容易被人们忽略其丰富的"内涵"。事实上，SUM 函数还有以下几种更"高级"的应用方法。

（1）对不连续的单元格或单元格区域求和："=SUM(A3,A6,B3:C20,D2:E20,F3*G3)"。

（2）运用数组公式对乘积求和："{=SUM(A2:A20*B2:B20)}"。

如果使用普通函数公式，其表达式为"=SUM(A2*B2,A3*B3,…,A20*B20)"。

（3）逐步累计求和。

这种求和方式对于会计科目余额表、日记账、明细账等财务账表特别适用。如左下图所示的"A 公司 2019 年 8 月应收账款明细账"，根据 8 月初余额、每日借方发生额和每日贷方发生额设置公式逐笔计算应收账款余额。会计公式为"当日余额＝上日余额＋当日借方发生额－当日贷方发生额"。

在 D4 单元格中设置公式"=SUM(D3,B4,-C4)"→向下填充公式即可，如右下图所示。

（4）多表批量求和。

日常工作中，通常需要对同一工作簿中多个工作表中的同一单元格数据汇总求和，如汇总全年1~12月数据。在适合的工作情景下，可以直接使用 SUM 这个最简单的函数完成目标。

例如，对 1~12 月工作表的 B3、C5 单元格和 D3:E10 单元格区域中的数据求和，公式表达式为"=SUM('1 月 :12 月 '!B3,'1 月 :12 月 '!C5, 1 月 :12 月 '!D3:E10)"。

**专家点拨**

直接运用 SUM 函数进行多表求和，虽然在操作上简单，但是也容易出错，因此需要注意以下细节：数据汇总表与被求和工作表的表格布局、字段名称及排列顺序必须完全相同，否则容易引起项目名称和汇总数据不匹配，而导致表格数据发生混淆。

## 4.2.2 SUMIF 和 SUMIFS 函数：有的放矢的条件求和函数

SUMIF 和 SUMIFS 函数均是条件求和函数，能够根据用户指定的条件，有的放矢地对区域中符合条件的数据求和。其中，指定的条件可以是单元格引用、文本字符（添加双引号），同时均可与通配符搭配使用，功能十分强大。但是，二者在求和功能、语法格式、实际运用等方面有所不同，下面分别做介绍。

### 1.SUMIF 函数

SUMIF 函数是专门针对指定区域的所有数据中，满足单一条件的部分数据进行求和。它只能对单一字段设定一个求和条件。

**标准语法**：SUMIF(range,cirtera,sum_range)

**语法释义**：SUMIF( 条件区域 , 指定的求和条件 , 求和区域 )

其中，参数 sum_range（求和区域）可以省略，SUMIF 函数会默认 range（条件区域）为求和区域。

如左下图所示的"业务主管销售业绩明细表"，销售会计需要根据不同工作需求对表中数据从多个角度进行汇总，以便后续做数据分析。

（1）单字段单条件求和。

例如，分别对各位业务主管的销售业绩求和，在空白区域制作汇总表格→输入业务主管姓名→在 H2 单元格中设置公式"=SUMIF($D$2:$D$17,G2,$E$2:$E$17)"→向下填充公式→ H6 单元格可运用 SUM 函数设置简单的求和公式，以便核对两种方式计算得出的销售总额是否相符，借此也可以验证公式是否正确，如右下图所示。

# Chapter 04
修炼内功，掌握硬核技术——函数运用

（2）单字段多条件求和。

我们讲过，SUMIF 函数只能设定一个条件进行求和，如果要实现在一个单元格中对单字段设定多条件求和，就需要嵌套 SUM 函数。例如，在 H9 单元格中对业务主管张三和王五的销售业绩求和，公式表达式为 "=SUM(SUMIF(D2:D17,{"张三","王五"},E2:E17))"，效果如右图所示。

（3）按日期分段求和。

如果需要获取某段期间内的销售汇总数据，则可设置两个 SUMIF 函数公式，将二者的运算结果相减即可得到指定期间的数据。

例如，汇总 2019-11-5 至 2019-11-25 期间的销售金额。分别在 G11 和 H11 单元格中输入日期的起止时间→在 G12 单元格中设置公式 "=SUMIF(A2:A17,">="&G11,E2:E17)-SUMIF(A2:A17,">"&H11,E2:E17)" 即可，效果如右图所示。

**公式解析**："=SUMIF(A2:A17,">="&G11,E2:E17)" 计算得出大于或等于起始日期的所有期间的合计金额，示例中计算得到的是大于或等于 2019-11-5，即 2019-11-5 至 2019-11-30 这段时间的销售金额。同理，公式 "=SUMIF(A2:A17,">"&H11,E2:E17)" 计算得到的是 2019-11-26 至 2019-11-30 这段时间的销售金额。二者相减即可得到指定期间的数据。在 G11 和 H11 单元格中任意修改日

115

期，可验证公式的准确性。

（4）模糊条件求和。

例如，按照省份对销售金额求和。我们可以看到，“销售地区”字段下的名称中同时包含省份和城市的名称，因此若要按省份汇总销售金额，就需要在 SUMIF 函数的求和条件中搭配通配符“*”进行模糊求和，即对包含相同省份名称的地区求和。

如右图所示，在空白区域制作汇总表格→输入省份名称→在 H14 单元格中设置公式“=SUMIF($B$2:$B$17,G14&"*",$E$2:$E$17)”→向下填充公式，核对 H19 和 E18 单元格的合计金额，如果二者相符，则表明公式正确无误。

H14 =SUMIF($B$2:$B$17,G14&"*",$E$2:$E$17)

| | A | B | C | D | E | F | G | H |
|---|---|---|---|---|---|---|---|---|
| 1 | 销售日期 | 销售地区 | 客户 | 业务主管 | 销售金额 | | 业务主管 | 销售金额合计 |
| 2 | 2019-11-1 | 四川成都 | 公司01 | 张三 | 436847.70 | | 赵一 | 1939118.20 |
| 3 | 2019-11-1 | 湖南长沙 | 公司02 | 王五 | 728079.40 | | 张三 | 1644246.10 |
| 4 | 2019-11-3 | 河南郑州 | 公司03 | 李四 | 631002.20 | | 李四 | 1917275.90 |
| 5 | 2019-11-5 | 河北邯郸 | 公司04 | 赵一 | 679540.80 | | 王五 | 3689906.60 |
| 6 | 2019-11-8 | 四川成都 | 公司05 | 王五 | 546059.60 | | 合计 | **9190546.80** |
| 7 | 2019-11-12 | 湖南长沙 | 公司06 | 赵一 | 946503.20 | | | |
| 8 | 2019-11-15 | 河北石家庄 | 公司07 | 王五 | 970772.60 | | 业务主管 | 销售金额合计 |
| 9 | 2019-11-17 | 湖北襄阳 | 公司08 | 张三 | 315501.10 | | 张三和王五 | 5334152.70 |
| 10 | 2019-11-20 | 河南许昌 | 公司09 | 李四 | 436847.70 | | | |
| 11 | 2019-11-22 | 四川绵阳 | 公司10 | 王五 | 558194.20 | | 2019-11-5 | 2019-11-25 |
| 12 | 2019-11-22 | 湖南长沙 | 公司11 | 张三 | 345837.70 | | 4799256.90 | |
| 13 | 2019-11-26 | 湖北武汉 | 公司12 | 王五 | 443400.40 | | 地区 | 销售合金额 |
| 14 | 2019-11-28 | 河北邢台 | 公司13 | 赵一 | 313074.20 | | 四川 | 1984501.90 |
| 15 | 2019-11-29 | 河南郑州 | 公司14 | 张三 | 546059.60 | | 河南 | 1613909.50 |
| 16 | 2019-11-30 | 四川绵阳 | 公司15 | 王五 | 443400.40 | | 河北 | 1963387.60 |
| 17 | 2019-11-30 | 湖北武汉 | 公司16 | 李四 | 849426.00 | | 湖北 | 1608327.50 |
| 18 | 合计 | | | | **9,190,546.80** | | 湖南 | 2020420.30 |
| 19 | | | | | | | 合计 | **9190546.80** |

## 2.SUMIFS 函数

SUMIFS 函数可以说是 SUMIF 函数的升级版，它突破了 SUMIF 函数只能设定一个条件的限制，可以设定多个求和条件，并对单元格区域和数据中同时符合指定条件的数据求和。

**标准语法：**SUMIFS(sum_range,criteria_range1,criteria1,criteria_range2,criteria2,…)

**语法释义：**SUMIFS( 求和区域 , 条件区域 1, 条件 1, 条件区域 2, 条件 2, …)

SUMIFS 函数与 SUMIF 函数的条件区域和条件设置规则基本一致。不同的是，SUMIFS 函数的求和区域排列在首位。同时，条件区域和条件必须成对排列，最多可设定 127 个条件区域、条件对，即参数的总数不得超过 255 个。下面通过一个示例介绍 SUMIFS 函数的具体运用方法。

如右图所示，要求从 H1 单元格的下拉列表中选择省份名称，并以此为条件 1，在 H3:H6 单元格区域中列示各位业务主管（条件 2）在该地区的销售金额的合计金额。

H1 四川

| | A | B | C | D | E | F | G | H |
|---|---|---|---|---|---|---|---|---|
| 1 | 销售日期 | 销售地区 | 客户 | 业务主管 | 销售金额 | | 销售地区 | 四川 |
| 2 | 2019-11-1 | 四川成都 | 公司01 | 张三 | 436847.70 | | 业务主管 | 销售金额合计 |
| 3 | 2019-11-1 | 湖南长沙 | 公司02 | 王五 | 728079.40 | | 赵一 | |
| 4 | 2019-11-3 | 河南郑州 | 公司03 | 李四 | 631002.20 | | 张三 | |
| 5 | 2019-11-5 | 河北邯郸 | 公司04 | 赵一 | 679540.80 | | 李四 | |
| 6 | 2019-11-8 | 四川成都 | 公司05 | 王五 | 546059.60 | | 王五 | |
| 7 | 2019-11-12 | 湖南长沙 | 公司06 | 赵一 | 946503.20 | | 合计 | |
| 8 | 2019-11-15 | 河北石家庄 | 公司07 | 王五 | 970772.60 | | | |
| 9 | 2019-11-17 | 湖北襄阳 | 公司08 | 张三 | 315501.10 | | | |
| 10 | 2019-11-20 | 河南许昌 | 公司09 | 李四 | 436847.70 | | | |
| 11 | 2019-11-22 | 四川绵阳 | 公司10 | 王五 | 558194.20 | | | |
| 12 | 2019-11-22 | 湖南长沙 | 公司11 | 张三 | 345837.70 | | | |
| 13 | 2019-11-26 | 湖北武汉 | 公司12 | 王五 | 443400.40 | | | |
| 14 | 2019-11-28 | 河北邢台 | 公司13 | 赵一 | 313074.20 | | | |
| 15 | 2019-11-29 | 河南郑州 | 公司14 | 张三 | 546059.60 | | | |
| 16 | 2019-11-30 | 四川绵阳 | 公司15 | 王五 | 443400.40 | | | |
| 17 | 2019-11-30 | 湖北武汉 | 公司16 | 李四 | 849426.00 | | | |
| 18 | 合计 | | | | **9,190,546.80** | | | |

在 H3 单元格中设置公式“=SUMIFS($E$2:$E$17,$B$2:$B$17,$H$1&"*",$D$2:$D$17,G3)”→向下填公式即可，如左下图所示→在 H1 单元格的下拉列表中选择不同省份名称，即可观察到数据的变化，如右下图所示。

# Chapter 04
修炼内功，掌握硬核技术——函数运用

> **专家点拨**
>
> 与 SUM、SUMIF、SUMIFS 函数类似的计算平均值的函数包括 AVERAGE、AVERAGEIF、AVERAGEIFS 函数，虽然它们属于统计类函数，但是语法格式、运用方法分别与 SUM、SUMIF、SUMIFS 函数一样，只要读者掌握了以上三个求和函数，就能轻松驾驭计算平均值的三个函数，因此这里不再赘述。

## 4.2.3 SUMPRODUCT 函数：打包乘积求和的函数

对于 SUMPRODUCT 这个函数，我们可以先将其拆分为 SUM 和 PRODUCT 两个函数，这样更易于理解。其中，PRODUCT 函数的作用是计算所有参数的乘积。例如，设置函数公式"=PRODUCT(A2:C2)"，其作用与算术公式"=A2*B2*C2"相同。那么，SUMPRODUCT 函数就是对乘积进行打包求和。

**标准语法**：SUMPRODUCT(array1,[array2],[array3],…)

**语法释义**：SUMPRODUCT( 数组 1 区域 , 数组 2 区域 , 数组 3 区域 ,…)

需要注意的是，函数表达式中每个数组区域的范围必须相同。例如，数组区域 1 为 A2:A20，那么其他区域的行号也必须是 2:20。如果数组区域 1 为 A2:F2，那么其他区域的列标也必须是 A:F。

### 1. 基础应用：乘积求和

SUMPRODUCT 函数的基础应用非常简单，它的计算功能等同于 4.2.1 小节中讲过的数组公式"{=SUM(A2:A20*B2:B20)}"，但是比数组公式更容易理解，编写过程也更轻松。下面通过一个示例即可掌握运用方法。如下图所示，在"销售日报表"中直接计算合计销售金额，只需设置公式"=SUMPRODUCT(E2:E11,F2:F11)"即可。

| E12 | | | $f_x$ | =SUMPRODUCT(E2:E11,F2:F11) | |
|---|---|---|---|---|---|
| | A | B | C | D | E | F |
| 1 | 销售日期 | 区域 | 销售人员 | 销售商品 | 单价 | 销售数量 |
| 2 | 2019-9-1 | D区 | 冯** | 洗衣机 | ¥1,980.00 | 229台 |
| 3 | 2019-9-2 | B区 | 赵** | 电视机 | ¥4,500.00 | 249台 |
| 4 | 2019-9-3 | A区 | 李** | 空调 | ¥2,800.00 | 185台 |
| 5 | 2019-9-4 | C区 | 王** | 冰箱 | ¥3,200.00 | 129台 |
| 6 | 2019-9-5 | A区 | 李** | 洗衣机 | ¥1,980.00 | 180台 |
| 7 | 2019-9-6 | C区 | 何** | 空调 | ¥2,800.00 | 234台 |
| 8 | 2019-9-7 | A区 | 冯** | 电视机 | ¥4,500.00 | 322台 |
| 9 | 2019-9-8 | D区 | 周** | 冰箱 | ¥3,200.00 | 228台 |
| 10 | 2019-9-9 | B区 | 冯** | 洗衣机 | ¥1,980.00 | 312台 |
| 11 | 2019-9-10 | C区 | 赵** | 空调 | ¥2,800.00 | 184台 |
| 12 | | 合计 | | | ¥6,827,880 | |

## 2. 升级应用：条件乘积求和

日常工作中，财务人员在遇到类似上例情形时，更习惯于通过两个步骤实现乘积求和，即首先分别计算每一行的乘积，再运用 SUM 函数对乘积求和。所以，在大多数财务人员眼中，SUMPRODUCT 只是一个无足轻重的函数，很少被运用到实际工作之中，只会偶尔出场"打酱油"。但是，它的功能远远不止基础应用那样简单，它几乎可以代替 SUMIF 和 SUMIFS 函数进行多条件求和。语法格式为：SUMPRODUCT(( 条件 1 区域 = 条件 1)*( 条件 2 区域 = 条件 2)*(…)* 数组区域 1, 数组区域 2)。

如下图所示，首先运用"数据验证"工具制作区域和销售人员的下拉列表→再选择某个区域和销售人员，如"A 区"和"李 **"→在 H3 单元格中设置公式"=SUMPRODUCT((B2:B11=H2)*(C2:C11=I2)*(E2:E11),F2:F11)"即可。

| H3 | | | $f_x$ | =SUMPRODUCT((B2:B11=H2)*(C2:C11=I2)*(E2:E11),F2:F11) | | | |
|---|---|---|---|---|---|---|---|---|
| | A | B | C | D | E | F | H | I |
| 1 | 销售日期 | 区域 | 销售人员 | 销售商品 | 单价 | 销售数量 | 区域 | 销售人员 |
| 2 | 2019-9-1 | D区 | 冯** | 洗衣机 | ¥1,980.00 | 229台 | A区 | 李** |
| 3 | 2019-9-2 | B区 | 赵** | 电视机 | ¥4,500.00 | 249台 | ¥874,400.00 | |
| 4 | 2019-9-3 | A区 | 李** | 空调 | ¥2,800.00 | 185台 | | |
| 5 | 2019-9-4 | C区 | 王** | 冰箱 | ¥3,200.00 | 129台 | | |
| 6 | 2019-9-5 | A区 | 李** | 洗衣机 | ¥1,980.00 | 180台 | | |
| 7 | 2019-9-6 | C区 | 赵** | 空调 | ¥2,800.00 | 234台 | | |
| 8 | 2019-9-7 | A区 | 冯** | 电视机 | ¥4,500.00 | 322台 | | |
| 9 | 2019-9-8 | D区 | 李** | 冰箱 | ¥3,200.00 | 228台 | | |
| 10 | 2019-9-9 | B区 | 冯** | 洗衣机 | ¥1,980.00 | 312台 | | |
| 11 | 2019-9-10 | C区 | 赵** | 空调 | ¥2,800.00 | 184台 | | |
| 12 | | 合计 | | | ¥6,827,880 | | | |

### 4.2.4 SUBTOTAL 函数：数据分类运算的法宝

日常工作中，财务人员时常需要对表格数据进行分类筛选，运用本书第 2 章介绍的筛选工具足以满足工作需求。但是，如果需要直接对被筛选结果进行单独核算，如求和、求平均值、乘积、统计数量等，这一需求通过筛选工具和其他函数都无法直接核算得到结果，此时就必须依靠 Excel 中的一个特殊而神奇的函数——SUBTOTAL 来实现。它的主要功能就是专门配合筛选工具，对筛选出的数据单独运算，是财务人员对数据进行分类运算的制胜法宝。

**标准语法：** SUBTOTAL(function_num,Ref1)

**语法释义：** SUBTOTAL( 功能代码, 数组区域 )

SUBTOTAL 函数的第 1 个参数是“功能代码”，Excel 为此提供了 22 个功能代码，代表 11 个函数，其中 1~11 表示对筛选结果包括隐藏行进行运算，而 101~111 则会忽略运算手动隐藏行的筛选结果。编写公式时，在单元格内输入函数名称后会弹出功能代码列表，可从中直接选择所需代码。功能代码对应的函数及功能如表 4-1 所示。

**表 4-1　功能代码对应的函数及功能**

| 功能代码 | | 代表函数 | 功能简述 |
|---|---|---|---|
| 统计隐藏行 | 忽略手动隐藏行 | | |
| 1 | 101 | AVERAGE | 对筛选结果求平均值 |
| 2 | 102 | COUNT | 求筛选结果中数字单元格的个数 |
| 3 | 103 | COUNTA | 求筛选结果中不为空的单元格个数 |
| 4 | 104 | MAX | 求筛选结果数组中的最大值 |
| 5 | 105 | MIN | 求筛选结果数组中的最小值 |
| 6 | 106 | PRODUCT | 求筛选结果的乘积 |
| 7 | 107 | STDEV | 求筛选结果的样本标准差 |
| 8 | 108 | STDEVP | 求筛选结果的总体标准差 |
| 9 | 109 | SUM | 对筛选结果求和 |
| 10 | 110 | VAR | 求筛选结果中的样本方差 |
| 11 | 111 | VARP | 求筛选结果中的总体方差 |

下面以忽略手动隐藏行的功能代码“109”（SUM 函数）为例，对 SUBTOTAL 函数的运用方法做介绍。

例如，在“职工季度业绩报表 2”中以“职工姓名”或“销售部门”作为筛选条件，对筛选出的销售金额求和。操作步骤如下。

步骤 01 在 C17 单元格中设置公式“=SUBTOTAL(109,C3:C16)”→向右填充公式即可，如下图所示。

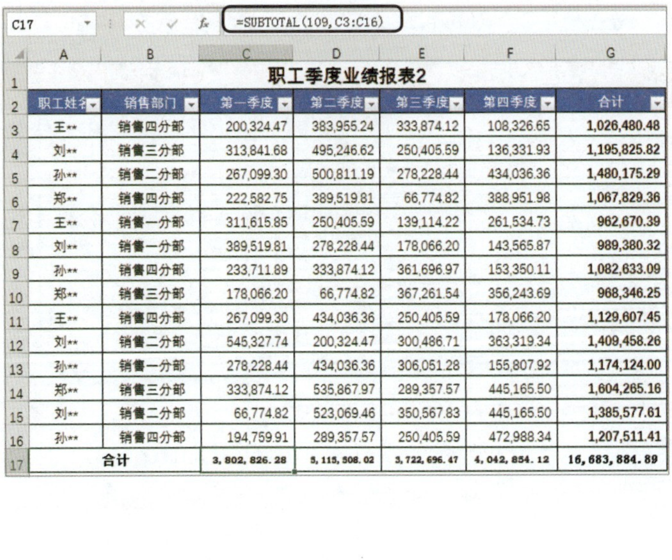
C17　=SUBTOTAL(109,C3:C16)

职工季度业绩报表2

| 职工姓名 | 销售部门 | 第一季度 | 第二季度 | 第三季度 | 第四季度 | 合计 |
|---|---|---|---|---|---|---|
| 王** | 销售四分部 | 200,324.47 | 383,955.24 | 333,874.12 | 108,326.65 | 1,026,480.48 |
| 刘** | 销售三分部 | 313,841.68 | 495,246.62 | 250,405.59 | 136,331.93 | 1,195,825.82 |
| 孙** | 销售二分部 | 267,099.30 | 500,811.19 | 278,228.44 | 434,036.36 | 1,480,175.29 |
| 郑** | 销售四分部 | 222,582.75 | 389,519.81 | 66,774.82 | 388,951.98 | 1,067,829.36 |
| 王** | 销售一分部 | 311,615.85 | 250,405.59 | 139,114.22 | 261,534.73 | 962,670.39 |
| 刘** | 销售一分部 | 389,519.81 | 278,228.44 | 178,066.20 | 143,565.87 | 989,380.32 |
| 孙** | 销售四分部 | 233,711.89 | 333,874.12 | 361,696.97 | 153,350.11 | 1,082,633.09 |
| 郑** | 销售三分部 | 178,066.20 | 66,774.82 | 367,261.54 | 356,243.69 | 968,346.25 |
| 王** | 销售四分部 | 267,099.30 | 434,036.36 | 250,405.59 | 178,066.20 | 1,129,607.45 |
| 刘** | 销售二分部 | 545,327.74 | 200,324.47 | 300,486.71 | 363,319.34 | 1,409,458.26 |
| 孙** | 销售一分部 | 278,228.44 | 434,036.36 | 306,051.28 | 155,807.92 | 1,174,124.00 |
| 郑** | 销售三分部 | 333,874.12 | 535,867.97 | 289,357.57 | 445,165.50 | 1,604,265.16 |
| 刘** | 销售二分部 | 66,774.82 | 523,069.46 | 350,567.83 | 445,165.50 | 1,385,577.61 |
| 孙** | 销售四分部 | 194,759.91 | 289,357.57 | 250,405.59 | 472,988.34 | 1,207,511.41 |
| 合计 | | 3,802,826.28 | 5,115,508.02 | 3,722,696.47 | 4,042,854.12 | 16,683,884.89 |

步骤 02 在 A2 或 B2 单元格筛选按钮的下拉列表中任意选择“职工姓名”或“销售部门”，即可看到 C17:G17 单元格区域（合计行）中的数据是仅对筛选出的数组求和后的结果，如下图所示。

C17 =SUBTOTAL(109,C3:C16)

| | A | B | C | D | E | F | G |
|---|---|---|---|---|---|---|---|
| 1 | 职工季度业绩报表2 | | | | | | |
| 2 | 职工姓名 | 销售部门 | 第一季度 | 第二季度 | 第三季度 | 第四季度 | 合计 |
| 3 | 王** | 销售四分部 | 200,324.47 | 383,955.24 | 333,874.12 | 108,326.65 | 1,026,480.48 |
| 7 | 王** | 销售一分部 | 311,615.85 | 250,405.59 | 139,114.22 | 261,534.73 | 962,670.39 |
| 11 | 王** | 销售四分部 | 267,099.30 | 434,036.36 | 250,405.59 | 178,066.20 | 1,129,607.45 |
| 17 | 合计 | | 779,039.62 | 1,068,397.19 | 723,393.93 | 547,927.58 | 3,118,758.32 |

## 4.2.5 ROUND 函数家族：精准控制小数位数的函数

ROUND 函数家族主要包括三个函数，即 ROUND、ROUNDUP 和 ROUNDDOWN。它们的主要技能是将数字按照指定的小数位数进行四舍五入、向上和向下舍入的运算。

本书第 1 章介绍过运用“设置单元格格式”功能可以设置单元格中数字的小数位数，使数字格式规范整洁。但是，注意这仅仅体现在数字的格式上，只是“看上去很美”。而事实上，Excel 并未对数字做任何“加工”处理。例如，在单元格中输入“2.03125”，将单元格的数字格式设置为“数值”，小数位数为 2 位。此时可看到单元格中显示“2.03”，而编辑栏中显示的数字仍然是“2.03125”，如下图所示。

D1 2.03125

| | A | B | C | D |
|---|---|---|---|---|
| 1 | | | | 2.03 |

ROUND、ROUNDUP 和 ROUNDDOWN 函数的语法相同，都非常简单，仅包含两个参数。其中，第 1 个参数可以是数字、单元格引用，也可以嵌套公式；第 2 个参数代表需要保留的小数位数。具体语法和作用如表 4-2 所示。

**表 4-2 ROUND 函数家族的具体语法和作用**

| 函数名称 | 标准语法 | 语法释义 | 作用 |
|---|---|---|---|
| ROUND | ROUND(number,num_digits) | ROUND( 数字，小数位数 ) | 将数字按照指定的小数位数进行四舍五入运算 |
| ROUNDUP | ROUNDUP(number,num_digits) | ROUNDUP( 数字，小数位数 ) | 将数字按照指定的小数位数一律向上舍入，不遵循四舍五入规则 |
| ROUNDDOWN | ROUNDDOWN(number,num_digits) | ROUNDDOWN( 数字，小数位数 ) | 将数字按照指定的小数位数一律向下舍入，不遵循四舍五入规则 |

下面列举两个示例，介绍以上三个函数的不同作用。

**例 1：**如左下图所示，对单价和数量的乘积求和，无 ROUND 函数和嵌套 ROUND 函数计算得到的两个合计金额之间存在 0.01 元的差异。

**例 2**：分别运用 ROUND、ROUNDUP 和 ROUNDDOWN 函数将以下数字舍为两位小数的数字。公式效果及公式表达式如右下图所示。

D2 =ROUND(PRODUCT(A2:B2),2)

| | A | B | C | D |
|---|---|---|---|---|
| 1 | 单价 | 数量（kg） | 无ROUND函数 | 嵌套ROUND函数 |
| 2 | 12.80 | 11.56 | 147.97 | 147.97 |
| 3 | 13.65 | 10.33 | 141.00 | 141.00 |
| 4 | 14.82 | 32.62 | 483.43 | 483.43 |
| 5 | 12.66 | 13.25 | 167.75 | 167.75 |
| 6 | 11.62 | 25.68 | 298.40 | 298.40 |
| 7 | 18.63 | 23.66 | 440.79 | 440.79 |
| 8 | 合计 | | 1679.33 | 1679.34 |

=ROUNDDOWN(E4,2)

| E | F | G |
|---|---|---|
| 数字 | 公式结果 | 公式表达式 |
| 2.03125 | 2.03 | =ROUND(E2,2) |
| 2.03125 | 2.04 | =ROUNDUP(E3,2) |
| 2.03525 | 2.03 | =ROUNDDOWN(E4,2) |

通过以上示例，我们可以明确一点：如果仅仅设置数字格式，那么计算结果就会出现误差，只有运用 ROUND 函数才能对数字进行精准的四舍五入运算。财务人员应该清楚，我们核算的所有数据必须精确无误，分毫不差。所以，财务人员也应当将其作为工作中的御用函数之一，在编写计算数字的函数公式时随时注意嵌套 ROUND 函数。事实上，在财务工作中，ROUND 函数的应用频率相当高，而 ROUNDUP 和 ROUNDDOWN 函数一般会在较为特殊的工作场景中运用。本书将在第 7 章中介绍其实际运用方法。

## 4.2.6 INT 函数：“抹杀”小数的取整函数

对于 INT 函数，官方定义是对一个数字向下四舍五入取整为与之最接近的整数的函数。通俗理解就是将一个数字的小数部分直接抹掉，只保留整数部分。而“向下四舍五入”的意思是，无论被取整的数字按照常规四舍五入后大于还是小于原数字，INT 函数都会取更小的那一个整数。例如，12.96 和 12.33，运用 INT 函数取整的结果都是 12。如果数字为负数，那么无论是 -12.96 和 -12.33，运用 INT 函数取整的结果均为 -13。

**标准语法**：INT(number)

**语法释义**：INT( 数字 )

INT 函数对不同的数字取整的结果如右图所示。

C2 =INT(C1)

| | A | B | C | D |
|---|---|---|---|---|
| 1 | 12.96 | 12.33 | -12.96 | -12.33 |
| 2 | 12 | 12 | -13 | -13 |

实际工作中，INT 函数一般很少单独使用，通常是与其他函数嵌套，我们将在本书第三部分的相关内容中列举实例，将其运用到真实的工作场景之中。

## 4.2.7 TRUNC 函数：不遵循四舍五入规则的截数函数

TRUNC 函数是按照指定的精确度，截取指定数字的函数，它的功能与 INT 函数类似，也是对数字向下四舍五入截取。二者主要不同之处在于，INT 函数只能截取整数，而 TRUNC 函数，从它的语法格式即可明确，它能够指定截取数字小数位数的精度。

**标准语法**：TRUNC(mumber,[num_digits])

**语法释义**：TRUNC( 数字 , 截取精度 )

其中，第 2 个参数可以缺省或设置为负数。如果缺省，则 Excel 默认为 0。如果设置为负数，则 TRUNC 函数会按照指定精度，从被截取数字的小数点左侧第 1 位起依次向左将数字抹为 0。例如，公式"=TRUNC(122.56,1)"的结果是 122.5，公式"=TRUNC(122.56,-1)"的结果是 120。

TRUNC 函数在截取负数时，也与 INT 函数不同。右图所示为两个函数对同一组数据不同的处理方式运算得到的不同结果。

| | A | B | C | D | E |
|---|---|---|---|---|---|
| 1 | 原始数据 | TRUNC函数 | | INT函数 | |
| 2 | | 结果 | 表达式 | 结果 | 表达式 |
| 3 | 122.56 | 122.00 | =TRUNC(A3) | 122.00 | =INT(A3) |
| 4 | 122.33 | 122.00 | =TRUNC(A4) | 122.00 | =INT(A4) |
| 5 | 122.56 | 122.50 | =TRUNC(A5,1) | 122.00 | =INT(A5) |
| 6 | 122.33 | 122.30 | =TRUNC(A6,1) | 122.00 | =INT(A6) |
| 7 | -122.56 | -122.00 | =TRUNC(A7) | -123.00 | =INT(A7) |
| 8 | -122.33 | -122.00 | =TRUNC(A8) | -123.00 | =INT(A8) |
| 9 | 122.56 | 120.00 | =TRUNC(A9,-1) | 122.00 | =INT(A9) |
| 10 | 122.33 | 100.00 | =TRUNC(A10,-2) | 122.00 | =INT(A10) |

TRUNC 函数同样主要以嵌套函数的角色出场，我们也将在本书第三部分列举实例，介绍其具体运用方法。

### 4.2.8 ABS 函数："正能量"的绝对值转换器

ABS 函数是 Excel 中最富有"正能量"的函数，因为它可以将任何数字转换为它的绝对值（正数）。也就是说，如果某一数值为正数，那么经 ABS 函数转换后仍然是其数值本身。如果为负数，则 ABS 函数会将其转换为正数。

**标准语法**：ABS(number)

**语法释义**：ABS( 数字 )

ABS 函数转换数字的效果如右图所示。

实际工作中，在各类会计账簿中，一般不允许呈现负数，而是以借方与贷方来代表正负数字。但是，不同类别的科目，代表其正负数的方向恰好相反。例如，资产类科目余额为正数时，方向在借方。而负债类科目却恰恰相反，余额为负数时，

| | A | B | C |
|---|---|---|---|
| 1 | 原始数据 | ABS函数 | |
| 2 | | 结果 | 表达式 |
| 3 | 126.58 | 126.58 | =ABS(A3) |
| 4 | -126.58 | 126.58 | =ABS(A4) |
| 5 | 20% | 0.2 | =ABS(A5) |
| 6 | -20% | 0.2 | =ABS(A6) |

方向在借方。如果要在同一 Excel 表格中设置统一公式计算不同类科目的余额，就需要运用 ABS 函数将负数转换为正数。

**专家点拨**

ABS 函数在某些工作情景中，还可以起到简化公式的作用。例如，公式"=IF(AND(D3>=-20%,D3<=20%)," 合理 "," 不合理 ")"可以简化为"=IF(ABS(D3)<=20%," 合理 "," 不合理 ")"。

### 4.2.9 MOD 函数：数字相除的余数计算器

MOD 函数是一个"余数计算器"，它的作用就是计算两个数字相除的余数。

**标准语法**：MOD(mumber,divisor)

**语法释义**：MOD( 被除数 , 除数 )

例如，公式"=MOD(3,2)"的结果为 1。但是，当被除数小于除数，或者两个数字中出现负数、小数时，将得到与常规计算不同的结果。如右图所示的 MOD 函数对于正负、小数等数字的运算结果，读者可从中探索得知其中规律。

MOD 函数在财务工作中一般很少单独使用，通常与其他函数配合来判断固定周期、间隔期间等具有规律性的信息，例如，判断应收、应付账款的账期，判断星期、季度等。我们将在第三部分的实例中运用这一函数。

| | A | B | C | D |
|---|---|---|---|---|
| 1 | 原始数据 | | MOD函数 | |
| 2 | 被除数 | 除数 | 结果 | 表达式 |
| 3 | 3 | 2 | 1 | =MOD(A3,B3) |
| 4 | 3 | -2 | -1 | =MOD(A4,B4) |
| 5 | -3 | 2 | 1 | =MOD(A5,B5) |
| 6 | -3 | -2 | -1 | =MOD(A6,B6) |
| 7 | 2 | 3 | 2 | =MOD(A7,B7) |
| 8 | 2 | -3 | -1 | =MOD(A8,B8) |
| 9 | 3.2 | 2.2 | 1 | =MOD(A9,B9) |
| 10 | -3.2 | 2.2 | 1.2 | =MOD(A10,B10) |
| 11 | 2.2 | 3.2 | 2.2 | =MOD(A11,B11) |
| 12 | -2.2 | 3.2 | 1 | =MOD(A12,B12) |
| 13 | -3.2 | -2.2 | -1 | =MOD(A13,B13) |
| 14 | -2.2 | -3.2 | -2.2 | =MOD(A14,B14) |

## 4.3 查找与引用函数

日常工作中，财务人员时常需要将分布在不同表格中的数据进行匹配、核对、提取或汇总列示到同一张表格中。例如，财务工作中最常见的情形包括在海量数据中根据指定条件查找目标数据、将全年 1~12 月的 12 个工作表中的数据引用到另一个汇总工作表中进行核算等。如果财务人员仅靠手动操作查找取数，既耗时费力、效率低下，更无法保证数据的准确性。那么，如何才能在茫茫数据中快速、准确查找到目标数据并引用到目标单元格或工作表之中自动核算？这就需要熟练掌握并灵活运用查找与引用函数，才能轻松高效地完成这些原本繁重的工作。

查找与引用类函数共包括 19 个函数，本节主要介绍财务工作中的常用函数，如右图所示。

### 4.3.1 VLOOKUP 和 HLOOKUP 函数：众里寻它，只需三四步

VLOOKUP 和 HLOOKUP 函数最擅长的技能是根据指定的索引关键字，快速从数据源中查找并自动匹配与之相关的目标信息。它们的查找功能十分强大，公式编写也很简便，通常只需三四步操作，设定三四个参数，即可从海量数据中查找到目标，可谓"众里寻它，无须千百度，只需三四步"。

VLOOKUP 和 HLOOKUP 函数在语法格式和查找功能方面基本相同。不同的是，前者是根据指定区域中的列号查找，后者是根据行号查找。下面分别做介绍。

### 1.VLOOKUP 函数

VLOOKUP 函数是财务工作中运用最普遍的函数，被誉为财务圈的"大众情人"。只要给定一个关键字，并指定查找范围，它就能立即从中查找并返回所需的关联信息。

**基本语法**：VLOOKUP(lookup_value,table_array,col_index_num,range_lookup)

**语法释义**：VLOOKUP( 关键字 , 查找区域 , 关联信息位置的列号 , 精确 / 近似匹配的代码 )

**参数说明**：函数的每一个参数都有其含义和特点，并发挥不同的作用。首先对它们了解并熟悉，才能准确编写 VLOOKUP 函数公式。参数说明如下图所示。

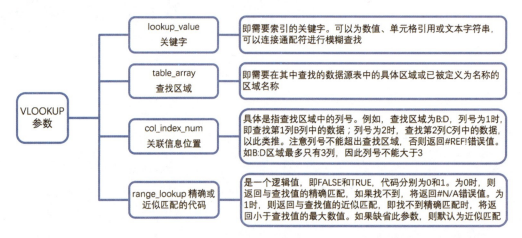

VLOOKUP 函数最常见的查找方法包括根据关键字精确查找、根据关键字模糊查找，嵌套 IF 函数反向查找、近似查找。下面以"2019 年 9 月库存余额表"为例，分别介绍操作步骤。原始表格如下图所示。

| | A | B | C | D | E | F | G | H |
|---|---|---|---|---|---|---|---|---|
| 1 | | | | 2019年9月库存余额表 | | | | |
| 2 | 存货编号 | 存货全名 | 面料 | 型号 | 条形码 | 结存数量 | 成本单价 | 结存金额 |
| 3 | HT001 | 短袖衬衫 | 纯棉 | HT-6001 | 69******78110 | 201 | 164.39 | 33,042.39 |
| 4 | HT002 | 长袖衬衫 | 雪纺 | HT-6011 | 69******78111 | 9 | 122.74 | 1,104.66 |
| 5 | HT003 | 短袖连衣裙 | 纯棉 | HT-6021 | 69******78112 | 109 | 175.76 | 19,157.84 |
| 6 | HT004 | 长袖连衣裙 | 纯棉 | HT-6031 | 69******78113 | 132 | 187.61 | 24,764.52 |
| 7 | HT005 | 无袖连衣裙 | 雪纺 | HT-6041 | 69******78114 | 265 | 19.08 | 5,056.20 |
| 8 | HT010 | 短袖T恤 | 纯棉 | HT-6051 | 69******78119 | 789 | 123.97 | 97,812.33 |
| 9 | HT011 | 长袖T恤 | 纯棉 | HT-6061 | 69******78120 | 320 | 259.08 | 82,905.60 |
| 10 | HT006 | 男士短裤 | 棉麻 | HT-6071 | 69******78115 | 212 | 122.81 | 26,035.72 |
| 11 | HT007 | 女士短裤 | 牛仔 | HT-6081 | 69******78116 | 636 | 22.97 | 14,608.92 |
| 12 | HT008 | 女士长裤 | 金丝绒 | HT-6091 | 69******78117 | 251 | 19.21 | 4,821.71 |
| 13 | HT009 | 男士长裤 | 牛仔 | HT-6101 | 69******78118 | 723 | 363.23 | 262,615.29 |
| 14 | HT012 | 短款男士羽绒服 | 鸭绒 | HT-6111 | 69******78121 | 188 | 133.72 | 25,139.36 |
| 15 | HT013 | 长款男士羽绒服 | 鸭绒 | HT-6121 | 69******78122 | 97 | 115.66 | 11,219.02 |
| 16 | HT014 | 短款女士羽绒服 | 鸭绒 | HT-6131 | 69******78123 | 392 | 142.85 | 55,997.20 |
| 17 | HT015 | 长款女士羽绒服 | 鸭绒 | HT-6141 | 69******78124 | 356 | 249.09 | 88,676.04 |
| 18 | HT016 | 短款男士风衣 | 混纺 | HT-6151 | 69******78125 | 187 | 249.09 | 46,579.83 |
| 19 | | | 合计 | | | 7685 | — | 799,536.63 |

（1）根据关键字精确查找。

精确查找是指定一个字段作为索引关键字进行精确查找，即第4个参数必须设置为0。例如，以"存货编号"为关键值，查找与其关联的信息。操作步骤如下。

**步骤01** 在空白区域添加辅助表格，设置好字段名称→运用"数据验证"工具制作"存货编号"的下拉列表，如下图所示。

**步骤02** 在K3单元格中设置公式"=VLOOKUP($J$3,$A$3:$H$18,2,0)"→向右填充公式至N3单元格，此时L3:N3单元格区域公式均与K3单元格相同→将L3、M3、N3单元格公式中的第3个参数（列号）分别修改为其字段在A3:H18单元格区域中对应的列号6、7、8。公式效果及公式表达式如下图所示。

在J3单元格的下拉列表中选择其他备选项，即可观察到K3:N3单元格区域中数据的变化。

（2）根据关键字模糊查找。

模糊查找是指匹配索引关键字查找，即在指定范围内查找包含索引关键字数值的关联信息。这种方法更适用于直接输入部分索引关键字进行查找。例如，索引关键字段为"存货编号"，但是只输入部分数字，如"12"，同样可运用 VLOOKUP 查找到关联信息。操作步骤如下。

在 K11 单元格中设置公式"=VLOOKUP("*"&$J$11,$A$3:$H$18,2,0)"→向右填充公式，修改 L11、M11、N11 单元格公式中的第 3 个参数（列号）即可。公式效果及公式表达式如下图所示。

（3）嵌套 IF 函数反向查找。

VLOOKUP 函数的查找规则是：关键字所在的索引字段必须在查找范围的第 1 列，也就是按照从左至右的方向进行查找。如公式"=VLOOKUP($J$3,$A$3:$H$18,2,0)"中，要查找的关键字所在的字段（"存货编号"）位于 A3:H18 单元格区域中的 A 列，即第 1 列。

但实际工作中，时常需要反向查找。例如，以"型号"或"条形码"为关键字，从右至左查找与其关联的"存货全名"，这种需求仅凭 VLOOKUP 函数无法做到，必须联合 IF 函数构建一个符合条件区域，才能实现反向查找。操作步骤如下。

步骤01 在 K19 单元格中设置公式"=VLOOKUP("*"&$J$19,IF({1,0},$D$3:$D$18, $B$3:$B$18),2,0)"即可。

公式原理如下。

① 公式中对反向查找起着决定性作用的部分是表达式"IF({1,0},$D$3:$D$18,$B$3:$B$18)"，其本质是利用 IF 函数的数组效应将两列数值换位重新组合后，再按照正常的从左至右的方向查找。

② 数组中的 1 和 0 并非数字，而是代表布尔值 TRUE 和 FALSE。根据 IF 函数的语法可知，当为 1 时，代表条件成立，即返回 IF 函数的第 2 个参数"$D$3:$D$18"，当为 0 时，代表条件不成立，则返回 IF 函数的第 3 个参数"$B$3:$B$18"。根据数组运算规则，使用 IF 函数返回的是一个数组运用"公式求值"工具对其进行求值，即可看到数组中的具体数值，如右图所示。

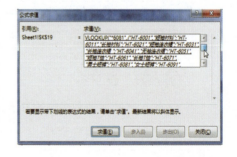

③ 由此不难理解，整个 VLOOKUP 公式的含义是：根据 J19 单元格中的关键字，从每一组数值的第 1 个数值当中，查找与 J19 单元格中数值相符的数值，之后返回与之对应的第 2 个数值，相当于将两列互换的效果。

**步骤02** 注意 L19:N19 单元格区域需要查找的关联信息依然是从左向右查找，而此时关键字所在的索引字段“型号”在 D 列，因此应将查找区域的第 1 列设置为 D 列，同时其他字段的列号也会发生变化。

在 L19 单元格中设置公式“=VLOOKUP("*"&$J$19,$D$3:$H$18,3,0)”→向右填充公式，同样修改 M19 和 N19 单元格公式中的第 3 个参数（列号）即可。公式效果及公式表达式如下图所示。

K19　=VLOOKUP("*"&$J$19,IF({1,0},$D$3:$D$18,$B$3:$B$18),2,0)

2019年9月库存余额表

| 存货编号 | 存货全名 | 面料 | 型号 | 条形码 | 结存数量 | 成本单价 | 结存金额 |
|---|---|---|---|---|---|---|---|
| HT001 | 短袖衬衫 | 纯棉 | HT-6001 | 69******78110 | 201 | 164.39 | 33,042.39 |
| HT002 | 长袖衬衫 | 雪纺 | HT-6011 | 69******78111 | 9 | 122.74 | 1,104.66 |
| HT003 | 短袖连衣裙 | 纯棉 | HT-6021 | 69******78112 | 109 | 175.76 | 19,157.84 |
| HT004 | 长袖连衣裙 | 纯棉 | HT-6031 | 69******78113 | 132 | 187.61 | 24,764.52 |
| HT005 | 无袖连衣裙 | 雪纺 | HT-6041 | 69******78114 | 265 | 19.08 | 5,056.20 |
| HT010 | 短袖T恤 | 纯棉 | HT-6051 | 69******78119 | 789 | 123.97 | 97,812.33 |
| HT011 | 长袖T恤 | 纯棉 | HT-6061 | 69******78120 | 320 | 259.08 | 82,905.60 |
| HT006 | 男士短裤 | 棉麻 | HT-6071 | 69******78115 | 212 | 122.81 | 26,035.72 |
| HT007 | 女士短裤 | 牛仔 | HT-6081 | 69******78116 | 636 | 22.97 | 14,608.92 |
| HT008 | 女士长裤 | 金丝绒 | HT-6091 | 69******78117 | 251 | 19.21 | 4,821.71 |
| HT009 | 女士长裤 | 牛仔 | HT-6101 | 69******78118 | 723 | 363.23 | 262,615.29 |
| HT012 | 短款男士羽绒服 | 鸭绒 | HT-6111 | 69******78121 | 188 | 133.72 | 25,139.36 |
| HT013 | 长款男士羽绒服 | 鸭绒 | HT-6121 | 69******78122 | 97 | 115.66 | 11,219.02 |
| HT014 | 短款女士羽绒服 | 鸭绒 | HT-6131 | 69******78123 | 392 | 142.85 | 55,997.20 |
| HT015 | 长款女士羽绒服 | 鸭绒 | HT-6141 | 69******78124 | 356 | 249.09 | 88,676.04 |
| HT016 | 短款男士风衣 | 混纺 | HT-6151 | 69******78125 | 187 | 249.09 | 46,579.83 |
| 合计 | | | | | 4867 | - | 799,536.63 |

1.精确查找

| 存货编号 | 存货全名 | 结存数量 | 成本单价 | 结存金额 |
|---|---|---|---|---|
| HT001 | 短袖衬衫 | 201 | 164.39 | 33042.39 |

公式表达式

| | |
|---|---|
| K3单元格 | =VLOOKUP($J$3,$A$3:$H$18,2,0) |
| L3单元格 | =VLOOKUP($J$3,$A$3:$H$18,6,1) |
| M3单元格 | =VLOOKUP($J$3,$A$3:$H$18,7,0) |
| N3单元格 | =VLOOKUP($J$3,$A$3:$H$18,8,0) |

2.模糊查找

| 存货编号 | 存货全名 | 结存数量 | 成本单价 | 结存金额 |
|---|---|---|---|---|
| 12 | 短款男士羽绒服 | 188 | 133.72 | 25139.36 |

公式表达式

| | |
|---|---|
| K11单元格 | =VLOOKUP("*"&$J$11,$A$3:$H$18,2,0) |
| L11单元格 | =VLOOKUP("*"&$J$11,$A$3:$H$18,6,0) |
| M11单元格 | =VLOOKUP("*"&$J$11,$A$3:$H$18,7,0) |
| N11单元格 | =VLOOKUP("*"&$J$11,$A$3:$H$18,8,0) |

3.反向查找

| 型号 | 存货全名 | 结存数量 | 成本单价 | 结存金额 |
|---|---|---|---|---|
| HT-6081 | 女士短裤 | 636 | 22.97 | 14608.92 |

公式表达式

| | |
|---|---|
| K19单元格 | =VLOOKUP("*"&$J$19,IF({1,0},$D$3:$D$18,$B$3:$B$18),2,0) |
| L19单元格 | =VLOOKUP("*"&$J$19,$D$3:$H$18,3,0) |
| M19单元格 | =VLOOKUP("*"&$J$19,$D$3:$H$18,4,0) |
| N19单元格 | =VLOOKUP("*"&$J$19,$D$3:$H$18,5,0) |

（4）近似查找。

VLOOKUP 函数的近似查找是指将其第 4 个参数设置为 1 或省略后，如果在查找区间找不到索引关键字，则匹配小于索引关键字的最大值。

实际工作中，大多数财务人员采用最频繁的是以上示例示范的三种查找方式，对于近似查找，则因为查找的结果不够准确，因此很少运用。殊不知，VLOOKUP 函数的这一技能其实能够解决我们财务工作中的一大难题：可用于数字区间查找。例如，它最精彩的应用就是在日常工作中核算职工的工资薪金的个人所得税。

工资薪金的个人所得税适用综合所得的七级超额累进税率，即将应纳税所得额由低到高划分为七级，如表 4-3 所示。

**表 4-3　综合所得个人所得税税率**

| 级数 | 全年应纳税所得额 | 税率 / % | 速算扣除数 / 元 |
|---|---|---|---|
| 1 | 不超过 36000 元的 | 3 | 0 |
| 2 | 超过 36000 元至 144000 元的部分 | 10 | 2520 |
| 3 | 超过 144000 元至 300000 元的部分 | 20 | 16920 |
| 4 | 超过 300000 元至 420000 元的部分 | 25 | 31920 |
| 5 | 超过 420000 元至 660000 元的部分 | 30 | 52920 |
| 6 | 超过 660000 元至 960000 元的部分 | 35 | 85920 |
| 7 | 超过 960000 元的部分 | 45 | 181920 |

右图所示为将全年应纳税所得额及速算扣除数平均至单月计算的“个人所得税计算表”。精确查找某职工的实际应纳税所得额所在的区间并返回相应的税率，运用逻辑函数 IF 嵌套 AND 函数可以实现。但是，这样的公式太过冗长，在公式编写过程中和填充公式时容易出错，也不便于审核公式。如果利用 VLOOKUP 函数的近似查找规则，只需设置一个简短精悍的公式即可“化腐朽为神奇”，轻松完成区间查找。操作步骤如下。

C3

```
=IF(B3=0,0,IF(AND(B3>0,B3<=3000)
,0.03,IF(AND(B3>3000,B3<=12000),
0.1,IF(AND(B3>12000,B3<=25000),
0.2,IF(AND(B3>25000,B3<=35000),
0.25,IF(AND(B3>35000,B3<=55000),
0.3,IF(AND(B3>55000,B3<=80000),
0.35,IF(B3>80000,0.45))))))))
```

个人所得税计算表

| | A | B | C | D | E |
|---|---|---|---|---|---|
| 2 | 职工姓名 | 全年应纳税所得额 | 税率 | 速算扣除数 | 应纳税额 |
| 3 | 王** | 2,968.00 | 3% | 0.00 | 89.04 |
| 4 | 赵** | 3,500.00 | 10% | 210.00 | 140.00 |
| 5 | 李** | 2,600.00 | 3% | 0.00 | 78.00 |
| 6 | 刘** | 8,000.00 | 10% | 210.00 | 590.00 |
| 7 | 郑** | 26,000.00 | 25% | 2660.00 | 3,840.00 |
| 8 | 周** | 35,200.00 | 30% | 4410.00 | 6,150.00 |
| 9 | 孙** | 56,000.00 | 35% | 7160.00 | 12,440.00 |
| 10 | 陈** | 80,210.00 | 45% | 15160.00 | 20,934.50 |
| 11 | 合计 | 214478.00 | - | 29,810 | 44261.54 |

**步骤 01** 在空白区域添加辅助表格，制作一份月度个人所得税税率表。设置应纳税所得额的各区间值、税率、速算扣除数。注意应纳税所得额的区间值要按照级距之间的逻辑和 VLOOKUP 函数近似查找的规则进行设置。例如，第 2 级税率的月应纳税所得额的区间是大于 3000 元并且小于等于 12000 元，税率为 10%，因此应在 G4 单元格中设置大于 3000 元的最小的两位小数数字，即 3000.01 元，以此类推，如下图所示。

| | A | B | C | D | E | F | G | H | I |
|---|---|---|---|---|---|---|---|---|---|
| 1 | 个人所得税计算表 | | | | | | 月度个人所得税税率表 | | |
| 2 | 职工姓名 | 月应纳税所得额 | 税率 | 速算扣除数 | 应纳税额 | | 全年应纳税所得额 | 税率 | 速算扣除数 |
| 3 | 王** | 2,968.00 | | | | | 0.00 | 3% | 0 |
| 4 | 赵** | 3,500.00 | | | | | 3000.01 | 10% | 210 |
| 5 | 李** | 2,600.00 | | | | | 12000.01 | 20% | 1410 |
| 6 | 刘** | 8,000.00 | | | | | 25000.01 | 25% | 2660 |
| 7 | 郑** | 26,000.00 | | | | | 35000.01 | 30% | 4410 |
| 8 | 周** | 35,200.00 | | | | | 55000.01 | 35% | 7160 |
| 9 | 孙** | 56,000.00 | | | | | 80000.01 | 45% | 15160 |
| 10 | 陈** | 80,210.00 | | | | | | | |
| 11 | 合计 | 214478.00 | - | 0.00 | 0.00 | | | | |

**步骤 02** 分别在 C3、D3 和 E3 单元格中设置以下公式→向下填充公式即可。

- C3 单元格：“=VLOOKUP(B3,$G$3:$H$9,2,1)”。
- D3 单元格：“=VLOOKUP(C3,$H$3:$I$9,2,0)”。

• E3 单元格：“=ROUND(B3*C3-D3,2)”。公式效果如下图所示。

C3　=VLOOKUP(B3,$G$3:$H$9,2,1)

| 个人所得税计算表 | | | | | 月度个人所得税税率表 | | |
|---|---|---|---|---|---|---|---|
| 职工姓名 | 月应纳税所得额 | 税率 | 速算扣除数 | 应纳税额 | 全年应纳税所得额 | 税率 | 速算扣除数 |
| 王** | 2,968.00 | 3% | 0.00 | 89.04 | 0.00 | 3% | 0 |
| 赵** | 3,500.00 | 10% | 210.00 | 140.00 | 3000.01 | 10% | 210 |
| 李** | 2,600.00 | 3% | 0.00 | 78.00 | 12000.01 | 20% | 1410 |
| 刘** | 8,000.00 | 10% | 210.00 | 590.00 | 25000.01 | 25% | 2660 |
| 郑** | 26,000.00 | 25% | 2660.00 | 3,840.00 | 35000.01 | 30% | 4410 |
| 周** | 35,200.00 | 30% | 4410.00 | 6,150.00 | 55000.01 | 35% | 7160 |
| 孙** | 56,000.00 | 35% | 7160.00 | 12,440.00 | 80000.01 | 45% | 15160 |
| 陈** | 80,210.00 | 45% | 15160.00 | 20,934.50 | | | |
| 合计 | 214478.00 | - | 29,810.00 | 44261.54 | | | |

## 2.HLOOKUP 函数

前面讲过，HLOOKUP 和 VLOOKUP 函数在语法格式和查找功能方面基本相同。唯一不同的是，HLOOKUP 函数是根据行号查找关联信息，也就是说，在 HLOOKUP 函数的 4 个参数中，第 1、第 2、第 4 个参数的含义与 VLOOKUP 相同，而第 3 个参数应设定为行号。

**标准语法：**HLOOKUP(lookup_value,table_array,row_index_num,range_lookup)

**语法释义：**HLOOKUP( 关键字 , 查找区域 , 关联信息位置的行号 , 精确 / 近似匹配的代码 )

日常工作中，大多数财务工作表格的布局更适宜使用 VLOOKUP 函数进行查找，但是某些时候也会因核算需求，必须在转换表格维度后再根据关键字查询其关联信息。这种情形下就需要运用 HLOOKUP 函数。下面以“职工季度业绩报表”为例，介绍操作步骤。

例如，以“季度”为关键字查询每位职工在该季度的销售业绩并横向列示。这里我们依然在同一工作表中制作查询表，以便更完整地展示公式效果。

在空白区域制作查询表，在 B8:E8 单元格区域中输入职工姓名→运用“数据验证”工具在 A9 单元格中制作下拉列表，将 4 个季度设置为序列→在 B9 单元格中设置公式“=HLOOKUP($A9,B$2:$E$6,2,0)”→向右填充公式，将 C9:E9 单元格区域的每个单元格公式中的第 3 个参数（行号）分别修改为 3、4、5 即可。公式效果及公式表达式如下图所示。

E9　=HLOOKUP($A9,$B$2:$E$6,5,0)

| 职工季度业绩报表 | | | | | |
|---|---|---|---|---|---|
| 姓名 | 第一季度 | 第二季度 | 第三季度 | 第四季度 | 合计 |
| 王** | 200,324.47 | 383,955.24 | 333,874.12 | 363,922.79 | **1,282,076.62** |
| 刘** | 313,841.68 | 495,246.62 | 250,405.59 | 136,331.93 | **1,195,825.82** |
| 孙** | 267,099.30 | 434,036.36 | 250,405.59 | 178,066.20 | **1,129,607.45** |
| 郑** | 222,582.75 | 389,519.81 | 266,774.82 | 388,951.98 | **1,267,829.36** |

**查询表**

| 季度 | 王** | 刘** | 孙** | 郑** |
|---|---|---|---|---|
| 第二季度 | 383955.24 | 495246.62 | 434036.36 | 389519.81 |

**公式表达式**

| | |
|---|---|
| B9单元格 | =HLOOKUP($A9,B$2:$E$6,2,0) |
| C9单元格 | =HLOOKUP($A9,$B$2:$E$6,3,0) |
| D9单元格 | =HLOOKUP($A9,$B$2:$E$6,4,0) |
| E9单元格 | =HLOOKUP($A9,$B$2:$E$6,5,0) |

在 A9 单元格的下拉列表中选择其他季度，即可观察到 B9:E9 单元格区域中数据的变化。

### 3. 函数要点及注意事项

实际工作中，财务人员使用 VLOOKUP 和 HLOOKUP 函数过程中，由于没有充分了解函数的特性，所以时常被返回各种错误值。下面根据函数的语法规则、特点等列出以下使用要点及注意事项，如下图所示。

| 1. 关键字的唯一性 | • 函数只能查找到索引字段中第1次出现的关键字的关联信息，因此必须保证索引字段中关键字的唯一性<br>• 例如，上图中如果出现两个"第一季度"，函数只能找到第1个"第一季度"的关联信息 |
|---|---|
| 2. 格式的一致性 | • 必须确保数据源表的索引字段和目标表格中的索引关键字的格式、文本、数值完全一致。例如，上图中B2:E2单元格区域和A9单元格的格式一致。如果仅作查询使用，应当尽量运用"数据验证"工具制作下拉列表 |
| 3. 引用方式的灵活性 | • 索引关键字和查找区域通常采用绝对引用或混合引用。由于函数公式往往需要行列填充，因此应注意填充时锁定索引关键字和查找区域。具体引用方式根据具体情形灵活引用 |

## 4.3.2　LOOKUP 函数：全方位、多条件查找神器

LOOKUP 函数也是一个功能极其强大的查找神器，从其名称即可对它的技能略知一二：它突破了 VLOOKUP 和 HLOOKUP 函数只能按列或按行查找的局限，能够对目标数据进行全方位、多条件搜索，而且编写公式过程更简单、快捷。同时，与 VLOOKUP 和 HLOOKUP 函数相比，它最厉害的作用是可以设定多个查找条件，同时满足时即返回其关联信息。而这一任务如果交给前两个函数，则必须嵌套其他函数并设置数组公式才能完成。

LOOKUP 函数有以下两种标准语法，即两种参数形式：一是向量形式；二是数组形式。

**标准语法：**　向量形式 LOOKUP(lookup_value,lookup_vector,[result_vector])

　　　　　　数组形式 LOOKUP(lookup_value,array)

**语法释义：**　向量形式 LOOKUP( 索引关键字 , 查找区域 , 结果区域 )

　　　　　　数组形式 LOOKUP( 索引关键字 , 二维数组 )

下面以"2019 年 9 月库存余额表"为例，介绍运用 LOOKUP 函数查找数据的几种经典用法。

### 1. 常规查找先排序

LOOKUP 函数的原理其实是模糊匹配，向量形式的第 2 个参数代表精确匹配，如果找不到精确匹配对象，就查找小于等于目标值的最大值，然后返回第 3 个参数，即结果区域中与之关联的数据。因此，在常规查找时，如果设定的查找区域（第 2 个参数）中包含了索引关键字，可以省略第 3 个参数。但是，要实现常规精确查找，就必须遵循一个重要规则：首先将索引关键字所在的索引

字段进行升序排序。否则，查找到的结果就会发生错误，但是公式并不会返回错误值，错误容易被忽略。排序前后的结果对比如下。

（1）排序前：例如，根据存货全名"短袖连衣裙"查找结存数量、成本单价、结存金额等关联信息。如下图所示，在K3单元格中设置公式"=LOOKUP($J$3,$B$3:F$18)"或"=LOOKUP($J$3,$B$3:B$18,F$3:F$18)"→向右填充公式。此时可看到返回结果却是"短袖衬衫"的相关数据。

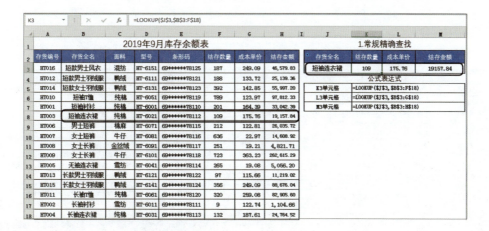

（2）排序后：对B3:B18单元格区域的数据进行升序排序后，即可返回正确的结果，如下图所示。

> **专家点拨**
>
> 运用LOOKUP函数实现反向查找的公式非常简单，只需按照其向量形式的语法格式设置公式即可。例如，根据J3单元格中的"存货全名"查找"存货编号"，公式为"=LOOKUP($J$3,$B$3:B$18,A$3:A$18)"。

## 2. 无序查找有套路

日常工作中，如果每次运用 LOOKUP 函数进行常规查找前都要手动排序，事实上对工作效率也会有影响。那么，有什么方法可以不排序也能准确查找到目标数据呢？其实，只要按照一个固定的套路（格式），设置公式即可实现。而且，这一套路同时适用单条件和多条件查找。公式表达式的语法格式分别如下。

**单条件查找**：LOOKUP(1,0/((查找列)=索引关键字),结果列)

**多条件查找**：LOOKUP(1,0/((查找列1)=索引关键字1)*(查找列2)=索引关键字2)*(…),结果列)

实际运用方法如下。

**步骤01** 为展示和对比公式效果，首先将"2019年9月库存余额表"中的字段恢复为按存货编号升序排序，此时 K3、L3、M3 单元格公式返回的是错误结果。

**步骤02** 分别在 K10 和 L17 单元格中输入单条件查找和多条件查找公式。

- K10 单元格："=LOOKUP(1,0/(($B$3:$B$18)=$J$10),F$3:F$18)"→向右填充公式，可看到公式返回的是正确结果。

- L17 单元格："=LOOKUP(1,0/(($B$3:$B$18)=$J$17)*($C$3:$C$18=$K$17),F$3:F$18)"→向右填充公式，可看到同时满足两个条件后返回的结果，如下图所示。

这一公式中的 1 和 0/ 部分对于函数基础知识欠缺的财务人员来说，理解起来比较有难度。下面以 K10 单元格公式"=LOOKUP(1,0/(($B$3:$B$18)=$J$10),F$3:F$18)"为例，简析公式原理。

①1 和 0 的含义依然代表布尔值 TRUE 和 FALSE。公式的思路是让 LOOKUP 函数首先在"0/(($B$3:$B$18)=$J$10)"这一表达式返回的数值范围内找"1"，也就是找 TRUE。公式中的 TRUE 就是指"($B$3:$B$18)=$J$10"这一表达式的结果，即 $B$3:$B$18 单元格区域中等于 J10 单元格中的数值"短袖连衣裙"。

下面对公式中的"0/(($B$3:$B$18)=$J$10)"部分求值,可看到返回一组错误值,如下图所示。

② LOOKUP 函数在这一组错误值中自然找不到 TRUE,那么就返回小于等于 TRUE 的最大值,即在 $B$3:$B$18 单元格区域中查找小于等于 J10 单元格中数值的最大值,其实查找到的仍然是与 J10 单元格相等的数值——"短袖连衣裙",然后返回与之关联的 F$3:F$18 单元格区域中的数据。

③ 很多读者可能会产生一个疑问:为何不能将公式直接设置为"=LOOKUP(1,(($B$3:$B$18)=$J$10),F$3:F$18)",而必须在第 2 个参数前面添加"0/"。因为这样不符合 LOOKUP 函数的语法格式,公式不可用,将返回 #N/A 错误值。而"0/(($B$3:$B$18)=$J$10)"返回的数组则符合其语法格式。由此可知,公式中的 1 和 0/ 的本质作用其实是打破常规查找必须先对索引字段进行升序排序的局限。

### 3. 区间查找用数组

LOOKUP 函数用于数字的区间查找时,编写公式就更简单和容易理解了。无论采用向量形式的语法格式,还是数组专用形式的语法格式均可实现区间查找。但是,当查找区域和结果区域的数据全部为纯数字时,采用数组形式更为直观。

例如,在"个人所得税计算表"中,查找 B9 单元格的月应纳税所得额的适用税率时,可将公式设置为"=LOOKUP(B9,{0,3000.01,12000.01,25000.01,35000.01,55000.01,80000.01},{0.03,0.1,0.2,0.25,0.3,0.35,0.45})"。如下图所示,在 C3:C10 单元格区域中,运用 LOOKUP 函数设置了两种参数形式的四种不同的公式表达式,而查找到的结果均是正确的。财务人员可根据习惯选择适合的语法格式设置公式。

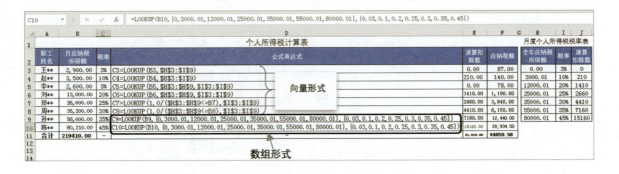

## 4.3.3 INDIRECT 函数:引用单元格数值的实力函数

INDIRECT 函数是一个实力强悍却又很低调的引用类函数。它的作用是立即对单元格的引用进行计算,并返回其中数值。

**标准语法**：INDIRECT(ref_text,[a1])

**语法释义**：INDIRECT( 文本 ,[ 引用样式 ])

其中，参数"引用样式"包括 A1 和 R1C1 两种样式。A1 样式是指单元格的列号用字母表示，如右上图所示。而 R1C1 样式是指单元格的列号用数字表示，如右下图所示。如果 INDIRECT 函数缺省这一参数，公式默认为 Excel 系统设置的样式。一般情况下，Excel 初始系统设置为 A1 样式，如果要修改为 R1C1 样式，可在【Excel 选项】→【公式】→【使用公式】选项中选中【R1C1 引用样式】复选框。

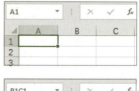

INDIRECT 函数的参数形式包括直接引用和间接引用两种。两种形式的具体表现方式，以及作用和效果均有所不同，具体如下图所示。

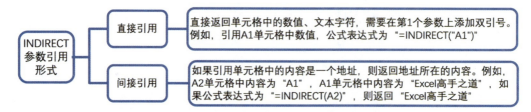

下面分别采用 INDIRECT 的两种引用形式设置公式，返回不同的结果。公式效果及公式表达式如下图所示。

| | A | B | C | D |
|---|---|---|---|---|
| 1 | Excel高手之道 | Excel高手之道 | B1=INDIRECT("A1") | 直接引用 |
| 2 | A1 | Excel高手之道 | B2=INDIRECT(A2) | 间接引用 |
| 3 | A3 | A3 | B3=INDIRECT(A3) | 间接引用 |

B1 =INDIRECT("A1")

INDIRECT 函数看似功能单一，在多数人眼中，它似乎微不足道。而事实上，它的功能性还是很强的，是财务人员制作动态下拉列表和跨表引用数据时最得力的助手。下面分别介绍 INDIRECT 函数的两种参数引用形式的具体运用方法。

### 1. 间接引用：制作二级动态下拉列表

本书在第 2 章中介绍过运用"数据验证"工具将需要录入的数据设置为序列，制作下拉列表，录入数据时直接从列表中选择，既可省去频繁的录入工作，又能有效避免录入错误。但是，如果一个序列中的备选项过多，那么在列表中选择时仍然会耗费很多时间。如下图所示，一级会计科目多达上百个，全部集中在一个序列中，就会增加选取数据的难度。

针对这种情形,可以联合 INDIRECT 函数和"定义名称"工具制作动态列表,将数据大类设置为一级列表,每一大类中的子类别设置为子级列表,选择一级列表中的某一数据后,子级列表只列示其子类别中的数据,这样就能更快更准地从列表中选择所需数据。操作步骤如下。

**步骤01** 整理会计科目,按资产、负债、权益、成本、损益五大类分别列示→将五大类别定义为名称,命名为"科目类别",如左下图所示。

**步骤02** 分别将五大类别下面的会计科目定义为五个名称,如右下图所示。

**步骤03** 制作一级列表:在"科目余额查询表"中的 B3 单元格前插入一个单元格→运用"数据验证"工具将"序列"来源设置为"科目类别",如左下图所示。

**步骤04** 制作二级列表:设置 C3 单元格中的"序列"为公式"=INDIRECT(B3)",如右下图所示。

测试效果:在 B3 单元格中任意选择一个类别,如"成本"→单击 C3 单元格的下拉按钮,即可看到下拉列表中仅列示成本类的会计科目,如下图所示。

# Excel 财务会计应用思维、技术与实践

[图:科目余额查询表截图]

**专家点拨**

采用"数据验证＋定义名称＋INDIRECT 函数"的方法可以继续制作多级下拉列表，按照以上步骤操作即可。

## 2. 直接引用：轻松实现跨表提取数据

跨表提取数据应该是财务人员的日常工作之一。例如，将某一核算项目 1~12 月报表中的数据分别提取至汇总表中。

如下图所示的 9~12 月"库存汇总表"，需要将每月的每个字段的合计数提取到"月度库存总额汇总表"中，要求分月列示。财务人员的常规操作是：运用 VLOOKUP 或 HLOOKUP 函数设置查找引用公式进行提取。例如，提取 9 月数据，B3 单元格公式设置为"=HLOOKUP(B\$2,'2019 年 9 月'!\$B\$2:\$J\$23,22,0)"，再向右填充公式。但是，提取 10 月数据时，就必须将第 2 个参数中的月份批量替换为"2019 年 10 月"，以此类推，如下图所示。

[图:月度库存总额汇总表截图]

如果运用 INDIRECT 函数即可将批量替换公式的操作省去。只需在一个单元格中设置好 HLOOKUP 函数公式，其中第 2 个参数嵌套 INDIRECT 函数即可轻松实现跨表提取数据，其他单元格可批量填充公式。操作步骤如下。

在 B3 单元格中设置公式"=HLOOKUP(B\$2,INDIRECT(\$A3&"!\$B\$2:\$J\$23"),22,0)"→将公式批量填充至 B3:I6 单元格区域即可，如下图所示。

> Chapter 04
> 修炼内功，掌握硬核技术——函数运用

**专家点拨**

需要注意的是，运用 INDIRECT 函数跨表提取数据时，所引用单元格中的字段必须和引用的工作表的名称完全相同。

## 4.3.4 "INDEX+MATCH"函数组合：所向披靡的组合查找神器

INDEX 和 MATCH 函数的作用是相辅相成的。前者根据指定的单元格坐标返回相关信息，后者主要技能是根据索引关键字，查找指定区域中对应的单元格坐标。两者分别单独使用，对高效查找数据的作用并不明显，但是一旦让它们搭档组合查找，就会发挥强大的威力，突破 VLOOKUP、HLOOKUP 等函数的诸多局限，无论是正向、反向、双向查找，都能够所向披靡，精确地查找到目标数据。可谓"INDEX 与 MATCH 一相逢，胜却一众函数"。本小节先分别介绍两个函数的相关知识，再讲解两个函数组合查找数据的方法。

### 1.INDEX 函数：定向查找目标数据

INDEX 函数的主要作用是根据指定的表格区域及单元格的二维坐标，定向查找并返回单元格中的信息。INDEX 函数有以下两种语法形式，即数组形式和引用形式。

**标准语法**：数组形式 INDEX(array,row_num,column_num)

　　　　　　引用形式 INDEX(refernce,row_num,[column_num],[area_num])

**语法释义**：数组形式 INDEX( 查找区域 , 行号 , 列号 )

　　　　　　引用形式 INDEX( 一个或多个区域 , 行号 ,[ 列号 ],[ 引用中的区域 ])

本小节主要介绍日常工作中最常采用的简单易操作的数组形式。下面列举一个示例即可对此函数了如指掌。

137

例如,在"2019年9月库存余额表"中查询"长款女士羽绒服"的相关信息。在L3单元格中设置公式"=INDEX($A$3:$H$18,15,6)"→向右填充公式,将M3、N3单元格公式中的列号分别修改为7和8。公式效果及公式表达式如下图所示。

### 2.MATCH 函数:定位目标数据的坐标

MATCH 与 INDEX 函数的作用刚好互补,在指定的区域中根据指定的查找值定位所在的单元格坐标。

**标准语法:** MATCH(lookup_value,lookup_array,[match_type])

**语法释义:** MATCH( 查找值 , 查找范围 ,[ 查找方式 ])

运用 MATCH 函数前,需要明确以下两个关于参数设置的规则,如下图所示。

**lookup_array 查找范围**
- 第2个参数为查找范围,只返回一个坐标,即行号或列号,因此范围应设置为单行或单列

**[match_type] 查找方式**
查找方式为3种。参数分别为 −1、0、1(或缺省),分别代表以下方式。
- −1:查找大于或等于查找值的最小值。查找范围中的值必须按降序排列
- 0:精确查找方式。无排序要求。此参数可缺省
- 1:查找小于或等于查找值的最大值。查找范围中的值必须按升序排列

实际运用 MATCH 函数时,通常将参数"查找方式"设置为精确查找,即 0。

例如,查询"2019年9月库存余额表"中"长款女士羽绒服"的行号和列号。在L11单元格中设置公式"=MATCH($K$11,B3:B18,0)",查找行号→在M11单元格中设置公式"=MATCH($K$11,B17:H17,0)",查找列号。公式效果及公式表达式如下图所示。

## 3."INDEX+MATCH"组合：精确查找目标数据

INDEX 和 MATCH 函数的组合形式是：INDEX 函数领队，将第 2 个和第 3 个函数分别嵌套 MATCH 函数，使其自动返回行号和列号，填充公式后无须做手动修改。它们组合查找数据最大的威力在于，不会受到正反方向及排序等限制。

例如，在"2019 年 9 月库存余额表"中查找"短款男士羽绒服"的相关信息。其中，需要反向查找"存货编号"。在 J18 单元格中设置公式"=INDEX($A$3:$H$18,MATCH($K$18,$B$3:$B$18,0),MATCH(J$17,$A$2:$H$2,0))"→将公式复制粘贴至 L18:N18 单元格区域，即可查找到其他信息。

注意 INDEX 函数的第 2 个参数运用 MATCH 函数定位的是"短款男士羽绒服"所在的行号，第 3 个参数运用 MATCH 函数定位的是"存货编号"所在的列号。公式效果及公式表达式如下图所示。

> **专家点拨**
>
> MATCH 函数也可以作为 VLOOKUP、HLOOKUP 等函数中的参数之一联合使用。只需将其中代表行号或列号的参数嵌套 MATCH 函数即可。

### 4.3.5 OFFSET 函数：全方位偏移追踪目标数据

OFFSET 函数的主要技能是以一个单元格为基准，按照指定行和列的偏移量追踪单元格，并返回其中信息。简单地说，就是以一个单元格为中心，然后按照用户给定的数字，根据指定的方向，全方位搜索与它相邻的上下左右的单元格信息。

**标准语法**：OFFSET(reference,rows,cols,[height],[width])

**语法释义**：OFFSET( 基准单元格 , 向上或向下偏移的行数 , 向左或向右偏移的列数 , 引用区域的行高度 , 引用区域的列宽度 )

其中，设定第 4 个和第 5 个参数，即引用区域的行高度和列宽度的作用是锁定行列的高度和宽度所构成的单元格区域，一般需要对被追踪单元格区域进行计算时使用。如果缺省则默认为 1，即仅锁定基准单元格。

而第 2 个和第 3 个参数，即行列偏移的方向及偏移的行列数量则是以正数和负数作为代表。具体偏移方向及数字代表如右图所示。

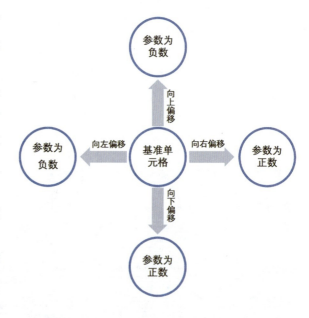

例如，公式"=OFFSET(D6,2,2)"表示以 D6 单元格为基准，向下偏移 2 行，向右偏移 2 列，即返回 F8 单元格的信息。公式"=OFFSET(D6,-2,-2)"表示向上偏移 2 行，向左偏移 2 列，即返回 B4 单元格的信息。

OFFSET 函数除第 1 个参数外，其他参数均是代表行号和列号、高度和宽度的数字，因此实际运用它查找数据时，一般需要和其他能够返回数字的函数配合使用。例如，与 MATCH 函数嵌套查找数据。

例如，在"2019 年 9 月库存余额表"中根据 J3 单元格中的"存货编号"查找相关信息。在 K3 单元格中设置公式"=OFFSET(A2,MATCH($J$3,$A$3:$A$18,0),MATCH(K2,A$2:$H$2,0)-1)"→向右填充公式即可。公式原理如下。

① 第 2 个参数"MATCH($J$3,$A$3:$A$18,0)"：表示以 A2 单元格为起点向下偏移。偏移行数

是运用 MATCH 函数查找 J3 单元格数值在 A3:A18 单元格区域中的行数，也就是第 14 行，即 A16 单元格。

② 第 3 个参数"MATCH(K2,A$2:$H$2,0)-1"：首先运用 MATCH 函数返回 K2 单元格数值在 A2:H2 单元格区域中的列数，即第 2 列。但是，以 A2 单元格为起点计算实际只向右偏移了 1 列，因此应当再减去 1，才能查找到正确的结果。公式效果与公式表达式如下图所示。

**专家点拨**

相对其他查找函数而言，OFFSET 函数更具灵活性，除与 MATCH 函数配合查找数据外，还能与数学函数 SUM 及统计类函数 COUNTA 等嵌套汇总动态合计数据，更可运用它制作能够自动扩展信息的动态下拉列表，我们将在 4.4 节中介绍统计函数的操作方法。

## 4.3.6　ROW 和 COLUMN 函数：查询目标数据行列坐标

ROW 和 COLUMN 函数的功能是返回指定单元格的行号和列号。二者均有一个升级版，即 ROWS 和 COLUMNS 函数，返回指定区域或数组的行数和列数。下面将两组函数的相关知识列表进行对比，以便读者记忆和理解，如表 4-4 所示。

这两组函数非常简单，属于 Excel 中的小函数，但是其功能却不容小觑，尤其是 ROW 和 COLUMN 函数，无论是单独使用还是和其他函数嵌套使用，在实际工作中都能够发挥大作用。下面以 ROW 函数为例，列举示例并介绍运用方法。

**表 4-4　两组函数的对比**

| 项目 | ROW 和 COLUMN 函数 | ROWS 和 COLUMNS 函数 |
|---|---|---|
| 标准语法 | ROW([reference])、COLUMN([reference]) | ROWS(array)、COLUMNS(array) |
| 语法释义 | ROW( 查询的单元格或单元格区域 )、COLUMN( 查询的单元格或单元格区域 ) | ROWS( 查询的单元格或单元格区域 )、COLUMNS( 查询的单元格或单元格区域 ) |
| 函数特点 | （1）参数缺省时，默认查询公式所在单元格的行号或列号<br>（2）参数为一个单元格时，返回该单元格的行号或列号<br>（3）参数为单元格区域时，返回第 1 个单元格的行号或列号 | （1）参数不能缺省<br>（2）参数为一个单元格时，均返回 1，即 1 行或 1 列<br>（3）参数为单元格区域时，返回单元格区域的行数或列数 |
| 简例 | B6 单元格公式：=ROW()，返回 6；=COLUMN()，返回 2 | B6 单元格公式：=ROWS() 或 =COLUMNS()，公式不成立 |
| | B6 单元格公式：=ROW(A8)，返回 8；=COLUMN(A8)，返回 1 | B6 单元格公式：=ROWS(A8) 或 =COLUMNS(A8)，均返回 1 |
| | B6 单元格公式：=ROW(A2:E10)，返回 A2 单元格的行号 2；=COLUMN(A2:E10)，返回 A2 单元格的列号 1 | B6 单元格公式：=ROWS(A2:E10)，返回单元格区域的行数 9；=COLUMNS(A2:E10)，返回单元格区域的列数 5 |

（1）ROW 函数：自动更新序号。

我们在制作财务工作表时，通常都会为每个字段下面的一组数据标识顺序号，一般操作方法是手动设置第 1~2 个序号，然后向下填充即可快速标识所有序号。但是，这种方法存在一个“短板”：如果删除行次或在已有行次中间插入新行，序号即会发生“断号”，必须通过手动操作添加或填充，运用 ROW 函数即可弥补这个“短板”。

例如，在“2019 年 9 月库存余额表”的 A 列前插入 1 列，设置序号。

在 A3 单元格中设置公式“=ROW()-2”。其中，“ROW()”返回 A3 单元的行号“3”，减去 2 是将 A3 单元格的序号设置为“1”→向下填充公式→在表格区域中任意位置插入 1 行，可看到新行下面的序号已全部自动更新，效果如右图所示。

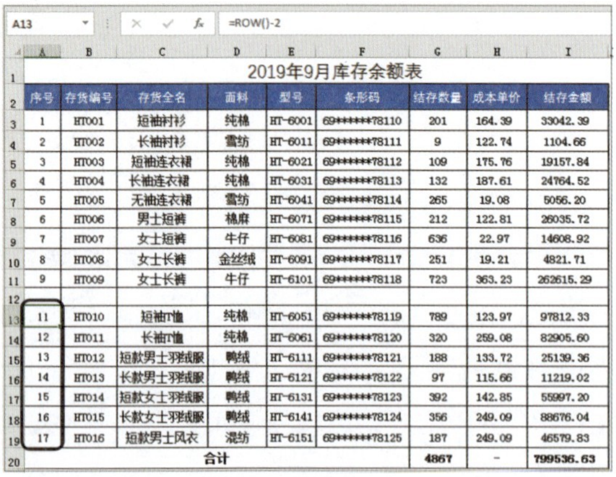


| 序号 | 存货编号 | 存货全名 | 面料 | 型号 | 条形码 | 结存数量 | 成本单价 | 结存金额 |
|---|---|---|---|---|---|---|---|---|
| 1 | HT001 | 短袖衬衫 | 纯棉 | HT-6001 | 69******78110 | 201 | 164.39 | 33042.39 |
| 2 | HT002 | 长袖衬衫 | 雪纺 | HT-6011 | 69******78111 | 9 | 122.74 | 1104.66 |
| 3 | HT003 | 短袖连衣裙 | 纯棉 | HT-6021 | 69******78112 | 109 | 175.76 | 19157.84 |
| 4 | HT004 | 长袖连衣裙 | 纯棉 | HT-6031 | 69******78113 | 132 | 187.61 | 24764.52 |
| 5 | HT005 | 无袖连衣裙 | 雪纺 | HT-6041 | 69******78114 | 265 | 19.08 | 5056.20 |
| 6 | HT006 | 男士短裤 | 棉麻 | HT-6071 | 69******78115 | 212 | 122.81 | 26035.72 |
| 7 | HT007 | 女士短裤 | 牛仔 | HT-6081 | 69******78116 | 636 | 22.97 | 14608.92 |
| 8 | HT008 | 女士长裤 | 金丝绒 | HT-6091 | 69******78117 | 251 | 19.21 | 4821.71 |
| 9 | HT009 | 女士长裤 | 牛仔 | HT-6101 | 69******78118 | 723 | 363.23 | 262615.29 |
| | | | | | | | | |
| 11 | HT010 | 短袖T恤 | 纯棉 | HT-6051 | 69******78119 | 789 | 123.97 | 97812.33 |
| 12 | HT011 | 长袖T恤 | 纯棉 | HT-6061 | 69******78120 | 320 | 259.08 | 82905.60 |
| 13 | HT012 | 短款男士羽绒服 | 鸭绒 | HT-6111 | 69******78121 | 188 | 133.72 | 25139.36 |
| 14 | HT013 | 长款男士羽绒服 | 鸭绒 | HT-6121 | 69******78122 | 97 | 115.66 | 11219.02 |
| 15 | HT014 | 短款女士羽绒服 | 鸭绒 | HT-6131 | 69******78123 | 392 | 142.85 | 55997.20 |
| 16 | HT015 | 长款女士羽绒服 | 鸭绒 | HT-6141 | 69******78124 | 356 | 249.09 | 88676.04 |
| 17 | HT016 | 短款男士风衣 | 混纺 | HT-6151 | 69******78125 | 187 | 249.09 | 46579.83 |
| 合计 | | | | | | 4867 | - | 799536.63 |

（2）“SUM+INDEX+ROW”函数组合：自动扩展 SUM 函数的求和区域。

相信大多数财务人员运用 SUM 函数汇总数据时都曾遭遇过这样的麻烦：在合计行上面插入行次填入数据后，SUM 函数的求和区域有时不会自动扩展区域，也就不会将新增的数据一并汇总。

例如，左下图所示表格中原 D8 单元格公式为"=SUM(D2:D7)"，在第 2 行和第 8 行（合计行）上分别插入 1 行→输入数量和成本单价→将 D7 单元格公式向下填充至 D8 单元格。此时可看到 D10 单元格公式变为"=SUM(D3:D8)"，计算结果显然是错误的。如果没有及时察觉，会导致后续核算发生一连串错误。如果在 SUM 函数中嵌套 INDEX 和 ROW 函数，就可避免此类错误。

在 D9 单元格中设置公式"=SUM(OFFSET(D$1,1,,):INDEX(D:D,ROW()-1))"，将求和区域始终锁定在第 2 行至合计行的上一行。再次插入两行测试公式效果，可看到 D12 单元格（合计行）的计算结果正确无误。公式效果如右下图所示。

> **专家点拨**
>
> COLUMN 函数与 ROW 函数的应用场景和运用方法大同小异，请参考 ROW 函数的相关介绍，这里不再赘述。

## 4.3.7 SMALL 和 LARGE 函数：按序抓取目标数据的函数

SMALL 和 LARGE 函数的英文意思是"小"和"大"。它们的技能是能够从一组数据中，分别按照从小到大和从大到小的顺序抓取指定的第 $n$ 个数据。二者的语法格式非常简单，具体如下。

**标准语法**：SMALL(array,k)

　　　　　　LARGE(array,k)

**语法释义**：SMALL( 数组 , 第 $n$ 个数字 )

　　　　　　LARGE( 数组 , 第 $n$ 个数字 )

其中，第 1 个参数为数组，也可引用单元格区域；第 2 个参数代表需要抓取的第 $n$ 个数字。

例如，从"2019 年 9 月库存余额表"中 H3:H18 单元格区域中的"结存金额"中按照从小到大的顺序抓取第 3 个数字，那么应设置公式为"=SMALL(H3:H18,3)"。反之，如果按照从大到小的顺序抓取第 3 个数字，则应设置公式为"=LARGE(H3:H18,3)"。公式效果及公式表达式如下图所示。

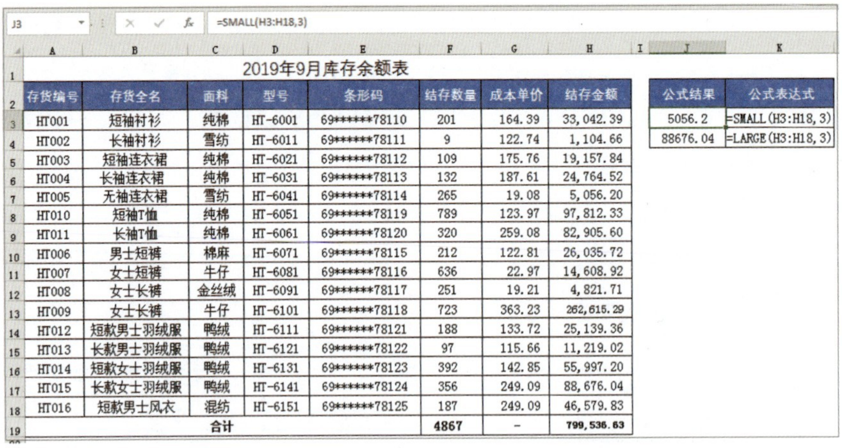

| | | | | | | | | | |
|---|---|---|---|---|---|---|---|---|---|
| J3 | | | fx | =SMALL(H3:H18,3) | | | | | |
| | A | B | C | D | E | F | G | H | I J K |
| 1 | | | | 2019年9月库存余额表 | | | | | |
| 2 | 存货编号 | 存货全名 | 面料 | 型号 | 条形码 | 结存数量 | 成本单价 | 结存金额 | 公式结果 / 公式表达式 |
| 3 | HT001 | 短袖衬衫 | 纯棉 | HT-6001 | 69******78110 | 201 | 164.39 | 33,042.39 | 5056.2 / =SMALL(H3:H18,3) |
| 4 | HT002 | 长袖衬衫 | 雪纺 | HT-6011 | 69******78111 | 9 | 122.74 | 1,104.66 | 88676.04 / =LARGE(H3:H18,3) |
| 5 | HT003 | 短袖连衣裙 | 纯棉 | HT-6021 | 69******78112 | 109 | 175.76 | 19,157.84 | |
| 6 | HT004 | 长袖连衣裙 | 纯棉 | HT-6031 | 69******78113 | 132 | 187.61 | 24,764.52 | |
| 7 | HT005 | 无袖连衣裙 | 雪纺 | HT-6041 | 69******78114 | 265 | 19.08 | 5,056.20 | |
| 8 | HT010 | 短袖T恤 | 纯棉 | HT-6051 | 69******78119 | 789 | 123.97 | 97,812.33 | |
| 9 | HT011 | 长袖T恤 | 纯棉 | HT-6061 | 69******78120 | 320 | 259.08 | 82,905.60 | |
| 10 | HT006 | 男士短裤 | 棉麻 | HT-6071 | 69******78115 | 212 | 122.81 | 26,035.72 | |
| 11 | HT007 | 女士短裤 | 牛仔 | HT-6081 | 69******78116 | 636 | 22.97 | 14,608.92 | |
| 12 | HT008 | 女士长裤 | 金丝绒 | HT-6091 | 69******78117 | 251 | 19.21 | 4,821.71 | |
| 13 | HT009 | 女士长裤 | 牛仔 | HT-6101 | 69******78118 | 723 | 363.23 | 262,615.29 | |
| 14 | HT012 | 短款男士羽绒服 | 鸭绒 | HT-6111 | 69******78121 | 188 | 133.72 | 25,139.36 | |
| 15 | HT013 | 长款男士羽绒服 | 鸭绒 | HT-6121 | 69******78122 | 97 | 115.66 | 11,219.02 | |
| 16 | HT014 | 短款女士羽绒服 | 鸭绒 | HT-6131 | 69******78123 | 392 | 142.85 | 55,997.20 | |
| 17 | HT015 | 长款女士羽绒服 | 鸭绒 | HT-6141 | 69******78124 | 356 | 249.09 | 88,676.04 | |
| 18 | HT016 | 短款男士风衣 | 混纺 | HT-6151 | 69******78125 | 187 | 249.09 | 46,579.83 | |
| 19 | | | | 合计 | | 4867 | — | 799,536.63 | |

实际工作中，这两个函数通常与其他函数组合后，用于对数组进行升序或降序自动排列。例如，以"2019年9月库存余额表"中的"结存金额"为关键字，对表中相关字段的数据进行排序。操作步骤如下。

**步骤01** 将"2019年9月库存余额表"中需要排序的字段复制粘贴至空白区域，在J3:J18单元格区域中填充顺序编号→运用"数据验证"工具在K2单元格中制作下拉列表，将"序列"来源设置为"升序,降序"，效果如下图所示。

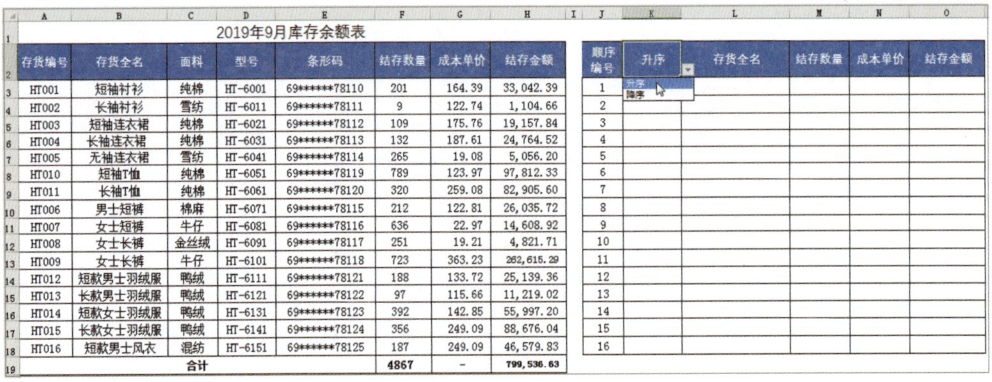

| | A | B | C | D | E | F | G | H | I | J | K | L | M | N | O |
|---|---|---|---|---|---|---|---|---|---|---|---|---|---|---|---|
| 1 | | | | 2019年9月库存余额表 | | | | | | | | | | | |
| 2 | 存货编号 | 存货全名 | 面料 | 型号 | 条形码 | 结存数量 | 成本单价 | 结存金额 | | 顺序编号 | 升序 ▼ | 存货全名 | 结存数量 | 成本单价 | 结存金额 |
| 3 | HT001 | 短袖衬衫 | 纯棉 | HT-6001 | 69******78110 | 201 | 164.39 | 33,042.39 | | 1 | 升序 | | | | |
| 4 | HT002 | 长袖衬衫 | 雪纺 | HT-6011 | 69******78111 | 9 | 122.74 | 1,104.66 | | 2 | 降序 | | | | |
| 5 | HT003 | 短袖连衣裙 | 纯棉 | HT-6021 | 69******78112 | 109 | 175.76 | 19,157.84 | | 3 | | | | | |
| 6 | HT004 | 长袖连衣裙 | 纯棉 | HT-6031 | 69******78113 | 132 | 187.61 | 24,764.52 | | 4 | | | | | |
| 7 | HT005 | 无袖连衣裙 | 雪纺 | HT-6041 | 69******78114 | 265 | 19.08 | 5,056.20 | | 5 | | | | | |
| 8 | HT010 | 短袖T恤 | 纯棉 | HT-6051 | 69******78119 | 789 | 123.97 | 97,812.33 | | 6 | | | | | |
| 9 | HT011 | 长袖T恤 | 纯棉 | HT-6061 | 69******78120 | 320 | 259.08 | 82,905.60 | | 7 | | | | | |
| 10 | HT006 | 男士短裤 | 棉麻 | HT-6071 | 69******78115 | 212 | 122.81 | 26,035.72 | | 8 | | | | | |
| 11 | HT007 | 女士短裤 | 牛仔 | HT-6081 | 69******78116 | 636 | 22.97 | 14,608.92 | | 9 | | | | | |
| 12 | HT008 | 女士长裤 | 金丝绒 | HT-6091 | 69******78117 | 251 | 19.21 | 4,821.71 | | 10 | | | | | |
| 13 | HT009 | 女士长裤 | 牛仔 | HT-6101 | 69******78118 | 723 | 363.23 | 262,615.29 | | 11 | | | | | |
| 14 | HT012 | 短款男士羽绒服 | 鸭绒 | HT-6111 | 69******78121 | 188 | 133.72 | 25,139.36 | | 12 | | | | | |
| 15 | HT013 | 长款男士羽绒服 | 鸭绒 | HT-6121 | 69******78122 | 97 | 115.66 | 11,219.02 | | 13 | | | | | |
| 16 | HT014 | 短款女士羽绒服 | 鸭绒 | HT-6131 | 69******78123 | 392 | 142.85 | 55,997.20 | | 14 | | | | | |
| 17 | HT015 | 长款女士羽绒服 | 鸭绒 | HT-6141 | 69******78124 | 356 | 249.09 | 88,676.04 | | 15 | | | | | |
| 18 | HT016 | 短款男士风衣 | 混纺 | HT-6151 | 69******78125 | 187 | 249.09 | 46,579.83 | | 16 | | | | | |
| 19 | | | | 合计 | | 4867 | — | 799,536.63 | | | | | | | |

**步骤02** 分别在K3和L3单元格中设置查找引用公式。

• K3单元格："=VLOOKUP(IF(K$2=" 升序 ",SMALL($H$3:$H$18,$J3), LARGE($H$3:$H$18, $J3)),IF({1,0},H$3:H$18,A$3:A$18),2,0)"，查找引用A3:A18单元格区域中的"存货编号"→将公式向下填充公式至K4:K18单元格区域。

VLOOKUP函数的第1个参数为表达式"IF(K$2=" 升序 ",SMALL($H$3:$H$18,$J3),LARGE($H$3: $H$18,$J3))"，即运用IF函数判断K2单元格中的字符"升序"或"降序"，分别返回SMALL或LARGE函数抓取H3:H18单元格区域数组中的第1个数字（即J3单元格中的数字）。

• L3单元格："=VLOOKUP($K3,$A$3:$H$18,MATCH(L$2,$A$2:$H$2,0),0)"，根据K3单元

144

格中的"存货编号"查找引用与之匹配的"存货全名"→将公式复制粘贴至 L3:O18 单元格区域。公式效果如下图所示。

测试效果：在 K2 单元格的下拉列表中选择"降序"后，可看到所有字段的排序效果如下图所示。

## 4.3.8　HYPERLINK 函数：穿梭时空的超链接神器

HYPERLINK 函数，顾名思义，就是一个超链接函数。它的主要技能是在 Excel 工作表中自动创建指定位置的超链接，只需单击超链接即能迅速跳转目标位置，可在多个工作表、工作簿之间来去自如地穿梭，还能快速打开计算机中任意地址的文件及指定的网页等。

**标准语法：** HYPERLINK(link_location,[friendly_name])

**语法释义：** HYPERLINK( 指定位置 ,[ 超链接的名称 ])

其中，第 2 个参数可以是数值、文本字符串、名称，或者包含跳转文本或数值的单元格。如果缺省，HYPERLINK 函数会将第 1 个参数作为单元格中显示的文本和数值内容。

如前所述，HYPERLINK 函数能够快速跳转至指定位置、打开指定的文件或网页。根据指定目标位置和作用的不同，它的第 1 个参数的表达方式也有所区别，具体如下图所示。

| 超链接 | 公式表达式 | 作用 |
|---|---|---|
| Q10单元格 | =HYPERLINK("#Q10","Q10单元格") | 跳转至当前工作表的Q10单元格 |
| Q10单元格 | =HYPERLINK("#Sheet2!Q10","Q10单元格") | 跳转至Sheet2工作表的Q10单元格 |
| 程序文件夹 | =HYPERLINK("C:\Program Files","程序文件夹") | 打开本地计算机的C盘中Program Files文件夹 |
| 金穗云平台 | =HYPERLINK("C:\Program Files\scjs\ypt\jsypt.exe","金穗云平台") | 打开本地计算机C盘中"金穗云平台"应用程序文件 |
| 12366纳税服务平台 | =HYPERLINK("https://...../","12366纳税服务平台") | 打开"12366纳税服务平台"的网页 |

HYPERLINK 函数虽然不能进行财务核算和统计，但它却是能够帮助财务人员大幅度提高工作效率的"神队友"。众所周知，财务数据之间都存在千丝万缕的钩稽关系，为了避免跨工作簿引用造成数据核算出错，财务人员通常会在同一 Excel 工作簿中创建多个工作表，方便数据核算和统一管理。那么，要在数个工作表之间快速切换，通过单击鼠标或【插入】→【链接】的方式逐个创建超链接，显然会导致效率低下。而运用 HYPERLINK 函数即可快速批量创建工作簿中所有工作表的超链接。本书将在第三部分的相关章节中列举实例，运用这一函数，可以在财务工作中充分发挥高效作用。

### 4.3.9 ADDRESS 函数：单元格地址测量仪

ADDRESS 函数对于财务人员来说是一个"小众"函数，它的主要作用是创建一个以文本方式对工作簿中某一单元格的引用。通俗来说，就是根据指定的行号和列号，"测量"单元格的地址，同时返回指定的引用类型。

**标准语法**：ADDRESS(row_num,column_num,[abs_num],[a1],[sheet_text])

**语法释义**：ADDRESS( 行号 , 列号 ,[ 引用类型 ],[ 引用方式 ],[ 工作表名称 ])

其中，第 5 个参数缺省时默认为当前工作表，而第 3、第 4 个参数均包含了具体内容及其对应的数字代码或字符，具体如表 4-5 所示。

ADDRESS 函数虽然在财务工作场景中的出场率不高，但是却非常实用。实际工作中，将它与其他函数组合运用，同样能够精确查找和引用到目标数据，足以和 VLOOKUP 等其他查找引用函数媲美。

表 4-5　第 3、第 4 个参数内容及其对应的数字代码或字符

| 参数 | 内容 | 代码 / 布尔值 | 缺省 |
|---|---|---|---|
| [abs_num]<br>引用类型 | 绝对引用 | 1 | 缺省时默认为 1 |
| | 绝对行，相对列 | 2 | |
| | 相对行，绝对列 | 3 | |
| | 相对引用 | 4 | |
| [a1]<br>引用样式 | A1 样式 | TRUE | 缺省时默认为 TRUE |
| | R1C1 样式 | FLASE | |

例如，在“2020 年 3 月营业收入日报表”中制作一份动态查询表，要求按照指定的任意起止日期列示相关营业收入明细并汇总该期间的数据。操作步骤如下。

步骤 01 在表格空白区域绘制表格，设置与“2020 年 3 月营业收入日报表”中一致的字段名称→在 G1 和 H1 单元格中分别输入起止日期，如“2020-3-8”和“2020-3-27”→将合计行设置在表头之上，如下图所示。

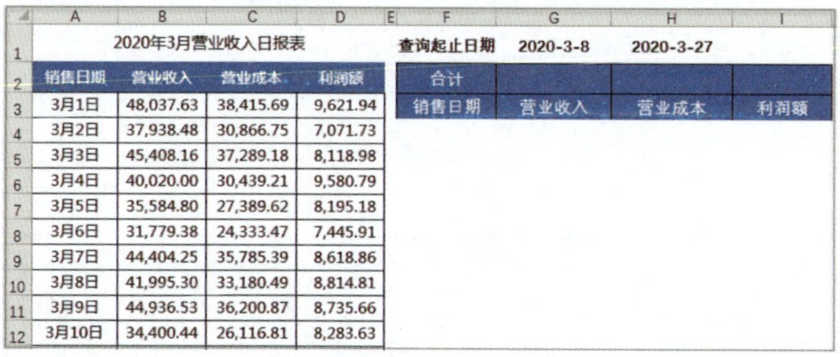

| | A | B | C | D | E | F | G | H | I |
|---|---|---|---|---|---|---|---|---|---|
| 1 | 2020年3月营业收入日报表 | | | | | 查询起止日期 | 2020-3-8 | 2020-3-27 | |
| 2 | 销售日期 | 营业收入 | 营业成本 | 利润额 | | 合计 | | | |
| 3 | 3月1日 | 48,037.63 | 38,415.69 | 9,621.94 | | 销售日期 | 营业收入 | 营业成本 | 利润额 |
| 4 | 3月2日 | 37,938.48 | 30,866.75 | 7,071.73 | | | | | |
| 5 | 3月3日 | 45,408.16 | 37,289.18 | 8,118.98 | | | | | |
| 6 | 3月4日 | 40,020.00 | 30,439.21 | 9,580.79 | | | | | |
| 7 | 3月5日 | 35,584.80 | 27,389.62 | 8,195.18 | | | | | |
| 8 | 3月6日 | 31,779.38 | 24,333.47 | 7,445.91 | | | | | |
| 9 | 3月7日 | 44,404.25 | 35,785.39 | 8,618.86 | | | | | |
| 10 | 3月8日 | 41,995.30 | 33,180.49 | 8,814.81 | | | | | |
| 11 | 3月9日 | 44,936.53 | 36,200.87 | 8,735.66 | | | | | |
| 12 | 3月10日 | 34,400.44 | 26,116.81 | 8,283.63 | | | | | |

步骤 02 分别在以下单元格中设置公式。

• F4 单元格：“=G1”，引用 G1 单元格中的起始日期。

• F5 单元格：“=IF(F4<$H$1,F4+1,"")”，如果 F4 单元格中的日期小于 H1 单元格中的截止日期，那么将 F4 单元格中日期 +1，否则返回空值→向下填充公式至 F6:F12 单元格区域。

• G4 单元格：“=IFERROR(INDIRECT(ADDRESS(MATCH($F4,$A:$A,0),MATCH(G$3,$A$2:$D$2,0),4)),"")”，引用指定单元格中的相关数据。公式原理如下。

① 表达式“ADDRESS(MATCH($F4,$A:$A,0),MATCH(G$3, $A$2:$D$2,0),4)”中，ADDRESS 函数的第 1、第 2 个参数（行号和列号）均是运用 MATCH 函数自动计算得到的数字，第 3 个参数“4”代表相对引用。这一表达式的返回结果为“B10”。

② 运用 INDIRECT 函数查找并引用 B10 单元格中的数据“3 月 8 日”，即可得到当日的营业收入数据“41995.30”。

③ 如果 INDIRECT 函数返回错误值，则运用 IFERROR 函数将其屏蔽，返回空值。

将 G4 单元格公式复制粘贴至 G4:I11 单元格区域。

• G2 单元格："=ROUND(SUM(G4:G11),2)"→向右填充公式至 I2 单元格。公式效果如下图所示。

**步骤03** 最后运用"条件格式"工具为非空值的单元格区域自动添加表格框线。选中 F4 单元格→打开【新建格式规则】对话框→设置【选择规则类型】为"使用公式确定要设置格式的单元格"→在文本框中设置公式"=F4<>"""→设置格式为"外边框"→将条件格式复制至 F4:I11 单元格区域。

在 G1 和 H1 单元格中输入其他起止日期，可看到数据变化效果，如下图所示。

### 高手自测 13

如何运用 VLOOKUP 函数在"2019年9月库存余额表"中以"条形码"为索引关键字查找关联的"存货全名"信息？

## 4.4 统计函数

Excel 提供了多达 100 多个的统计类函数，其实财务人员只需熟练掌握其中最常用的几个统计函数，并灵活运用于实际工作之中，就能基本满足日常数据核算的需求。本节主要介绍 8 个常用函数，如下图所示。

### 4.4.1 COUNT 函数：数字专用计数器

COUNT 函数专门用于统计指定的若干参数中数字型参数的数量。其中，参数最多可设置 255 个，可以为数值、文本、单个单元格或连续的单元格区域，同时也可对返回数字的公式单元格进行统计。

**标准语法**：COUNT(value1,[value2],…)

**语法释义**：COUNT( 参数 1,[ 参数 2],…)

其中，参数 1 为必须项，参数 2 为可选项，也就是说，必须至少有一个参数。

运用 COUNT 函数时需要注意的是，它只会返回数字型参数的个数。如果同一参数中包含错误值或文本，不会将其计算在内。因此，如果要完整统计参数内数字个数，必须将其格式统一为数字类型。

例如，在右图所示表格中，A2:A11 单元格区域中虽然看上去有 10 个数字，但是其中有些数字是文本格式，因此 A12 单元格公式"=COUNT(A2:A11)"仅返回数字的个数是 5。

COUNT 函数通常也与其他函数嵌套使用，我们将在后文的实例部分运用这一函数。

### 4.4.2 COUNTIF 和 COUNTIFS 函数：单条件和多条件统计函数

COUNTIF 和 COUNTIFS 函数是一组用于统计指定范围内，满足指定条件的单元格数量的统计函数。它们与 SUMIF、SUMIFS 函数相似，都是根据指定的单个条件或多个条件进行计算，不同之处在于，COUNTIF 和 COUNTIFS 函数统计的是满足条件单元格的数量，SUMIF 和 SUMIFS 函数则是对单元格中的数值求和。

**标准语法**：COUNTIF(rang,criteria)

COUNTIFS(criteria_range1,criteria1,…)

**语法释义**：COUNTIF(指定区域,统计条件)

COUNTIFS(指定区域1,统计条件1,…)

下面首先了解两个函数的统计条件共同的设定规则，如下图所示。

◆ 统计条件可以为数字、文本、单元格地址、公式表达式等

◆ 如果统计条件中需要设定比较运算符，除等号"="不必输入外，其他符号如大于">"、小于"<"均需添加英文双引号""""

◆ 比较运算符号和文本、单元格引用之间必须用文本运算符号"&"连接

COUNTIF 和 COUNTIFS 函数公式的语法和运用方法简单易懂。下面设定不同的统计条件，分别运用两个函数对"2019 年 9 月库存余额表"中各字段的单元格数量进行统计，并列示公式表达式，以便读者对比学习，如下图所示。

COUNTIF 函数对于财务工作还有一个妙用：识别重复数据。例如，查找右图所示表格中 E2:E9 单元格区域的重复数据。在 F2 单元格中设置公式"=COUNTIF(E$2:E9,E2)"→向下填充公式，如果某单元格公式返回结果为"2"，则代表 E2:E9 单元格区域中有重复数据。

同时，运用"数据验证"工具设置 COUNTIF 函数公式，可以提醒重复数据或阻止录入重复数据。

150

例如，在"2019 年 9 月库存余额表"的"存货编号"字段下设置"数据验证"条件，防止录入重复编号。操作步骤如下。

**步骤 01** 在 A3 单元格中设置"数据验证"条件为"自定义"→"公式"。表达式为"=COUNTIF (A$3:A3,A3)=1"，其含义是允许输入 A3 单元格中的数值 1 次，如左下图所示。

**步骤 02** 运用"选择性粘贴"功能将 A3 单元格中的"数据验证"设置复制粘贴至下方区域。

**步骤 03** 检验效果。在 A3:A18 单元格区域的任一单元格中输入与其他"存货编号"重复的数值，如在 A5 单元格中输入"HT001"，即弹出对话框并阻止输入，如右下图所示。

## 4.4.3 COUNTA 和 COUNTBLANK 函数：统计非空与空格数量

COUNTA 和 COUNTBLANK 函数的作用相反，分别统计指定区域内非空值单元格和空值单元格的数量。

**标准语法**：COUNTA(value1,[value2],…)

COUNTBLANK(range)

**语法释义**：COUNTA( 指定区域 1,[ 指定区域 2],…)

COUNTBLANK( 指定区域 )

其中，COUNTA 函数的第 2 个参数为可选参数，参数最多可以设置 255 个。

日常工作中，COUNTA 和 COUNTBLANK 函数一般与其他函数嵌套使用，会达到意想不到的效果。下面分别介绍单独使用和嵌套使用的方法。

（1）单独使用：统计非空值和空值单元格。

COUNTA 和 COUNTBLANK 函数如果统计的范围在同一区域，一般用于统计非此即彼的两种状态下的单元格数量。

例如，在"2019 年 10 月收款记录表"中分别统计已收款和未收款的客户数。B16 和 E16 单元格公式分别为"=COUNTA(E3:E14)"和"=COUNTBLANK(E3:E14)"，如右图所示。

（2）嵌套使用："OFFSET+COUNTA"函数制作动态下拉列表。

COUNTA 和 OFFSET 函数嵌套，比较经典的运用是用于制作动态下拉列表。

我们都知道，当数据源表为普通表时，将数据源设置为固定的序列后，如果新增数据信息，Excel 不会将其自动纳入序列中。但是，运用 OFFSET 函数嵌套 COUNTA 函数将"序列"设置为公式，就能实现普通表的下拉列表中的备选项也能跟随数据源表中信息增加而自动扩展。

如右图所示，将数据源 C2:C7 单元格区域设置为序列后，在 C8 单元格中输入一条信息，如"通信费"，可看到 A2 单元格的下拉列表中并没有自动添加此项费用。

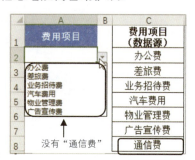

下面在【数据验证】对话框的"序列"的【来源】文本框中设置公式"=OFFSET(C$1,1,,COUNTA(C:C)-1)"，如左下图所示。

在 C8 单元格下面再新增几项费用，可看到 A2 单元格的下拉列表中已同步添加数据源的新增信息，如右下图所示。

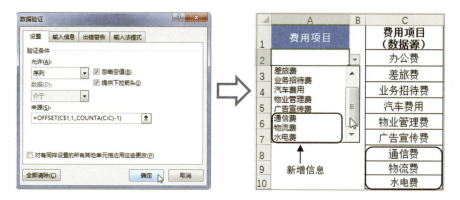

**公式简析**：以 C1 单元格为起点，向下偏移 1 行。第 3 个参数为空，表示不向右偏移。向下偏移的行数是由 COUNTA 函数统计得到的 C 列中非空值的单元格的个数，减去 1 是要减去标题行即 C1 单元格。

> **专家点拨**
>
> 本例中，也可以先将数据源定义为名称，在"引用位置"设置相同的公式，再将下拉列表的"序列"来源设置为定义的名称。

### 4.4.4　MAX 和 MIN 函数：最大和最小数值搜索器

MAX 和 MIN 函数是在指定的数值范围内，分别返回其中的最大值和最小值。

**标准语法**：MAX(number1,[number2],…)

MIN(number1,[number2],…)

**语法释义**：MAX( 数值 1,[ 数值 2],…)

MIN( 数值 1,[ 数值 2],…)

其中，number 参数最多为 255 个，可以是数字、空白单元格、单元格区域、逻辑值或表示数值的文本字符串。

MAX 和 MIN 函数非常简单，浅显易懂，下面列举两个示例介绍它们在实际工作中的具体运用方法。

**例 1**：在"2019 年 9 月库存余额表"中查找最高和最低的结存数量和结存金额，公式效果及公式表达式如下图所示。

| J3 | | | × | ✓ | $f_x$ | =MAX($F$3:$F$18) | | | | |
|---|---|---|---|---|---|---|---|---|---|---|
| | A | B | C | D | E | F | G | H | J | K |
| 1 | | | | 2019年9月库存余额表 | | | | | 1.MAX函数 | |
| 2 | 存货编号 | 存货全名 | 面料 | 型号 | 条形码 | 结存数量 | 成本单价 | 结存金额 | 最高结存数量 | 最高结存金额 |
| 3 | HT001 | 短袖衬衫 | 纯棉 | HT-6001 | 69******78110 | 201 | 164.39 | 33,042.39 | 789 | 262615.29 |
| 4 | HT002 | 长袖衬衫 | 雪纺 | HT-6011 | 69******78111 | 9 | 122.74 | 1,104.66 | 公式表达式 | |
| 5 | HT003 | 短袖连衣裙 | 纯棉 | HT-6021 | 69******78112 | 109 | 175.76 | 19,157.84 | J3单元格 | =MAX($F$3:$F$18) |
| 6 | HT004 | 长袖连衣裙 | 纯棉 | HT-6031 | 69******78113 | 132 | 187.61 | 24,764.52 | K3单元格 | =MAX($H$3:$H$18) |
| 7 | HT005 | 无袖连衣裙 | 雪纺 | HT-6041 | 69******78114 | 265 | 19.08 | 5,056.20 | 2.MIN函数 | |
| 8 | HT006 | 男士短裤 | 棉麻 | HT-6071 | 69******78115 | 212 | 122.81 | 26,035.72 | 最低结存数量 | 最低结存金额 |
| 9 | HT007 | 女士短裤 | 牛仔 | HT-6081 | 69******78116 | 636 | 22.97 | 14,608.92 | 9 | 1104.66 |
| 10 | HT008 | 女士长裤 | 金丝绒 | HT-6091 | 69******78117 | 251 | 19.21 | 4,821.71 | 公式表达式 | |
| 11 | HT009 | 女士长裤 | 牛仔 | HT-6101 | 69******78118 | 723 | 363.23 | 262,615.29 | J9单元格 | =MIN($F$3:$F$18) |
| 12 | HT010 | 短袖T恤 | 纯棉 | HT-6051 | 69******78119 | 789 | 123.97 | 97,812.33 | K9单元格 | =MIN($H$3:$H$18) |
| 13 | HT011 | 长袖T恤 | 纯棉 | HT-6061 | 69******78120 | 320 | 259.08 | 82,905.60 | | |
| 14 | HT012 | 短款男士羽绒服 | 鸭绒 | HT-6111 | 69******78121 | 188 | 133.72 | 25,139.36 | | |
| 15 | HT013 | 长款男士羽绒服 | 鸭绒 | HT-6121 | 69******78122 | 97 | 115.66 | 11,219.02 | | |
| 16 | HT014 | 短款女士羽绒服 | 鸭绒 | HT-6131 | 69******78123 | 392 | 142.85 | 55,997.20 | | |
| 17 | HT015 | 长款女士羽绒服 | 鸭绒 | HT-6141 | 69******78124 | 356 | 249.09 | 88,676.04 | | |
| 18 | HT016 | 短款男士风衣 | 混纺 | HT-6151 | 69******78125 | 187 | 249.09 | 46,579.83 | | |
| 19 | | | | 合计 | | 4867 | — | 799,536.63 | | |

**例 2**：在"个人所得税计算表"中根据应纳税所得额计算对应的税率及速算扣除数，下面分别运用 MAX 或 MIN 函数与 IF 函数嵌套设置公式。公式分别如下。

• C3:C10 单元格区域公式："MAX+IF"函数计算税率，即"=MAX(IF(B3>={0,3000.01,12000.01,25000.01,35000.01,55000.01,80000.01},{0.03,0.1,0.2,0.25,0.3,0.35,0.45},0))"。

• D3:D6 单元格区域公式："MAX+IF"函数计算速算扣除数，即"=MAX(IF(C3={0.03,0.1,0.2,0.25,0.3,0.35,0.45},{0,210,1410,2660,4410,7160,15160},0))"。

• D7:D10 单元格区域公式："MIN+IF"函数计算速算扣除数，即"=MIN(IF(C7={0.03,0.1,0.2,0.25,0.3,0.35,0.45},{0,210,1410,2660,4410,7160,15160},16000))"。公式效果及公式表达式如下图所示。

| | A | B | C | D | E | F |
|---|---|---|---|---|---|---|
| 1 | 个人所得税计算表 | | | | | |
| 2 | 职工姓名 | 月应纳税所得额 | 税率 | 速算扣除数 | 应纳税额 | 公式表达式 |
| 3 | 王** | 2,900.00 | 3% | 0.00 | 87.00 | C3:C10单元格公式：=MAX(IF(B3>={0,3000.01,12000.01,25000.01,35000.01,55000.01,80000.01},{0.03,0.1,0.2,0.25,0.3,0.35,0.45},0)) |
| 4 | 赵** | 3,500.00 | 10% | 210.00 | 140.00 | |
| 5 | 李** | 2,600.00 | 3% | 0.00 | 78.00 | |
| 6 | 刘** | 13,000.00 | 20% | 1410.00 | 1,190.00 | D3:D6单元格式公式：=MAX(IF(C3={0.03,0.1,0.2,0.25,0.3,0.35,0.45},{0,210,1410,2660,4410,7160,15160},0)) |
| 7 | 郑** | 26,000.00 | 25% | 2660.00 | 3,840.00 | |
| 8 | 周** | 35,260.00 | 30% | 4410.00 | 6,168.00 | D7:D10单元格公式：=MIN(IF(C7={0.03,0.1,0.2,0.25,0.3,0.35,0.45},{0,210,1410,2660,4410,7160,15160},16000)) |
| 9 | 孙** | 56,000.00 | 35% | 7160.00 | 12,440.00 | |
| 10 | 陈** | 80,210.00 | 45% | 15160.00 | 20,934.50 | |
| 11 | 合计 | 219470.00 | — | — | 31,010.00 | |

下面以D7单元格公式为例，简析公式原理。

① 表达式"IF(C7={0.03,0.1,0.2,0.25,0.3,0.35,0.45},{0,210,1410,2660,4410,7160,15160}"判断C7单元格的数值0.25，是否符合第1个数组中的某一条件，判断结果符合等于第4个数值0.25，然后返回第2个数组中与之对应的第4个数值2660。

② 第2步：运用表达式"MIN (2660,16000)"返回两个数值中的最小数值，即2660。

公式中的数值16000是MIN函数的第2个参数，大于最大的速算扣除15160，目的是使其返回两个数值中的最小数值。其实将其设置为任何一个大于15160的数字，计算结果都相同。

## 4.4.5 RANK函数：智能排序函数

RANK函数的作用是返回指定的数字在指定区域内的排名，但不影响指定区域内数值的原有排列顺序。

**标准语法**：RANK(number,ref,[order])

**语法释义**：RANK( 数字 , 指定区域 , 降序 / 升序 )

其中，第1个函数一般为单元格引用，也可以指定为具体的数字；第3个参数为排序方式，设置为0或缺省时，即按降序排列，设置为1时则为按升序排列。

例如，对"2019年9月库存余额表"中各存货的结存金额排名，分别按降序和升序排列。

分别在I3和J3单元格中设置公式"=RANK(H3,H$3:H$18)"和"=RANK(H3,H$3:H$18,1)"→向下填充公式即可。公式效果如下图所示。

# Chapter 04
## 修炼内功，掌握硬核技术——函数运用

**高手自测 14**

除 ROW 函数外，能否运用统计函数实现序号自动更新？如果能，请编写公式并解释公式思路。

## 4.5 时间与日期函数

时间与日期函数，顾名思义，就是计算时间和日期的函数。此类函数的语法，含义虽非常简单，但其作用却很重要。财务工作中，它们可用于计算收付款账期、固定资产折旧期及纳税申报管理等。本节主要介绍它们的基本用法。实际工作中的运用将在本书第三部分中结合综合实例进行介绍。

Excel 2016 提供了 24 个时间与日期函数，本节主要介绍 10 个常用函数，如下图所示。

## 4.5.1 TODAY 函数：今夕是何夕，它会告诉你

TODAY 是时间与日期类函数中一个非常简单的函数，它的作用就是告诉用户“今夕是何夕”，即返回当前计算机系统日期。

**标准语法：** TODAY()

注意 TODAY 函数是没有参数的，不能引用单元格，也不能在括号内设置任何数字、文本等。

例如，当前计算机系统日期为 2019 年 10 月 1 日，在单元格中设置公式“=TODAY()”，即返回“2019-10-1”，如右图所示。

=TODAY()

| D | E |
|---|---|
| 日期 | 公式表达式 |
| 2019-10-1 | =TODAY() |

财务工作中，TODAY 函数的主要作用是协助计算“今天”至另一个指定日期的间隔数。例如，“今天”距离纳税申报截止日期的天数。

## 4.5.2 YEAR、MONTH 和 DAY 函数：标准日期分解器

YEAR、MONTH 和 DAY 函数，根据其名称含义即可明确，它们可将指定的日期分别返回该日期的年份、月份和日期。

**标准语法：** YEAR(serial_number)

MONTH(serial_number)

DAY(serial_number)

**语法释义：** YEAR( 日期 )

MONTH( 日期 )

DAY( 日期 )

例如，指定日期为“2019-10-1”，运用以上三个函数将日期分解，公式效果及公式表达式如右图所示。

2019-10-1

| D | E | F | G |
|---|---|---|---|
| 日期 | 年份 | 月份 | 日期 |
| 2019-10-1 | 2019 | 10 | 1 |
| | =YEAR($D2) | =MONTH($D2) | =DAY($D2) |

在某些工作场景中，需要单独计算年份、月份、日期，可运用这三个函数。

## 4.5.3 DATE 函数：标准日期配置器

DATE 函数的作用恰好与 YEAR、MONTH、DAY 函数相反，是将代表年份、月份、日期的数字配置组合成为一个标准日期。

**标准语法：** DATE(year,month,day)

**语法释义：** DATE( 年 , 月 , 日 )

例如，将“2019”“10”“1”这三个数字组合为日期。在 G3 单元格中设置公式“=DATE(D2,E2,F2)”。公式效果及公式表达式如右图所示。

=DATE(D2,E2,F2)

| D | E | F | G |
|---|---|---|---|
| 年份 | 月份 | 日期 | 标准日期 |
| 2019 | 10 | 1 | 2019-10-1 |
| | | | =DATE(D2,E2,F2) |

日常工作中，根据具体情形将 DATE 函数与 YEAR、MONTH、DAY 函数搭配使用，可提高工作效率。

## 4.5.4 DATEDIF 函数：计算日期间隔的隐世高手

DATEDIF 是一个鲜为人知的日期函数，因为它被 Excel 隐藏起来，输入函数名称时没有任何提示，而且在“帮助”功能和【插入函数】对话框中都无法寻觅到它的身影，必须完整输入它的名称才能正常使用。DATEDIF 函数是一个日期计算高手，主要作用是计算两个日期之间的间隔数，并且按照用户指定的类型返回相应的数字。

**标准语法：** DATEDIF(start_date,end_date,unit)

**语法释义：** DATEDIF( 起始日期 , 结束日期 , 指定类型 )

使用 DATEDIF 函数，需要注意两个参数设置规则，如下图所示。

◆第2个参数“结束日期”，必须大于第1个参数“起始日期”，否则返回#NUM!错误值

◆第3个参数为返回类型，必须添加英文双引号，否则返回#NAME?错误值，具体参数包括"Y"、"M"、"D"、"MD"、"YM"、"YD"

事实上，计算日期间隔通过普通的算术公式也可以实现，但是二者之间存在着细微的差别。下面列示两种计算方式的结果、公式表达式及参数的含义，以便读者对比学习，加深记忆，如下图所示。

C9 =DATEDIF(A9,B9,"YD")

| | A | B | C | D | E |
|---|---|---|---|---|---|
| 1 | 起始日期 | 结束日期 | 间隔 | 公式表达式 | 特点 |
| 2 | 2020-5-1 | 2021-2-12 | 287天 | =B2-A2 | ◆计算规则为结束日期-起始日期，如果以起始日期-结束日期，则返回负数 ◆只能返回间隔天数，若需要以日或月表示，可通过"设置单元格格式"功能实现 |
| 3 | 2020-5-1 | 2021-2-12 | -287天 | =A3-B3 | |
| 4 | 2020-5-1 | 2021-2-12 | 287天 | =DATEDIF(A4,B4,"D") | 参数"D" 返回两个日期的间隔天数 |
| 5 | 2020-5-1 | 2021-2-12 | 9月 | =DATEDIF(A5,B5,"M") | 参数"M" 返回两个日期的间隔整月数 |
| 6 | 2020-5-1 | 2021-2-12 | 0年 | =DATEDIF(A6,B6,"Y") | 参数"Y" 返回两个日期的间隔整年数 |
| 7 | 2020-5-1 | 2021-2-12 | 11天 | =DATEDIF(A7,B7,"MD") | 参数"MD" 返回两个日期的间隔天数，忽略日期中的年和月 |
| 8 | 2020-5-1 | 2021-2-12 | 9月 | =DATEDIF(A8,B8,"YM") | 参数"YM" 返回两个日期的间隔月数，忽略日期中的年 |
| 9 | 2020-5-1 | 2021-2-12 | 287天 | =DATEDIF(A9,B9,"YD") | 参数"YD" 返回两个日期的间隔天数，忽略日期中的年 |

DATEDIF 函数可用于计算固定资产的折旧期数、应收应付账期等。本书将在第三部分的综合实例中运用此函数。

## 4.5.5 EDATE 函数：计算到期日的函数

EDATE 函数与 DATEDIF 函数的作用刚好互补，是根据一个指定的起始日期和一个间隔的月数，返回起始日期之前或之后的日期。

**标准语法**：EDATE(start_date,months)

**语法释义**：EDATE( 起始日期，月数 )

其中，如果第 2 个参数为负数，则返回与起始日期间隔月数之前的日期。

例如，固定资产的折旧起始月为 2019 年 10 月 1 日，折旧期为 4 年，换算为 48 个月。在 D2 单元格中设置公式"=EDATE(B2,C2)-1"。减 1 是因为"EDATE(B2,C2)"会返回 2023 年 10 月 1 日，但是按照惯例计算，折旧结束日期应为 2023 年 9 月 30 日。

同理，如果已知固定资产折旧结束日期，倒算折旧起始日期，应设置公式"=EDATE(B5,-C5)+1"。公式效果及公式表达式如下图所示。

## 4.5.6 EOMONTH 函数：月末日期计算器

EOMONTH 函数的作用是返回间隔指定日期之前或之后月数的某月最后一天日期。

**标准语法**：EOMONTH(start_date,months)

**语法释义**：EOMONTH( 起始日期，月数 )

其中，第 2 个参数"月数"为 0、负数和正数时分别代表返回指定日期的当月、指定之前和指定之后月份的最后一天日期。

下面列示根据同一月份不同日期设置不同参数，返回与之间隔月数的月份的最后一天日期。公式效果及公式表达式如下图所示。

财务工作中，此函数可用于判断或显示某月月末日期，如判断某季度末的日期。

## 4.5.7 NOW 函数："此时此刻"的时间使者

NOW 函数，顾名思义，就是"现在"。它就像一个时间使者，可以随时为用户反馈此时此刻的日期和时间。

**标准语法**：NOW()

与 TODAY 函数相比较，它们的共同之处是没有参数，直接在单元格中设置公式"=NOW()"即可。而不同之处在于，它其实是 TODAY 函数的升级版，能够同时返回当前的日期和时间，如右图所示。

对于需要在记录某项信息的同时添加时间戳的表格，可运用此函数反映时间。

例如，在"付款记录表"中体现记录付款的时间，可运用"数据验证"工具将 NOW 函数公式所在单元格设置为"序列"，或者在单元格中设置公式"=IF(D6="","",NOW())"，如下图所示。

## 4.5.8　WEEKDAY 函数：计算日期的星期数

WEEKDAY 函数的作用就是根据日期计算星期数，即计算某日期是一个星期内的第几天，返回结果为一个 1~7 的整数。

**标准语法**：WEEKDAY(serial_number,[return_type])

**语法释义**：WEEKDAY( 日期 ,[ 返回数字的类型代码 ])

其中，参数"日期"可以是表示日期的文本字符串（如"2019-10-1"）、单元格引用等；参数"返回数字的类型代码"，每一类型对应的代码如左下图所示。这一参数缺省时默认为 1，即数字 1~7 分别代表星期日至星期六。

例如，当前计算机系统日期为 2019 年 10 月 1 日星期二。设置公式"=WEEKDAY(TODAY())"，返回结果为数字"3"，表示星期二是一个星期中的第 3 天，如右下图所示。

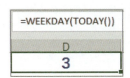

WEEKDAY 函数只能计算星期数，很多财务人员都觉得它无用，但是"无用之用，方为大用"，其实它能够在某些工作场景中派上大用场。本书将在第 9 章中让 WEEKDAY 函数"挑大梁"，制作一份动态万年历。

## 4.6 文本函数

文本函数主要对文本字符串进行处理，与其他类函数一样，文本函数同样重要，在工作中非常实用。使用文本函数可以方便、灵活地对公式中的字符串进行处理，使公式变得更加简单。Excel 2016 中共包含文本类函数 38 个，本节主要介绍 8 个常用函数，如下图所示。

### 4.6.1 LEFT 和 RIGHT 函数：左右截取字符的函数

LEFT 和 RIGHT 函数的作用是根据用户指定的长度，以左或右为起始位置开始截取指定的字符串。除截取的起始位置不同外，二者的语法格式、参数规则均相同。

**标准语法**：LEFT(text,[num_chars])

RIGHT(text,[num_chars])

**语法释义**：LEFT( 指定的字符串 , 截取长度 )

RIGHT( 指定的字符串 , 截取长度 )

使用 LEFT 和 RIGHT 函数时须遵循共同的参数设置规则，如下图所示。

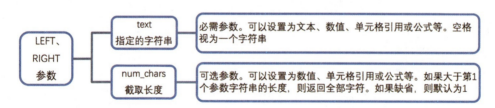

例如，下面两份"固定资产目录及编码表"的项目中包含名称和编码，这是日常工作中的常见情形，现需要将品种编码单独提取出来。编码长度为 6，因此分别在 B3 和 F3 单元格中设置公式"=LEFT(A3,6)"和"=RIGHT(E3,6)"→向下填充公式。公式效果及公式表达式如下图所示。

| 固定资产目录及编码表 | | | | 固定资产目录及编码表1 | | |
|---|---|---|---|---|---|---|
| 项目 | 品种编码 | 公式表达式 | | 项目 | 品种编码 | 公式表达式 |
| 101001办公室装修 | 101001 | =LEFT(A3,6) | | 办公室装修101001 | 101001 | =RIGHT(E3,6) |
| 101002会议室装修 | 101002 | =LEFT(A4,6) | | 会议室装修101002 | 101002 | =RIGHT(E4,6) |
| 101003接待室装修 | 101003 | =LEFT(A5,6) | | 接待室装修101003 | 101003 | =RIGHT(E5,6) |
| 101004计算机房装修 | 101004 | =LEFT(A6,6) | | 计算机房装修101004 | 101004 | =RIGHT(E6,6) |
| 101005实验室装修 | 101005 | =LEFT(A7,6) | | 实验室装修101005 | 101005 | =RIGHT(E7,6) |
| 201001办公桌 | 201001 | =LEFT(A8,6) | | 办公桌201001 | 201001 | =RIGHT(E8,6) |
| 201002会议桌 | 201002 | =LEFT(A9,6) | | 会议桌201002 | 201002 | =RIGHT(E9,6) |
| 301001空调 | 301001 | =LEFT(A10,6) | | 空调301001 | 301001 | =RIGHT(E10,6) |
| 301002打印机 | 301002 | =LEFT(A11,6) | | 打印机301002 | 301002 | =RIGHT(E11,6) |
| 301003笔记本电脑 | 301003 | =LEFT(A12,6) | | 笔记本电脑301003 | 301003 | =RIGHT(E12,6) |
| 401001商务车 | 401001 | =LEFT(A13,6) | | 商务车401001 | 401001 | =RIGHT(E13,6) |
| 501001灭火器 | 501001 | =LEFT(A14,6) | | 灭火器501001 | 501001 | =RIGHT(E14,6) |

LEFT 和 RIGHT 函数适用于需要截取的字符在一串字符中的最左侧或最右侧，并且截取长度具有固定长度的情形。如果被截取的字符串长度无法确定或相对复杂，则需要嵌套 LEN 函数才能满足工作需求。我们将在 4.6.3 小节中做详细介绍。

## 4.6.2　MID 函数：中途截取字符的函数

MID 函数突破了 LEFT 和 RIGHT 函数只能从左右方向截取指定长度的字符的局限，它能够从一串字符左起的任意位数开始，截取任意长度的字符，具有极强的灵活性。

**标准语法**：MID(text,start_num,num_chars)

**语法释义**：MID( 指定的字符串 , 起始位数 , 截取长度 )

其中，第 1 个和第 3 个参数设置规则与 LEFT 和 RIGHT 函数相同，第 2 个参数表示从字符串中的第几个数字开始截取。三个参数都是必需参数。

MID 函数最典型的应用就是从身份证号码中提取出生日期。如下图所示，在 E2 单元格中设置公式"=MID(D2,7,8)"→向下填充公式。表示从身份证号码中的第 7 位开始，截取 8 个字符。

| 员工编号 | 姓名 | 部门 | | 身份证号 | 出生日期 | 公式表达式 |
|---|---|---|---|---|---|---|
| HT-001 | 黄** | 销售部 | 51 | 519901207222 | 19901207 | =MID(D2,7,8) |
| HT-002 | 和** | 财务部 | 12 | 219890124333 | 19890124 | =MID(D3,7,8) |
| HT-003 | 可** | 销售部 | 23 | 019880524100 | 19880524 | =MID(D4,7,8) |
| HT-004 | 龙** | 行政部 | 14 | 019801204110 | 19801204 | =MID(D5,7,8) |
| HT-005 | 宁** | 人事部 | 15 | 519861208224 | 19861208 | =MID(D6,7,8) |
| HT-006 | 风** | 销售部 | 36 | 019841101101 | 19841101 | =MID(D7,7,8) |
| HT-007 | 童** | 财务部 | 98 | 819920521454 | 19920521 | =MID(D8,7,8) |
| HT-008 | 品** | 行政部 | 54 | 719930609127 | 19930609 | =MID(D9,7,8) |
| HT-009 | 李** | 人事部 | 12 | 219880604254 | 19880604 | =MID(D10,7,8) |
| HT-010 | 曲** | 销售部 | 13 | 419870708245 | 19870708 | =MID(D11,7,8) |
| HT-011 | 屈** | 技术部 | 31 | 419850508219 | 19850508 | =MID(D12,7,8) |
| HT-012 | 费** | 销售部 | 56 | 519881206254 | 19881206 | =MID(D13,7,8) |
| HT-013 | 元** | 技术部 | 59 | 519901204214 | 19901204 | =MID(D14,7,8) |
| HT-014 | 厅** | 财务部 | 19 | 719880516254 | 19880516 | =MID(D15,7,8) |
| HT-015 | 刘** | 行政部 | 20 | 219830216456 | 19830216 | =MID(D16,7,8) |
| HT-016 | 袁** | 销售部 | 22 | 719861206456 | 19861206 | =MID(D17,7,8) |
| HT-017 | 江** | 人事部 | 23 | 119880715265 | 19880715 | =MID(D18,7,8) |

## 4.6.3 LEN 和 LENB 函数：字符长度计算器

LEN 函数的作用是计算一个文本字符串的长度。LENB 函数用于统计一个文本字符串的字节长度。

**标准语法：**LEN(text)

LENB(text)

**语法释义：**LEN( 文本字符串 )

LENB( 文本字符串 )

同样，参数“文本字符串”可以为文本、数值、单元格引用及公式表达式等。

LEN 和 LENB 函数计算文本字符串长度的区别在于，前者计算文本字符串的长度，后者计算文本字符串的字节长度。一般情况下，空格、数字、字母及英文输入法下输入的标点符号，一个字符就是一个字节。如果是中文输入法下输入的标点符号，一个字符包含两个字节。如右图所示，是分别使用两个函数对同一文本字符串进行计算而得到的长度，对比即可辨识二者之间的区别。

B3 =LENB(A2)

| | A | B | C |
|---|---|---|---|
| 1 | 项目 | 字符串长度 | 公式表达式 |
| 2 | 10101办公室装修 | 10 | =LEN(A2) |
| 3 | | 15 | =LENB(A2) |

LEN 和 LENB 函数是字符截取函数的得力助手。例如，4.6.1 小节中介绍的 LEFT 和 RIGHT 函数，它们仅适用于需要截取的字符在一串字符中的最左侧或最右侧，并且截取长度具有规律性的情形。如果被截取的字符串长度无法确定或相对复杂，就很难从中截取所需信息，此时就需要 LEN 函数来鼎力相助了。

例如，“固定资产目录及编码表 2”的项目中包含编码和名称，需要从中提取品种名称。由于名称的长度不统一，但是已知编码长度均为 5 位。因此，可运用 LEN 函数计算出字符串的总长度再减去编码的长度后，即可得到项目名称的长度。

在 C3 单元格中设置公式“=RIGHT(A3,LEN(A3)-5)”→向下填充公式。公式效果及公式表达式如下图所示。

C3 =RIGHT(A3,LEN(A3)-5)

| | A | B | C | D |
|---|---|---|---|---|
| 1 | 固定资产目录及编码表2 | | | |
| 2 | 项目 | 品种编码 | 品种名称 | 单位 |
| 3 | 10101办公室装修 | 10101 | 办公室装修 | =RIGHT(A3,LEN(A3)-5) |
| 4 | 10102会议室装修 | 10102 | 会议室装修 | =RIGHT(A4,LEN(A4)-5) |
| 5 | 10103接待室装修 | 10103 | 接待室装修 | =RIGHT(A5,LEN(A5)-5) |
| 6 | 10104计算机房装修 | 10104 | 计算机房装修 | =RIGHT(A6,LEN(A6)-5) |
| 7 | 10105实验室装修 | 10105 | 实验室装修 | =RIGHT(A7,LEN(A7)-5) |
| 8 | 20101办公桌 | 20101 | 办公桌 | =RIGHT(A8,LEN(A8)-5) |
| 9 | 20102会议桌 | 20102 | 会议桌 | =RIGHT(A9,LEN(A9)-5) |
| 10 | 30101空调 | 30101 | 空调 | =RIGHT(A10,LEN(A10)-5) |
| 11 | 30102打印机 | 30102 | 打印机 | =RIGHT(A11,LEN(A11)-5) |
| 12 | 30103笔记本电脑 | 30103 | 笔记本电脑 | =RIGHT(A12,LEN(A12)-5) |
| 13 | 40101商务车 | 40101 | 商务车 | =RIGHT(A13,LEN(A13)-5) |
| 14 | 50101灭火器 | 50101 | 灭火器 | =RIGHT(A14,LEN(A14)-5) |

但是，如果编码的长度不是固定的位数，无法确定总长度减去编码的长度，就需要 LENB 函数出手相助了。由于一个汉字包含 2 个字节，我们可以利用 LEN 和 LENB 函数的计算差异进行处理。具体方法是用字节的长度减去字符长度。

如下图所示，"固定资产目录及编码表 3"的项目中编码和名称都没有固定的长度。那么，B3 单元格提取品种编码可设置公式"=LEFT(A3,LEN(A3)*2-LENB(A3))"→向下填充公式。而 C3 单元格提取项目名称的公式为"=RIGHT(A3,LENB(A3)-LEN(A3))"→将公式向下填充至 C4 单元格。C5 和 C6 单元格仅使用 RIGHT 函数提取，由于字符长度不同，因此不能填充公式，只能手动修改截取长度。读者可从下图中的不同的公式效果及公式表达式对比分析 LEN 和 LENB 函数的区别。

| 固定资产目录及编码表3 | | | 公式表达式 |
|---|---|---|---|
| 项目 | 品种编码 | 项目名称 | |
| 1010办公室装修 | 1010 | 办公室装修 | B3=LEFT(A3,LEN(A3)*2-LENB(A3)) |
| 101会议室装修 | 101 | 会议室装修 | C3=RIGHT(A3,LENB(A3)-LEN(A3)) |
| 13接待室装修 | 13 | 接待室装修 | C4=RIGHT(A4,LENB(A4)-LEN(A4)) |
| 4计算机房装修 | 4 | 计算机房装修 | C5=RIGHT(A5,5) |
| | | | C6=RIGHT(A6,6) |

### 4.6.4　TEXT 函数：文本格式转换器

TEXT 函数如同一个格式转换器，能够根据用户指定的数值格式将数字转换成文本格式的字符。日常工作中，当我们需要对同一字段下面不够整齐、规范的数字进行处理，例如，将位数不同的数字补 0 以便统一位数，或者将数字与文本、符号等组合，以增强数字的可读性时，TEXT 函数就是完成这一任务的不二之选。

**标准语法**：TEXT(value,format_text)

**语法释义**：TEXT( 待转换的数字 , 指定的格式 )

其中，第 1 个参数可以是具体的数字、单元格引用及公式表达式，而第 2 个参数即指定的格式，必须在其首尾添加英文双引号。下面列举两个示例介绍 TEXT 转换格式的方法。

（1）整理数字，统一位数。

例如，将"固定资产目录及编码表 4"项目中的编码提取出来并整理，统一为 5 位数。为了便于理解，下面将品种编码与编码整理的公式分列。在 C3 单元格中设置公式"=TEXT(B3,"00000")"→向下填充公式即可。公式效果及公式表达式如下图所示。

| 固定资产目录及编码表4 | | | 公式表达式 |
|---|---|---|---|
| 项目 | 品种编码 | 编码整理 | |
| 1010办公室装修 | 1010 | 01010 | B3=LEFT(A3,LEN(A3)*2-LENB(A3)) |
| 101会议室装修 | 101 | 00101 | C3=TEXT(B3,"00000") |
| 13接待室装修 | 13 | 00013 | C4=TEXT(B4,"00000") |
| 4计算机房装修 | 4 | 00004 | C5=TEXT(B5,"00000") |
| | | | C6=TEXT(B6,"00000") |

（2）数字与文本组合。

例如，在 4.6.2 小节中运用 MID 函数从身份证号码中提取出生日期，如果要求其格式为"1990-12-07"或"1990 年 12 月 7 日"，那么通过"设置单元格格式"功能设置是无效的，这时可分别截取年、月、日的字符，再运用文本运算符"&"连接也可以实现。但是，显然嵌套 TEXT 函数既能简化公式，又能达到事半功倍的效果。

在"职工信息表"的 E2 单元格中设置公式"=TEXT(MID(D2,7,8),"0000-00-00")"→向下填充公式即可。

需要注意的是，如果将格式设定为"yyyy 年 m 月 d 日"，不能将 MID 和 TEXT 函数公式合二为一，必须分步转换，或者设置双重 TEXT 函数才能转换成功，否则将返回错误值。下面列示不同的公式表达式及公式效果，以便读者对比学习，把握 TEXT 函数的规律，如下图所示。

| | A | B | C | D | E | F | G | H |
|---|---|---|---|---|---|---|---|---|
| 1 | 员工编号 | 姓名 | 部门 | 身份证号 | 出生日期 | 出生日期 | | 公式表达式 |
| 2 | KL-001 | 黄** | 销售部 | 51 519901207222 | 1990-12-07 | 1990年12月07日 | | E2=TEXT(MID(D2,7,8),"0000-00-00")　F2=TEXT(MID(D2,7,8),"0000年00月00日") |
| 3 | KL-002 | 和** | 财务部 | 12 219890124333 | 1989-01-24 | 1989年01月24日 | | F3=TEXT(MID(D3,7,8),"0000年00月00日")　(TEXT和MID嵌套) |
| 4 | KL-003 | 可** | 销售部 | 23 019880524100 | 1988-05-24 | 1988年05月24日 | | F4=TEXT(MID(D4,7,8),"0000年00月00日") |
| 5 | KL-004 | 龙** | 行政部 | 14 019801204110 | 1980-12-04 | 1980年12月4日 | | F5=TEXT(E5,"yyyy年m月d日") |
| 6 | KL-005 | 宁** | 人事部 | 15 519861208224 | 1986-12-08 | 1986年12月8日 | | F6=TEXT(E6,"yyyy年m月d日")　(分步转换)　(双重TEXT函数嵌套) |
| 7 | KL-006 | 风** | 销售部 | 36 019841101101 | 1984-11-01 | 1984年11月1日 | | F7=TEXT(E7,"yyyy年m月d日") |
| 8 | KL-007 | 童** | 财务部 | 98 819920521454 | 1992-05-21 | 1992年5月21日 | | F8=TEXT(TEXT(MID(D8,7,8),"0000-00-00"),"yyyy年m月d日") |
| 9 | KL-008 | 品** | 行政部 | 54 719930609127 | 1993-06-09 | #VALUE! | | F9=TEXT(MID(D9,7,8),"yyyy年m月d日")　(返回错误值) |

**专家点拨**

TEXT 函数的第 2 个参数还有多种设置方法，可参考【设置单元格格式】对话框→【数字】选项卡→【自定义】选项中的各种格式进行设定。

## 4.6.5　FIND 函数：字符位置定位仪

FIND 是"寻找"的意思，FIND 函数相当于一个定位仪，能够准确寻找并定位指定的字符在另一个字符串中第一次出现的位置，并且可指定查找的起始位置。

**标准语法**：FIND(find_text,within_text,[start_num])

**语法释义**：FIND( 待查找的字符 , 包含待查找字符的字符串 ,[ 查找起始位置 ])

其中，第 3 个参数为可选参数，如果缺省，则默认为 1，即从字符串中的第 1 位开始查找。如果待查找字符在包含它的字符串中是独一无二的，那么第 3 个参数作用不大。反之，如果一个字符串中包含两个及两个以上的待查找字符，那么第 3 个参数就会发生作用。

例如，查找字符"D"位于"ABCDEFDGHIJK"字符串中的第几位。注意字符串中包含两个

“D”。下面列示第 3 个参数的两种设置方法，带来的不同公式效果，如右图所示。

C3 =FIND(A2,B2,5)

| | A | B | C | D |
|---|---|---|---|---|
| 1 | 待查找字符 | 字符串 | 返回结果 | 公式表达式 |
| 2 | D | ABCDEFDGHIJK | 4 | =FIND(A2,B2) |
| 3 | | | 7 | =FIND(A2,B2,5) |

日常工作中，FIND 函数主要是以“配角”身份与其他函数嵌套，从而发挥重要作用。

例如，将“固定资产目录及编码表 5”项目中的编码和名称剥离。在 B3 单元格中设置公式“=LEFT(A3,5)”→在 C3 单元格中设置公式“=RIGHT(A3,LEN(A3)-FIND("-",A3))”→向下填充公式即可。公式效果及公式表达式如下图所示。

C3 =RIGHT(A3,LEN(A3)-FIND("-",A3))

| | A | B | C | D |
|---|---|---|---|---|
| 1 | 固定资产目录及编码表5 | | | |
| 2 | 项目 | 编码 | 项目名称 | C3:C14单元格区域的公式表达式 |
| 3 | 10101-房屋装修-办公室装修 | 10101 | 房屋装修-办公室装修 | =RIGHT(A3,LEN(A3)-FIND("-",A3)) |
| 4 | 10102-房屋装修-会议室装修 | 10102 | 房屋装修-会议室装修 | =RIGHT(A4,LEN(A4)-FIND("-",A4)) |
| 5 | 10103-房屋装修-接待室装修 | 10103 | 房屋装修-接待室装修 | =RIGHT(A5,LEN(A5)-FIND("-",A5)) |
| 6 | 10104-房屋装修-计算机房装修 | 10104 | 房屋装修-计算机房装修 | =RIGHT(A6,LEN(A6)-FIND("-",A6)) |
| 7 | 10105-房屋装修-实验室装修 | 10105 | 房屋装修-实验室装修 | =RIGHT(A7,LEN(A7)-FIND("-",A7)) |
| 8 | 20101-办公家具-办公桌 | 20101 | 办公家具-办公桌 | =RIGHT(A8,LEN(A8)-FIND("-",A8)) |
| 9 | 20102-办公家具-会议桌 | 20102 | 办公家具-会议桌 | =RIGHT(A9,LEN(A9)-FIND("-",A9)) |
| 10 | 30101-电子设备-空调 | 30101 | 电子设备-空调 | =RIGHT(A10,LEN(A10)-FIND("-",A10)) |
| 11 | 30102-电子设备-打印机 | 30102 | 电子设备-打印机 | =RIGHT(A11,LEN(A11)-FIND("-",A11)) |
| 12 | 30103-电子设备-笔记本电脑 | 30103 | 电子设备-笔记本电脑 | =RIGHT(A12,LEN(A12)-FIND("-",A12)) |
| 13 | 40101-机动车-商务车 | 40101 | 机动车-商务车 | =RIGHT(A13,LEN(A13)-FIND("-",A13)) |
| 14 | 50101-消防设备-灭火器 | 50101 | 消防设备-灭火器 | =RIGHT(A14,LEN(A14)-FIND("-",A14)) |

**公式简析**：表达式“FIND("-",A3)”查找的是字符“-”在 A3 单元格中第 1 次出现的位置，结果返回数字“5”。使用“LEN(A3)”计算得到字符总长度后减去“5”，即 RIGHT 函数从右截取字符的长度。

## 4.6.6 CONCATENATE 函数：字符连接函数

CONCATENATE 函数与文本运算符“&”异曲同工，作用是连接多个文本字符串，将它们合而为一。CONCATENATE 函数与“&”虽然作用相同，但其属性和公式编写规则却截然不同。下面介绍这一函数的相关知识点。

**标准语法**：CONCATENATE(text1,[text2],…)

**语法释义**：CONCATENATE( 字符 1,[ 字符 2],…)

CONCATENATE 函数最多可连接 255 个文本字符串。其中，参数可以是文字、数字、单元格引用及公式表达式。注意如果参数是文本、空格或标点符号，必须添加英文双引号。

例如，企业上级部门要求将如下图所示的“2019 年 9 月库存余额表”中的部分字段按照指定格式连接，同时合并显示在同一列单元格区域中，以便对外报送。指定格式为“[ 纯棉 ] 短袖衬衫 结存金额：￥33042.39”。

在 H3 单元格中设置公式"=CONCATENATE("[",C3,"]",B3,"",$F$2,": ￥",F3)"→向下填充公式即可。公式效果及公式表达式如下图所示。

| 存货编号 | 存货全名 | 面料 | 结存数量 | 成本单价 | 结存金额 | 连接字符 | 公式表达式 |
|---|---|---|---|---|---|---|---|
| | 2019年9月库存余额表 | | | | | CONCATENATE函数 | |
| HT001 | 短袖衬衫 | 纯棉 | 201 | 164.39 | 33,042.39 | [纯棉]短袖衬衫 结存金额:￥33042.39 | =CONCATENATE("[",C3,"]",B3,"",$F$2,": ￥",F3) |
| HT002 | 长袖衬衫 | 雪纺 | 9 | 122.74 | 1,104.66 | [雪纺]长袖衬衫 结存金额:￥1104.66 | =CONCATENATE("[",C4,"]",B4,"",$F$2,": ￥",F4) |
| HT003 | 短袖连衣裙 | 纯棉 | 109 | 175.76 | 19,157.84 | [纯棉]短袖连衣裙 结存金额:￥19157.84 | =CONCATENATE("[",C5,"]",B5,"",$F$2,": ￥",F5) |
| HT004 | 长袖连衣裙 | 纯棉 | 132 | 187.61 | 24,764.52 | [纯棉]长袖连衣裙 结存金额:￥24764.52 | =CONCATENATE("[",C6,"]",B6,"",$F$2,": ￥",F6) |
| HT005 | 无袖连衣裙 | 雪纺 | 265 | 19.08 | 5,056.20 | [雪纺]无袖连衣裙 结存金额:￥5056.2 | =CONCATENATE("[",C7,"]",B7,"",$F$2,": ￥",F7) |
| HT006 | 男士短裤 | 棉麻 | 212 | 122.81 | 26,035.72 | [棉麻]男士短裤 结存金额:￥26035.72 | =CONCATENATE("[",C8,"]",B8,"",$F$2,": ￥",F8) |
| HT007 | 女士短裤 | 牛仔 | 636 | 22.97 | 14,608.92 | [牛仔]女士短裤 结存金额:￥14608.92 | =CONCATENATE("[",C9,"]",B9,"",$F$2,": ￥",F9) |
| HT008 | 女士长裤 | 金丝绒 | 251 | 19.21 | 4,821.71 | [金丝绒]女士长裤 结存金额:￥4821.71 | =CONCATENATE("[",C10,"]",B10,"",$F$2,": ￥",F10) |
| HT009 | 女士长裤 | 牛仔 | 723 | 363.23 | 262,615.29 | [牛仔]女士长裤 结存金额:￥262615.29 | =CONCATENATE("[",C11,"]",B11,"",$F$2,": ￥",F11) |
| HT010 | 短袖T恤 | 纯棉 | 789 | 123.97 | 97,812.33 | [纯棉]短袖T恤 结存金额:￥97812.33 | =CONCATENATE("[",C12,"]",B12,"",$F$2,": ￥",F12) |
| HT011 | 长袖T恤 | 纯棉 | 320 | 259.08 | 82,905.60 | [纯棉]长袖T恤 结存金额:￥82905.6 | =CONCATENATE("[",C13,"]",B13,"",$F$2,": ￥",F13) |
| HT012 | 短款男士羽绒服 | 鸭绒 | 188 | 133.72 | 25,139.36 | [鸭绒]短款男士羽绒服 结存金额:￥25139.36 | =CONCATENATE("[",C14,"]",B14,"",$F$2,": ￥",F14) |
| HT013 | 长款男士羽绒服 | 鸭绒 | 97 | 115.66 | 11,219.02 | [鸭绒]长款男士羽绒服 结存金额:￥11219.02 | =CONCATENATE("[",C15,"]",B15,"",$F$2,": ￥",F15) |
| HT014 | 短款女士羽绒服 | 鸭绒 | 392 | 142.85 | 55,997.20 | [鸭绒]短款女士羽绒服 结存金额:￥55997.2 | =CONCATENATE("[",C16,"]",B16,"",$F$2,": ￥",F16) |
| HT015 | 长款女士羽绒服 | 鸭绒 | 356 | 249.09 | 88,676.04 | [鸭绒]长款女士羽绒服 结存金额:￥88676.04 | =CONCATENATE("[",C17,"]",B17,"",$F$2,": ￥",F17) |
| HT016 | 短款男士风衣 | 混纺 | 187 | 249.09 | 46,579.83 | [混纺]短款男士风衣 结存金额:￥46579.83 | =CONCATENATE("[",C18,"]",B18,"",$F$2,": ￥",F18) |
| | 合计 | | 4867 | — | 799,636.63 | | |

**专家点拨**

以上公式效果也可以运用文本运算符"&"设置为""["&C12&"]"&B12&" "&$F$2&": ￥"&F12"实现。财务人员可根据公式编写习惯选择使用。这里建议在连接项较多,但是无嵌套公式的情形下使用CONCATENATE 函数。如果连接项中公式表达式居多,使用"&"连接可在一定程度上简化公式。

**高手自测 15**

除逻辑函数 IF 外,有没有一种文本类函数也可以实现对符合条件的数据进行逻辑判断?如果有,请尝试对"2019年9月库存余额表"中的结存数量进行判断。判断条件为:结存数量 >=500,返回"高库存";结存数量 <200,返回"预警";其他数量,返回"正常"。

## 4.7 财务函数

Excel 2016 为用户提供了 55 个财务函数,这些函数大致可分为四类:投资计算类、偿还率计算类、折旧计算类、债券及其他金融类。运用这些函数,可以计算各种财务专业数据和指标,如投资的未来值或净现值、固定资产的折旧额、确定贷款的支付额及债券或息票的价值等。但是，在财务工作中，由于财务核算本身的专业性极强，因此也就导致财务函数看上去比其他函数显得更专业、更高冷、更难理解和运用。

所以，大多数财务人员在核算上述数据、指标时，更习惯于遵循财务上专业的会计公式的思路，运用前面介绍的各种"大众"函数进行核算。的确，如果掌握了 4.1~4.6 节介绍的函数并且做到融会贯通、灵活运用，其实已经完全能够满足日常工作中 90% 的核算需求。因此，本节主要针对财务工作中最日常的一类核算——固定资产折旧，介绍 4 个计算折旧额的财务函数，以帮助财务人员简化计算公式，进一步提高工作效率，如下图所示。

## 4.7.1 SLN 函数：计算直线法折旧额

SLN 函数是专门计算直线法下的每期折旧额的函数。直线法是固定资产类最简单的折旧方法，因此 SLN 函数的语法也浅显易懂。

**标准语法**：SLN(cost,savlge,life)

**语法释义**：SLN( 资产原值 , 预计净残值 , 折旧期数 )

虽然 SLN 函数非常简单，但是在运用它计算折旧额时也需要遵循参数设置规则，如下图所示。

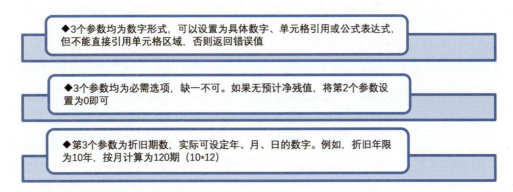

例如，某固定资产原值为 150000 元，预计净残值率为 5%，2019 年 8 月入账，折旧起始月为 2019 年 9 月，折旧年限为 8 年，计算每月折旧额。在 F3 单元格中设置公式"=SLN(B3,B3*C3,12*E3)"即可，如下图所示。

| | A | B | C | D | E | F | G |
|---|---|---|---|---|---|---|---|
| 1 | 1.固定资产折旧·直线法 | | | | | | |
| 2 | 固定资产名称 | 资产原值 | 预计净残值率 | 入账日期 | 折旧年限 | 每月折旧额 | 公式表达式 |
| 3 | ××牌生产设备 | 150000 | 5% | 2019-8-20 | 8 | ¥1,484.38 | =SLN(B3,B3*C3,12*E3) |

F3 =SLN(B3,B3*C3,12*E3)

## 4.7.2 SYD 函数：计算年数总和法折旧额

SYD 函数的作用是按照年数总和法计算每期折旧额。年数总和法下，由于每年的折旧额都不同，因此如果用普通算术公式计算就比直线法略微复杂。但是，运用 SYD 函数就能简化计算过程。

**标准语法**：SYD(cost,salvage,life,per)

**语法释义**：SYD( 资产原值 , 预计净残值 , 使用寿命 , 折旧期数 )

与 SLN 函数的参数规则基本相同，SYD 函数的参数也缺一不可。不同的是，SYD 函数的第 3 个参数"使用寿命"只能设定为年数，第 4 个参数的意思是计算第 $n$ 年的折旧额。

例如，资产原值为 100000 元，预计净残值率为 5%，使用寿命即折旧年限为 5 年。下面运用 SYD 函数计算每年折旧额，并运用不同函数与 SYD 函数嵌套，同时列示普通计算公式，以做比较，如下图所示。

B6 =SYD($B$3,$B$3*$C$3,$E$3,ROW()-5)

| | A | B | C | D | E | F |
|---|---|---|---|---|---|---|
| 1 | 2.年数总和法·SYD函数 | | | | | |
| 2 | 固定资产名称 | 资产原值 | 预计净残值率 | 入账日期 | 折旧年限 | |
| 3 | ××牌生产设备 | 100000 | 5% | 2019-8-20 | 5 | |
| 5 | 折旧期间 | 折旧额 | 公式表达式 | | 普通计算公式 | |
| 6 | 第1年 | ¥31,666.67 | =SYD($B$3,$B$3*$C$3,$E$3,ROW()-5) | | =$B$3*(1-$C$3)*5/15 | |
| 7 | 第2年 | ¥25,333.33 | =SYD($B$3,$B$3*$C$3,$E$3,ROW()-5) | | =$B$3*(1-$C$3)*4/15 | |
| 8 | 第3年 | ¥19,000.00 | =SYD($B$3,$B$3*$C$3,$E$3,ROW()-5) | | =$B$3*(1-$C$3)*3/15 | |
| 9 | 第4年 | ¥12,666.67 | =SYD($B$3,$B$3*$C$3,$E$3,MID(A9,2,1)) | | =$B$3*(1-$C$3)*2/15 | |
| 10 | 第5年 | ¥6,333.33 | =SYD($B$3,$B$3*$C$3,$E$3,MID(A10,2,1)) | | =$B$3*(1-$C$3)*1/15 | |
| 11 | 合计 | ¥95,000.00 | =SUM(B6:B10) | | =SUM(B6:B10) | |

**公式比较**：SYD 函数公式中，表达式"ROW()-5"与"MID(A9,2,1)"的作用是自动返回折旧期数，直接填充公式即可正确计算每年折旧额。而运用普通计算公式则需要首先计算得到年数总和 15（1+2+3+4+5），并手动设置其中变量（即 5、4、3、2、1）。

## 4.7.3 DDB 和 VDB 函数：计算双倍余额递减法折旧额

DDB 和 VDB 函数都是按照双倍余额递减法，计算固定资产的折旧额。双倍余额递减法计算折旧额比前两种方法更为复杂，运用 DDB 或 VDB 函数可以大幅度简化计算过程。下面分别介绍两种函数的相关知识。

### 1.DDB 函数

DDB 函数的作用是按照双倍余额递减法，计算指定期间内固定资产的折旧额。

**标准语法：** DDB(cost,salvage,life,period,[factor])

**语法释义：** DDB( 资产原值 , 预计净残值 , 使用寿命 , 折旧期数 ,[ 第一年的月数 ])

其中，第 5 个参数"第一年的月数"可以缺省，默认为 12。

运用 DDB 函数计算折旧额需要特别注意的是，它与会计准则规定的计算略有不同。两者的区别如下。

（1）DDB 函数：对每一年的折旧额都是按照双倍余额递减法计算。

（2）会计准则：最末两年按照直线法计算折旧额，即将固定资产余额按直线法平均摊销。

因此，编写公式时注意，最末两年运用 SLN 函数计算折旧额。

例如，资产原值为 120000 元，预计净残值率为 5%，使用寿命为 6 年。下面用双倍余额递减法计算折旧额。由于数字包含小数，因此应嵌套 ROUND 函数精确计算。公式效果及公式表达式如下图所示。

| 固定资产名称 | 资产原值 | 预计净残值率 | 入账日期 | 折旧年限 |
|---|---|---|---|---|
| ××牌生产设备 | 120000 | 5% | 2019-8-20 | 6 |

| 折旧期间 | 折旧额 | 公式表达式 | 普通计算公式 |
|---|---|---|---|
| 第1年 | ¥40,000.00 | =ROUND(DDB($B$3,$B$3*$C$3,$E$3,ROW()-5,2),2) | =$B$3*(1-$C$3)*2/6 |
| 第2年 | ¥26,666.67 | =ROUND(DDB($B$3,$B$3*$C$3,$E$3,ROW()-5),2) | =($B$3*(1-$C$3)-B6)*2/6 |
| 第3年 | ¥17,777.78 | =ROUND(DDB($B$3,$B$3*$C$3,$E$3,MID(A8,2,1)),2) | =($B$3*(1-$C$3)-B6-B7)*2/6 |
| 第4年 | ¥11,851.85 | =ROUND(DDB($B$3,$B$3*$C$3,$E$3,MID(A9,2,1)),2) | =($B$3*(1-$C$3)-B6-B7-B8)*2/6 |
| 第5年 | ¥8,851.83 | =ROUND(SLN($B$3*(1-$C$3)-SUM($B$6:$B$9),$C$3,2),2) | =($B$3*(1-$C$3)-B6-B7-B8-B9)/2 |
| 第6年 | ¥8,851.83 | =ROUND(SLN($B$3*(1-$C$3)-SUM($B$6:$B$9),$C$3,2),2) | =($B$3*(1-$C$3)-B6-B7-B8-B9)/2 |
| 合计 | ¥113,999.96 | =ROUND(SUM(B6:B11),2) | =SUM(B6:B10) |

**公式简析：** 最末两年的折旧额是按照直线法，运用 SLN 函数计算而得，其中第 1 个参数其实是将资产净值（资产原值－预计净残值）减去第 1~4 年的累计折旧额后的余额视为"资产原值"。

### 2.VDB 函数

VDB 函数同样是以双倍余额递减法计算指定期间内的固定资产折旧额，但是它能够根据用户指定的期间，计算相应时期的折旧额。例如，计算第 6~18 个月的折旧额。同时，它弥补了 DDB 函数的一个最大缺陷：可以将最末两期的折旧额直接转换为直线法计算。

**标准语法：** VDB(cost,salvage,life,start_period,end_period,[factor],[no_swich])

**语法释义：** VDB( 资产原值 , 预计净残值 , 使用寿命 , 起始期间 , 截止期间 ,[ 余额递减速率 ],[ 是否转为直线法 ])

VDB 函数的部分参数设定规则说明如下图所示。

◆第3、第4、第5个参数可以年、月、日为单位计算，但3个参数的单位必须相同

◆第4个参数为起始日期，但是所设定的数字不包含在核算期间范围之内。例如，折旧期限为5年，按年核算第1年折旧额，3个参数分别设置为5、0、1。按月核算第4~12月折旧额，共核算9个月的折旧，3个参数应分别设置为5*12、3、12

◆第6个参数为可选参数，代表余额递减速率。缺省则默认为2，即双倍递减

◆第7个参数为可选参数，为逻辑值（TRUE和FALSE），用1和0代表。意思是指当折旧值大于余额递减计算值时，是否转用直线折旧法。缺省时默认为FALSE，转用直线法

例如，资产原值120000元，预计净残值率5%，使用寿命为6年。下面运用VDB函数，分别按照每年、指定部分期间的方式计算固定资产折旧额。

采用双倍余额递减法计算固定资产折旧额的会计公式如下，读者可对照验算VDB函数公式的结果。

$$年折旧率 = 2 \div 折旧年限 \times 10\%$$

$$年折旧额 = 固定资产期初账面净值 \times 年折旧率$$

$$月折旧率 = 年折旧率 \div 12$$

$$月折旧额 = 年初固定资产期初账面净值 \times 月折旧率$$

$$固定资产期初账面净值 = 固定资产原值 - 累计折旧额$$

公式效果及公式表达式如下图所示。

## 高手神器4：公式向导——直观导向公式思路，让公式编写轻而易举

公式向导是专门为初学Excel函数公式及基础薄弱的用户开发的一款小巧的Excel插件工具。通过公式向导编写公式，能够节省大量思考和编写公式的时间和精力，轻而易举地设置好公式，大幅度提高工作效率。

安装公式向导插件后，打开 Excel 即可看到【公式向导】已经以选项卡的形式嵌入 Excel 的功能区之中。

公式向导整合了五大类使用频率最高的 Excel 函数，包括条件判断类、文本类、查找和引用类、数学统计类、日期和时间类，并且将每一函数的功能以简明扼要的文字直观地描述出来，用户根据字意即可明确其用途并快速选到合适的函数。

【公式向导】选项卡界面如下图所示。

通过公式向导编辑公式的具体操作也极其简单，用户只需单击选项卡中的选项或按钮→打开对话框→按照其中的相关示例和清晰的步骤提示操作，即可迅速编辑好所需公式。编辑函数公式的对话框操作界面如下图所示。

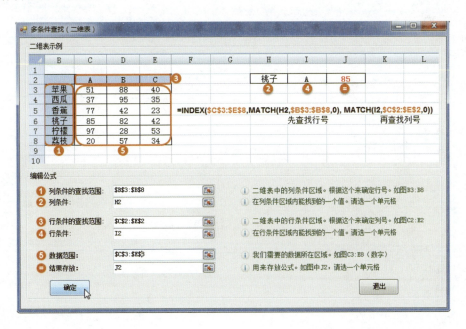

# 05 Chapter

## 一图胜千言，运用图表展现数据内涵

数据是这个时代最核心的资源，而数字数据是财务人员在日常工作中亲密接触的对象。从收集数据、记录数据、整理数据到核算数据、分析数据等无一不是在与数字打交道。事实上，财务人员的工作实质就是将企业日常经营活动过程中产生的最原始、最基础，也是最粗糙的数字数据依照流程进行系统、专业化的处理，最终形成各种能够充分体现企业经营状况、经营成果，并能揭示内在发展规律等信息的富有内涵的数据报表。但是，数字数据对于大多数报表使用者（如企业经营者、股东、高层管理者）而言，毕竟太过抽象，也有些枯燥，短时间内很难完全接收到数据传递的信息，也无法透彻理解数据的内涵，更难以根据数据做出正确的经营决策和制定完整的发展计划。

因此，财务人员还必须做好一项至关重要的工作：让数据可视化，让数据含义更易被读懂。那么，如何将数据可视化？其实Excel高手都手握一个制胜"利器"——图表。图表的本质功能和作用就是以其直观、有视觉冲击力的形象将原本枯燥、抽象的数据及其内涵，生动、形象地展现出来，让人一看就明白，一读就理解。同时，一份专业的图表也能体现财务人员自身的专业精神和职业素养。所以，一图胜千言，财务人员一定要高度重视图表，并付诸行动，系统学习图表知识，熟练掌握图表技能，灵活运用图表让数据可视化、可信化。

### 请带着下面的问题走进本章

（1）一份完整的图表包含哪些基本元素？
（2）制作图表的流程是什么？如何快速制作图表？
（3）财务数据适用哪些图表？
（4）如果一份图表需要展示的数据较多，如何能够让数据按类别动态展现？

# Chapter 05
一图胜千言，运用图表展现数据内涵

## 5.1 掌握图表基础，轻松创建各式图表

财务人员可运用图表展现的数据一般包括财务数据比较，如同比、环比等，收入趋势、资产组成结构等。如何灵活运用图表，最重要的一步仍然是打牢基础。本节首先介绍图表相关的基础知识。

### 5.1.1 各类图表各有所用

财务人员要想让图表淋漓尽致地展现数据内涵，以达到预期效果，首先需要全面了解图表类型及特点，还有每种图表强调的重点，以及图表所要表达的数据分析结果，才能根据数据类型和数据分析目的选择适合的图表。

Excel 2016 提供了 15 种图表，包括柱形图、折线图、饼图、条形图、面积图、雷达图等，每种图表类型中还包含多个子类，如右图所示。

（1）柱形图。

柱形图又称为长条图、柱状统计图，是一种以长方形的长度为变量的统计图表，是由根据行或列数据绘制的柱状体组成，主要用于表达两个及两个以上数据之间的大小比较，也可以体现一段时间内数据的高低变化。左下图所示为根据 1~12 月的增值税创建的簇状柱形图。

（2）折线图。

折线图可以显示随时间而变化的连续数据。通过折线图展示的线条波动趋势，可以判断数据在相等时间间隔下数据的趋势变化及波动的幅度。右下图所示为根据 1~12 月的主营业务收入创建的折线图。

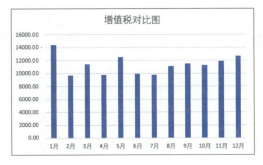

（3）饼图。

饼图一般用于显示一个数据系列中各项目的比例大小，以及与项目总和的占比关系。例如，不

同类别存货的期末结存金额与存货结存总额占比等。在普通饼图的基础上还可以制作子母饼图、复合条饼图、圆环图等。左下图所示为展示存货品类结存金额占比情况的普通饼图。

（4）条形图。

条形图主要用于表达项目之间的大小比较。它的形象实际上就是横置的柱形图。不过条形图更适合展示类别名称较长的数据，并不适宜像柱形图那样表达一段时间内的数据大小比较。右下图所示为展示多个商品类别的销售业绩的条形图。

（5）面积图。

面积图通常用于强调数据随时间而变化的程度，同时能够引起分析者对总值趋势的关注。实务中一般运用面积图的子类别堆积面积图来表示各个部分与整体的关系，并显示随时间的变化幅度或跨趋势强调总值。左下图所示为展示 1~12 月利润总额趋势的堆积面积图。

（6）XY 散点图。

XY 散点图主要用于展示若干数据系列中各数值之间的关系和数值比较。如通过观察右下图所示的存货进销存分析散点图，可以对存货品类的进销存数据之间的大小有一个全面、直观的了解。

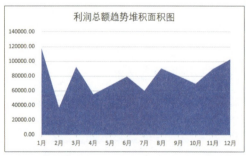
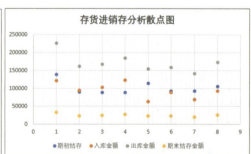

（7）股价图。

股价图，顾名思义，就是用于展示股价波动情况的图表，一般上市公司运用频率最高。左下图所示为展示一周内的股价的开盘、盘高、盘低及收盘价变化的股价图。

（8）曲面图。

曲面图一般以三维形式呈现数据所在某一数值区间内大小关系。右下图所示为展示各个区域在每一季度的销售情况的曲面图。可看到其中各种颜色的曲面大小不一,分别代表销售额在不同区间范围内的销售情况。例如,蓝色曲面代表销售额在40~50万元的销售情况。

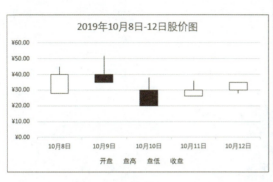
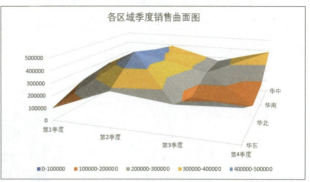

(9)雷达图。

雷达图是专门用于进行多指标体系比较分析的图表。从该图表中可以了解指标的实际值与参照值的偏离程度,从而为分析者提供有价值的信息。

实际工作中,雷达图一般用于绩效展示对比、多维数据对比等,能够让数据的展示效果更直观和清晰。左下图所示为展示实际收入与计划指标的偏离情况的雷达图。

(10)树状图。

树状图主要用于展示构成项目较多的结构关系、层次关系等,常使用矩形的面积、排列和颜色来显示复杂的数据关系,能够直观体现同级数据之间的比较。右下图所示为展示各类存货结存金额占比情况的树状图,可看到其中矩形是每一品类结存金额大小从左至右排列,而每一矩形则是根据数据高低呈现出大小不同的面积。

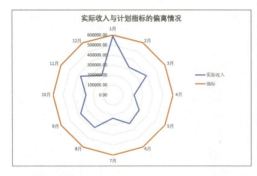
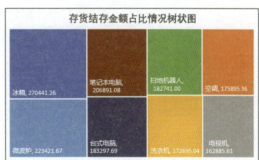

(11)旭日图。

旭日图是一种现代饼图,其形态与饼图和圆环图相似,但超越了传统的饼图和圆环图。旭日图能够通过父子层次结构清晰地表达多层级及归属关系。其中,离中心越近表示级别越高,与中心相邻的两层是内层包含外层的关系。

左下图所示为展示季度、月度和旬的营业收入占比情况的旭日图。实际工作中,旭日图可划分得更细。而且，相较其他图表而言，旭日图独具特色，能够很大程度上提升图表的专业性和美观性。

（12）直方图。

直方图主要利用矩形的宽度和高度展示处于不同水平范围数据的分组分布状态。通过直方图，用户可以很直观地看出数据分布的形状、中心位置及数据的离散程度。右下图所示为展示各个数据区间的营业收入的直方图。

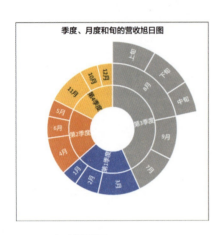
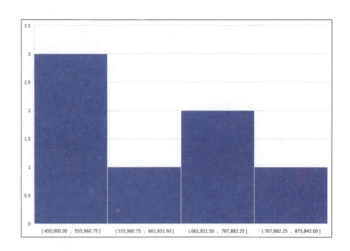

（13）箱形图。

箱形图一般用于显示一组数据分散情况资料的图表，能够提供有关数据位置和分散情况的关键信息。左下图所示为根据营业收入、营业成本及营业利润数据创建的箱形图。

（14）瀑布图。

瀑布图常用于展示一系列增加值或减少值对初始值的影响，能够直观地反映数据的增减变化。如右下图所示，运用了瀑布图分析营业成本、税金及附加、期间费用等数据对营业收入的影响。

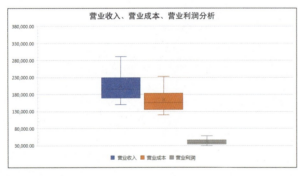
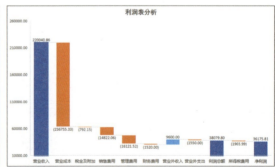

（15）组合图。

组合图是指由两种或两种以上类型的图表组合而成的图表。实际工作中，很多时候单一的图表类型无法满足互有钩稽关系数据的多元化展示，此时就需要将不同类型图表组合在同一图表中展现。例如，分析营业收入、营业成本、营业利润这三项数据，要求在一张图表中体现1~6月营业收入趋势，以及营业成本和营业利润大小对比。那么，营业收入可运用折线图，营业成本和营业利润可运用堆积柱形图展示，如下图所示。

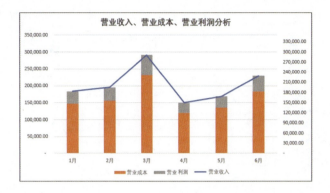

## 5.1.2 创建图表两步到位

Excel 2016 提供了丰富的专业化图表类型，每种图表看上去都很"高大上"，但是创建图表的过程却很接地气，只需按照最简单的流程，通过两步操作，做出两个正确选择，就能"快、准、稳"地创建一份基础图表。创建图表的流程，即两步操作，也就是需要做出的两个选择如下图所示。

下面以"收入、成本、利润分析表"为例，介绍创建图表的步骤。

### 1. 选择数据源

选择数据源时既可选择工作表中的全部数据，也可以连续或间隔选择其中部分数据。左下图所示为连续选择了 1~6 月的数据。右下图所示为间隔选择部分数据。

| | A | B | C | D |
|---|---|---|---|---|
| 1 | | 收入、成本、利润分析表 | | |
| 2 | 月份 | 营业收入 | 营业成本 | 利润 |
| 3 | 1月 | 183,966.67 | 138,406.73 | 45,559.94 |
| 4 | 2月 | 195,500.00 | 147,083.79 | 48,416.21 |
| 5 | 3月 | 291,266.67 | 219,133.53 | 72,133.14 |
| 6 | 4月 | 150,000.00 | 112,852.01 | 37,147.99 |
| 7 | 5月 | 169,066.67 | 127,196.76 | 41,869.91 |
| 8 | 6月 | 229,266.67 | 172,488.04 | 56,778.63 |
| 9 | 7月 | 230,456.65 | 173,383.31 | 57,073.34 |
| 10 | 8月 | 272,991.79 | 205,384.49 | 67,607.30 |
| 11 | 9月 | 270,332.68 | 203,383.92 | 66,948.76 |
| 12 | 10月 | 311,360.96 | 234,251.41 | 77,109.55 |
| 13 | 11月 | 282,799.05 | 212,762.95 | 70,036.10 |
| 14 | 12月 | 325,105.37 | 244,591.97 | 80,513.40 |

| | A | B | C | D |
|---|---|---|---|---|
| 1 | | 收入、成本、利润分析表 | | |
| 2 | 月份 | 营业收入 | 营业成本 | 利润 |
| 3 | 1月 | 183,966.67 | 138,406.73 | 45,559.94 |
| 4 | 2月 | 195,500.00 | 147,083.79 | 48,416.21 |
| 5 | 3月 | 291,266.67 | 219,133.53 | 72,133.14 |
| 6 | 4月 | 150,000.00 | 112,852.01 | 37,147.99 |
| 7 | 5月 | 169,066.67 | 127,196.76 | 41,869.91 |
| 8 | 6月 | 229,266.67 | 172,488.04 | 56,778.63 |
| 9 | 7月 | 230,456.65 | 173,383.31 | 57,073.34 |
| 10 | 8月 | 272,991.79 | 205,384.49 | 67,607.30 |
| 11 | 9月 | 270,332.68 | 203,383.92 | 66,948.76 |
| 12 | 10月 | 311,360.96 | 234,251.41 | 77,109.55 |
| 13 | 11月 | 282,799.05 | 212,762.95 | 70,036.10 |
| 14 | 12月 | 325,105.37 | 244,591.97 | 80,513.40 |

注意将行和列标题一并选中，图表会智能识别数据、行标题、列标题并为它们安排合适的角

色，包括"垂直坐标轴""水平坐标轴"或"图例"。

## 2. 选择适合的图表类型

选择图表类型一般有两种方法：一是通过常用图表的快捷按钮选择；二是通过【推荐的图表】按钮选择。两种方法都是在【插入】选项卡【图表】组中进行操作，如右图所示。

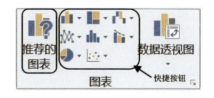

这里单击【柱形图】快捷按钮→在弹出的下拉列表中选择【二维柱形图】中的【堆积柱形图】选项，如左下图所示。单击该按钮后即可成功创建一份普通图表，如右下图所示。

如果要创建组合图表，可单击【推荐的图表】按钮→打开【更改图表类型】对话框→切换至【所有图表】选项卡→选择【组合图】选项→分别选择数据系列的图表类型，并指定显示数值的主要或次要坐标轴，如左下图所示。创建成功的组合图表如右下图所示。

## 5.1.3 迷你图表制作与设计速成

迷你图是 Excel 提供的一种简洁小巧的微型图表工具，与图表不同的是，它仅在单元格中生成图形，并且只有三种类型，即折线图、柱形图和盈亏图，可对数据表格中的同一行或同一列中一组数据进行简要的对比和趋势分析。迷你图在制作与设计上都极其简单，下面以"2019 年上半年营业收入统计表"为例，介绍制作与设计方法。

### 1. 创建迷你图

创建迷你图时根据数据表的实际内容选择合适的迷你图类型。一般数据表格中包含"合计"数据，在设置迷你图的数据范围时注意是否应当选择合计数据。

**步骤01** 插入折线图，分析同一地区 1~6 月数据变化。选中 B3:G8 单元格区域→单击【插入】选项卡【迷你图】组中的【折线】按钮，如左下图所示。

**步骤02** 弹出【创建迷你图】对话框→【数据范围】即之前已选中的单元格区域→单击【位置范围】文本框→拖曳鼠标选中 I3:I8 单元格区域→单击【确定】按钮，如右下图所示。

**步骤03** 插入柱形图，对比同一月份不同地区的数据。选中 B3:H7 单元格区域→再次执行创建迷你图的操作即可。创建成功的迷你图如下图所示。

| 地区 | 1月 | 2月 | 3月 | 4月 | 5月 | 6月 | 合计 | 趋势图 |
|---|---|---|---|---|---|---|---|---|
| A区 | 44,033.95 | 46,799.45 | 64,533.99 | 44,336.33 | 28,325.99 | 96,062.04 | 324,091.74 | |
| B区 | 48,926.62 | 55,420.41 | 55,420.41 | 64,533.99 | 67,366.58 | 104,682.99 | 396,350.99 | |
| C区 | 63,604.60 | 91,135.78 | 96,727.08 | 55,420.41 | 73,401.25 | 30,789.12 | 411,078.24 | |
| D区 | 28,132.80 | 14,778.78 | 15,480.77 | 54,188.84 | 73,893.88 | 77,588.57 | 264,063.63 | |
| E区 | 73,389.92 | 62,809.79 | 43,597.39 | 22,660.79 | 44,952.11 | 35,099.59 | 282,509.59 | |
| 合计 | 258,087.90 | 270,944.21 | 275,759.63 | 241,140.35 | 287,939.80 | 344,222.31 | 1,678,094.20 | |
| 区域对比图 | | | | | | | | |

表题：2019年上半年各地区营业收入统计表

### 2. 设计迷你图

迷你图创建完成后，已经能够直观地体现数据的对比或变化趋势，但是如果不够突出目标数据，或者认为图表尚不完美，可以在【迷你图工具】-【设计】选项卡中对其进行设计、美化。

单击创建的任意一个迷你图即可激活【迷你图工具】-【设计】选项卡→根据工作需求，在展开列表的各功能组中设计迷你图即可。例如，可在【显示】组中为迷你图添加"五点一记"；在【样式】组中单独设置迷你图与标记颜色，也可以直接套用内置样式；在【组合】组中设置坐标轴类型、自定义坐标轴的最大值等，如下图所示。

## 高手自测 16

公司的销售旺季为每年3月、5月、6月、9月，请在"收入、成本、利润分析表"中选择以上月份的收入和利润数据，创建一份柱形图和趋势图的组合图表。应该如何选择数据并创建图表？

## 5.2 玩转图表布局，打造财务专业图表

一图胜千言，制作一份专业的图表以展现数据内涵，远胜于用千言万语来解释数据含义。那么，如何才能制作出专业的财务图表？当然是要从细节出发，即从图表的布局着手。

图表布局是指通过对图表元素的增删、排版、样式设计等一系列操作，打造出趋于完善的图表，不仅可以满足展现数据的基本要求，还能展现制图者专业、敬业、值得信赖的职业形象。

### 5.2.1 看清图表全貌，才能玩转图表布局

要玩转图表布局，首先应当对图表的全貌及各个组成元素的作用做一个全面的了解，并掌握一

些专业图表的布局技巧。以组合图表为例，各种图表组成元素如下图所示。

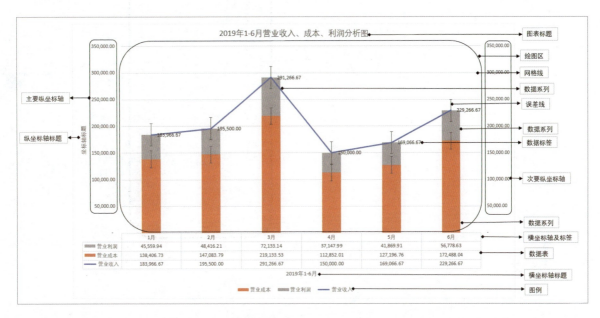

所有图表元素可以通过两种途径添加或删除：一是选中图表→单击【设计】选项卡【图表布局】组中的【添加图表元素】按钮，在弹出的下拉列表中选择即可；二是通过快捷按钮添加，选中图表后，图表右上角会出现三个快捷按钮，单击 ➕ 按钮即可快速选择添加或删除图表元素，如下图所示。

同时，每一元素均可设置格式。单击某个元素，窗口右侧即会显示设置该元素格式的任务窗格，根据制图需求在其中选择项目设置即可，如下图所示。

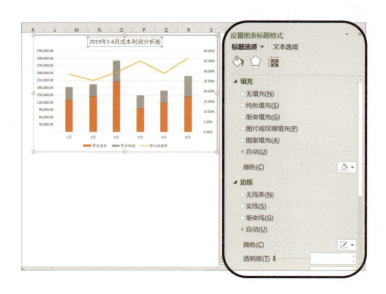

## 1. 图表标题

图表标题的作用和文章标题、表格标题相同，用以说明数据的核心主题，是必不可少的图表元素之一。

图表标题一般应以简明扼要的文字概括数据全部内容。但是，当图表的主要目的是展示一个数据结果或强调一个数据内容时，应注意标题与之对应。例如，上图图表如果要强调 3 月的营业成本，可将标题命名为"2019 年 3 月营业成本 205546.89 元"。

另外，如果所要创建的图表只有一个数据系列，在选择数据源创建图表时，可自动生成与数据源表中的项目标题相同的图表，并且可以与之同步改变，如下图所示。

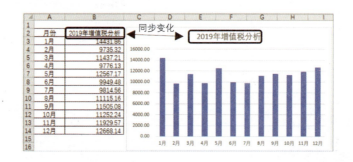

## 2. 数据系列

数据系列即图表中所要表现的数据集合，图表中以相同颜色和形态表示的一组数据即为一个数据系列。例如，在"2019 年 1-6 月营业收入、成本、利润分析图"中的橙色和灰色的柱形分别展示 1~6 月营业成本及利润数据。数据系列是图表的核心组成元素，如果没有数据系列，就不能称之为"图表"。

同一数据系列可以统一调整颜色、填充图形，也可以单独设置其中要强调突出的某一个或几个关键数据点的颜色。例如，自 2019 年 4 月起，原增值税率由 16% 下调为 13%，将图表中 4~12 月的数据点填充为其他颜色，可对图表阅读者起到提示作用，如下图所示。

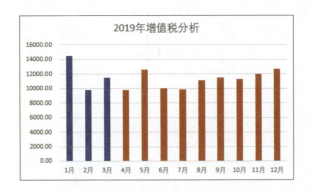

### 3. 坐标轴

坐标轴包括 X 轴和 Y 轴。上图中用于表示月份的横轴即 X 轴，而左右两侧用于表示每一月份金额大小的为 Y 轴。其中，左侧的 Y 轴为主要纵坐标轴，右侧的 Y 轴为次要纵坐标轴。

一般在组合图表中，为了更清晰地展示不同类的数据系列，需要添加次要纵坐标轴。如下图所示的"2019 年 1-6 月成本利润率分析图"中，营业成本、利润数据均为较大的数字，可同时用主要纵坐标轴展示。而利润率的数字形式是百分比，主要纵坐标轴上的数字无法展示，此时就必须添加次要纵坐标轴。

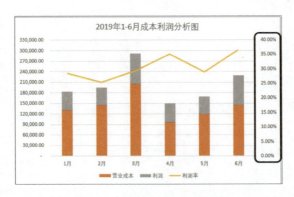

坐标轴其实是用于定义一个坐标系的一组直线或一组曲线，因此图表类型中的饼图、雷达图、树状图、旭日图实际上是没有坐标轴的。它们各有其核心元素，例如，饼图、旭日图的核心元素是组成图形的每个扇区。

### 4. 坐标轴标题

坐标轴标题用于阐明图表中纵横坐标轴分别展示的数据内容。

一般情况下，X 轴通过其项目名称即可判断数据内容，因此 X 轴标题可以不必添加。而对于

Y轴来说，如果是双坐标轴，且展示的数据类型不同时，那么就很有必要添加标题分别说明数据内容，如右图所示。

### 5. 数据标签

数据标签是在每个数据系列上直接标识每个项目名称和具体数值的文本框。所标识的具体信息会根据图表类型的不同而变化。

添加数据标签可以让阅读者更明确地区分数据项目、了解数据的具体数值。如左下图所示，"2019年1-6月营业收入"的饼图中添加了数据标签，包括类别名称、值、百分比。其中，百分比表示每月营业收入占1~6月营业收入总额的百分比，是自动计算的，数据源表中并无此类数据。

但需要注意的是，在某些图表中，添加数据标签后，效果会适得其反。如右下图所示，由于数据标签较多且数据点之间的间距太小，添加数据标签不仅导致数字相互混淆，无法看清，还会使整个图表显得杂乱无章，从而影响整体效果。

### 6. 数据表

数据表即图表中的表格，作用是将数据源表包含的数据标签名称、每一数据具体大小予以精确展示，如右图所示。当某些图表不适宜添加数据标签时，可以添加数据表。而且，数据表所展示的内容比数据标签更加完善。同时，在日常工作中进行工作汇报时，添加数据表让数据及其内涵共同呈现，更能为图表锦上添花。

### 7. 图例

图例是显示数据系列的具体样式和对应系列名称的示例。在以上列举的组合图表中都可以看到这一元素。图例可以帮助阅读者区分图表中各个数据系列样式所代表的系列名称。但是，在某些图表中，添加图例就像画蛇添足一般，显得多余。例如，在饼图中添加数据标签显然比图例更简洁、直观。另外，数据表中也包含图例。因此，添加了数据标签或数据表就不必再添加图例。

### 8. 误差线

误差线是用于标识数据具体数值与坐标轴数字范围之间差异的辅助线，可以帮助阅读者更直观地了解具体数据，从而更准确地理解数据。如下图所示，即添加了利润率的误差线。例如，6月的成本利润率，阅读者通过观察误差线更明确利润率位于35%~40%这一范围之间。

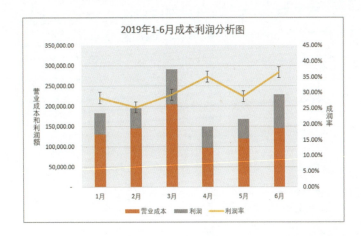

### 9. 绘图区

绘图区即图表中放置数据系列的矩形区域。如上图所示，填充为灰色的区域即绘图区。

### 10. 网格线

网格线是平行于各轴的、便于读数的参照线，可以帮助阅读者更准确地判断数据大小。网格线包括主要和次要水平网格线和垂直网格线。其作用是引导视线，帮助阅读者找到数据项目对应的X轴和Y轴坐标，从而更准确地判断数据大小。但是，网格线不宜添加过多，否则会干扰视线。一般情况下，Excel图表默认添加主要水平网格线，如有必要，可根据图表类型及具体数据再手动添加一条垂直网格线即可，如下图所示。

### 11. 其他元素

除以上基本图表元素外，某些图表类型有着其他组成元素，包括趋势线和涨跌柱线等，其中趋势线主要是用于表现数据发展趋势的线，一般柱形图、散点图、股价图中可添加。如下图所示的散点图，由于数据系列是以圆点形态展现，很难从中了解数据的发展规律或趋势。如果我们需要了解"利润"的移动平均值的趋势，就需要添加趋势线。

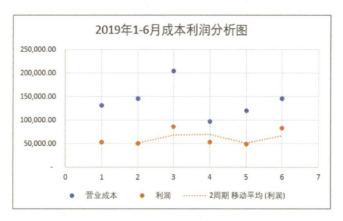

另外，涨跌柱线的作用是突出显示双变量之间的涨跌量大小，主要适用于分析急剧变化的数据的涨跌幅度。例如，在股价图中可清晰地了解股价的开盘、盘高、盘低及收盘之间的涨跌幅度。当然也可以运用涨跌柱线拓展表现其他数据，如某商品在一段期间内价格高低变化幅度。

## 5.2.2 打造专业图表，就是玩转图表布局

在 5.2.1 小节中，我们介绍了各种图表组成元素的作用，并提示了一些布局技巧的思路。本小节将结合财务专业数据，介绍几种典型、具有创意的财务专业图表布局的具体操作方法及一些细节处理技巧，希望能够抛砖引玉，启发读者玩转图表布局，打造出更专业的财务图表。

## 1. 同期比分析图表："柱形图 + 折线图"组合

财务工作中，时常会通过某项财务指标与性质相同的指标评价标准进行对比，以揭示企业的经营状况。而在各种对比分析中，典型的当属同期比分析。

同期比是指将某一财务指标的当年与上一年的同一时期发生的数据做对比，并计算同期增长率。而对比的时间节点一般为月份或季度，以便获取这些不同时间点对应的不同运营策略所带来的效果差异。

分析同期比适用簇状柱形图，而体现增长率则适用折线图，因此应当创建"柱形图 + 折线图"组合图表。下图所示为营业收入同期比数据组合图表的初始布局，同时已修改图表标题。下面以此图表为例，介绍图表布局的具体操作方法与技巧。

（1）用数据表替换数据标签。

前面讲过，此类图表不适宜添加数据标签，应添加数据表。

单击图例文本框→按【Delete】键删除图例→选中图表，单击右上角【图表元素】快捷按钮→选中【数据表】复选框→在子菜单中选择【显示图例项标示】选项，如左下图所示，效果如右下图所示。

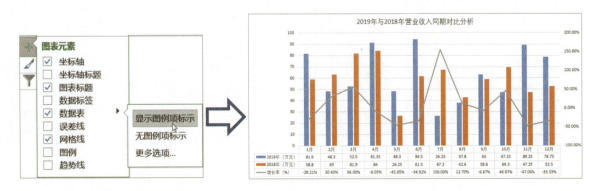

（2）缩小纵坐标轴数字间距。

通过右上图可以看到，体现增长率的次要纵坐标轴的数字间距为 50%，为了更精确地体现百分比数字，可适当缩小纵坐标轴上每一刻度数字之间的间距。

右击次要纵坐标轴→在弹出的快捷菜单中选择【设置坐标轴格式】命令，打开【设置坐标轴格式】任务窗格→根据数据源表中增长率的最小值和最大值，在【坐标轴选项】选项区域中将"边界"的最小值和最大值分别设置为"-0.6"和"2.0"，代表坐标轴的最小和最大两端边界分别为 -60% 和 200%→将"单位"的大和小分别设置为"0.2"和"0.05"，代表一个大刻度间距为 20%，坐标轴上将标识出具体数据；小刻度间距为 5%，坐标轴上不标识具体数字，仅显示刻度。设置界面如左下图所示，效果如右下图所示。

（3）调整数据表字段长度。

如右上图所示，由于数据表中的字段名称较为冗长，导致图表左侧上方空白区域较大，使整个图表显得不够协调和美观。因此，我们需要缩短数据表中字段的长度，即取消其中多余的"（万元）"和"(%)"文字。这里就出现一个难点，图表的数据表链接的是数据源表中的内容，无法直接编辑，只能调整数据源表。但是，如果既要保留数据源表的字段内容，又要缩短数据表中字段长度，如何做到二者兼顾呢？结合条件格式工具即可实现。

**步骤 01** 删除数据源表中 B1:D1 单元格区域中的"（万元）"和"(%)"→选中 B1 单元格→打开【新建格式规则】对话框→在【选择规则类型】列表框中选择【使用公式确定要设置格式的单元格】选项→在【为符合此公式的值设置格式】文本框中输入公式"=B1<>""""，如左下图所示→单击【格式】按钮，打开【设置单元格格式】对话框→在【分类】列表框中选择【自定义】选项→在【类型】文本框中输入"@（万元）"，单击【确定】按钮，如右下图所示→返回【新建格式规则】对话框，单击【确定】按钮。同样为 C1 和 D1 单元格设置条件格式。注意设置 D1 单元格的格式时，在符号"%"两侧添加英文双引号，格式代码为"@(""%"")"。

# Chapter 05
## 一图胜千言，运用图表展现数据内涵

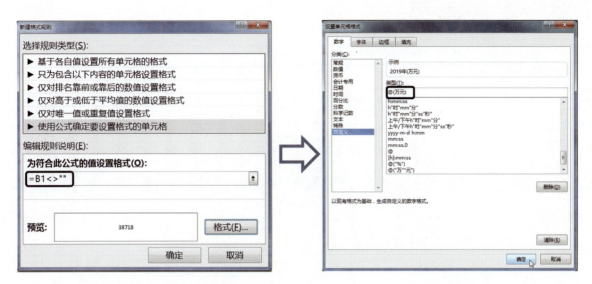

**步骤02** 添加主要纵坐标轴标题，设置为"营业收入（单位：万元）"，而次要纵坐标轴所展示的内容可以直接判断，因此不必添加标题，效果如下图所示。

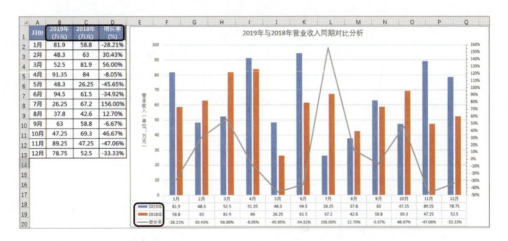

（4）取消同组柱形图的缝隙。

图表中，展示同期数据对比的两根"柱子"之间都存在缝隙，影响美观，下面调整格式让每一组的两个柱形图靠拢。

右击任意一组数据系列的柱形图→在弹出的快捷菜单中选择【设置数据系列格式】命令，打开【设置数据系列格式】任务窗格→将【系列重叠】值设置为"0%"即可，如左下图所示，效果如右下图所示。

189

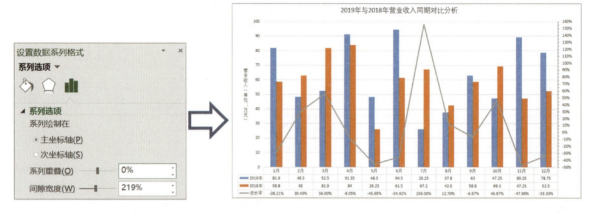

（5）添加数据点标记，平滑折线图线型。

在折线图中，每一个数据点都代表一个百分比数值，为其添加一个图形标记，能够强调数据点，也更能吸引阅读者关注这些数据。同时，调整折线图的颜色和线型，让图表看起来更美观。

步骤01 右击折线线条→在弹出的设置快捷窗口中单击【边框】按钮→选择一种颜色。注意一份图表中配色的色差不宜太大。本例中，增长率是以 2018 年的营业收入为基期进行计算，因此这里选择与蓝色柱形相邻近的颜色，如左下图所示。同时，也可将 2019 年的柱形图、数据表边框、图表标题颜色均调整为蓝色的邻近色，使图表整体配色更和谐。

步骤02 右击折线线条→在弹出的快捷菜单中选择【设置数据系列格式】命令，打开【设置数据系列格式】任务窗格→单击【填充与线条】按钮→单击【标记】按钮→在【标记选项】选项区域中选中【内置】单选按钮→在【类型】列表中选择一个图形→适当调整大小，如右下图所示。

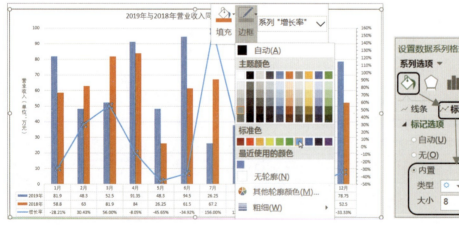
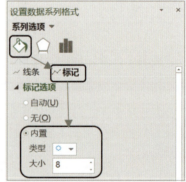

步骤03 单击【设置数据系列格式】任务窗格中的【线条】按钮，如左下图所示→拖动右侧滚动条至最底部→选中【平滑线】复选框，如右下图所示。

通过以上调整和设置后，图表最终效果如下图所示。

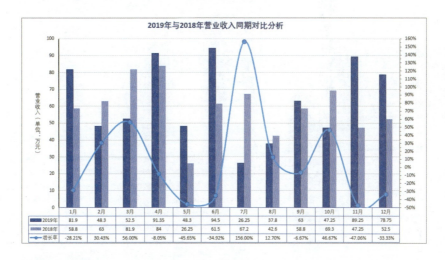

## 2. 项目对比分析图表：正反向组合条形图

实际工作中，当需要对不同的项目数据进行对比分析时，为了让对比效果更直观清晰，可使用正反两个方向的组合条形图展现。其实就是以中间轴为基准，让条形图的数据系列分别在左和右两个方向分布。下面以"产品边际利润对比分析表"为例，介绍布局方法和技巧。

（1）更改图表类型。

创建二维簇状条形图后，首先需要更改图表类型，将"冰箱"数据系列设置为次坐标轴显示。右击数据系列→在弹出的快捷菜单中选择【更改图表类型】命令，打开【更改图表类型】对话框→选中"冰箱"系列的【次坐标轴】复选框即可，单击【确定】按钮，效果如下图所示。

（2）坐标轴布局。

实现条形图正反方向对比数据的关键布局就是设置两个数据系列的坐标轴格式。

步骤01 右击"次坐标轴 水平(值)轴"→在弹出的快捷菜单中选择【设置坐标轴格式】命令，打开【设置坐标轴格式】任务窗格→在【坐标轴选项】选项卡下的【坐标轴选项】选项区域中将"边界"的最小值和最大值分别设置为"-50.0"和"50.0"→将"单位"的大设置为"10.0"（"单位"的小不做修改）→选中【逆序刻度值】复选框，如左下图所示。

步骤02 同样设置主坐标轴，但是不必选中【逆序刻度值】复选框。坐标轴设置完成后，效果如右下图所示。

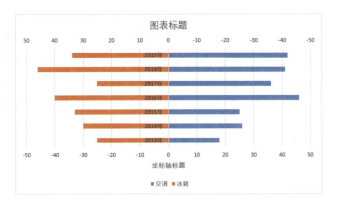

步骤03 设置"垂直(类别)轴"格式。打开【设置坐标轴格式】任务窗格→在【标签】选项区域中单击【标签位置】右侧的下拉按钮→在弹出的下拉列表中选择【低】选项，如左下图所示。

步骤04 最后删除坐标轴→添加数据标签并设置格式、设置图表标题及其他布局。最终效果如右下图所示。

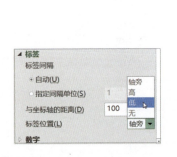

### 3. 展示项目进度图表：甘特图

甘特图实际上就是将条形图调整格式效果后，专门用于展现项目的时间日程进度情况的一种典型图表。下面以"销售预算进度表"为例，介绍甘特图制作方法与布局技巧。

(1)分步选择数据源。

创建图表的第一步是选择数据源,而制作甘特图时,选择数据源是有技巧的,如果选中全部区域创建甘特图,布局将会非常凌乱,不得不耗费更多的时间调整。正确的操作是:先选择部分数据区域,创建图表后再添加其他数据区域。具体操作步骤如下。

步骤01 选中数据源表中的 A2:B9 单元格区域→插入"堆积条形图"。初始图表布局如下图所示。

步骤02 右击图表→在弹出的快捷菜单中选择【选择数据】命令→弹出【选择数据源】对话框→在【图例项(系列)】列表框中单击【添加】按钮,如左下图所示→打开【编辑数据系列】对话框→设置【系列名称】为 C2 单元格→设置【系列值】为 C3:C9 单元格区域→单击【确定】按钮,如右下图所示→关闭【选择数据源】对话框。

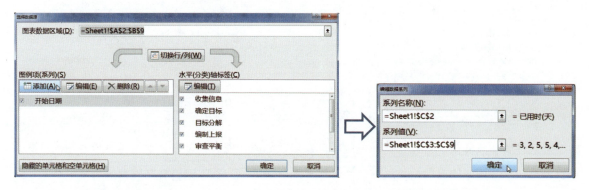

(2)设置坐标轴起止日期。

制作甘特图的关键一步是要正确设置水平坐标轴"边界"值,即起止日期。根据本例的项目进度,可将"边界"值设置为 12 月 1 日和 12 月 31 日。具体操作步骤如下。

步骤01 打开【设置坐标轴格式】任务窗格,将【垂直(类别)轴】设置为"逆序类别",如左下图所示。

步骤02 设置【水平(值)轴】的"边界"值。在【坐标轴选项】选项区域中将"边界"的最小值和最大值分别设置为代表 12 月 1 日的日期序列值"43800.0"和代表 12 月 31 日的日期序列值"43830.0",如右下图所示。

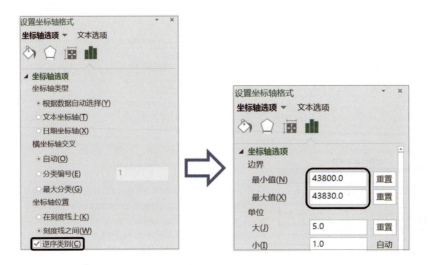

（3）隐藏数据系列。

坐标轴设置完成后的效果如左下图所示。接下来需要将代表"开始日期"的数据系列隐藏，只显示代表"已用时"的数据系列，以呈现甘特图效果。

选中【开始日期】数据系列→设置【填充】效果为"无填充"→设置【边框】效果为"无轮廓"即可，效果如右下图所示。

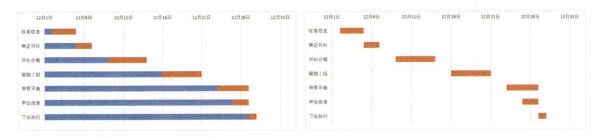

（4）设置甘特图样式。

最后设置图表样式，更专业化地展现项目进度，如添加图表标题、添加主轴主要水平网格线、设置网格线及绘图区的线型和颜色等。最终效果如下图所示。各个项目程序的进度一目了然。

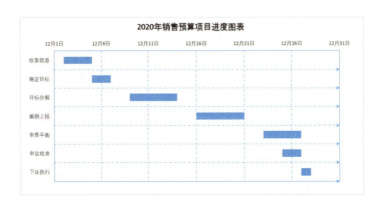

## 4. 发展趋势分析图表：三维立体面积图

发展趋势分析是通过比较企业连续几期的经营数据来了解企业财务状况随时间的推移所呈现的趋势。通过分析发展趋势的图表，一方面可观察数据增减变化是否异常，以发现存在的问题；另一方面，可预测企业未来的财务状况，判断企业的发展前景。

财务人员分析发展趋势一般习惯采用折线图或柱形图，其实采用面积图对经营数据进行可视化展示也是一个非常不错的选择。我们在前面小节中已对折线图和柱形图的制作与布局做了不少介绍。下面以"季度销售利润表"为例，介绍面积图的制作与布局技巧。

（1）创建三维图，让数据立体化。

对于面积图而言，采用三维面积图能够比平面面积图更直观、立体地强调数量随时间变化而变化的程度。创建完成后，销售利润三维面积图初始布局如下图所示。接着可修改图表标题→删除多余图例→调整主要纵坐标轴刻度的数字间距。

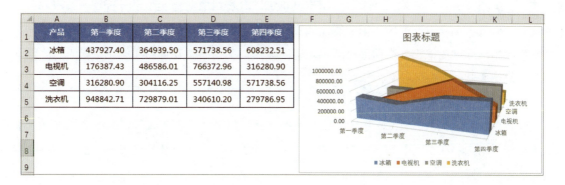

（2）调整三维旋转度，观察面积更全面。

适当调整三维面积图的旋转角度，可以更全面地观察各个品类的利润情况。

右击任意一个数据系列的背景墙→在弹出的快捷菜单中选择【三维旋转】命令，打开【设置图表区格式】任务窗格→在【效果】选项卡下的【三维旋转】选项区域中设置"X 旋转"和"Y 旋转"的角度，如右图所示。

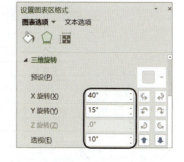

（3）设置背景墙半透明，观察面积更清晰。

将三维面积图中各数据系列的背景墙效果设置为半透明，可更清晰地观察每一数据系列的数据。

右击"冰箱"数据系列（第1个）背景墙，打开【设置数据系列格式】任务窗格→单击【效果】选项卡下【三维格式】选项区域中的【材料】按钮→在展开列表中的【半透明】选项中选择【最浅】样式，如左下图所示。依次将第2个和第3个数据系列背景墙设置为半透明，效果如右下图所示。

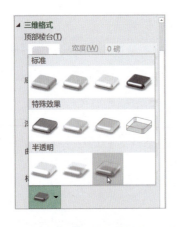
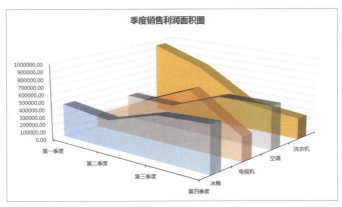

### 5. 组成结构分析图表：复合条饼图

组成结构分析法是指对分析对象中各项目的组成情况进行分析。例如，各产品的销售组成分析、流动资产组成分析、各部门管理费用组成分析等。分析组成结构实质是分析每一组成部分占据整个项目的份额大小及占比情况，因此饼图或圆环图是展现这类数据的不二之选。普通饼图和圆环图的制作和布局非常简单，本章前面小节中也有所介绍，下面以"管理费用结构分析表"为例，介绍复合条饼图的制作及布局技巧。

（1）创建复合条饼图。

选中数据源表中的 A2:B10 单元格区域（注意这里不用选中标题所在区域）→单击【插入】选项卡【图表】组中的【饼图】快捷按钮→在【二维饼图】选项下选择【复合条饼图】选项→创建成功后删除图例，修改图表标题。图表初始布局如下图所示。

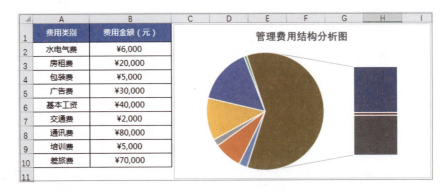

（2）调整数据标签选项。

添加数据标签后，打开【设置数据标签格式】任务窗格→【标签选项】选项区域下已默认选中【值】和【显示引导线】复选框，手动选中【类别名称】和【百分比】复选框→【分隔符】默认为"( 新文本行 )"，修改为",( 逗号 )"→【标签位置】默认为"最佳匹配"，暂不做修改，如左下图所示，效果如右下图所示。

> **Chapter 05**
> 一图胜千言，运用图表展现数据内涵

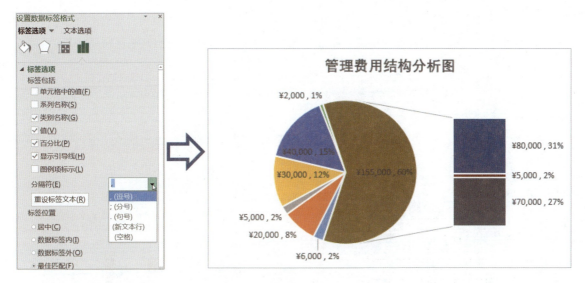

（3）分割数据系列。

从上图中可以看到，Excel 自动为各种费用分配了饼图扇区和复合条图形，但是图表布局杂乱无章，无序可循。下面整理布局，将占比在 5% 以上的费用分配至主图各扇区中，而 5% 及以下的费用全部划入"其他"扇区，并在复合条图形中显示明细费用。

单击图表中的任意数据系列→打开【设置数据系列格式】任务窗格→在【系列选项】选项卡下的【系列选项】选项区域中将【系列分割依据】设置为"百分比值"→将【值小于】设置为"5%"，如左下图所示→最后可略微调整数据标签的位置、字体颜色、数据格式等，效果如右下图所示。

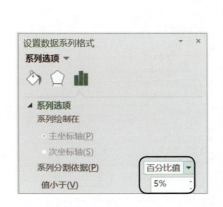 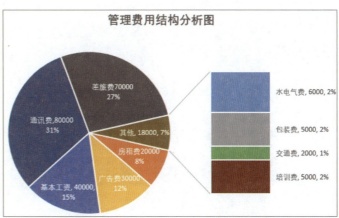

### 6. 指标达成及进度分析创意图表：水位图

Excel 提供的默认图表颜色样式比较单调，容易让人产生审美疲劳。在做财务分析报告时，如果主题比较活泼有趣，就可以充分发挥创意，对图表做一些艺术化处理。图表中某项指标的达成或进度结果，如果需要更直观、生动地展示数据，可通过图表布局打造出颇具创意的水位图来实现预想效果。下面以"分公司销售业绩达成分析表"为例，介绍制作水位图的方法及布局技巧。

（1）填充柱形图背景。

事实上，水位图的"真身"是簇状柱形图，其实质是将代表不同系列的柱形图替换为其他图形，并通过色差体现达成情况。

**步骤01** 创建簇状柱形图表后，运用 Excel 中的绘图工具绘制一个圆柱图形→取消边框，同时可略微加深颜色，如下图所示。

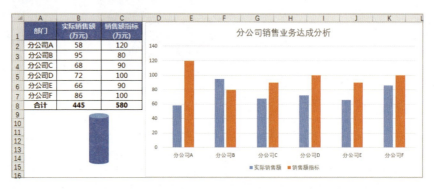

**步骤02** 选中圆柱形→按【Ctrl+C】组合键→单击图表中蓝色柱形数据系列，按【Ctrl+V】组合键即可完成一个数据系列的填充→再将圆柱形填充至橙色柱形数据系列，效果如左下图所示。

**步骤03** 选中代表"销售额指标"的柱形数据系列→打开【设置数据系列格式】任务窗格→在【填充与线条】选项卡下的【填充】选项区域中将【透明度】值设置为"52%"，如右下图所示。

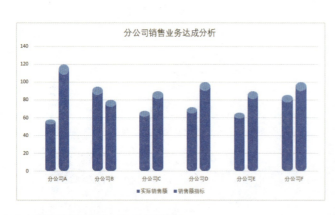

（2）重叠数据系列，加宽圆柱体。

将两个数据系列的圆柱体完全重叠，合二为一，并加宽圆柱体即可展现水位图效果。

切换至【系列选项】选项卡→在【系列选项】选项区域中将【系列重叠】值设置为"100%"→将【间隙宽度】值设置为"130%"，注意间隙宽度越小，圆柱体越宽，如左下图所示，效果如右下图所示。

## Chapter 05
一图胜千言，运用图表展现数据内涵

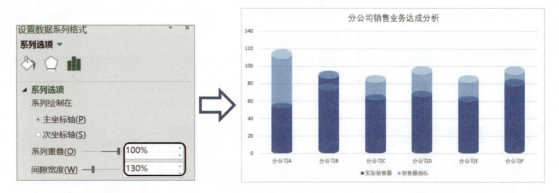

（3）自定义数据标签。

根据这一图表的特点，可以添加数据标签，但是需要做以下调整。

**步骤01** 添加"实际销售额"的数据标签后，打开【数据标签设置格式】任务窗格→在【标签选项】选项区域中将【标签位置】设置为"数据标签内"，如左下图所示。

**步骤02** 如右下图所示，① 在【数字】选项区域的【类别】下拉列表中选择【自定义】选项；② 取消选中【链接到源】复选框；③ 在【格式代码】文本框中输入"完成#"；④ 单击【添加】按钮后即添加到【类型】下拉列表中，在其中选择该选项即可→将数据标签的文字字体颜色设置为白色。

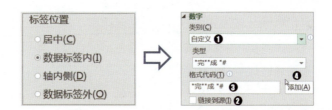

**步骤03** 按照同样的方法设置"销售额指标"数据系列标签。略有不同的设置是：【标签位置】设置为"轴内侧"→【格式代码】设置为"指标#"。最后删除图例→添加主要纵坐标轴标题。最终效果如下图所示。

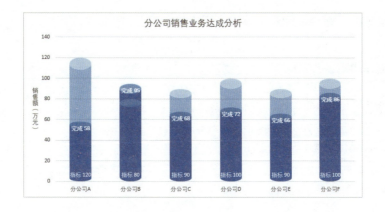

以上图表可以继续通过布局进一步创意美化。例如，填充数据标签背景、取消图表网格线、填充整个图表区域的背景、设置字体颜色等。

对于达成或进度的数据分析，可以充分发挥创意，制作出多种生动、美观的图表。例如，展示销售业绩完成进度的温度计图或圆环图，分别如左下图和右下图所示。

以上温度计图和圆环图的制作思路与布局方法、技巧与水位图大同小异，下面针对不同之处的布局要点做出提示。

① 温度计图。

- 只设置一个数据系列，数据区域为 A16:B16，即完成比率。
- 将绘图区背景颜色设置为"灰色"，与数据系列颜色形成色差，即可呈现温度计效果。
- 删除多余元素、取消图表区域背景、边框等。

② 圆环图。

- 在数据源表中添加辅助行计算"未完成"数据，才能使圆环图完整、正确地展示百分比数据。
- 数据系列包括"已完成"和"未完成"两个数据，分别设置颜色、图案填充等效果。
- 圆环中心数字制作方法：插入文本框→选中文本框后在公式编辑栏中设置链接公式"=Sheet1!$B$17"即可。
- 设置字体、字号、颜色、倒影等效果，删除多余元素、取消图表区域背景、边框等。

### 高手自测 17

根据下图所示的"产品上半年边际利润贡献统计表"制作柱形图，对比分析 1~6 月各类产品的边际利润贡献度大小。要求同时体现产品明细数据和每月合计数的差异。

| 月份 | 产品A | 产品B | 产品C | 合计 |
|---|---|---|---|---|
| 1月 | 12 | 22 | 19 | 53 |
| 2月 | 15 | 18 | 23 | 56 |
| 3月 | 16 | 13 | 15 | 44 |
| 4月 | 21 | 16 | 18 | 55 |
| 5月 | 26 | 12 | 20 | 58 |
| 6月 | 10 | 15 | 11 | 36 |

产品上半年边际利润贡献统计表（单位：万元）

## 5.3 打造动态图表，为图表注入活力

本章前面小节中制作的专业图表均为静态图表，即数据源一旦确定，图表的数据系列组合也就随之静止不变。若要改变图表数据，就只能手动添加或删除数据。但是，在实际工作中，财务人员时常需要做多数据和多维度的财务分析报告，静态图表只能逐一制作和展示，这样不仅增加了大量不必要的工作，导致效率低下，更会让分析报告重复累赘。此时就需要采用一种"高大上"的数据展示方式——结合动态图表展示数据。

动态图表也称为"交互式图表"，可以在一张图表中展示多种数据分析，并且能够随用户对数据选择的变化而同步变化。与静态图表相比，它更富有活力，既能提高数据展示效率，还能让数据展示更丰富、更立体、更灵动。本节将介绍如何制作动态图表，为图表注入活力的具体方法和操作步骤。

动态图表的原理其实非常简单，图表是展示数据的工具，那么数据就是图表的"内核"，所以要让图表"动"起来，就必须先将数据源动态化。具体制作方法主要包括添加辅助表和定义名称法，这两种方法都需要结合数据验证或窗体控件工具，以及常用的查找引用函数共同配合，才能让图表呈现动态效果。

### 5.3.1 添加辅助表制作动态图表

添加辅助表制作动态图表的思路是：根据数据源表制作查询表，以此作为图表的数据区域→运用"数据验证"工具或窗体控件制作关键字段的下拉列表→运用查找引用函数在数据源表中查找关键字段的相关信息，图表的数据系列即会根据所选的关键字的变化而同步变化。下面分别介绍辅助表与"数据验证"工具和窗体控件配合制作动态图表的方法。

#### 1. 辅助表+"数据验证"工具

本例为"2019年上半年各地区营业收入统计表"制作动态图表，分析各地区2019年1~6月的营业收入趋势。操作步骤如下。

步骤 01 在 A9:G11 单元格区域绘制一份辅助查询表→运用"数据验证"工具在 A11 单元格中制作下拉列表,将"序列"来源设置为 A3:A8 单元格区域→在 B11 单元中设置公式"=VLOOKUP($A$11,$A$2:$G$8,COLUMN(),0)"→向右填充公式至 G11 单元格即可,如右图所示。

步骤 02 选中 A9:G11 单元格区域→创建折线图→调整图表样式后即可完成制作。在 A11 单元格的下拉列表中选择其他区域,图表数据即会随之变化,效果如下图所示。

### 2. 辅助表 + 窗体控件

"辅助表 + 数据验证"制作动态图表的方法虽然很简单,但其应用场景却比较受限。因为"数据验证"工具只能在单元格中制作下拉列表,无法灵活移动,如果要求将动态图表单独放置在其他工作表或 PPT 中进行汇报演示,操作就很不方便。所以,这种方法仅适合图表与数据源表在同一工作表中时采用。其实制作动态图表更好的方法是用窗体控件来控制辅助表数据的动态变化。窗体控件以图片的形式存在,可以随意移动,将其放置于图表中,可跟随图表移动,便于动态展示数据。下面介绍"辅助表 + 窗体控件"制作动态图表的方法,同时略微提高难度,从两种维度分析数据,以便我们介绍和分享更多的操作方法与技巧,也可更充分地展示动态图表的灵活性。本例动态分析数据的具体要求如表 5-1 所示。

表 5-1 动态分析数据的具体要求

| 分析项目 | 分析维度 | 图表 |
| --- | --- | --- |
| 趋势分析 | 分析每一地区各个月份营业收入发展趋势 | 折线图 |
| 对比分析 | 分析每一月份不同地区营业收入对比情况 | 柱形图 |
| 要求:趋势分析和对比分析均在同一图表中展示,但不同时展示 | | |

# Chapter 05
## 一图胜千言，运用图表展现数据内涵

（1）制作全动态数据源表。

前面讲过，制作动态图表，首先要将其"内核"——即数据源动态化。下面制作一份全动态的数据源表。

**步骤01** 预先制作三个辅助表格备用。其中，表1和表2中的数据将作为查找引用函数的查找区域。

A11:G13单元格区域作为图表数据源，全部设置函数公式动态显示，如下图所示。

**步骤02** 制作窗体控件。单击【开发工具】选项卡【控件】组中的【插入】按钮→在弹出的下拉列表中选择【选项按钮】窗体控件，如左下图所示。如果Excel初始功能区中没有【开发工具】选项卡，只需从【Excel选项】→【自定义功能区】中添加即可。

**步骤03** 按住鼠标左键进行拖动，释放鼠标后即可成功绘制一个选项按钮→将控件名称修改为"趋势分析"→右击选项按钮，在弹出的快捷菜单中选择【设置控件格式】命令，如右下图所示。

**步骤04** 弹出【设置控件格式】对话框，将【值】设置为"已选择"→将【单元格链接】设置为A9单元格→单击【确定】按钮关闭对话框，如左下图所示。

**步骤05** 复制粘贴一个"趋势分析"按钮→将名称修改为"对比分析"。单击"趋势分析"按钮，即可看到A9单元格中的数字变为"1"。同理，单击"对比分析"按钮，即可看到A9单元格中的数字变为"2"，效果如右下图所示。

203

步骤 06 在 B11 单元格中设置公式 "=IF($A$9=1,B2,$A3)"→在 C11 单元格中设置公式 "=IF($A$9=1, C2, $A4)",以此类推,设置 D11:F11 单元格区域公式→G11 单元格公式略有差异,设置为 "=IF($A$9=1,G2,"")"→分别单击两个选项按钮,可看到 B11:G11 单元格区域中数值的动态变化,如左下图和右下图所示。

B11 单元格公式含义是:当 A9 单元格数值为 "1" 时,返回 B2 单元格的值,即 "1月",否则返回 A3 单元格的值 "A 区",以此类推。

步骤 07 绘制两个【组合框】窗体控件,【开发工具】选项卡中的按钮样式为 。控件格式分别按照以下方法设置,如左下图和右下图所示。

返回工作表,单击地区组合框右侧的下拉按钮,可在弹出的下拉列表中看到其中的备选项目即为 "表 2" 中 M3:M7 单元格区域中的数值;单击月份组合框右侧的下拉按钮,可在弹出的下拉列表中看到其中的备选项目即为 "表 1" 中 J3:J8 单元格区域中的数值。分别选择两个组合框下拉列表中不同的备选项目,即可控制 A11 和 A13 单元格数字动态变化,如下图所示。

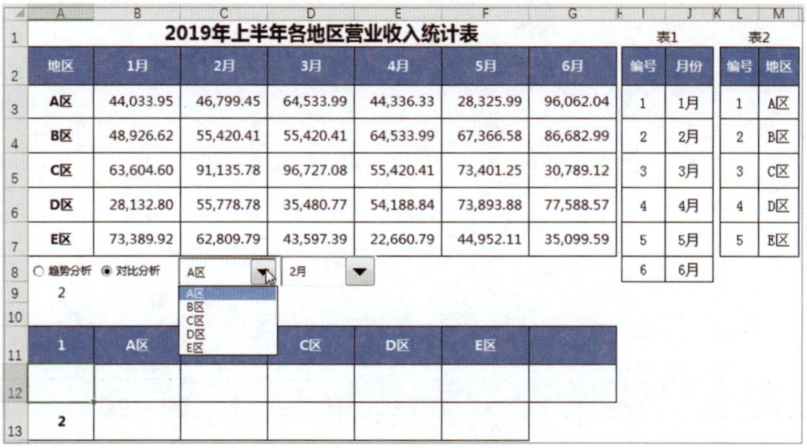

# Chapter 05
一图胜千言，运用图表展现数据内涵

**步骤 08** 分别在 A12 和 B12 单元格中设置以下公式→将 B12 单元格公式向右填充至 C12:G12 单元格区域。

- A12 单元格："=VLOOKUP($A$11,L2:M12,2,0)"。

公式含义：在 L2:M12 单元格区域中查找 A11 单元格中的数字，之后返回与数字匹配的地区名称。

- B12 单元格："=IFERROR(VLOOKUP($A$12,$A$3:$G$7,MATCH(B11,$2:$2,0)),"")"。

公式含义：首先在 A3:G7 单元格区域中查找 A12 单元格数值，然后返回 B11 单元格数值在第 2 行中所在列的数值。如果找不到，则返回空值。

单击"趋势分析"按钮，并在地区组合框中任意选择一个地区名称，可看到 A12 单元格自动返回该区，B12:G12 单元格区域自动返回每月数据，效果如下图所示。

**步骤 09** 自定义 A13 单元格的格式。由于月份组合框直接链接 A13 单元格，因此不必设置公式，但需要将单元格的格式自定义为"@月"，使其在图标坐标轴中显示为"1月，2月，…，6月"。

步骤⑩ 在 B13 单元格中设置公式"=IFERROR(HLOOKUP($A$13&" 月 ",$A$2:$G$7,MATCH(B$11,$A$2:$A$7,0)),"")"→向右填充公式至 C13:F13 单元格区域。公式含义请参考 B12:G12 单元格区域公式进行理解。

步骤⑪ 设置自动标题。在 A10 单元格中设置公式"=IF(A9=1,A12&" 营业收入趋势分析 ",A13&" 月营业收入对比分析 ")"。至此，全动态数据源表即制作完成，其中所有数据都将通过操作 4 个控件而动态变化，效果如左下图和右下图所示。

| | | | | | | |
|---|---|---|---|---|---|---|
| ● 趋势分析 | ○ 对比分析 | E区 | 3月 | =IF(A9=1,A12&"营业收入趋势分析",A13&"月营业收入对比分析") | | |
| 1 | | | | | | |
| | | E区营业收入趋势分析 | | | | |
| 5 | 1月 | 2月 | 3月 | 4月 | 5月 | 6月 |
| E区 | 73,389.92 | 62,809.79 | 43,597.39 | 22,660.79 | 44,952.11 | 35,099.59 |
| 3月 | | | | | | |

| | | | | | | |
|---|---|---|---|---|---|---|
| ○ 趋势分析 | ● 对比分析 | E区 | 2月 | =IF(A9=1,A12&"营业收入趋势分析",A13&"月营业收入对比分析") | | |
| 2 | | | | | | |
| | | | 2月营业收入对比分析 | | | |
| 5 | A区 | B区 | C区 | D区 | E区 | |
| E区 | | | | | | |
| 2月 | 46,799.45 | 55,420.41 | 91,135.78 | 55,778.78 | 62,809.79 | |

（2）制作全动态图表。

将数据源动态化之后，制作动态图表就易如反掌了，只需按照之前介绍的普通图表制作方法即可完成。但是，需要注意以下几个细节操作。

① 由于数据源表中"趋势分析"和"对比分析"的数据始终不会同时显示，所以要分步创建组合图表。具体操作请参考 5.2.2 小节中制作甘特图时分步选择数据源的方法。

② 将图表标题链接到 A10 单元格，亦可动态显示标题。

③ 制作完成后，将 4 个控件移动至图表中，分组排列，并与图表组合为一体。其中，"趋势分析"按钮与地区组合框为一组。其作用是单击"趋势分析"按钮后，另一个可变量为地区，通过在地区组合框下拉列表中选择不同地区，即可展示各地区趋势情况。另一组控件的作用同理。

分别单击"趋势分析"和"对比分析"按钮，并分别在地区和月份组合框下拉列表中任意选择一个项目，即可观察到动态效果，如左下图和右下图所示。

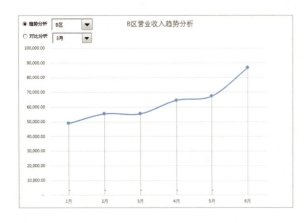

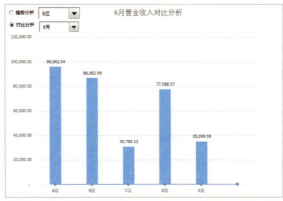

## 5.3.2 定义名称法制作动态图表

定义名称法制作动态图表的原理和思路是：将数据源所在区域定义为名称→引用位置设置函数公式自动运算→运用窗体控件来控制"引用位置"中公式运算结果发生动态变化。因此，图表所展现的数据源实质是被窗体控件控制而不断发生动态变化的"引用位置"。

下面将"2020 年 3 月营业收入日报表"作为数据源，制作动态图表滚动展示连续 10 日的营业收入及相关数据。

**步骤01** 绘制窗体控件。插入一个【滚动条】窗体控件，【开发工具】选项卡中的按钮样式为 →绘制完成后按照以下方法设置控件格式，如左下图所示。其中，【步长】值将作为定义名称的引用位置公式中的参数之一，以此控制公式运算结果。【滚动条】窗体控件格式设置完成后，连续单击滚动条左右两侧的箭头按钮或按住鼠标左键，拖动滚动条中的滑块即可看到 E2 单元格的数字自动变化，如右下图所示。

**步骤02** 定义名称。定义 4 个名称，分别为"销售日期""营业收入""营业成本""利润额"，引用位置运用 OFFSET 函数设置公式，其中"销售日期"的引用位置公式为"=OFFSET(Sheet1!$A$2,Sheet1!$E$2,,10)"。公式含义是以 A2 单元格为起点，向下移动 $n$ 行。移动的行数以 E2 单元格中显示的数字为准，引用区域的行数为 10 行，即引用连续 10 日的数据。其他名称同理设置引用位置即可，如左下图所示。

**步骤03** 创建图表。选中 A2:D12 单元格区域→创建一个堆积柱形图和折线图的组合图表。其中，营业收入采用折线图展现发展趋势，而营业成本与利润额之和即等于营业收入，因此二者采用堆积柱形图展现，即可对比成本和利润所占营业收入的大小，又可对比每日营业收入高低。初始图表如右下图所示。

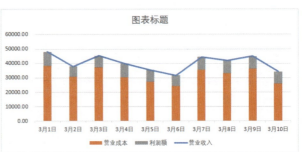

步骤 04 将轴标签设置为已定义的名称。右击图表区域→在弹出的快捷菜单中选择【选择数据源】命令,打开【选择数据源】对话框→选中【图例项(系列)】列表框中的【营业收入】复选框→单击【水平(分类)轴标签】列表框中的【编辑】按钮,如左下图所示→弹出【轴标签】对话框,设置轴标签为定义的名称,即 "='2020 年 3 月营业收入日报表 .xlsx'! 销售日期",注意名称前面必须添加工作簿名称,如右下图所示。营业成本和利润额按相同方法设置轴标签。

步骤 05 将【滚动条】窗体控件移动至图表中合适的位置并组合为一体→重新布局图表后动态图表即制作成功。连续单击滚动条两侧的箭头按钮或拖动滑块,即可观察到图表滚动展示连续 10 日数据的动态效果,如左下图所示。也可直接在 E2 单元格中输入要开始的日期数,如输入 "21",图表即展示自 3 月 21 日起至 3 月 30 日止连续 10 天的数据,如右下图所示。

## 5.3.3 数据透视图：与生俱来的动态图表

数据透视图是基于数据透视表创建的图表。前面讲过，数据是图表的"内核"，要让图表呈现动态效果，就必须先将数据源动态化。而数据透视表本身就是一种具备动态布局的交互式报表，那么将其作为数据源创建的图表也就自然成为动态的交互式图表。所以，数据透视图的"动力"是与生俱来的，用户只需一如既往地在数据透视表四大字段区域之间拖曳各个字段，就会让数据透视图的布局随之发生动态变化。

下面仍以"2019年上半年各地区营业收入统计表"为例，简要介绍创建数据透视图的方法及通过拖曳数据透视表字段，使数据透视图从不同维度动态展现数据的操作方法与技巧。

### 1. 一步到位创建数据透视图

创建数据透视图非常简单，可以一步到位，在普通表基础上直接创建透视图，Excel 系统将自动生成一份数据透视表和数据透视图。操作步骤如下。

**步骤01** 选中数据源表中的任意单元格→单击【插入】选项卡【图表】组中的【数据透视图】按钮→在弹出的下拉列表中选择【数据透视图】或【数据透视图和数据透视表】选项，如下图所示。

**步骤02** 弹出【创建数据透视图】对话框，Excel 智能识别将要创建数据透视图的区域，默认在新工作表中放置数据透视图，如左下图所示，如无变动，直接单击【确定】按钮即可。

**步骤03** Excel 在新工作表中同时创建一份空白数据透视表和数据透视图。单击数据透视表中任一单元格，即可激活【数据透视表字段】任务窗格，如右下图所示。

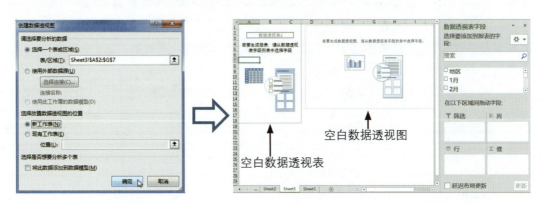

## 2. 拖曳字段动态展现数据内涵

通过拖曳字段可使数据透视表的布局发生动态变化，同时也让数据透视图同步变化。下面依然从趋势分析和对比分析两个维度分析数据，以呈现数据透视图的动态效果。

（1）趋势分析。

趋势分析采用折线图分别展现各地区 1~6 月的营业收入数据。操作步骤如下。

**步骤01** 将"地区"字段拖曳至【筛选】区域→选中 1~6 月字段后，Excel 自动识别为"求和项"，并在【值】区域中显示→将【列】区域中的"数值"字段拖曳至【行】区域。此时可看到动态图表已自动生成，初始图形为柱形图，展现的数据为各地区 1~6 月每月合计数，如左下图所示。

**步骤02** 将图表类型由柱形图更改为折线图，并设置图表布局和样式→单击数据透视图区域左上角或数据透视表 B1 单元格中的"地区"筛选按钮，可在弹出的下拉列表中单选或多选地区名称，以此单独展现各地区数据。右下图所示为 D 区 1~6 月营业收入趋势。

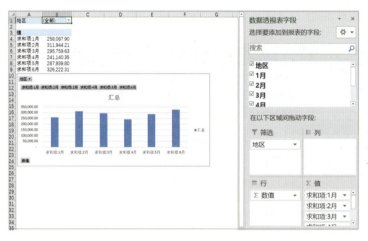

（2）对比分析。

对比分析采用柱形图，分析每月各地区营业收入数据。操作步骤如下。

**步骤01** 将"地区"字段拖曳至【行】区域→将"数值"字段拖曳至【列】区域，即可看到各地区 1~6 月数据全部呈现在数据透视图中→将图表类型更改为柱形图，如左下图所示。

**步骤02** 如果要单独展现各地区在同一月份的数据对比，如"6 月"，只需取消选中 1~5 月字段即可，效果如右下图所示。

# Chapter 05
一图胜千言，运用图表展现数据内涵

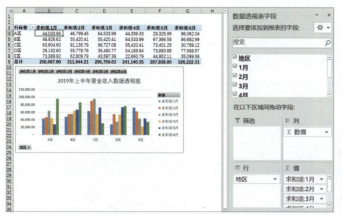

数据透视图的实质就是图表，其元素、布局方法与技巧、样式设置等与前面小节介绍的普通图表并无不同，这里不再赘述。

> **高手自测 18**
>
> 5.3.2 小节中制作的动态图表"2020 年 3 月营业收入趋势图"最多只能展示到 3 月 31 日的数据，如果需要继续展示 3 月 31 日以后的数据应该如何操作？

## 高手神器 5：Easy Chart——简洁易用的图表插件

Easy Chart 是一款界面简洁、简单易用，但功能强大的 Excel 图表插件工具包，其中工具主要包括图表元素美化、新型图表、数据分析、辅助工具等。

其中，"图表元素美化"工具提供了多种背景风格及颜色主题，如右图所示。可以弥补 Excel 内置图表配色单调及用户不擅长配色的短板，帮助用户轻松打造更美观的图表。

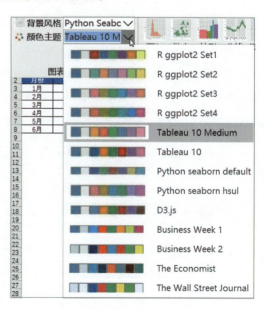

Easy Chart 还提供了"新型图表"和"数据分析"工具,其中包含几十种新颖别致、更具表现力的图表,如光滑面积图、气泡矩形图、金字塔条形图、马赛克图、子弹图、南丁格尔玫瑰图、仪表盘图等,如下图所示。这些图表虽然在 Excel 中通过图表布局也可打造,但是需要耗费很多时间和精力。安装 Easy Chart 插件后,用户只需准备好数据源,选择适合的图表类型,即可轻而易举地创建这些新颖的图表。

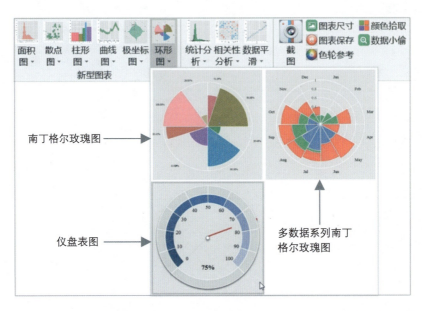

另外,Easy Chart 提供的"辅助工具"也非常贴心和实用。例如,"图表尺寸"工具,可以在对话框中明确指定图表与绘图表的高度和宽度,轻松调整图表的尺寸大小;"图表保存"工具可以直接将图表保存为 BMP、JPEG、PNG、GIF 等格式的图片文件;"颜色拾取"工具可以拾取屏幕中任意位置的颜色;"数据小偷"工具通过拾取外来图表信息,轻松获取图表的原始数据。"辅助工具"界面如右图所示。

# 06 Chapter

## 管好企业的一本账
## ——会计凭证与账簿管理

会计凭证是记录日常经济业务发生与完成状况的书面证明，按其用途与编制程序不同，主要分为原始凭证与记账凭证。其中，原始凭证是编制记账凭证的依据，记账凭证是财务人员登记会计账簿必不可少的凭据。所以，制作与管理会计凭证是财务工作的起点。

而会计账簿则是以记账凭证为依据，对凭证中记载的零散的大量经济信息进行全面、系统、连续、分类记录和核算的簿籍，更是连接会计凭证和财务报表的纽带。因此，管好会计凭证与账簿，能够为期末编制财务报表提供全面、可靠的数据依据。在不违背会计凭证和账簿管理总体原则的大前提下，运用 Excel 制作与管理会计凭证和账簿，不仅可以按照自身的特点和需求予以定制，不断加强和完善财务管理工作，而且经济实惠，使工作更高效。

本章主要介绍如何运用 Excel 制作与管理会计凭证和账簿的基本思路、具体方法与技巧等，为后续工作的顺利开展奠定良好的基础。

### 请带着下面的问题走进本章

（1）开具电子收据时，录入小写金额后能否同步生成大写金额？
（2）电子普通发票存在重复报销漏洞，哪些方法可以有效防止？
（3）记账凭证能否自动判断借贷方金额是否相等？
（4）明细账、科目汇总表、总分类账等账表是否可以根据记账凭证自动生成？

## 6.1 管好原始凭证，杜绝凭证漏洞

原始凭证涵盖范围非常广泛，主要包括发票、收据、交通票据、收料单、发货单、员工借款单、费用报销单等。原始凭证的管理工作虽然简单，但是财务人员却往往事倍功半，因为手动填写不仅效率低下、不够规范，而且在汇总金额和书写大写金额时容易出错。另外，电子普通发票日益普及，但是它存在一个严重的问题，即可以重复下载打印，因此可能被用于重复报销，从而给企业造成经济损失。本节针对以上两个问题，介绍和分享运用 Excel 制作管理原始凭证，杜绝凭证漏洞的具体方法和管理思路。

### 6.1.1 智能电子收据

日常工作中，财务人员收到款项后，除开具正规发票外，还应当开具一份收款收据，运用 Excel 制作一份能够自动汇总单张收据金额、同步"书写"大写金额、根据不同收款方式分别汇总当月收款金额和收款次数的智能电子收据，不仅能帮助财务人员简化工作程序，起到事半功倍的效果，更能体现财务人员的专业精神，提升企业整体形象。

下面展示预先绘制的空白电子收据结构框架（Excel 工作簿名称为"智能电子收据"，工作表名称为"智能电子收据"），如下图所示。

为实现电子收据"智能"化，提高财务人员工作效率，我们首先根据以上电子收据的各个组成部分特点，制定了以下目标和期望效果，以及实现目标的方法和思路，如下图所示。

> Chapter 06
> 管好企业的一本账——会计凭证与账簿管理

- **简化输入**
  - 目标与效果：客户名称、收款日期、单据编号只需输入关键字，即可显示完整内容。收款方式规范输入，为分类汇总做好准备
  - 方法与思路：收款方式运用"数据验证"工具、其他可通过自定义单元格格式实现

- **金额计算**
  - 目标与效果：自动计算每一收款项目金额和合计金额，并分栏填写
  - 方法与思路：（1）计算金额设置乘法算术公式和SUM函数公式；（2）金额分栏填写需要添加辅助列，并运用文本函数LEN和MID设置嵌套公式

- **大写金额**
  - 目标与效果：根据收据汇总金额自动同步"书写"大写金额
  - 方法与思路：运用IF、INT、TRUNC函数设置嵌套公式

- **自动编号**
  - 目标与效果：除第1张收据外，其他收据编号均自动编号，避免手工编号发生断号、错号
  - 方法与思路：运用IF和COUNTIF函数设置嵌套公式

- **分类汇总**
  - 目标与效果：根据不同收款方式分类汇总收款金额和收款次数
  - 方法与思路：运用SUMIF函数汇总收款金额、COUNTIF函数统计收款次数

## 1. 简化输入

简化输入主要针对格式比较固定的内容，例如，客户名称、收款日期、单据编号都有统一的格式，只需输入关键字即显示完整内容，达到这一效果很简单，通过自定义单元格格式即可实现。单元格格式设置如表6-1所示。

表6-1 单元格格式设置

| 单元格 | 自定义格式代码 |
|---|---|
| A3 | 客户名称：@ |
| M3 | 收款日期：yyyy年m月d日 |
| O2 | "No: "0000000 |

另外，由于后面将按照不同的收款方式分类汇总收款金额和收款次数，因此"收款方式"字段输入的字符必须规范统一。运用"数据验证"工具设置序列即可实现。本例设定"现金""转账""微信"这三种收款方式。操作步骤如下。

选中P6:P9单元格区域→打开【数据验证】对话框→将"序列"来源设置为"现金,转账,微信"即可。

设置完成后，分别输入编号"1001"、收款日期"2019年10月16日"、客户名称"××商贸有限公司"，同时在P6单元格的下拉列表中选择一种收款方式即可，效果如下图所示。

## 2. 金额计算

这一目标中的金额计算很简单，每一收款项目金额根据算术公式"数量×单价"设置公式，合计金额运用 SUM 函数设置求和公式即可。而难点在于，如何设置公式自动识别金额位数，并分栏填写在 H6:O9 单元格区域所对应的单元格中。其实只要掌握了本书第 4 章介绍的文本函数 LEN 和 MID，就能轻松解决这一难题。具体操作步骤如下。

**步骤01** 添加辅助列自动计算金额和合计金额。在 F 列后面插入 1 列为 G 列→在 G6 单元格中设置公式"=ROUND(D6*E6,2)"，向下填充公式至 G9 单元格→在 G10 单元格中设置公式"=ROUND(SUM(G6:G9),2)"。

**步骤02** 设置分栏填写公式。在 D6 和 E6 单元格中任意填入数量和单价，以验证公式正确性。这里填入数量为 1，单价为 123456.78→分别在 H6:O6 单元格区域的各单元格中设置以下公式，如表 6-2 所示。

表 6-2　设置 H6:O6 单元格区域的各单元格公式

| 单元格 | 公式表达式 |
| --- | --- |
| H6 | =IF(LEN($G10*100)>=8,MID($G10*100,1,1),"") |
| I6 | =IF(LEN($G10*100)>=7,MID($G10*100,LEN($G10*100)-6,1),"") |
| J6 | =IF(LEN($G10*100)>=6,MID($G10*100,LEN($G10*100)-5,1),"") |
| K6 | =IF(LEN($G10*100)>=5,MID($G10*100,LEN($G10*100)-4,1),"") |
| L6 | =IF(LEN($G10*100)>=4,MID($G10*100,LEN($G10*100)-3,1),"") |
| M6 | =IF(LEN($G10*100)>=3,MID($G10*100,LEN($G10*100)-2,1),"") |
| N6 | =IF(LEN($G10*100)>=2,MID($G10*100,LEN($G10*100)-1,1),"") |
| O6 | =IF(LEN($G10*100)>=1,MID($G10*100,LEN($G10*100),1),"") |

公式原理如下。

① H6 单元格公式：首先运用 LEN 函数计算 G6 单元格中数字“123456.78×100”后的字符串“12345678”的个数。

② 运用 IF 判断字符串“12345678”是否大于等于 8，如果判断结果为真，就运用 MID 函数从第 1 位开始截取 1 个数字，否则返回空值。因此，整个公式返回结果为“12345678”这一字符串中的第 1 个数字“1”。

其他单元格公式以此类推理解即可。

**步骤03** 将 H6:O6 单元格区域公式向下填充至 H7:O10 单元格区域，并任意填入数量和单价检验公式。公式效果如下图所示。

收款收据 No:0001001

客户名称：××商贸有限公司 收款日期：2019 年 10 月 16 日

| 项目 | 单位 | 数量 | 单价 | 金额 十 | 万 | 千 | 百 | 十 | 元 | 角 | 分 | 收款方式 | 备注 |
|---|---|---|---|---|---|---|---|---|---|---|---|---|---|
| | | 1 | 123456.78 | 1 | 2 | 3 | 4 | 5 | 6 | 7 | 8 | 现金 | |
| | | 1 | 6502.15 | | | 6 | 5 | 0 | 2 | 1 | 5 | 微信 | |
| | | 1 | 0.36 | | | | | | | 3 | 6 | 微信 | |
| | | 1 | 123 | | | | 1 | 2 | 3 | 0 | 0 | 转账 | |
| 合计(大写)： | | | | 1 | 3 | 0 | 0 | 8 | 2 | 2 | 9 | - | |

黑联：存根 红联：收据

会计： 出纳： 经办人：

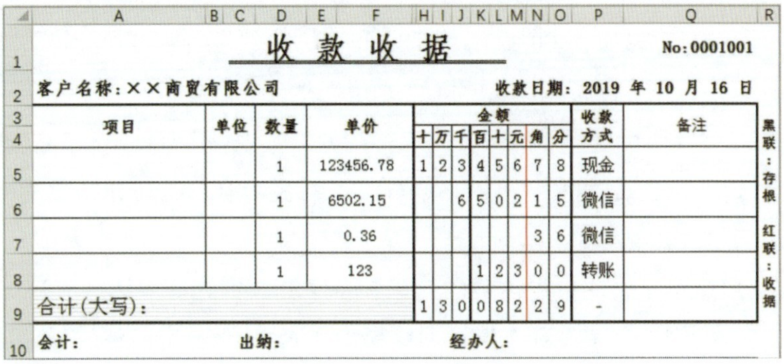

## 3. 大写金额

关于数字大写的问题，很多读者认为通过【设置单元格格式】对话框→【数字】选项卡→【特殊】选项即可将数字设置为“中文大写数字”。但是，注意其作用仅仅是将小写数字转换为大写“数字”，如合计金额“130082.29”，设置单元格格式后显示“壹拾叁万零捌拾贰.贰玖”，而本例要求同步显示带有金额数位的大写金额，即“人民币壹拾叁万零捌拾贰元贰角玖分”。因此，通过“设置单元格格式”功能无法满足这一需求，必须运用函数设置嵌套公式才能实现。在 A10 单元格中设置公式“=" 合计 ( 大写 ): "&IF(G10=0,"",IF(INT(G10)=0," 人民币 ",TEXT(TRUNC(G10)," 人民币 [DBNum2]G/ 通用格式 ")&" 元 ")&IF(TRUNC(G10*10)-TRUNC(G10*10,-1)=0,IF(TRUNC(G10*100)-TRUNC(G10*100,-1)<>0," 零 ",""),TEXT(TRUNC(G10*10)-TRUNC(G10*10,-1),"[DBNum2]G/ 通用格式 ")&" 角 ")&IF(TRUNC(G10*100)-TRUNC(G10*100,-1)=0,"",TEXT(TRUNC(G10*100)-TRUNC(G10*100,-1),"[DBNum2]G/ 通用格式 ")&" 分 ")&IF(TRUNC(G10*10)-TRUNC(G10*10,-1)=0," 整 ",""))”。

以上公式虽然较长，看似复杂，但是嵌套的函数 IF、INT、TRUNC、TEXT 都很简单，本书在第 4 章中已经分别介绍过函数语法及作用，下面再简要介绍本例嵌套公式原理及含义。

① “=" 合计 ( 大写 )："”：其作用是如果 G10 单元格中合计金额为 0，代表收据中未填写单价和数量，那么 A10 单元格中仅显示字符串“合计（大写）：”。

② INT 函数：公式仅嵌套了一个 INT 函数，作为 IF 函数的判断条件。表达式“IF(INT(G10)=0,

"人民币""的作用是如果将 G10 单元格中的合计金额取整后的值为 0，则返回字符串"人民币"并连接后面表达式返回的结果。这一表达式主要是针对金额小于 1 元时仍然按指定格式显示，例如，金额为 0.68，公式返回字符串"人民币陆角捌分"。如果缺少这部分表达式，公式则返回字符串"陆角捌分"。

③ TRUNC 函数：按照指定的精确度，截取指定数字。例如，表达式"TRUNC(G10*10)-TRUNC(G10*10,-1)"，其含义是将 G10 的值 130082.29 乘 10 之后截取整数，得到数值 130082，再向左移一个数字取整数（负数即表示向左移动），得到数值 130080。二者相减得到数值 2。其他表达式以此类推理解即可。

④ IF 函数：判断 TRUNC 函数取整后的数字是否为 0，实质是判断 G10 单元格的金额在某一数位是否为 0 或不为 0（如数字 130082.29 的千位和百位的数字均为 0），如果判断结果为真，则返回字符"零"，否则分别返回指定字符"元""角""分""整"。

⑤ TEXT 函数：主要作用是将 TRUNC 截取得到的整数返回"[DBNum2]G/ 通用格式"（即中文大写数字），例如，表达式"TEXT(TRUNC(G10),"人民币 [DBNum2]G/ 通用格式 ")"返回结果为"人民币壹拾叁万零捌拾贰"。

⑥ & 符号：作用是连接公式中表达式的结果和各字符。例如，表达式"TEXT(TRUNC(G10),"人民币 [DBNum2]G/ 通用格式 ")&" 元 ")"返回结果为"人民币壹拾叁万零捌拾贰元"。

读者可运用公式审核工具对以上公式进行分步求值，即可充分理解公式含义。公式效果如下图所示。

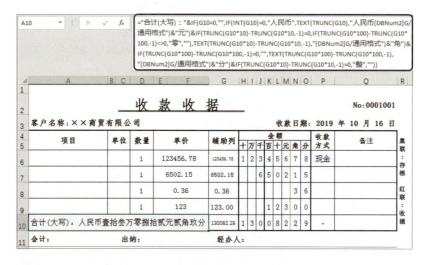

## 4. 自动编号

电子收据制作完成后，即可复制粘贴，连续使用，方便快捷。但此时还存在一个小问题，即收据编号需要手动修改。相信财务人员都清楚关于单据编码的基本常识，任何票据的编码必须要保证统一性、顺序性、连续性及唯一性。如果新增单据都手动输入编码，就容易导致单据编号出现重复、断号等错误。对于这一问题，运用 IF 函数嵌套 COUNTIF 函数设置公式即能实现按规则、按顺序自动编码，从而有效避免编码错误，确保编码准确无误。

本例设定的编码规则为"月份＋顺序号"，如第 1 张收据编号为"0001001"，第 2 张收据编号应为"0001002"，以此类推。下面设置函数公式实现单据号码自动编码。

复制一份收据粘贴至下方区域→在第 2 张收据编号所在的 Q13 单元格中设置公式"=IF(C13="","",Q2+COUNTIF(Q$2:Q2,$Q2))"，可看到编号已自动变为"No：0001002"→再复制第 2 张收据粘贴至下方区域，可看到编号变为"No：0001003"→依次向下复制粘贴收据，编号将依次按顺序自动编号。公式原理如下。

① 如果 C13 单元格为空值，表明此处没有"收据"，也就不会存在编号，因此 Q13 单元格也返回空值。

② 如果 C13 单元格不为空，表明此处有一份"收据"，则将 Q2 单元格的值"1001"加上 COUNTIF 函数统计得出的 Q$2:Q2 单元格区域中，Q2 单元格中数值"1001"的个数。表达式"COUNTIF(Q$2:Q2,$Q2)"统计得到的个数始终为 1，加上"1001"后即得到数字"1002"，即为第二份收据的编号。继续向下复制粘贴收据，编号将依次按 1002+1，1003+1，…编排，由此实现自动编号。公式效果如下图所示。

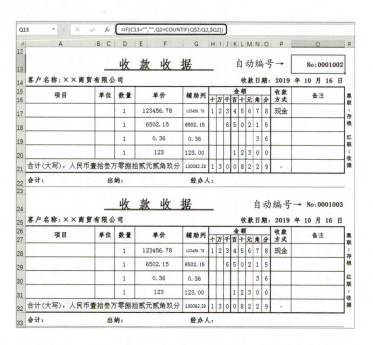

### 5. 分类汇总

分类汇总是指按照本例设定的三种收款方式分别汇总当月收款金额和收款次数，以明确收款总额，以及收了多少笔款，便于财务人员将汇总数据与现金实盘数核对复查。实现这一目标也很容易，只需分别运用 SUMIF 和 COUNTIF 函数设置公式即可，无须嵌套其他函数。

**步骤01** 在第 2 行上面插入 5 行→绘制空白汇总表格→输入字段名称→并运用 SUM 函数设置好求和公式，如左下图所示。

**步骤02** 分别在 B2 和 F2 单元格中设置以下公式，如表 6-3 所示→将公式向下填充至 B3:F4 单元格区域→最后隐藏辅助列 G 列。最终效果如右下图所示。

**表 6-3　设置 B2 和 F2 单元格公式**

| 单元格 | 公式表达式 | 作用 | 填充 |
|---|---|---|---|
| B2 | =SUMIF(P:P,A2,G:G) | 汇总“现金”收款总额 | 将 B2:F2 单元格区域公式向下填充至 B3:F4 单元格区域 |
| F2 | =COUNTIF(P:P,A2) | 统计“现金”收款次数 | |

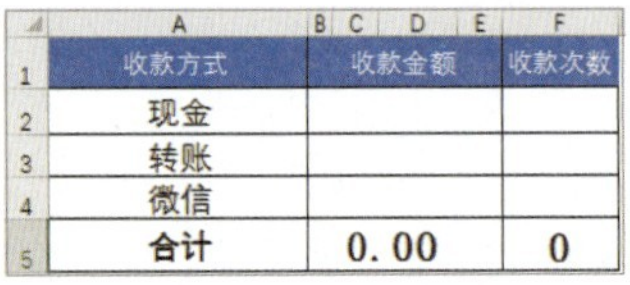

| 收款方式 | 收款金额 | 收款次数 |
|---|---|---|
| 现金 | | |
| 转账 | | |
| 微信 | | |
| 合计 | 0.00 | 0 |

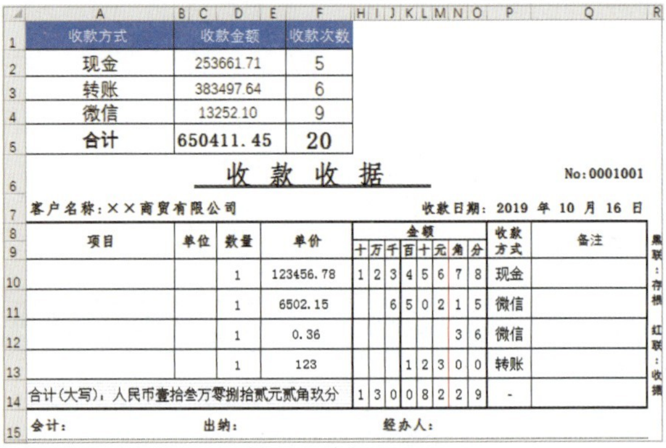

| 收款方式 | 收款金额 | 收款次数 |
|---|---|---|
| 现金 | 253661.71 | 5 |
| 转账 | 383497.64 | 6 |
| 微信 | 13252.10 | 9 |
| 合计 | 650411.45 | 20 |

收 款 收 据　No:0001001

客户名称：××商贸有限公司　收款日期：2019 年 10 月 16 日

| 项目 | 单位 | 数量 | 单价 | 十 | 万 | 千 | 百 | 十 | 元 | 角 | 分 | 收款方式 | 备注 |
|---|---|---|---|---|---|---|---|---|---|---|---|---|---|
| | | 1 | 123456.78 | 1 | 2 | 3 | 4 | 5 | 6 | 7 | 8 | 现金 | |
| | | 1 | 6502.15 | | | 6 | 5 | 0 | 2 | 1 | 5 | 微信 | |
| | | 1 | 0.36 | | | | | | | 3 | 6 | 微信 | |
| | | 1 | 123 | | | | 1 | 2 | 3 | 0 | 0 | 转账 | |
| 合计(大写)：人民币壹拾叁万零捌拾贰元贰角玖分 | | | | 1 | 3 | 0 | 0 | 8 | 2 | 2 | 9 | - | |

会计：　出纳：　经办人：

黑联：存根　红联：收据

## 6.1.2　防范电子发票重复报销

电子普通发票是信息时代的产物，操作流程简单快捷，销售方开出电子发票后，通过网络远程传送给购买方下载并打印后即可用于报销。由于开具和获取电子发票都非常高效，所以近年来被越来越多的企业采用。但是，电子发票存在一个巨大的漏洞，它可以重复下载和打印。这一漏洞很容易被利用，将已报销的电子发票夹杂在其他原始凭证中多次重复报销。如果电子发票所记载的经济业务发生比较频繁，并且单张发票金额较低，那么各环节的审核人员极有可能忽略这一点而批准报销，从而给企业造成经济损失。例如，汽车加油费通常为一次 200~1000 元，职工 A 将电子发票打印出纸质发票报销之后，职工 B 于数日或数月后再次打印此张发票申请报销。对于这一漏洞，财务人员应当提高警惕，在支付报销费用环节中特别注意审查夹杂在原始凭证中的电子发票。但是，依靠手动翻查前账显然不切实际，那么最简单有效的办法就是运用 Excel 制作电子表格专门记录已报销的电子发票信息，并运用各种工具、函数智能识别重复的发票号码。每次报销时如有电子发票，只需输入发票号码，即可高效准确地识别此发票是否为重复报销。例如，下图所示为预先制作并填制“电子发票报销记录表”及报销内容（说明：Excel 工作簿名称为“防范电子发票重复报销"。其中，发票号码与发票信息均为虚拟内容），下面运用本书第二部分介绍的工具、函数等，介绍三种实用方法实现这一工作目标。

| 发票日期 | 发票号码 | 发票金额 | 发票信息 | 报销人 | 报销日期 | 报销单号 | 凭证号码 | 备注 |
|---|---|---|---|---|---|---|---|---|
| 2019-10-10 | 12345678 | 280.00 | 税控费 | 李× | 2019-10-15 | 10-058 | 10-0012 | |
| 2019-10-10 | 23456781 | 23.00 | 快递费 | 王× | 2019-10-15 | 10-061 | 10-0023 | |
| 2019-10-12 | 34567812 | 200.00 | 成品油 | 刘× | 2019-10-17 | 10-065 | 10-0036 | |
| 2019-10-12 | 45678123 | 200.00 | 成品油 | 张× | 2019-10-17 | 10-068 | 10-0038 | |
| 2019-11-6 | 56781234 | 400.00 | 成品油 | 赵× | 2019-11-11 | 11-002 | 11-0026 | |
| 2019-11-11 | 67812345 | 230.00 | 快递费 | 陈× | 2019-11-15 | 11-006 | 11-0033 | |
| 2019-11-20 | 78123456 | 120.00 | 餐饮费 | 王× | 2019-11-26 | 11-037 | 11-0042 | |
| 2019-11-25 | 81234567 | 69.00 | 快递费 | 张三 | 2019-12-2 | 12-002 | 12-0008 | |

## 1. 数据验证法

运用"数据验证"工具设置 COUNTIF 函数公式，设定验证条件，当输入的发票号码出现重复时，即弹出对话框显示警告信息并阻止输入。

**步骤01** 选中 B4:B16 单元格区域→打开【数据验证】对话框→在【设置】选项卡下的【允许】列表框中选择【自定义】选项→在【公式】文本框中输入公式"=COUNTIF(B:B,B4)=1"，如左下图所示→切换至【出错警告】选项卡，设置【样式】为"停止"→设置停止的警告信息后关闭对话框。

**步骤02** 测试效果。在 B12 单元格中任意输入一个与 B4:B11 单元格区域中相同的发票号码，如"56781234"，可看到弹出对话框，显示停止信息并阻止继续输入，如右下图所示。

## 2. 条件格式法

如果认为运用"数据验证"工具阻止输入重复数据的方式不够"温和"，可运用"条件格式"自动填充重复数值所在单元格的颜色，对重复发票号码予以识别和提示。

**步骤01** 选中 B 列→单击【开始】选项卡【样式】组中的【条件格式】按钮→在弹出的下拉列表中选择【突出显示单元格规则】选项→在子列表中选择【重复值】选项→弹出对话框后直接单击【确定】按钮即可。

**步骤02** 测试效果。在 B12 单元格中输入"56781234",即可看到 B8 和 B12 单元格已被填充颜色,发挥提示作用,如右图所示。

### 3. 函数公式法

函数公式法的思路是:制作一份简洁小巧的辅助表格,设置函数公式如下图所示。

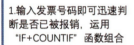 →  →

1.输入发票号码即可迅速判断是否已被报销,运用 "IF+COUNTIF" 函数组合

2.检索报销发票的所有相关信息,运用 "IFERROR+VLOOKUP+COLUMN" 函数组合

3.查找首次登记发票的所在单元格地址,同时能够快速跳转至该单元格,以便财务人员迅速查找到原始信息并复核发票内容,运用 "HYPERLINK+MATCH" 函数组合

**步骤01** 在第 1 行上方插入 3 行→绘制表格并设置字段名称→在 A3 单元格中输入一个与 B7:B14 单元格区域中相同的发票号码,如"67812345",如下图所示。

**步骤02** 分别在 B3:G3 单元格区域的各单元格中设置以下公式,如表 6-4 所示。

表 6-4 设置 B3:G3 单元格区域的各单元格公式

| 单元格 | 公式表达式 | 作用 |
| --- | --- | --- |
| B3 | =IF(COUNTIF(B7:B14,A3)>0," 已报销 "," 未报销 ") | 统计 A3 单元格中的发票号码的个数,如果大于 0,返回"已报销",反之则返回"未报销" |
| C3 | =IFERROR(VLOOKUP($A3,$B:E,COLUMN()+1,0),"-") → 向右填充公式至 D3:F3 单元格区域 | 检索已报销发票的报销人 |
| G3 | =HYPERLINK("#"&"B"&(MATCH(A3,B:B,0)),"B"&(MATCH(A3,B:B,0)&" 单元格 ")) | 创建超链接,单击即可快速跳转到首次登记 A3 单元格中的发票号码所在单元格 |

公式效果如下图所示。

## Chapter 06
### 管好企业的一本账——会计凭证与账簿管理

| | A | B | C | D | E | F | G | H | I |
|---|---|---|---|---|---|---|---|---|---|
| | G3 | | × √ fx | =HYPERLINK("#"&"B"&(MATCH(A3,B:B,0)),"B"&(MATCH(A3,B:B,0)&"单元格")) | | | | | |
| 1 | 电子发票重复报销验证 | | | | | | | | |
| 2 | 发票号码 | 是否已报销 | 报销人 | 报销日期 | 报销单号 | 凭证号码 | 首次登记地址 | | |
| 3 | 67812345 | 已报销 | 陈× | 2019-11-15 | 11-006 | 11-0033 | B12单元格 | | |
| 4 | ××市商贸有限公司 | | | | | | | | |
| 5 | 电子发票报销记录表 | | | | | | | | |
| 6 | 发票日期 | 发票号码 | 发票金额 | 发票信息 | 报销人 | 报销日期 | 报销单号 | 凭证号码 | 备注 |
| 7 | 2019-10-10 | 12345678 | 280.00 | 税控费 | 李× | 2019-10-15 | 10-058 | 10-0012 | |
| 8 | 2019-10-10 | 23456781 | 23.00 | 快递费 | 王× | 2019-10-15 | 10-061 | 10-0023 | |
| 9 | 2019-10-12 | 34567812 | 200.00 | 成品油 | 刘× | 2019-10-17 | 10-065 | 10-0036 | |
| 10 | 2019-10-12 | 45678123 | 200.00 | 成品油 | 张× | 2019-10-17 | 10-068 | 10-0038 | |
| 11 | 2019-11-6 | 56781234 | 400.00 | 成品油 | 赵× | 2019-11-11 | 11-002 | 11-0026 | |
| 12 | 2019-11-11 | 67812345 | 230.00 | 快递费 | 陈× | 2019-11-15 | 11-006 | 11-0033 | |
| 13 | 2019-11-20 | 78123456 | 120.00 | 餐饮费 | 王× | 2019-11-26 | 11-037 | 11-0042 | |
| 14 | 2019-11-25 | 81234567 | 69.00 | 快递费 | 张三 | 2019-12-2 | 12-002 | 12-0008 | |

> **高手自测 19**
>
> 在"电子发票报销记录表"中运用函数公式法检索已报销发票信息,除可用 VLOOKUP 函数外,还可使用哪些函数也能准确检索到相关信息?请至少再列举两个函数组合。

## 6.2 制作记账凭证,财务数据自动生成

记账凭证在记载经济业务时,是将各类经济业务归入相应的某一会计科目,确定会计分录。因此,制作会计科目表是填制记账凭证的基础和前提。

实际工作中,企业的会计科目总数多达几百个,财务人员填制记账凭证时从众多会计科目中选取相应的会计科目相当耗费时间和精力,同时也会产生各种意想不到的问题,导致会计科目选取错误,进一步影响账务的准确性。因此,本节针对在编制记账凭证过程中容易出现纰漏的细节,设计制作一份与众不同的会计科目表和记账凭证,以便高效填制和打印记账凭证,同时确保会计科目与数据准确无误。

### 6.2.1 制作会计科目表

制作会计科目表是为后续登记记账凭证环节做准备的,因此应当根据记账凭证的填制内容要求来设计表格。

基础的会计科目表中至少要包括类别、级次、科目编码、一级科目、二级科目、三级科目等字段,并添加辅助列,将一至三级科目名称合并,例如,"销项税额"是三级科目,科目编码为

“22020102”，将科目名称合并为“应交税费\应交增值税\销项税额 22020102”以此作为填制记账凭证的科目名称。具体操作步骤如下。

步骤01 新建一个 Excel 工作簿，命名为“会计账簿管理”→将工作表 Sheet1 命名为“科目表”，后面需要跨表引用其中数据→绘制“会计科目表”，并设置好表格格式、会计科目编码及各级科目名称→定义每个会计科目的类别与级次。“会计科目表”结构及内容如左下图所示。

步骤02 在 G4 单元格中设置公式“=IF(B4=1,D4&C4,IF(B4=2,D4&"\"&E4&C4,IF(B4=3,D4&"\"&E4&"\"&F4&C4)))”→向下填充公式，即可将一至三级科目名称科目编码合并，效果如右下图所示。

这里嵌套 IF 函数判断科目级次的目的是让不同级次的科目名称按照不同规则组合后，更规范、整洁地显示在记账凭证中。如果觉得上述公式太过冗长，难以理解，可以不必嵌套 IF 函数，直接输入公式“=D4&"\"&E4&"\"&F4&C4”，按照统一的编码规则进行组合，即“‘一级科目\二级科目\三级科目’+科目编码”，但是如果科目不足三级，就会出现连续两个“\”符号，如“库存现金\\1001”。

| | A | B | C | D | E | F |
|---|---|---|---|---|---|---|
| 1 | 会计科目表 | | | | | |
| 2 | 类型 | 级次 | 科目编码 | 科目名称 | | |
| 3 | | | | 一级科目 | 二级科目 | 三级科目 |
| 4 | 资产 | 1 | 1001 | 库存现金 | | |
| 5 | 资产 | 1 | 1002 | 银行存款 | | |
| 6 | 资产 | 2 | 100201 | 银行存款 | 中国××银行××支行 | |
| 7 | 资产 | 1 | 1021 | 结算备付金 | | |
| 8 | 资产 | 1 | 1031 | 存出保证金 | | |
| 9 | 资产 | 1 | 1121 | 应收票据 | | |
| 10 | 资产 | 2 | 112101 | 应收票据 | G公司 | |
| 11 | 资产 | 1 | 1122 | 应收账款 | | |
| 12 | 资产 | 2 | 112201 | 应收账款 | 暂估应收款 | |
| 13 | 资产 | 2 | 112202 | 应收账款 | A公司 | |
| 14 | 资产 | 2 | 112203 | 应收账款 | B公司 | |
| 15 | 资产 | 2 | 112204 | 应收账款 | C公司 | |
| 16 | 资产 | 2 | 112205 | 应收账款 | D公司 | |
| 17 | 资产 | 2 | 112206 | 应收账款 | E公司 | |

G4 =IF(B4=1,D4&C4,IF(B4=2,D4&"\"&E4&C4,IF(B4=3,D4&"\"&E4&"\"&F4&C4)))

| | A | B | C | D | E | F | G |
|---|---|---|---|---|---|---|---|
| 1 | 会计科目表 | | | | | | |
| 2 | 类型 | 级次 | 科目编码 | 科目名称 | | | 记账凭证中的科目名称 |
| 3 | | | | 一级科目 | 二级科目 | 三级科目 | |
| 4 | 资产 | 1 | 1001 | 库存现金 | | | 库存现金1001 |
| 5 | 资产 | 1 | 1002 | 银行存款 | | | 银行存款1002 |
| 6 | 资产 | 2 | 100201 | 银行存款 | 中国××银行××支行 | | 银行存款\中国××银行××支行100201 |
| 7 | 资产 | 1 | 1021 | 结算备付金 | | | 结算备付金1021 |
| 8 | 资产 | 1 | 1031 | 存出保证金 | | | 存出保证金1031 |
| 9 | 资产 | 1 | 1121 | 应收票据 | | | 应收票据1121 |
| 10 | 资产 | 2 | 112101 | 应收票据 | G公司 | | 应收票据\G公司112101 |
| 11 | 资产 | 1 | 1122 | 应收账款 | | | 应收账款1122 |
| 12 | 资产 | 2 | 112201 | 应收账款 | 暂估应收款 | | 应收账款\暂估应收款112201 |
| 13 | 资产 | 2 | 112202 | 应收账款 | A公司 | | 应收账款\A公司112202 |

## 6.2.2 定制记账凭证模板

运用 Excel 既要高效填制记账凭证（以下简称“凭证”），同时也要保证填入的会计科目规范统一。其中，有一个难点和一个重点问题需要解决，难点问题是合并后的科目名称较长，包括编码和一至三级科目名称，如果仅凭记忆或在“会计科目表”中查询后填写，不仅容易出错，也会降低工作效率，如何才能快速准确地填入会计科目？重点问题是每一笔会计分录的借贷双方必须平衡，依靠手动计算检验显然不切实际，那么有什么方法可以自动检验借方和贷方金额是否相等？我们的总体思路依然是让函数公式做主角，其他工具辅助配合解决上述两个问题。另外，还要实现自动统计同一编号凭证的当前页数和总页数、自动检验凭证编号的连续性、统计当月凭证份数及借贷双方发生总额、快速跳转至需要查找的凭证。具体解决思路及方法如下图所示。

> Chapter 06
> 管好企业的一本账——会计凭证与账簿管理

- 制作动态科目下拉列表
  - 运用"数据验证"工具制作会计科目的动态下拉列表,填制凭证时输入一级科目名称后检索出合并后的完整会计科目名称,以精简下拉列表中备选项目数量,提高工作效率

- 自动检验借贷双方平衡
  - 运用IF函数设置公式,检验借贷双方是否平衡,若不平衡,计算差异金额

- 自动统计凭证页数
  - 运用COUNTIF函数设置公式,自动统计凭证当前页数及总页数

- 自动检验凭证编号连续性
  - 运用"数据验证"工具设置公式,自动检验凭证编号是否连续

- 统计凭证份数 汇总发生额
  - 统计凭证份数:运用MAX函数返回最大凭证编号
  - 汇总发生额:运用SUMIF函数分别汇总借贷双方发生总额

- 快速跳转至目标凭证
  - 以凭证编号为查找依据,运用"HYPERLINK+MATCH"函数组合创建链接,快速跳转至需要查看的凭证,同时可插入窗体控件代替手动输入凭证编号

## 1. 制作动态科目下拉列表

由于会计科目数量多达上百个,如果只是简单地将会计科目设置为数据验证的"序列",那么在填制凭证时就不得不从下拉列表中"百里挑一"选择科目,这样将延长选择时间,降低工作效率。我们所期望的动态下拉列表的效果是:只需输入一级科目名称,而后下拉列表中仅列示一级科目及其下级科目名称。例如,输入"应收账款"后,即列示合并后的所有以"应收账款"开头的会计科目。具体制作步骤如下:

**步骤01** 在"会计账簿管理"工作簿中新建工作表,命名为"记账凭证"→A1 单元格作为后面设置检索科目公式的被引用单元格,预先输入一级科目名称"应收账款"→绘制一份凭证样式的空白表格,以便后期直接打印→设置字段名称和格式→参考 6.1.1 小节设置自定义单元格格式,以简化手动输入日期、凭证号、附件张数等信息,效果如右图所示。

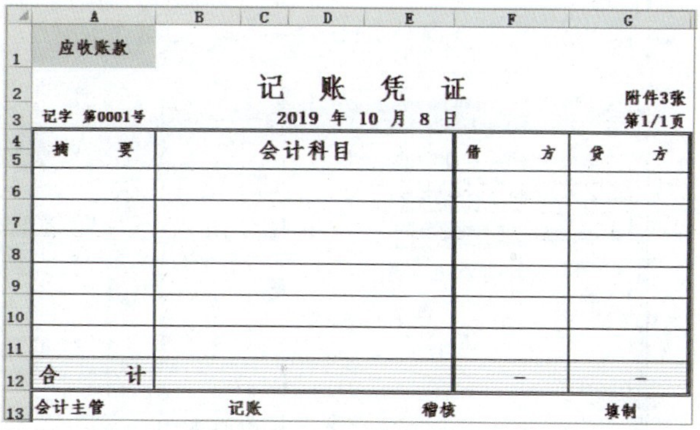

**步骤02** 切换至"科目表"工作表,单击【公式】选项卡【定义的名称】组中的【定义名称】按钮,打开【新建名称】对话框→将【名称】设置为"记账凭证科目名称"→在【引用位置】文本框中输入公式"=OFFSET(科目表

!$G$1,MATCH( 记账凭证 !$A$1&"*", 科目表 !$G:$G,0)-1,,COUNTIF( 科目表 !$G:$G, 记账凭证 !$A$1&"*"))",如下图所示。

公式原理如下。

① 以"科目表"G1 单元格为基准,向下偏移 $n$ 行,不向右偏移。

② 偏移行数是运用 MATCH 函数查找得到的"记账凭证"工作表 A1 单元格中的一级科目名称,在"科目表"G 列中的行数减 1 后的数字。

③ 偏移高度是运用 COUNTIF 函数统计得到的"记账凭证"工作表 A1 单元格中的一级科目名称,在"科目表"G 列中的数量。

由于"记账凭证"工作表 A1 单元格中的一级科目名称会不断变化,因此设置了以上公式的"引用位置"也将随之动态变化,运用"数据验证"工具将这一名称设定为"序列"来源,即可实现下拉列表的动态效果。

步骤03 切换至"记账凭证"工作表→选中 D6:D11 单元格区域→打开【数据验证】对话框→将"序列"来源设置为"= 记账凭证科目名称"→切换至【出错警告】选项卡,取消选中【输入无效数据时显示出错警告】复选框,如左下图所示。

步骤04 关闭对话框,返回工作表→单击 D6 单元格右侧的下拉按钮,即可看到下拉列表中仅列示"应收账款"及其下级科目名称,如右下图所示。

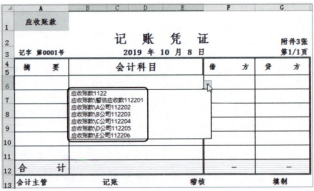

## 2. 自动检验借贷双方平衡

这一步非常简单，只需设置 IF 函数公式即可实现。操作步骤如下。

**步骤 01** 在 B12 单元格中设置公式"=IF(F12=G12,"-","借贷不平衡,差异:"&ROUND(F12-G12,2))"，如果 F12 与 G12 单元格中合计金额相等，即返回占位符号"-"，否则显示自定义文本并计算借贷双方合计金额差异。

**步骤 02** 在 B12 单元格中使用公式设定条件格式，将借贷方不平衡时显示的字符设置为红色。公式表达式为"=F12<>G12"，如左下图所示。

**步骤 03** 测试公式效果。在凭证中任意输入一个金额不相等的会计分录，即可看到公式及条件格式效果，如右下图所示。

## 3. 自动统计凭证页数

填制凭证时，如果需要在同一编号的凭证中填写多个会计分录，那么一页凭证必然不够，就必须增加凭证页数继续填写。因此，需要设置一个公式自动统计并显示凭证的当前页数和总页数。例如，第 0001 号凭证的总页数为 3 页，那么 3 页凭证依次显示"第 1/3 页""第 2/3 页""第 3/3 页"。操作步骤如下。

**步骤 01** 在 G3 单元格中设置公式"=" 第 "&COUNTIF(A$3:A3,A3)&"/" &COUNTIF(A:A,A3)&" 页 ""。公式原理如下。

① 第 1 个 COUNTIF 函数公式统计 A3:A3 单元格区域中，A3 单元格中凭证编号的数量。向下复制粘贴凭证后，统计范围将会扩大，那么统计得到凭证编号的数量将逐一增加。

② 第 2 个 COUNTIF 函数公式则统计整个 A 列区域中，A3 单元格中凭证编号的数量，也就是第 0001 号凭证的总数量，无论向下复制粘贴多少页凭证，每一页凭证显示的总数相同。

**步骤 02** 测试公式效果。复制粘贴第 0001 号凭证 A15:G26 单元格区域，可看到 G16 单元格中显示"第 2/2 页"，如左下图所示→将 A16 单元格的编号修改为"2"，此时 G16 单元格中显示"第 1/1 页"，如右下图所示。

## 4. 自动检验凭证编号连续性

6.1.1 小节中制作智能电子收据时曾讲过，财务单据的编号都应当保持唯一性、连续性，不得发生重号或断号。而实际工作中，记账凭证与收据不同，它允许同一编号的凭证添加多页填制，所以记账凭证的编号可以重复。但是，所有财务单据的编号都必须连续，这一点毋庸置疑。由于本小节定制的记账凭证的当前页数和总页数是依据凭证编号进行统计，如果设置公式自动连续编号，那么页数统计结果就会出现错误，因此应当手动输入编号，为了防止出现断号，下面运用"数据验证"工具设置公式检验编号是否连续。操作步骤如下。

**步骤01** 每月第 1 张记账凭证编号始终为 1，因此应从第 2 张凭证开始检验。选中 A15 单元格，打开【数据验证】对话框→在【设置】选项卡下的【允许】列表框中选择【自定义】选项→在【公式】文本框中输入公式"=OR(A15=A3+0,A15=A3+1)"，其含义是允许在 A15 单元格中输入 A3 单元格中数字加 0 或加 1 后的数字，也就是允许 A15 单元格中的数字为 1 或 2，如左下图所示。向下复制粘贴凭证后，"数据验证"工具将依次验证凭证编号是否为上一张凭证编号加 0 或加 1 后的数字。

**步骤02** 切换至【出错警告】选项卡，设置【样式】为"停止"，并自定义警告信息，单击【确定】按钮关闭对话框。

**步骤03** 测试公式效果。复制第 0002 号凭证至 A27:G38 单元格区域，在 A28 单元格中输入数字"4"后，就会弹出对话框显示警告信息，并阻止输入，如右下图所示。如果输入"2"或"3"，则允许输入。

## 5. 统计凭证份数，汇总发生额

财务人员应当养成一个良好的数据分析习惯，对每一个工作表的数据至少要进行基础统计和汇总，以便掌握更充分的财务数据，为后续财务工作做好铺垫。下面设置函数公式统计当月填制凭证总份数，并汇总借贷双方的发生额。

（1）统计凭证份数。

统计凭证份数的依据是凭证编号，统计函数 COUNTIF 原本是实现这一目标的不二之选，但是由于本小节定制的记账凭证编号允许重复，如果运用 COUNTIF 函数会将重复的编号也统计在内，因此本例并不适用这一函数。对此，我们可以另辟蹊径，运用另一个统计函数 MAX 返回最大凭证编号，也就统计得到了当月凭证的总份数。

在 B1 单元格中设置公式"=MAX(A:A)"→将 B1 单元格的格式自定义为"本月共 # 份凭证"即可，效果如左下图所示。

（2）汇总发生额。

汇总发生额依然使用 SUMIF 函数，但是要求在同一单元格中同时显示自定义文本和运算结果，运用文本运算符"&"或 CONCATENATE 函数均可实现。

在 E1 单元格中设置公式"=CONCATENATE(" 借方发生额 :",SUMIF($A:$A," 合计 ",$F:$F)," 贷方发生额 :",SUMIF($A:$A," 合计 ",$G:$G))"即可，效果如右下图所示。

## 6. 快速跳转至目标凭证

6.1.2 小节中介绍过运用"HYPERLINK+MATCH"函数组合创建超链接，实现快速查找并跳转至目标单元格，这一方法同样适用于查找记账凭证。下面运用窗体控件代替手动输入编号，与超链接配合查找并跳转目标凭证，可进一步提高工作效率。为体现效果，我们已在工作表中预先复制粘贴了记账凭证表格，当前共 10 份记账凭证。操作步骤如下。

**步骤01** 单击【开发工具】选项卡【控件】组中的【插入】按钮→在弹出的下拉列表中选择【数值调节钮】窗体控件→在 I1 单元格中绘制一个控件→右击控件，在弹出的快捷菜单中选择【设置控件格式】命令，打开【设置控件格式】对话框→将【最小值】设置为"1"→将【单元格链接】设置为"$I$1",其他选项保持默认设置,不做修改,如右图所示。设置完成后,连续单击控件,可看到 I1 单元格中数值变化→将 I1 单元格的格式自定义为"第0000号"。

**步骤02** 在 J1 单元格中设置公式"=IFERROR(HYPERLINK("#A"&(MATCH(I1,$A:$A,0)),I1),"未找到第"&I1&"号凭证")"→将 J1 单元格的格式自定义为"跳转至第0000号凭证"。

公式原理如下。

① 运用 MATCH 函数查找 I1 单元格中凭证编号在 A 列中的行数。

② 运用 HYPERLINK 函数创建超链接,并在单元格中显示 I1 单元格中的凭证编号。

③ 如果 A 列中没有要查找的凭证号,将返回 #N/A 错误值,此时再运用 IFERROR 函数将错误值转化为指定的文本内容。

**步骤03** 最后可再设置一个函数公式,统计所查找凭证的页数。在 K1 单元格中设置公式"="第"&I1&"号凭证"&" 共 "&COUNTIF($A:$A,I1)&" 页 ""→将返回结果"第0006号凭证共1页"。最终效果如下图所示。

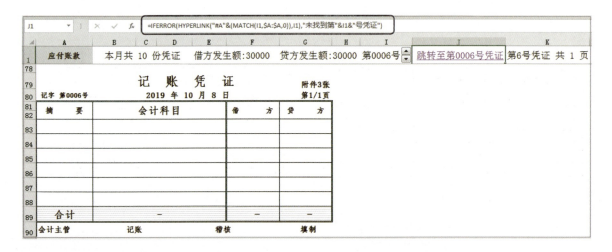

**专家点拨**

A1 单元格同样也可运用"数据验证"工具制作一级科目的下拉列表,从而进一步提高工作效率。

> **Chapter 06**
> 管好企业的一本账——会计凭证与账簿管理

**高手自测 20**

在记账凭证中，通过在 A1 单元格中输入一级科目名称即可在凭证表格中生成动态科目下拉列表，那么能否也运用"数据验证"工具在 A1 单元格中制作一级科目的下拉列表，以进一步提高工作效率？具体如何操作？

## 6.3 会计账簿管理，让财务数据自动生成各类账表

会计账簿是以记账凭证为依据，对其中记载的大量零散的经济信息进行全面、系统、连续、分类记录和核算的簿籍。会计账簿包括总账、明细账、现金日记账、银行存款日记账、辅助账等。做好各类会计账簿的管理工作，才能为期末编制财务报表提供全面、可靠的数据依据。

### 6.3.1 制作初级明细账

本小节将通过 Excel 各种工具、技巧及函数公式制作一份"动态明细账"，实现两个工作目标，如下图所示。

> 1. 在填制记账凭证的同时，同步将每一明细科目的相关信息自动记载到明细账簿中，无须手动录入

> 2. 在同一份明细账表中，按照不同科目或同科目不同级次动态查询每一科目的相关经济信息，无须分别按科目制作明细账表

由于制作动态明细账需要运用多种 Excel 工具、函数，过程也比较复杂，因此我们循序渐进，首先制作一份相对简单的明细账表，再在此基础上升级为动态明细账表。

**1. 完善记账凭证**

6.2 节制作的记账凭证模板样式是用于记载每日发生的每笔经济业务的单张凭据，是为了满足月末打印成纸质凭证并装订成册的需要而设计的。由于明细账中列示的信息全部来源于记账凭证，如果直接在记账凭证原版的基础上设置公式，那么必须嵌套多个函数才能获得预期效果。但是，公式过长，难以理解和实际应用，因此为了简化公式，也便于下一步制作动态明细账，下面首先对记账凭证略做调整，在原版基础上添加辅助列予以补充和完善。操作步骤如下。

**步骤 01** 在"会计账簿管理"工作簿中新增一个工作表，命名为"2019 年 10 月"→复制粘贴一份记账凭证表格并在其中任意填入几笔分录，以做验证公式之用→在 D 列右侧添加 5 列辅助列，在 E4:I4 单元格区域中依次设置字段名称为"科目编码""发生次数""编码 - 次数""凭

231

证号""凭证日期",如下图所示。

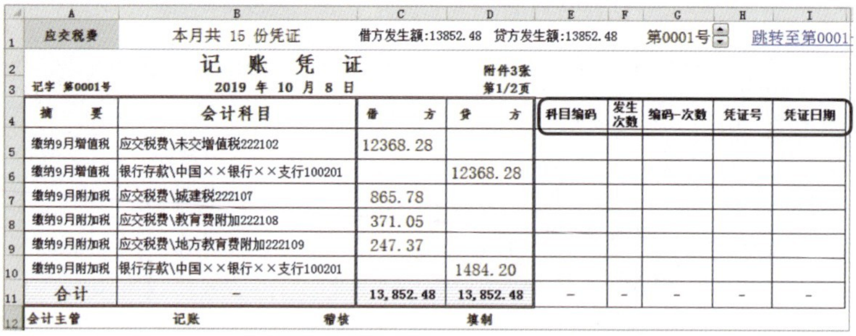

**步骤02** 分别在 E5:I5 和 H6:I6 单元格区域的各单元格中设置以下公式并填充,如表 6-5 所示。

表 6-5 设置 E5:I5 和 H6:I6 单元格区域的各单元格公式并填充

| 单元格 | 公式表达式 | 作用 | 填充 |
| --- | --- | --- | --- |
| E5 | =IFERROR(INDEX(科目表!C:C,MATCH(B5,科目表!G:G,0)),"") | 根据 B5 单元格中会计科目名称查找"科目表"中 C 列的科目编码 | 向下填充公式至 E6:G10 单元格区域 |
| F5 | =IF(E5="","",COUNTIF($E$5:$E5,$E5)) | 统计 E5 单元格中科目编码在指定区域的个数,实质是将记账凭证中所有相同科目编码依次编号 | |
| G5 | =IF(E5="","",E5&"-"&F5) | 连接 E5 和 F5 单元格中的字符,以及符号"-",以此作为明细账的查找依据 | |
| H5 | =$A3 | 引用 A3 单元格中的凭证编号 | — |
| I5 | =$B3 | 引用 B3 单元格中的凭证日期 | — |
| H6 | =$H5 | 引用 H5 单元格中的凭证编号 | 向下填充公式至 H7:I10 单元格区域 |
| I6 | =$I5 | 引用 I5 单元格中的凭证日期 | |

公式效果如下图所示。

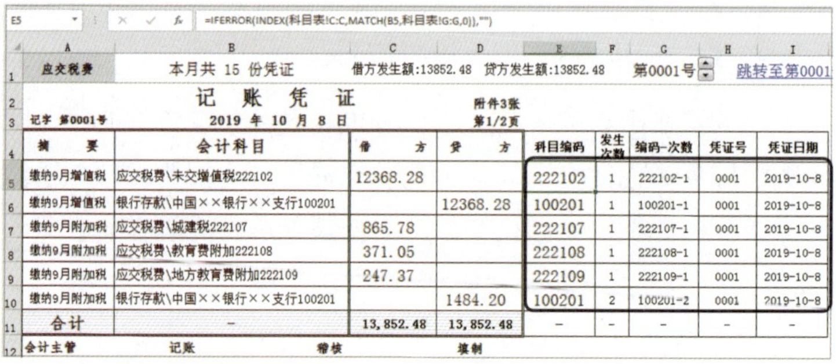

辅助列设置完成后,如需继续填制凭证,注意要将凭证和辅助列一同复制粘贴至下方区域。

> **专家点拨**
>
> 上图 E5:G10 单元格区域中同一行次单元格中的公式可以合并为一个公式在一个单元格中运算。合并公式为"=IFERROR(INDEX( 科目表 !C:C,MATCH(B5, 科目表 !G:G,0))&"-"&COUNTIF($E$5:$E5, $E5),"")"。

### 2. 生成明细账

制作明细账的思路是运用查找引用函数设置公式在凭证中查找指定科目的相关信息。在凭证中，相同会计科目重复发生，如果要准确查找到同一科目所有发生信息，那么所查找的依据不得重复，必须是"独一无二"的。因此，我们前面在凭证中添加辅助列，将科目编号与发生次数组合的目的，就是要将组合后的编号作为唯一的查找依据。下面在凭证基础上，制作明细账。为检验公式，已预先在"科目表"工作表中为各科目补充了期初余额，并在"2019 年 10 月"工作表中增加填制了 14 份凭证，当前凭证份数共 15 份。

**步骤 01** 在"会计账簿管理"工作簿中新增工作表，命名为"明细账"→绘制表格，设置好字段名称、格式等→运用"数据验证"工具在 A1 单元格中制作一级科目的下拉列表→参考 6.2.2 小节制作动态科目下拉列表的方法在 C1 单元格中制作一个动态下拉列表→任意选择一个会计科目，如下图所示。

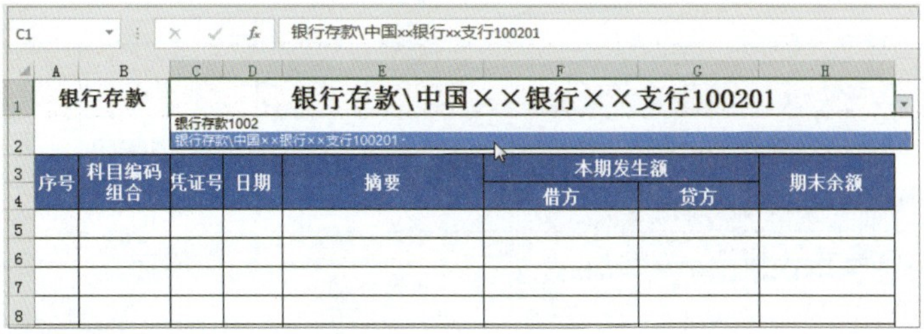

**步骤 02** 分别在 A2、E2 和 F2 单元格中设置以下公式，如表 6-6 所示。

表 6-6 设置 A2、E2、F2 单元格公式

| 单元格 | 公式表达式 | 作用 |
|---|---|---|
| A2 | =IFERROR(INDEX( 科目表 !C:C,MATCH( C1, 科目表 !G:G,0)),"") | 根据 C1 单元格中的会计科目名称查找"科目表"中 C 列的科目编码 |
| E2 | =IF(A2="","",SUMIF( 科目表 !C:C,A2, 科目表 !H:H)) | 根据 A2 单元格中的科目编码汇总"科目表" H 列中的期末余额 |
| F2 | =IFERROR(IF(A2="",0,COUNTIF('2019 年 10 月 '!$E:$E,$A$2)),0) | 统计 A2 单元格中科目编码在"2019 年 10 月"工作表 E 列中的个数，也就是科目发生次数 |

公式效果如下图所示。

**步骤 03** 根据 F2 单元格统计的科目发生次数自动生成序号。分别在第 5 行各单元格中设置以下公式。

• A5 单元格自动生成序号："=IF((ROW()-4)<=$F$2,ROW()-4,"")"。公式原理：首先运用 ROW 函数返回本行号减 4（表头占据 4 行）后的数字，返回结果为"1"，再运用 IF 函数判断"(ROW()-4)"是否小于 F2 单元格中的科目发生次数，如果判断结果为真，则返回这个数字，否则返回空值。

• B5 单元格连接序号和科目编码组合："=IF(A5="","",$A$2&"-"&A5)"，其他单元格将以此为依据，在凭证中查找相关信息。

• C5 单元格公式："=IF($B5="","",INDEX('2019年10月'!H:H,MATCH($B5,'2019年10月'!$G:$G,0)))"，根据 B5 单元格中的科目编码在"2019年10月"工作表中引用与之相同的科目编码所对应的凭证号。

• 同理设置 D5:G5 单元格区域公式，如表 6-7 所示。

表 6-7 设置 D5:G5 单元格区域的各单元格公式

| 单元格 | 公式表达式 | 作用 |
| --- | --- | --- |
| D5 | =IF($B5="","",INDEX('2019年10月'!I:I,MATCH($B5,'2019年10月'!$G:$G,0))) | 查找凭证日期 |
| E5 | =IF($B5="","",INDEX('2019年10月'!A:A,MATCH($B5,'2019年10月'!$G:$G,0))) | 查找摘要内容 |
| F5 | =IF($B5="","",INDEX('2019年10月'!C:C,MATCH($B5,'2019年10月'!$G:$G,0))) | 查找借方发生额 |
| G5 | =IF($B5="","",INDEX('2019年10月'!D:D,MATCH($B5,'2019年10月'!$G:$G,0))) | 查找贷方发生额 |

• H5 单元格根据会计公式"期末余额＝期初余额＋本期借方发生额－本期贷方发生额"计算第 1 笔余额："=IFERROR(ROUND(E2+F5-G5,2),"")"。

• H6 单元格根据 H5 单元格中的余额计算第 2 笔余额："=IFERROR((ROUND(H5+F6-G6,2)),"")"。

**步骤 04** 向下填充 A5:G5 单元格区域和 H6 单元格中的公式，具体填充范围大小根据企业的业务量而定。公式设置完成后，只需在动态下拉列表中选择不同的会计科目，即可自动列示该科目的相关信息,效果如下图所示。

| 序号 | 科目编码组合 | 凭证号 | 日期 | 摘要 | 本期发生额 借方 | 本期发生额 贷方 | 期末余额 |
|---|---|---|---|---|---|---|---|
| | 银行存款 100201 | | 期初余额 | 银行存款\中国××银行××支行100201 356,268.86 | | 发生次数:13次 | |
| 1 | 100201-1 | 0001 | 10-8 | 缴纳9月增值税 | - | 12,368.28 | 343,900.58 |
| 2 | 100201-2 | 0001 | 10-8 | 缴纳9月附加税 | - | 1,484.20 | 342,416.38 |
| 3 | 100201-3 | 0001 | 10-8 | 缴纳印花税 | - | 226.80 | 342,189.58 |
| 4 | 100201-4 | 0001 | 10-8 | 缴纳个人所得税 | - | 687.85 | 341,501.73 |
| 5 | 100201-5 | 0001 | 10-8 | 支取备用金 | - | 20,000.00 | 321,501.73 |
| 6 | 100201-6 | 0006 | 10-12 | 支付物流费 | - | 18,993.61 | 302,508.12 |
| 7 | 100201-7 | 0009 | 10-18 | 存入现金 | 22,500.00 | - | 325,008.12 |
| 8 | 100201-8 | 0009 | 10-18 | 缴纳五险一金 | - | 9,602.55 | 315,405.57 |
| 9 | 100201-9 | 0011 | 10-26 | 存入现金 | 22,500.00 | - | 337,905.57 |
| 10 | 100201-10 | 0011 | 10-26 | 财务费用 | - | 268.00 | 337,637.57 |
| 11 | 100201-11 | 0015 | 10-31 | 存入现金 | 22,500.00 | - | 360,137.57 |
| 12 | 100201-12 | 0015 | 10-31 | 收到应收账款 | 15,000.00 | - | 375,137.57 |
| 13 | 100201-13 | 0015 | 10-31 | 支付应付账款 | - | 22,000.00 | 353,137.57 |

## 6.3.2 升级明细账,弥补账表短板

我们在6.3.1小节中制作了初级明细账,目的是让读者了解制作明细账的基本思路和公式原理。既然是"初级",就必然存在"短板"。

初级明细账的"短板"主要有四个,如下图所示。

本小节针对初级明细账的上述几处"短板",在其基础上进行全面升级,以弥补不足,使明细账查询更方便,内容更完善。

### 1. 按科目级次查询明细账

实际工作中,企业会根据具体经济业务的繁简程度和记账需要,在部分一级科目下自行设置下级科目,一般设置到三级。而初级明细账是将记账凭证中记载的每一个最末级科目发生的信息集中列示。如果在下拉列表中选择的是上一级科目,则不能列示出明细账内容。例如,一级科目"应交税费"下设置了多个二级科目,其中"应交增值税"二级科目下又设置了"进项税额""销项税额"等三级科目,而"库存现金"仅设置了一个一级科目。目前从明细账中能够分别查询到每一个

最末级科目的经济信息，却不能根据上一级科目列示出涵盖所有下一级科目的明细账。如果要突破这一局限，就需要综合运用多种函数，设置嵌套公式。下面介绍如何巧妙运用多种函数，配合设置嵌套公式，进一步对"明细账"加以补充和完善，实现在会计科目下拉列表中无论选择任何级次科目，均能全部列示出所有与之对应的明细账，并将本期发生额逐级汇总，从而全面掌握本科目所有级次的明细账及动态发生总额。具体操作步骤如下。

**步骤01** 在 C 列前插入 1 列用于列示被查找科目所涵盖的所有下级科目名称，设置公式"=IF(B8="","",INDEX('2019 年 10 月 '!B:B,MATCH(B8, '2019 年 10 月 '!G:G,0)))"即可。

**步骤02** 在第 5 行上插入 3 行，用于列示一至三级科目名称→分别在新增行的 A5、A6 和 A7 单元格中设置以下公式。

• A5 单元格："=IFERROR(VLOOKUP($A$2, 科目表 !$C:D,2,0)&"        ","请选择一级科目")"，通过 A2 单元格查找并返回"科目表"D 列中的一级科目名称。

• A6 单元格："=IF(LEN($A$2)>=6,"    ---"&VLOOKUP($A$2, 科目表 !$C:E,3,0),"请选择二级科目")"，查找并返回二级科目名称。根据会计科目编码规则，一级至三级科目的编码长度分别设置为 4 位、6 位、8 位数字。公式运用 LEN 函数并嵌套"IF(LEN($A$2)>=6)"，用于计算 A2 单元格中科目编码的长度以判断科目编码的级次是否为二级以上。整个公式的含义是如果 A2 单元格中的科目编码长度大于等于 6 位（代表科目级次在二级及二级以上），即从"科目表"中查找并返回 E 列中的二级科目名称，否则显示自定义文字"请选择二级科目"。另外，公式中运用文本运算符"&"并在后面设置一串空白字符的目的是使表格美观，让不同级次的科目名称错落有致地列示在单元格中。

• A7 单元格："=IF(LEN($A$2)>=8,"        ---"&VLOOKUP($A$2, 科目表 !$C:G,4,0),"请选择三级科目")"，查找并返回三级科目名称，参考 A6 单元格公式理解即可。

在 C1 单元格的下拉列表中选择科目"应交税费\应交增值税\销项税额22210102"，可看到上述公式效果，如下图所示。

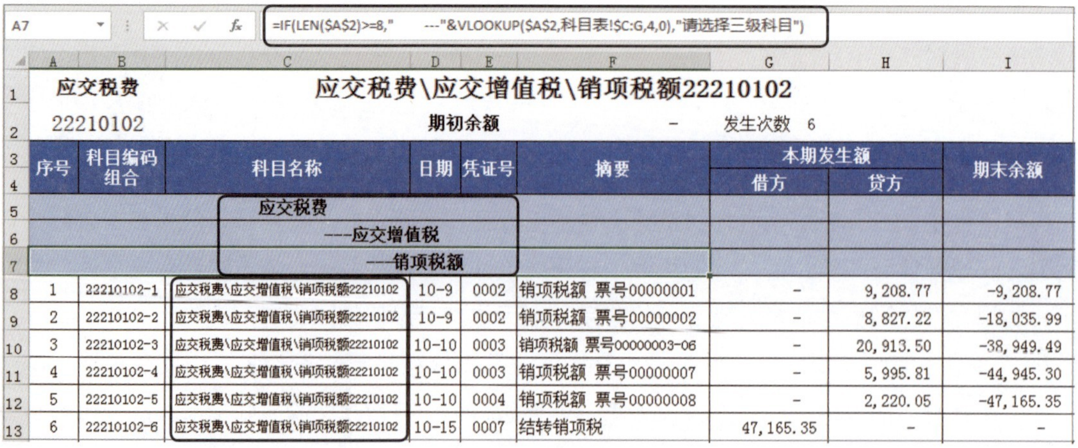

| | A | B | C | D | E | F | G | H | I |
|---|---|---|---|---|---|---|---|---|---|
| 1 | 应交税费 | | 应交税费\应交增值税\销项税额22210102 | | | | | | |
| 2 | 22210102 | | | | 期初余额 | | - | 发生次数 | 6 |
| 3 | 序号 | 科目编码组合 | 科目名称 | 日期 | 凭证号 | 摘要 | 本期发生额 | | 期末余额 |
| 4 | | | | | | | 借方 | 贷方 | |
| 5 | | | 应交税费 | | | | | | |
| 6 | | | ---应交增值税 | | | | | | |
| 7 | | | ---销项税额 | | | | | | |
| 8 | 1 | 22210102-1 | 应交税费\应交增值税\销项税额22210102 | 10-9 | 0002 | 销项税额 票号00000001 | - | 9,208.77 | -9,208.77 |
| 9 | 2 | 22210102-2 | 应交税费\应交增值税\销项税额22210102 | 10-9 | 0002 | 销项税额 票号00000002 | - | 8,827.22 | -18,035.99 |
| 10 | 3 | 22210102-3 | 应交税费\应交增值税\销项税额22210102 | 10-10 | 0003 | 销项税额 票号00000003-06 | - | 20,913.50 | -38,949.49 |
| 11 | 4 | 22210102-4 | 应交税费\应交增值税\销项税额22210102 | 10-10 | 0003 | 销项税额 票号00000007 | - | 5,995.81 | -44,945.30 |
| 12 | 5 | 22210102-5 | 应交税费\应交增值税\销项税额22210102 | 10-10 | 0004 | 销项税额 票号00000008 | - | 2,220.05 | -47,165.35 |
| 13 | 6 | 22210102-6 | 应交税费\应交增值税\销项税额22210102 | 10-15 | 0007 | 结转销项税 | 47,165.35 | - | - |

步骤03 切换至“2019 年 10 月”工作表→将 E5 单元格公式修改为“=IFERROR(LEFT(INDEX( 科目表 !C:C,MATCH(B5, 科目表 !G:G,0)),LEN( 明细账 !$A$2)),"")”→向下填充公式。

公式原理如下。

① 运用“INDEX+MATCH”函数组合根据 B5 单元格中的科目名称在“科目表”中查找并返回科目编码。

② 运用 LEFT 函数从左起截取科目编码，截取长度为 LEN 函数计算得到的“明细账”工作表 A2 单元格中的科目编码。

例如，在“明细账”工作表 C1 单元格中选择科目“应交税费 2221”→“2019 年 10 月”工作表 E5 单元格返回科目编码 2221 再以此统计凭证中以“2221”开头的所有科目的发生次数，也就是将一至三级科目发生的次数全部统计在内，效果如下图所示。

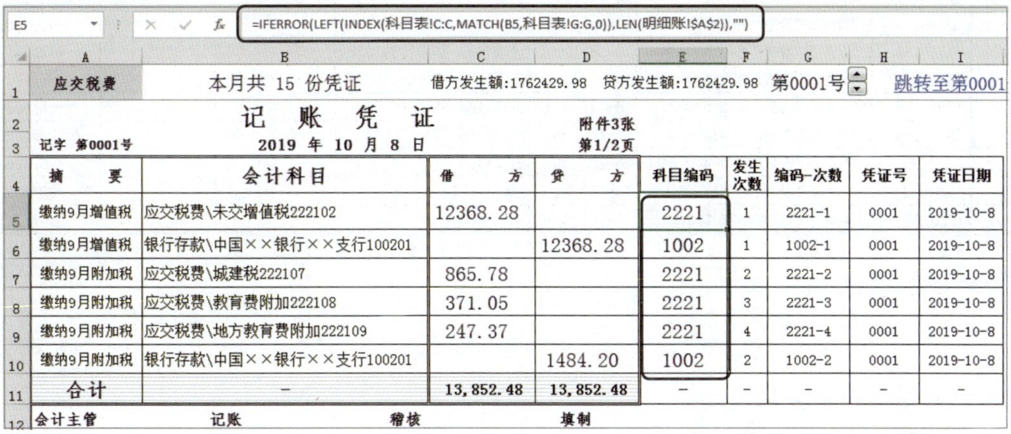

E5
=IFERROR(LEFT(INDEX(科目表!C:C,MATCH(B5,科目表!G:G,0)),LEN(明细账!$A$2)),"")
应交税费
本月共 15 份凭证
借方发生额:1762429.98
贷方发生额:1762429.98
第0001号
跳转至第0001
记 账 凭 证
附件3张
记字 第0001号
2019 年 10 月 8 日
第1/2页
摘 要 | 会计科目 | 借 方 | 贷 方 | 科目编码 | 发生次数 | 编码-次数 | 凭证号 | 凭证日期
缴纳9月增值税 | 应交税费\未交增值税222102 | 12368.28 | | 2221 | 1 | 2221-1 | 0001 | 2019-10-8
缴纳9月增值税 | 银行存款\中国××银行××支行100201 | | 12368.28 | 1002 | 1 | 1002-1 | 0001 | 2019-10-8
缴纳9月附加税 | 应交税费\城建税222107 | 865.78 | | 2221 | 2 | 2221-2 | 0001 | 2019-10-8
缴纳9月附加税 | 应交税费\教育费附加222108 | 371.05 | | 2221 | 3 | 2221-3 | 0001 | 2019-10-8
缴纳9月附加税 | 应交税费\地方教育费附加222109 | 247.37 | | 2221 | 4 | 2221-4 | 0001 | 2019-10-8
缴纳9月附加税 | 银行存款\中国××银行××支行100201 | | 1484.20 | 1002 | 2 | 1002-2 | 0001 | 2019-10-8
合计 | - | 13,852.48 | 13,852.48 | - | - | - | - | -
会计主管 记账 稽核 填制

步骤04 切换至“明细表”工作表→分别在 G5、G6 和 G7 单元格中设置以下公式→向右填充公式至 H5:H7 单元格区域。

- G5 单元格：“=SUMIF('2019 年 10 月 '!$E:$E),LEFT($A$2,4)&"*",'2019 年 10 月 '!C:C))”，汇总凭证中一级科目的借方发生额。
- G6 单元格：“=IF(LEN($A$2)<6,0,SUMIF(INDIRECT($I$2&"!$E:$E"),LEFT($A$2,6)&"*",INDIRECT($I$2&"!C:C")))”，汇总凭证中二级科目的借方发生额总额。公式首先根据 A2 单元格中科目长度判断科目级次，如果小于 6，代表一级科目，即返回 0，否则汇总凭证中二级及三级科目的借方发生额。
- G7 单元格：“=IF(LEN($A$2)=8,ROUND(SUM(G$8:$G96),2),0)”，如果 A2 单元格中科目编码为三级，就汇总指定区域中的借方发生额，否则返回 0。

步骤05 同理设置 I5、I6、I7 单元格公式，计算期末余额。公式分别如下。

- I5 单元格：“=IF(LEN($A$2)>=4,ROUND($F$2+G5-H5,2))”。
- I6 单元格：“=IF(LEN($A$2)>=6,ROUND($F$2+G6-H6,2),0)”。
- I7 单元格：“=(IF(LEN($A$2)<8,0,IFERROR(ROUND(F2+G7-H7,2),0)))”。

步骤06 最后为 G2 单元格公式中的被统计值“$A$2”添加通配符，将其修改为“$A$2&"*"”即可。

步骤07 测试公式效果。在 C1 单元格中选择二级科目“应交税费 \ 应交增值税 222101”，可看到上述公式效果，如下图所示。

| | A | B | C | D | E | F | G | H | I |
|---|---|---|---|---|---|---|---|---|---|
| 1 | 应交税费 | | 应交税费\应交增值税222101 | | | | | | |
| 2 | 222101 | | 期初余额 | | | - | 发生次数 12 | | |
| 3 | 序号 | 科目编码组合 | 科目名称 | 日期 | 凭证号 | 摘要 | 本期发生额 | | 期末余额 |
| 4 | | | | | | | 借方 | 贷方 | |
| 5 | 应交税费 | | | | | | 100,671.54 | 95,602.30 | 5,069.24 |
| 6 | ---应交增值税 | | | | | | 85,904.41 | 85,904.41 | - |
| 7 | 请选择三级科目 | | | | | | - | - | - |
| 8 | 1 | 222101-1 | 应交税费\应交增值税\销项税额22210102 | 10-9 | 0002 | 销项税额 票号00000001 | - | 9,208.77 | -9,208.77 |
| 9 | 2 | 222101-2 | 应交税费\应交增值税\销项税额22210102 | 10-9 | 0002 | 销项税额 票号00000002 | - | 8,827.22 | -18,035.99 |
| 10 | 3 | 222101-3 | 应交税费\应交增值税\销项税额22210102 | 10-10 | 0003 | 销项税额 票号00000003-06 | - | 20,913.50 | -38,949.49 |
| 11 | 4 | 222101-4 | 应交税费\应交增值税\销项税额22210102 | 10-10 | 0003 | 销项税额 票号00000007 | - | 5,995.81 | -44,945.30 |
| 12 | 5 | 222101-5 | 应交税费\应交增值税\销项税额22210102 | 10-10 | 0004 | 销项税额 票号00000008 | - | 2,220.05 | -47,165.35 |
| 13 | 6 | 222101-6 | 应交税费\应交增值税\进项税额22210101 | 10-10 | 0004 | 进项税额 票号12345678 | 9,624.06 | - | -37,541.29 |
| 14 | 7 | 222101-7 | 应交税费\应交增值税\进项税额22210101 | 10-12 | 0005 | 进项税额 票号23456780 | 12,789.00 | - | -24,752.29 |
| 15 | 8 | 222101-8 | 应交税费\应交增值税\进项税额22210101 | 10-12 | 0005 | 进项税额 票号34567891 | 6,054.19 | - | -18,698.10 |
| 16 | 9 | 222101-9 | 应交税费\应交增值税\进项税额22210101 | 10-12 | 0006 | 进项税额 票号00567891 | 8,703.53 | - | -9,994.57 |
| 17 | 10 | 222101-10 | 应交税费\应交增值税\进项税额22210101 | 10-12 | 0006 | 进项税额 票号00689103 | 1,568.28 | - | -8,426.29 |
| 18 | 11 | 222101-11 | 应交税费\应交增值税\销项税额22210102 | 10-15 | 0007 | 结转销项税 | 47,165.35 | - | 38,739.06 |
| 19 | 12 | 222101-12 | 应交税费\应交增值税\进项税额22210101 | 10-15 | 0007 | 结转进项税 | - | 38,739.06 | - |

## 2. 贷方余额转负为正

众所周知，会计科目中的“借减贷加”类科目的借方余额为负数，贷方余额为正数。而在初级明细账中，科目余额是根据统一算术公式“期末余额 = 期初余额 + 本期借方发生额 − 本期贷方发生额”设置函数公式逐笔计算余额。因此，“借减贷加”类科目的贷方余额就会呈现负数。如果要将其转换为正数，相信很多人都会不假思索地使用绝对值函数 ABS。但是，在明细账中却不能使用这一函数，否则“借减贷加”类科目余额将与正确结果差以千里。那么，如何才能将负数转换为正数，并且不影响公式计算结果的准确性呢？最简单的方法是“不改其本质，只改其表象”，运用“条件格式”工具设置单元格格式，使负数“看上去”是正数。操作步骤如下。

步骤01 在 C1 单元格中选择科目“应交税费 2221”，可看到期初余额及期末余额均为负数。选中 F2 单元格→打开【新建格式规则】对话框→在【设置规则类型】列表框中选择【使用公式确定要设置格式的单元格】选项→在【为符合此公式的值设置格式】文本框中输入公式“=F2<0”。

步骤02 单击【格式】按钮，打开【设置单元格格式】对话框→首先选择【分类】列表框中的【会计专用】选项→再选择【分类】列表框中的【自定义】选项→【类型】文本框中出现长串字符，其实正是“会计专用”格式的格式代码，如左下图所示→无须重新设置，只需在字符前输入“[<0]”即可，这样既可让数字保留“会计格式”，又能使负数显示为正数，如右下图所示，单击【确定】按钮→关闭【新建格式规则】对话框。

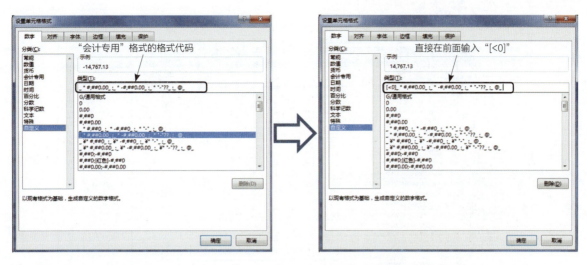

步骤 03 同样将 I 列单元格的格式自定义为以上格式，效果如下图所示。

**专家点拨**

注意这里必须通过"条件格式"工具设置单元格格式，而不能直接打开【设置单元格格式】对话框自定义格式，否则正数将显示为负数。

### 3. 判断科目余额方向

在明细账中判断科目余额的方向就非常简单了，根据余额正负，运用 IF 函数即可判断。操作步骤如下。

在 I 列右侧添加 1 列，设置好字段名称→在 J5 单元格中设置公式"=IF(I5="","",IF(I5>0," 借 ",IF(I5=0," 平 "," 贷 ")))"→向下填充公式即可，效果如下图所示。

| 序号 | 科目编码组合 | 科目名称 | 日期 | 凭证号 | 摘要 | 本期发生额 借方 | 本期发生额 贷方 | 期末余额 | 余额方向 |
|---|---|---|---|---|---|---|---|---|---|
| | 2221 | 应交税费 | | 期初余额 | 14,767.13 | 发生次数 | 23 | | |
| | | 应交税费 | | | | 100,671.54 | 95,602.30 | 9,697.89 | 贷 |
| | | 请选择二级科目 | | | | — | — | — | 平 |
| | | 请选择三级科目 | | | | — | — | — | 平 |
| 1 | 2221-1 | 应交税费\未交增值税222102 | 10-8 | 0001 | 缴纳9月增值税 | 12,368.28 | | 2,398.85 | 贷 |
| 2 | 2221-2 | 应交税费\城建税222107 | 10-8 | 0001 | 缴纳9月附加税 | 865.78 | | 1,533.07 | 贷 |
| 3 | 2221-3 | 应交税费\教育费附加222108 | 10-8 | 0001 | 缴纳9月附加税 | 371.05 | | 1,162.02 | 贷 |
| 4 | 2221-4 | 应交税费\地方教育费附加222109 | 10-8 | 0001 | 缴纳9月附加税 | 247.37 | | 914.65 | 贷 |
| 5 | 2221-5 | 应交税费\印花税222113 | 10-8 | 0001 | 缴纳印花税 | 226.80 | | 687.85 | 贷 |
| 6 | 2221-6 | 应交税费\个人所得税222111 | 10-8 | 0001 | 缴纳个人所得税 | 687.85 | | — | 平 |
| 7 | 2221-7 | 应交税费\应交增值税\销项税22210102 | 10-10 | 0002 | 销项税额 票号00000001 | — | 9,208.77 | 9,208.77 | 贷 |
| 8 | 2221-8 | 应交税费\应交增值税\销项税22210102 | 10-10 | 0002 | 销项税额 票号00000002 | — | 8,827.22 | 18,035.99 | 贷 |
| 9 | 2221-9 | 应交税费\应交增值税\销项税22210102 | 10-10 | 0003 | 销项税额 票号00000003-06 | — | 20,913.50 | 38,949.49 | 贷 |
| 10 | 2221-10 | 应交税费\应交增值税\销项税22210102 | 10-10 | 0003 | 销项税额 票号00000007 | — | 5,995.81 | 44,945.30 | 贷 |
| 11 | 2221-11 | 应交税费\应交增值税\销项税22210102 | 10-10 | 0003 | 销项税额 票号00000008 | — | 2,220.05 | 47,165.35 | 贷 |
| 12 | 2221-12 | 应交税费\应交增值税\进项税22210101 | 10-10 | 0004 | 进项税额 票号12345678 | 9,624.06 | — | 37,541.29 | 贷 |
| 13 | 2221-13 | 应交税费\应交增值税\进项税22210101 | 10-12 | 0005 | 进项税额 票号23456780 | 12,789.00 | | 24,752.29 | 贷 |
| 14 | 2221-14 | 应交税费\应交增值税\进项税22210101 | 10-12 | 0005 | 进项税额 票号34567891 | 6,054.19 | | 18,698.10 | 贷 |
| 15 | 2221-15 | 应交税费\应交增值税\进项税22210101 | 10-12 | 0006 | 进项税额 票号00567891 | 8,703.53 | | 9,994.57 | 贷 |
| 16 | 2221-16 | 应交税费\应交增值税\进项税22210101 | 10-12 | 0006 | 进项税额 票号00689103 | 1,568.28 | | 8,426.29 | 贷 |
| 17 | 2221-17 | 应交税费\应交增值税\进项税22210101 | 10-15 | 0007 | 结转进项税 | 47,165.35 | — | -38739 | 借 |
| 18 | 2221-18 | 应交税费\应交增值税\销项税22210102 | 10-15 | 0007 | | — | 38,739.06 | — | 平 |
| 19 | 2221-19 | 应交税费\未交增值税222102 | 10-15 | 0007 | 计提增值税 | — | 8,426.29 | 8,426.29 | 贷 |
| 20 | 2221-20 | 应交税费\城建税222107 | 10-15 | 0008 | 计提税金及附加 | — | 589.84 | 9,016.13 | 贷 |
| 21 | 2221-21 | 应交税费\教育费附加222108 | 10-15 | 0008 | 计提税金及附加 | — | 252.79 | 9,268.92 | 贷 |
| 22 | 2221-22 | 应交税费\地方教育费附加222109 | 10-15 | 0008 | 计提税金及附加 | — | 168.53 | 9,437.45 | 贷 |
| 23 | 2221-23 | 应交税费\印花税222113 | 10-15 | 0008 | 计提税金及附加 | — | 260.44 | 9,697.89 | 贷 |

### 4. 按月份查询明细账

初级明细账中的科目明细信息是根据"2019年10月"工作表凭证中数据生成的,无法查询其他月份的相关信息。那么,如何能满足这一工作需求?其实非常简单,只需在公式中嵌套INDIRECT函数即可自动跨表提取数据,实现按月份动态查询数据。下面介绍具体方法和操作步骤。

按月份查询需要原始数据基础,为此我们已预先新增工作表,命名为"2019年11月",并在其中填制了15份凭证,同时在"科目表"中添加辅助列计算各科目2019年11月的期初余额,如左下图和右下图所示。

**步骤01** 运用"数据验证"工具在"明细账"工作表I2单元格中制作下拉列表,将"序列"来源设置为"2019年10月,2019年11月"。

**步骤02** 重新设置F2单元格公式为"=INDEX(科目表!A:K,MATCH($C$1,科目表!G:G,0),MATCH("*"&$I$2&"*",科目表!2:2,0))",根据C1单元格中的科目名称和I2单元格中的月份查找并返回"科目表"中的期初余额。

**步骤03** 重新设置"明细账"工作表中包含"2019年10月"字符的公式。例如，将C8单元格公式设置为"=IF(B8="","",INDEX(INDIRECT($I$2&"!I:I"),MATCH($B8,INDIRECT($I$2&"!$G:$G"),0)))"→第8行其他公式以此类推设置→向下填充公式，也可运用"查找和替换"工具对公式进行批量修改。

**步骤04** 测试公式效果。在I2单元格的下拉列表中分别选择"2019年10月"和"2019年11月"，可看到明细账表中所有账务数据发生动态变化，如下图所示。

## 6.3.3 编制总分类账

总分类账也称为总账，是按照一级会计科目进行分类登记的会计账簿。总分类账的概括性极强，能够全面、总括地反映和记录经济业务引起的资金运动和财务收支情况。总分类账也是编制会计报表的主要依据，因此任何企业都必须设置总分类账。登记总分类账（以下简称"总账"）的流程一般是先根据记账凭证制作出科目汇总表，再按照科目汇总表中的各个科目发生额总额登记至总账中，如下图所示。

本小节按照上述流程,首先制作科目汇总表,根据记账凭证分月汇总各科目发生额,再由此生成总分类账。

### 1. 制作科目汇总表

科目汇总表的主要作用是将每月填制的记账凭证中会计科目的借贷双方发生额汇总至一张表格内,所以这份表格的制作相对于"明细账"更为简便,公式也更易理解,主要运用单条件求和函数 SUMIF 与多条件求和函数 SUMIFS,并嵌套其他常用函数,即可实现预期目标。具体操作步骤如下。

**步骤01** 绘制基础表格。同一工作簿中新建一个工作表,命名为"科目汇总表"→将"科目表"工作表整张复制粘贴至"科目汇总表"中→删除原表格中不需要的内容,调整表格结构→在表格上方添加绘制两个表格。其中,A1:E2 单元格区域将用于按科目类别和单个科目动态查询全年汇总额,G1:M3 单元格区域用于按科目类别汇总发生额并计算所有科目汇总金额→设置好字段名称、格式等,如下图所示。

**步骤02** B 列设置公式判断 C 列科目编码级次。虽然 B 列中已对科目编码级次进行了定义和归属,但是其中的数字属于文本格式,会影响后续公式的设置,并且由于其中数字是静态不变的,即使后续成功设置了公式,但如果某个单元格的运算结果有误,由静态数字引起的错误根源不易被察觉,因此建议在这里设置公式自动判断科目级次。在 B8 单元格中设置公式"=MAX(IF(LEN(C8)={4,6,8},{1,2,3},0))"→向下填充公式。

**步骤03** 汇总记账凭证中各科目的发生额。分别在 I8 和 J8 单元格中设置以下公式→将 I8:J8 单元格区域公式向下填充至 I9:J202 单元格区域中。

• I8 单元格:"=SUMIF(INDIRECT(I$5&"!$B:$B"),IF($B8=1,$D8&"*","*"&$E8&"*"), INDIRECT(I$5&"!$C:$C"))",汇总 I5 单元格指定的"2019 年 10 月"工作表凭证中指定科目的借方发生额。其

中，SUMIF 函数的第 2 个参数即指定科目，嵌套 IF 函数的作用是判断 B8 单元格中科目级次是否为一级科目，如果是，则返回 D8 单元格中的一级科目名称并在其后添加通配符，否则返回 E8 单元格中的二级科目名称，并在其前后均添加通配符。

• J8 单元格：“=SUMIF(INDIRECT(I$5&"!$B:$B"),IF($B8=1,$D8&"*","*"&$E8&"*"),INDIRECT(I$5&"!$D:$D"))”，汇总 I5 单元格指定的“2019 年 10 月”工作表凭证中指定科目的贷方发生额。公式含义请参考 I8 单元格公式进行理解。

步骤04 汇总所有一级科目的发生额。在 I7 单元格中设置公式“=SUMIF($B$8:$B$202,1,I$8:I$202)”→将公式向右填充至 J7 单元格，以汇总所有一级科目借方和贷方发生额。注意这里仅汇总一级科目发生额是因为上一步汇总后的每一个一级科目中的发生额已包含其下级科目的发生额，所以不得再重复汇总。

步骤05 汇总 2019 年 11 月的科目发生额。将 I7:J202 单元格区域公式复制粘贴至 K7:L202 单元格区域即可。后期如需补充汇总之前或之后月份的科目发生额时，也只需在填制当月记账凭证后，复制并全部粘贴 I5:J202 单元格区域至相应区域，再修改月份即可。

步骤06 汇总全年科目发生额。在 G8 单元格中设置公式“=SUMIF($I$6:$N$6,G$6,$I8:$N8)”，汇总全年借方发生额→向右填充公式至 H8 单元格→将 G8:H8 单元格区域公式向下填充至 G9:H202 单元格区域→将 I7:J7 单元格区域公式复制粘贴至 G7:H7 单元格区域。

以上步骤 02~06 所设公式效果如下图所示（因 12 月未填制记账凭证，因此暂时为空白）。

| 科目类别 | 科目名称 | 借方发生额 | 贷方发生额 |
|---|---|---|---|
| | | | |

| 方向 | 资产 | 负债 | 权益 | 成本 | 损益 | 合计 |
|---|---|---|---|---|---|---|
| 借方 | | | | | | |
| 贷方 | | | | | | |

科目汇总表

| 类别 | 编码级次 | 科目编码 | 一级科目 | 二级科目 | 三级科目 | 全年合计 | | 2019年10月 | | 2019年11月 | | 2019年12月 | |
|---|---|---|---|---|---|---|---|---|---|---|---|---|---|
| | | | | | | 借方 | 贷方 | 借方 | 贷方 | 借方 | 贷方 | 借方 | 贷方 |
| | | | | | | 3247538.13 | 3247538.13 | 1762429.98 | 1762429.98 | 1485108.15 | 1485108.15 | | |
| 资产 | 1 | 1001 | 库存现金 | | | 40,000.00 | 202,361.40 | 20,000.00 | 101,180.70 | 20,000.00 | 101,180.70 | | |
| 资产 | 1 | 1002 | 银行存款 | | | 165,000.00 | 156,920.09 | 82,500.00 | 85,631.29 | 82,500.00 | 71,288.80 | | |
| 资产 | 2 | 100201 | 银行存款 | 中国××银行××支行 | | 165,000.00 | 156,920.09 | 82,500.00 | 85,631.29 | 82,500.00 | 71,288.80 | | |
| 资产 | 1 | 1021 | 结算备付金 | | | - | - | - | - | - | - | | |
| 资产 | 1 | 1031 | 存出保证金 | | | - | - | - | - | - | - | | |
| 资产 | 1 | 1121 | 应收票据 | | | - | - | - | - | - | - | | |
| 资产 | 2 | 112101 | 应收票据 | G公司 | | - | - | - | - | - | - | | |
| 资产 | 1 | 1122 | 应收账款 | | | 767,601.51 | 30,000.00 | 423,013.34 | 15,000.00 | 344,588.17 | 15,000.00 | | |
| 资产 | 2 | 112201 | 应收账款 | 暂估应收款 | | - | - | - | - | - | - | | |
| 资产 | 2 | 112202 | 应收账款 | A公司 | | 99,204.10 | - | 53,968.50 | - | 45,235.60 | - | | |
| 资产 | 2 | 112203 | 应收账款 | B公司 | | 111,994.54 | 30,000.00 | 76,728.88 | 15,000.00 | 35,265.66 | 15,000.00 | | |
| 资产 | 2 | 112204 | 应收账款 | C公司 | | 307,902.23 | - | 181,786.58 | - | 126,115.65 | - | | |
| 资产 | 2 | 112205 | 应收账款 | D公司 | | 117,471.88 | - | 52,116.62 | - | 65,355.26 | - | | |
| 资产 | 2 | 112206 | 应收账款 | E公司 | | 131,028.76 | - | 58,412.76 | - | 72,616.00 | - | | |

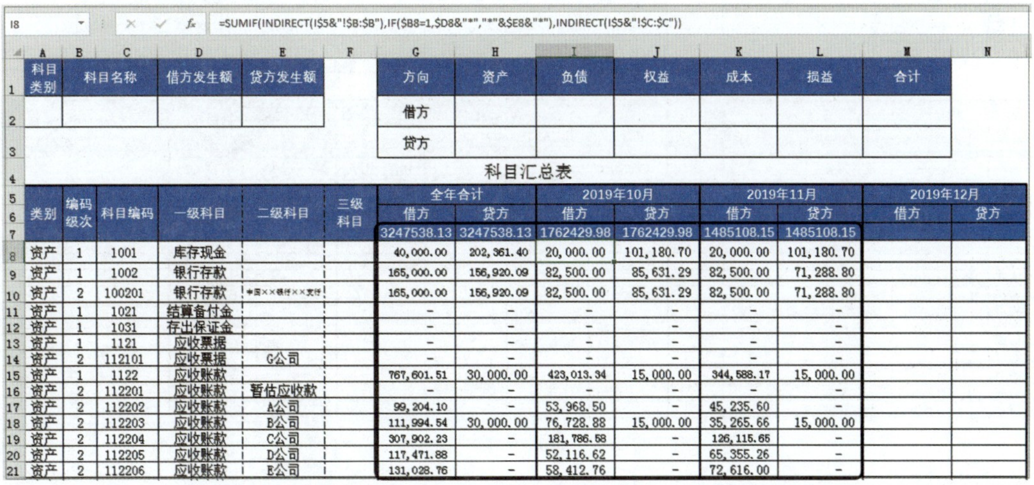

步骤07 按科目类别汇总全年发生额。分别在以下单元格中设置公式并填充。

• H2 单元格：“=SUMIFS($G$8:$G$202,$A$8:$A$202,H$1,$B$8:$B$202,1)”→向右填充公式至 L2 单元格，按类别汇总一级科目借方发生额。

• H3 单元格：“=SUMIFS(H$8:H$202,$A$8:$A$202,H$1,$B$8:$B$202,1)” →向右填充公式至

L3 单元格，按类别汇总一级科目贷方发生额。

• M2 单元格：“=ROUND(SUM(H2:L2),2)”→向下填充公式至 M3 单元格，汇总各类科目发生额总额。公式效果如下图所示。

fx =SUMIFS($G$8:$G$202,$A$8:$A$202,H$1,$B$8:$B$202,1)

| 方向 | 资产 | 负债 | 权益 | 成本 | 损益 | 合计 |
|---|---|---|---|---|---|---|
| 借方 | 1,520,211.93 | 299,387.00 | 119,775.95 | - | 1,308,163.25 | 3,247,538.13 |
| 贷方 | 906,307.84 | 859,867.80 | 109,715.91 | - | 1,371,646.58 | 3,247,538.13 |

步骤08 运用“定义名称＋数据验证＋INDIRECT 函数”在 A2 和 B2 单元格中制作二级联动下拉列表，按科目大类查询一级科目的全年借方和贷方发生额总额，具体制作步骤请参照 4.3.3 小节的内容，这里不再赘述→在 D2 单元格中设置公式“=VLOOKUP(RIGHT($B$2,LEN($B$2)-5),$D$8:G$202,4,0)”，查询借方发生额总额→向右填充公式至 E2 单元格，查找并返回贷方发生额总额，效果如下图所示。

公式中的 VLOOKUP 函数的第 1 个参数是被查找值，嵌套 RIGHT 和 LEN 函数的目的是首先运用 RIGHT 函数从右截取 B2 单元格中的字符，截取长度是运用 LEN 函数计算得到的总长度减 5（一级科目编码长度为 4，加空格后的长度为 5）后的数字，即截取一级科目名称。

| 科目类别 | 科目名称 | 借方发生额 | 贷方发生额 |
|---|---|---|---|
| 权益 | 4103 本年利润 | 119,775.95 | 109,715.91 |

| 方向 | 资产 | 负债 | 权益 | 成本 | 损益 | 合计 |
|---|---|---|---|---|---|---|
| 借方 | 1,520,211.93 | 299,387.00 | 119,775.95 | - | 1,308,163.25 | 3,247,538.13 |
| 贷方 | 906,307.84 | 859,867.80 | 109,715.91 | - | 1,371,646.58 | 3,247,538.13 |

科目汇总表

| 类别 | 编码级次 | 科目编码 | 一级科目 | 二级科目 | 三级科目 | 全年合计 | | 2019年10月 | | 2019年11月 | | 2019年12月 | |
|---|---|---|---|---|---|---|---|---|---|---|---|---|---|
| | | | | | | 借方 | 贷方 | 借方 | 贷方 | 借方 | 贷方 | 借方 | 贷方 |
| | | | | | | 3247538.13 | 3247538.13 | 1762429.98 | 1762429.98 | 1485108.15 | 1485108.15 | | |
| 资产 | 1 | 1001 | 库存现金 | | | 40,000.00 | 202,361.40 | 20,000.00 | 101,180.70 | 20,000.00 | 101,180.70 | | |
| 资产 | 1 | 1002 | 银行存款 | | | 165,000.00 | 156,920.09 | 82,500.00 | 85,631.29 | 82,500.00 | 71,288.80 | | |
| 资产 | 2 | 100201 | 银行存款 | 中国××银行××支行 | | 165,000.00 | 156,920.09 | 82,500.00 | 85,631.29 | 82,500.00 | 71,288.80 | | |
| 资产 | 1 | 1021 | 结算备付金 | | | - | - | - | - | - | - | | |
| 资产 | 1 | 1031 | 存出保证金 | | | - | - | - | - | - | - | | |
| 资产 | 1 | 1121 | 应收票据 | | | - | - | - | - | - | - | | |
| 资产 | 2 | 112101 | 应收票据 | G公司 | | - | - | - | - | - | - | | |
| 资产 | 1 | 1122 | 应收账款 | | | 767,601.51 | 30,000.00 | 423,013.34 | 15,000.00 | 344,588.17 | 15,000.00 | | |
| 资产 | 2 | 112201 | 应收账款 | 暂估应收款 | | - | - | - | - | - | - | | |
| 资产 | 2 | 112202 | 应收账款 | A公司 | | 99,204.10 | - | 53,968.50 | - | 45,235.60 | - | | |
| 资产 | 2 | 112203 | 应收账款 | B公司 | | 111,994.54 | 30,000.00 | 76,728.88 | 15,000.00 | 35,265.66 | 15,000.00 | | |
| 资产 | 2 | 112204 | 应收账款 | C公司 | | 307,902.23 | - | 181,786.58 | - | 126,115.65 | - | | |
| 资产 | 2 | 112205 | 应收账款 | D公司 | | 117,471.88 | - | 52,116.62 | - | 65,355.26 | - | | |
| 资产 | 2 | 112206 | 应收账款 | E公司 | | 131,028.76 | - | 58,412.76 | - | 72,616.00 | - | | |
| 资产 | 1 | 1123 | 预付账款 | | | - | - | - | - | - | - | | |

## 2. 生成总分类账

总分类账是以“月”为最小单位汇总一级科目发生额并将每月汇总额再次逐月累加至全年，这就决定了表格格式的固定性。因此，我们按照实际工作中规范的账表框架设计表格，将总分类账“动态化”与“自动化”，即制作二级联动下拉列表，在其中选择不同的科目类别和一级科目后，账表中的当月发生额即可根据所选科目直接链接“科目汇总表”，并从中自动获取汇总额。而“累

## Chapter 06 管好企业的一本账——会计凭证与账簿管理

计""本年累计""余额"则设置简单公式,以当月发生额为基数进行计算。同时,检验账表数据是否相符。

（1）自动生成总分类账动态标题。

根据所选一级科目的变化,自动生成动态标题。

**步骤01** 新增工作表,命名为"总分类账"→绘制基础表格并设置好字段名称、格式等→在 F4:F6 单元格区域中填入余额作为 2019 年 10 月的期初余额→将"科目汇总表"工作表中的 A1 和 A2 单元格全部复制并粘贴至"总分类账"工作表中的 G1 和 G2 单元格,即科目类别的下拉列表→同样将二级科目名称下拉列表复制粘贴至"总分类账"工作表中的 B2 单元格。这里将科目类别下拉列表作为辅助列放置在账表之外的原因是方便将账表区域设置为打印区域,不打印 G1 和 G2 单元格内容。

**步骤02** 在 A1 单元格中设置公式"=RIGHT($B$2,LEN(B2)-5)&" 总账 "",自动生成总分类账标题,效果如下图所示。

| | A | B | C | D | E | F | G |
|---|---|---|---|---|---|---|---|
| 1 | 应付账款总账 | | | | | | 科目类别 |
| 2 | 科目: | 2202 应付账款 | | | | | 负债 |
| 3 | 月份 | 摘要 | 借方 | 贷方 | 方向 | 余额 | |
| 4 | | 上年结转 | - | - | | 356,268.86 | |
| 5 | 2019年9月 | 本月合计 | - | - | 借 | 356,268.86 | |
| 6 | 2019年9月 | 累计 | - | - | | 356,268.86 | |
| 7 | 2019年10月 | 本月合计 | | | | | |
| 8 | 2019年10月 | 累计 | | | | | |
| 9 | 2019年11月 | 本月合计 | | | | | |
| 10 | 2019年11月 | 累计 | | | | | |
| 11 | 2019年12月 | 本月合计 | | | | | |
| 12 | 2019年12月 | 累计 | | | | | |

（2）查找科目借贷双方发生额。

根据所选一级科目,从"科目汇总表"中查找相应月份的借贷双方发生额。

**步骤01** 分别在 C7:F8 单元格区域的各单元格中设置以下公式。

- C7 单元格:"=IFERROR(VLOOKUP(LEFT($A$1,LEN($A$1)-2), 科目汇总表 !$D:$U,MATCH($A7, 科目汇总表 !$5:$5,0)-3,0),0)",在"科目汇总表"中查找并返回"2019 年 10 月"的一级科目的借方发生额。

- D7 单元格:"=IFERROR(VLOOKUP(LEFT($A$1,LEN($A$1)-2), 科目汇总表 !$D:$U,MATCH($A7, 科目汇总表 !$5:$5,0)-2,0),0)",在"科目汇总表"中查找并返回"2019 年 10 月"的一级科目的贷方发生额。

- E7 单元格:"=IF(F7>0," 借 ",IF(F7=0," 平 "," 贷 "))",根据 F7 单元格中的余额判断余额

方向。

- F7 单元格："=IF(B7=" 本月合计 ",ROUND(F5+C7-D7,2),0)"，计算本月余额。这里嵌套 IF 函数的作用是设置好公式后可直接向下复制粘贴公式，"累计"不计算余额，将返回数字"0"。
- C8 单元格："=ROUND(C6+C7,2)"→向右填充公式至 D8 单元格，计算借方和贷方的累计发生额。
- F8 单元格："=IF(B8=" 本月合计 ",ROUND(F7+C8-D8,2),0)"，也可不设置公式。

**步骤02** 将 C7:F8 单元格区域公式全部复制粘贴至 C9:F12 单元格区域，即可计算 2019 年 11 月的相关数据。由于 2019 年 12 月未填制凭证，所以"本月合计"金额为 0。

**步骤03** 运用"条件格式"工具设置 F 列单元格格式，使负数余额显示为正数，效果如下图所示。具体设置方法请参考 6.3.2 小节相关介绍。

（3）校验账表数据是否相符。

由于"总分类账"中借贷双方的"累计"金额是由本张表格中的"本月合计"与逐月累计数累加而成的，而"本月合计"金额则是运用 VLOOKUP 函数设置公式自动从"科目汇总表"中查找引用而来的，如果"科目汇总表"中的汇总额有误，或者"总分类账"中的公式设置错误，都会导致逐月累计及全年累计额出错，因此核对"总分类账"与"科目汇总表"中的两个全年"累计"金额是否一致很有必要。下面只需设置两个公式即可自动将"总分类账"与"科目汇总表"中借贷双方的全年累计数据进行校验，以便及时发现问题并予以更正。

**步骤01** "总分类账"的 C12 和 D12 单元格（2019 年 12 月）中的"累计"金额即为全年累计额。

分别在 A13 和 A14 单元格中设置以下公式。

- A13 单元格："=IF(C12=VLOOKUP(LEFT($A$1,LEN($A$1)-2),科目汇总表 !D:G,4,0),"√ 本年借方累计额与科目汇总表总额相符！","× 全年借方累计额不符，请检查公式 ")"，校验账表的全年累计额借方金额是否相符。
- A14 单元格："=IF(D12=VLOOKUP(LEFT($A$1,LEN($A$1)-2),科目汇总表 !D:H,5,0),"√ 本

年贷方累计额与科目汇总表总额相符！","× 本年贷方累计额不符，请检查公式")"，校验账表的全年累计额贷方金额是否相符。

**步骤02** 运用"条件格式"工具设置 C12、D12、A13、A14 单元格格式，设置条件为当"总分类账"和"科目余额表"中的全年累计金额不相符时，字体颜色改变为红色。

**步骤03** 测试公式效果。在 C12 单元格中任意输入一个数据，如"50000"，即可看到 A13 单元格的提示文字及字体颜色发生变化，效果如下图所示。

其他账表，如科目余额表等除结构、计算方式等与以上账表略有不同外，其制作思路与方法基本一致，而且制作过程更为简便，读者可参照制作其他账表，这里不再赘述。

### 高手自测 21

动态明细账中所有数据都是动态变化的，但是表格框线却是静态不变的，当明细数据较少时，表格框线依然存在，不够规范和美观。能否让表格框线也随着动态明细账表中所列示的数据多少变化而自动添加或清除？

### 高手自测 22

"总分类账"中，运用 VLOOKUP 函数设置公式查找"科目汇总表"中相关数据时，第 1 个参数为什么设置为"LEFT($A$1,LEN($A$1)-2)"？

## 高手神器6：会计网——便捷实用的在线工具库

会计网是中国会计领域的权威行业门户。网站除具备资讯、交流、学习等功能外，还贴心地为广大财务人员提供了多种操作便捷的实用工具。例如，"考试助手"可协助报考 CPA 的考生制作报名照片；"企业财务工具"可帮助财务人员快速计算印花税金，并提供"会计科目汇总表"，列示所有一级会计科目，并提示适用行业范围，协助财务人员选择适合本企业的会计科目；"个人财务工具"和"理财规划工具"可计算五险一金、房贷、车贷、投资收益、子女教育基金、家庭月度收支等与工作和生活息息相关的收益和支出等。首次登录网站打开"工具库"的操作步骤如下。

**步骤01** 访问会计网首页→向下滑动网页至【实务】模块→页面右侧的【实用工具】快捷菜单中放置了几个常用工具按钮，单击即可打开。如需使用其他工具，只需单击【实用工具】按钮打开"工具库"，如下图所示。

"工具库"网页页面如左下图所示。单击【企业财务工具】列表中的【会计科目汇总表】按钮，即可查看会计科目及适用范围，如右下图所示。

**步骤02** 创建"工具库"网页的桌面快捷方式，之后即可一键打开工具库。

# 07 Chapter
## 管好企业的重要资产
## ——固定资产管理

固定资产是企业赖以生产经营的重要资产,加强固定资产管理,对于保障固定资产的安全和完整,推动技术进步,提高企业生产能力和企业经济效益,有着重要的意义。

那么,如何才能有效管理企业中的每一项固定资产,并遵循相关法律法规,按照固定资产的不同类别或用途采用不同的折旧方法准确无误地核算每期折旧额,同时对折旧额进行合理归集后计入当期损益呢?以上工作看似简单,具体操作时却非常烦琐。如果运用Excel制作管理表格、利用函数设置公式自动计算固定资产的相关数据,就能将这些工作化繁为简,轻松高效地完成固定资产日常管理工作。

本章就以上所述内容,讲解如何充分运用Excel对固定资产进行合理、高效的管理及自动计算不同折旧方式下折旧额的函数运用和公式设置方法。希望读者学习后进行实战练习,同时能够从中领悟到一些财务角度的管理思路。

### 请带着下面的问题走进本章

(1)固定资产初始登记时,能否根据入账时间自动计算折旧起止时间?

(2)固定资产上需要粘贴标识卡,能否在进行初始登记后即自动生成标识卡?

(3)折旧除直线法外,其他折旧法每期折旧额都不同,如何能够更简便地计算折旧额?

(4)每月需要制作固定资产折旧明细表,并按使用部门归集期间费用,有没有简便方法自动计算各部门费用金额?

## 7.1 做好入账登记管理，让原始信息繁而不乱

企业因生产经营需要购置的固定资产都会很多，大到房屋、建筑物、机器设备、运输工具，小到普通器具、电子设备、家具等。而每一项固定资产所涵盖的重要原始信息量都很大，包含固定资产名称、规格型号、原值、使用年限、用途、预计净残值、折旧方法、折旧起止日期等。固定资产原始信息的记录至关重要，决定着后期计算折旧、期间费用及相关财务数据的准确与否。因此，财务人员在对固定资产做入账登记时，就必须做到无所遗漏、井然有序地记录和管理好每项资产的重要信息，以便在后续管理和计算时有据可依，有账可查。那么，具体如何操作？我们的思路是：运用 Excel 制作固定资产管理卡片模板，记录每一固定资产的原始信息，并自动计算相关数据，同时针对年数总和法和双倍余额递减法的折旧方法，制作同步动态折旧计算表。

### 7.1.1 定制固定资产卡片

固定资产卡片是指登记固定资产原始信息的卡片，是对固定资产进行明细分类核算的一种基本账簿形式。固定资产的折旧方法根据其性能、用途、特点的不同一般分为年限平均法、年数总和法、双倍余额递减法和工作量法。其中，年限平均法（以下简称"直线法"）最为简便，运用算术平均法即可计算得出每期等额折旧额。而通过其他三种折旧方法计算得出的每年折旧额都不尽相同，具体核算时相对复杂。因此，直线法在实际工作中的应用范围也最为广泛。本小节介绍运用 Excel 制作单项固定资产管理卡片，登记原始信息，并将直线法这一折旧方法融入固定资产卡片之中，讲解如何设置公式自动计算折旧基数、累计折旧额、资产余额、折旧期限、起止日期等数据的具体方法。

固定资产卡片的实质是表格，也就是说，依然是通过表格来记录和管理固定资产。下面以企业外购、可立即投入使用的固定资产为例，讲解制作方法。

#### 1. 设计"卡片"结构

由于固定资产的原始信息量较大，登记的项目较多，出于卡片的规范性和美观度考虑，表格的字段名称不适宜单行或单列排列，应合理设计表格结构，按逻辑顺序安排字段名称。为此，我们预先设计并绘制了固定资产空白卡片样式（Excel 工作簿名称为"固定资产管理"，工作表名称为"固定资产卡片"），如右图所示。

以上固定资产卡片的设计思路和结构用途如下图所示。

| 一、B2:B11、D2:D11 单元格区域 | 二、C8 单元格（"折旧月数"） | 三、A10:D11 单元格区域 |
|---|---|---|
| 1. 空白单元格用于手动填入固定资产原始信息<br>2. 灰色单元格部分全部设置公式自动计算相关数据<br>3. 采用直线法的固定资产直接在卡片中计算折旧额，采用其他折旧法的固定资产另制表格计算 | 为同时满足直线法和其他折旧方法使用，设置公式，根据不同折旧方法显示不同字段名称 | 由于其中项目数据是动态变化的，因此作为备查内容，打印纸质卡片时不必打印此区域 |

## 2. 设置"卡片"公式

设置固定资产卡片中的公式，自动计算固定资产的预计净残值、折旧基数、折旧起止月份及备查内容区域中的数据。操作步骤如下。

**步骤01** 准备工作。B5 单元格（资产用途）、B8 单元格（折旧方法）、D5 单元格（使用部门）运用"数据验证"工具制作下拉列表→设置单元格格式，部分单元格自定义单元格格式，添加数字的计量单位，具体如表 7-1 所示→在空白单元格中填入固定资产原始信息，以展示并检验公式效果，如下图所示。

表 7-1 单元格格式要求

| 单元格 | 项目内容 | 操作 |
|---|---|---|
| B5 | 资产用途 | |
| B8 | 折旧方法 | 运用"数据验工具"制作下拉列表，"序列"内容自行设置 |
| D5 | 使用部门 | |
| B6 | 使用年限 | 自定义单元格格式为"# 年" |
| D6 | 资产原值 | 自定义单元格格式为"#,##0.00 元" |
| D7 | 折旧基数 | |

| | A | B | C | D |
|---|---|---|---|---|
| 1 | | 固定资产卡片 | | |
| 2 | 卡片编号 | 10001 | 资产编号 | HT001 |
| 3 | 固定资产名称 | 生产设备01 | 规格型号 | HT6186 |
| 4 | 购进日期 | 2019-9-20 | 发票号码 | No. 00123456 |
| 5 | 资产用途 | 生产经营 | 使用部门 | 生产部 |
| 6 | 使用年限 | 10年 | 资产原值 | 350,000.00元 |
| 7 | 预计净残值(5%) | | 折旧基数 | |
| 8 | 折旧方法 | 直线法 | 折旧月数 | |
| 9 | 折旧起始月 | | 折旧结束月 | |
| 10 | 累计折旧期数 | | 累计折旧额 | |
| 11 | 剩余折旧期数 | | 折旧余额 | |
| 12 | 会计主管 | | 经办人 | 填制日期： |

**步骤02** 设置 C8 单元格的字段名称自动切换为不同内容,并计算预计净残值和折旧基数。分别在 B7 和 D7 单元格中设置以下公式。

- B7 单元格:"=IF(D6="","",ROUND(D6*0.05,2))",计算预计净残值。
- D7 单元格:"=IFERROR(ROUND(D6-B7,2),"")",计算折旧基数。

**步骤03** 计算折旧月数及折旧起止月份,并设置 C7 单元格的字段名称自动切换为不同内容。分别在 C8、D8、B9、D9 单元格中设置以下公式。

- C8 单元格:"=IF(B8=" 直线法 "," 折旧月数 / 每月折旧额 "," 折旧月数 ")"。由于直线法下,每月折旧额均等,采用此方法折旧的固定资产将在 D8 单元格中同时计算每月折旧额和折旧月数,因此 C8 单元格中字段名称应当与之匹配。
- D8 单元格:"=IFERROR(IF(B8="","",IF(B8=" 直线法 ",B6*12&" 月 /"&ROUND(D7/(B6*12),2)&" 元 ",B6*12&" 月 ")),"")",采用直线法折旧的固定资产将在此单元格同时计算折旧期数和每期折旧额,否则仅计算折旧期数。同时,运用文本运算符"&"与指定字符连接。
- B9 单元格:"=IF(B4="","",DATE(YEAR(B4),MONTH(B4)+1,1))",遵循"当月增加的固定资产,当月不计提折旧,从下月起计提折旧"的规则自动计算折旧开始月份。公式先将 B4 单元格中日期分解为年份、购进月 +1(代表购进月的次月),再运用 DATE 函数将其组合为一个标准日期。
- D9 单元格:"=IF(B4="","",EDATE(B4,B6*12))",计算折旧结束月份。其中,表达式"B6*12"的作用是将使用年限 ×12 个月,换算为折旧月数。公式效果如下图所示。

**步骤04** 计算备查区域数据。分别在 B10、D10、B11 和 D11 单元格中设置以下公式。

- B10 单元格:"=IFERROR(IF(B4="","",DATEDIF(B4,TODAY(),"M")),"")",运用 DATEDIF 函数计算当前计算机系统日期(2019 年 10 月 26 日)与 B4 单元格(购进日期)中月份数的间隔月数,即已折旧月数的累计数(包含本月)。
- D10 单元格:"=IFERROR(IF(B8="","",IF(B8=" 直线法 ",ROUND(D7/(B6*12)*B10,2)&" 元 ",0)),"")",计算累计折旧额,并与字符"元"连接。
- B11 单元格:"=IFERROR(B6*12-B10,"")",计算剩余折旧月数。

• D11 单元格："=IFERROR(IF(B8="","",IF(B8=" 直线法 ",D7-LEFT(D10,LEN(D10)-1)&" 元 ",0)),"")"，计算折旧余额并与字符"元"连接。最终效果如左下图所示。

以上公式均嵌套了 IFFEROR 或 IF 函数，部分单元格同时嵌套了两个函数，其作用是当原始信息为空值时，屏蔽公式返回的错误值和错误的计算结果，从而保持卡片的整洁和美观。将所有原始信息删除，即可看到效果，如右下图所示。

B10 =IFERROR(IF(B4="","",DATEDIF(B4,TODAY(),"M")),"")

| 固定资产卡片 | | | |
|---|---|---|---|
| 卡片编号 | 10001 | 资产编号 | HT001 |
| 固定资产名称 | 生产设备01 | 规格型号 | HT6186 |
| 购进日期 | 2019-9-20 | 发票号码 | No. 00123456 |
| 资产用途 | 生产经营 | 使用部门 | 生产部 |
| 使用年限 | 10年 | 资产原值 | 350, 000. 00元 |
| 预计净残值(5%) | 17, 500. 00元 | 折旧基数 | 332, 500. 00元 |
| 折旧方法 | 直线法 | 折旧月数/每月折旧额 | 120月/2770. 83元 |
| 折旧起始月 | 2019年10月 | 折旧结束月 | 2029年9月 |
| 累计折旧期数 | 1期 | 累计折旧额 | 2770. 83元 |
| 剩余折旧期数 | 119期 | 折旧余额 | 329729. 17元 |
| 会计主管： | 经办人： | | 填制日期： |

D11 =IFERROR(IF(B8="","",IF(B8="直线法",D7-LEFT(D10,LEN(D10)-1)&"元",0)),"")

| 固定资产卡片 | | | |
|---|---|---|---|
| 卡片编号 | | 资产编号 | |
| 固定资产名称 | | 规格型号 | |
| 购进日期 | | 发票号码 | |
| 资产用途 | | 使用部门 | |
| 使用年限 | | 资产原值 | |
| 预计净残值(5%) | | 折旧基数 | |
| 折旧方法 | | 折旧月数/每月折旧额 | |
| 折旧起始月 | | 折旧结束月 | |
| 累计折旧期数 | | 累计折旧额 | |
| 剩余折旧期数 | | 折旧余额 | |
| 会计主管： | 经办人： | | 填制日期： |

## 7.1.2 制作动态折旧预算表

企业在购入固定资产并做好原始信息登记后，需要对固定资产的各年折旧额进行预算。在 7.1.1 小节中，我们已将直线法下的每月折旧额直接体现在固定资产卡片中。但是，年数总和法、双倍余额递减法、工作量法的计算方法相对直线法更复杂，各年折旧额也不尽相同，因此卡片中无法完整地计算每年折旧额。本小节将专门针对年数总和法、双倍余额递减法，在原有卡片基础上，制作一份简洁小巧的折旧预算表，根据卡片中所选择的折旧方法，在同一表格中动态计算不同折旧方法下的各年折旧额。而对于工作量法，由于登记项目与计算方法较为特殊，我们将另制固定资产卡片与折旧计算表。

### 1. 自动列示折旧年份

自动列示折旧年份的思路是：根据卡片中的使用年限，在折旧计算表中依次列示完整的年数，其实制作方法与 6.3.1 小节中自动生成明细表序号的方法大致相同。操作步骤如下。

步骤 01 在固定资产卡片表格的右侧区域绘制表格，预留 10 行用于计算 10 年折旧额（预算表制作完成后介绍扩展表格的方法，用于计算使用年限在 10 年以上的固定资产折旧额）→设置好字段名称、单元格格式等，如下图所示。

| | A | B | C | D | F | G | H | I |
|---|---|---|---|---|---|---|---|---|
| 1 | 固定资产卡片 | | | | 折旧预算表 | | | |
| 2 | 卡片编号 | 10001 | 资产编号 | HT001 | 折旧年份 | 折旧期间 | 每年折旧额 | 每月折旧额 |
| 3 | 固定资产名称 | 生产设备01 | 规格型号 | HT6186 | | | | |
| 4 | 购进日期 | 2019-9-20 | 发票号码 | No. 00123456 | | | | |
| 5 | 资产用途 | 生产经营 | 使用部门 | 生产部 | | | | |
| 6 | 使用年限 | 10年 | 资产原值 | 350, 000. 00元 | | | | |
| 7 | 预计净残值(5%) | 17, 500. 00元 | 折旧基数 | 332, 500. 00元 | | | | |
| 8 | 折旧方法 | 双倍余额递减法 | 折旧月数 | 120月 | | | | |
| 9 | 折旧起始月 | 2019年10月 | 折旧结束月 | 2029年9月 | | | | |
| 10 | 累计折旧期数 | 1期 | 累计折旧额 | - | | | | |
| 11 | 剩余折旧期数 | 119期 | 折旧余额 | - | | | | |
| 12 | 会计主管： | 经办人： | | 填制日期： | | | | |

步骤02 在 F3 单元格中设置公式“=IF(ROW()-ROW(F$2)<=B6,ROW()-ROW(F$2),"")”→向下填充公式至 F12 单元格→设置 F3:F12 单元格区域的自定义格式代码为“第 # 年”，效果如下图所示。公式含义请参考 6.3.1 小节明细账自动生成序号的公式进行理解。

F3 fx =IF(ROW()-ROW(F$2)<=B6,ROW()-ROW(F$2),"")

| | A | B | C | D | F | G | H | I |
|---|---|---|---|---|---|---|---|---|
| 1 | 固定资产卡片 | | | | 折旧预算表 | | | |
| 2 | 卡片编号 | 10001 | 资产编号 | HT001 | 折旧年份 | 折旧期间 | 每年折旧额 | 每月折旧额 |
| 3 | 固定资产名称 | 生产设备01 | 规格型号 | HT6186 | 第1年 | | | |
| 4 | 购进日期 | 2019-9-20 | 发票号码 | No. 00123456 | 第2年 | | | |
| 5 | 资产用途 | 生产经营 | 使用部门 | 生产部 | 第3年 | | | |
| 6 | 使用年限 | 10年 | 资产原值 | 350, 000. 00元 | 第4年 | | | |
| 7 | 预计净残值(5%) | 17, 500. 00元 | 折旧基数 | 332, 500. 00元 | 第5年 | | | |
| 8 | 折旧方法 | 双倍余额递减法 | 折旧月数 | 120月 | 第6年 | | | |
| 9 | 折旧起始月 | 2019年10月 | 折旧结束月 | 2029年9月 | 第7年 | | | |
| 10 | 累计折旧期数 | 1期 | 累计折旧额 | - | 第8年 | | | |
| 11 | 剩余折旧期数 | 119期 | 折旧余额 | - | 第9年 | | | |
| 12 | 会计主管： | 经办人： | | 填制日期： | 第10年 | | | |

## 2. 计算每年折旧期间，显示自定义格式

每年折旧期间是指每一折旧年份内的起止月份，例如，第 1 年的折旧期间是 2019 年 10 月至 2020 年 9 月，以此类推。计算方法很简单，运用日期函数 EDATE 即可。这一步的难点在于，为了减少字段、简化表格，这里需要自定义格式，使之显示为“2019.10-2020.9”。要达到这个效果，就必须要嵌套 TEXT 函数与文本运算符。由于公式较长，不便理解，因此我们可以借助辅助列，分别计算起始月份和结束月份，再合并公式，读者充分理解公式后，删除辅助列即可。操作步骤如下。

步骤01 在 G 列前插入两列，设置字段名称→在 G3 单元格中设置公式“=TEXT(EDATE($B$4,F3*12-11),"YYYY.M")”→向下填充公式。公式原理如下。

① 运用 EDATE 函数计算 B4 单元格中购进日期在 1 个月后的日期，第 2 个参数的表达式“F3*12-11”的意思是将 F3 单元格中的折旧年份 1 乘 12，即为一年，减 11 是要使之返回数字

“1”，即第 1 年的第 1 个月。同理，第 2 年即为 2*12-11，返回数字 13，也就是购进日期第 2 年后的第 1 个月，以此类推。

② 运用 TEXT 函数将其转换为“YYYY.M”这一格式。返回结果为“2019.10”。

步骤02 在 H3 单元格中设置公式“=TEXT(EDATE($B$4,F3*12),"YYYY.M")”→向下填充公式。其中，表达式“$F3*12”的作用是使 EDATE 函数计算 B4 单元格中购进日期在第 1 年的最后一个月的日期。公式返回结果为“2020.9”，效果如下图所示。

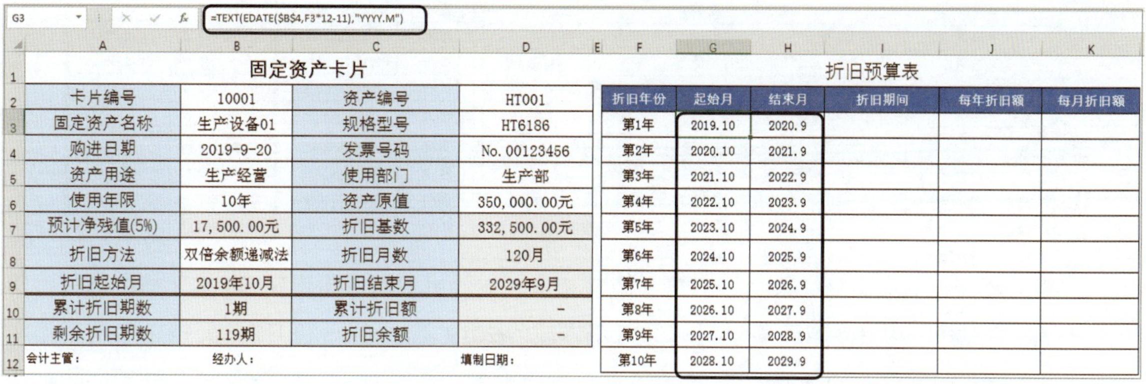

G3 =TEXT(EDATE($B$4,F3*12-11),"YYYY.M")

固定资产卡片

| | | | |
|---|---|---|---|
| 卡片编号 | 10001 | 资产编号 | HT001 |
| 固定资产名称 | 生产设备01 | 规格型号 | HT6186 |
| 购进日期 | 2019-9-20 | 发票号码 | No. 00123456 |
| 资产用途 | 生产经营 | 使用部门 | 生产部 |
| 使用年限 | 10年 | 资产原值 | 350, 000. 00元 |
| 预计净残值(5%) | 17, 500. 00元 | 折旧基数 | 332, 500. 00元 |
| 折旧方法 | 双倍余额递减法 | 折旧月数 | 120月 |
| 折旧起始月 | 2019年10月 | 折旧结束月 | 2029年9月 |
| 累计折旧期数 | 1期 | 累计折旧额 | - |
| 剩余折旧期数 | 119期 | 折旧余额 | - |
| 会计主管： | 经办人： | | 填制日期： |

折旧预算表

| 折旧年份 | 起始月 | 结束月 | 折旧期间 | 每年折旧额 | 每月折旧额 |
|---|---|---|---|---|---|
| 第1年 | 2019. 10 | 2020. 9 | | | |
| 第2年 | 2020. 10 | 2021. 9 | | | |
| 第3年 | 2021. 10 | 2022. 9 | | | |
| 第4年 | 2022. 10 | 2023. 9 | | | |
| 第5年 | 2023. 10 | 2024. 9 | | | |
| 第6年 | 2024. 10 | 2025. 9 | | | |
| 第7年 | 2025. 10 | 2026. 9 | | | |
| 第8年 | 2026. 10 | 2027. 9 | | | |
| 第9年 | 2027. 10 | 2028. 9 | | | |
| 第10年 | 2028. 10 | 2029. 9 | | | |

步骤03 最后将以上两步并成一步，运用文本运算符“&”将 G3 和 H3 单元格公式合并为一个公式，并在其中添加间隔符号“-”。同时，可嵌套 IF 函数，屏蔽错误计算结果。在 I3 单元格中设置公式“=IF(F3="","",TEXT(EDATE($B$4,F3*12-11),"YYYY.M")&"-"&TEXT(EDATE($B$4,F3*12),"YYYY.M"))”→向下填充公式→删除 G 列和 H 列即可，效果如下图所示。

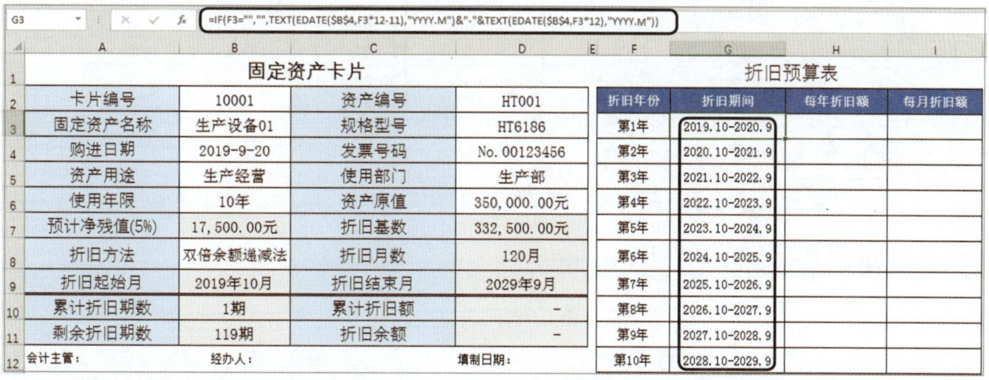

G3 =IF(F3="","",TEXT(EDATE($B$4,F3*12-11),"YYYY.M")&"-"&TEXT(EDATE($B$4,F3*12),"YYYY.M"))

固定资产卡片

| | | | |
|---|---|---|---|
| 卡片编号 | 10001 | 资产编号 | HT001 |
| 固定资产名称 | 生产设备01 | 规格型号 | HT6186 |
| 购进日期 | 2019-9-20 | 发票号码 | No. 00123456 |
| 资产用途 | 生产经营 | 使用部门 | 生产部 |
| 使用年限 | 10年 | 资产原值 | 350, 000. 00元 |
| 预计净残值(5%) | 17, 500. 00元 | 折旧基数 | 332, 500. 00元 |
| 折旧方法 | 双倍余额递减法 | 折旧月数 | 120月 |
| 折旧起始月 | 2019年10月 | 折旧结束月 | 2029年9月 |
| 累计折旧期数 | 1期 | 累计折旧额 | - |
| 剩余折旧期数 | 119期 | 折旧余额 | - |
| 会计主管： | 经办人： | | 填制日期： |

折旧预算表

| 折旧年份 | 折旧期间 | 每年折旧额 | 每月折旧额 |
|---|---|---|---|
| 第1年 | 2019. 10-2020. 9 | | |
| 第2年 | 2020. 10-2021. 9 | | |
| 第3年 | 2021. 10-2022. 9 | | |
| 第4年 | 2022. 10-2023. 9 | | |
| 第5年 | 2023. 10-2024. 9 | | |
| 第6年 | 2024. 10-2025. 9 | | |
| 第7年 | 2025. 10-2026. 9 | | |
| 第8年 | 2026. 10-2027. 9 | | |
| 第9年 | 2027. 10-2028. 9 | | |
| 第10年 | 2028. 10-2029. 9 | | |

## 3. 自动选择公式计算折旧额

计算折旧额非常简单。其中，每月折旧额为每年折旧额的平均 12 个月的值。而每年折旧额根据 B8 单元格的折旧方法，选择相应的计算公式。只需运用 IF 函数判断条件，再嵌套两种折旧方法的函数公式作为 IF 函数的两个参数即可计算得出准确结果。操作步骤如下。

步骤01 分别在 H3 和 I3 单元格中设置以下公式后向下填充即可。

- H3 单元格："=IFERROR(IF($B$8=" 年数总和法 ",SYD($D$6,$B$7,$B$6,F3),IF($B$8=" 双倍余额递减法 ",VDB($D$6,$B$7,$B$6,F3-1,F3),"-")),"")"。
- I3 单元格："=IF(F3="","",IFERROR(H3/12,"-"))"。公式效果如下图所示。

**步骤02** 测试效果。上图计算结果为"双倍余额递减法"下的折旧额，下面在 B8 单元格中选择"年数总和法"→将 B4 单元格中的购进日期修改为 2019 年 11 月→将 B6 单元格中的使用年限改为 8 年→将资产原值修改为 250000 元，即可看到相关数据发生动态变化，如下图所示。

### 4. 扩展表格两步实现

前面制作的固定资产折旧预算表可以计算使用年限在 10 年以下的固定资产使用，如果使用年限在 10 年以上，只需复制预算表向右粘贴后，再修改一处公式即可。操作步骤如下。

将 B6 单元格中的使用年限修改为 20 年→复制 F1:I12 单元格区域向右粘贴→在 J3 单元格公式表达式后面输入"+10"→向下填充公式即可，如下图所示。

# Chapter 07
## 管好企业的重要资产——固定资产管理

| 折旧年份 | 折旧期间 | 每年折旧额 | 每月折旧额 | 折旧年份 | 折旧期间 | 每年折旧额 | 每月折旧额 |
|---|---|---|---|---|---|---|---|
| 第1年 | 2019.12-2020.11 | 22,619.05 | 1,884.92 | 第11年 | 2029.12-2030.11 | 11,309.52 | 942.46 |
| 第2年 | 2020.12-2021.11 | 21,488.10 | 1,790.67 | 第12年 | 2030.12-2031.11 | 10,178.57 | 848.21 |
| 第3年 | 2021.12-2022.11 | 20,357.14 | 1,696.43 | 第13年 | 2031.12-2032.11 | 9,047.62 | 753.97 |
| 第4年 | 2022.12-2023.11 | 19,226.19 | 1,602.18 | 第14年 | 2032.12-2033.11 | 7,916.67 | 659.72 |
| 第5年 | 2023.12-2024.11 | 18,095.24 | 1,507.94 | 第15年 | 2033.12-2034.11 | 6,785.71 | 565.48 |
| 第6年 | 2024.12-2025.11 | 16,964.29 | 1,413.69 | 第16年 | 2034.12-2035.11 | 5,654.76 | 471.23 |
| 第7年 | 2025.12-2026.11 | 15,833.33 | 1,319.44 | 第17年 | 2035.12-2036.11 | 4,523.81 | 376.98 |
| 第8年 | 2026.12-2027.11 | 14,702.38 | 1,225.20 | 第18年 | 2036.12-2037.11 | 3,392.86 | 282.74 |
| 第9年 | 2027.12-2028.11 | 13,571.43 | 1,130.95 | 第19年 | 2037.12-2038.11 | 2,261.90 | 188.49 |
| 第10年 | 2028.12-2029.11 | 12,440.48 | 1,036.71 | 第20年 | 2038.12-2039.11 | 1,130.95 | 94.25 |

> **专家点拨**
>
> 以上固定资产卡片和折旧预算表作为固定资产入账登记的管理模板，同时适用于折旧方法为直线法、年数总和法、双倍余额递减法的固定资产。注意模板制作完成后，运用"查找与替换"功能将折旧预算表公式中的绝对引用符号"$"清除。向下复制粘贴时，须与固定资产卡片一同复制，才能正确引用固定资产卡片中的单元格。

## 7.1.3 工作量法下的固定资产卡片和折旧计算表的制作

工作量法与直线法、年数总和法、双倍余额递减法相比，计算方法比较特殊，是以固定资产能提供的工作量为单位来计算折旧额。工作量可以是汽车的总行驶里程，也可以是机器设备的总工作台数、总工作小时等。下面以车辆为例，介绍工作量法下的固定资产卡片和折旧计算表的制作方法。

### 1. 补充固定资产卡片

工作量法实质是直线法的补充和延伸，因此制作卡片非常简单，只需在原卡片基础上略做补充和修改即可。操作步骤如下。

**步骤01** 新建工作表，命名为"卡片-工作量法"→将7.1.1小节制作的卡片工作表中的"固定资产卡片"复制并粘贴于此，修改标题为"固定资产卡片-工作量法"。

**步骤02** 在第9行之上插入1行，分别在A9和C9单元格中设置字段名称为"预计总工作量"和"单位工作量折旧额"→填入原始信息→在D9单元格中设置公式"=ROUND(D7/B9,2)"，计算单位工作量折旧额。

此时可看到其他公式单元格已自动计算出相关数据，而D11和D12单元格将链接"折旧计算表”中的数据，这里暂时空置，效果如下图所示。

| | A | B | C | D |
|---|---|---|---|---|
| 1 | 固定资产卡片-工作量法 | | | |
| 2 | 卡片编号 | 10005 | 资产编号 | HT005 |
| 3 | 固定资产名称 | ××牌货车 | 规格型号 | HT6172 |
| 4 | 购进日期 | 2019-2-1 | 发票号码 | No. 00234567 |
| 5 | 资产用途 | 生产经营 | 使用部门 | 物流部 |
| 6 | 使用年限 | 8年 | 资产原值 | 120,000.00元 |
| 7 | 预计净残值(5%) | 6,000.00元 | 折旧基数 | 114,000.00元 |
| 8 | 折旧方法 | 工作量法 | 折旧月数 | 96月 |
| 9 | 预计总工作量 | 400000公里 | 单位工作量折旧额 | 0.29元 |
| 10 | 折旧起始月 | 2019年3月 | 折旧结束月 | 2027年2月 |
| 11 | 累计折旧期数 | 8期 | 累计折旧额 | |
| 12 | 剩余折旧期数 | 88期 | 折旧余额 | |
| 13 | 会计主管： | 经办人： | | 填制日期： |

## 2. 按月计算折旧额

由于工作量法是以固定资产实际提供的工作量作为折旧额的计算依据，因此应在其产生工作量后及时核算折旧额。实际工作中，通常以“月”为单位，统计工作量并计算折旧。操作步骤如下。

**步骤01** 在卡片右侧绘制本年“折旧计算表”（后期复制粘贴表格即可继续使用）→设置好字段名称、格式等→在H3单元格中填入第1个月的“里程期末数”，如下图所示。

| | A | B | C | D | E | F | G | H | I | J | K |
|---|---|---|---|---|---|---|---|---|---|---|---|
| 1 | 固定资产卡片-工作量法 | | | | | 折旧计算表 | | | | | |
| 2 | 卡片编号 | 10005 | 资产编号 | HT005 | | 2019年 | 里程期初数 | 里程期末数 | 月工作量(公里) | 月折旧额(元) | 余额(元) |
| 3 | 固定资产名称 | ××牌货车 | 规格型号 | HT6172 | | 3月 | - | 6,138.55 | | | |
| 4 | 购进日期 | 2019-2-1 | 发票号码 | No. 00234567 | | 4月 | | | | | |
| 5 | 资产用途 | 生产经营 | 使用部门 | 物流部 | | 5月 | | | | | |
| 6 | 使用年限 | 8年 | 资产原值 | 120,000.00元 | | 6月 | | | | | |
| 7 | 预计净残值(5%) | 6,000.00元 | 折旧基数 | 114,000.00元 | | 7月 | | | | | |
| 8 | 折旧方法 | 工作量法 | 折旧月数 | 96月 | | 8月 | | | | | |
| 9 | 预计总工作量 | 400000公里 | 单位工作量折旧额 | 0.29元 | | 9月 | | | | | |
| 10 | 折旧起始月 | 2019年3月 | 折旧结束月 | 2027年2月 | | 10月 | | | | | |
| 11 | 累计折旧期数 | 8期 | 累计折旧额 | | | 11月 | | | | | |
| 12 | 剩余折旧期数 | 88期 | 折旧余额 | | | 12月 | | | | | |
| 13 | 会计主管： | 经办人： | | 填制日期： | | | | | | | |

**步骤02** 分别在I3、J3和K3单元格中设置以下公式。除J3单元格可向下填充公式外，其他单元格需在设置第4行公式后再向下填充。

- I3单元格：“=ROUND(H3-G3,2)”，计算第1个月工作量。
- J3单元格：“=ROUND(I3*$D$9,2)”，计算月折旧额→向下填充公式至J4:J12单元格区域。
- K3单元格：“=ROUND(D7-J3,2)”，计算第1个月余额。

**步骤03** 分别在G4、I4和K4单元格中设置以下公式后，向下填充→再任意填入几个“里程期末数”。

- G4单元格：“=H3”，引用第1个月的“里程期末数”作为里程期初数。
- I4单元格：“=IF(H4=0,0,ROUND(H4-G4,2))”，计算第2个月工作量。由于未填入“里程期末数"时，表达式"ROUND(H4-G4,2)"的计算结果为负数，因此嵌套 IF 函数将负数转换为 0。

• K4 单元格："=ROUND(K3-J4,2)"，计算第 2 个月余额。公式效果如下图所示。

| | A | B | C | D | E | F | G | H | I | J | K |
|---|---|---|---|---|---|---|---|---|---|---|---|
| 1 | 固定资产卡片-工作量法 | | | | | | 折旧计算表 | | | | |
| 2 | 卡片编号 | 10005 | 资产编号 | HT005 | | 2019年 | 里程期初数 | 里程期末数 | 月工作量（公里） | 月折旧额（元） | 余额（元） |
| 3 | 固定资产名称 | ××牌货车 | 规格型号 | HT6172 | | 3月 | — | 6,138.55 | 6,138.55 | 1,780.18 | 112,219.82 |
| 4 | 购进日期 | 2019-2-1 | 发票号码 | No. 00234567 | | 4月 | 6,138.55 | 13,268.60 | 7,130.05 | 2,067.71 | 110,152.11 |
| 5 | 资产用途 | 生产经营 | 使用部门 | 物流部 | | 5月 | 13,268.60 | 22,380.26 | 9,111.66 | 2,642.38 | 107,509.73 |
| 6 | 使用年限 | 8年 | 资产原值 | 120,000.00元 | | 6月 | 22,380.26 | 28,556.32 | 6,176.06 | 1,791.06 | 105,718.67 |
| 7 | 预计净残值(5%) | 6,000.00元 | 折旧基数 | 114,000.00元 | | 7月 | 28,556.32 | 34,221.22 | 5,664.90 | 1,642.82 | 104,075.85 |
| 8 | 折旧方法 | 工作量法 | 折旧月数 | 96月 | | 8月 | 34,221.22 | 40,536.60 | 6,315.38 | 1,831.46 | 102,244.39 |
| 9 | 预计总工作量 | 400000公里 | 单位工作量折旧额 | 0.29元 | | 9月 | 40,536.60 | 46,287.32 | 5,750.72 | 1,667.71 | 100,576.68 |
| 10 | 折旧起始月 | 2019年3月 | 折旧结束月 | 2027年2月 | | 10月 | 46,287.32 | 51,166.93 | 4,879.61 | 1,415.09 | 99,161.59 |
| 11 | 累计折旧期数 | 8期 | 累计折旧额 | | | 11月 | 51,166.93 | | — | — | 99,161.59 |
| 12 | 剩余折旧期数 | 88期 | 折旧余额 | | | 12月 | | | — | — | 99,161.59 |
| 13 | 会计主管： | | 经办人： | | | 填制日期： | | | | | |

**步骤 04** 计算本年累计折旧额。为简化表格，可在 J2 单元格运用文本运算符"&"连接计算公式与字段名称，同时也可链接余额数据。分别在 J2 和 K2 单元格中设置以下公式。

• J2 单元格："=" 月折旧额 "&SUM(J3:J12)&"( 元 )""。

• K2 单元格："=" 余额 "&K12&"( 元 )""。

**步骤 05** 在卡片中的 D12 单元格设置公式引用折旧计算表中的余额，而 D11 单元格可用"折旧基数－余额"倒挤，若与 J3 单元格中的汇总折旧额相符，表明公式无误，数据正确。公式如下。

• D11 单元格："=ROUND(D7-D12,2)"。

• D12 单元格："=K12"。

公式效果如下图所示。

| | A | B | C | D | E | F | G | H | I | J | K |
|---|---|---|---|---|---|---|---|---|---|---|---|
| 1 | 固定资产卡片-工作量法 | | | | | | 折旧计算表 | | | | |
| 2 | 卡片编号 | 10005 | 资产编号 | HT005 | | 2019年 | 里程期初数 | 里程期末数 | 月工作量（公里） | 月折旧额 14838.41(元) | 余额 99161.59(元) |
| 3 | 固定资产名称 | ××牌货车 | 规格型号 | HT6172 | | 3月 | — | 6,138.55 | 6,138.55 | 1,780.18 | 112,219.82 |
| 4 | 购进日期 | 2019-2-1 | 发票号码 | No. 00234567 | | 4月 | 6,138.55 | 13,268.60 | 7,130.05 | 2,067.71 | 110,152.11 |
| 5 | 资产用途 | 生产经营 | 使用部门 | 物流部 | | 5月 | 13,268.60 | 22,380.26 | 9,111.66 | 2,642.38 | 107,509.73 |
| 6 | 使用年限 | 8年 | 资产原值 | 120,000.00元 | | 6月 | 22,380.26 | 28,556.32 | 6,176.06 | 1,791.06 | 105,718.67 |
| 7 | 预计净残值(5%) | 6,000.00元 | 折旧基数 | 114,000.00元 | | 7月 | 28,556.32 | 34,221.22 | 5,664.90 | 1,642.82 | 104,075.85 |
| 8 | 折旧方法 | 工作量法 | 折旧月数 | 96月 | | 8月 | 34,221.22 | 40,536.60 | 6,315.38 | 1,831.46 | 102,244.39 |
| 9 | 预计总工作量 | 400000公里 | 单位工作量折旧额 | 0.29元 | | 9月 | 40,536.60 | 46,287.32 | 5,750.72 | 1,667.71 | 100,576.68 |
| 10 | 折旧起始月 | 2019年3月 | 折旧结束月 | 2027年2月 | | 10月 | 46,287.32 | 51,166.93 | 4,879.61 | 1,415.09 | 99,161.59 |
| 11 | 累计折旧期数 | 8期 | 累计折旧额 | 14,838.41元 | | 11月 | 51,166.93 | | — | — | 99,161.59 |
| 12 | 剩余折旧期数 | 88期 | 折旧余额 | 99,161.59元 | | 12月 | | | — | — | 99,161.59 |
| 13 | 会计主管： | | 经办人： | | | 填制日期： | | | | | |

## 7.2 汇总固定资产卡片，让资产信息一览无余

7.1 节制作的固定资产管理卡片及折旧预算表主要是对于单项固定资产进行入账登记时的记录与管理。实务中，企业经营者及财务人员还需要对本企业所有固定资产的概况进行比较全面的了解，但是如果填制卡片后还需手动填写清单，不仅容易出错，还会影响工作效率。本节将针对上述工作需求，运用 Excel 制作一份自动化固定资产清单，既能让固定资产信息清楚明白，又能简化工作内容，提高工作效率，保证工作质量。

### 7.2.1 分析卡片结构，捋清制表思路

对于这份固定资产清单，我们的目标是财务人员在卡片中对固定资产做入账登记的同时，固定资产清单信息即可同步生成，不必重复填写。要实现这一目标，自然还得靠函数公式来"挑大梁"，并且主力函数仍然是查找与引用类函数。前面制作的固定资产卡片表格的结构不同于简单的一维表，比较特殊，设置函数公式或许有一定难度，但只要拥有足够清晰的逻辑思维，以及对各种函数的语法规则、运算特点的充分了解，就能准确找到对口的函数，成功设置自动运算公式，实现工作目标。为此，我们首先需要分析卡片结构特点，找出难点所在，才能对症下药。

固定资产卡片表格的结构特点和制表难点主要包括三点，如下图所示。

| 1. 字段名称与数据信息都是按列间隔排列，既不方便添加辅助列，也不利于固定资产清单中批量填充公式 | 2. 众多查找与引用类函数对数据源都有一个共同要求：被查找的数据必须"独一无二"。而每张卡片的字段名称却多次重复。如果以字段名称为依据，查找对应的固定资产信息，很难准确查找到目标数据 | 3. 每项固定资产信息中，确定不会重复的内容仅包括三项：卡片编号、资产编号、发票号码，更是加大了查找难度 |

根据上述表格的结构特点和制表难点，以及各种函数的语法规则，经过分析后可以找到一个对口的主力函数，即 OFFSET 函数。因此，对于如何制作固定资产清单的思路也应该比较清晰和明确，如下图所示。

◆固定资产清单中不列示备查区域（累计折旧期数、剩余折旧期数、累计折旧额、折旧余额）信息。其他字段名称全部按单元格A2—C2—A3—C3—…的规则横向排列

◆运用OFFSET函数，将A1单元格作为基准单元格，统一向下、向右偏移查找相关信息

◆查找B列信息时，向下偏移行数为每个卡片编号所在行数（运用MATCH函数查找）加0~6行，偏移列数固定为1

◆查找D列信息时，偏移行数与B列相同，向右偏移的列数固定为3列

◆“资产编号”信息与“卡片编号”同在一行，可不必用OFFSET函数，只需运用最简单的VLOOKUP函数即可准确查找

◆在固定资产清单中创建超链接，快速跳转至指定的固定资产卡片中

例如，查找卡片编号为 10001 的固定资产“购进日期”时，从 A1 单元格起向下偏移 3 行（用 MATCH 函数查找到的卡片编号所在第 2 行 +1），向右偏移 1 列；查找“发票号码”时，同样向下偏移 3 行，而向右偏移的列数为 3 列，以此类推，如下图所示。

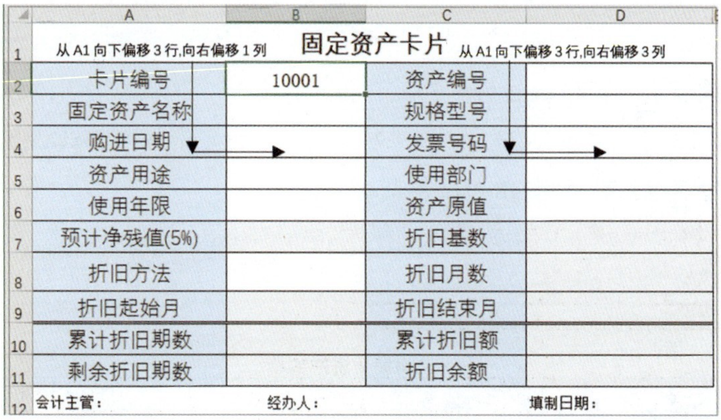

| | A | B | C | D |
|---|---|---|---|---|
| 1 | 从 A1 向下偏移 3 行,向右偏移 1 列 | 固定资产卡片 | | 从 A1 向下偏移 3 行,向右偏移 3 列 |
| 2 | 卡片编号 | 10001 | 资产编号 | |
| 3 | 固定资产名称 | | 规格型号 | |
| 4 | 购进日期 | | 发票号码 | |
| 5 | 资产用途 | | 使用部门 | |
| 6 | 使用年限 | | 资产原值 | |
| 7 | 预计净残值(5%) | | 折旧基数 | |
| 8 | 折旧方法 | | 折旧月数 | |
| 9 | 折旧起始月 | | 折旧结束月 | |
| 10 | 累计折旧期数 | | 累计折旧额 | |
| 11 | 剩余折旧期数 | | 折旧余额 | |
| 12 | 会计主管： | 经办人： | | 填制日期： |

## 7.2.2 生成资产清单，自动列示信息

捋清制表思路、明确制表方法后，具体制作过程就轻松掌握了。为展示效果，我们已在“卡片”工作表中预先填制 6 张固定资产卡片，并将工作量法固定资产卡片复制粘贴至“卡片”工作表中，当前共 7 张固定资产卡片。下面开始制作固定资产清单，操作步骤如下。

步骤01 绘制表格。新增工作表，命名为“固定资产清单”→绘制表格，按照上述规则（“卡片”工作表中单元格 A2—C2—A3—C3—…）排列字段名称。初始表格如下图所示。

|  | A | B | C | D | E | F | G | H | I | J | K | L | M | N | O | P | Q | R |
|---|---|---|---|---|---|---|---|---|---|---|---|---|---|---|---|---|---|---|
| 1 | ××公司固定资产清单 ||||||||||||||||||
| 2 | 序号 | 卡片编号 | 资产编号 | 固定资产名称 | 规格型号 | 购进日期 | 发票号码 | 资产用途 | 使用部门 | 使用年限 | 资产原值 | 预计净残值(5%) | 折旧基数 | 折旧方法 | 折旧月数 | 折旧起始月 | 折旧结束月 | 查看卡片 |

**步骤 02** 自动生成序号。在 A3 单元格中设置公式"=IF(ROW()-ROW($A$2)<=COUNTIF(卡片!A:A,$B$2),ROW()-ROW($A$2),"")"。其中，表达式"COUNTIF(卡片!A:A,$B$2)"的作用是统计"卡片"工作表 A 列中，B2 单元格（"卡片编号"）的个数，实质是统计固定资产的数量。

**步骤 03** "卡片编号"可以简化公式，不必从"卡片"工作表中查找引用。直接在 B3 单元格中输入"10001"→在 B4 单元格中设置公式"=IF(A4="","",B3+1)"。

**步骤 04** 查找"资产编号"。资产编号与卡片编号位于同一行，因此可使用 VLOOKUP 函数查找。在 C3 单元格中设置公式"=IF(A4="","",VLOOKUP(B4,卡片!$B:$D,3,0))"→将 A3:C3 单元格区域公式向下填充至 A4:C18 单元格区域即可。

以上 3 个步骤的公式效果如下图所示。

|  | A | B | C | D | E | F | G | H | I | J | K | L | M | N | O | P | Q | R |
|---|---|---|---|---|---|---|---|---|---|---|---|---|---|---|---|---|---|---|
| 1 | ××公司固定资产清单 ||||||||||||||||||
| 2 | 序号 | 卡片编号 | 资产编号 | 固定资产名称 | 规格型号 | 购进日期 | 发票号码 | 资产用途 | 使用部门 | 使用年限 | 资产原值 | 预计净残值(5%) | 折旧基数 | 折旧方法 | 折旧月数 | 折旧起始月 | 折旧结束月 | 查看卡片 |
| 3 | 1 | 10001 | HT001 | | | | | | | | | | | | | | | |
| 4 | 2 | 10002 | HT002 | | | | | | | | | | | | | | | |
| 5 | 3 | 10003 | HT003 | | | | | | | | | | | | | | | |
| 6 | 4 | 10004 | HT004 | | | | | | | | | | | | | | | |
| 7 | 5 | 10005 | HT005 | | | | | | | | | | | | | | | |
| 8 | 6 | 10006 | HT006 | | | | | | | | | | | | | | | |
| 9 | 7 | 10007 | HT007 | | | | | | | | | | | | | | | |

前面讲过，运用 OFFSET 函数查找信息时，偏移的行数是每个卡片编号所在行数加 0~6 行。

▶ Chapter 07
管好企业的重要资产——固定资产管理

为了方便填充并理解公式，可添加辅助行，在其中设置公式自动返回数字 0~6，再在 OFFSET 函数公式中引用辅助行来分析单元格中的数据。

步骤 05 添加辅助行。在第 2 行上插入 1 行→在 D2 单元格中设置公式"=IFERROR(MATCH(D3,卡片!$A$2:$A$11,0),MATCH(D3,卡片!$C$2:$C$11,0))-2"。公式原理：查找并返回 D3 单元格字段"固定资产名称"在"卡片"工作表中 A2:A11 单元格区域中的行数，如果查不到，就在 C2:C11 单元格区域中查找。公式查找结果为"2"，减去 2 后即返回数字 0 →向右填充公式至 Q2 单元格即可，效果如下图所示。

步骤 06 查找"卡片"信息。分别在 D4 和 E4 单元格中设置以下公式后可隐藏辅助行，或者将辅助行中公式与 D4 和 E4 单元格合并→选中 D4:E4 单元格区域→向右复制粘贴公式至 Q4 单元格。

• D4 单元格："=IF($A4="","",IFERROR(OFFSET(卡片!$A$1,MATCH($B4,卡片!$B:$B,0)+D$2,1),""))"，查找"卡片"工作表第"10001"号卡片中的"固定资产名称"。

• E4 单元格："=IF($A4="","",IFERROR(OFFSET(卡片!$A$1,MATCH($B4,卡片!$B:$B,0)+E$2,3),""))"，查找"卡片"工作表第"10001"号卡片中的"规格型号"。

步骤 07 在 R4 单元格中设置公式"=IF(A4="","",(HYPERLINK("#卡片!B"&MATCH(B4,卡片!B:B,0),"卡片")))"，创建超链接即可快速跳转至对应的固定资产卡片→向下填充 D4:R4 单元格区域公式至 D5:R19 单元格区域，效果如下图所示。注意查找工作量法折旧的固定资产信息时，在 P 列和 Q 列的公式中 OFFSET 函数的第 2 个参数（行数）后再加 1。

[固定资产清单表格图片]

固定资产清单制作完成。后期如有新增固定资产,即可在填制固定资产卡片的同时自动生成清单信息。

### 高手自测 23

如果要在"卡片"工作表中也创建一个超链接,快速跳转至"固定资产清单"工作表,应如何设置公式?

## 7.3 制作折旧明细表,分类汇总期间费用

每月编制并打印纸质记账凭证的同时,在每一份纸质凭证后面粘贴与凭证记载的经济内容相符的附件(原始凭证),是会计做账必需的规范操作之一,那么对于计提固定资产折旧的凭证当然也不能例外,也必须在其后附上一份折旧明细表。同时,财务人员还必须对每项固定资产的折旧额做费用归集。

本节将运用 Excel 制作一份"固定资产折旧明细表"工作表,列示各项固定资产的每月折旧额,并计算固定资产期初余额、期末余额等数据。同时,对折旧额做费用归集和分类汇总。

### 7.3.1 制作动态折旧明细表

固定资产折旧明细表中大部分项目内容依然设置函数公式引用"固定资产清单"工作表中的相关数据,其他数据可不必跨表引用,直接在本表格中计算即可,具体思路如下图所示。

◆固定资产基本信息从“固定资产清单”中查找引用。折旧数据设置函数公式自动计算

◆以指定月份为依据，判断固定资产是否在折旧期内，对于尚未开始折旧的固定资产，不做列示。例如，指定月份为2019年10月，某项固定资产的折旧起始月为2019年11月，那么折旧明细表中不列示此项固定资产信息

◆以指定月份为依据，判断固定资产的折旧起始月是否为指定月份，即是否为当月最新进入折旧期。并添加颜色标识，以做提醒。例如，指定月份为2019年10月，某项固定资产的折旧起始月为2019年10月，即标识颜色

◆按部门、按费用类别分类汇总当月折旧额

为展示效果，本小节已在“卡片”工作表中将部分固定资产购进日期做出调整，当前购进日期在 2019 年 10 月之前的固定资产数量为 5 项。下面制作折旧明细表。

## 1. 自动生成序号

序号将作为后面查找引用“卡片编号”公式的参数之一，这里我们依然按照以统计某项数据得到的数字为最大序号的“套路”来设置函数公式。操作步骤如下。

**步骤01** 新增工作表，命名为“固定资产折旧表”→选择并设置需要在表格列示的字段名称、设置单元格格式。其中，B2 单元格的自定义格式代码为“"yyyy" 年 "m" 月固定资产折旧明细表”。初始表格如下图所示。

| | A | B | C | D | E | F | G | H | I | J | K | L | M | N | O | P | Q | R |
|---|---|---|---|---|---|---|---|---|---|---|---|---|---|---|---|---|---|---|
| 1 | ××市××商贸有限公司 | | | | | | | | | | | | | | | | | |
| 2 | 2019年10月固定资产折旧明细表 | | | | | | | | | | | | | | | | | |
| 3 | 序号 | 卡片编号 | 资产编号 | 固定资产名称 | 规格型号 | 购进日期 | 折旧起始月 | 使用部门 | 费用归集 | 折旧方法 | 折旧月数 | 资产原值 | 预计净残值(5%) | 折旧基数 | 期初累计折旧额 | 本月折旧额 | 期末累计折旧额 | 期末余额 |
| 4 | | | | | | | | | | | | | | | | | | |
| 5 | | | | | | | | | | | | | | | | | | |
| 6 | | | | | | | | | | | | | | | | | | |
| 7 | | | | | | | | | | | | | | | | | | |
| 8 | | | | | | | | | | | | | | | | | | |
| 9 | | | | | | | | | | | | | | | | | | |
| 10 | | | | | | | | | | | | | | | | | | |

**步骤02** 分别在 A2 和 A4 单元格中设置以下公式。

• A2 单元格：“=COUNTIF( 固定资产清单 !$F$4:$F$19,"<"&B2)”，统计在折旧期内固定资产的数量，也就是“固定资产清单”中“购进日期”小于 B2 单元格中固定资产的日期。可将 A2 单元格的格式自定义为符号“★”。

• A4 单元格：“=IF(ROW()-ROW(A$3)<=A$2,ROW()-ROW(A$3),"")”，根据 A2 单元格公式的统计结果自动生成序号→向下填充公式至 A10 单元格。公式效果如下图所示。

## 专家点拨

这里建议不将 A2 单元格公式嵌套至 A4 单元格公式中,因为单独列示折旧期内固定资产数量有一个好处:若后期有新增的已达到折旧期的固定资产,可以提示财务人员扩展折旧明细表,确保计算没有遗漏。

### 2. 查找卡片编号

由于后面字段都将依据"卡片编号"查找引用相关数据,因此准确查找到卡片编号是制作整个折旧明细表的关键。但这里有一个难题,我们要求仅列示折旧期内固定资产的卡片编号,这就需要将"固定资产清单"工作表中小于 B2 单元格中日期(2019 年 10 月)的"购进日期"作为查找依据,返回与之匹配的卡片编号。但是,实务中,购进日期必然会重复,如何才能完整查找到日期相同、编号不同的数据?我们仍然可以添加辅助列,将同一日期转换为"独一无二"的数值,那么这个难题自然就迎刃而解了。操作步骤如下。

**步骤 01** 切换至"固定资产清单"工作表→在"购进日期"所在列后插入 1 列→在 G4 单元格中设置公式"=IF(F4="","",(F4&B4)/10000)"→向下填充公式至 F10 单元格。公式原理如下。

① 表达式"F4&B4"将 F4 单元格中的日期与 B4 单元格中的卡片编号组合,返回结果"4365610001";

② 由于"4365610001"被 Excel 视为一串字符,若以此为依据进行查找,就无法找到对应的卡片编号,而除以 10000 后,字符即可转换为数字,返回结果为"43561.0001"。公式效果如右图所示。

步骤02 切换至“固定资产折旧明细表”工作表，在B4单元格中设置公式“=IFERROR(VLOOKUP(SMALL(固定资产清单!G$4:G$19,A4),IF({1,0},固定资产清单!G:G,固定资产清单!B:B),2,0),"")”，查找卡片编号→向下填充公式至B10单元格。其中，表达式“SMALL(固定资产清单!G$4:G$19,A4)”的作用是按照从小到大的顺序，返回“固定资产清单”工作表中G4:G19单元格区域数值中的第1个数值（A4单元格的序号为“1”），以此类推，效果如下图所示。

B4 =IFERROR(VLOOKUP(SMALL(固定资产清单!G$4:G$19,A4),IF({1,0},固定资产清单!G:G,固定资产清单!B:B),2,0),"")

××市××商贸有限公司
2019年10月固定资产折旧明细表

★

| 序号 | 卡片编号 | 资产编号 | 固定资产名称 | 规格型号 | 购进日期 | 折旧起始月 | 使用部门 | 费用归集 | 折旧方法 | 折旧月数 | 资产原值 | 预计净残值(5%) | 折旧基数 | 期初累计折旧额 | 本月折旧额 | 期末累计折旧额 | 期末余额 |
|---|---|---|---|---|---|---|---|---|---|---|---|---|---|---|---|---|---|
| 1 | 10007 | | | | | | | | | | | | | | | | |
| 2 | 10001 | | | | | | | | | | | | | | | | |
| 3 | 10002 | | | | | | | | | | | | | | | | |
| 4 | 10003 | | | | | | | | | | | | | | | | |
| 5 | 10004 | | | | | | | | | | | | | | | | |
| | | | | | | | | | | | | | | | | | |
| | | | | | | | | | | | | | | | | | |

## 3. 查找其他数据

准确查找到“卡片编号”后，再以此为依据查找其他相关数据就是轻而易举的事了，运用VLOOKUP函数设置公式即可。操作步骤如下。

在C4单元格中设置公式“=VLOOKUP($B4,固定资产清单!$B:$S,MATCH(C$3,固定资产清单!$3:$3,0)-1,0)”→将公式向右复制粘贴至D4:G4与I4:M4单元格区域→向下填充公式至C5:M10单元格区域→运用“数据验证”工具在I4:I10单元格区域（费用归集）中制作下拉列表，将“序列”来源设置为“生产成本,制造费用,营业费用,管理费用”，并为每项固定资产选择费用类别，效果如下图所示。

C4 =VLOOKUP($B4,固定资产清单!$B:$S,MATCH(C$3,固定资产清单!$3:$3,0)-1,0)

××市××商贸有限公司
2019年10月固定资产折旧明细表

★

| 序号 | 卡片编号 | 资产编号 | 固定资产名称 | 规格型号 | 购进日期 | 折旧起始月 | 使用部门 | 费用归集 | 折旧方法 | 折旧月数 | 资产原值 | 预计净残值(5%) | 折旧基数 | 期初累计折旧额 | 本月折旧额 | 期末累计折旧额 | 期末余额 |
|---|---|---|---|---|---|---|---|---|---|---|---|---|---|---|---|---|---|
| 1 | 10007 | HT007 | ××牌货车 | HT6192 | 2019-2-1 | 2019-3-1 | 物流部 | 营业费用 | 工作量法 | 96月 | 120,000.00 | 6,000.00 | 114,000.00 | | | | |
| 2 | 10001 | HT001 | 生产设备01 | HT6186 | 2019-7-10 | 2019-8-1 | 生产部 | 生成产本 | 年数总和法 | 120月 | 350,000.00 | 17,500.00 | 332,500.00 | | | | |
| 3 | 10002 | HT002 | 生产设备02 | HT6187 | 2019-7-10 | 2019-8-1 | - | 管理费用 | 直线法 | 60月/2375元 | 150,000.00 | 7,500.00 | 142,500.00 | | | | |
| 4 | 10003 | HT003 | ××牌办公设备01 | HT6188 | 2019-8-16 | 2019-9-1 | 行政部 | 管理费用 | 直线法 | 60月/1266.67元 | 80,000.00 | 4,000.00 | 76,000.00 | | | | |
| 5 | 10004 | HT004 | ××牌机械设备02 | HT6189 | 2019-9-20 | 2019-10-1 | 财务部 | 管理费用 | 双倍余额递减法 | 60月 | 60,000.00 | 3,000.00 | 57,000.00 | | | | |
| | | | | | | | | | | | | | | | | | |
| | | | | | | | | | | | | | | | | | |

## 4. 计算折旧数据

固定资产折旧明细表中需要计算的折旧数据通常包括“期初累计折旧额”“本月折旧额”“期末累计折旧额”“期末余额”。虽然以上数据仍然可以通过函数公式从“卡片”工作表中查找引用而来，但是如果这些数据能够从本表格中计算得到，就尽量不做跨表引用。因此，我们将直接在

"固定资产折旧明细表"中计算折旧数据。这样也可以核对从两种途径计算得到的结果,若有差异,也便于财务人员及时发现问题、解决问题。

(1) 期初累计折旧额。

计算"期初累计折旧额"非常简单,可不必设置公式。每月直接从上月的"期末累计折旧额"数字取数即可。例如,计算 2019 年 11 月的折旧数据时,只需将 Q4:Q10 单元格区域中的数字复制粘贴至 O4:O10 单元格区域即可。本例直接填入截至 2019 年 9 月的累计折旧额,即 2019 年 10 月的期初累计折旧额。

(2) 本月折旧额。

四种折旧方法的计算规则各有不同,因此我们应针对不同的折旧方法采取不同的操作方法。具体思路和方法如下图所示。

| 工作量法 | • 按照每月实际发生的工作量计算折旧额。若设置函数公式引用"卡片"工作表中的数据,将会非常复杂。其实按照"折旧计算表"中已计算无误的月折旧额手动填入折旧明细表更为简便 |
|---|---|
| 其他折旧法 | • 直线法、年数总和法、双倍余额递减法:设置IF函数公式嵌套三种折旧法的函数公式,判断各项固定资产采用的折旧方法后返回相应的公式计算折旧额 |

运用 IF 函数嵌套其他三种折旧法的函数公式较长,因此我们先根据折旧明细表中固定资产采用的不同折旧方法分别设置公式,并讲解公式原理后,再将其合并为一个函数公式。操作步骤如下。

**步骤01** 运用直线法计算折旧额。在 P6 单元格中设置公式"=SLN(L6,M6,LEFT(K6,FIND("/",K6)-2))"→向下填充公式至 P7 单元格。公式原理:SLN 函数是计算直线法折旧额的专用函数,第 3 个参数为折旧期数。表达式"LEFT(K6,FIND("/",K6)-2)"的作用是从左截取 K6 单元格字符串中代表折旧期数的数字,截取长度是运用 FIND 函数查找到符号"/"在字符串中的位数,减 2 是要减去"/"和前面的字符"月",即可返回折旧期数"60"。这里也可运用 MID 函数直接截取字符串中的折旧额,公式表达式为"=MID(K6,FIND("/",K6)+1,LEN(K6)-FIND("/",K6)-1)"。公式效果如下图所示。

## Chapter 07 管好企业的重要资产——固定资产管理

| 序号 | 卡片编号 | 资产编号 | 固定资产名称 | 规格型号 | 购进日期 | 折旧起始月 | 使用部门 | 费用归集 | 折旧方法 | 折旧月数 | 资产原值 | 预计净残值(5%) | 折旧基数 | 期初累计折旧额 | 本月折旧额 | 期末累计折旧额 | 期末余额 |
|---|---|---|---|---|---|---|---|---|---|---|---|---|---|---|---|---|---|
| 1 | 10007 | HT007 | ××牌货车 | HT6192 | 2019-2-1 | 2019-3-1 | 物流部 | 营业费用 | 工作量法 | 96月 | 120,000.00 | 6,000.00 | 114,000.00 | 13,423.32 | 1,415.09 | | |
| 2 | 10001 | HT001 | 生产设备01 | HT6186 | 2019-7-10 | 2019-8-1 | 生产部 | 生成产本 | 年数总和法 | 120月 | 350,000.00 | 17,500.00 | 332,500.00 | 10,075.76 | | | |
| 3 | 10002 | HT002 | 生产设备02 | HT6187 | 2019-7-10 | 2019-8-1 | — | 管理费用 | 直线法 | 60月/2375元 | 150,000.00 | 7,500.00 | 142,500.00 | 4,750.00 | 2,375.00 | | |
| 4 | 10003 | HT003 | ××牌办公设备01 | HT6188 | 2019-8-16 | 2019-9-1 | 行政部 | 管理费用 | 直线法 | 60月/1266.67元 | 80,000.00 | 4,000.00 | 76,000.00 | 1,266.67 | 1,266.67 | | |
| 5 | 10004 | HT004 | ××牌机械设备02 | HT6189 | 2019-9-20 | 2019-10-1 | 财务部 | 管理费用 | 双倍余额递减法 | 60月 | 60,000.00 | 3,000.00 | 57,000.00 | — | | | |

**步骤 02** 运用年数总和法计算折旧额。在 P5 单元格中设置公式"SYD(L5,M5,LEFT(K5,LEN(K5)-1)/12, ROUNDUP(DATEDIF(G5,$B$2,"M")/12,0))/12"。公式原理如下。

① SYD 函数的第 3 个参数为使用寿命。年数总和法是以"年"为一期计算折旧额,因此表达式"LEFT(K5,LEN(K5)-1)/12"的作用是从左截取 K5 单元格中的数字"120",再除以 12 即可换算为年数。

② SYD 函数的第 4 个参数为折旧期数,也就是计算第 $n$ 年的折旧额。

表达式"ROUNDUP(DATEDIF(G5,$B$2,"M")/12,0)"首选运用 DATEDIF 函数计算 F5 单元格中的购进日期"2019-7-10"与 B2 单元格中日期"2019-10-1"之间间隔的月数,返回结果为"2",除以 12 是将其换算为年数,返回结果约等于"0.17"→再运用 ROUNDUP 函数将数字"0.17"向上舍入,返回结果为整数"1",即计算第 1 年的折旧额→最后除以 12 即得到当年的每月折旧额。若 B2 单元格中日期为"2020-10-1",那么表达式"ROUNDUP(DATEDIF(G5,$B$2,"M")/12,0)"返回结果为"2"(第 2 年)。以此类推,即可准确计算得出每年不同的折旧额。公式效果如下图所示。

| 序号 | 卡片编号 | 资产编号 | 固定资产名称 | 规格型号 | 购进日期 | 折旧起始月 | 使用部门 | 费用归集 | 折旧方法 | 折旧月数 | 资产原值 | 预计净残值(5%) | 折旧基数 | 期初累计折旧额 | 本月折旧额 | 期末累计折旧额 | 期末余额 |
|---|---|---|---|---|---|---|---|---|---|---|---|---|---|---|---|---|---|
| 1 | 10007 | HT007 | ××牌货车 | HT6192 | 2019-2-1 | 2019-3-1 | 物流部 | 营业费用 | 工作量法 | 96月 | 120,000.00 | 6,000.00 | 114,000.00 | 13,423.32 | 1,415.09 | | |
| 2 | 10001 | HT001 | 生产设备01 | HT6186 | 2019-7-10 | 2019-8-1 | 生产部 | 生成产本 | 年数总和法 | 120月 | 350,000.00 | 17,500.00 | 332,500.00 | 10,075.76 | 5,037.88 | | |
| 3 | 10002 | HT002 | 生产设备02 | HT6187 | 2019-7-10 | 2019-8-1 | — | 管理费用 | 直线法 | 60月/2375元 | 150,000.00 | 7,500.00 | 142,500.00 | 4,750.00 | 2,375.00 | | |
| 4 | 10003 | HT003 | ××牌办公设备01 | HT6188 | 2019-8-16 | 2019-9-1 | 行政部 | 管理费用 | 直线法 | 60月/1266.67元 | 80,000.00 | 4,000.00 | 76,000.00 | 1,266.67 | 1,266.67 | | |
| 5 | 10004 | HT004 | ××牌机械设备02 | HT6189 | 2019-9-20 | 2019-10-1 | 财务部 | 管理费用 | 双倍余额递减法 | 60月 | 60,000.00 | 3,000.00 | 57,000.00 | — | | | |

**步骤 03** 运用双倍余额递减法计算折旧额。在 P8 单元格中设置公式"=VDB(L8,M8,LEFT(K8,LEN(K8)-1)/12,ROUNDUP(DATEDIF(G8,$B$2,"M")/12,0),ROUNDUP(DATEDIF(G8,$B$2,"M")/12,0)+1)/12"。

公式原理如下。

① VDB 函数的第 3 个参数与 SYD 函数同为"使用寿命",参考 P5 单元格公式理解即可。

② VDB 函数的第 4 个和第 5 个参数分别代表折旧起始期间和截止期间，如计算第 1 年折旧额，参数分别为 0 和 1，以此类推。因此，表达式 "ROUNDUP(DATEDIF(G8,$B$2,"M")/12,0)" 和 "ROUNDUP(DATEDIF(G8,$B$2,"M")/12,0)+1)" 的作用就是自动计算并返回这两个数据，最后再除以 12 即得到当年的每月折旧额。

公式效果如下图所示。

| 序号 | 卡片编号 | 资产编号 | 固定资产名称 | 规格型号 | 购进日期 | 折旧起始月 | 使用部门 | 费用归集 | 折旧方法 | 折旧月数 | 资产原值 | 预计净残值(5%) | 折旧基数 | 期初累计折旧额 | 本月折旧额 | 期末累计折旧额 | 期末余额 |
|---|---|---|---|---|---|---|---|---|---|---|---|---|---|---|---|---|---|
| | | | | | | | ××市××商贸有限公司 2019年10月固定资产折旧明细表 | | | | | | | | | | |
| 1 | 10007 | HT007 | ××牌货车 | HT6192 | 2019-2-1 | 2019-3-1 | 物流部 | 营业费用 | 工作量法 | 96月 | 120,000.00 | 6,000.00 | 114,000.00 | 13,423.32 | 1,415.09 | | |
| 2 | 10001 | HT001 | 生产设备01 | HT6186 | 2019-7-10 | 2019-8-1 | 生产部 | 生成产本 | 年数总和法 | 120月 | 350,000.00 | 17,500.00 | 332,500.00 | 10,075.76 | 5,037.88 | | |
| 3 | 10002 | HT002 | 生产设备02 | HT6187 | 2019-7-10 | 2019-8-1 | - | 管理费用 | 直线法 | 60月/2375元 | 150,000.00 | 7,500.00 | 142,500.00 | 4,750.00 | 2,375.00 | | |
| 4 | 10003 | HT003 | ××办公设备01 | HT6188 | 2019-8-16 | 2019-9-1 | 行政部 | 管理费用 | 直线法 | 60月/1266.67元 | 80,000.00 | 4,000.00 | 76,000.00 | 1,266.67 | 1,266.87 | | |
| 5 | 10004 | HT004 | ××牌机械设备02 | HT6189 | 2019-9-20 | 2019-10-1 | 财务部 | 管理费用 | 双倍余额递减法 | 60月 | 60,000.00 | 3,000.00 | 57,000.00 | - | 2,000.00 | | |

**步骤 04** 将以上三种折旧法的公式合并，嵌套 IF 函数判断"折旧方法"并返回相应的公式表达式。

在 P5 单元格中设置公式 "=IF(A5="","",ROUND(IF(J5=" 直线法 ",N5/LEFT(K5,FIND("/",K5)-2),IF(J5=" 年数总和法 ",SYD(L5,M5,LEFT(K5,LEN(K5)-1)/12,ROUNDUP(DATEDIF(G5,$B$2,"M")/12+1,0))/12,IF(J5=" 双倍余额递减法 ",VDB(L5,M5,LEFT(K5,LEN(K5)-1)/12,ROUNDUP(DATEDIF(G5,$B$2,"M")/12,0),ROUNDUP(DATEDIF(G5,$B$2,"M")/12,0)+1)/12))),2))" → 向下填充公式至 P10 单元格。

> **专家点拨**
>
> 当折旧方法为"工作量法"时，上面的 IF 函数公式将返回 0，此时直接删除公式，填入当月折旧额即可。

（3）期末累计折旧额和期末余额。

期末累计折旧额是指截至当月的累计折旧额，期末余额是指截至当月的固定资产净值。计算方法浅显易懂，分别在 Q4 和 R4 单元格中设置以下公式，并向下填充公式至 Q5:R10 单元格区域即可。

• Q4 单元格："=IF(A4="","",ROUND(O4+P4,2))"，计算期末累计折旧额。

• R4 单元格："=IF(A4="","",ROUND(N4-Q4,2))"，计算期末余额。

最终效果如下图所示。

▶ Chapter 07
管好企业的重要资产——固定资产管理

**步骤 05** 测试公式效果。将 B2 单元格中日期修改为"2020-10",即可看到折旧明细表中已自动列示后期进入折旧期的固定资产信息。同时,折旧数据中,除"期初累计折旧额"、工作量法的"本月折旧额"等需要手动操作修改的数据,以及直线法下所有年份每月均等的"本月折旧额"数据未发生变化外,其他折旧数据均已发生动态变化,如下图所示。

### 5. 填充颜色提醒

对于最新开始折旧的固定资产折旧明细,可以运用"条件格式"工具设定条件,填充颜色,以便提醒财务人员及时与"卡片"工作表中的固定资产卡片和折旧预算表数据进行核对。操作步骤如下。

选中 A4:R10 单元格区域→打开【新建格式规则】对话框,设置【选择规则类型】为"使用公式确定要设置格式的单元格"→在文本框中设置公式"=$G4=$B$2"→设置格式填充颜色即可,效果如下图所示。

## 7.3.2 分类汇总期间费用

财务人员每月计提固定资产折旧额后，需要按照各项固定资产的用途和使用部门做费用归集并计入当期损益。在 7.3.1 小节中，我们已对各项固定资产做好费用归集，接着将固定资产折旧额按费用类别汇总后，就可以按照折旧明细表上的费用金额直接编制记账凭证了。操作步骤如下。

步骤01 在固定资产折旧明细表第 10 行下面添加 1 行，作为汇总行。按照以下格式设置，以便同时汇总折旧数据和期间费用金额，如下图所示。

××市××商贸有限公司

★ 2019年10月固定资产折旧明细表

| 序号 | 卡片编号 | 资产编号 | 固定资产名称 | 规格型号 | 购进日期 | 折旧起始月 | 使用部门 | 费用归集 | 折旧方法 | 折旧月数 | 资产原值 | 预计净残值(5%) | 折旧基数 | 期初累计折旧额 | 本月折旧额 | 期末累计折旧额 | 期末余额 |
|---|---|---|---|---|---|---|---|---|---|---|---|---|---|---|---|---|---|
| 1 | 10007 | HT007 | ××牌货车 | HT6192 | 2019-2-1 | 2019-3-1 | 物流部 | 营业费用 | 工作量法 | 96月 | 120,000.00 | 6,000.00 | 114,000.00 | 13,423.32 | 1,415.09 | 14,838.41 | 99,161.59 |
| 2 | 10001 | HT001 | 生产设备01 | HT6186 | 2019-7-10 | 2019-8-1 | 生产部 | 生成产本 | 年数总和法 | 120月 | 350,000.00 | 17,500.00 | 332,500.00 | 10,075.76 | 4,534.09 | 14,609.85 | 317,890.15 |
| 3 | 10002 | HT002 | 生产设备02 | HT6187 | 2019-7-10 | 2019-8-1 | - | 管理费用 | 直线法 | 60月/2375元 | 150,000.00 | 7,500.00 | 142,500.00 | 4,750.00 | 2,375.00 | 7,125.00 | 135,375.00 |
| 4 | 10003 | HT003 | ××牌办公设备01 | HT6188 | 2019-8-16 | 2019-9-1 | 行政部 | 管理费用 | 直线法 | 60月/1266.67元 | 80,000.00 | 4,000.00 | 76,000.00 | 1,266.67 | 1,266.67 | 2,533.34 | 73,466.66 |
| 5 | 10004 | HT004 | ××牌机械设备02 | HT6189 | 2019-9-20 | 2019-10-1 | 财务部 | 管理费用 | 双倍余额递减法 | 60月 | 60,000.00 | 3,000.00 | 57,000.00 | - | 2,000.00 | 2,000.00 | 55,000.00 |
| | | | | | | | | | | | | | | | | | |
| | | | | | | | | | | | | | | | | | |
| 费用汇总 | | | | | | | | | | 合计 | | | | | | | |

步骤02 分别在 C11 和 L11 单元格中设置以下公式。

• C11 单元格：“="生产成本："&SUMIF(I4:I10,"生产成本",P4:P10)&"制造费用："& SUMIF(I4:I10,"制造费用",P4:P10)&"营业费用："&SUMIF(I4:I10,"营业费用",P4:P10)&"管理费用："& SUMIF(I4:I10,"管理费用",P4:P10)”，分类汇总期间费用并在同一单元格中列示。

• L11 单元格：“=SUM(OFFSET(L$1,3,,):INDEX(L:L,ROW()-1))”，汇总折旧数据→向右填充公式至 R11 单元格。公式嵌套 OFFSET、INDEX 和 ROW 函数的作用是自动扩展 SUM 函数的求和区域。公式原理请参考 4.3.6 小节的内容进行理解。公式效果如下图所示。

C11 ="生产成本："&SUMIF(I4:I10,"生成成本",P4:P10)&" 制造费用："&SUMIF(I4:I10,"制造费用",P4:P10)&" 营业费用："&SUMIF(I4:I10,"营业费用",P4:P10)&" 管理费用："&SUMIF(I4:I10,"管理费用",P4:P10)

××市××商贸有限公司

★ 2019年10月固定资产折旧明细表

| 序号 | 卡片编号 | 资产编号 | 固定资产名称 | 规格型号 | 购进日期 | 折旧起始月 | 使用部门 | 费用归集 | 折旧方法 | 折旧月数 | 资产原值 | 预计净残值(5%) | 折旧基数 | 期初累计折旧额 | 本月折旧额 | 期末累计折旧额 | 期末余额 |
|---|---|---|---|---|---|---|---|---|---|---|---|---|---|---|---|---|---|
| 1 | 10007 | HT007 | ××牌货车 | HT6192 | 2019-2-1 | 2019-3-1 | 物流部 | 营业费用 | 工作量法 | 96月 | 120,000.00 | 6,000.00 | 114,000.00 | 13,423.32 | 1,415.09 | 14,838.41 | 99,161.59 |
| 2 | 10001 | HT001 | 生产设备01 | HT6186 | 2019-7-10 | 2019-8-1 | 生产部 | 生成产本 | 年数总和法 | 120月 | 350,000.00 | 17,500.00 | 332,500.00 | 10,075.76 | 4,534.09 | 14,609.85 | 317,890.15 |
| 3 | 10002 | HT002 | 生产设备02 | HT6187 | 2019-7-10 | 2019-8-1 | - | 管理费用 | 直线法 | 60月/2375元 | 150,000.00 | 7,500.00 | 142,500.00 | 4,750.00 | 2,375.00 | 7,125.00 | 135,375.00 |
| 4 | 10003 | HT003 | ××牌办公设备01 | HT6188 | 2019-8-16 | 2019-9-1 | 行政部 | 管理费用 | 直线法 | 60月/1266.67元 | 80,000.00 | 4,000.00 | 76,000.00 | 1,266.67 | 1,266.67 | 2,533.34 | 73,466.66 |
| 5 | 10004 | HT004 | ××牌机械设备02 | HT6189 | 2019-9-20 | 2019-10-1 | 财务部 | 管理费用 | 双倍余额递减法 | 60月 | 60,000.00 | 3,000.00 | 57,000.00 | - | 2,000.00 | 2,000.00 | 55,000.00 |
| | | | | | | | | | | | | | | | | | |
| | | | | | | | | | | | | | | | | | |
| 费用汇总 | 生产成本：4534.09 制造费用：0 营业费用：1415.09 管理费用：5641.67 | | | | | | | | | 合计 | 760,000.00 | 38,000.00 | 722,000.00 | 29,515.75 | 11,590.85 | 41,106.60 | 680,893.40 |

至此，动态折旧明细表已制作完成。下面列出每月计算折旧额时的操作流程和细节要点，如下图所示。

1.在B2单元格中填入当月日期  2.核对A2单元格和折旧明细表中列示的处于折旧期内的固定资产数量是否相符。如果有差异,请扩展表格或检查公式是否有误  3.将上月"期末累计折旧额"数据复制粘贴到本月"期初累计折旧额"单元格区域中

5.打印纸质折旧明细表作为记账凭证附件,同时将动态折旧明细表另存一份当月的"静态"表格,以作留存和备查文件  4.计算以工作量法折旧的固定资产折旧额,直接填入当月实际工作量,其他方法的折旧额公式自动计算

### 高手自测 24

7.3节制作的动态折旧明细表预留了7行用于列示折旧期内的固定资产信息,若后期进入折旧期的固定资产大于7项,那么如何操作才能简便快捷地扩充表格?

# 08 Chapter
## 管好企业的资金链
## ——往来账务管理

往来账款是企业在生产经营过程中因发生供销产品、提供或接受劳务而形成的债权、债务关系。往来账款一般包括应收账款、应付账款、预收账款、预付账款、其他应收款、其他应付款。其中，应收账款与应付账款是维系企业正常生产经营所需要的基本循环资金链条中最为重要的流动资产。企业要保证正常经营并取得长足发展，就应当将应收账款与应付账款作为财务重点管理对象，准确记录往来账金额、加强账龄分析、尽量预防坏账发生，避免债务纠纷，降低企业的讨债成本和管理成本，保障企业的资金链正常运转。那么，这些工作落到实处，应该如何具体操作呢？本章将以商贸企业的应收账款为例，介绍和讲解如何运用Excel管理往来账款的具体方法，并分享其中的管理思路。对于应付账款，完全可参考或套用应收账款的管理思路与工作表格进行管理。

### 请带着下面的问题走进本章

（1）实务中，企业发生应收账款的业务非常频繁，需要记载和运算的信息、数据也很多，那么如何运用Excel管理应收账款？

（2）除建立应收账款基本台账外，还应制作哪些辅助性表单，才能完整地统计汇总并且保证数据多而不乱？

（3）账龄是企业分析应收账款回收速度及评估往来单位偿债能力的重要依据，那么怎样运用Excel自动计算账龄？

（4）企业通常会根据各往来单位的应收账款账龄划分等级，以便有针对性地对应收账款进行分级管理。那么，如何运用Excel更直观地呈现和区分不同的等级？

## 8.1 建立往来账款台账，业务频繁却不乱

应收账款是指企业在正常的经营过程中因销售商品、提供劳务等业务，应当向购买单位收取的，但是暂未收取的款项，还包括应由购买单位或接受劳务单位负担的税金、代购买方垫付的各种运杂费等。

应收账款是伴随企业销售行为的发生而形成的一项债权。在财务范畴中，应收账款的确认与收入的确认密切相关，通常在确认收入的同时，就应当确认应收账款。实务中，大多数企业的日常业务都比较频繁，而且与其合作往来的单位不止一家，同时与每一家单位的合作关系也并非短期的。因此，对于应收账款不能笼统管理，而应当按照不同的合作单位分别设置台账进行明细核算，具体核算项目至少包括应收款项、已收款项，并且还需结合销售金额、发票金额等项目从不同的角度全面规范地管理应收账款。

本节将遵循以上管理思路，运用 Excel 制作应收账款台账模板，以及一系列辅助表单，包括应收账款结算明细表、回款统计表、发票统计表、应收账款一览表等。

### 8.1.1 制作应收账款台账模板

应收账款台账应当按照不同的往来单位分别建立明细台账。下面制作一份应收账款台账模板，实际运用时，复制粘贴模板即可生成新的台账管理表格。因此，我们需要制作一个应收账款台账模板，以便能够适用于大部分往来单位的应收账款管理。

#### 1. 构建台账框架

应收账款台账框架应结合企业的主营业务、经营模式与特点，以及结算流程等因素进行构建。实务中，企业与各往来单位之间的结算流程基本一致。例如，某企业以批发商品为主，与客户约定的结算流程大致如下图所示。

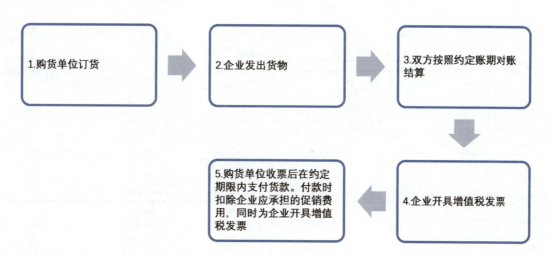

下面根据以上结算流程，构建应收账款台账模板的基本框架。操作步骤如下。

新建一个 Excel 工作簿，命名为“应收账款管理”→将工作表 Sheet1 重命名为往来单位名称，如“HT001 客户 A”→绘制表格，设置字段名称及单元格格式。

其中，B2 单元格用于输入上年年末余额，作为本年年初余额。E2:K2 单元格区域则汇总本年全年相关数据，冻结 1~3 行即可使全年汇总额始终可见。另外，L:O 列区域作为辅助表，用于列示费用明细项目及金额，如下图所示。

| | A | B | C | D | E | F | G | H | I | J | K | L | M | N | O |
|---|---|---|---|---|---|---|---|---|---|---|---|---|---|---|---|
| 1 | | | | HT001 客户A | | | | 档案号：001 | | | | | | | |
| 2 | 2019年 | | | - | | | | | | | | 账扣费用明细 | | | |
| 3 | 日期 | 销售单 | 退货单 | 备注 | 送货金额 | 退货金额 | 结算 | 结算金额 | 账扣费用金额 | 回款金额 | 应收余额 | 费用项目 | 账扣费用金额 | 现金费用项目 | 现金费用金额 |
| 4 | | | | | | | | | | | | | | | |
| 5 | | | | | | | | | | | | | | | |
| 6 | | | | | | | | | | | | | | | |
| 7 | | | | | | | | | | | | | | | |
| 8 | | | | | | | | | | | | | | | |
| 9 | | | | | | | | | | | | | | | |
| 10 | | | | | | | | | | | | | | | |
| 11 | | | | | | | | | | | | | | | |
| 12 | | | | | | | | | | | | | | | |
| 13 | | | | | | | | | | | | | | | |
| 14 | | | | | | | | | | | | | | | |
| 15 | | | | | | | | | | | | | | | |
| 16 | | | | | | | | | | | | | | | |
| 17 | | | | | | | | | | | | | | | |
| 18 | | | | | | | | | | | | | | | |
| 19 | | | | | | | | | | | | | | | |
| 20 | | | | | | | | | | | | | | | |
| 21 | | | | | | | | | | | | | | | |
| 22 | | | | | | | | | | | | | | | |
| 23 | | | | | | | | | | | | | | | |
| 24 | | | | | | | | | | | | | | | |
| 25 | | | | | | | | | | | | | | | |
| 26 | | | | | | | | | | | | | | | |
| 27 | | | | | | | | | | | | | | | |

## 2. 设置台账计算公式

下面列举企业与往来单位“HT001 客户 A”于 2020 年 1 月和 2 月的购销业务数据，在台账中设置函数公式，自动计算其他数据。操作步骤如下。

步骤01 首先填入 2020 年 1 月的销售日期、销售单号、退货单号、送货金额、退货金额等数据，如下图所示。

| | A | B | C | D | E | F | G | H | I | J | K | L | M | N | O |
|---|---|---|---|---|---|---|---|---|---|---|---|---|---|---|---|
| 1 | | | | HT001 客户A | | | | 档案号：001 | | | | | | | |
| 2 | 2019年 | | | - | | | | | | | | 账扣费用明细 | | | |
| 3 | 日期 | 销售单 | 退货单 | 备注 | 送货金额 | 退货金额 | 结算 | 结算金额 | 账扣费用金额 | 回款金额 | 应收余额 | 费用项目 | 账扣费用金额 | 现金费用项目 | 现金费用金额 |
| 4 | 2020.1.8 | 00001 | 00010 | | 16300.00 | | | | | | | | | | |
| 5 | 2020.1.10 | 00002 | | | 15280.00 | | | | | | | | | | |
| 6 | 2020.1.15 | 00003 | | | 25626.50 | | | | | | | | | | |
| 7 | 2020.1.20 | 00004 | | | 17520.00 | | | | | | | | | | |
| 8 | 2020.1.22 | 00005 | | | 13000.00 | | | | | | | | | | |
| 9 | 2019.1.31 | 00015 | | | 13500.00 | | | | | | | | | | |
| 10 | 2019.1.31 | | 00010 | | | 7530.00 | | | | | | | | | |
| 11 | | | | | | | | | | | | | | | |
| 12 | | | | | | | | | | | | | | | |
| 13 | | | | | | | | | | | | | | | |
| 14 | | | | | | | | | | | | | | | |
| 15 | | | | | | | | | | | | | | | |
| 16 | | | | | | | | | | | | | | | |
| 17 | 2020.1.31 | | | | | | | | | | | | | | |

步骤02 统计单据数量。在 B17 单元格中设置公式“=COUNTA(OFFSET(B4,0,,):INDEX(B:B,ROW()-1))”，统计当月送货单数量→向右填充公式至 C17 单元格。公式原理：运用 COUNTA 函数统计

## Chapter 08
管好企业的资金链——往来账务管理

B4:B16 单元格区域中不为空的单元格数量，也就是统计填写了销售单号的单元格数量。公式中嵌套 OFFSET 和 INDEX 函数的目的同样是在第 17 行上增加行次后能够自动扩展公式的统计区域，效果如下图所示。

步骤 03 创造汇总全年数据的"条件"。由于后面将在第 3 行设置条件求和公式，汇总全年 12 月的各项数据，需要以字符"合计"作为求和条件，因此需要统一设置文本格式。在 D17 单元格中设置公式"=TEXT(A17,"yyyy 年 m 月合计 ")"即可。

步骤 04 汇总或统计当月数据。分别在 I4、K4、K5 单元格、E17:K17 单元格区域及 M17 和 O17 单元格中设置以下公式。

- I4 单元格："=M4"，直接引用 M4 单元格中的数据，目的是方便设置公式计算应收余额。

- K4 单元格："=ROUND(B2+E4-F4-I4-J4,2)"，计算发生第 1 笔业务后的应收余额。

- K5 单元格："=ROUND(K4+E5-F5-I5-J5,2)"，计算发生第 2 笔业务后的应收余额→向下填充公式至 K16 单元格。

- E17 单元格："=SUM(OFFSET(E4,0,,):INDEX(E:E,ROW()-1))"，汇总当月送货金额→将公式复制粘贴至 F17 单元格、H17:J17 单元格区域、M17 和 O17 单元格。

- G17 单元格："=COUNTA(OFFSET(G4,0,,):INDEX(G:G,ROW()-1))"，统计已结算单据数量。

- K17 单元格："=INDIRECT("K"&ROW()-1)"，始终引用 K 列当前行次的上一行单元格中的数据。由于 K4:K16 单元格区域中的金额是逐笔计算得到的余额，因此最后一笔应收余额即是当月月末应收余额。

以上两个步骤的公式效果如下图所示。

D17 =TEXT(A17,"yyyy年m月合计")

| | A | B | C | D | E | F | G | H | I | J | K | L | M | N | O |
|---|---|---|---|---|---|---|---|---|---|---|---|---|---|---|---|
| 1 | | | | HT001 客户A | | | | | 档案号：001 | | | | | | |
| 2 | 2019年 | | | – | | | | | | | | 账扣费用明细 | | | |
| 3 | 日期 | 销售单 | 退货单 | 备注 | 送货金额 | 退货金额 | 结算 | 结算金额 | 账扣费用金额 | 回款金额 | 应收余额 | 费用项目 | 账扣费用金额 | 现金费用项目 | 现金费用金额 |
| 4 | 2020.1.8 | 00001 | 00010 | | 16300.00 | | | | – | | 16300.00 | | | | |
| 5 | 2020.1.10 | 00002 | | | 15280.00 | | | | – | | 31580.00 | | | | |
| 6 | 2020.1.15 | 00003 | | | 25626.50 | | | | – | | 57206.50 | | | | |
| 7 | 2020.1.20 | 00004 | | | 17520.00 | | | | – | | 74726.50 | | | | |
| 8 | 2020.1.22 | 00005 | | | 13000.00 | | | | – | | 87726.50 | | | | |
| 9 | 2019.1.31 | 00015 | | | 13500.00 | | | | – | | 101226.50 | | | | |
| 10 | 2019.1.31 | | 00010 | | | 7530.00 | | | – | | 93696.50 | | | | |
| 11 | | | | | | | | | – | | 93696.50 | | | | |
| 12 | | | | | | | | | – | | 93696.50 | | | | |
| 13 | | | | | | | | | – | | 93696.50 | | | | |
| 14 | | | | | | | | | – | | 93696.50 | | | | |
| 15 | | | | | | | | | – | | 93696.50 | | | | |
| 16 | | | | | | | | | – | | 93696.50 | | | | |
| 17 | 2020.1.31 | 6 | 2 | 2020年1月合计 | 101,226.50 | 7,530.00 | 0 | – | – | – | 93696.50 | | – | | – |

步骤05 将 G4:G16 单元格区域的格式自定义为“[=1]"√"”，用于标识已结算单据。例如，第 00001 号销售单已经结算，在 G4 单元格中输入数字“1”即显示“√”。

步骤06 复制 4:17 行区域粘贴至 18:31 行区域作为 2020 年 2 月的台账记账区域→将 K18 单元格公式修改为“=ROUND(K17+E18-F18-I18-J18,2)”→复制 18:31 行区域向下粘贴，直至 2020 年 12 月。在 2020 年 2 月记账区域中任意填入原始数据，如下图所示。

E31 =SUM(OFFSET(E18,0,,):INDEX(E:E,ROW()-1))

| | A | B | C | D | E | F | G | H | I | J | K | L | M | N | O |
|---|---|---|---|---|---|---|---|---|---|---|---|---|---|---|---|
| 1 | | | | HT001 客户A | | | | | 档案号：001 | | | | | | |
| 2 | 2020年 | | | – | | | | | | | | 账扣费用明细 | | | |
| 3 | 日期 | 销售单 | 退货单 | 备注 | 送货金额 | 退货金额 | 结算 | 结算金额 | 账扣费用金额 | 回款金额 | 应收余额 | 费用项目 | 账扣费用金额 | 现金费用项目 | 现金费用金额 |
| 4 | 2020.1.8 | 00001 | 00010 | | 16300.00 | | | | – | | 16300.00 | | | | |
| 5 | 2020.1.10 | 00002 | | | 15280.00 | | | | – | | 31580.00 | | | | |
| 6 | 2020.1.15 | 00093 | | | 25626.50 | | | | – | | 57206.50 | | | | |
| 7 | 2020.1.20 | 00004 | | | 17520.00 | | | | – | | 74726.50 | | | | |
| 8 | 2020.1.22 | 00005 | | | 13000.00 | | | | – | | 87726.50 | | | | |
| 9 | 2020.1.31 | 00015 | | | 13500.00 | | | | – | | 101226.50 | | | | |
| 10 | 2020.1.31 | | 00010 | | | 7530.00 | | | – | | 93696.50 | | | | |
| 11 | | | | | | | | | – | | 93696.50 | | | | |
| 12 | | | | | | | | | – | | 93696.50 | | | | |
| 13 | | | | | | | | | – | | 93696.50 | | | | |
| 14 | | | | | | | | | – | | 93696.50 | | | | |
| 15 | | | | | | | | | – | | 93696.50 | | | | |
| 16 | | | | | | | | | – | | 93696.50 | | | | |
| 17 | 2020.1.31 | 6 | 2 | 2020年1月合计 | 101,226.50 | 7,530.00 | 0 | – | – | – | 93696.50 | | – | | – |
| 18 | 2020.2.5 | 00082 | | | 16385.00 | | | | – | | 110081.50 | | | | |
| 19 | 2020.2.10 | 00105 | | | 18562.00 | | | | – | | 128643.50 | | | | |
| 20 | 2020.2.20 | 00150 | | | 16566.00 | | | | – | | 145209.50 | | | | |
| 21 | 2020.2.25 | 00165 | | | 13520.00 | | | | – | | 158729.50 | | | | |
| 22 | 2020.2.26 | 00180 | | | 15515.00 | | | | – | | 174244.50 | | | | |
| 23 | 2020.2.28 | | 00065 | | | 6200.00 | | | – | | 168044.50 | | | | |
| 24 | 2020.2.28 | | 00066 | | | 5500.00 | | | – | | 162544.50 | | | | |
| 25 | | | | | | | | | – | | 162544.50 | | | | |
| 26 | | | | | | | | | – | | 162544.50 | | | | |
| 27 | | | | | | | | | – | | 162544.50 | | | | |
| 28 | | | | | | | | | – | | 162544.50 | | | | |
| 29 | | | | | | | | | – | | 162544.50 | | | | |
| 30 | | | | | | | | | – | | 162544.50 | | | | |
| 31 | 2020.2.28 | 5 | 2 | 2020年2月合计 | 80,548.00 | 11,700.00 | 0 | – | – | – | 162544.50 | | – | | – |

步骤07 汇总全年数据。分别在 E2:K2 单元格区域的各单元格中设置以下公式。

• E2 单元格：“=SUMIF($D$4:$D300,"* 合计 ",E$4:E300)”→将公式复制粘贴至 F2:J2 单元格区域，汇总全年送货金额、退货金额、结算单据数量、结算金额、账扣费用金额、回款金额。

• K2 单元格：“=ROUND(B2+E2-F2-I2-J2,2)”，计算全年应收余额。

应收账款台账框架构建完成，效果如下图所示。

## 8.1.2 制作应收账款辅助表单

在实际经营活动中，围绕"应收账款"产生的后续工作，还需要填制其他相关表单或记账凭证附件。本小节将制作税票记录表、应收账款结算明细表、收款统计表、应收账款汇总表四种辅助表单，主要功能和作用如下图所示。

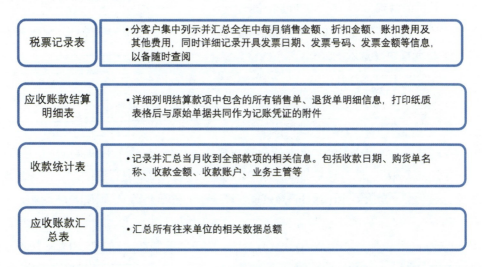

以上表单的表格布局都非常简单，计算公式也毫无难度，只需按照会计公式的思路设置函数公式即可。希望读者能够通过制作简单的表格，全面掌握规范管理"应收账款"的方法和思路。

### 1. 税票记录表

实务中，企业与往来单位核对账务后，就应当尽快向客户开具增值税发票（以下简称"税票"），作为收回货款和申报纳税的凭据。增值税发票的所有相关信息都非常重要，不仅包括税票金额，还包括开具日期、发票号码等信息，这些都是日后进行数据查询分析的重要依据。同时，结算金额、折扣、账扣费用等数据也与发票金额存在钩稽关系，财务人员应当详细记录以上项目的相关信息。本小节将制作一份"发票登记表"，按照不同往来单位，将全年12个月的上述项目数据集中记录和列示，以便各部门按客户查询和汇总销售数据。

步骤01 新建一个 Excel 工作表，命名为“税票登记”→绘制表格，设置字段名称→预留 12 行用于记录全年 12 个月的数据和信息。→在 A1 单元格中输入往来单位名称→在 B1 单元格中简要列明相关信息。表格中，“开票金额”“回款金额”“费用占比”字段将设置公式自动计算，其他字段应按照对账单据如实输入。税票记录表框架如下图所示。

HT001 客户A 折扣10% 合同号：00006

| 开票日期 | 税票号码 | 结算期间 | 销售金额 | 折扣金额 | 开票金额 | 回款日期 | 回款金额 | 账扣费用 | 现金费用 | 费用占比 | 备注 |
|---|---|---|---|---|---|---|---|---|---|---|---|
| | | | | | | | | | | | |
| | | | | | | | | | | | |
| | | | | | | | | | | | |
| | | | | | | | | | | | |
| | | | | | | | | | | | |
| | | | | | | | | | | | |
| | | | | | | | | | | | |
| | | | | | | | | | | | |
| | | | | | | | | | | | |
| | | | | | | | | | | | |
| | | | | | | | | | | | |
| | | | | | | | | | | | |
| | 合计 | | | | | | | | | | |

步骤02 设置“开票日期”及“税票号码”格式。开票日期自行设置即可。而税票号码固定为 8 个数字，可将单元格的格式自定义为“00000000”。

步骤03 设置计算公式。为验证公式效果，虚拟填入 2020 年 1~12 月相关数据→分别在 F3、H3、K3 和 D15 单元格中设置以下公式。

• F3 单元格：“=ROUND(D3-E3,2)”→向下填充公式至 F14 单元格。通过公式计算得到开票金额后，直接与对账单上列明的开票金额核对是否一致。

• H3 单元格：“=IF(G3="",0,ROUND(F3-I3,2))”→向下填充公式至 H14 单元格。公式作用是当企业实际收到款项后，在 G3 单元格中如实填入回款当日日期，H3 单元格根据开票金额减去账扣费用计算得出回款金额，此时直接与银行账户的实际收款金额核对即可。

• K3 单元格：“=IFERROR((E4+I4+J4)/D4,"")”→向下填充公式至 K15 单元格，计算费用占比。

• D15 单元格：“=ROUND(SUM(D3:D14),2)”→将公式复制粘贴至 E15:F15 及 H15:J15 单元格区域，计算 1~12 月的合计金额。公式效果如下图所示。

H14 =IF(G14="",0,ROUND(F14-I14,2))

HT001 客户A 折扣10% 合同号：00006

| 开票日期 | 税票号码 | 结算期间 | 销售金额 | 折扣金额 | 开票金额 | 回款日期 | 回款金额 | 账扣费用 | 现金费用 | 费用占比 | 备注 |
|---|---|---|---|---|---|---|---|---|---|---|---|
| 2020. 2. 6 | 00123456 | 2020. 1. 1-31 | 93696. 50 | 9369. 65 | 84, 326. 85 | 2020. 2. 25 | 79, 153. 85 | 5173. 00 | 500. 00 | 16. 05% | |
| 2020. 3. 7 | 00023456 | 2020. 2. 1-28 | 68848. 00 | 6884. 80 | 61, 963. 20 | 2020. 3. 28 | 59, 063. 20 | 2900. 00 | 520. 00 | 14. 97% | |
| 2020. 4. 8 | 00345678 | 2020. 3. 1-31 | 46546. 00 | 4654. 60 | 41, 891. 40 | 2020. 4. 25 | 39, 064. 40 | 2827. 00 | 730. 00 | 17. 64% | |
| 2020. 5. 5 | 00456789 | 2030. 4. 1-30 | 38978. 00 | 3897. 80 | 35, 080. 20 | 2020. 5. 22 | 32, 521. 30 | 2558. 90 | 680. 00 | 18. 31% | |
| 2020. 6. 3 | 00567890 | 2020. 5. 1-31 | 45646. 00 | 4564. 60 | 41, 081. 40 | 2020. 6. 26 | 38, 299. 10 | 2782. 30 | 816. 00 | 17. 88% | |
| 2020. 7. 5 | 00665206 | 2020. 6. 1-30 | 34654. 00 | 3465. 40 | 31, 188. 60 | 2020. 7. 28 | 28, 955. 80 | 2232. 80 | 693. 00 | 18. 44% | |
| 2020. 8. 10 | 07890112 | 2020. 7. 1-31 | 39652. 20 | 3965. 22 | 35, 686. 98 | 2020. 8. 23 | 33, 104. 33 | 2582. 65 | 593. 04 | 18. 01% | |
| 2020. 9. 6 | 00245679 | 2020. 8. 1-31 | 40251. 80 | 4025. 18 | 36, 226. 62 | 2020. 9. 20 | 33, 713. 93 | 2512. 69 | 605. 04 | 17. 75% | |
| 2020. 10. 8 | 00135790 | 2020. 9. 1-30 | 41168. 00 | 4116. 80 | 37, 051. 20 | 2020. 10. 30 | 34, 492. 92 | 2558. 28 | 623. 36 | 17. 73% | |
| 2020. 11. 2 | 01625789 | 2020. 10. 1-31 | 42258. 30 | 4225. 83 | 38, 032. 47 | 2020. 11. 26 | 35, 419. 55 | 2612. 92 | 645. 17 | 17. 71% | |
| 2020. 12. 6 | 00254678 | 2020. 11. 1-30 | 41254. 00 | 4125. 40 | 37, 128. 60 | 2020. 12. 27 | 34, 565. 90 | 2562. 70 | 625. 08 | 17. 73% | |
| 2021. 1. 5 | 03579890 | 2020. 12. 1-31 | 39952. 30 | 3995. 23 | 35, 957. 07 | | - | 2597. 32 | 599. 05 | 18. 00% | |
| | 合计 | | 572, 905. 10 | 57, 290. 51 | 515, 614. 59 | - | 448, 354. 28 | 33, 900. 56 | 7, 629. 73 | 17. 25% | |

步骤04 链接台账。在 H1 单元格中设置公式“=HYPERLINK("#'"&INDIRECT("A1")&"'!A1"," 查看台账 ")”，即可快速跳转至台账，以便查阅相关数据信息。公式原理如下。

① 运用 INDERECT 函数引用 A1 单元格中的客户名称，作为 HYPERLINK 函数中指定的工作表名称，因此表达式“"#'"&INDIRECT("A1")&"'!A1"”返回结果为“#'HT001 客户 A'!A1”。注意在工作表名称首尾添加单引号。

② 运用 HYPERLINK 函数链接至“HT001 客户 A”工作表中的 A1 单元格，并在 H1 单元格中显示“查看台账”字符，效果如下图所示。

H1 =HYPERLINK("#'"&INDIRECT("A1")&"'!A1","查看台账")

| | A | B | C | D | E | F | G | H | I | J | K | L |
|---|---|---|---|---|---|---|---|---|---|---|---|---|
| 1 | HT001 客户A 折扣10% 合同号：00006 | | | | | | | 查看台账 | | | | |
| 2 | 开票日期 | 税票号码 | 结算期间 | 销售金额 | 折扣金额 | 开票金额 | 回款日期 | 回款金额 | 账扣费用 | 现金费用 | 费用占比 | 备注 |
| 3 | 2020.2.6 | 00123456 | 2020.1.1-31 | 93696.50 | 9369.65 | 84,326.85 | 2020.2.25 | 79,153.85 | 5173.00 | 500.00 | 16.05% | |
| 4 | 2020.3.7 | 00023456 | 2020.2.1-28 | 68848.00 | 6884.80 | 61,963.20 | 2020.3.28 | 59,063.20 | 2900.00 | 520.00 | 14.97% | |
| 5 | 2020.4.8 | 00345678 | 2020.3.1-31 | 46546.00 | 4654.60 | 41,891.40 | 2020.4.25 | 39,064.40 | 2827.00 | 730.00 | 17.64% | |
| 6 | 2020.5.5 | 00456789 | 2030.4.1-30 | 38978.00 | 3897.80 | 35,080.20 | 2020.5.22 | 32,521.30 | 2558.90 | 680.00 | 18.31% | |
| 7 | 2020.6.3 | 00567890 | 2020.5.1-31 | 45646.00 | 4564.60 | 41,081.40 | 2020.6.26 | 38,299.10 | 2782.30 | 816.00 | 17.88% | |
| 8 | 2020.7.5 | 00665206 | 2020.6.1-30 | 34654.00 | 3465.40 | 31,188.60 | 2020.7.28 | 28,955.80 | 2232.80 | 693.00 | 18.44% | |
| 9 | 2020.8.10 | 07890112 | 2020.7.1-31 | 39652.20 | 3965.22 | 35,686.98 | 2020.8.23 | 33,104.33 | 2582.65 | 593.04 | 18.01% | |
| 10 | 2020.9.6 | 00245679 | 2020.8.1-31 | 40251.80 | 4025.18 | 36,226.62 | 2020.9.20 | 33,713.93 | 2512.69 | 605.04 | 17.75% | |
| 11 | 2020.10.8 | 00135790 | 2020.9.1-30 | 41168.00 | 4116.80 | 37,051.20 | 2020.10.30 | 34,492.92 | 2558.28 | 623.36 | 17.73% | |
| 12 | 2020.11.2 | 01625789 | 2020.10.1-31 | 42258.30 | 4225.83 | 38,032.47 | 2020.11.26 | 35,419.55 | 2612.92 | 645.17 | 17.71% | |
| 13 | 2020.12.6 | 00254678 | 2020.11.1-30 | 41254.00 | 4125.40 | 37,128.60 | 2020.12.27 | 34,565.90 | 2562.70 | 625.08 | 17.73% | |
| 14 | 2021.1.5 | 03579890 | 2020.12.1-31 | 39952.30 | 3995.23 | 35,957.07 | | - | 2597.32 | 599.05 | 18.00% | |
| 15 | 合计 | | | 572,905.10 | 57,290.51 | 515,614.59 | - | 448,354.28 | 33,900.56 | 7,629.73 | 17.25% | |

步骤05 单击“查看台账”链接，跳转至“HT001 客户 A”工作表中的 A1 单元格后，同样在其中设置一个链接公式，即可快速跳转至“税票登记”工作表。公式表达式为“=HYPERLINK("#税票登记 !A"&MATCH(D1, 税票登记 !A:A,0)," 查看税票 ")”，效果如下图所示。

A1 =HYPERLINK("#税票登记!A"&MATCH(D1,税票登记!A:A,0),"查看税票")

| | A | B | C | D | E | F | G | H | I | J | K | L | M | N | O |
|---|---|---|---|---|---|---|---|---|---|---|---|---|---|---|---|
| 1 | 查看税票 | | | HT001 客户A | | | | | 档案号：001 | | | | | | |
| 2 | 2020年 | | | - | 181,774.50 | 19,230.00 | 0 | - | - | - | 162,544.50 | 账扣费用明细 | | | |
| 3 | 日期 | 销售单 | 退货单 | 备注 | 送货金额 | 退货金额 | 结算 | 结算金额 | 账扣费用金额 | 回款金额 | 应收余额 | 费用项目 | 账扣费用金额 | 现金费用项目 | 现金费用金额 |
| 4 | 2020.1.8 | 00001 | 00010 | | 16300.00 | | | | - | | 16300.00 | | | | |
| 5 | 2020.1.10 | 00002 | | | 15280.00 | | | | - | | 31580.00 | | | | |
| 6 | 2020.1.15 | 00003 | | | 25626.50 | | | | - | | 57206.50 | | | | |
| 7 | 2020.1.20 | 00004 | | | 17520.00 | | | | - | | 74726.50 | | | | |
| 8 | 2020.1.22 | 00005 | | | 13000.00 | | | | - | | 87726.50 | | | | |
| 9 | 2020.1.31 | 00015 | | | 13500.00 | | | | - | | 101226.50 | | | | |
| 10 | 2020.1.31 | | 00010 | | | 7530.00 | | | - | | 93696.50 | | | | |
| 11 | | | | | | | | | - | | 93696.50 | | | | |
| 12 | | | | | | | | | - | | 93696.50 | | | | |
| 13 | | | | | | | | | - | | 93696.50 | | | | |
| 14 | | | | | | | | | - | | 93696.50 | | | | |
| 15 | | | | | | | | | - | | 93696.50 | | | | |
| 16 | | | | | | | | | - | | 93696.50 | | | | |
| 17 | 2020.1.31 | 6 | 2 | 2020年1月合计 | 101,226.50 | 7,530.00 | 0 | - | - | - | 93696.50 | | - | | - |

税票记录表制作完成后，即可批量复制粘贴，用于记录其他往来单位的税票信息。

## 2. 应收账款结算明细表

当企业接收到往来单位对账单后，如无异议，表明该笔销售的所有相关数据已经双方确认，此时需要将已经结算的纸质销售及退货单记账联抽取出来单独存放。同时，运用 Excel 制作一份结算明细单，简要列明货款结算的相关信息。实际收到该笔款项后，再打印出纸质结算明细表，与销售单及退货单的记账联一并作为记账凭证的附件。应收账款结算明细表制作步骤如下。

**步骤01** 新增工作表，命名为"HT001 客户 A 结算单"→绘制表格并设置字段名称、基本求和公式及单元格格式。初始表格如下图所示。

**步骤02** 企业确认对账金额后即可填入"结算金额""折扣""账扣费用"及此次抽取销售单据的相关数据信息，如下图所示。另外，"开票金额""回款金额""差额"与"余额"项目将于下一步设置公式自动计算。"结算单号""费用发票""回款日期"在实际收到货款之后再如实填写。

**步骤03** 分别在 C4、D4、E8 和 F8 单元格中设置以下公式，计算相关数据。

- C4 单元格："=ROUND(A4-B4,2)"，计算开票金额。
- D4 单元格："=IF(G4="",0,C4-E4)"，实际收到货款，填入日期后，计算回款金额。
- E8 单元格："=ROUND(C8-D8,2)"→向下填充公式至 E17 单元格，计算销售金额与结算金额的差额。
- F8 单元格："=ROUND(C8-D8-E8,2)"→向下填充公式至 F17 单元格，计算结算余额。

实务中，当结算金额与销售金额不符时，说明可能存在价格差异的情况。如果确认没有未结算款项，那么结算金额小于销售金额时，两者之间的差额通常由企业承担，作为损失处理。所以，该笔单据不应留有余额，而应当直接减除，将余额冲销为0。因此，计算余额时应减去E8单元格中的"差额"。

销售单据抽取完毕后可删除表格中多余的行次，效果如下图所示。

**步骤04** 企业收到往来单位开具的费用发票后，可在F4单元格中做自定义标识，表明已收到发票。收回货款后填入回款日期，核对回款金额是否相符。最后在打印纸质结算单之前填入结算单号，建议按照"当前年份+当前月份+顺序号"的规则编号。例如，此份结算单为2020年2月收到货款后填制的第一份结算单，那么结算单号即为"202002-01"。只需将G2单元格的格式自定义为"yyyymm-dd"，简化输入"2-1"即可显示单号，效果如下图所示。

**步骤05** 企业收回货款后，除抽取结算单外，还有一步重要的工作要做，在应收账款台账中记录结算信息，冲减应收账款余额。下面将结算信息填入应收账款台账中，并选中已结算单据。同时，运用"条件格式"工具，将已结算单据和记录结算收款信息的行次填充颜色，以做区分，效果如下图所示。

| | A | B | C | D | E | F | G | H | I | J | K | L | M | N | O |
|---|---|---|---|---|---|---|---|---|---|---|---|---|---|---|---|
| 1 | 查看税票 | | | HT001 客户A | | | | 档案号：001 | | | | | | | |
| 2 | 2020年 | | | — | 444,298.58 | 19,230.00 | 7 | 93,696.50 | 14,542.65 | 79,153.85 | 331,372.08 | 账扣费用明细 | | | |
| 3 | 日期 | 销售单 | 退货单 | 备注 | 送货金额 | 退货金额 | 结算 | 结算金额 | 账扣费用金额 | 回款金额 | 应收余额 | 费用项目 | 账扣费用金额 | 现金费用项目 | 现金费用金额 |
| 4 | 2020.1.8 | 00001 | | | 16300.00 | | √ | | | | 16300.00 | | | | |
| 5 | 2020.1.10 | 00002 | | | 15280.00 | | √ | | | | 31580.00 | | | | |
| 6 | 2020.1.18 | 00003 | | | 25626.50 | | √ | | | | 57206.50 | | | | |
| 7 | 2020.1.20 | 00004 | | | 17520.00 | | √ | | | | 74726.50 | | | | |
| 8 | 2020.1.22 | 00005 | | | 13000.00 | | √ | | | | 87726.50 | | | | |
| 9 | 2020.1.31 | 00015 | | | 13500.00 | | √ | | | | 101226.50 | | | | |
| 10 | 2020.1.31 | | 00010 | | | 7530.00 | √ | | | | 93696.50 | | | | |
| 11 | | | | | | | — | | | | 93696.50 | | | | |
| 12 | | | | | | | — | | | | 93696.50 | | | | |
| 13 | | | | | | | — | | | | 93696.50 | | | | |
| 14 | | | | | | | — | | | | 93696.50 | | | | |
| 15 | | | | | | | — | | | | 93696.50 | | | | |
| 16 | | | | | | | — | | | | 93696.50 | | | | |
| 17 | 2020.1.31 | 6 | 1 | 2020年1月合计 | 101,226.50 | 7,530.00 | 7 | — | — | — | 93696.50 | — | — | — | — |
| 18 | 2020.2.5 | 00082 | | | 16385.00 | | | | | | 110081.50 | | | | |
| 19 | 2020.2.10 | 00105 | | | 18562.00 | | | | | | 128643.50 | | | | |
| 20 | 2020.2.20 | 00150 | | | 16566.00 | | | | | | 145209.50 | | | | |
| 21 | 2020.2.25 | 00165 | | | 13520.00 | | | | | | 158729.50 | | | | |
| 22 | 2020.2.26 | 00180 | | | 15515.00 | | | | | | 174244.50 | | | | |
| 23 | 2020.2.28 | | 00065 | | | 6200.00 | | | | | 168044.50 | | | | |
| 24 | 2020.2.28 | | 00066 | | | 5500.00 | | | | | 162544.50 | | | | |
| 25 | | | | | | | | | | | 162544.50 | | | | |
| 26 | 2020.2.25 | | | 1月销售收款 | | | | 9,369.65 | | | 153174.85 | 折扣 | 9,369.65 | | |
| 27 | 2020.2.25 | | | 1月销售收款 | | | | 2,000.00 | | | 151174.85 | 促销服务费 | 2,000.00 | | |
| 28 | 2020.2.25 | | | 1月销售收款 | | | | 1,200.00 | | | 149974.85 | 管理费 | 1,200.00 | | |
| 29 | 2020.2.25 | | | 1月销售收款 | | | | 1,153.00 | | | 148821.85 | 场地使用费 | 1,153.00 | | |
| 30 | 2020.2.25 | | | 1月销售收款 | | | | 93696.50 | 820.00 | 79153.85 | 68848.00 | 水电费 | 820.00 | 道具租赁费 | 500.00 |
| 31 | 2020.2.28 | 5 | 2 | 2020年2月合计 | 80,548.00 | 11,700.00 | 0 | 93,696.50 | 14,542.65 | 79,153.85 | 68848.00 | — | 14,542.65 | — | 500.00 |

### 3. 收款统计表

实际工作中，企业在一个月度内，通常会收回数笔应收账款。财务人员在登记应收账款台账、制作结算单据后，同时还需要制作一份"收款统计表"，逐笔记录每次收回款项的相关信息与数据，并设置公式自动汇总，那么每月实际收回款项的明细与总额即可一目了然，月末结账前，无论是与银行收款账户还是与其他相关人员核对收款金额时就会轻松许多。另外，结合实际工作需求，还可按照各位业务主管汇总的各自收款总额，计算指标达成率，以备后续核算绩效时直接获取相关数据。具体操作步骤如下。

**步骤01** 新增工作表，命名为"收款记录表"→设置字段名称→表格标题与结算单号所在区域的单元格均自定义单元格格式，以便简化输入→填入"HT001 客户A"的收款数据与相关信息→在E21单元格中设置基本求和公式，并向右填充公式至F21单元格。初始表格如左下图所示。

**步骤02** 自动生成序号。在A4单元格中设置公式"=IF(B4=""," ☆ ",COUNT(A$3:A3)+1)"→向下填充公式至A13单元格。公式的作用是当企业收到款项并制作结算单后，将结算单号填入B列，则A列"序号"自动编号。反之，则显示符号"☆"，以提示A列区域中包含公式，避免因手误而删除公式。

**步骤03** 运用"数据验证"工具分别在F4:F13和G4:G13单元格区域中制作下拉列表，保证账户与业务主管填写格式统一、规范，便于后面根据分类汇总不同账户和各位业务主管的收款金额。

其中，F4:F13单元格区域下拉列表的序列可设置不同的符号作为区分，如"√，○"，也可将单元格的格式自定义为"[=1] √ ;[=2] ○"。G4:G13单元格区域下拉列表的序列为"=$D$16:$D$20"。

以上公式与下拉列表制作完成后，再虚拟填入其他收款数据，以便展示下一步公式效果，如右下图所示。

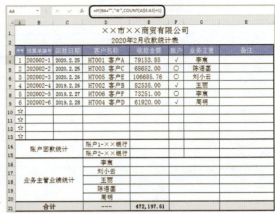

步骤 **04** 分类汇总收款数据。将代表"账户 1"和"账户 2"的符号"√"和"○"填入 F14 和 F15 单元格→分别在 E14、G14、A14 和 E16 单元格中设置以下公式。

• E14 单元格:"=SUMIF(F$4:$F$13,F14,E$4:$E$13)"→向下填充公式至 E15 单元格,按照不同账户汇总收款金额。

• G14 单元格:"=COUNTIF(F$4:F$13,F14)"→向下填充公式至 G15 单元格,统计不同账户的收款笔数。同时,可将 G14 和 G15 单元格的格式自定义为"收款 # 笔"。

• A14 单元格:"=" 账户回款统计    "&ROUND(SUM(E14,E15),2)",汇总两个账户的收款总额。公式中设置一串空白字符的目的是将数字"挤"到 A14 单元格中的下一行。

• E16 单元格:"=SUMIF(G$4:G$13,D16,E$4:E$13)"→向下填充公式至 E20 单元格,按照不同业务主管汇总收款金额。公式效果如左下图所示。

步骤 **05** 计算业务主管的收款指标达成率。在 F16:F20 单元格区域中填入业务主管的收款指标→在 H16 单元格中设置公式"=IFERROR(E16/F16,0)",注意将单元格的数字格式设置为"百分比"→将公式向下填充至 H21 单元格,效果如右下图所示。

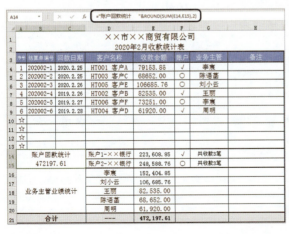

步骤 **06** 运用"条件格式"功能,在 H16:H21 单元格区域中设置彩色"进度"条,更直观地呈现指

标达成率数据。选中 H16:H21 单元格区域→打开【新建格式规则】对话框，按照左下图所示设置单元格格式，效果如右下图所示。

> **专家点拨**
>
> 以上"税票记录表""应收账款结算明细表""收款统计表"中的大部分数据是根据对账单或银行回单上的数据如实记录，应当保持静止不变，才能确保数据准确。而且，三张表格的布局各异，不便设置查找引用公式。因此，三张表中如存在重复数据，建议仍然采用手动填写，避免引起连环错误。

### 4. 应收账款汇总表

应收账款汇总表的作用是便于总览所有往来单位的相关数据总额。制作方法非常简单，只需设置函数公式，将各往来单位的应收账款相关信息与数据引用到表格中相同项目所在的单元格内即可。同时，为了方便财务人员在编辑台账时，同步查看应收账款汇总表中的数据，我们将运用 Excel 中的"切片器 + 照相机"工具实现这一目标。

为展示效果，这里预先补充制作了其他往来单位的台账，当前"应收账款管理"工作簿中包含共 6 家企业 2020 年 1~6 月的应收账款台账。制作步骤如下。

**步骤01** 新建工作表，命名为"应收账款汇总"→绘制表格，设置字段名称及单元格格式→填入客户名称。其中，B3:H9 单元格区域将全部设置函数公式自动汇总相关数据。初始表格如下图所示。

| | A | B | C | D | E | F | G | H |
|---|---|---|---|---|---|---|---|---|
| 1 | ××市××有限公司应收账款汇总 | | | | | | | |
| 2 | 客户名称 | 2019年余额 | 送货金额 | 退货金额 | 结算金额 | 账扣费用金额 | 回款金额 | 应收余额 |
| 3 | HT001 客户A | | | | | | | |
| 4 | HT002 客户B | | | | | | | |
| 5 | HT003 客户C | | | | | | | |
| 6 | HT004 客户D | | | | | | | |
| 7 | HT005 客户E | | | | | | | |
| 8 | HT006 客户F | | | | | | | |
| 9 | 合计 | | | | | | | |

**步骤02** 分别在 B3、C3 和 B9 单元格中设置以下公式。

• B3 单元格："=INDIRECT(""&$A3&"'!$B$2")"，引用"HT001 客户 A"工作表 B2 单元格中的 2019 年余额。

• C3 单 元 格："=INDEX(INDIRECT(""&$A3&"'!$2:$2"),MATCH(C$2,INDIRECT(""&$A3&"'!$3:$3"),0))"，运用"INDEX+MATCH"函数组合，嵌套 INDIRECT 函数，查找引用"HT001 客户 A"工作表中的相关数据→向右填充公式至 H3 单元格。

将 B3:H3 单元格区域公式向下填充至 B4:H8 单元格区域。

• B9 单元格："=SUM(OFFSET(B$3,0,,):INDEX(B:B,ROW()-1))"→向右填充公式至 H9 单元格，汇总各往来单位数据总额。公式效果如下图所示。

| | A | B | C | D | E | F | G | H |
|---|---|---|---|---|---|---|---|---|
| 1 | ××市××有限公司应收账款汇总 | | | | | | | |
| 2 | 客户名称 | 2019年余额 | 送货金额 | 退货金额 | 结算金额 | 账扣费用金额 | 回款金额 | 应收余额 |
| 3 | HT001 客户A | - | 444,298.58 | 19,230.00 | 93,696.50 | 14,542.65 | 79,153.85 | 331,372.08 |
| 4 | HT002 客户B | - | 497,149.09 | 12,332.50 | - | - | - | 484,816.59 |
| 5 | HT003 客户C | - | 717,590.97 | 13,136.40 | - | - | - | 704,454.57 |
| 6 | HT004 客户D | - | 600,920.74 | 15,848.61 | - | - | - | 585,072.13 |
| 7 | HT005 客户E | - | 486,519.09 | 17,978.29 | - | - | - | 468,540.80 |
| 8 | HT006 客户F | - | 665,834.03 | 16,379.75 | - | - | - | 649,454.28 |
| 9 | 合计 | - | 3,412,312.50 | 94,905.55 | 93,696.50 | 14,542.65 | 79,153.85 | 3,223,710.45 |

**步骤03** 创建超级表。选中 A2:H9 单元格区域→按【Ctrl+T】组合键，弹出【创建表】对话框→单击【确定】按钮，即可将普通表格转换为超级表，如下图所示。

**步骤 04** 插入切片器。单击【插入】选项卡【筛选器】组中的【切片器】按钮→弹出【插入切片器】对话框，仅选择其中的【客户名称】选项→单击【确定】按钮即可。同时，切片器本身具备筛选功能，因此可将 A2:H2 单元格区域标题行的筛选按钮取消，效果如下图所示。

**步骤 05** 运用照相机绘制"照片"。选中 A2:H9 单元格区域，在"HT001 客户 A"工作表中绘制一张"照片"（照相机使用方法请参见 1.3.1 小节中的介绍）→将"应收账款汇总"工作表中的"切片器"复制粘贴至"HT001 客户 A"工作表中，效果如下图所示。

**步骤 06** 从上图中可以看到,由于"照片"较大,遮挡了工作表中其他数据。此时可单击"切片器"中的任一选项→缩小图片至合适大小,并放置于标题旁,效果如下图所示。

### 专家点拨

通过此步操作,可总结出一条经验:"照片"不宜太大,否则会遮挡其他数据,影响正常工作。如果将照片缩小后,其中的数据也相应缩小,无法看清。因此,"照相机"工具在实际工作场景中更适用于显示单项数据内容,这也是我们将"照相机"与"切片器"配合使用的原因之一。

### 高手自测 25

"收款记录表"工作表中设置了能够直观体现每位业务主管收款指标达成率大小的进度条,那么如何在不添加辅助行和辅助列的前提下,再制作迷你柱形图,对比各位业务主管收款金额大小?

## 8.2 做好应收账龄分析,让收款周期一目了然

账龄是指企业尚未收回应收账款的时间长度,通常根据企业自身业务特点,拟定一个合理的周转天数,将其划分为 N 个级别,如 30 天以内(合理的周转天数设定为 30 天)、30~60 天、60~90 天、90 天以上等。

账龄是分析应收账款、评估客户偿债能力的重要信息。所有账龄在合理周转天数以上的应收账款都会在一定程度上影响公司的正常运营。同时,如果账龄越高,资金效率越低,发生坏账的风险就越大,那么企业的财务成本就越高。

因此,做好应收账款账龄分析工作,保障企业的资金链正常运转至关重要。本节将在 8.1 节制作的"应收账款台账"中的数据基础之上,以客户为单位制作应收账款账龄分析表,自动统计账龄,并让每一笔应收账款金额根据时间的推移,自动汇总后按照不同级别"对号入座"。同时,制

作账龄统计汇总表，自动汇总分析所有客户的账龄结构，并配以动态图表——饼图，直观形象地展示数据的动态变化。

## 8.2.1 创建账龄分析表

实务中，大多数账期模式通常为“月结 *N* 天”，分别按每一月度汇总当月发生的销售总额，该笔销售总额的账期即当月最末一天加上 *N* 天。例如，月结 30 天，3 月汇总销售总额为 10 万元，那么这 10 万元的付款期是 3 月 31 日 +30 天，即 4 月 30 日，如果超过这个期限未收到款项，则代表该笔应收款已经逾期。本小节即以“月结 *N* 天”账期模式为例，运用 Excel 制作“账龄分析表”模板，分别按照不同往来单位的不同账期，计算一个会计年度内每月发生应收账款的到期日期，判断到期应收款，分析不同逾期时间段的逾期应收款。由于计算账龄的部分基础数据需要从“应收账款台账”工作表中取数，两个工作表的数据是联动的，因此账龄分析表仍然在“应收账款管理”工作簿中制作。下面制作“HT001 客户 A”于 2020 年的应收账款账龄分析表。为展示效果，已预先在其台账中虚拟补充填入 2020 年 3~6 月销售数据。

步骤01 新增工作表，命名为“账龄分析表”→绘制表格，设置字段名称及单元格格式→在“月份”字段中输入每月月份→在“月末日期”字段输入每月末日期。初始表格如下图所示。

××市××有限公司2020年应收账款账龄分析表

客户名称:HT001 客户A　账期(天)：30天

| 月份 | 月末日期 | 到期时间 | 应收账款统计 | | | | | | 结算统计 | | | 账龄分析 | | | | |
|---|---|---|---|---|---|---|---|---|---|---|---|---|---|---|---|---|
| | | | 期初余额 | 送货金额 | 退货金额 | 账扣费用金额 | 回款金额 | 期末余额 | 未结算金额 | 是否到期 | 收款日期 | 未到期 | 00-30天 | 30-60天 | 60-90天 | 90天以上 |
| 2020年1月合计 | 1月31日 | | | | | | | | | | | | | | | |
| 2020年2月合计 | 2月29日 | | | | | | | | | | | | | | | |
| 2020年3月合计 | 3月31日 | | | | | | | | | | | | | | | |
| 2020年4月合计 | 4月30日 | | | | | | | | | | | | | | | |
| 2020年5月合计 | 5月31日 | | | | | | | | | | | | | | | |
| 2020年6月合计 | 6月30日 | | | | | | | | | | | | | | | |
| 2020年7月合计 | 7月31日 | | | | | | | | | | | | | | | |
| 2020年8月合计 | 8月31日 | | | | | | | | | | | | | | | |
| 2020年9月合计 | 9月30日 | | | | | | | | | | | | | | | |
| 2020年10月合计 | 10月31日 | | | | | | | | | | | | | | | |
| 2020年11月合计 | 11月30日 | | | | | | | | | | | | | | | |
| 2020年12月合计 | 12月31日 | | | | | | | | | | | | | | | |
| 合计 | | | | | | | | | | | | | | | | |

步骤02 查找引用应收账款数据。分别在 D5:I5 单元格区域及 D6 和 E17 单元格中设置以下公式。

• D5 单元格：“=INDIRECT("'"&A2&"'!$B$2")”，引用“HT001 客户 A”工作表 B2 单元格中的 2019 年余额。

• D6 单元格：“=I5”，引用 2020 年 1 月的“期末余额”作为 2020 年 2 月的“期初余额”→向下填充公式至 D16 单元格。

• E5 单元格：“=SUMIF(INDIRECT("'"&$A2&"'!$D:$D"),$A5,INDIRECT("'"&$A2&"'!E:E"))”，汇总“HT001 客户 A”工作表 E 列中的“送货金额”。

• F5 单元格：“=SUMIF(INDIRECT("'"&$A2&"'!$D:$D"),$A5,INDIRECT("'"&$A2&"'!F:F"))”，汇总“HT001 客户 A”工作表 F 列中的“退货金额”。

• G5 单元格：“=SUMIF(INDIRECT("'"&$A2&"'!$D:$D"),$A5,INDIRECT("'"&$A2&"'!G:G"))”，汇总“HT001 客户 A”工作表 G 列中的“账扣费用金额”。

• H5 单元格：“=SUMIF(INDIRECT("'"&$A2&"'!$D:$D"),$A5,INDIRECT("'"&$A2&"'!H:H"))”，汇总“HT001 客户 A”工作表 H 列中的“回款金额”。

• I5 单元格：“=ROUND(D5+E5-F5-G5-H5,2)”，直接根据本表格中数据计算“期末余额”→将公式复制粘贴至 I6:I17 单元格区域。

将 E5:H5 单元格区域公式复制粘贴至 E6:H16 单元格区域。

• E17 单元格：“=ROUND(SUM(E5:E16),2)”→将公式复制粘贴至 F17:H17 单元格区域，汇总 1~12 月的相关数据。公式效果如下图所示。

E5 =SUMIF(INDIRECT("'"&$A2&"'!$D:$D"),$A5,INDIRECT("'"&$A2&"'!E:E"))

××市××有限公司2020年应收账款账龄分析表

客户名称:HT001 客户A　账期(天)：30天

| 月份 | 月末日期 | 到期时间 | 应收账款统计 | | | | | | 结算统计 | | | 账龄分析 | | | | |
|---|---|---|---|---|---|---|---|---|---|---|---|---|---|---|---|---|
| | | | 期初余额 | 送货金额 | 退货金额 | 账扣费用金额 | 回款金额 | 期末余额 | 未结算金额 | 是否到期 | 收款日期 | 未到期 | 00-30天 | 30-60天 | 60-90天 | 90天以上 |
| 2020年1月合计 | 1月31日 | | - | 101,226.50 | 7,530.00 | - | - | 93,696.50 | | | | | | | | |
| 2020年2月合计 | 2月29日 | | 93,696.50 | 80,548.00 | 11,700.00 | 14,542.65 | 79,153.85 | 68,848.00 | | | | | | | | |
| 2020年3月合计 | 3月31日 | | 68,848.00 | 82,864.00 | - | - | - | 151,712.00 | | | | | | | | |
| 2020年4月合计 | 4月30日 | | 151,712.00 | 58,722.18 | - | - | - | 210,434.18 | | | | | | | | |
| 2020年5月合计 | 5月31日 | | 210,434.18 | 71,257.31 | - | - | - | 281,691.49 | | | | | | | | |
| 2020年6月合计 | 6月30日 | | 281,691.49 | 49,680.59 | - | - | - | 331,372.08 | | | | | | | | |
| 2020年7月合计 | 7月31日 | | 331,372.08 | - | - | - | - | 331,372.08 | | | | | | | | |
| 2020年8月合计 | 8月31日 | | 331,372.08 | - | - | - | - | 331,372.08 | | | | | | | | |
| 2020年9月合计 | 9月30日 | | 331,372.08 | - | - | - | - | 331,372.08 | | | | | | | | |
| 2020年10月合计 | 10月31日 | | 331,372.08 | - | - | - | - | 331,372.08 | | | | | | | | |
| 2020年11月合计 | 11月30日 | | 331,372.08 | - | - | - | - | 331,372.08 | | | | | | | | |
| 2020年12月合计 | 12月31日 | | 331,372.08 | - | - | - | - | 331,372.08 | | | | | | | | |
| 合计 | | | - | 444,298.58 | 19,230.00 | 14,542.65 | 79,153.85 | 331,372.08 | | | | | | | | |

步骤03 计算账期到期日期。在 C5 单元格中设置公式“=IF(E5-F5>0,$B5+$D$2,0)”，这里运用 IF 函数判断“E5-F5>0”的原因在于 E5-F5 即“送货金额 - 退货金额”的结果大于零，则应收账款为正数，代表确有应收账款需要收回，那么计算账期的“到期时间”才有意义→向下填充公式至 C16 单元格。注意本例设定的账期为 30 天，因此每月应收账款的到期日期并非全部是次月的最后一日，效果如下图所示。

C5 　　fx　=IF(E5-F5>0,$B5+$D$2,0)

××市××有限公司2020年应收账款账龄分析表

客户名称:HT001 客户A　账期(天): 30天

| 月份 | 月末日期 | 到期时间 | 应收账款统计 | | | | | 结算统计 | | | 账龄分析 | | | | |
|---|---|---|---|---|---|---|---|---|---|---|---|---|---|---|---|
| | | | 期初余额 | 送货金额 | 退货金额 | 账扣费用金额 | 回款金额 | 期末余额 | 未结算金额 | 是否到期 | 结款日期 | 未到期 | 00-30天 | 30-60天 | 60-90天 | 90天以上 |
| 2020年1月合计 | 1月31日 | 2020-3-1 | - | 101,226.50 | 7,530.00 | - | - | 93,696.50 | | | | | | | | |
| 2020年2月合计 | 2月29日 | 2020-3-29 | 93,696.50 | 80,548.00 | 11,700.00 | 14,542.65 | 79,153.85 | 68,848.00 | | | | | | | | |
| 2020年3月合计 | 3月31日 | 2020-4-30 | 68,848.00 | 82,864.00 | - | - | - | 151,712.00 | | | | | | | | |
| 2020年4月合计 | 4月30日 | 2020-5-30 | 151,712.00 | 58,722.18 | - | - | - | 210,434.18 | | | | | | | | |
| 2020年5月合计 | 5月31日 | 2020-6-30 | 210,434.18 | 71,257.31 | - | - | - | 281,691.49 | | | | | | | | |
| 2020年6月合计 | 6月30日 | 2020-7-30 | 281,691.49 | 49,680.59 | - | - | - | 331,372.08 | | | | | | | | |
| 2020年7月合计 | 7月31日 | 2020-8-30 | 331,372.08 | - | - | - | - | 331,372.08 | | | | | | | | |
| 2020年8月合计 | 8月31日 | 2020-9-30 | 331,372.08 | - | - | - | - | 331,372.08 | | | | | | | | |
| 2020年9月合计 | 9月31日 | 2020-10-30 | 331,372.08 | - | - | - | - | 331,372.08 | | | | | | | | |
| 2020年10月合计 | 10月31日 | 2020-11-30 | 331,372.08 | - | - | - | - | 331,372.08 | | | | | | | | |
| 2020年11月合计 | 11月30日 | 2020-12-30 | 331,372.08 | - | - | - | - | 331,372.08 | | | | | | | | |
| 2020年12月合计 | 12月31日 | 2021-1-30 | 331,372.08 | - | - | - | - | 331,372.08 | | | | | | | | |
| 合计 | | | - | 444,298.58 | 19,230.00 | 14,542.65 | 79,153.85 | 331,372.08 | | | | | | | | |

**步骤04** 统计结算数据。包括计算"未结算金额"。同时,以当前计算机系统日期为依据,判断该笔"未结算金额"是否到期。因此,首先在 F2 单元格中输入一个日期,如"2020-4-30",将其假设为当前计算机系统日期,以展示公式效果。然后分别在 J5、K5 和 J17 单元格中设置以下公式。

• J5 单元格:"=IF(E5=0,0,IF(L5<>"",0,E5-F5))"。这一公式的表达式虽然简单易懂,但是财务人员应当"透过现象看本质",掌握其中包含的应收账款管理思路,如下图所示。

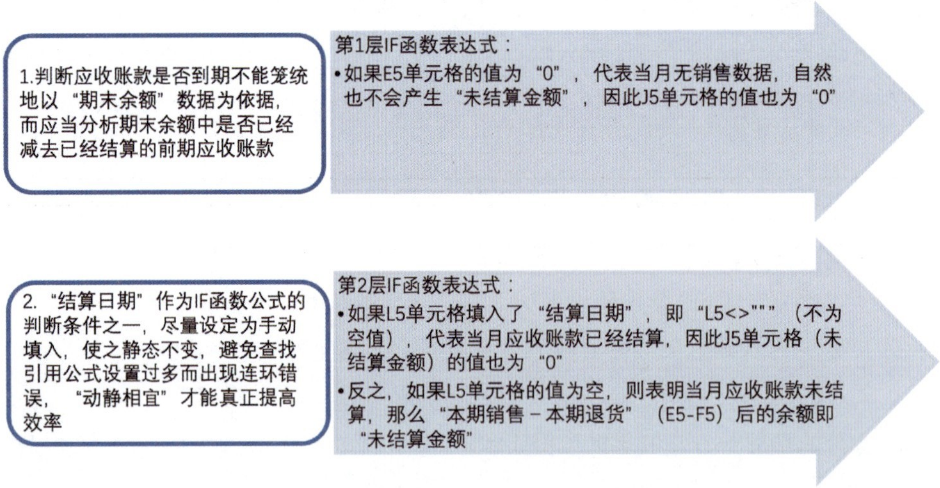

**第1层IF函数表达式:**
- 如果E5单元格的值为"0",代表当月无销售数据,自然也不会产生"未结算金额",因此J5单元格的值也为"0"

1.判断应收账款是否到期不能笼统地以"期末余额"数据为依据,而应当分析期末余额中是否已经减去已经结算的前期应收账款

**第2层IF函数表达式:**
- 如果L5单元格填入了"结算日期",即"L5<>""(不为空值),代表当月应收账款已经结算,因此J5单元格(未结算金额)的值也为"0"
- 反之,如果L5单元格的值为空,则表明当月应收账款未结算,那么"本期销售-本期退货"(E5-F5)后的余额即"未结算金额"

2."结算日期"作为IF函数公式的判断条件之一,尽量设定为手动填入,使之静态不变,避免查找引用公式设置过多而出现连环错误,"动静相宜"才能真正提高效率

• K5 单元格:"=IF(J5=0,"-",IF(AND(L5="",C5<=$F$2),"已到期","未到期"))",根据到期时间与当前日期判断"未结算金额"是否到期。

• J17 单元格:"=ROUND(SUM(J5:J16),2)",汇总1~12月的"未结算金额"。

将 J5:K5 单元格区域公式复制粘贴至 J6:K16 单元格区域→在 L5 单元格中任意填入一个日期,如"2020-3-10",以测试公式效果,如下图所示。

## Chapter 08 管好企业的资金链——往来账务管理

K6 单元格公式：=IF(J6=0,"-",IF(AND(L6="",C6<=$F$2),"已到期","未到期"))

××市××有限公司2020年应收账款账龄分析表

| 客户名称:HT001 客户A | | 账期（天） | 30天 | | | 假设当前日期 | 2020-4-30 | | | | | | | | | |
|---|---|---|---|---|---|---|---|---|---|---|---|---|---|---|---|---|
| 月份 | 月末日期 | 到期时间 | 应收账款统计 | | | | | 结算统计 | | | 账龄分析 | | | | | |
| | | | 期初余额 | 送货金额 | 退货金额 | 账扣费用金额 | 回款金额 | 期末余额 | 未结算金额 | 是否到期 | 收款日期 | 未到期 | 00-30天 | 30-60天 | 60-90天 | 90天以上 |
| 2020年1月合计 | 1月31日 | 2020-3-1 | - | 101,226.50 | 7,530.00 | - | - | 93,696.50 | - | | 3月10日 | | | | | |
| 2020年2月合计 | 2月29日 | 2020-3-29 | 93,696.50 | 80,548.00 | 11,700.00 | 14,542.65 | 79,153.85 | 68,848.00 | 68,848.00 | 已到期 | | | | | | |
| 2020年3月合计 | 3月31日 | 2020-4-30 | 68,848.00 | 82,864.00 | - | - | - | 151,712.00 | 82,864.00 | 已到期 | | | | | | |
| 2020年4月合计 | 4月30日 | 2020-5-30 | 151,712.00 | 58,722.18 | - | - | - | 210,434.18 | 58,722.18 | 未到期 | | | | | | |
| 2020年5月合计 | 5月31日 | 2020-6-30 | 210,434.18 | 71,257.31 | - | - | - | 281,691.49 | 71,257.31 | 未到期 | | | | | | |
| 2020年6月合计 | 6月30日 | 2020-7-30 | 281,691.49 | 49,680.59 | - | - | - | 331,372.08 | 49,680.59 | 未到期 | | | | | | |
| 2020年7月合计 | 7月31日 | 2020-8-30 | 331,372.08 | - | - | - | - | 331,372.08 | - | | | | | | | |
| 2020年8月合计 | 8月31日 | 2020-9-30 | 331,372.08 | - | - | - | - | 331,372.08 | - | | | | | | | |
| 2020年9月合计 | 9月30日 | 2020-10-30 | 331,372.08 | - | - | - | - | 331,372.08 | - | | | | | | | |
| 2020年10月合计 | 10月31日 | 2020-11-30 | 331,372.08 | - | - | - | - | 331,372.08 | - | | | | | | | |
| 2020年11月合计 | 11月30日 | 2020-12-30 | 331,372.08 | - | - | - | - | 331,372.08 | - | | | | | | | |
| 2020年12月合计 | 12月31日 | 2021-1-30 | 331,372.08 | - | - | - | - | 331,372.08 | - | | | | | | | |
| 合计 | | | - | 444,298.50 | 19,230.00 | 14,542.65 | 79,153.85 | 331,372.08 | 331,372.08 | | - | | | | | |

**步骤05** 账龄分析。以F2单元格中的日期为标准，判断每月"未结算金额"的账龄位于M4:Q4单元格区域中设定的某一个期间范围，使之"对号入座"，自动列示在对应的期间范围内。

将N4:Q4单元格区域的格式自定义为"@ 天"→分别在M5、N5、Q5和M17单元格中设置以下公式。

• M5单元格："=IF(K5=$M$4,J5,0)"，如果K5单元格公式返回结果为"未到期"，则直接引用J5单元格中的"未结算金额"。

• N5单元格："=IF(AND($F$2-$C5>=LEFT(N$4,2)/1,$F$2-$C5<RIGHT(N$4,2)/1),$J5,0)"→向右填充公式至P5单元格。公式原理如下。

① 表达式"LEFT(N$4,2)/1"中"LEFT(N$4,2)"的作用是从左截取N4单元格字符中的2个字符，N4单元格中设置字符为"00-30天"是为了方便下一步填充公式，将LEFT函数截取字符长度统一为2个字符。除以1的目的是将截取得到的字符转换为数字。表达式"RIGHT(N$4,2)/1"同理。

② 整条公式的含义是运用IF函数判断F2单元格中日期与C5单元格中的到期日期是否大于等于0天，并且小于30天，如果是，则返回J5单元格中的"未结算金额"，否则返回数字"0"。

• Q5单元格："=IF($F$2-$C5>=LEFT(Q$4,2)/1,$J5,0)"，参考N5单元格公式理解即可。将M5:Q5单元格区域公式复制粘贴至M6:Q16单元格区域。

• M17单元格："=ROUND(SUM(M5:M16),2)"→将公式复制粘贴至N17:Q17单元格区域即可。公式效果如下图所示。

| | | | 应收账款统计 | | | | | | 结算统计 | | | 账龄分析 | | | | |
|---|---|---|---|---|---|---|---|---|---|---|---|---|---|---|---|---|
| 月份 | 月末日期 | 到期时间 | 期初余额 | 送货金额 | 退货金额 | 账扣费用金额 | 回款金额 | 期末余额 | 未结算金额 | 是否到期 | 收款日期 | 未到期 | 00-30天 | 30-60天 | 60-90天 | 90天以上 |
| 2020年1月合计 | 1月31日 | 2020-3-1 | - | 101,226.50 | 7,530.00 | - | - | 93,696.50 | - | | 3月10日 | - | - | - | - | - |
| 2020年2月合计 | 2月28日 | 2020-3-29 | 93,696.50 | 80,548.00 | 11,700.00 | 14,542.65 | 79,153.85 | 68,848.00 | 68,848.00 | 已到期 | | - | - | 68,848.00 | - | - |
| 2020年3月合计 | 3月31日 | 2020-4-30 | 68,848.00 | 82,864.00 | - | - | - | 151,712.00 | 82,864.00 | 已到期 | | - | 82,864.00 | - | - | - |
| 2020年4月合计 | 4月30日 | 2020-5-30 | 151,712.00 | 58,722.18 | - | - | - | 210,434.18 | 58,722.18 | 未到期 | | 58,722.18 | - | - | - | - |
| 2020年5月合计 | 5月31日 | 2020-6-30 | 210,434.18 | 71,257.31 | - | - | - | 281,691.49 | 71,257.31 | 未到期 | | 71,257.31 | - | - | - | - |
| 2020年6月合计 | 6月30日 | 2020-7-30 | 281,691.49 | 49,680.59 | - | - | - | 331,372.08 | 49,680.59 | 未到期 | | 49,680.59 | - | - | - | - |
| 2020年7月合计 | 7月31日 | 2020-8-30 | 331,372.08 | - | - | - | - | 331,372.08 | - | | | - | - | - | - | - |
| 2020年8月合计 | 8月31日 | 2020-9-30 | 331,372.08 | - | - | - | - | 331,372.08 | - | | | - | - | - | - | - |
| 2020年9月合计 | 9月30日 | 2020-10-30 | 331,372.08 | - | - | - | - | 331,372.08 | - | | | - | - | - | - | - |
| 2020年10月合计 | 10月31日 | 2020-11-30 | 331,372.08 | - | - | - | - | 331,372.08 | - | | | - | - | - | - | - |
| 2020年11月合计 | 11月30日 | 2020-12-30 | 331,372.08 | - | - | - | - | 331,372.08 | - | | | - | - | - | - | - |
| 2020年12月合计 | 12月31日 | 2021-1-30 | 331,372.08 | - | - | - | - | 331,372.08 | - | | | - | - | - | - | - |
| 合计 | | | - | 444,298.47 | 19,230.00 | 14,542.65 | 79,153.85 | 331,372.08 | 331,372.08 | | | 179,660.08 | 82,864.00 | 68,848.00 | - | - |

**步骤 06** 测试上一步骤所设公式的准确性。任意修改 F2 单元格中日期，观察 J5:K17 和 M5:Q17 单元格区域中数据的动态变化。

- 当 F2 单元格中日期为"2020-3-18"时，则 J5:J17 单元格区域中的"未结算金额"均未到期，全部列示在 M5:M17 单元格区域中，如下图所示。

| | | | 应收账款统计 | | | | | | 结算统计 | | | 账龄分析 | | | | |
|---|---|---|---|---|---|---|---|---|---|---|---|---|---|---|---|---|
| 月份 | 月末日期 | 到期时间 | 期初余额 | 送货金额 | 退货金额 | 账扣费用金额 | 回款金额 | 期末余额 | 未结算金额 | 是否到期 | 收款日期 | 未到期 | 00-30天 | 30-60天 | 60-90天 | 90天以上 |
| 2020年1月合计 | 1月31日 | 2020-3-1 | - | 101,226.50 | 7,530.00 | - | - | 93,696.50 | - | | 3月10日 | - | - | - | - | - |
| 2020年2月合计 | 2月29日 | 2020-3-29 | 93,696.50 | 80,548.00 | 11,700.00 | 14,542.65 | 79,153.85 | 68,848.00 | 68,848.00 | 未到期 | | 68,848.00 | - | - | - | - |
| 2020年3月合计 | 3月31日 | 2020-4-30 | 68,848.00 | 82,864.00 | - | - | - | 151,712.00 | 82,864.00 | 未到期 | | 82,864.00 | - | - | - | - |
| 2020年4月合计 | 4月30日 | 2020-5-30 | 151,712.00 | 58,722.18 | - | - | - | 210,434.18 | 58,722.18 | 未到期 | | 58,722.18 | - | - | - | - |
| 2020年5月合计 | 5月31日 | 2020-6-30 | 210,434.18 | 71,257.31 | - | - | - | 281,691.49 | 71,257.31 | 未到期 | | 71,257.31 | - | - | - | - |
| 2020年6月合计 | 6月30日 | 2020-7-30 | 281,691.49 | 49,680.59 | - | - | - | 331,372.08 | 49,680.59 | 未到期 | | 49,680.59 | - | - | - | - |
| 2020年7月合计 | 7月31日 | 2020-8-30 | 331,372.08 | - | - | - | - | 331,372.08 | - | | | - | - | - | - | - |
| 2020年8月合计 | 8月31日 | 2020-9-30 | 331,372.08 | - | - | - | - | 331,372.08 | - | | | - | - | - | - | - |
| 2020年9月合计 | 9月30日 | 2020-10-30 | 331,372.08 | - | - | - | - | 331,372.08 | - | | | - | - | - | - | - |
| 2020年10月合计 | 10月31日 | 2020-11-30 | 331,372.08 | - | - | - | - | 331,372.08 | - | | | - | - | - | - | - |
| 2020年11月合计 | 11月30日 | 2020-12-30 | 331,372.08 | - | - | - | - | 331,372.08 | - | | | - | - | - | - | - |
| 2020年12月合计 | 12月31日 | 2021-1-30 | 331,372.08 | - | - | - | - | 331,372.08 | - | | | - | - | - | - | - |
| 合计 | | | - | 444,298.47 | 19,230.00 | 14,542.65 | 79,153.85 | 331,372.08 | 331,372.08 | | | 331,372.08 | - | - | - | - |

- 当 F2 单元格中日期为"2020-7-18"时，除 2020 年 6 月外，之前月份的"未结算金额"均已到期，且自动列示在对应的期间范围内，如下图所示。

## ××市××有限公司2020年应收账款账龄分析表

| 客户名称:HT001 客户A | | 账期(天):30天 | | 假设当前日期 | 2020-7-18 | | | | | | | | | | | |
|---|---|---|---|---|---|---|---|---|---|---|---|---|---|---|---|---|
| 月份 | 月末日期 | 到期时间 | 应收账款统计 | | | | | 结算统计 | | | 账龄分析 | | | | | |
| | | | 期初余额 | 送货金额 | 退货金额 | 账扣费用金额 | 回款金额 | 期末余额 | 未结算金额 | 是否到期 | 收款日期 | 未到期 | 00-30天 | 30-60天 | 60-90天 | 90天以上 |
| 2020年1月合计 | 1月31日 | 2020-3-1 | - | 101,226.50 | 7,530.00 | - | - | 93,696.50 | - | - | 3月10日 | - | - | - | - | - |
| 2020年2月合计 | 2月29日 | 2020-3-29 | 93,696.50 | 80,548.00 | 11,700.00 | 14,542.65 | 79,153.85 | 68,848.00 | 68,848.00 | 已到期 | - | - | - | - | - | 68,848.00 |
| 2020年3月合计 | 3月31日 | 2020-4-30 | 68,848.00 | 82,864.00 | - | - | - | 151,712.00 | 82,864.00 | 已到期 | - | - | - | - | 82,864.00 | - |
| 2020年4月合计 | 4月30日 | 2020-5-30 | 151,712.00 | 58,722.18 | - | - | - | 210,434.18 | 58,722.18 | 已到期 | - | - | - | 58,722.18 | - | - |
| 2020年5月合计 | 5月31日 | 2020-6-30 | 210,434.18 | 71,257.31 | - | - | - | 281,691.49 | 71,257.31 | 已到期 | - | - | 71,257.31 | - | - | - |
| 2020年6月合计 | 6月30日 | 2020-7-30 | 281,691.49 | 49,680.59 | - | - | - | 331,372.08 | 49,680.59 | 未到期 | - | 49,680.59 | - | - | - | - |
| 2020年7月合计 | 7月31日 | 2020-8-30 | 331,372.08 | - | - | - | - | 331,372.08 | - | - | - | - | - | - | - | - |
| 2020年8月合计 | 8月31日 | 2020-9-30 | 331,372.08 | - | - | - | - | 331,372.08 | - | - | - | - | - | - | - | - |
| 2020年9月合计 | 9月30日 | 2020-10-30 | 331,372.08 | - | - | - | - | 331,372.08 | - | - | - | - | - | - | - | - |
| 2020年10月合计 | 10月31日 | 2020-11-30 | 331,372.08 | - | - | - | - | 331,372.08 | - | - | - | - | - | - | - | - |
| 2020年11月合计 | 11月30日 | 2020-12-30 | 331,372.08 | - | - | - | - | 331,372.08 | - | - | - | - | - | - | - | - |
| 2020年12月合计 | 12月31日 | 2021-1-30 | 331,372.08 | - | - | - | - | 331,372.08 | - | - | - | - | - | - | - | - |
| 合计 | | | - | 444,298.58 | 19,230.00 | 14,542.65 | 79,153.85 | 331,372.08 | 331,372.08 | | | 49,680.59 | 71,257.31 | 58,722.18 | 82,864.00 | 68,848.00 |

**步骤 07** 最后,为了便于在实际工作中批量复制粘贴使用账龄分析表,以及为下一步制作"账龄汇总表"时简化公式做准备,还需要进行以下三步简单的"收尾"操作。

① 在 F2 单元格中设置公式"=TODAY()",以当前计算机系统实际日期(2020 年 1 月 16 日)为依据计算账龄。建议将公式设置在表格区域以外的单元格中,例如,可设置在 A1 单元格中。

② 运用"查找和替换"工具批量替换以下公式中的引用单元格。

• 将原引用 F2 单元格的公式修改为绝对引用 A1 单元格,即将公式中的"$F$2"替换为 $A$1。例如,修改后的 N5 单元格公式为"=IF(AND($A$1-$C5>=LEFT(N$4,2)/1,$A$1-$C5<RIGHT(N$4,2)/1),$J5,0)"→删除 E2 和 F2 单元格内容。

• 将公式中对 D2 单元格的绝对引用方式批量替换为绝对引用 D 列,相对引用第 2 行,即将"$D$2"替换为"$D2",例如,修改后的 C5 单元格公式为"=IF(E5-F5>0,$B5+$D2,0)"。

③ 在 A17 单元格中设置公式"=A2"→将单元格的格式自定义为"@ 合计"。

效果如下图所示。

## ××市××有限公司2020年应收账款账龄分析表

| 2020-1-16 | | | | | | | | | | | | | | | | |
|---|---|---|---|---|---|---|---|---|---|---|---|---|---|---|---|---|
| 客户名称:HT001 客户A | | 账期(天):30天 | | | | | | | | | | | | | | |
| 月份 | 月末日期 | 到期时间 | 应收账款统计 | | | | | 结算统计 | | | 账龄分析 | | | | | |
| | | | 期初余额 | 送货金额 | 退货金额 | 账扣费用金额 | 回款金额 | 期末余额 | 未结算金额 | 是否到期 | 收款日期 | 未到期 | 00-30天 | 30-60天 | 60-90天 | 90天以上 |
| 2020年1月合计 | 1月31日 | 2020-3-1 | - | 101,226.50 | 7,530.00 | - | - | 93,696.50 | - | - | 3月10日 | - | - | - | - | - |
| 2020年2月合计 | 2月29日 | 2020-3-29 | 93,696.50 | 80,548.00 | 11,700.00 | 14,542.65 | 79,153.85 | 68,848.00 | 68,848.00 | 未到期 | - | 68,848.00 | - | - | - | - |
| 2020年3月合计 | 3月31日 | 2020-4-30 | 68,848.00 | 82,864.00 | - | - | - | 151,712.00 | 82,864.00 | 未到期 | - | 82,864.00 | - | - | - | - |
| 2020年4月合计 | 4月30日 | 2020-5-30 | 151,712.00 | 58,722.18 | - | - | - | 210,434.18 | 58,722.18 | 未到期 | - | 58,722.18 | - | - | - | - |
| 2020年5月合计 | 5月31日 | 2020-6-30 | 210,434.18 | 71,257.31 | - | - | - | 281,691.49 | 71,257.31 | 未到期 | - | 71,257.31 | - | - | - | - |
| 2020年6月合计 | 6月30日 | 2020-7-30 | 281,691.49 | 49,680.59 | - | - | - | 331,372.08 | 49,680.59 | 未到期 | - | 49,680.59 | - | - | - | - |
| 2020年7月合计 | 7月31日 | 2020-8-30 | 331,372.08 | - | - | - | - | 331,372.08 | - | - | - | - | - | - | - | - |
| 2020年8月合计 | 8月31日 | 2020-9-30 | 331,372.08 | - | - | - | - | 331,372.08 | - | - | - | - | - | - | - | - |
| 2020年9月合计 | 9月30日 | 2020-10-30 | 331,372.08 | - | - | - | - | 331,372.08 | - | - | - | - | - | - | - | - |
| 2020年10月合计 | 10月31日 | 2020-11-30 | 331,372.08 | - | - | - | - | 331,372.08 | - | - | - | - | - | - | - | - |
| 2020年11月合计 | 11月30日 | 2020-12-30 | 331,372.08 | - | - | - | - | 331,372.08 | - | - | - | - | - | - | - | - |
| 2020年12月合计 | 12月31日 | 2021-1-30 | 331,372.08 | - | - | - | - | 331,372.08 | - | - | - | - | - | - | - | - |
| HT001 客户A合计 | | | - | 444,298.58 | 19,230.00 | 14,542.65 | 79,153.85 | 331,372.08 | 331,372.08 | | | 331,372.08 | - | - | - | - |

## 8.2.2 生成账龄汇总表

8.1.1 小节制作的账龄分析表是分别以单个客户作为分析对象进行账龄分析,本小节将在此基础之上,进一步制作"账龄汇总分析表",将所有客户的账龄数据自动汇总列示,分析账龄与各个客户总应收余额的占比情况,并制作动态图表,以便总揽全局,全面系统地了解所有应收账款的账龄结构。账龄分析汇总表所需数据全部来自"客户账龄分析表",因此本小节依然在"应收账款管理"工作簿中制作此表。为展示效果,我们已预先在"账龄分析表"工作表中的 A1 单元格中直接输入日期"2020-7-18",并复制粘贴 5 份账龄分析表格,用于列示和分析其他往来单位的应收账款账龄。操作步骤如下。

**步骤01** 新增一个工作表,命名为"账龄汇总表"→绘制表格框架,设置字段名称和单元格格式等。初始表格如下图所示。

**步骤02** 分别在以下单元格中设置公式,引用各字段数据并计算处于各个账龄时间段的应收账款占总应收余额的百分比。

• C4 单元格:"=VLOOKUP(B4,应收账款汇总 !$A$3:$H$8,8,0)",引用"应收账款汇总"工作表中的"应收余额"总额。

• D4 单元格:"=SUMIF( 账龄分析表 !$A:$A,$B4, 账龄分析表 !M:M)",根据 B4 单元格中的客户名称,对"账龄分析表"工作表中符合条件的"未到期"应收账款求和。

• D5 单元格:"=ROUND(D4/$C4,4)",计算"未到期"应收账款占总应收余额的百分比。注意这里要将小数位数设置为 4 位,才能在百分比数字格式下显示为两位小数。例如,计算结果为 0.1176,设置为百分比格式后显示"11.76%"。公式效果如下图所示。

## Chapter 08
### 管好企业的资金链——往来账务管理

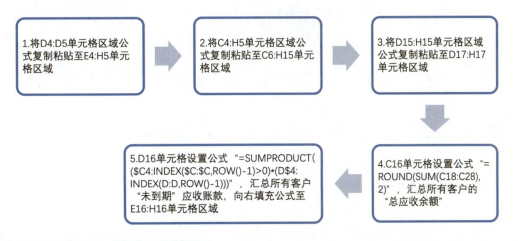

**步骤 03** 复制粘贴上一步设置的公式，再设置 C16 单元格和 D16:H16 单元格区域的求和公式。按下图所示的步骤操作。

D16 单元格求和公式思路及原理如下。

① 由于 D4:D15 单元格区域中包含了应收账款的具体数字和"未到期"应收账款占"总应收余额"的百分比数据，而这里仅需对应收账款数字求和，如果使用简单的 SUM 函数，那么公式表达式为"=SUM(D4,D6,D8,D10,D12,D14)"，但是当插入新行次汇总其他往来单位数据时，公式无法自动添加被求和的单元格数据，必须手动添加，影响工作效率。

② 这里巧妙运用 SUMPRODUCT 函数设置求和条件，仅对满足条件的单元格数据进行求和。这个条件就是 C 列单元格中的数字大于 0，公式仅对其 D 列中与之匹配的单元格中数据求和。例如，C4、C6、C8、C10、C12、C14 单元格中列示往来单位的总应收余额，必然大于 0。而 C5、C7、C9、C11、C13、C15 单元格均为空值，因此公式只汇总 D4:D15 单元格区域中 D4、D6、D8、D10、D12、D14 单元格中的数据，而不会将其他单元格中的百分比数字一并汇总。

③ 公式中嵌套 OFFSET 和"INEDEX+ROW()"函数组合的作用仍然是自动扩展求和区域。如

果表达为具体区域，那么 D16 单元格公式表达式则为 "SUMPRODUCT(($C4:$C15>0)*D4:D15)"，但是无法自动扩展求和区域。

公式效果如下图所示。

| 序号 | 客户名称 | 总应收余额 | 未到期 | 00-30天 | 30-60天 | 60-90天 | 90天以上 |
|---|---|---|---|---|---|---|---|
| | | | | | 账龄 | | |
| 1 | HT001 客户A | 331372.08 | 49,680.59 | 71,257.31 | 58,722.18 | 82,864.00 | 68,848.00 |
| | | | 14.99% | 21.50% | 17.72% | 25.01% | 20.78% |
| 2 | HT002 客户B | 484816.59 | 47,907.82 | 68,714.60 | 56,626.77 | 79,907.13 | 231,660.27 |
| | | | 9.88% | 14.17% | 11.68% | 16.48% | 47.78% |
| 3 | HT003 客户C | 704454.57 | 55,779.87 | 80,005.55 | 65,931.48 | 93,037.20 | 409,700.47 |
| | | | 7.92% | 11.36% | 9.36% | 13.21% | 58.16% |
| 4 | HT004 客户D | 585072.13 | 67,296.49 | 96,523.92 | 79,544.05 | 112,246.16 | 229,461.51 |
| | | | 11.50% | 16.50% | 13.60% | 19.19% | 39.22% |
| 5 | HT005 客户E | 468540.80 | 62,751.67 | 90,005.25 | 74,172.10 | 104,665.70 | 136,946.08 |
| | | | 13.39% | 19.21% | 15.83% | 22.34% | 29.23% |
| 6 | HT006 客户F | 649454.28 | 69,551.81 | 99,758.74 | 82,209.82 | 116,007.89 | 281,926.02 |
| | | | 10.71% | 15.36% | 12.66% | 17.86% | 43.41% |
| 7 | 合计 | 3223710.45 | 352,968.25 | 506,265.37 | 417,206.40 | 588,728.08 | 1,358,542.35 |
| | | | 10.95% | 15.70% | 12.94% | 18.26% | 42.14% |

公式为 `=SUMPRODUCT(($C4:INDEX($C:$C,ROW()-1)>0)*($D$4:INDEX(D:D,ROW()-1)))`

**步骤 04** 设置条件格式。为了使表格美观及准确查阅并区分各往来单位的数据，可运用"条件格式"工具将表格区域设置为每隔两行自动填充颜色。打开【新建格式规则】对话框，在【选择规则类型】列表框中选择【使用公式确定要设置格式的单元格】选项，在【为符合此公式的值设置格式】文本框中输入公式 "=OR(MOD(ROW()-5,4)=1,MOD(ROW()-6,4)=1)"，并填充颜色，如左下图所示。公式含义如下。

首先计算行数（ROW() 的结果）减去 5 或减去 6 后的余额；然后运用 MOD 函数计算其与"4"之间的余数，当结果等于 1 时，表明符合条件，并为单元格填充颜色；最后可清除同一往来单位两行之间的横线，效果如右下图所示。

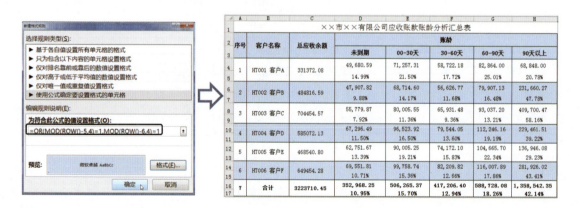

**步骤05** 测试条件格式效果。复制 A14:H15 单元格区域→右击 A14 单元格→在弹出的快捷菜单中选择【插入复制的单元格】命令→在弹出的【插入粘贴】对话框中选中【活动单元格下移】单选按钮→单击【确定】按钮,如左下图所示。此时可看到填充颜色效果,如右下图所示。

  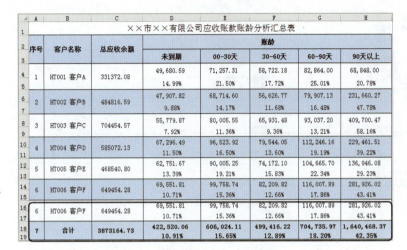

## 8.2.3 图文并茂分析账龄

前面制作的账龄汇总表中,计算了账龄中各个期间范围的应收余额占总应收余额的百分比,企业可以通过这些数据全面了解总应收余额中的账龄结构。但是,仅以数字来体现账龄结构仍然比较抽象,此时就需要运用图表工具来为数据锦上添花,使枯燥的数字变为形象生动的图表。本小节将运用函数公式、表单控件、图表等工具快速制作三维动态饼图,直观、立体地呈现账龄结构。

### 1. 插入表单控件

由于往来单位较多,因此适用表单控件中的"组合框",在下拉列表中选择客户名称。操作步骤如下。

**步骤01** 复制 A2:H5 单元格区域,全部粘贴至 A21:H24 单元格区域→删除 A23:H24 单元格区域中的数据,下一步将运用控件和函数公式动态列示所需数据,如左下图所示。

**步骤02** 单击【开发工具】选项卡【控件】组中的【插入】按钮,在弹出的下拉列表中选择【组合框】窗体控件→绘制一个组合框,按照右下图所示设置控件格式。

**步骤 03** 分别在以下单元格中设置 VLOOKUP 函数公式，根据【组合框】窗体控件控制 A23 单元格中数字变化，查找引用指定区域中的相关数据。

• B23 单元格："=IFERROR(VLOOKUP(A23,$A$4:$B$19,2),"")"，查找引用 A4:B19 单元格区域中的"客户名称"。

• C23 单元格："=IFERROR(VLOOKUP($B$23,$B$4:$H$19,2,0),"")"，查找 B4:H19 单元格区域中的"总应收余额"。

• D23 单元格："=IFERROR(VLOOKUP($B$23,$B$4:$H$19,MATCH(D22,3:3,0)-1,0),"")"，查找引用 B4:H19 单元格区域中的"未到期"应收账款数据。

• D24 单元格："=IFERROR(ROUND(D23/$C23,4),"")"。这里不必设置查找引用公式，按照算术公式设置函数公式计算"未到期"应收账款占"总应收余额"的百分比即可。

将 D23:D24 单元格区域公式向右填充至 E23:H24 单元格区域，效果如下图所示。

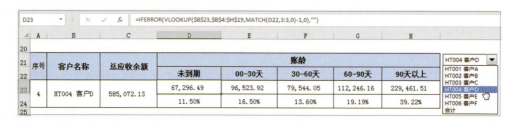

### 2. 制作动态三维饼图

饼图的作用是展示一个数据系列中各项目的比例大小，以及与各项总和的占比关系。因此，饼图是展现账龄结构的最佳选择。下面制作三维饼图，更加生动、立体地呈现每个往来单位的账龄数据。

**步骤 01** 插入图表。选中 D22:H24 单元格区域→插入一个"三维饼图"，初始图表如下图所示。

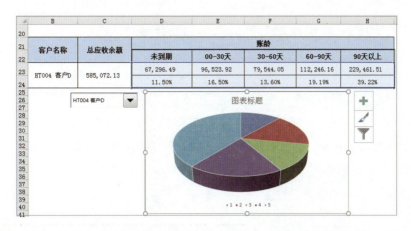

**步骤02** 设置动态标题。在A20单元格中设置公式"=B23&"账龄结构分析""→选中图表标题→单击编辑栏→单击A20单元格后按【Enter】键即可。

**步骤03** 设置图表样式。具体操作步骤请参考本书第5章对于图表样式设置相关内容的详细介绍，效果如左下图所示。在"组合框"下拉列表中选择其他选项，即可看到饼图的动态变化，如右下图所示。

### 专家点拨

在饼图中，若要分离某个扇区，只需选中扇区，向外拖曳即可。

### 高手自测 26

以上账龄结构分析图表是以往来单位为主体，展现同一客户在各期间范围内的应收账款。请再制作一份动态饼图，展示同一期间范围内，各往来单位的应收账款，并在图表标题中显示合计金额。

## 8.3 根据账龄划分等级，让问题账户无所遁形

实务中，企业通常会根据往来单位的应收账款回收情况、账龄大小等数据，对往来单位进行等级划分，以便针对各级别的往来单位采取不同的收款政策和措施。一般来说，如果往来单位的账龄达到 90 天以上，那么它的应收账款账户通常会被视为问题账户，需要重点催收或计提坏账准备。因此，本节将根据往来单位的账龄在 90 天以上的应收账款金额占其总应收余额比例大小，运用 Excel 实现自动划分往来单位等级，更直观、更及时、更明确地对其偿债能力进行合理评估，让问题账户无所遁形，提示和指导企业及时调整收款政策及措施，保障企业资金链正常运转。

动态评级将以"五星"作为往来单位等级的表现形式，等级划分标准如表 8-1 所示。

对应收账款的账龄进行"五星"评级可以通过两种方法实现，即函数法和条件格式法。

表 8-1 等级划分标准

| 等级 | 账龄90天以上金额（X）占总应收余额比例 | 星级 | 表现形式 |
| --- | --- | --- | --- |
| A | X ≤ 5% | 5 星 | ★★★★★ |
| B | 5% < X ≤ 10% | 4 星 | ★★★★☆ |
| C | 10% < X ≤ 15% | 3 星 | ★★★☆☆ |
| D | 15% < X ≤ 20% | 2 星 | ★★☆☆☆ |
| E | X > 20% | 1 星 | ★☆☆☆☆ |

### 8.3.1 运用函数法制作"五星"评级

运用函数法对各往来单位的应收账款进行"五星"评级非常简单，运用 REPT 函数设置公式即可实现。操作步骤如下。

**步骤 01** 在"账龄分析表"工作表 I2:J17 单元格区域后面增加两列，设置字段名称及单元格格式。其中，I4:I17 单元格区域列示客户等级，J4:J17 单元格区域用于显示"五星"表现形式→制作辅助表，作为下一步设置函数公式的数据源，如下图所示。

| 序号 | 客户名称 | 总应收余额 | 账龄 | | | | | 客户等级 | | 账龄90天以上金额占总应收余额比例 | 等级 | 星级 |
| --- | --- | --- | --- | --- | --- | --- | --- | --- | --- | --- | --- | --- |
| | | | 未到期 | 00-30天 | 30-60天 | 60-90天 | 90天以上 | | | | | |
| | | | | | | | | | | 0.00% | A | 5星 |
| 1 | HT001 客户A | 331372.08 | 49,680.59 | 71,257.31 | 58,722.18 | 82,864.00 | 68,848.00 | | | 5.01% | B | 4星 |
| | | | 14.99% | 21.50% | 17.72% | 25.01% | 20.78% | | | 10.01% | C | 3星 |
| 2 | HT002 客户B | 484816.29 | 47,907.82 | 68,714.60 | 56,626.77 | 79,907.13 | 231,660.27 | | | 20.01% | D | 2星 |
| | | | 9.88% | 14.17% | 11.68% | 16.48% | 47.78% | | | 25.01% | E | 1星 |
| 3 | HT003 客户C | 704454.57 | 55,779.87 | 80,005.55 | 65,931.48 | 93,037.20 | 409,700.47 | | | | | |
| | | | 7.92% | 11.36% | 9.36% | 13.21% | 58.16% | | | | | |
| 4 | HT004 客户D | 585072.13 | 67,296.49 | 96,523.92 | 79,544.05 | 112,246.16 | 229,461.51 | | | | | |
| | | | 11.50% | 16.50% | 13.59% | 19.19% | 39.22% | | | | | |
| 5 | HT005 客户E | 468540.80 | 62,751.67 | 90,005.25 | 74,172.10 | 104,665.70 | 136,946.08 | | | | | |
| | | | 13.39% | 19.21% | 15.83% | 22.34% | 29.23% | | | | | |
| 6 | HT006 客户F | 649454.28 | 69,551.81 | 99,758.74 | 82,209.82 | 116,007.89 | 281,926.02 | | | | | |
| | | | 10.71% | 15.36% | 12.66% | 17.86% | 43.41% | | | | | |
| 7 | 合计 | 3223710.15 | 352,968.25 | 506,265.37 | 417,206.40 | 588,728.08 | 1,358,542.35 | | | | | |
| | | | 10.95% | 15.70% | 12.94% | 18.26% | 42.14% | | | | | |

**步骤02** 运用 LOOKUP 函数查找引用等级，运用 REPT 函数呈现星级。分别在 I4 和 J4 单元格中设置以下公式。

• I4 单元格：“=LOOKUP(1,0/($L$3:$L$7<=H5),$M$3:$M$7)”，根据账龄在 90 天以上的应收账款占总应收余额的比例在 L3:L7 单元格区域中查找匹配的数据，并返回与之对应的等级，返回结果为“D”。

• J4 单元格：“=REPT("★",VLOOKUP($I4,M$3:N$7,2,0))&REPT("☆",5-VLOOKUP ($I4,M$3:N$7,2,0))”，根据客户等级呈现五星图形。这一公式是由两个 REPT 函数表达式连接而成，原理如下。

① 第 1 个 REPT 函数公式首先运用 VLOOKUP 函数查找 I4 单元格中的客户等级，返回 M 列中与之匹配的数字，返回结果为“2”，再运用 REPT 函数按照这个数字重复列示“★”2 次。

② 第 2 个 REPT 函数公式按照 5 减 2 之后的数字重复列示“☆”3 次。

③ 将两个公式运用文本运算符“&”连接后即可达到预期效果。

将 I4:J4 单元格区域公式复制粘贴至 I6:J17 单元格区域即可，效果如下图所示。

J4　=REPT("★ ",VLOOKUP($I4,M$3:N$7,2,0))&REPT("☆ ",5-VLOOKUP($I4,M$3:N$7,2,0))

××市××有限公司应收账款账龄分析汇总表

| 序号 | 客户名称 | 总应收余额 | 账龄 | | | | | 客户等级 | |
|---|---|---|---|---|---|---|---|---|---|
| | | | 未到期 | 00-30天 | 30-60天 | 60-90天 | 90天以上 | | |
| 1 | HT001 客户A | 331372.08 | 49,680.59<br>14.99% | 71,257.31<br>21.50% | 58,722.18<br>17.72% | 82,864.00<br>25.01% | 68,848.00<br>20.78% | D | ★★☆☆☆ |
| 2 | HT002 客户B | 484816.59 | 47,907.82<br>9.88% | 68,714.60<br>14.17% | 56,626.77<br>11.68% | 79,907.13<br>16.48% | 231,660.27<br>47.78% | E | ★☆☆☆☆ |
| 3 | HT003 客户C | 704454.57 | 55,779.87<br>7.92% | 80,005.55<br>11.36% | 65,931.48<br>9.36% | 93,037.20<br>13.21% | 409,700.47<br>58.16% | E | ★☆☆☆☆ |
| 4 | HT004 客户D | 585072.13 | 67,296.49<br>11.50% | 96,523.92<br>16.50% | 79,544.05<br>13.60% | 112,246.16<br>19.19% | 229,461.51<br>39.22% | E | ★☆☆☆☆ |
| 5 | HT005 客户E | 468540.80 | 62,751.67<br>13.39% | 90,005.25<br>19.21% | 74,172.10<br>15.83% | 104,665.70<br>22.34% | 136,946.08<br>29.23% | E | ★☆☆☆☆ |
| 6 | HT006 客户F | 649454.28 | 69,551.81<br>10.71% | 99,758.74<br>15.36% | 82,209.82<br>12.66% | 116,007.89<br>17.86% | 281,926.02<br>43.41% | E | ★☆☆☆☆ |
| 7 | 合计 | 3223710.45 | 352,968.25<br>10.95% | 506,265.37<br>15.70% | 417,206.40<br>12.94% | 588,728.08<br>18.26% | 1,358,542.35<br>42.14% | E | ★☆☆☆☆ |

**步骤03** 测试效果。手动修改 H5:H17 单元格区域中的百分比数字，即可看到 I4:J17 单元格区域中客户等级和“五星”图形的动态变化，如下图所示。

| 序号 | 客户名称 | 总应收余额 | 账龄 | | | | | 客户等级 | |
|---|---|---|---|---|---|---|---|---|---|
| | | | 未到期 | 00-30天 | 30-60天 | 60-90天 | 90天以上 | | |
| 1 | HT001 客户A | 331372.08 | 49,680.59<br>14.99% | 71,257.31<br>21.50% | 58,722.18<br>17.72% | 82,864.00<br>25.01% | 68,848.00<br>5.00% | A | ★★★★★ |
| 2 | HT002 客户B | 484816.59 | 47,907.82<br>9.88% | 68,714.60<br>14.17% | 56,626.77<br>11.68% | 79,907.13<br>16.48% | 231,660.27<br>10.00% | B | ★★★★☆ |
| 3 | HT003 客户C | 704454.57 | 55,779.87<br>7.92% | 80,005.55<br>11.36% | 65,931.48<br>9.36% | 93,037.20<br>13.21% | 409,700.47<br>20.00% | C | ★★★☆☆ |
| 4 | HT004 客户D | 585072.13 | 67,296.49<br>11.50% | 96,523.92<br>16.50% | 79,544.05<br>13.60% | 112,246.16<br>19.19% | 229,461.51<br>25.00% | D | ★★☆☆☆ |
| 5 | HT005 客户E | 468540.80 | 62,751.67<br>13.39% | 90,005.25<br>19.21% | 74,172.10<br>15.83% | 104,665.70<br>22.34% | 136,946.08<br>26.00% | E | ★☆☆☆☆ |
| 6 | HT006 客户F | 649454.28 | 69,551.81<br>10.71% | 99,758.74<br>15.36% | 82,209.82<br>12.66% | 116,007.89<br>17.86% | 281,926.02<br>28.00% | E | ★☆☆☆☆ |
| 7 | 合计 | 3223710.45 | 352,968.25<br>10.95% | 506,265.37<br>15.70% | 417,206.40<br>12.94% | 588,728.08<br>18.26% | 1,358,542.35<br>42.14% | E | ★☆☆☆☆ |

## 8.3.2 运用条件格式法制作"五星"评级

运用条件格式法对应收账款账龄进行"五星"评级的思路是：结合函数公式，通过"条件格式"工具"图标集"中的"五星"图标呈现客户等级。这种方法有一定难度，原因在于以下两点。

① 由于"条件格式"工具中限定了体现等级的五星图标"★☆☆"仅为3个，即仅能展示3个等级的数据，而本例设置了5个等级标准，无法完整呈现。

② 如何根据不同等级设置"五星"图标，使之按照8.3.1小节中函数法设置的方式呈现不同等级。

解决以上两个难点需要拓展思维，将呈现方式改变为"一对一"，用一个"五星"展示一个数字，即可突破只有3个"五星"图标的限制。而具体设置"五星"图标的过程则是对逻辑思维的一次锻炼。下面讲解操作步骤。

**步骤01** 在J列后面增加5列，设置字段名称及单元格格式。分别在K4和L4单元格中设置以下公式。

• K4单元格："=LOOKUP(1,0/($Q$3:$Q$7<=H5),$S$3:$S$7)"，根据账龄在90天以上的应收账款占总应收余额的比例在Q3:Q7单元格区域中查找匹配的数据，并返回与之对应的星级，返回结果为"2"。

• L4单元格："=K4"→向右填充公式至O4单元格。

将K4:O4单元格区域公式复制粘贴至K6:O17单元格区域，效果如下图所示。

**步骤02** 运用"条件格式"工具分别在K4:O4单元格区域的各单元格中设置五星图标。

• K4 单元格：星级为 1~5 星时均显示"★"，按照左下图所示设置条件格式。

• L4 单元格：星级为 1 星时显示"☆"，2~5 星时显示"★"，按照右下图所示设置条件格式。

• M4 单元格：星级为 1~2 星时显示"☆"，3~5 星时显示"★"，按照左下图所示设置条件格式。

• N4 单元格：星级为 1~3 星时显示"☆"，4~5 星时显示"★"，按照右下图所示设置条件格式。

- O4 单元格：星级为 1~4 星时显示"☆"，5 星时显示"★"，按照下图所示设置条件格式。

**步骤 03** 运用格式刷 将 K4:O4 单元格区域中的格式"刷"至 K6:O17 单元格区域即可完成设置，效果如下图所示。

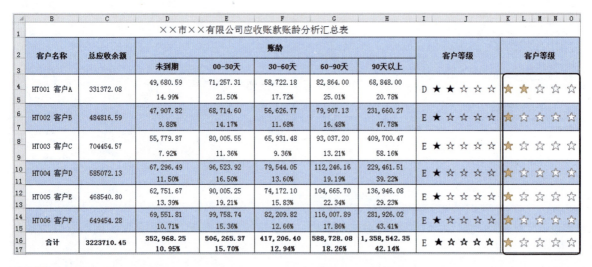

**步骤 04** 测试条件格式效果。手动修改 H4:H17 单元格区域中的百分比数字，即可看到"五星"图标的动态变化，如下图所示。

# Chapter 08
## 管好企业的资金链——往来账务管理

××市××有限公司应收账款账龄分析汇总表

| 客户名称 | | 总应收余额 | 账龄 | | | | | 客户等级 | 客户等级 |
|---|---|---|---|---|---|---|---|---|---|
| | | | 未到期 | 00-30天 | 30-60天 | 60-90天 | 90天以上 | | |
| HT001 | 客户A | 331372.08 | 49,680.59 | 71,257.31 | 58,722.18 | 82,864.00 | 68,848.00 | A ★★★★★ | ★★★★★ |
| | | | 14.99% | 21.50% | 17.72% | 25.01% | 4.78% | | |
| HT002 | 客户B | 484816.59 | 47,907.82 | 68,714.60 | 56,626.77 | 79,907.13 | 231,660.27 | B ★★★★☆ | ★★★★☆ |
| | | | 9.88% | 14.17% | 11.68% | 16.48% | 5.25% | | |
| HT003 | 客户C | 704454.57 | 55,779.87 | 80,005.55 | 65,931.48 | 93,037.20 | 409,700.47 | C ★★★☆☆ | ★★★☆☆ |
| | | | 7.92% | 11.36% | 9.36% | 13.21% | 18.66% | | |
| HT004 | 客户D | 585072.13 | 67,296.49 | 96,523.92 | 79,544.05 | 112,246.16 | 229,461.51 | D ★★☆☆☆ | ★★☆☆☆ |
| | | | 11.50% | 16.50% | 13.60% | 19.19% | 25.00% | | |
| HT005 | 客户E | 468540.80 | 62,751.67 | 90,005.25 | 74,172.10 | 104,665.70 | 136,946.08 | E ★☆☆☆☆ | ★☆☆☆☆ |
| | | | 13.39% | 19.21% | 15.83% | 22.34% | 28.00% | | |
| HT006 | 客户F | 649454.28 | 69,551.81 | 99,758.74 | 82,209.82 | 116,007.89 | 281,926.02 | C ★★★☆☆ | ★★★☆☆ |
| | | | 10.71% | 15.36% | 12.66% | 17.86% | 19.22% | | |
| 合计 | | 3223710.45 | 352,968.25 | 506,265.37 | 417,206.40 | 588,728.08 | 1,358,542.35 | C ★★★☆☆ | ★★★☆☆ |
| | | | 10.95% | 15.70% | 12.94% | 18.26% | 16.82% | | |

### 高手自测 27

8.3.1 小节中,运用函数法,以"五星"图形呈现客户应收账款账龄等级的单元格公式较长,有什么办法可以简化公式?

# 管好企业的涉税风险防范
## ——税金及纳税申报管理

税收与每家企业息息相关。只要开办了企业，就必须依照国家相关法律法规履行纳税义务。目前，我国税务机关对国内大部分企业实行查账征收，即由纳税人依据账簿记载，先行计算缴纳税金，之后经税务机关查账核实，如有不符时，多退少补。如果因企业计算税金不够准确、管理不够规范等因素，导致税款少缴或多缴、延迟缴纳，将被罚缴滞纳金，影响纳税信用评级，甚至还有可能涉及无法预估的税收风险，给企业造成难以挽回的名誉和经济损失。

因此，税金计算的准确性、申报缴纳的及时性对于一家企业的生存和发展至关重要。而实际工作中，日常与税收实务接触最频繁的其实是企业中的财务人员，他们不仅每天要处理并核算大量数据及相关账务，更要保证税金计算准确、申报纳税及时，工作压力之大可想而知。财务人员熟悉并掌握了 Excel 中的各种函数、功能、技巧，并将其充分运用于税务管理中，就能大幅度地减轻工作压力，提高工作效率，同时保证数据准确无误，从而有效防范涉税风险。

本章将以企业日常经营业务中最常涉及的税种为例，向读者介绍如何具体运用 Excel 对其进行规范管理、避免风险的方法和操作步骤，同时分享税金管理思路。

- 增值税
- 税金及附加（增值税附加税费、印花税）
- 企业所得税
- 个人所得税

### 请带着下面的问题走进本章

（1）实务中，每月结账前，增值税的销项税额和进项税额都是动态变化的，如何测算本月需要抵扣的进项税额和实时税负？

（2）如何分别以客户和供应商为依据，自动汇总全年 1~12 月的增值税发票金额？

（3）增值税附加税费能否与本月实缴增值税额同步计算？

（4）自 2019 年 1 月 1 日起，企业所得税税率分为 5%、10%、25% 三档，那么如何根据当前利润总额匹配税率，并准确计算出每季度预缴税额？

（5）个人所得税实行七级超额累进税率及"累计预扣预缴"方式，怎样在工资表中准确计算每月应预缴税额？

## 9.1 增值税管理

增值税是我国第一大税种,也是我国最为重要的税种之一,国家对增值税的征收管理给予了高度重视。因此,对于企业而言,增值税管理是所有税金管理工作的"重中之重"。同时,企业需要为节约成本对增值税负率实施合理合法的筹划和必要的控制。这些工作最终会落到企业中的财务人员身上,那么财务人员应该如何入手对增值税进行管理呢?

我国目前对于增值税的征收管理方式主要实行"以票控税",即根据开具的增值税发票(以下简称"销项税票")与接受的供应商或其他单位开具的增值税专用发票(以下简称"进项税票")上列示的金额与税额分别计算销项税额、进项税额及实际应纳增值税额。所以,管理增值税应当从管理增值税发票着手。

本节以一般纳税人(适用增值税率13%)为例,针对财务人员日常开具、接受、登记增值税发票等工作细节,运用Excel制作增值税管理配套表格,包括发票登记表、进销项发票汇总表、客户供应商发票汇总表、实缴税金汇总表,分别对增值税进项和销项发票产生的后续一系列数据进行同步运算和统计汇总,以及对增值税负率实施合法的控制,如下图所示。

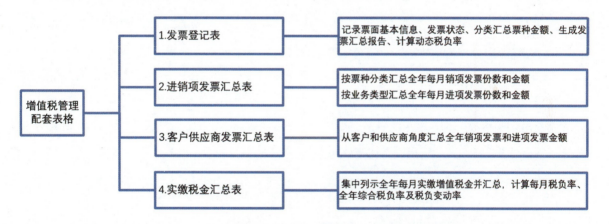

### 9.1.1 捋清思路,设计发票登记表

发票登记表中的数据将作为后续一系列计算、汇总、分析的数据源,是增值税管理配套表格中最基本、最重要的表格。因此,在制作登记表之前,我们首先要捋清思路,根据企业自身经营特点设计好表格基本框架,完善登记项目,合理安排表格中必须手动填写的项目和可设置函数公式自动运算的项目,才能提高工作效率,保障数据准确无误。具体制表思路如下图所示。

- 1.基本框架
  - 制作两份表格：分别登记销项税票和进项税票的票面基本信息
  - 分类记录票种：销项发票分为"专票""普票""无票"三种。进项发票分为"进货""费用"两种
  - 记录发票状态：销项发票体现"作废"状态。进项发票体现"在途"和"已收到"状态，并区分当月抵扣和留置发票
  - 计算金额和税额：根据预估含税金额自动计算未税金额、税额及合计金额，并以票面金额为准，调整尾差

- 2.手工填写项目
  - 开票日期、客户（供应商）简称、发票种类、发票状态、预估含税金额、尾差调整金额、当月是否抵扣进项发票

- 3.公式自动计算项目
  - 序号、发票未税金额、税额、当月抵扣的进项税额、进项税票"进项"和"费用"金额、当月发票汇总报告

下面根据以上思路，以"××商贸公司2019年10月进销项税票登记"为例，制作发票登记表。示例文件中所有关于增值税发票的原始数据（包括发票号码、金额等）均为虚拟数据。

### 1. 完成基础设置

基础设置即运用"数据验证""设置单元格格式"及"条件格式"等工具规范数据源、突出显示相关数据。具体操作步骤如下。

**步骤01** 新建工作簿，命名为"税金管理表"→将Sheet1工作表重命名为"客户供应商资料"→创建两个超级表→录入客户及供应商简称→分别定义为名称，即"客户名称"和"供应商名称"，作为在税票登记表中运用"数据验证"工具设置下拉列表的"序列"，如下图所示。

**步骤02** 将Sheet2工作表重命名为"2019年10月"，用于登记该月发票信息。预留3行作为发票汇总报告区域和计算动态税负、需抵扣进项金额和税额等数据的区域→根据企业的日常业务量绘制表格。假设本企业每月开具和接受发票的数量均不会超过40份，那么可在A4:Z45单元格区域绘制表格。同时，为了便于查看合计数据，这里将合计行设置在表头。初始表格如下图所示。

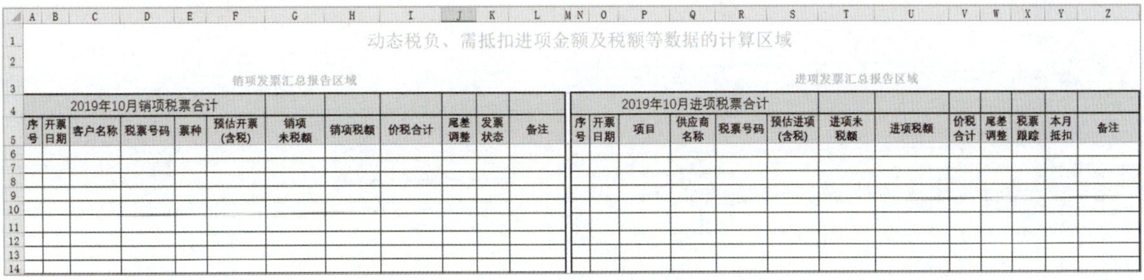

## Chapter 09
### 管好企业的涉税风险防范——税金及纳税申报管理

**步骤 03** 运用"数据验证""设置单元格格式"及"条件格式"工具设置手动填写项目所在区域的序列、格式及条件格式。

① 设置数据验证序列：分别在 C6:C45、Q6:Q45、E6:E45、K6:K45、P6:P45 和 X6:X45 单元格区域设置数据验证序列，如表 9-1 所示。

**表 9-1　为单元格区域设置数据验证序列**

| 字段名称 | 单元格区域 | "序列"来源 | 说明 |
| --- | --- | --- | --- |
| 客户名称（销项） | C6:C45 | =客户名称 | 序列为已定义的名称 |
| 供应商名称（进项） | Q6:Q45 | =供应商名称 | |
| 票种（销项） | E6:E45 | 专票,普票,无票 | 因备选项较少且相对固定，可直接输入"序列"内容，不必另制表格 |
| 发票状态（销项） | K6:K45 | 作废 | |
| 项目（进项） | P6:P45 | 进货,费用 | |
| 发票跟踪（进项） | X6:X45 | 在途,已收到 | |

② 设置自定义格式：分别在 A4、N4 单元格及 D6:D45、R6:R45、Y6:Y45 单元格区域设置自定义格式，以简化手动输入。具体设置方法如表 9-2 所示。

**表 9-2　为单元格及单元格区域设置自定义格式**

| 单元格（区域） | 自定义格式代码 | 效果 |
| --- | --- | --- |
| A4 | yyyy 年 m 月销项税票合计 | 输入"2019-10"，显示"2019 年 10 月销项税票合计" |
| N4 | yyyy 年 m 月进项税票合计 | 输入"2019-10"，显示"2019 年 10 月进项税票合计" |
| D6:D45<br>R6:R45 | 00000000 | 如果输入的发票号码不足 8 位，自动在前面添"0"补足 8 位 |
| Y6:Y45 | [=1] √；[=2] ○ | 输入"1"，显示"√"，代表本月抵扣<br>输入"2"，显示"○"，代表留置发票 |

③ 设置条件格式：分别在 A6:L45 和 N6:Z45 单元格区域设置条件格式，当销项发票为"作废"状态、进项发票为"在途"状态时，为其所在单元格区域填充颜色。具体设置方法和作用如表 9-3 所示。

以上设置完成后，为了检验下一步设置公式的正确性，预先虚拟填入销项和进项发票信息，效果如下图所示。

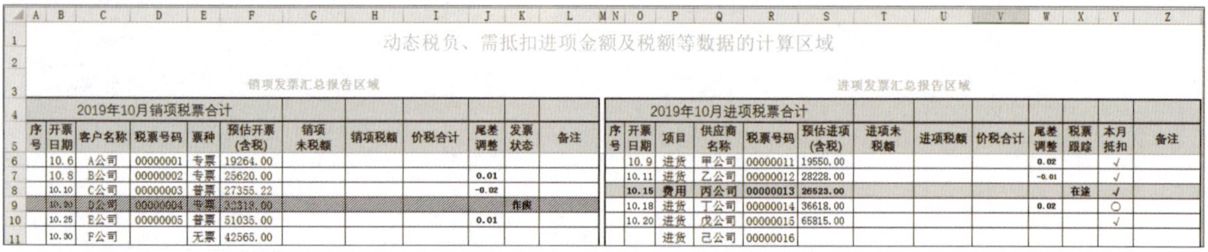

表 9-3　为单元格区域设置条件格式并填充颜色

| 单元格区域 | 选择规则类型 | 公式表达式 | 格式 | 作用效果 |
|---|---|---|---|---|
| A6:L45 | 使用公式确定要设置格式的单元格 | =$K6="作废" | 填充为自定义颜色 | 当销项发票状态为"作废"时，将所在行次填充颜色，提示发票已作废，以便财务人员及时与开票系统核对和确认作废发票的状态、票号等信息 |
| N6:Z45 | | =$X6="在途" | | 如果开票方为异地供应商，那么开具后通过快递寄送纸质发票，一般需要3~4日才能送达。财务人员可通过"增值税发票综合服务平台"预先查询开票信息并登记，同时将进项发票记录为"在途"，设置条件格式填充颜色，以便提示财务人员及时跟进在途发票踪迹 |

## 2. 设置运算公式

下面分别在表格区域设置公式，自动计算相关数据。具体操作步骤如下。

**步骤 01**　自动生成序号。在 A6 和 N6 单元格中设置以下公式。

- A6 单元格："=IF(G6=0,"☆",COUNT(A$5:A5)+1)"→将公式向下填充至 A7:A45 单元格区域。

公式含义：如果 G6 单元格（销项未税额）中数据为 0，代表无效发票，返回符号"☆"（作用是提示财务人员此处包含公式，避免误删公式），否则运用 COUNT 函数统计 A$5:A5 单元格区域不为空的单元格个数后加 1 即可生成序号，以此类推。

- N6 单元格："=IF(T6=0,"☆",COUNT(N$5:N5)+1)"→将公式向下填充至 N7:N45 单元格区域。

由于当前 G6:G45 和 T6:T45 单元格区域中均无数据，因此序号全部返回"☆"，效果如下图所示。

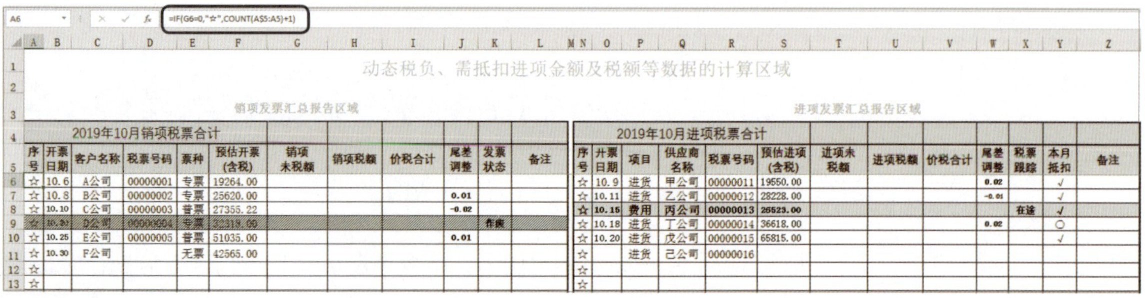

**步骤02** 自动计算相关数据。

① 分别在销项发票登记表的 G6:I6、G4 和 K4 单元格中设置以下公式。

• G6 单元格："=IF(K6="作废",0,ROUND(F6/1.13,2))+J6"。

公式含义：当发票状态为"作废"时，K6 单元格中数据为无效数据，因此返回"0"，否则计算 F6 单元格中金额除以增值税率 13%，并加上尾差调整的金额。

设置"尾差调整"的原因：G6 单元格中的销项未税额是根据函数公式计算而得，与开票系统实际开具的销项税票票面金额难免存在 ±0.03 元之内的尾差，而表格中涉及金额、税额、价税合计等数据都必须和发票票面实际金额分毫不差，因此需要略做调整。

• H6 单元格："=IF(K6="作废",0,ROUND(F6-G6,2))"，当发票状态不为"作废"时，将 F6 单元格中预估含税金额减去销项未税额即可得到准确的销项税额。

"预估开票（含税）"字段的作用：实务中，企业相关部门在每月初都会根据上月销售数据预估对账金额及开票金额。财务人员尚未开具税票时，填入预估数据，可预测当月开票金额和需要抵扣的进项税额。当实际开出销项发票后，应将发票票面的"价税合计"金额一分不差地重新填入单元格中。"预估进项（含税）"字段的作用与"预估开票（含税）"字段相同。

• I6 单元格："=G6+H6"，算术公式为"价税合计 = 销项未税额 + 销项税额"。

将 G6:I6 单元格区域中公式向下填充至 G7:I45 单元格区域即可。

• G4 单元格："=ROUND(SUM(H$6:H45),2)"→将公式复制粘贴至 J4 单元格，计算各字段的合计金额。

• K4 单元格："="作废"&COUNTIF(K6:K45,"作废")&"份""，统计"作废"发票份数。

财务人员应该清楚税务机关对于企业管理纸质作废发票的相关规定：不得丢弃、毁损，必须妥善保管，以做备查。因此，在发票登记表中统计"作废"发票便于财务人员及时核对纸质发票的数量是否相符。

② 在进项发票登记表的各单元格中设置公式，计算相关数据。

• N4 单元格："=A$4"，链接 A4 单元格中的日期。

• T6 单元格："=IF(P6="进货",ROUND(S6/1.13,2),ROUND(S6/1.06,2))+W6"，根据 P6 单元格所选择的"进货"或"费用"项目，按照 13% 或 6% 的增值税率计算进项未税额。如果进项税票的票面实际税率同时包含 13% 和 6% 或其他税率，可通过"尾差调整"（W6 单元格）将进项未税额调整至与票面金额分毫不差。

例如，某进项税票的票面金额为 10000 元，税率 10%，税额 1000 元，价税合计为 11000 元。在 P6 单元格的下拉列表中选择"费用"，在 S6 单元格中输入"11000"后，公式计算得到进项未税额为 10377.36 元，与票面金额差额为 377.36 元，在 W6 单元格中输入"-377.36"即可。

• U6 单元格："=ROUND(S6-T6,2)"，计算进项税额。

• V6 单元格："=ROUND(SUM(T6:U6),2)"，计算价税合计金额。

• X4 单元格：“="收到"&COUNTIF(X$6:X55,"已收到")&"份"”，统计已收到进项发票份数。

• Y4 单元格：“=SUMIF(Y$6:Y45,1,U$6:U45)”，汇总本月抵扣的进项税额。

公式设置完成后，效果如下图所示。

T6 =IF(P6="进货",ROUND(S6/1.13,2),ROUND(S6/1.06,2))+W6

动态税负、需抵扣的进项金额及税额等数据的计算区域

销项发票汇总报告区域

| 2019年10月销项税票合计 | | | | | | 146,760.38 | 19,078.84 | 165,839.22 | - | 作废1份 | |
|---|---|---|---|---|---|---|---|---|---|---|---|
| 序号 | 开票日期 | 客户名称 | 税票号码 | 票种 | 预估开票(含税) | 销项未税额 | 销项税额 | 价税合计 | 尾差调整 | 发票状态 | 备注 |
| 1 | 10.6 | A公司 | 00000001 | 专票 | 19264.00 | 17,047.79 | 2,216.21 | 19,264.00 | - | | |
| 2 | 10.8 | B公司 | 00000002 | 专票 | 25620.00 | 22,672.58 | 2,947.42 | 25,620.00 | 0.01 | | |
| 3 | 10.10 | C公司 | 00000003 | 普票 | 27355.22 | 24,208.14 | 3,147.08 | 27,355.22 | -0.02 | | |
| ☆ | 10.20 | D公司 | 00000004 | 专票 | 32513.00 | - | - | - | - | 作废 | |
| 4 | 10.25 | E公司 | 00000005 | 普票 | 51035.00 | 45,163.73 | 5,871.27 | 51,035.00 | 0.01 | | |
| 5 | 10.30 | F公司 | | 无票 | 42565.00 | 37,668.14 | 4,896.86 | 42,565.00 | - | | |
| ☆ | | | | | | - | - | - | | | |
| ☆ | | | | | | - | - | - | | | |

进项发票汇总报告区域

| 2019年10月进项税票合计 | | | | | | 186,854.46 | 22,539.54 | 209,394.00 | 0.03 | 收到5份 | 22,539.54 | |
|---|---|---|---|---|---|---|---|---|---|---|---|---|
| 序号 | 开票日期 | 项目 | 供应商名称 | 税票号码 | 预估进项(含税) | 进项未税额 | 进项税额 | 价税合计 | 尾差调整 | 税票跟踪 | 本月抵扣 | 备注 |
| 1 | 10.9 | 进货 | 甲公司 | 00000011 | 19550.00 | 17,300.90 | 2,249.10 | 19,550.00 | 0.02 | 已收到 | √ | |
| 2 | 10.11 | 进货 | 乙公司 | 00000012 | 28228.00 | 24,980.52 | 3,247.48 | 28,228.00 | -0.01 | 已收到 | √ | |
| 3 | 10.15 | 费用 | 丙公司 | 00000013 | 26523.00 | 25,021.70 | 1,501.30 | 26,523.00 | - | 在途 | √ | |
| 4 | 10.18 | 进货 | 丁公司 | 00000014 | 36618.00 | 32,405.33 | 4,212.67 | 36,618.00 | 0.02 | 已收到 | √ | |
| 5 | 10.20 | 进货 | 戊公司 | 00000015 | 65815.00 | 58,243.36 | 7,571.64 | 65,815.00 | - | 已收到 | √ | |
| 6 | 10.26 | 进货 | 己公司 | 00000016 | 32660.00 | 28,902.65 | 3,757.35 | 32,660.00 | | 已收到 | √ | |
| ☆ | | | | | | - | - | - | | | | |
| ☆ | | | | | | - | - | - | | | | |

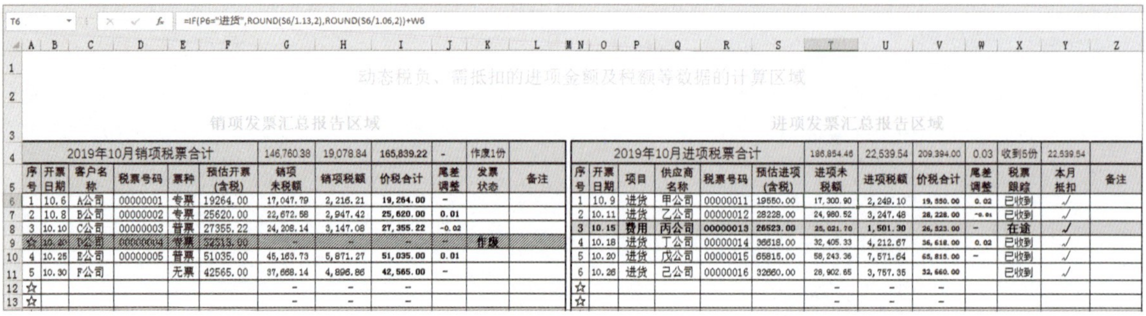

## 9.1.2　总览全局，生成发票汇总报告

9.1.1 小节制作的发票登记表中记载的是销项和进项发票的明细信息，尚无汇总数据。我们强调过，财务人员应当养成一个良好的数据分析习惯，对每一个工作表数据至少要进行基础统计和汇总，以便掌握更充分的财务数据。因此，发票登记表自然也不能例外，同样需要统计和汇总相关数据。但是，本小节统计汇总与之前在工作表中另制表格的方式略有不同，考虑到发票登记表的布局状况，同时为了节省表格空间，这里不再另制表格统计汇总，而是将文字描述和数据结合，以“报告”的形式呈现汇总数据。操作方法极其简便，只需将文本与统计汇总的函数公式运用文本运算符“&”连接即可。操作步骤如下。

分别将 A3:C3、D3:L3、N3:P3、Q3:Z3 单元格区域合并→分别在 A3 和 N3 单元格中设置字段名称→分别在 D3 和 Q3 单元格中设置以下公式，生成销项发票和进项发票汇总报告。

• D3 单元格：“="本月开票"&COUNT(D$6:D45)&"份，其中：专票"&COUNTIF(E$6:E45,"专票")&"份 金额"&SUMIF(E$6:E45,"专票",G$6:G45)&"元 税额"&SUMIF(E$6:E45,"专票",H$6:H45)&"元 *** 普票"&COUNTIF(E$6:E45,"普票")&"份 金额"&SUMIF(E$6:E45,"普票",G$6:G45)&"元 税额"&SUMIF(E$6:E45,"普票",H$6:H45)&"元 *** 无票收入"&COUNTIF(E$6:E45,"无票")&"次 金额"&SUMIF(E$6:E45,"无票",G$6:G45)&"元 税额"&SUMIF(E$6:E45,"无票",H$6:H45)&"元"”，汇总销项税票的相关数据。

• Q3 单元格：“="共计"&COUNT(R$6:R45)&"份，"&"金额"&T$4&"元 税额"&U$4&"元 ***"&"抵扣"&COUNTIF(Y$6:Y45,1)&"份，金额"&SUMIF(Y$6:Y45,1,T$6:T45)&"元 税额"&Y$4&"元 ***"&"留置"&COUNTIF(Y$6:Y45,2)&"份，金额"&SUMIF(Y$6:Y45,2,T$6:T55)&"元 税额"&U$4-Y$4&"元"”，汇总进项税票的相关数据。公式效果如下图所示。

## 9.1.3 实时控制税负,打造动态税负"观测台"

税负是指税负率和税负额,企业实际缴纳的税款即税负额,实缴税款占应税销售收入的百分比为税负率。会计计算公式如下。

税负额(实缴增值税款)= 销项税额 − 进项税额

税负率 = 税负额 ÷ 销项未税总金额 ×100%

例如,××公司为增值税一般纳税人,适用增值税率为13%。2019年10月开具销项税票不含税总金额为100万元,则销项税额为13万元(100×13%)。当月取得并抵扣进项税票(包括进货与费用)所记载的进项税额总额为10.02万元,则10月实际应缴纳增值税额为2.98万元(13 − 10.02),那么当月增值税的税负率为2.98%(2.98÷100×100%)。

各个行业都有一个预警税负率,是根据各地区各个行业中具有代表性的数家企业在正常经营状况下,一定时期内的各项大数据(如行业总收入,平均收入、总成本、平均成本,销售毛利、实际缴纳税款等)并结合其他相关数据计算得出的。

预警税负率是税务机关用于监控企业是否可能存在偷税、漏税、逃税等违法行为的重要依据之一。如果企业的税负率长期偏低或偏高均说明税负异常而面临税务稽查风险。

因此,企业在实际经营活动中,应当参考行业预警税负率并结合自身经营状况、市场行情等因素,在正常经营前提下,准确把握和控制实际税负,在合法的范围内合理筹划税收,规避涉税风险。

而在财务人员的日常工作中,每天都有可能开具销项税票,并收到进项税票,获取的销项税额与进项税额均在不断发生变化,那么如何能够及时获得实时税负率,并据此预算和筹划当月实际税负率,从而知晓需要抵扣的进项税额数据呢?方法非常简单:只需在前面小节制作的"税票登记表"预留的区域中创建一个"动态税负观测台",引用发票登记表中的相关数据,并设置几个简单的函数公式,根据在税票登记表中填列的"预估"含税金额或实际开具的销项税票与收到的进项发票上的票面金额即可随时获取实时动态税负率,再倒推当月需要抵扣的进项税额及其他相关数据即可。操作步骤如下。

**步骤01** 在发票登记表第1、第2行设置字段名称及单元格格式→在G1单元格中输入预警税负率，如3%。其他填充为灰色的单元格将全部设置函数公式自动计算相关数据，如下图所示。

**步骤02** 分别在以下单元格中设置公式，自动计算相关数据。

• D1单元格："=G$4"，直接引用G4单元格中"销项未税额"的合计金额。

• D2单元格："=H$4"，直接引用H4单元格中"销项税额"的合计金额。

• G2单元格："=ROUND(D1*G1,2)"，会计公式为"预警税负额 = 已发生销项未税额 × 预警税负率"。

• I1单元格："=ROUND(I2/D1,4)"，会计公式为"实际税负率 = 实际税负额 ÷ 已发生销项未税额"。

• I2单元格："=ROUND(D2-Q2,2)"，会计公式为"实际税负额 = 已发生销项税额 − 本月可抵扣进项税额"。

• J1单元格："=TEXT(ROUND(G1-I1,4),"[<0]高于预警0.00%;低于预警0.00%")"，计算"实际税负率"与"预警税负率"的百分比差异，并运用TEXT函数返回指定文本格式。

• J2单元格："=TEXT(ROUND(G2-I2,2),"[<0]高于预警0.00元;低于预警0.00元")"，计算"实际税额"与"预警税负额"之间的差额，并返回指定文本格式。

• Q1单元格："=ROUND(D2-G2,2)"，会计公式为"需抵扣进项税额 = 已发生销项税额 − 预警税负额"。

• Q2单元格："=Y$4"，直接引用Y4单元格中"本月抵扣"的合计金额。

• U1单元格："=ROUND(Q1-Q2,2)"，会计公式为"尚需进项税额 = 需抵扣进项税额 − 本月可抵扣进项税额"。

• U2单元格："=ROUND(U1/0.13,2)&"/"&ROUND(U1/0.13*1.13,2)"，根据"尚需进项税额"倒推本月尚需进项未税额和价税合计金额。企业通常以"价税合计"，即票面数据与供应商沟通开具发票事宜。

• W1单元格："=" 进货 "&COUNTIF(P:P," 进货 ")&" 份 ""，统计本月进项税票"项目"为"进货"的进项税票份数，并与文本"进货"连接。

• W2单元格："=" 费用 "&COUNTIF(P:P," 费用 ")&" 份 ""，统计本月进项税票"项目"为

“费用”的进项税票份数，并与文本“费用”连接。

• Y1 单元格：“=SUMIF(P:P,LEFT(W1,2),T:T)”，汇总本月进项税票“项目”为“进货”的“进项未税额”。

• Y2 单元格：“=SUMIF(P:P,LEFT(W2,2),T:T)”，汇总本月进项税票“项目”为“费用”的“进项未税额”。

以上在 W1、W2、Y1、Y2 单元格中分别汇总“进货”和“费用”的进项税票份数和“进项未税额”，有利于财务人员分类核对数据，分别入账和装订纸质进项税票，公式效果如下图所示。

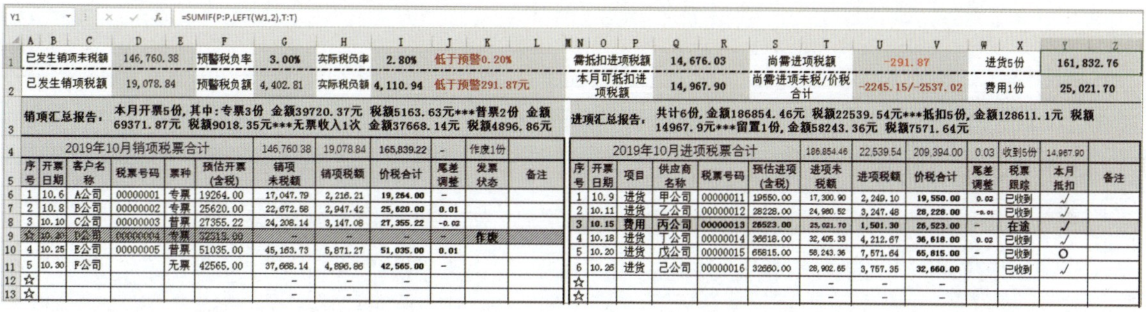

Y1 =SUMIF(P:P,LEFT(W1,2),T:T)

| | | | | | | |
|---|---|---|---|---|---|---|
| 已发生销项未税额 | 146,760.38 | 预警税负率 | 3.00% | 实际税负率 | 2.80% | 低于预警0.20% |
| 已发生销项税额 | 19,078.84 | 预警税负额 | 4,402.81 | 实际税负额 | 4,110.94 | 低于预警291.87元 |

| | | | | | |
|---|---|---|---|---|---|
| 需抵扣进项税额 | 14,676.03 | 尚需进项税额 | -291.87 | 进货5份 | 161,832.76 |
| 本月可抵扣进项税额 | 14,967.90 | 尚需进项未税/价税合计 | -2245.15/-2537.02 | 费用1份 | 25,021.70 |

销项汇总报告：本月开票5份，其中：专票3份 金额39720.37元 税额5163.63元***普票2份 金额69371.87元 税额9018.35元***无票收入1次 金额37668.14元 税额4896.86元

进项汇总报告：共计6份，金额186854.46元 税额22539.54元***抵扣5份，金额128611.1元 税额14967.9元***留置1份，金额58243.36元 税额7571.64元

| 2019年10月销项税票合计 | | | | | | 146,760.38 | 19,078.84 | 165,839.22 | - | 作废1份 | |
|---|---|---|---|---|---|---|---|---|---|---|---|
| 序号 | 开票日期 | 客户名称 | 税票号码 | 票种 | 预估开票(含税) | 销项未税额 | 销项税额 | 价税合计 | 尾差调整 | 发票状态 | 备注 |
| 1 | 10.6 | A公司 | 00000001 | 专票 | 19264.00 | 17,047.79 | 2,216.21 | 19,264.00 | - | | |
| 2 | 10.8 | B公司 | 00000002 | 专票 | 25620.00 | 22,672.58 | 2,947.42 | 25,620.00 | 0.01 | | |
| 3 | 10.10 | C公司 | 00000003 | 普票 | 27355.22 | 24,208.14 | 3,147.08 | 27,355.22 | -0.02 | | |
| ☆ | 10.20 | D公司 | 00000004 | 专票 | 32313.00 | - | - | - | - | 作废 | |
| 4 | 10.25 | E公司 | 00000005 | 普票 | 51035.00 | 45,163.73 | 5,871.27 | 51,035.00 | 0.01 | | |
| 5 | 10.30 | F公司 | | 无票 | 42565.00 | 37,668.14 | 4,896.86 | 42,565.00 | - | | |
| ☆ | | | | | | - | - | - | | | |
| ☆ | | | | | | - | - | - | | | |

| 2019年10月进项税票合计 | | | | | | 186,854.46 | 22,539.54 | 209,394.00 | 0.03 | 收到5份 | 14,967.90 | |
|---|---|---|---|---|---|---|---|---|---|---|---|---|
| 序号 | 开票日期 | 项目 | 供应商名称 | 税票号码 | 预估进项(含税) | 进项未税额 | 进项税额 | 价税合计 | 尾差调整 | 税票跟踪 | 本月抵扣 | 备注 |
| 1 | 10.9 | 进货 | 甲公司 | 00000011 | 19550.00 | 17,300.90 | 2,249.10 | 19,550.00 | 0.02 | 已收到 | √ | |
| 2 | 10.11 | 进货 | 乙公司 | 00000012 | 28228.00 | 24,980.52 | 3,247.48 | 28,228.00 | -0.01 | 已收到 | √ | |
| 3 | 10.15 | 费用 | 丙公司 | 00000013 | 26523.00 | 25,021.70 | 1,501.30 | 26,523.00 | - | 在途 | √ | |
| 4 | 10.18 | 进货 | 丁公司 | 00000014 | 36618.00 | 32,405.33 | 4,212.67 | 36,618.00 | 0.02 | 已收到 | √ | |
| 5 | 10.20 | 进货 | 戊公司 | 00000015 | 65815.00 | 58,243.36 | 7,571.64 | 65,815.00 | - | 已收到 | ○ | |
| 6 | 10.26 | 进货 | 己公司 | 00000016 | 32660.00 | 28,902.65 | 3,757.35 | 32,660.00 | | 已收到 | √ | |
| ☆ | | | | | | - | - | - | | | | |
| ☆ | | | | | | - | - | - | | | | |

通过上图可以看到，当前实际税负率低于预警税负率，表明目前进项税额多于销项税额。但这一数据并非最终结果，它在当月月末结账之前会随时发生动态变化。财务人员后期继续开具销项税票及收到进项税票后，只需准确无误地登记每一份发票信息，Excel 即可自动计算所有数据。通过这些数据，可及时准确地掌握当前税负率，同时明确本月需要的进项发票金额，从而正确指导后期的增值税筹划工作。

月末结账后，财务人员可根据实际税负率与预警税负率之间的差距大小，在“本月抵扣”字段中输入“1”或“2”，以调整本月抵扣和留置的进项税票，尽量缩小“实际”和“预警”数据之间的差距。

**步骤03** 测试公式效果。在税票登记表中补充填入销项和进销税票数据，可看到含有公式的单元格中数据发生的动态变化，如下图所示。

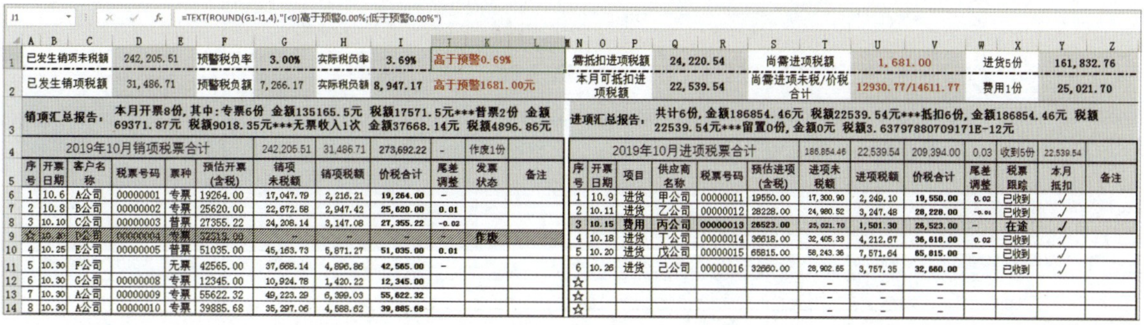

J1 =TEXT(ROUND(G1-I1,4),"[<0]高于预警0.00%;低于预警0.00%")

| | | | | | | |
|---|---|---|---|---|---|---|
| 已发生销项未税额 | 242,205.51 | 预警税负率 | 3.00% | 实际税负率 | 3.69% | 高于预警0.69% |
| 已发生销项税额 | 31,486.71 | 预警税负额 | 7,266.17 | 实际税负额 | 8,947.17 | 高于预警1681.00元 |

| | | | | | |
|---|---|---|---|---|---|
| 需抵扣进项税额 | 24,220.54 | 尚需进项税额 | 1,681.00 | 进货5份 | 161,832.76 |
| 本月可抵扣进项税额 | 22,539.54 | 尚需进项未税/价税合计 | 12930.77/14611.77 | 费用1份 | 25,021.70 |

销项汇总报告：本月开票8份，其中：专票6份 金额135165.5元 税额17571.5元***普票2份 金额69371.87元 税额9018.35元***无票收入1次 金额37668.14元 税额4896.86元

进项汇总报告：共计6份，金额186854.46元 税额22539.54元***抵扣6份，金额186854.46元 税额22539.54元***留置0份，金额0元 税额3.63797880709171E-12元

| 2019年10月销项税票合计 | | | | | | 242,205.51 | 31,486.71 | 273,692.22 | - | 作废1份 | |
|---|---|---|---|---|---|---|---|---|---|---|---|
| 序号 | 开票日期 | 客户名称 | 税票号码 | 票种 | 预估开票(含税) | 销项未税额 | 销项税额 | 价税合计 | 尾差调整 | 发票状态 | 备注 |
| 1 | 10.6 | A公司 | 00000001 | 专票 | 19264.00 | 17,047.79 | 2,216.21 | 19,264.00 | - | | |
| 2 | 10.8 | B公司 | 00000002 | 专票 | 25620.00 | 22,672.58 | 2,947.42 | 25,620.00 | 0.01 | | |
| 3 | 10.10 | C公司 | 00000003 | 普票 | 27355.22 | 24,208.14 | 3,147.08 | 27,355.22 | -0.02 | | |
| ☆ | 10.20 | D公司 | 00000004 | 专票 | 32313.00 | - | - | - | - | 作废 | |
| 4 | 10.25 | E公司 | 00000005 | 普票 | 51035.00 | 45,163.73 | 5,871.27 | 51,035.00 | 0.01 | | |
| 5 | 10.30 | F公司 | | 无票 | 42565.00 | 37,668.14 | 4,896.86 | 42,565.00 | - | | |
| 6 | 10.30 | G公司 | 00000008 | 专票 | 12345.00 | 10,924.78 | 1,420.22 | 12,345.00 | | | |
| 7 | 10.30 | A公司 | 00000009 | 专票 | 55622.32 | 49,223.29 | 6,399.03 | 55,622.32 | | | |
| 8 | 10.30 | A公司 | 00000010 | 专票 | 39885.68 | 35,297.06 | 4,588.62 | 39,885.68 | | | |

| 2019年10月进项税票合计 | | | | | | 186,854.46 | 22,539.54 | 209,394.00 | 0.03 | 收到5份 | 22,539.54 | |
|---|---|---|---|---|---|---|---|---|---|---|---|---|
| 序号 | 开票日期 | 项目 | 供应商名称 | 税票号码 | 预估进项(含税) | 进项未税额 | 进项税额 | 价税合计 | 尾差调整 | 税票跟踪 | 本月抵扣 | 备注 |
| 1 | 10.9 | 进货 | 甲公司 | 00000011 | 19550.00 | 17,300.90 | 2,249.10 | 19,550.00 | 0.02 | 已收到 | √ | |
| 2 | 10.11 | 进货 | 乙公司 | 00000012 | 28228.00 | 24,980.52 | 3,247.48 | 28,228.00 | -0.01 | 已收到 | √ | |
| 3 | 10.15 | 费用 | 丙公司 | 00000013 | 26523.00 | 25,021.70 | 1,501.30 | 26,523.00 | - | 在途 | √ | |
| 4 | 10.18 | 进货 | 丁公司 | 00000014 | 36618.00 | 32,405.33 | 4,212.67 | 36,618.00 | 0.02 | 已收到 | √ | |
| 5 | 10.20 | 进货 | 戊公司 | 00000015 | 65815.00 | 58,243.36 | 7,571.64 | 65,815.00 | - | 已收到 | √ | |
| 6 | 10.26 | 进货 | 己公司 | 00000016 | 32660.00 | 28,902.65 | 3,757.35 | 32,660.00 | | 已收到 | √ | |
| ☆ | | | | | | - | - | - | | | | |
| ☆ | | | | | | - | - | - | | | | |
| ☆ | | | | | | - | - | - | | | | |

> **专家点拨**
>
> 这里需要注意的是，本小节根据"尚需进项税额"倒推"尚需进项未税/价税合计"金额时，是以增值税率 13% 计算的。实际运用时，需要综合其他应税项目的税率（如"管理服务费"的增值税率为 6%）的发票金额进行核算。如果企业取得的进项税票中包含其他税率的发票较多，应以其他税率为主要依据倒推需要抵扣的进项未税/含税金额。

## 9.1.4 按月汇总实缴税金，实时监控税负变动率

税负变动率是指本期税负和上期税负之间的差额，与上期税负之间的比率。会计公式为"税负变动率 =（本期税负 − 上期税负）÷ 上期税负 × 100%"。

税负变动率也是税务机关监控企业是否偷税、漏税、逃税的另一个重要指标。企业在正常经营前提下，其税负变动率一般在 ±30% 界限之内浮动，如果逾越界限，极有可能面临涉税风险。本小节将制作"实缴增值税统计表"表格，将全年 1~12 月发票登记表中的销项未税额、进项未税额、销项税额、进项税额、税负额、税负率等相关数据按月引用至表格中集中列示，并自动计算每期税负变动率，同时制作迷你图表，更直观地呈现数据变动趋势，以便企业及时监控、调整税负率，从而有效规避风险。这份表格的"功劳"不小，同时在具体制作与公式设置方面也不难，只需三步操作即可。操作步骤如下。

为展示效果，这里预先添加 2019 年 1~9 月及 11~12 月的发票登记表，并虚拟填入销项和进项税票信息。增值税额按照本例所列举的时间节点的实时税率进行计算。其中，2019 年 1~3 月和 2019 年 4~12 月这两个期间执行的实时增值税率分别为 16% 和 13%。

**步骤 01** 新增一个工作表，命名为"实缴增值税统计表"→绘制表格，设置字段名称及单元格格式。

注意将 A4:A15 单元格区域中的"月份"设置为与工作表名称完全相同的字符。初始表格如下图所示。

| 月份 | 销项金额 | | | 进项金额 | | | 税负 | | |
|---|---|---|---|---|---|---|---|---|---|
| | 未税金额 | 税额 | 价税合计 | 未税金额 | 税额 | 价税合计 | 实缴税额（税负额） | 税负率 | 税负变动率 |
| 2019.1月 | | | | | | | | | |
| 2019.2月 | | | | | | | | | |
| 2019.3月 | | | | | | | | | |
| 2019.4月 | | | | | | | | | |
| 2019.5月 | | | | | | | | | |
| 2019.6月 | | | | | | | | | |
| 2019.7月 | | | | | | | | | |
| 2019.8月 | | | | | | | | | |
| 2019.9月 | | | | | | | | | |
| 2019.10月 | | | | | | | | | |
| 2019.11月 | | | | | | | | | |
| 2019.12月 | | | | | | | | | |
| 合计 | | | | | | | | | |
| 图表 | | | | | | | | | |

> Chapter 09
> 管好企业的涉税风险防范——税金及纳税申报管理

**步骤02** 分别在以下单元格中设置公式,自动计算相关数据。

- B4 单元格:"=INDIRECT($A4&"!G$4")",查找引用"2019.1 月"工作表 G4 单元格中的数据。
- C4 单元格:"=INDIRECT($A4&"!H$4")",查找引用"2019.1 月"工作表 H4 单元格中的数据。
- D4 单元格:"=ROUND(SUM(B4:C4),2)",直接根据当前工作表数据计算价税合计金额→将公式复制粘贴至 G4 单元格。
- E4 单元格:"=INDIRECT($A4&"!T$4")",查找引用"2019.1 月"工作表 T4 单元格中的数据。
- F4 单元格:"=INDIRECT($A4&"!U$4")",查找引用"2019.1 月"工作表 U4 单元格中的数据。
- H4 单元格:"=ROUND(C4-F4,2)",计算实缴税额。
- I4 单元格:"=IFERROR(H4/B4,"-")",计算税负率。
- J5 单元格:"=IFERROR((H5-H4)/H4,"-")",由于 2019.1 月没有参照数据,因此应从 2019.2 月起计算税负变动率。
- B16 单元格:"=ROUND(SUM(B4:B15),2)",计算合计金额→复制粘贴公式至 C16:H16 单元格区域。

将 B4:H4 单元格区域公式复制粘贴至 B5:H15 单元格区域→将 I4 单元格公式复制粘贴至 I5:I16 单元格区域→将 J5 单元格公式复制粘贴至 J6:J15 单元格区域即可。

**步骤03** 运用"条件格式"工具将 J5:J15 单元格区域中,大于 30% 和小于 -30% 的数据所在单元格填充颜色,以提示逾越 ±30% 界限的税负变动率,效果如下图所示。

| 月份 | 销项金额 | | | 进项金额 | | | 税负 | | |
| --- | --- | --- | --- | --- | --- | --- | --- | --- | --- |
| | 未税金额 | 税额 | 价税合计 | 未税金额 | 税额 | 价税合计 | 实缴税额(税负额) | 税负率 | 税负变动率 |
| 2019.1月 | 277,433.24 | 44,389.32 | 321,822.56 | 240,020.37 | 35,516.22 | 275,536.59 | 8,873.10 | 3.20% | |
| 2019.2月 | 231,688.58 | 37,070.16 | 268,758.74 | 232,247.08 | 29,734.38 | 261,981.46 | 7,335.78 | 3.17% | -17.33% |
| 2019.3月 | 249,805.83 | 39,968.93 | 289,774.76 | 250,743.01 | 32,102.41 | 282,845.42 | 7,866.52 | 3.15% | 7.23% |
| 2019.4月 | 245,506.07 | 31,915.77 | 277,421.84 | 218,887.64 | 24,021.92 | 242,909.58 | 7,893.85 | 3.22% | 0.35% |
| 2019.5月 | 231,093.55 | 30,042.12 | 261,135.67 | 203,302.75 | 23,645.85 | 226,948.60 | 6,396.27 | 2.77% | -18.97% |
| 2019.6月 | 286,414.07 | 37,233.80 | 323,647.87 | 241,584.21 | 28,975.47 | 270,559.68 | 8,258.33 | 2.88% | 29.11% |
| 2019.7月 | 241,398.63 | 31,381.84 | 272,780.47 | 227,301.41 | 24,842.91 | 252,144.32 | 6,538.93 | 2.71% | -20.82% |
| 2019.8月 | 296,134.38 | 38,497.47 | 334,631.85 | 280,557.24 | 29,916.65 | 310,473.89 | 8,580.82 | 2.90% | 31.23% |
| 2019.9月 | 241,398.63 | 31,381.84 | 272,780.47 | 218,451.85 | 23,692.47 | 242,144.32 | 7,689.37 | 3.19% | -10.39% |
| 2019.10月 | 242,205.51 | 31,486.71 | 273,692.22 | 186,854.46 | 22,539.54 | 209,394.00 | 8,947.17 | 3.69% | 16.36% |
| 2019.11月 | 304,562.65 | 39,593.15 | 344,155.80 | 242,878.42 | 31,574.16 | 274,452.58 | 8,018.99 | 2.63% | -10.37% |
| 2019.12月 | 255,789.48 | 33,252.62 | 289,042.10 | 208,434.74 | 27,096.47 | 235,531.21 | 6,156.15 | 2.41% | -23.23% |
| 合计 | 3,103,430.62 | 426,213.73 | 3,529,644.35 | 2,751,263.18 | 333,658.45 | 3,084,921.63 | 92,555.28 | 2.98% | - |
| 图表 | | | | | | | | | |

**步骤04** 插入迷你图表。由于表格中"销项金额""进项金额""税负"字段中的每一个子字段中数据变动趋势相同,因此可以用其中任一子字段中的一组数据为数据源制作迷你图表。

在 B17 单元格中插入迷你折线图,将【数据范围】设置为 B4:B15 单元格区域→设计图表样式→合并 B17:D17 单元格区域→向右填充公式至 J17 单元格即可,效果如下图所示。

| | A | B | C | D | E | F | G | H | I | J |
|---|---|---|---|---|---|---|---|---|---|---|
| 1 | ××市××有限公司2019年实缴增值税统计表 ||||||||||
| 2 | 月份 | 销项金额 ||| 进项金额 ||| 税负 |||
| 3 | | 未税金额 | 税额 | 价税合计 | 未税金额 | 税额 | 价税合计 | 实缴税额（税负额） | 税负率 | 税负变动率 |
| 4 | 2019.1月 | 277,433.24 | 44,389.32 | 321,822.56 | 240,020.37 | 35,516.22 | 275,536.59 | 8,873.10 | 3.20% | |
| 5 | 2019.2月 | 231,688.58 | 37,070.16 | 268,758.74 | 232,247.08 | 29,734.38 | 261,981.46 | 7,335.78 | 3.17% | -17.33% |
| 6 | 2019.3月 | 249,805.83 | 39,968.93 | 289,774.76 | 250,743.01 | 32,102.41 | 282,845.42 | 7,866.52 | 3.15% | 7.23% |
| 7 | 2019.4月 | 245,506.07 | 31,915.77 | 277,421.84 | 218,887.64 | 24,021.92 | 242,909.56 | 7,893.85 | 3.22% | 0.35% |
| 8 | 2019.5月 | 231,093.55 | 30,042.12 | 261,135.67 | 203,302.75 | 23,645.85 | 226,948.60 | 6,396.27 | 2.77% | -18.97% |
| 9 | 2019.6月 | 286,414.07 | 37,233.80 | 323,647.87 | 241,584.21 | 28,975.47 | 270,559.68 | 8,258.33 | 2.88% | 29.11% |
| 10 | 2019.7月 | 241,398.63 | 31,381.84 | 272,780.47 | 227,301.41 | 24,842.91 | 252,144.32 | 6,538.93 | 2.71% | -20.82% |
| 11 | 2019.8月 | 296,134.38 | 38,497.47 | 334,631.85 | 280,557.24 | 29,916.65 | 310,473.89 | 8,580.82 | 2.90% | 31.23% |
| 12 | 2019.9月 | 241,398.63 | 31,381.84 | 272,780.47 | 218,451.85 | 23,692.47 | 242,144.32 | 7,689.37 | 3.19% | -10.39% |
| 13 | 2019.10月 | 242,205.51 | 31,486.71 | 273,692.22 | 186,854.46 | 22,539.54 | 209,394.00 | 8,947.17 | 3.69% | 16.36% |
| 14 | 2019.11月 | 304,562.65 | 39,593.15 | 344,155.80 | 242,878.42 | 31,674.16 | 274,452.58 | 8,018.99 | 2.63% | -10.37% |
| 15 | 2019.12月 | 255,789.48 | 33,252.62 | 289,042.10 | 208,434.74 | 27,096.47 | 235,531.21 | 6,156.15 | 2.41% | -23.23% |
| 16 | 合计 | 3,103,430.62 | 426,213.73 | 3,529,644.35 | 2,751,263.18 | 333,658.45 | 3,084,921.63 | 92,555.28 | 2.98% | — |
| 17 | 图表 |||||||||| 

## 9.1.5 分类汇总发票金额，多角度分析数据

实际工作中，财务人员对于每一类数据都要从不同的角度进行分类汇总分析。例如，销项税票可按照票种分类汇总发票金额，以便掌握和分析每月开具的专票、普票和无票收入数据，进项税票可按照进货和费用分类汇总发票金额，帮助财务人员核算成本和费用。另外，还可从客户和供应商的角度汇总税票金额，为企业掌握应收、应付数据及结算进度，做出正确决策提供重要的参考依据。本小节将分别从"销项和进项""客户和供应商"两个角度，制作分类汇总表，汇总全年1~12月的相关数据。

### 1. 销项和进项税票汇总表

销项和进项税票汇总表的制作思路与"实缴增值税统计表"大致相同，即分别按照销项税票的票种和进项税票的业务类型（项目），将每月发票登记表中的数据引用至汇总表中并汇总。操作步骤如下。

**步骤01** 新增一个工作表，命名为"销项进项汇总表"→参考"实缴增值税统计表"绘制销项税票汇总表框架→设置字段名称和单元格格式。初始表格如下图所示。

| | A | B | C | D | E | F | G | H | I | J | K | L | M | N | O | P | Q |
|---|---|---|---|---|---|---|---|---|---|---|---|---|---|---|---|---|---|
| 1 | ××市××有限公司销项税票汇总表 |||||||||||||||||
| 2 | 月份 | 专票 |||| 普票 |||| 无票 |||| 合计 ||||
| 3 | | 份数 | 金额 | 税额 | 价税合计 | 份数 | 金额 | 税额 | 价税合计 | 次数 | 金额 | 税额 | 价税合计 | 份/次数 | 金额 | 税额 | 价税合计 |
| 4 | 2019.1月 |||||||||||||||||
| 5 | 2019.2月 |||||||||||||||||
| 6 | 2019.3月 |||||||||||||||||
| 7 | 2019.4月 |||||||||||||||||
| 8 | 2019.5月 |||||||||||||||||
| 9 | 2019.6月 |||||||||||||||||
| 10 | 2019.7月 |||||||||||||||||
| 11 | 2019.8月 |||||||||||||||||
| 12 | 2019.9月 |||||||||||||||||
| 13 | 2019.10月 |||||||||||||||||
| 14 | 2019.11月 |||||||||||||||||
| 15 | 2019.12月 |||||||||||||||||
| 16 | 合计 |||||||||||||||||

**步骤02** 在以下单元格中设置公式，引用和汇总各项数据。

- B4单元格："=COUNTIF(INDIRECT($A4&"!E:E"),$B$2)"，统计"2019.1月"工作中"专

票”数量。

• C4 单元格：“=SUMIF(INDIRECT($A4&"!E:E"),$B$2,INDIRECT($A4&"!G:G"))”，汇总“2019.1 月”工作表中“专票”的“销项未税额”。

• D4 单元格：“=SUMIF(INDIRECT($A4&"!E:E"),$B$2,INDIRECT($A4&"!H:H"))”，汇总“2019.1 月”工作表中“专票”的“销项税额”。

• E4 单元格：“=ROUND(SUM(C4:D4),2)”，计算“2019.1 月”的价税合计金额。

将 B4:E4 单元格区域公式向下填充至 B5:E15 单元格区域。

• B16:Q16 单元格区域：运用 SUM 函数设置求和公式。

将 B4:E15 单元格区域公式复制粘贴至 F4:M15 单元格区域→运用“查找和替换”工具，将 F4:I15 和 J4:M15 单元格区域公式中引用的单元格“$B$2”分别批量替换为“$F$2”和“$J$2”即可。

• N4 单元格：“=SUMIF($B$3:$M$3,"* 数 ",$B4:ML4)”，汇总“2019.1 月”工作表中的票种合计数量。

• O4 单元格：“=SUMIF($B$3:$M$3,O$3,$B4:$M4)”，汇总“2019.1 月”工作表中的“金额”→向右填充公式至 P4:Q4 单元格区域。

将 N4:Q4 单元格区域公式复制粘贴至 N5:Q15 单元格区域，即可完成“销项税票汇总表”的制作，效果如下图所示。

C4　=SUMIF(INDIRECT($A4&"!E:E"),$B$2,INDIRECT($A4&"!G:G"))

| | A | B | C | D | E | F | G | H | I | J | K | L | M | N | O | P | Q |
|---|---|---|---|---|---|---|---|---|---|---|---|---|---|---|---|---|---|
| 1 | ××市××有限公司销项税票汇总表 | | | | | | | | | | | | | | | | |
| 2 | 月份 | 专票 | | | | 普票 | | | | 无票 | | | | 合计 | | | |
| 3 | | 份数 | 金额 | 税额 | 价税合计 | 份数 | 金额 | 税额 | 价税合计 | 次数 | 金额 | 税额 | 价税合计 | 份/次数 | 金额 | 税额 | 价税合计 |
| 4 | 2019.1月 | 5份 | 126,635.79 | 20,261.72 | 146,897.51 | 3份 | 125,996.95 | 20,159.50 | 146,156.45 | 1次 | 24,800.50 | 3,968.10 | 28,768.60 | 9 | 277,433.24 | 44,389.32 | 321,822.56 |
| 5 | 2019.2月 | 6份 | 115,017.94 | 18,402.85 | 133,420.79 | 2份 | 68,245.98 | 10,919.38 | 79,165.36 | 1次 | 48,424.66 | 7,747.93 | 56,172.59 | 9 | 231,688.58 | 37,070.16 | 268,758.74 |
| 6 | 2019.3月 | 5份 | 101,880.64 | 16,300.89 | 118,181.53 | 3份 | 113,996.66 | 18,239.48 | 132,236.14 | 1次 | 33,928.53 | 5,428.56 | 39,357.09 | 9 | 249,805.83 | 39,968.93 | 289,774.76 |
| 7 | 2019.4月 | 5份 | 156,540.79 | 20,350.27 | 176,891.06 | 3份 | 62,143.57 | 8,078.66 | 70,222.23 | 1次 | 26,821.71 | 3,486.84 | 30,308.55 | 9 | 245,506.07 | 31,915.77 | 277,421.84 |
| 8 | 2019.5月 | 6份 | 123,091.14 | 16,001.81 | 139,092.95 | 3份 | 108,002.41 | 14,040.31 | 122,042.72 | 0次 | - | - | - | 9 | 231,093.55 | 30,042.12 | 261,135.67 |
| 9 | 2019.6月 | 5份 | 135,791.78 | 17,652.91 | 153,444.69 | 3份 | 109,626.19 | 14,251.42 | 123,877.61 | 1次 | 40,996.10 | 5,329.47 | 46,325.57 | 9 | 286,414.07 | 37,233.80 | 323,647.87 |
| 10 | 2019.7月 | 5份 | 125,078.29 | 16,260.18 | 141,338.47 | 3份 | 63,660.09 | 8,275.83 | 71,935.92 | 1次 | 52,660.25 | 6,845.83 | 59,506.08 | 9 | 241,398.63 | 31,381.84 | 272,780.47 |
| 11 | 2019.8月 | 5份 | 135,160.78 | 17,570.90 | 152,731.68 | 3份 | 135,138.30 | 17,567.99 | 152,706.29 | 1次 | 25,835.30 | 3,358.58 | 29,193.88 | 9 | 296,134.38 | 38,497.47 | 334,631.85 |
| 12 | 2019.9月 | 5份 | 125,078.29 | 16,260.18 | 141,338.47 | 3份 | 78,558.70 | 10,212.65 | 88,771.35 | 1次 | 37,761.64 | 4,909.01 | 42,670.65 | 9 | 241,398.63 | 31,381.84 | 272,780.47 |
| 13 | 2019.10月 | 6份 | 135,165.50 | 17,571.50 | 152,737.00 | 2份 | 69,371.87 | 9,018.35 | 78,390.22 | 1次 | 37,668.14 | 4,896.86 | 42,565.00 | 9 | 242,205.51 | 31,486.71 | 273,692.22 |
| 14 | 2019.11月 | 5份 | 131,487.06 | 17,093.31 | 148,580.37 | 4份 | 173,075.59 | 22,499.84 | 195,575.43 | 0次 | - | - | - | 9 | 304,562.65 | 39,593.15 | 344,155.80 |
| 15 | 2019.12月 | 6份 | 132,530.08 | 17,228.89 | 149,758.97 | 2份 | 78,429.11 | 10,195.80 | 88,624.91 | 1次 | 44,830.29 | 5,827.93 | 50,658.22 | 9 | 255,789.48 | 33,252.62 | 289,042.10 |
| 16 | 合计 | 64份 | 1,543,456.08 | 210,955.41 | 1,754,413.49 | 34份 | 1,186,246.42 | 163,459.21 | 1,349,704.63 | 10次 | 373,727.12 | 51,799.11 | 425,526.23 | 108 | 3103430.62 | 426213.73 | 3529644.35 |

步骤03 制作“进项税票汇总表”。复制第 1~16 行，全部粘贴至下方区域→对表格标题、框架及字段名称略做修改→运用“查找和替换”工具，批量替换公式中所引用的单元格及单元格区域即可，效果如下图所示。

## ××市××有限公司进项税票汇总表

| 月份 | 进货 | | | | 费用 | | | | 合计 | | | |
|---|---|---|---|---|---|---|---|---|---|---|---|---|
| | 份数 | 金额 | 税额 | 价税合计 | 份数 | 金额 | 税额 | 价税合计 | 份/次数 | 金额 | 税额 | 价税合计 |
| 2019.1月 | 5份 | 211,150.39 | 33,784.02 | 244,934.41 | 1份 | 28,869.98 | 1,732.20 | 30,602.18 | 6 | 240,020.37 | 35,516.22 | 275,536.59 |
| 2019.2月 | 4份 | 157,995.99 | 25,279.31 | 183,275.30 | 2份 | 74,251.09 | 4,455.07 | 78,706.16 | 6 | 232,247.08 | 29,734.38 | 261,981.46 |
| 2019.3月 | 4份 | 170,578.62 | 27,292.55 | 197,871.17 | 2份 | 80,164.39 | 4,809.86 | 84,974.25 | 6 | 250,743.01 | 32,102.41 | 282,845.42 |
| 2019.4月 | 4份 | 155,552.73 | 20,221.83 | 175,774.56 | 2份 | 63,334.91 | 3,800.09 | 67,135.00 | 6 | 218,887.64 | 24,021.92 | 242,909.56 |
| 2019.5月 | 5份 | 163,539.02 | 21,260.02 | 184,799.04 | 2份 | 39,763.73 | 2,385.83 | 42,149.56 | 7 | 203,302.75 | 23,645.85 | 226,948.60 |
| 2019.6月 | 5份 | 206,863.56 | 26,892.23 | 233,755.79 | 1份 | 34,720.65 | 2,083.24 | 36,803.89 | 6 | 241,584.21 | 28,975.47 | 270,559.68 |
| 2019.7月 | 4份 | 160,069.41 | 20,808.99 | 180,878.40 | 2份 | 67,232.00 | 4,033.92 | 71,265.92 | 6 | 227,301.41 | 24,842.91 | 252,144.32 |
| 2019.8月 | 4份 | 186,903.50 | 24,297.42 | 211,200.92 | 2份 | 93,653.74 | 5,619.23 | 99,272.97 | 6 | 280,557.24 | 29,916.65 | 310,473.89 |
| 2019.9月 | 4份 | 151,219.85 | 19,658.55 | 170,878.40 | 2份 | 67,232.00 | 4,033.92 | 71,265.92 | 6 | 218,451.85 | 23,692.47 | 242,144.32 |
| 2019.10月 | 5份 | 161,832.76 | 21,038.24 | 182,871.00 | 1份 | 25,021.70 | 1,501.30 | 26,523.00 | 6 | 186,854.46 | 22,539.54 | 209,394.00 |
| 2019.11月 | 6份 | 242,878.42 | 31,574.16 | 274,452.58 | 0份 | — | — | — | 6 | 242,878.42 | 31,574.16 | 274,452.58 |
| 2019.12月 | 6份 | 208,434.74 | 27,096.47 | 235,531.21 | 0份 | — | — | — | 6 | 208,434.74 | 27,096.47 | 235,531.21 |
| 合计 | 56份 | 2,177,018.99 | 299,203.79 | 2,476,222.78 | 17份 | 574,244.19 | 34,454.66 | 608,698.85 | 73 | 2751263.18 | 333658.45 | 3084921.63 |

### 2. 动态客户和供应商汇总表

客户和供应商汇总表的制表思路是：分别按照每一客户和供应商列示 1~12 月税票的价税合计金额并汇总全年数据，同时插入环比和同比迷你图表，对比分析每月数据。两个表格的框架完全相同，因此我们可以结合窗体控件制作一份全动态税票汇总表，只需操作控件即可动态查询客户和供应商的汇总数据。操作步骤如下。

**步骤 01** 新增一个工作表，命名为"客户供应商汇总表"→绘制表格基本框架，并设置字段名称和单元格格式。其中，A1、B2、B3、C2 单元格及表格中的空白单元格将全部设置函数公式动态列示和计算相关数据，如下图所示。

**步骤 02** 制作控件。插入两个【选项按钮】窗体控件，分别命名为"客户"和"供应商"，按照左下图所示设置控件格式→将两个控件组合，移动至 A2:B2 单元格区域位置。

**步骤 03** 制作动态标题和字段名称。分别在 A1 和 B3 单元格中设置以下公式。

• A1 单元格："=""××市××有限公司 "&IF(A2=1," 客户 "," 供应商 ")&" 税票汇总表 """，根据 A2 单元格中数字变化，动态显示表格标题。

• B3 单元格："=IF($A$2=1," 客户名称 "," 供应商名称 ")"，动态显示字段名称。公式效果如右下图所示。

# Chapter 09
## 管好企业的涉税风险防范——税金及纳税申报管理

**步骤04** 统计客户和供应商数量。分别在B2、C2和A4单元格中设置以下公式。

• B2单元格："=IF(A2=1,MAX(客户供应商资料!A:A),MAX(客户供应商资料!D:D))"，根据A2单元格中的数字，运用MAX函数返回"客户供应商资料"工作表中A列或D列数组中的最大数字，即可得到客户或供应商的数量。

"客户供应商资料"工作表的A列和D列分别为客户名称和供应商名称的序号，如右图所示。

• C2单元格："="当前共"&B2&IF(A2=1,"家客户","家供应商")"，将固定文本、B2单元格的数字与IF函数返回的文本组合。公式作用是由于表格仅预留了8行列示客户和供应商，如果B2单元格公式统计得到的客户或供应商的数量超过8家，可提示财务人员及时扩展表格。

• A4单元格："=IF(ROW()-3<=B$2,ROW()-3,"-")"，自动生成序号。

**步骤05** 列示客户和供应商名称。在B4单元格中设置公式"=IF($A$2=1,IFERROR(VLOOKUP(A4,客户供应商资料!A:B,2,0),"-"),IFERROR(VLOOKUP(A4,客户供应商资料!D:E,2,0),"-"))"，根据A4单元格中的序号查找引用"客户供应商资料"工作表中与之对应的客户或供应商名称→将公式复制粘贴至B5:B11单元格区域。分别单击两个选项按钮，即可看到动态变化效果，如左下图和右下图所示。

323

**步骤06** 引用和计算数据。分别在 C4、C12 和 O4 单元格中设置以下公式。

• C4 单元格："=IF($A$2=1,SUMIF(INDIRECT(C$3&"!$C:$C"),$B4,INDIRECT(C$3&"!$I:$I")),SUMIF(INDIRECT(C$3&"!$Q:$Q"),$B4,INDIRECT(C$3&"!$V:$V")))",根据 A2 单元格中的选项,以 B4 单元格中的客户或供应商为依据,分别汇总 "2019.1月" 工作表中与之匹配的名称对应的 "价税合计" 金额→向下填充公式至 C5:C11 单元格区域。

• C12 单元格："=SUM(OFFSET(C$4,0,,):INDEX(D:D,ROW()-1))",汇总 2019 年 1 月所有客户或供应商的 "价税合计" 金额。

将 C4:C12 单元格区域公式复制粘贴至 D4:N12 单元格区域。

• O4 单元格："=ROUND(SUM(C4:N4),2)",汇总同一客户或供应商 1~12 月的 "价税合计" 金额→向下填充公式至 O5:O12 单元格区域。公式效果如下图所示。

**步骤07** 插入迷你图表。在 P4:P12 单元格区域中插入迷你折线图,展现每一客户或供应商 1~12 月数据的发展趋势→在 C13:O13 单元格区域中插入迷你柱形图,对比每月客户或供应商数据大小→设计图表样式,效果如下图所示。

单击"供应商"选项按钮,即可看到其中所有设置了函数公式的单元格中的数据和迷你图表均发生动态变化,效果如下图所示。

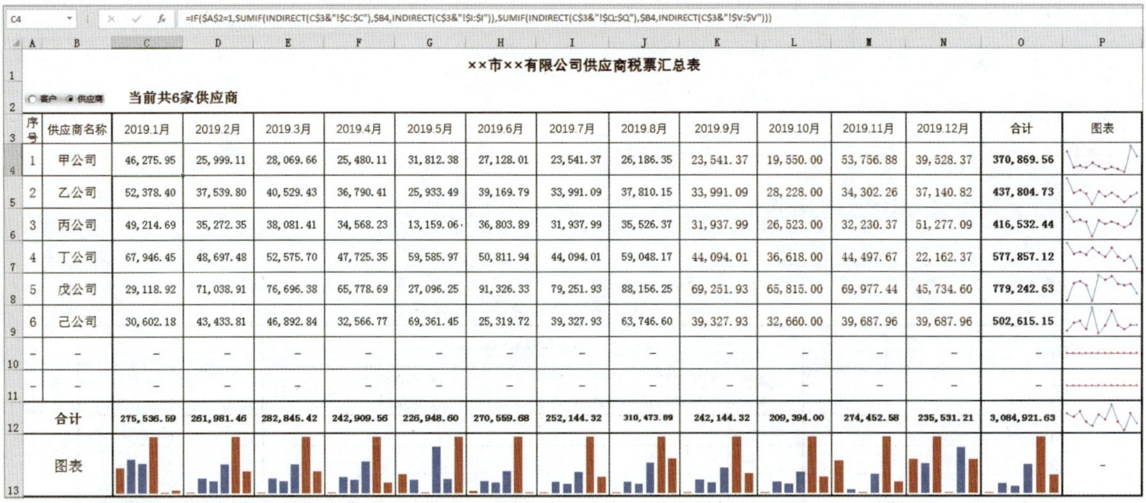

| 序号 | 供应商名称 | 2019.1月 | 2019.2月 | 2019.3月 | 2019.4月 | 2019.5月 | 2019.6月 | 2019.7月 | 2019.8月 | 2019.9月 | 2019.10月 | 2019.11月 | 2019.12月 | 合计 | 图表 |
|---|---|---|---|---|---|---|---|---|---|---|---|---|---|---|---|
| 1 | 甲公司 | 46,275.95 | 25,999.11 | 28,069.66 | 25,480.11 | 31,812.38 | 27,128.01 | 23,541.37 | 26,186.35 | 23,541.37 | 19,550.00 | 53,756.88 | 39,528.37 | 370,869.56 | |
| 2 | 乙公司 | 52,378.40 | 37,539.80 | 40,529.43 | 36,790.41 | 25,933.49 | 39,169.79 | 33,991.09 | 37,810.15 | 33,991.09 | 28,228.00 | 34,302.26 | 37,140.82 | 437,804.73 | |
| 3 | 丙公司 | 49,214.69 | 35,272.35 | 38,081.41 | 34,568.23 | 13,159.06 | 36,803.89 | 31,937.99 | 35,526.37 | 31,937.99 | 26,523.00 | 32,230.37 | 51,277.09 | 416,532.44 | |
| 4 | 丁公司 | 67,946.45 | 48,697.48 | 52,575.70 | 47,725.35 | 59,585.97 | 50,811.94 | 44,094.01 | 59,048.17 | 44,094.01 | 36,618.00 | 44,497.67 | 22,162.37 | 577,857.12 | |
| 5 | 戊公司 | 29,118.92 | 71,038.91 | 76,696.98 | 65,778.69 | 27,096.25 | 91,326.33 | 79,251.93 | 88,156.25 | 69,251.93 | 65,815.00 | 69,977.44 | 45,734.60 | 779,242.63 | |
| 6 | 己公司 | 30,602.18 | 43,433.81 | 46,892.84 | 32,566.77 | 69,361.45 | 25,319.72 | 39,327.93 | 63,746.60 | 39,327.93 | 32,660.00 | 39,687.96 | 39,687.96 | 502,615.15 | |
| | 合计 | 275,536.59 | 261,981.46 | 282,845.42 | 242,909.56 | 226,948.60 | 270,559.68 | 252,144.32 | 310,473.89 | 242,144.32 | 209,394.00 | 274,452.58 | 235,531.21 | 3,084,921.63 | |
| | 图表 | | | | | | | | | | | | | | |

## 9.2 "税金及附加"管理

"税金及附加"是一个损益类一级会计科目,用于核算企业经营活动中应负担的相关税费,主要包括城市维护建设税(以下简称"城建税")、教育费附加、地方教育费附加、消费税、印花税、资源税、房产税、城镇土地使用税、车船税等。其中,城市维护建设税、教育费附加、地方教育费附加是增值税和消费税的"附加税费",即附加于增值税和消费税,按照应纳增值税与消费税的合计税额乘不同的税(费)率计算应纳税(费)额,如果应纳增值税与消费税的税额均为零,那么附加税费的应纳税(费)额也为零。实务中,需要缴纳消费税的企业并不多,绝大多数企业只需根据实缴增值税计算附加税费的应纳税(费)额。所以,附加税费通常也被称为"增值税附加税费"。

企业在每月计提应纳增值税额的同时,也需要核算并计提附加税费。另外,如果发生了其他税种的纳税行为,也应当对其应纳税额进行计提。

本节以日常经营活动中最常见的税种:附加税费与印花税为例,结合实务中的税收优惠政策及实际纳税申报要求,在 Excel 表格中自动计算应纳税金,并同步生成记账凭证附件,帮助财务人员提高工作效率。

由于计算"税金及附加"需要引用增值税相关数据,因此仍然在"税金管理表"工作簿中增加工作表计算税金。

## 9.2.1 增值税附加税费

增值税附加税费包括城建税、教育费附加和地方教育费附加，税（费）率分别为 7%、3% 和 2%，均以增值税额为计税基数乘各自的税率计算得出。同时，根据税收优惠政策规定，月收入低于 10 万元的纳税义务人，可享受教育费附加全额减免。下面制作"税金及附加计算表"，自动计算应纳附加税费和教育费附加减免额。

**步骤01** 新增工作表，命名为"税金及附加计算表"→绘制表格框架（预留 1 列用于下一节计算印花税）→设置字段名称及单元格格式。初始表格如下图所示。

| | A | B | C | D | E | F | G | H | I | J | K |
|---|---|---|---|---|---|---|---|---|---|---|---|
| 1 | ××市××有限公司税金及附加计算表 ||||||||||||
| 2 | 2019年 | 应税收入 | 实缴增值税 | 增值税附加税费 | | | | 教育费附加减免额 | 实缴金额 | 印花税 | 合计 |
| 3 | | | | 城建税 7% | 教育费附加3% | 地方教育费附加2% | 合计 | | | | |
| 4 | 1月 | | | | | | | | | | |
| 5 | 2月 | | | | | | | | | | |
| 6 | 3月 | | | | | | | | | | |
| 7 | 4月 | | | | | | | | | | |
| 8 | 5月 | | | | | | | | | | |
| 9 | 6月 | | | | | | | | | | |
| 10 | 7月 | | | | | | | | | | |
| 11 | 8月 | | | | | | | | | | |
| 12 | 9月 | | | | | | | | | | |
| 13 | 10月 | | | | | | | | | | |
| 14 | 11月 | | | | | | | | | | |
| 15 | 12月 | | | | | | | | | | |
| 16 | 合计 | | | | | | | | | | |

**步骤02** 设置公式计算相关数据。分别在 B4:I4 单元格区域及 K4 和 B16 单元格中设置以下公式。

• B4 单元格："=实缴增值税统计表!B4"，直接引用"实缴增值税统计表"B4 单元格中的"销项未税额"数据。

• C4 单元格："=实缴增值税统计表!H4"，直接引用"实缴增值税统计表"H4 单元格中的"实缴税额"数据。

• D4 单元格："=ROUND($C4*RIGHT(D$3,2),2)"→向右填充公式至 E4:F4 单元格区域，截取 D3:F3 单元格区域中的税率，计算城建税、教育费附加和地方教育费附加金额。

• G4 单元格："=ROUND(SUM(D4:F4),2)"，计算附加税费合计金额。

• H4 单元格："=IF(B4<100000,SUM(E4:F4),0)"，根据税收优惠政策计算教育费附加的减免税额。

• I4 单元格："=ROUND(G4-H4,2)"，计算减免教育费附加后的"实缴金额"。

• K4 单元格："=ROUND(SUM(I4:J4),2)"，计算当月"税金及附加"的合计金额。将 B4:K4 单元格区域公式复制粘贴至 B5:K15 单元格区域。

• B16 单元格："=ROUND(SUM(B4:B15),2)"→向右填充公式至 C16:K16 单元格区域，计算各字段数据的合计数。公式效果如下图所示。

D4 =ROUND($C4*RIGHT(D$3,2),2)

| | A | B | C | D | E | F | G | H | I | J | K |
|---|---|---|---|---|---|---|---|---|---|---|---|
| 1 | ××市××有限公司税金及附加计算表 | | | | | | | | | | |
| 2 | 月份 | 应税收入 | 实缴增值税 | 增值税附加税费 | | | | | | 印花税 | 合计 |
| 3 | | | | 城建税7% | 教育费附加3% | 地方教育费附加2% | 合计 | 教育费附加减免额 | 实缴金额 | | |
| 4 | 1月 | 277433.24 | 8,873.10 | 621.12 | 266.19 | 177.46 | 1,064.77 | - | 1,064.77 | | 1,064.77 |
| 5 | 2月 | 231688.58 | 7,335.78 | 513.50 | 220.07 | 146.72 | 880.29 | - | 880.29 | | 880.29 |
| 6 | 3月 | 249805.83 | 7,866.52 | 550.66 | 236.00 | 157.33 | 943.99 | - | 943.99 | | 943.99 |
| 7 | 4月 | 245506.07 | 7,893.85 | 552.57 | 236.82 | 157.88 | 947.27 | - | 947.27 | | 947.27 |
| 8 | 5月 | 231093.55 | 6,396.27 | 447.74 | 191.89 | 127.93 | 767.56 | - | 767.56 | | 767.56 |
| 9 | 6月 | 286414.09 | 8,258.33 | 578.08 | 247.75 | 165.17 | 991.00 | - | 991.00 | | 991.00 |
| 10 | 7月 | 241398.63 | 6,538.93 | 457.73 | 196.17 | 130.78 | 784.68 | - | 784.68 | | 784.68 |
| 11 | 8月 | 296134.38 | 8,580.82 | 600.66 | 257.42 | 171.62 | 1,029.70 | - | 1,029.70 | | 1,029.70 |
| 12 | 9月 | 241398.63 | 7,689.37 | 538.26 | 230.68 | 153.79 | 922.73 | - | 922.73 | | 922.73 |
| 13 | 10月 | 242205.51 | 8,947.17 | 626.30 | 268.42 | 178.94 | 1,073.66 | - | 1,073.66 | | 1,073.66 |
| 14 | 11月 | 304562.65 | 8,018.99 | 561.33 | 240.57 | 160.38 | 962.28 | - | 962.28 | | 962.28 |
| 15 | 12月 | 255789.48 | 6,156.15 | 430.93 | 184.68 | 123.12 | 738.73 | - | 738.73 | | 738.73 |
| 16 | **合计** | **3103430.64** | **92,555.28** | **6,478.88** | **2,776.66** | **1,851.12** | **11,106.66** | - | **11,106.66** | - | **11,106.66** |

步骤03 测试公式效果。手动修改 B4:C15 单元格区域中的几个数据（灰色单元格），即可看到增值税附加税费数据变化情况，效果如下图所示。

H4 =IF(B4<100000,SUM(E4,F4),0)

| | A | B | C | D | E | F | G | H | I | J | K |
|---|---|---|---|---|---|---|---|---|---|---|---|
| 1 | ××市××有限公司税金及附加计算表 | | | | | | | | | | |
| 2 | 月份 | 应税收入 | 实缴增值税 | 增值税附加税费 | | | | | | 印花税 | 合计 |
| 3 | | | | 城建税7% | 教育费附加3% | 地方教育费附加2% | 合计 | 教育费附加减免额 | 实缴金额 | | |
| 4 | 1月 | 99000.00 | 2,970.00 | 207.90 | 89.10 | 59.40 | 356.40 | 148.50 | 207.90 | | 207.90 |
| 5 | 2月 | 231688.58 | 7,335.78 | 513.50 | 220.07 | 146.72 | 880.29 | - | 880.29 | | 880.29 |
| 6 | 3月 | 0.00 | - | - | - | - | - | - | - | | - |
| 7 | 4月 | 245506.07 | 7,893.85 | 552.57 | 236.82 | 157.88 | 947.27 | - | 947.27 | | 947.27 |
| 8 | 5月 | 231093.55 | 6,396.27 | 447.74 | 191.89 | 127.93 | 767.56 | - | 767.56 | | 767.56 |
| 9 | 6月 | 286414.09 | 8,258.33 | 578.08 | 247.75 | 165.17 | 991.00 | - | 991.00 | | 991.00 |
| 10 | 7月 | 241398.63 | 6,538.93 | 457.73 | 196.17 | 130.78 | 784.68 | - | 784.68 | | 784.68 |
| 11 | 8月 | 296134.38 | 8,580.82 | 600.66 | 257.42 | 171.62 | 1,029.70 | - | 1,029.70 | | 1,029.70 |
| 12 | 9月 | 241398.63 | 7,689.37 | 538.26 | 230.68 | 153.79 | 922.73 | - | 922.73 | | 922.73 |
| 13 | 10月 | 242205.51 | 8,947.17 | 626.30 | 268.42 | 178.94 | 1,073.66 | - | 1,073.66 | | 1,073.66 |
| 14 | 11月 | 304562.65 | 8,018.99 | 561.33 | 240.57 | 160.38 | 962.28 | - | 962.28 | | 962.28 |
| 15 | 12月 | 255789.48 | 6,156.15 | 430.93 | 184.68 | 123.12 | 738.73 | - | 738.73 | | 738.73 |
| 16 | **合计** | **2675191.57** | **78,785.66** | **5,515.00** | **2,363.57** | **1,575.73** | **9,454.30** | 148.50 | **9,305.80** | - | **9,305.80** |

## 9.2.2 印花税管理

印花税是一种行为税，是对经济活动和经济交往中书立、领受具有法律效力的凭证行为所征收的一种税。印花税的征税范围极为广泛，相关法规条例中列举的合同、凭据几乎涵盖了经济活动和经济交往中的各种应税凭证，而且每种合同的税率都不尽相同。按照相关规定，印花税应当按次申报，但是在实务中，企业在一个月内时常会发生多种、多次应税行为，因而对于印花税的计算和申报，通常是将当月内产生的所有应纳印花税额汇总核算之后一次性申报。

### 1. 转换印花税率

印花税的标准税率均是以千分比表示（权利、许可证照除外），然而在 Excel 中却无法将数字格式设置为千分比类型，所以"印花税率表"中包含的税率符号"‰"其实是文本格式，函数公式并不支持千分比运算。实际工作中，财务人员通常会将标准税率直接修改为可运算的百分比或小数格式，但是由于印花税率的小数位数最多达到 5 位，如果人工计算和手动输入极易发生多位或少位错误，设置函数公式即可将标准税率自动转化为百分比或小数，并保证税率的正确性。

**步骤 01** 先准备一份印花税率表（可直接从网上下载）→新增工作表，命名为"印花税率表"→将印花税率表复制粘贴至表格中，如左下图所示。

**步骤 02** 在 E 列前插入 1 列，分别在 E3 和 E15 单元格中设置以下公式。

• E3 单元格："=SUBSTITUTE(D3,"‰","")/1000"，运用文本替换函数 SUBSTITUTE 将 D3 单元格中的符号"‰"替换为空值后，再将其中数值除以 1000，即可将其转换为数字格式的税率→向下填充公式至 E14 单元格。

• E15 单元格："=LEFT(D15,1)"，从左起截取 D15 单元格中的数字。公式效果如右下图所示。

### 2. 计算印花税金

印花税金的计算方法非常简单，但是多种应税凭证的税率不统一，需要按照各种应税凭证分别计算税额。对此，可制作一份简洁小巧的辅助表，按照不同税率计算各种应税凭证的印花税金，再将汇总金额引用至"税金及附加计算表"中。

**步骤 01** 制作辅助表。在"税金及附加计算表"工作表中绘制一份"印花税计算表"，根据企业的业务量预留几行用于填列应税凭证类型（本例预留 6 行）→设置字段名称及单元格格式，

# Chapter 09
## 管好企业的涉税风险防范——税金及纳税申报管理

如下图所示。

| 月份 | 应税收入 | 实缴增值税 | 增值税附加税费 | | | | 教育费附加减免额 | 实缴金额 | 印花税金 | 合计 | 2019年1月 | 印花税合计 | | |
|---|---|---|---|---|---|---|---|---|---|---|---|---|---|---|
| | | | 城建税 7% | 教育费附加3% | 地方教育费附加2% | 合计 | | | | | 应税凭证 | 税率 | 计税金额 | 税金 |
| 1月 | 277433.24 | 8,873.10 | 621.12 | 266.19 | 177.46 | 1,064.77 | - | 1,064.77 | | 1,332.77 | | | | |
| 2月 | 231688.58 | 7,335.78 | 513.50 | 220.07 | 146.72 | 880.29 | - | 880.29 | | 1,064.29 | | | | |
| 3月 | 249805.83 | 7,866.52 | 550.66 | 236.00 | 157.33 | 943.99 | - | 943.99 | | 1,160.39 | | | | |
| 4月 | 245506.07 | 7,893.85 | 552.57 | 236.82 | 157.88 | 947.27 | - | 947.27 | | 1,097.37 | | | | |
| 5月 | 231093.55 | 6,396.27 | 447.74 | 191.89 | 127.93 | 767.56 | - | 767.56 | | 935.46 | | | | |
| 6月 | 286414.09 | 8,258.33 | 578.08 | 247.75 | 165.17 | 991.00 | - | 991.00 | | 1,128.80 | | | | |
| 7月 | 241398.63 | 6,538.93 | 457.73 | 196.17 | 130.78 | 784.68 | - | 784.68 | | 963.18 | | | | |
| 8月 | 296134.38 | 8,580.82 | 600.66 | 257.42 | 171.62 | 1,029.70 | - | 1,029.70 | | 1,194.30 | | | | |
| 9月 | 241398.63 | 7,689.37 | 538.26 | 230.68 | 153.79 | 922.73 | - | 922.73 | | 1,077.53 | | | | |
| 10月 | 242205.51 | 8,947.17 | 626.30 | 268.42 | 178.94 | 1,073.66 | - | 1,073.66 | | 1,250.36 | | | | |
| 11月 | 304562.65 | 8,018.99 | 561.33 | 240.57 | 160.38 | 962.28 | - | 962.28 | | 1,101.58 | | | | |
| 12月 | 255789.48 | 6,156.15 | 430.93 | 184.68 | 123.12 | 738.73 | - | 738.73 | | 845.23 | | | | |
| 合计 | 3103430.64 | 92,555.28 | 6,478.88 | 2,776.66 | 1,851.12 | 11,106.66 | - | 11,106.66 | - | 13,151.26 | | | | |

**步骤02** 运用"数据验证"工具在 M4:M9 单元格区域制作下拉列表,将"序列"来源设置为"=印花税率表!$B$3:$B$15"(也可以先将"印花税率表"工作表中的 B3:B15 单元格区域定义为名称后再设置为"序列"来源)→在下拉列表中任意选择几项应税凭证并填入计税金额,以检验公式效果。

**步骤03** 分别在 N4、P4 和 P2 单元格中设置以下公式,计算相关税金。

• N4 单元格:"=IFERROR(VLOOKUP(M4,印花税率表!B$2:E$15,4,0),"-")",根据 M4 单元格中的应税凭证名称,在"印花税率表"工作表中的 B2:E15 单元格区域中查找与之匹配的税率。

• P4 单元格:"=IFERROR(ROUND(O4*N4,1),0)",根据计税金额计算印花税金。

这里需要注意的是,印花税的计算方式有一点与其他税种不同:税务机关官方申报系统会自动将印花税金的小数位数四舍五入至小数点后 1 位。然而众多财务人员在计提税金时已习惯保留两位小数,所以经常忽略和遗忘这一细节,由此导致印花税金的"实缴"与"计提"金额出现 0.01~0.04 元的尾差。虽然差额微不足道,账务处理也是举手之劳,但也确实给不少财务人员带来了困扰——不得不为这 0.01~0.04 元的差异多做一笔分录进行调整,同时也会影响当期损益,导致收入与费用配比不够精准,甚至还会为后期查询账务增添意想不到的麻烦。因此,财务人员在计算印花税金时,要特别注意按照官方计税规则设置公式,运用 ROUND 函数将印花税金四舍五入至小数点后 1 位。

将 N4:P4 单元格区域公式向下填充至 N5:P9 单元格区域。

• P2 单元格:"=ROUND(SUM(P4:P9),1)",汇总当月印花税金。公式效果如下图所示。

## ××市××有限公司税金及附加计算表 / ××市××有限公司印花税计算表

| 月份 | 应税收入 | 实缴增值税 | 增值税附加税费 | | | | 教育费附加减免额 | 实缴金额 | 印花税 | 合计 | | 2019年1月 | 印花税合计 | 222.70元 |
|---|---|---|---|---|---|---|---|---|---|---|---|---|---|---|
| | | | 城建税7% | 教育费附加3% | 地方教育费附加2% | 合计 | | | | | 应税凭证 | 税率 | 计税金额 | 税金 |
| 1月 | 277433.24 | 8,873.10 | 621.12 | 266.19 | 177.46 | 1,064.77 | — | 1,064.77 | | 1,064.77 | 购销合同 | 0.0003 | 337,786.18 | 101.30 |
| 2月 | 231688.58 | 7,335.78 | 513.50 | 220.07 | 146.72 | 880.29 | | 880.29 | | 880.29 | 货物运输合同 | 0.0005 | 142,783.77 | 71.40 |
| 3月 | 249805.83 | 7,866.52 | 550.66 | 236.00 | 157.33 | 943.99 | | 943.99 | | 943.99 | 财产租赁合同 | 0.001 | 50,000.00 | 50.00 |
| 4月 | 245506.07 | 7,893.85 | 552.57 | 236.82 | 157.88 | 947.27 | | 947.27 | | 947.27 | — | | — | — |
| 5月 | 231093.55 | 6,396.27 | 447.74 | 191.89 | 127.93 | 767.56 | | 767.56 | | 767.56 | | | | |
| 6月 | 286414.09 | 8,258.33 | 578.08 | 247.75 | 165.17 | 991.00 | | 991.00 | | 991.00 | | | | |
| 7月 | 241398.63 | 6,538.93 | 457.73 | 196.17 | 130.78 | 784.68 | | 784.68 | | 784.68 | | | | |
| 8月 | 296134.38 | 8,580.82 | 600.66 | 257.42 | 171.62 | 1,029.70 | | 1,029.70 | | 1,029.70 | | | | |
| 9月 | 241398.63 | 7,689.37 | 538.26 | 230.68 | 153.79 | 922.73 | | 922.73 | | 922.73 | | | | |
| 10月 | 242205.51 | 8,947.17 | 626.30 | 268.42 | 178.94 | 1,073.66 | | 1,073.66 | | 1,073.66 | | | | |
| 11月 | 304562.65 | 8,018.99 | 561.33 | 240.57 | 160.38 | 962.28 | | 962.28 | | 962.28 | | | | |
| 12月 | 255789.48 | 6,156.15 | 430.93 | 184.68 | 123.12 | 738.73 | | 738.73 | | 738.73 | | | | |
| 合计 | 3103430.24 | 92,555.28 | 6,478.88 | 2,776.65 | 1,851.12 | 11,106.66 | | 11,106.66 | | 11,106.66 | | | | |

**步骤 04** 将每月印花税金引用至"税金及附加计算表"中。为展示效果,已复制并粘贴11份印花税计算表至M10:P97单元格区域,并虚拟填入应税凭证和计税金额。

在J4单元格中设置公式"=VLOOKUP(A4,M:P,4,0)",根据A4单元格中的月份数,查找M:P列区域中与之匹配的印花税金额。A4单元格中的数值其实与M2单元格完全相同,只是格式不同。A4单元格的格式为自定义格式"m"月""。

将J4单元格公式向下填充至J5:J15单元格区域即可,效果如下图所示。

## ××市××有限公司税金及附加计算表 / ××市××有限公司印花税计算表

| 月份 | 应税收入 | 实缴增值税 | 增值税附加税费 | | | | 教育费附加减免额 | 实缴金额 | 印花税 | 合计 | | 2019年1月 | 印花税合计 | 268.00元 |
|---|---|---|---|---|---|---|---|---|---|---|---|---|---|---|
| | | | 城建税7% | 教育费附加3% | 地方教育费附加2% | 合计 | | | | | 应税凭证 | 税率 | 计税金额 | 税金 |
| 1月 | 277433.24 | 8,873.10 | 621.12 | 266.19 | 177.46 | 1,064.77 | — | 1,064.77 | 268.00 | 1,332.77 | 购销合同 | 0.0003 | 488,583.63 | 146.60 |
| 2月 | 231688.58 | 7,335.78 | 513.50 | 220.07 | 146.72 | 880.29 | | 880.29 | 184.00 | 1,064.29 | 货物运输合同 | 0.0005 | 142,783.77 | 71.40 |
| 3月 | 249805.83 | 7,866.52 | 550.66 | 236.00 | 157.33 | 943.99 | | 943.99 | 216.40 | 1,160.39 | 财产租赁合同 | 0.001 | 50,000.00 | 50.00 |
| 4月 | 245506.07 | 7,893.85 | 552.57 | 236.82 | 157.88 | 947.27 | | 947.27 | 150.10 | 1,097.37 | — | | — | — |
| 5月 | 231093.55 | 6,396.27 | 447.74 | 191.89 | 127.93 | 767.56 | | 767.56 | 167.90 | 935.46 | | | | |
| 6月 | 286414.09 | 8,258.33 | 578.08 | 247.75 | 165.17 | 991.00 | | 991.00 | 137.80 | 1,128.80 | | | | |
| 7月 | 241398.63 | 6,538.93 | 457.73 | 196.17 | 130.78 | 784.68 | | 784.68 | 178.50 | 963.18 | 2019年2月 | 印花税合计 | 184.00元 |
| 8月 | 296134.38 | 8,580.82 | 600.66 | 257.42 | 171.62 | 1,029.70 | | 1,029.70 | 164.60 | 1,194.30 | 应税凭证 | 税率 | 计税金额 | 税金 |
| 9月 | 241398.63 | 7,689.37 | 538.26 | 230.68 | 153.79 | 922.73 | | 922.73 | 154.80 | 1,077.53 | 购销合同 | 0.0003 | 389,684.57 | 116.90 |
| 10月 | 242205.51 | 8,947.17 | 626.30 | 268.42 | 178.94 | 1,073.66 | | 1,073.66 | 176.70 | 1,250.36 | 货物运输合同 | 0.0005 | 74,251.09 | 37.10 |
| 11月 | 304562.65 | 8,018.99 | 561.33 | 240.57 | 160.38 | 962.28 | | 962.28 | 139.30 | 1,101.58 | 财产租赁合同 | 0.001 | 30,000.00 | 30.00 |
| 12月 | 255789.48 | 6,156.15 | 430.93 | 184.68 | 123.12 | 738.73 | | 738.73 | 106.50 | 845.23 | — | | — | — |
| 合计 | 3103430.24 | 92,555.28 | 6,478.88 | 2,776.65 | 1,851.12 | 11,106.66 | | 11,106.66 | 2,044.60 | 13,151.26 | | | | |

### 专家点拨

最后可制作一份印花税汇总表,分类汇总每月不同类型的应税凭证的印花税金。同时,对于印花税的"计税金额",由于每种应税凭证的计算规则各有不同,因此需要另制表格并按照相关规定计算,之后可运用函数公式将计算结果引用至"印花税计算表"中。制作思路和方法请参考本章其他小节内容,这里不再赘述。

## 9.2.3 制作记账凭证附件

财务人员每月根据在 Excel 表格中计算得出的各税（费）种金额并填制记账凭证，之后还需要制作一份表格，简要列明税（费）种名称、税金明细等信息，作为记账凭证的附件粘贴在其后。下面在"税金及附加计算表"工作表中制作"税金明细表"，设置函数公式同步生成所有数据，财务人员只需通过窗体控件选择月份后直接打印纸质表格即可。同时，也可用于查询每月税金明细。操作步骤如下。

**步骤01** 在"税金及附加计算表"工作表的空白区域绘制表格，设置字段名称及单元格格式。除"备注"字段下的空白单元格外，其他单元格均设置函数公式自动列示。由于印花税的计税金额和税率各不相同，因此不在此表格中列示，只需打印 9.2.2 小节中制作的每月"印花税计算表"作为第二份附件即可。初始表格如左下图所示。

**步骤02** 插入一个【数值调节钮】窗体控件，按照右下图所示设置控件格式。

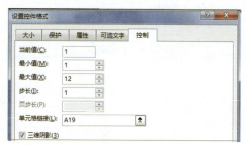

**步骤03** 设置公式引用"计税金额"和"税金"。将 A19 单元格的格式自定义为 "2019" 年 "##" 月 ""→分别在以下单元格中设置公式。

• C21 单元格："=OFFSET(A$3,A19,2,,)"，以 A3 单元格为基准，向下移动 $n$ 行，行数为 A19 单元格中的数字，再向右移动 2 列，即可返回所选月份的"实缴增值税"金额。

• C22 单元格："=C21"，直接引用 C21 单元格中的数据→将公式向下填充至 C23 单元格。

• E21 单元格："=VLOOKUP(OFFSET(A$3,A$19,0,,),A$4:K$16,MATCH(A21&"*",$3:$3,0),0)"→将公式向下填充至 E22:E24 单元格区域→将 E24 单元格公式中所引用的行号"$3:$3"修改为"$2:$2"即可。

公式原理如下。

① VLOOKUP 函数的第 1 个参数为表达式"OFFSET(A$3,A$19,0,,)"返回的结果，即通过控件选择的月份数。

② VLOOKUP 函数的第 3 个参数为表达式"MATCH(A21&"*",$3:$3,0)"返回的结果，即 A21 单元格中的字符在第 3 行单元格的列号。其中，MATCH 函数的第 1 个参数连接通配符"*"的原因在于，D3:F3 单元格区域中的税（费）种字符串中包含与 A21 单元格中不同的字符（如 D3 单元格中的字符串为"城建税 7%"）。

- E25 单元格："=SUM(E$21:INDIRECT("E"&ROW()-1))",汇总税金数据。
- F21 单元格："=IF(ROUND(C21*D21,2)=E21,"√","×")" → 向下填充公式至 F23 单元格。

公式作用是由于 E21:E23 单元格区域中的税金是从"税金及附加计算表"中引用而来的，如果计算表中的数据出错，那么这里的数据也会出错。数据计算错误通常不易被察觉，因此设置公式将计税金额乘税率的结果与引用的税金核对，若有错误，可提示财务人员及时检查公式，修正错误。

最终效果如左下图所示。单击【数值调节钮】窗体控件，调节月份，即可看到数据动态变化效果，如右下图所示。

 专家点拨

将 A18:G25 单元格区域设置为打印区域即可单独打印出"税金及附加明细表"纸质表格，若无须打印【数值调节钮】窗体控件，可将其移至此区域之外。

## 9.3 企业所得税管理

企业所得税也是我国重要的税种之一。我国对企业所得税的征收实行"按年计算，分期预缴，年终汇算"。实务中，绝大部分企业实行季度预缴，即在每一季度后的规定期限内进行一次预缴申报，计税会计期间及计税依据为：自本年 1 月 1 日起至本季度末的所有应纳税所得额。而年终汇算是指每年年终，清算该年度所有应纳税所得额，并遵照相关政策规定对应缴纳所得税额进行调增或减额之后，计算得出整个年度的应纳所得税额。减去之前每季度已经缴纳的预缴税款后应补缴或留抵税金。本节将根据企业所得税的特点，结合税收优惠政策，制作 Excel 管理表格，按月计算、按季汇总利润总额，预算每季度预缴税额，以及净利润、净利率和税负率，并自动生成所得税季度预缴税金计算表，作为记账凭证的附件。表格的布局虽然非常简单，但是其中涵盖了大量的函数公式的运用方法，以及对于企业所得税这一税种，如何根据其实务中的税收特点，进行高效、规范管理的思路。

另外,由于"税金管理表"工作簿中已包含多个工作表,有必要制作一个工作表目录,以便在工作表之间快速切换。本节将介绍运用 VBA 高效创建工作表目录的方法。

### 9.3.1 计算季度预缴税额

计算预缴税额和税负率的依据是税款所属期间的营业收入和利润总额。这两项数据可以直接从财务软件中获取。下面依然在"税金管理表"工作簿中制作企业所得税预缴税额计算表,每月填入营业收入和利润总额后即可预算得出应纳所得税额。操作步骤如下。

**步骤01** 新增工作表,命名为"企业所得税"→绘制表格框架,设置字段名称和单元格格式→虚拟填入每月营业收入和利润总额,以便体现公式效果→预先设置季度汇总、全年数据汇总及利润总额本年累计数和应纳税所得额累计数的基本公式。其中,"调增/减额"字段包括弥补以前年度亏损、不征税收入、免税收入、减计收入、所得减免等金额用于抵减利润总额后得出"应纳税所得额"数据(如果本企业涉及的调增或减额的项目较多,可另制作明细表汇总后将数据引用至此表中,这里为便于示范,直接填入数据)。

在 F7 单元格中设置公式"=D7+E$20",以本年累计的利润总额减去调增/减额累计数,计算应纳税所得额。初始表格如下图所示。

| | A | B | C | D | E | F | G | H | I | J | K |
|---|---|---|---|---|---|---|---|---|---|---|---|
| 1 | ××市××有限公司2019年企业所得税计算表 | | | | | | | | | | |
| 2 | 2019 | 营业收入 | 利润总额 | | 调增/减额 | 应纳税所得额 | 企业所得税费用/税负率 0.00% | | | 净利润 | |
| 3 | | | 每月发生额 | 本年累计数 | | | 应预缴所得税 | 已预缴所得税 | 应补(退)税额 | 利润额 | 利润率 |
| 4 | 1月 | 277,433.24 | 37,650.70 | 37,650.70 | | | | | | | |
| 5 | 2月 | 231,688.58 | 87,615.39 | 125,266.09 | | | | | | | |
| 6 | 3月 | 249,805.83 | 60,170.46 | 185,436.55 | | | | | | | |
| 7 | 第1季度 | 758,927.65 | 185,436.55 | 185,436.55 | -20,000.00 | 165,436.55 | | | | | |
| 8 | 4月 | 245,506.07 | 58,987.68 | 244,424.23 | | | | | | | |
| 9 | 5月 | 231,093.55 | -9,516.32 | 234,907.91 | | | | | | | |
| 10 | 6月 | 286,414.09 | 60,331.26 | 295,239.17 | | | | | | | |
| 11 | 第2季度 | 763,013.71 | 109,802.62 | 295,239.17 | | 275,239.17 | | | | | |
| 12 | 7月 | 241,398.63 | 86,430.51 | 381,669.68 | | | | | | | |
| 13 | 8月 | 296,134.38 | -6,550.98 | 375,118.70 | | | | | | | |
| 14 | 9月 | 241,398.63 | 66,321.08 | 441,439.78 | | | | | | | |
| 15 | 第3季度 | 778,931.64 | 146,200.61 | 441,439.78 | | 421,439.78 | | | | | |
| 16 | 10月 | 242,205.51 | 56,825.38 | 498,265.16 | | | | | | | |
| 17 | 11月 | 304,562.65 | 68,695.19 | 566,960.35 | | | | | | | |
| 18 | 12月 | 255,789.48 | 82,738.52 | 649,698.87 | | | | | | | |
| 19 | 第4季度 | 802,557.64 | 208,259.09 | 649,698.87 | | 629,698.87 | | | | | |
| 20 | 全年合计 | 3,103,430.64 | 649,698.87 | 649,698.87 | -20,000.00 | 629,698.87 | | — | — | | |

**步骤02** 根据税收优惠政策,换算实际税率。我国企业所得税的名义税率为 25%。自 2019 年 1 月 1 日起至 2021 年 12 月 31 日,对小型微利企业年应纳税所得额不超过 100 万元的部分,减按 25% 计入应纳税所得额,按 20% 的税率缴纳企业所得税;对年应纳税所得额超过 100 万元

但不超过300万元的部分，减按50%计入应纳税所得额，按20%的税率缴纳企业所得税。这一优惠政策在预缴税款时也同样适用。其实质是超额累进税率，通过换算后得到三档实际税率及速算扣除数，如表9-4所示。

表 9-4　三档实际税率及速算扣除数

| 应纳税所得额 | 实际税率 | 计算过程 | 速算扣除数 |
| --- | --- | --- | --- |
| A ≤ 100 万元 | 5% | 25%×20% | 0.00 |
| 100 万元 < A ≤ 300 万元 | 10% | 50%×20% | 50,000.00 |
| A > 300 万元 | 25% | — | 0.00 |

企业所得税预缴税额是每季度计提和缴纳一次，因此无须每月计提。只需在以下单元格中设置公式。

• G7 单元格："=ROUND(D7*LOOKUP(D7,{0,1000000.01,3000000.01},{0.05,0.1,0.25}),2)-IF(OR(D7<=1000000,D7>3000000),0,50000)"，根据第1季度利润总额累计数计算应预缴税额→将公式复制粘贴至 G11、G15、G19 和 G20 单元格。

• I7 单元格："=ROUND(G7-SUMIF(A$7:A7,"* 季度 ",H$7:H7),2)"，根据"应预缴所得税"与"已预缴所得税"数据计算"应补（退）税额"。其中，"已预缴所得税"应当在纳税申报之后填入实际缴纳的所得税税款→将 I7 单元格公式复制粘贴至 I11、I15、I19 和 I20 单元格。

在 H7 单元格中填入已预缴第1季度所得税额，可看到第2~4季度的"应补（退）税额"是减去 F7 单元格之后的数据，以此类推。公式效果如下图所示。

| | A | B | C | D | E | F | G | H | I | J | K |
| --- | --- | --- | --- | --- | --- | --- | --- | --- | --- | --- | --- |
| 1 | | | | ××市××有限公司2019年企业所得税计算表 | | | | | | | |
| 2 | 2019 | 营业收入 | 利润总额 | | 调增/减额 | 企业所得税费用/税负率 | | | 1.01% | 净利润 | |
| 3 | | | 每月发生额 | 本年累计数 | | 应纳税所得额 | 应预缴所得税 | 已预缴所得税 | 应补(退)税额 | 利润额 | 利润率 |
| 4 | 1月 | 277,433.24 | 37,650.70 | 37,650.70 | | | | | | | |
| 5 | 2月 | 231,688.58 | 87,615.39 | 125,266.09 | | | | | | | |
| 6 | 3月 | 249,805.83 | 60,170.46 | 185,436.55 | | | | | | | |
| 7 | 第1季度 | 758,927.65 | 185,436.55 | 185,436.55 | -20,000.00 | 165,436.55 | 8,271.83 | 8,271.83 | 0.00 | | |
| 8 | 4月 | 245,506.07 | 58,987.68 | 244,424.23 | | | | | | | |
| 9 | 5月 | 231,093.55 | -9,516.32 | 234,907.91 | | | | | | | |
| 10 | 6月 | 286,414.09 | 60,331.26 | 295,239.17 | | | | | | | |
| 11 | 第2季度 | 763,013.71 | 109,802.62 | 295,239.17 | | 275,239.17 | 13,761.96 | | 5,490.13 | | |
| 12 | 7月 | 241,398.63 | 86,430.51 | 381,669.68 | | | | | | | |
| 13 | 8月 | 296,134.38 | -6,550.98 | 375,118.70 | | | | | | | |
| 14 | 9月 | 241,398.63 | 66,321.08 | 441,439.78 | | | | | | | |
| 15 | 第3季度 | 778,931.64 | 146,200.61 | 441,439.78 | | 421,439.78 | 21,071.99 | | 12,800.16 | | |
| 16 | 10月 | 242,205.51 | 56,825.38 | 498,265.16 | | | | | | | |
| 17 | 11月 | 304,562.65 | 68,695.19 | 566,960.35 | | | | | | | |
| 18 | 12月 | 255,789.48 | 82,738.52 | 649,698.87 | | | | | | | |
| 19 | 第4季度 | 802,557.64 | 208,259.09 | 649,698.87 | | 629,698.87 | 31,484.94 | | 23,213.11 | | |
| 20 | 全年合计 | 3,103,430.14 | 649,698.87 | 649,698.87 | -20,000.00 | 629,698.87 | 31,484.94 | 8,271.83 | 23,213.11 | | |

**步骤 03** 计算动态税负率、净利润额和利润率。分别在以下单元格中设置公式。

• I2 单元格："=ROUND(G20/B20,4)"，计算动态税负率。

- J4 单元格："=IF(C4=0,0,ROUND(C4-G4,2))"→向下填充公式至 J5:J20 单元格区域，计算每月净利润额。

- K4 单元格："=IFERROR(ROUND(J4/B4,4),0)"→向下填充公式至 K5:K20 单元格区域，计算每月净利润率。公式效果如下图所示。

| | A | B | C | D | E | F | G | H | I | J | K |
|---|---|---|---|---|---|---|---|---|---|---|---|
| 1 | | | | | ××市××有限公司2019年企业所得税计算表 | | | | | | |
| 2 | 2019 | 营业收入 | 利润总额 | | | 企业所得税费用/税负率 | | | 1.01% | 净利润 | |
| 3 | | | 每月发生额 | 本年累计数 | 调增/减额 | 应纳税所得额 | 应预缴所得税 | 已预缴所得税 | 应补(退)税额 | 利润额 | 利润率 |
| 4 | 1月 | 277,433.24 | 37,650.70 | 37,650.70 | | | | | | 37,650.70 | 13.57% |
| 5 | 2月 | 231,688.58 | 87,615.39 | 125,266.09 | | | | | | 87,615.39 | 37.82% |
| 6 | 3月 | 249,805.83 | 60,170.46 | 185,436.55 | | | | | | 60,170.46 | 24.09% |
| 7 | 第1季度 | 758,927.65 | 185,436.55 | 185,436.55 | -20,000.00 | 165,436.55 | 8,271.83 | 8,271.83 | 0.00 | 177,164.72 | 23.34% |
| 8 | 4月 | 245,506.07 | 58,987.68 | 244,424.23 | | | | | | 58,987.68 | 24.03% |
| 9 | 5月 | 231,093.55 | -9,516.32 | 234,907.91 | | | | | | -9,516.32 | -4.12% |
| 10 | 6月 | 286,414.09 | 60,331.26 | 295,239.17 | | | | | | 60,331.26 | 21.06% |
| 11 | 第2季度 | 763,013.71 | 109,802.62 | 295,239.17 | | 275,239.17 | 13,761.96 | | 5,490.13 | 96,040.66 | 12.59% |
| 12 | 7月 | 241,398.63 | 86,430.51 | 381,669.68 | | | | | | 86,430.51 | 35.80% |
| 13 | 8月 | 296,134.38 | -6,550.98 | 375,118.70 | | | | | | -6,550.98 | -2.21% |
| 14 | 9月 | 241,398.63 | 66,321.08 | 441,439.78 | | | | | | 66,321.08 | 27.47% |
| 15 | 第3季度 | 778,931.64 | 146,200.61 | 441,439.78 | | 421,439.78 | 21,071.99 | | 12,800.16 | 125,128.62 | 16.06% |
| 16 | 10月 | 242,205.51 | 56,825.38 | 498,265.16 | | | | | | 56,825.38 | 23.46% |
| 17 | 11月 | 304,562.65 | 68,695.19 | 566,960.35 | | | | | | 68,695.19 | 22.56% |
| 18 | 12月 | 255,789.48 | 82,738.52 | 649,698.87 | | | | | | 82,738.52 | 32.35% |
| 19 | 第4季度 | 802,557.64 | 208,259.09 | 649,698.87 | | 629,698.87 | 31,484.94 | | 23,213.11 | 176,774.15 | 22.03% |
| 20 | 全年合计 | 3,103,430.64 | 649,698.87 | 649,698.87 | -20,000.00 | 629,698.87 | 31,484.94 | 8,271.83 | 23,213.11 | 618,213.93 | 19.92% |

**步骤04** 测试公式效果。任意修改某月利润总额数据，例如，将 C18 单元格中 12 月的利润总额修改为"482738.52"元，应纳税所得额为"1029698.87"元，应纳税额为 1029698.87×10% - 50000 ≈ 52969.89（元），可看到 G19 单元格计算结果正确。同时，其他相关数据也发生动态变化，表明公式正确无误，效果如下图所示。

| | A | B | C | D | E | F | G | H | I | J | K |
|---|---|---|---|---|---|---|---|---|---|---|---|
| 1 | | | | | ××市××有限公司2019年企业所得税计算表 | | | | | | |
| 2 | 2019 | 营业收入 | 利润总额 | | | 企业所得税费用/税负率 | | | 1.71% | 净利润 | |
| 3 | | | 每月发生额 | 本年累计数 | 调增/减额 | 应纳税所得额 | 应预缴所得税 | 已预缴所得税 | 应补(退)税额 | 利润额 | 利润率 |
| 4 | 1月 | 277,433.24 | 37,650.70 | 37,650.70 | | | | | | 37,650.70 | 13.57% |
| 5 | 2月 | 231,688.58 | 87,615.39 | 125,266.09 | | | | | | 87,615.39 | 37.82% |
| 6 | 3月 | 249,805.83 | 60,170.46 | 185,436.55 | | | | | | 60,170.46 | 24.09% |
| 7 | 第1季度 | 758,927.65 | 185,436.55 | 185,436.55 | 20,000.00 | 165,436.55 | 8,271.83 | 8,271.83 | 0.00 | 177,164.72 | 23.34% |
| 8 | 4月 | 245,506.07 | 58,987.68 | 244,424.23 | | | | | | 58,987.68 | 24.03% |
| 9 | 5月 | 231,093.55 | -9,516.32 | 234,907.91 | | | | | | -9,516.32 | -4.12% |
| 10 | 6月 | 286,414.09 | 60,331.26 | 295,239.17 | | | | | | 60,331.26 | 21.06% |
| 11 | 第2季度 | 763,013.71 | 109,802.62 | 295,239.17 | | 275,239.17 | 13,761.96 | | 5,490.13 | 96,040.66 | 12.59% |
| 12 | 7月 | 241,398.63 | 86,430.51 | 381,669.68 | | | | | | 86,430.51 | 35.80% |
| 13 | 8月 | 296,134.38 | -6,550.98 | 375,118.70 | | | | | | -6,550.98 | -2.21% |
| 14 | 9月 | 241,398.63 | 66,321.08 | 441,439.78 | | | | | | 66,321.08 | 27.47% |
| 15 | 第3季度 | 778,931.64 | 146,200.61 | 441,439.78 | | 421,439.78 | 21,071.99 | | 12,800.16 | 125,128.62 | 16.06% |
| 16 | 10月 | 242,205.51 | 56,825.38 | 498,265.16 | | | | | | 56,825.38 | 23.46% |
| 17 | 11月 | 304,562.65 | 68,695.19 | 566,960.35 | | | | | | 68,695.19 | 22.56% |
| 18 | 12月 | 255,789.48 | 482,738.52 | 1,049,698.87 | | | | | | 482,738.52 | 188.72% |
| 19 | 第4季度 | 802,557.64 | 608,259.09 | 1,049,698.87 | | 1,029,698.87 | 52,969.89 | | 44,698.06 | 555,289.20 | 69.19% |
| 20 | 全年合计 | 3,103,430.64 | 1,049,698.87 | 1,049,698.87 | -20,000.00 | 1,029,698.87 | 52,969.89 | 8,271.83 | 44,698.06 | 996,728.98 | 32.12% |

## 9.3.2 生成季度预缴明细表

"季度预缴明细表"的作用和制作思路其实与 9.2.3 小节中的"税金及附加明细表"相同,主要作为查询和记账凭证附件之用。表中数据在财务人员填制"所得税计算表"的同时即可同步生成。同时,由于记账凭证附件作为财务备查资料,应在其中详细列示企业所得税优惠政策下应纳税所得额、应纳税额及企业所享受的减免所得税金额。本例主要运用 IF 函数设置公式,其本身含义简单易懂,难点和重点在于公式设置的逻辑性。下面讲解具体操作步骤并分析公式逻辑。

**步骤01** 在"企业所得税计算表"工作表的空白区域绘制表格框架,设置字段名称及单元格格式→分别在 N9、O9 和 Q9 单元格中设置基本求和公式。初始表格如左下图所示。

**步骤02** 设置标题。运用"数据验证"工具在 M1 单元格中制作下拉列表,将"序列"来源设置为"1,2,3,4",分别代表 4 个季度→将单元格的格式自定义为"2019 年第 # 季度企业所得税预缴明细表",以此作为标题。在下拉列表中选择某一数字后,即可显示为自定义的标题内容,如右下图所示。

**步骤03** 计算税款所属期并按照自定义格式显示。在 N2 单元格中设置公式"=IFERROR(EOMONTH(1,MAX(IF(M1={1,2,3,4},{3,6,9,12}))-1),"-")"→将单元格的格式自定义为""2019.1.1-"m.d"。公式含义如下。

① 表达式"MAX(IF(M1={1,2,3,4},{3,6,9,12}))-1",是根据 M1 单元格中所选代表季度的数字的变化,分别返回代表每一季度最末月的数字"3,6,9,12"再减 1。如果 M1 单元格中数字为"2",那么这一表达式返回的数字为"6",减去 1 后返回"5"。

② EOMONTH 函数的第 1 个参数为"1",代表 1 月 1 日。由于税款所属期的起始日期始终是 1 月 1 日,因此这个数字固定不变。第 2 个参数代表月数,是指与 1 月 1 日间隔月数的最后一天的日期。EOMONTH(1,5),即返回 6 月(1+5)的最后一日"30"。

以此类推,即可得到每一季度最末一月的月末日期。公式效果如下图所示。

## Chapter 09
**管好企业的涉税风险防范——税金及纳税申报管理**

```
N2    fx   =IFERROR(EOMONTH(1,MAX(IF(M1={1,2,3,4},{3,6,9,12}))-1),"-")
```

|   | M | N | O | P | Q | R |
|---|---|---|---|---|---|---|
| 1 | | 2019年第2季度企业所得税预缴明细表 | | | | |
| 2 | 税款所属期 | 2019.1.1-6.30 | | | | |
| 3 | 利润总额 | 调增/减额 | 应纳税所得额 | 税率 | 应交所得税 | 备注 |
| 4 | | | | | | |
| 5 | 应纳税所得额优惠政策 | 应纳税所得额分割 | 优惠后的计税金额 | | | |
| 6 | 可减按25%的部分 | | | | | |
| 7 | 可减按50%的部分 | | | | | |
| 8 | 无优惠部分 | | | | | |
| 9 | 合计 | | — | — | — | |
| 10 | | 已享受减免所得税额 | | | | |
| 11 | | 本年已预缴所得税额 | | | | |
| 12 | | 本季应补缴所得税额 | | | | |

**步骤04** 引用每季度利润总额累计数、调增/减额金额和应纳税所得额并按照税收优惠政策计算优惠后的计税金额。分别在以下各单元格中设置公式。

- M4 单元格："=IFERROR(VLOOKUP(" 第 "&M$1&" 季度 ",$A:D,4,0),0)"，查找引用 A:D 列区域中利润总额的"本年累计数"。

- N4 单元格："=E$20"，直接引用调增/减额的累计数。

- O4 单元格："=IF(M4+N4<0,0,M4+N4)"，计算应纳税所得额。公式逻辑如下。

如果利润总额加上或减去调增/减额数据后小于 0，那么应纳税所得额返回 0（不能为负数）。

- N6 单元格："=IF(O$4>3000000,0,IF(O$4<=1000000,O$4,1000000))"，计算应纳税所得额中可享受"减按 25%"的部分。公式逻辑如下。

① 当应纳税所得额大于 300 万元时，表明不能享受"减按 25%"的优惠，因此返回数字"0"。

② 当应纳税所得额小于或等于 100 万元时，表明可享受优惠，即返回 O4 单元格数据。如果大于 100 万元，则只返回可以享受"减按 25%"优惠的部分，即 100 万元。例如，应纳税所得额为 120 万元，那么其中 100 万元仍然可以享受此优惠。

- N7 单元格："=IF(OR(O4>3000000,O4<=1000000),0,O4-1000000)"，计算应纳税所得额中可享受"减按 50%"的部分。公式逻辑如下。

当应纳税所得额大于 300 万元或小于等于 100 万元时，表明其中没有可享受"减按 50%"的金额，所以返回"0"；否则，返回应纳税所得额减去 100 万元后的金额作为可享受此优惠的部分。

- N8 单元格："=IF(O$4>3000000,O$4,0)"，如果 O4 单元格中的应纳税所得额大于 300 万元，则全额计入计税金额，因此直接返回 O4 单元格中的数据，否则返回数据"0"。

- O6 单元格："=ROUND(N6*0.25,2)"，计算应纳税所得额"减按 25%"优惠后的计税金额。

- O7 单元格："=ROUND(N7*0.5,2)"，计算应纳税所得额"减按 50%"优惠后的计税金额。

- O8 单元格："=N8"，应纳税所得额大于 300 万元不享受优惠，因此直接引用 N8 单元格中的应纳税所得额。

• P6 单元格："=IF(N6=0,0,20%)"→将公式向下填充至 P7 单元格，根据分割后的应纳税所得额返回优惠税率。

• P8 单元格："=IF(N8=0,0,25%)"，公式逻辑与 P6、P7 单元格同理。

以上公式设置完成后，效果如下图所示。

**步骤 05** 计算税额。分别在以下单元格中设置公式。

• Q6 单元格："=ROUND(O6*P6,2)"→将公式向下填充至 Q8 单元格。

• Q10 单元格："=ROUND(O4*0.25-Q9,2)"，计算"已享受减免所得税额"。

• Q11 单元格："=IF(M1=1,0,H$20)"，引用本年累计已预缴所得税额。这一公式是完全按照实际工作中的时间进程和申报缴纳企业所得税的流程设置的。逻辑分析如下。

"企业所得税计算表"中 1~12 月的"营业收入"和"利润总额"数据，是为了展示公式效果而虚拟填入的。实际工作中，是以当前月份为节点，将实际发生的数据作为依据计算累计已预缴所得税额。而当前月份之后的时间尚未到来，必然不会存在任何数据。

例如，假设当前月份为 2019 年 3 月，月末根据 1~3 月的利润总额计提第 1 季度应交而尚未缴纳的企业所得税，此时尚无"已预缴所得税额"，所以公式中设置当 M1 单元格中数字为"1"时，已预缴税额返回"0"。当 4 月实际申报企业所得税后再将实缴税款填入 H7 单元格，那么此时 F20 单元格中的全年合计数等于 H7 单元格中的数据。在 2019 年 6 月末计提第 2 季度应交所得税时，则应减去第 1 季度实际缴纳的"已预缴所得税额"（也是 H20 单元格中的数据），以此类推。

由此可得出结论：H20 单元格中合计的全年"已预缴所得税额"始终是自第 1 季度起至当前月份所在季度的累计数据。因此，公式中设置当 M1 单元格中数字不为"1"时，即返回 H20 单元格中的合计数。

• Q12 单元格："=ROUND(Q9-Q11,2)"，计算"本季应补缴所得税额"。

**步骤 06** 测试公式效果，按以下两步进行操作。

① 在 M1 单元格的下拉列表中选择“1”，并删除 H7 单元格中的已预缴数据，计算第 1 季度数据。

分别在 O4 单元格中手动填入大于 100 万元且小于等于 300 万元、大于 300 万元的数据，可看到所有公式计算结果正确无误，如左下图和右下图所示。

2019年第1季度企业所得税预缴明细表

| 税款所属期 | 2019.1.1-3.31 | | | | |
|---|---|---|---|---|---|
| 利润总额 | 调增/减额 | 应纳税所得额 | 税率 | 应交所得税 | 备注 |
| 185,436.55 | -20,000.00 | 1,850,000.00 | | | |
| 应纳税所得额优惠政策 | 应纳税所得额分割 | 优惠后的计税金额 | | | |
| 可减按25%的部分 | 1,000,000.00 | 250,000.00 | 20% | 50,000.00 | |
| 可减按50%的部分 | 850,000.00 | 425,000.00 | 20% | 85,000.00 | |
| 无优惠部分 | - | - | 0% | - | |
| 合计 | 1,850,000.00 | 675,000.00 | - | 135,000.00 | |
| 已享受减免所得税额 | | | | 327,500.00 | |
| 本年已预缴所得税额 | | | | - | |
| 本季应补缴所得税额 | | | | 135,000.00 | |

2019年第1季度企业所得税预缴明细表

| 税款所属期 | 2019.1.1-3.31 | | | | |
|---|---|---|---|---|---|
| 利润总额 | 调增/减额 | 应纳税所得额 | 税率 | 应交所得税 | 备注 |
| 185,436.55 | -20,000.00 | 3,200,000.00 | | | |
| 应纳税所得额优惠政策 | 应纳税所得额分割 | 优惠后的计税金额 | | | |
| 可减按25%的部分 | - | - | 0% | - | |
| 可减按50%的部分 | - | - | 0% | - | |
| 无优惠部分 | 3,200,000.00 | 3,200,000.00 | 25% | 800,000.00 | |
| 合计 | 3,200,000.00 | 3,200,000.00 | - | 800,000.00 | |
| 已享受减免所得税额 | | | | - | |
| 本年已预缴所得税额 | | | | - | |
| 本季应补缴所得税额 | | | | 800,000.00 | |

② 在 M1 单元格的下拉列表中选择“2”，计算第 2 季度数据。

恢复 O4 单元格公式→删除虚拟填入的 7~12 月“营业收入”和“利润总额”数据→在 F7 单元格中填入第 1 季度已预缴的所得税额，可看到所有公式计算结果正确无误，效果如下图所示。

××市××有限公司2019年企业所得税计算表

| 2019 | 营业收入 | 利润总额 | | 企业所得税费用/税负率 | | | | 0.90% | 净利润 | |
|---|---|---|---|---|---|---|---|---|---|---|
| | | 每月发生额 | 本年累计数 | 调增/减额 | 应纳税所得额 | 应预缴所得税 | 已预缴所得税 | 应补(退)税额 | 利润额 | 利润率 |
| 1月 | 277,433.24 | 37,650.70 | 37,650.70 | | | | | | 37,650.70 | 13.57% |
| 2月 | 231,688.58 | 87,615.39 | 125,266.09 | | | | | | 87,615.39 | 37.82% |
| 3月 | 249,805.83 | 60,170.46 | 185,436.55 | | | | | | 60,170.46 | 24.09% |
| 第1季度 | 758,927.65 | 185,436.55 | 185,436.55 | -20,000.00 | 165,436.55 | 8,271.83 | 8,271.83 | 0.00 | 177,164.72 | 23.34% |
| 4月 | 245,506.07 | 58,987.68 | 244,424.23 | | | | | | 58,987.68 | 24.03% |
| 5月 | 231,093.55 | -9,516.32 | 234,907.91 | | | | | | -9,516.32 | -4.12% |
| 6月 | 286,414.09 | 60,331.26 | 295,239.17 | | | | | | 60,331.26 | 21.06% |
| 第2季度 | 763,013.71 | 109,802.62 | 295,239.17 | | 275,239.17 | 13,761.96 | | 5,490.13 | 96,040.66 | 12.59% |
| 7月 | | | 295,239.17 | | | | | | 0.00 | 0.00% |
| 8月 | | | 295,239.17 | | | | | | 0.00 | 0.00% |
| 9月 | | | 295,239.17 | | | | | | 0.00 | 0.00% |
| 第3季度 | 0.00 | 0.00 | 295,239.17 | | 275,239.17 | 13,761.96 | | 5,490.13 | 0.00 | 0.00% |
| 10月 | | | 295,239.17 | | | | | | 0.00 | 0.00% |
| 11月 | | | 295,239.17 | | | | | | 0.00 | 0.00% |
| 12月 | | | 295,239.17 | | | | | | 0.00 | 0.00% |
| 第4季度 | 0.00 | 0.00 | 295,239.17 | | 275,239.17 | 13,761.96 | | 5,490.13 | 0.00 | 0.00% |
| 全年合计 | 1,521,941.36 | 295,239.17 | 295,239.17 | -20,000.00 | 275,239.17 | 13,761.96 | 8,271.83 | 5,490.13 | 281,477.21 | 18.49% |

2019年第2季度企业所得税预缴明细表

| 税款所属期 | 2019.1.1-6.30 | | | | |
|---|---|---|---|---|---|
| 利润总额 | 调增/减额 | 应纳税所得额 | 税率 | 应交所得税 | 备注 |
| 295,239.17 | -20,000.00 | 275,239.17 | | | |
| 应纳税所得额优惠政策 | 应纳税所得额分割 | 优惠后的计税金额 | | | |
| 可减按25%的部分 | 275,239.17 | 68,809.79 | 20% | 13,761.96 | |
| 可减按50%的部分 | - | - | 0% | - | |
| 无优惠部分 | - | - | 0% | - | |
| 合计 | 275,239.17 | 68,809.79 | - | 13,761.96 | |
| 已享受减免所得税额 | | | | 55,047.83 | |
| 本年已预缴所得税额 | | | | 8,271.83 | |
| 本季应补缴所得税额 | | | | 5,490.13 | |

## 9.3.3 快速创建工作簿目录

创建工作簿目录除可运用 HYPLINKER 函数设置公式为每一个工作表制作链接，可快速跳转至工作表外，还可采用另一种“高效”的方法，制作一个“创建目录”的按钮控件，运用 Excel 中的 VBA 工具，添加代码，即可赋予这个控件强大的功能，单击控件，即可自动将工作簿中现有的所有工作表生成与之匹配的“超链接”，同时在每个工作表中生成“返回目录”的超链接。并且，新增工作表之后，单击控件，也能同步生成新增工作表的超链接。制作方法非常简单，只需三步操作即可。

步骤01 全选“税金管理表”工作簿中所有工作表→在所有工作表的第 1 行之上插入 1 行，预留 A1 单元格用于放置“返回目录”的超链接。

步骤02 新增一个工作表,命名为"目录"→右击工作表标签→在弹出的快捷菜单中选择"查看代码"命令,如左下图所示→弹出 VBA 窗口及代码编辑文本框→在其中设置以下代码,如右下图所示→关闭窗口返回 Excel 窗口。

```
Sub mulu()
Dim ws As Worksheet, n%
For Each ws In Worksheets
If ws.Name <> " 目录 " Then
n = n + 1
Cells(n + 1, 2) = ws.Name
Worksheets(" 目录 ").Hyperlinks.Add Cells(n + 1, 2), "", ws.Name & "!A1"
ws.[a1].Value = " 返回目录 "
ws.Hyperlinks.Add ws.[a1], "", " 目录 !B2"
End If
Next
End Sub
```

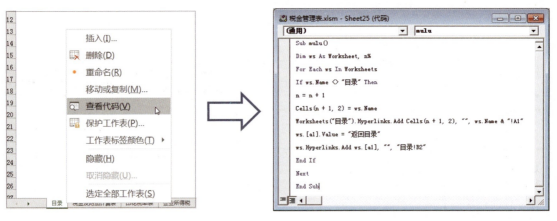

步骤03 插入控件。单击【开发工具】选项卡【控件】组中的【插入】按钮→在弹出的下拉列表中选择【按钮】窗体控件□→绘制一个按钮,系统弹出【指定宏】对话框→单击选择【宏名】为"Sheet25.mulu"→单击【确定】按钮关闭对话框,如左下图所示→将控件命名为"创建目录"→单击按钮控件即可快速创建当前工作簿内所有工作表的超链接,如右下图所示。

▶Chapter 09
管好企业的涉税风险防范——税金及纳税申报管理

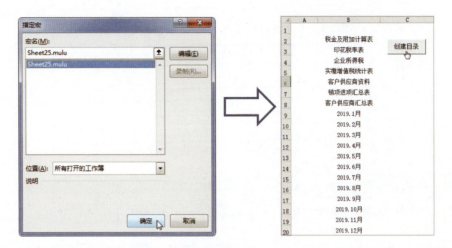

步骤04 测试效果。单击任意一个超链接，如"客户供应商汇总表"，即可切换至该工作表中，此时可看到 A1 单元格中已自动生成"返回目录"超链接，如左下图所示→新增一个工作表，命名为"新增工作表"→返回"目录"工作表→再次单击"创建目录"按钮，"目录"中已同步生成名为"新增工作表"的超链接，并且按照工作表标签顺序排列，如右下图所示。

步骤05 保存工作簿。需要注意的是，运用 VBA 工具创建目录后，必须将工作簿保存为"Excel 启用宏的工作簿"，才能真正保存之前设置的 VBA 代码及一键创建目录的功能。在【另存为】对话框中的【保存类型】下拉列表中选择【Excel 启用宏的工作簿】选项后保存即可，如下图所示。

341

## 9.4 个人所得税管理

个人所得税是国家对本国公民、居住在本国境内的个人所得和境外个人来源于本国的所得征收的一种所得税。我国个人所得税的纳税人即是负有纳税义务的个人，包括中国公民、个体工商户及在中国有所得的外籍人员（包括无国籍人员）和香港、澳门、台湾地区同胞。

个人所得税（以下简称"个税"）包括九个征税项目，其中工资薪金所得产生的应纳税额是个税税收的主要来源。由于用工单位对于纳税人就其应纳税额负有代扣代缴义务，因此核算个税也是财务人员的日常工作之一。虽然个税的计算本身难度不大，但因其专项附加扣除与七级超额累进税率，以及累计预扣预缴的征收方式都比较复杂，所以制作 Excel 表格自动计算每月应预缴税额，就需要综合核算多项数据，包括计税工资累计额、费用累计额、专项附加扣除累计额，当前累计应预缴的税额、当前已预缴的税额等，并且理清这些数据之间的钩稽关系，才能准确计算出每月应当缴纳个人所得税额。本节将介绍如何运用 Excel 制作核算个税的配套表格，并通过函数公式自动计算相关数据，同时分享核算思路，帮助财务人员做到效率最大化。

个税七级超额累进税率是根据综合所得的全年累计应纳税所得额的高低不同，划分为七级，每级税率和速算扣除数各不相同。具体税率如表 9-5 所示。

表 9-5 综合所得个人所得税税率

| 级数 | 全年应纳税所得额 | 税率/% | 速算扣除数/元 |
|---|---|---|---|
| 1 | 不超过 36000 元的 | 3 | 0 |
| 2 | 超过 36000 元至 144000 元的部分 | 10 | 2520 |
| 3 | 超过 144000 元至 300000 元的部分 | 20 | 16920 |
| 4 | 超过 300000 元至 420000 元的部分 | 25 | 31920 |

续表

| 级数 | 全年应纳税所得额 | 税率/% | 速算扣除数/元 |
|---|---|---|---|
| 5 | 超过420000元至660000元的部分 | 30 | 52920 |
| 6 | 超过660000元至960000元的部分 | 35 | 85920 |
| 7 | 超过960000元的部分 | 45 | 181920 |

本节根据税率表数据计算个税。配套表格包括每月工资表、专项附加扣除明细表、累计预扣预缴计算表，如下图所示。

个人所得税核算配套表格
- 1.每月工资表：预先准备工资表。主要展示如何将应纳税额体现在工资表中，并计算扣除应纳税额后的实发工资
- 2.专项附加扣除明细表：记录每位职工填报的专项附加扣除项目和金额，作为计算个税的数据源之一
- 3.累计预扣预缴计算表：根据工资表和专项附加扣除明细表中的相关数据计算每位职工每月应预缴的税额

## 9.4.1 工资表和专项附加扣除明细表

工资表制作毫无难度，只需根据企业制定的工资薪酬管理体系绘制表格、设置字段名称，依照算术公式设置函数公式即可计算得到除个税外的其他项目数据。本小节主要介绍个人所得税的计算方法，因此我们已预先准备2020年1~3月的工资表（除个税外）、工龄工资及社保数据，存放在名称为"个人所得税"的Excel工作簿中，工作表名称分别为"工龄工资计算表""2020.01月工资表""2020.02月工资表""2020.03月工资"。表格框架及数据如下图所示。

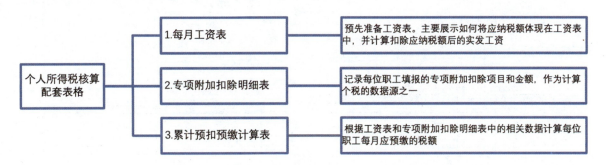

专项附加扣除明细表主要用于记录职工填报的六项专项附加扣除项目及金额。具体数据可直接从"自然人税收管理系统扣缴客户端"中获取。其作用是作为"累计预扣预缴计算表"的数据源表。表格框架简洁，计算公式设置也非常简单，只需设置普通求和公式即可。下面简要介绍制作

步骤。

**步骤01** 在"个人所得税"工作簿中新增工作表,命名为"专项附加扣除明细表"→绘制表格框架,设置字段名称,列示专项附加扣除项目→设置单元格格式→填入职工填报的数据,如左下图所示。

**步骤02** 设置求和公式。在 C15 和 H3 单元格中设置以下公式。

• C15 单元格:"=SUM(OFFSET(C3,0,,):INDEX(C:C,ROW()-1))"→向右填充公式至 D15:H15 单元格区域。

• H3 单元格:"=SUM(C3:G3)"→向下填充公式至 H4:H14 单元格区域。公式效果如右下图所示。

专项附加扣除项目固定为六项,其中大病医疗在年度汇税清缴时一次性扣除,因此只需计算五项按月扣除的费用。同时,由于费用金额全部为整数,所以无须嵌套 ROUND 函数。

## 9.4.2 计算累计预扣预缴税额

如前所述,计算个税在公式设置方面并非难事。其实最复杂,也是最关键的是"累计预扣预缴"数据,需要计算的项目包括累计计税工资、累计费用、累计专项附加扣除、累计应纳税所得额等。不过,只要按照本小节的思路和方法制作表格、设置公式,就能化繁为简,大幅度提高工作效率。下面介绍具体步骤。

**步骤01** 新增工作表,命名为"累计预扣预缴计算表"→绘制表格框架,设置好计算税额所需的字段名称和单元格格式。注意在 A16 单元格中设置公式"=D2",并自定义 D2 和 A16 单元格的格式,为后面在工资表中引用数据做准备。

• D2 单元格:单元格的格式自定义为"@月",输入"2020.01"后显示"2020.01月"。

• A16 单元格:单元格的格式自定义为"@月合计",在 D2 单元格中输入"2020.01"后显示"2020.01月合计"。

另外,"工号"字段可设置函数公式统计当前职工人数后自动列示工号,"姓名"字段也可设置查找引用公式,前面章节已多处介绍操作方法,这里不再赘述,直接从工资表复制粘贴至此。初始表格如下图所示。

# Chapter 09
## 管好企业的涉税风险防范——税金及纳税申报管理

| 工号 | 姓名 | 计税工资 | 累计计税工资 | 其他应税收入 | 期数 | 累计扣除费用 | 月专项附加扣除额 | 累计专项附加扣除 | 累计应纳税所得额 | 税率 | 速算扣除数 | 累计应预缴税额 | 前期已预缴税额 | 本月应预缴税额 | 本月实缴税额 | 余额 | 已申报缴纳 |
|---|---|---|---|---|---|---|---|---|---|---|---|---|---|---|---|---|---|
| | | | | | | | | | 2020.01月 | | | | | | | | |
| 1001 | 职工A | 7168.00 | 7168.00 | 300 | 01 | 5000 | 1100 | 1100 | 1,368.00 | 3% | - | 41.04 | - | 41.04 | 41.04 | - | √ |
| 1002 | 职工B | 6048.00 | 6048.00 | 300 | 01 | 5000 | 1000 | 1000 | 348.00 | 3% | - | 10.44 | - | 10.44 | - | 10.44 | |
| 1003 | 职工C | 9381.12 | 9381.12 | 300 | 01 | 5000 | 1000 | 1000 | 3,681.12 | 3% | - | 110.43 | - | 110.43 | 110.43 | - | √ |
| 1004 | 职工D | 4659.20 | 4659.20 | 300 | 01 | 5000 | 500 | 500 | | 0% | | | | | | | |
| 1005 | 职工E | 6128.64 | 6128.64 | 300 | 01 | 5000 | 400 | 400 | 1,028.64 | 3% | - | 30.86 | - | 30.86 | 30.86 | - | √ |
| 1006 | 职工F | 6513.92 | 6513.92 | 300 | 01 | 5000 | 500 | 500 | 1,313.92 | 3% | - | 39.42 | - | 39.42 | 39.42 | - | √ |
| 1007 | 职工G | 6433.28 | 6433.28 | 300 | 01 | 5000 | 1500 | 1500 | 233.28 | 3% | - | 7.00 | - | 7.00 | 7.00 | - | √ |
| 1008 | 职工H | 6585.60 | 6585.60 | 300 | 01 | 5000 | 1000 | 1000 | 885.60 | 3% | - | 26.57 | - | 26.57 | 26.57 | - | √ |
| 1009 | 职工I | 6048.00 | 6048.00 | 300 | 01 | 5000 | 1500 | 1500 | | 0% | | | | | | | |
| 1010 | 职工J | 5028.89 | 5028.89 | 300 | 01 | 5000 | 500 | 500 | | 0% | | | | | | | |
| 1011 | 职工H | 6467.33 | 6467.33 | 300 | 01 | 5000 | 600 | 600 | 1,167.33 | 3% | - | 35.02 | - | 35.02 | 35.02 | - | √ |
| 1012 | 职工K | 5716.48 | 5716.48 | 300 | 01 | 5000 | 400 | 400 | 616.48 | 3% | - | 18.49 | - | 18.49 | 18.49 | - | √ |
| 2020.01月合计 | | 76,178.46 | 76178.46 | 3,600.00 | - | 60,000.00 | 10,000.00 | 10,000.00 | 10,642.37 | - | - | 319.27 | - | 319.27 | 308.83 | 10.44 | |

**步骤02** 引用相关数据。表格中有两个字段数据需要分别从"专项附加扣除明细表"和"2020.01月工资表"中查找引用，即"当月计税工资"和"月专项附加扣除额"。分别在 C4 和 H4 单元格中设置公式。

• C4 单元格："=VLOOKUP($A4,INDIRECT(D$2&" 月工资表 !$A:Q"),MATCH(C$2,INDIRECT(D$2&" 月工资表 !$2:$2"),0),0)"，引用 2020.01 月"职工 A"的计税工资→向下填充公式至 C5:C15 单元格区域。

• H4 单元格："=VLOOKUP($A4, 专项附加扣除明细表 !$A:H,8,0)"，引用"职工 A"的每月专项附加扣除合计数→向下填充公式至 H5:H15 单元格区域。公式效果如下图所示。

| 工号 | 姓名 | 计税工资 | 累计计税工资 | 其他应税收入 | 期数 | 累计扣除费用 | 月专项附加扣除额 | 累计专项附加扣除 | 累计应纳税所得额 | 税率 | 速算扣除数 | 累计应预缴税额 | 前期已预缴税额 | 本月应预缴税额 | 本月实缴税额 | 余额 | 已申报缴纳 |
|---|---|---|---|---|---|---|---|---|---|---|---|---|---|---|---|---|---|
| | | | | | | | | | 2020.01月 | | | | | | | | |
| 1001 | 职工A | 7168.00 | | | | | 1100 | | | | | | | | | | |
| 1002 | 职工B | 6048.00 | | | | | 1000 | | | | | | | | | | |
| 1003 | 职工C | 9381.12 | | | | | 1000 | | | | | | | | | | |
| 1004 | 职工D | 4659.20 | | | | | 500 | | | | | | | | | | |
| 1005 | 职工E | 6128.64 | | | | | 400 | | | | | | | | | | |
| 1006 | 职工F | 6513.92 | | | | | 500 | | | | | | | | | | |
| 1007 | 职工G | 6433.28 | | | | | 1500 | | | | | | | | | | |
| 1008 | 职工H | 6585.60 | | | | | 1000 | | | | | | | | | | |
| 1009 | 职工I | 6048.00 | | | | | 1500 | | | | | | | | | | |
| 1010 | 职工J | 5028.89 | | | | | 500 | | | | | | | | | | |
| 1011 | 职工H | 6467.33 | | | | | 600 | | | | | | | | | | |
| 1012 | 职工K | 5716.48 | | | | | 400 | | | | | | | | | | |
| 2020.01月合计 | | | | | | | | | | | | | | | | | |

**步骤03** 计算"累计应纳税所得额"。分别在以下单元格中设置公式。

• D4 单元格："=C4"，计算"累计计税工资"。由于这里是计算 1 月数据，因此"累计计税工资"即等于"当月计税工资"。计算 2 月及后期的个人所得税时批量修改公式即可。

E4 单元格用于填列其他未在工资表中列示的应税收入，例如，企业发放的实物福利、奖励职工旅游产生的费用等。

• F4 单元格：“=MID(D2,6,2)”，截取 D2 单元格中代表“期数”的数字，返回结果为“01”。

• G4 单元格：“=F4*5000”，计算“累计扣除费用”。

• I4 单元格：“=F4*H4”，计算“累计专项附加扣除”。

• J4 单元格：“=IF(D4+E4-G4-I4<=0,0,ROUND(D4+E4-G4-I4,2))”，计算“累计应纳税所得额”。

算术公式：累计应纳税所得额 = 累计计税工资 + 其他应税收入 − 累计扣除费用 − 累计专项附加扣除。

以上公式效果如下图所示。

J4 =IF(D4+E4-G4-I4<=0,0,ROUND(D4+E4-G4-I4,2))

| 工号 | 姓名 | 计税工资 | 2020.01月 | | | | | | | | | | | | | | |
|---|---|---|---|---|---|---|---|---|---|---|---|---|---|---|---|---|---|
| | | | 累计计税工资 | 其他应税收入 | 期数 | 累计扣除费用 | 月专项附加扣除额 | 累计专项附加扣除 | 累计应纳税所得额 | 税率 | 速算扣除数 | 累计应预缴税额 | 前期已预缴税额 | 本月应预缴税额 | 本月实缴税额 | 余额 | 已申报缴纳 |
| 1001 | 职工A | 7168.00 | 7168.00 | 300 | 01 | 5000 | 1100 | 1100 | 1,368.00 | | | | | | | | |
| 1002 | 职工B | 6048.00 | 6048.00 | 300 | 01 | 5000 | 1000 | 1000 | 348.00 | | | | | | | | |
| 1003 | 职工C | 9381.12 | 9381.12 | 300 | 01 | 5000 | 1000 | 1000 | 3,681.12 | | | | | | | | |
| 1004 | 职工D | 4659.20 | 4659.20 | 300 | 01 | 5000 | 500 | 500 | - | | | | | | | | |
| 1005 | 职工E | 6128.64 | 6128.64 | 300 | 01 | 5000 | 400 | 400 | 1,028.64 | | | | | | | | |
| 1006 | 职工F | 6513.92 | 6513.92 | 300 | 01 | 5000 | 500 | 500 | 1,313.92 | | | | | | | | |
| 1007 | 职工G | 6433.28 | 6433.28 | 300 | 01 | 5000 | 1500 | 1500 | 233.28 | | | | | | | | |
| 1008 | 职工H | 6585.60 | 6585.60 | 300 | 01 | 5000 | 1000 | 1000 | 885.60 | | | | | | | | |
| 1009 | 职工I | 6048.00 | 6048.00 | 300 | 01 | 5000 | 1500 | 1500 | - | | | | | | | | |
| 1010 | 职工J | 5028.89 | 5028.89 | 300 | 01 | 5000 | 500 | 500 | - | | | | | | | | |
| 1011 | 职工H | 6467.33 | 6467.33 | 300 | 01 | 5000 | 600 | 600 | 1,167.33 | | | | | | | | |
| 1012 | 职工K | 5716.48 | 5716.48 | 300 | 01 | 5000 | 400 | 400 | 616.48 | | | | | | | | |
| 2020.01月合计 | | | | | | | | | | | | | | | | | |

步骤04 计算其他数据。由于第 1 个月尚无“前期已预缴税额”，因此在 N4 单元格中直接填入“0”→将 R4 单元格的格式自定义为“[=1] √”，在实际申报纳税后填入数字“1”，显示“√”，代表已经缴税→分别在 C16 单元格、K4:M4 和 O4:P4 单元格区域的各单元格中设置以下公式。

• C16 单元格：“=SUM(OFFSET(C4,0,,):INDEX(C:C,ROW()-1))”，汇总 1 月“计税工资”→将公式复制粘贴至 D16:R16 单元格区域需要汇总的单元格中。

• K4 单元格：“=LOOKUP(J4,{0,36000.01,144000.01,300000.01,420000.01, 660000.01,960000.01},{0.03,0.1,0.2,0.25,0.3,0.35,0.45})”，根据“累计应纳税所得额”返回税率。

• L4 单元格：“=MAX(IF(K4={0,0.03,0.1,0.2,0.25,0.3,0.35,0.45},{0,0,2520,16920,31920,52920,85920,181920},0),0)”，根据“税率”返回“速算扣除数”。

• M4 单元格：“=ROUND(J4*K4,2) ”，计算“累计应预缴税额”。

• O4 单元格：“=ROUND(M4-N4,2)”，计算“本月应预缴税额”。

• P4 单元格：“=IF(R4=1,O4,0)”，如果在 R4 单元格中填入“1”后，返回 O4 单元格中的“本月应预缴税额”数据。如果“应缴”和“实缴”出现尾差，可直接做调整（只要公式设置正确，实务中发生尾差的概率极低）。

• Q4 单元格：“=ROUND(O4-P4,2)”，计算本月应缴而尚未缴纳的个税“余额”。

将以上公式分别复制粘贴至 K5:M15 和 O5:Q15 单元格区域→在 R4:R15 单元格区域部分单元

格中填入数字“1”，效果如下图所示。

K4 =LOOKUP(J4,{0,36000.01,144000.01,300000.01,420000.01,660000.01,960000.01},{0.03,0.1,0.2,0.25,0.3,0.35,0.45})

| | A | B | C | D | E | F | G | H | I | J | K | L | M | N | O | P | Q | R |
|---|---|---|---|---|---|---|---|---|---|---|---|---|---|---|---|---|---|---|
| 1 | | | | | | | | | | | | | | | | | | |
| 2 | 工号 | 姓名 | 计税工资 | 2020.01月 | | | | | | | | | | | | | | |
| 3 | | | | 累计计税工资 | 其他应税收入 | 期数 | 累计扣除费用 | 月专项附加扣除额 | 累计专项附加扣除 | 累计应纳税所得额 | 税率 | 速算扣除数 | 累计应预缴税额 | 前期已预缴税额 | 本月应预缴税额 | 本月实缴税额 | 余额 | 已申报缴纳 |
| 4 | 1001 | 职工A | 7168.00 | 7168.00 | 300 | 01 | 5000 | 1100 | 1100 | 1,368.00 | 3% | - | 41.04 | - | 41.04 | 41.04 | - | √ |
| 5 | 1002 | 职工B | 6048.00 | 6048.00 | 300 | 01 | 5000 | 1000 | 1000 | 348.00 | 3% | - | 10.44 | - | 10.44 | - | 10.44 | |
| 6 | 1003 | 职工C | 9381.12 | 9381.12 | 300 | 01 | 5000 | 1000 | 1000 | 3,681.12 | 3% | - | 110.43 | - | 110.43 | 110.43 | - | √ |
| 7 | 1004 | 职工D | 4659.20 | 4659.20 | 300 | 01 | 5000 | 500 | 500 | - | 0% | - | - | - | - | - | - | |
| 8 | 1005 | 职工E | 6128.64 | 6128.64 | 300 | 01 | 5000 | 400 | 400 | 1,028.64 | 3% | - | 30.86 | - | 30.86 | 30.86 | - | √ |
| 9 | 1006 | 职工F | 6513.92 | 6513.92 | 300 | 01 | 5000 | 500 | 500 | 1,313.92 | 3% | - | 39.42 | - | 39.42 | 39.42 | - | √ |
| 10 | 1007 | 职工G | 6433.28 | 6433.28 | 300 | 01 | 5000 | 1500 | 1500 | 233.28 | 3% | - | 7.00 | - | 7.00 | 7.00 | - | √ |
| 11 | 1008 | 职工H | 6585.60 | 6585.60 | 300 | 01 | 5000 | 1000 | 1000 | 885.60 | 3% | - | 26.57 | - | 26.57 | 26.57 | - | √ |
| 12 | 1009 | 职工I | 6048.00 | 6048.00 | 300 | 01 | 5000 | 1500 | 1500 | - | 0% | - | - | - | - | - | - | |
| 13 | 1010 | 职工J | 5028.89 | 5028.89 | 300 | 01 | 5000 | 500 | 500 | - | 0% | - | - | - | - | - | - | |
| 14 | 1011 | 职工H | 6467.33 | 6467.33 | 300 | 01 | 5000 | 600 | 600 | 1,167.33 | 3% | - | 35.02 | - | 35.02 | 35.02 | - | √ |
| 15 | 1012 | 职工K | 5716.48 | 5716.48 | 300 | 01 | 5000 | 400 | 400 | 616.48 | 3% | - | 18.49 | - | 18.49 | 18.49 | - | √ |
| 16 | 2020.01月合计 | | 76,178.46 | 76178.46 | 3,600.00 | - | 60,000.00 | 10,000.00 | 10,000.00 | 10,642.37 | - | - | 319.27 | - | 319.27 | 308.83 | 10.44 | - |

**步骤05** 生成2020.02月计算表。复制2:16行区域，粘贴至18:32行区域→将C20:C31单元格区域公式中的“D$2”批量替换为“D18”→设置“累计计税工资”和“前期已预缴税额”两个字段的公式。

• D20单元格：“=C20+VLOOKUP(A20,A4:D15,4,0)”，查找引用2020.01月的“累计计税工资”数据后加上2020.02月的计税工资→将公式向下填充至D21:D31单元格区域。

• N20单元格：“=VLOOKUP(A20,A4:P15,16,0)”，查找引用2020.01月的“本月实缴税额”，作为2020.02月的“前期已预缴税额”数据→将公式向下填充至N21:N31单元格区域。公式效果如下图所示。

N20 =VLOOKUP(A20,A4:P15,16,0)

| | A | B | C | D | E | F | G | H | I | J | K | L | M | N | O | P | Q | R |
|---|---|---|---|---|---|---|---|---|---|---|---|---|---|---|---|---|---|---|
| 17 | | | | | | | | | | | | | | | | | | |
| 18 | 工号 | 姓名 | 计税工资 | 2020.02月 | | | | | | | | | | | | | | |
| 19 | | | | 累计计税工资 | 其他应税收入 | 期数 | 累计扣除费用 | 月专项附加扣除额 | 累计专项附加扣除 | 累计应纳税所得额 | 税率 | 速算扣除数 | 累计应预缴税额 | 前期已预缴税额 | 本月应预缴税额 | 本月实缴税额 | 余额 | 已申报缴纳 |
| 20 | 1001 | 职工A | 7302.40 | 14470.40 | 500 | 02 | 10000 | 1100 | 2200 | 2,770.40 | 3% | - | 83.11 | 41.04 | 42.07 | - | 42.07 | |
| 21 | 1002 | 职工B | 5958.40 | 12006.40 | 500 | 02 | 10000 | 1000 | 2000 | 506.40 | 3% | - | 15.19 | - | 15.19 | - | 15.19 | |
| 22 | 1003 | 职工C | 8727.04 | 18108.16 | 500 | 02 | 10000 | 1000 | 2000 | 6,608.16 | 3% | - | 198.24 | 110.43 | 87.81 | - | 87.81 | |
| 23 | 1004 | 职工D | 4533.76 | 9192.96 | 500 | 02 | 10000 | 500 | 1000 | - | 0% | - | - | - | - | - | - | |
| 24 | 1005 | 职工E | 5976.32 | 12104.96 | 500 | 02 | 10000 | 400 | 800 | 1,804.96 | 3% | - | 54.15 | 30.86 | 23.29 | - | 23.29 | |
| 25 | 1006 | 职工F | 6558.72 | 13072.64 | 500 | 02 | 10000 | 500 | 1000 | 2,572.64 | 3% | - | 77.18 | 39.42 | 37.76 | - | 37.76 | |
| 26 | 1007 | 职工G | 6715.52 | 13148.80 | 500 | 02 | 10000 | 1500 | 3000 | 648.80 | 3% | - | 19.46 | 7.00 | 12.46 | - | 12.46 | |
| 27 | 1008 | 职工H | 6522.88 | 13108.48 | 500 | 02 | 10000 | 1000 | 2000 | 1,608.48 | 3% | - | 48.25 | 26.57 | 21.68 | - | 21.68 | |
| 28 | 1009 | 职工I | 5734.40 | 11782.40 | 500 | 02 | 10000 | 1500 | 3000 | - | 0% | - | - | - | - | - | - | |
| 29 | 1010 | 职工J | 5023.42 | 10052.31 | 500 | 02 | 10000 | 500 | 1000 | - | 0% | - | - | - | - | - | - | |
| 30 | 1011 | 职工H | 6512.13 | 12979.46 | 500 | 02 | 10000 | 600 | 1200 | 2,279.46 | 3% | - | 68.38 | 35.02 | 33.36 | - | 33.36 | |
| 31 | 1012 | 职工K | 5582.08 | 11298.56 | 500 | 02 | 10000 | 400 | 800 | 998.56 | 3% | - | 29.96 | 18.49 | 11.47 | - | 11.47 | |
| 32 | 2020.02月合计 | | 75,147.07 | 151325.53 | 6,000.00 | - | 120,000.00 | 10,000.00 | 20,000.00 | 19,797.86 | - | - | 593.92 | 308.83 | 285.09 | - | 285.09 | - |

此后每月只需三步简单的操作即可快速生成当月计算表。

① 复制上一个月计算表粘贴至下方区域→修改月份。

② 批量替换“计税工资”字段区域中所引用的月份所在单元格，无须修改公式即可准确计算当月所有数据。例如，生成2020.03月计算表。复制2020.02月计算表粘贴至A34:R48单元格区域

后，将 D34 单元格中字符修改为"2020.03 月"。

③ 将 C36:C47 单元格区域公式中的"D18"批量替换为"D34"即可，效果如下图所示。

| 工号 | 姓名 | 计税工资 | 累计计税工资 | 其他应税收入 | 期数 | 累计扣除费用 | 月专项附加扣除额 | 累计专项附加扣除 | 累计应纳税所得额 | 税率 | 速算扣除数 | 累计应预缴税额 | 前期已预缴税额 | 本月应预缴税额 | 本月实缴税额 | 余额 | 已申报缴纳 |
|---|---|---|---|---|---|---|---|---|---|---|---|---|---|---|---|---|---|
| | | | | | | | | 2020.03月 | | | | | | | | | |
| 1001 | 职工A | 7072.40 | 21542.80 | 500 | 03 | 15000 | 1100 | 3300 | 3,742.80 | 3% | - | 112.28 | - | 112.28 | - | 112.28 | |
| 1002 | 职工B | 5888.40 | 17894.80 | 500 | 03 | 15000 | 1000 | 3000 | 394.80 | 3% | - | 11.84 | - | 11.84 | - | 11.84 | |
| 1003 | 职工C | 9107.04 | 27215.20 | 500 | 03 | 15000 | 1000 | 3000 | 9,715.20 | 3% | - | 291.46 | - | 291.46 | - | 291.46 | |
| 1004 | 职工D | 4633.76 | 13826.72 | 500 | 03 | 15000 | 500 | 1500 | - | 0% | - | - | - | - | - | - | |
| 1005 | 职工E | 5896.32 | 18001.28 | 500 | 03 | 15000 | 400 | 1200 | 2,301.28 | 3% | - | 69.04 | - | 69.04 | - | 69.04 | |
| 1006 | 职工F | 6358.72 | 19431.36 | 500 | 03 | 15000 | 500 | 1500 | 3,431.36 | 3% | - | 102.94 | - | 102.94 | - | 102.94 | |
| 1007 | 职工G | 6200.52 | 19349.32 | 500 | 03 | 15000 | 1500 | 4500 | 349.32 | 3% | - | 10.48 | - | 10.48 | - | 10.48 | |
| 1008 | 职工H | 6642.88 | 19751.36 | 500 | 03 | 15000 | 1000 | 3000 | 2,251.36 | 3% | - | 67.54 | - | 67.54 | - | 67.54 | |
| 1009 | 职工I | 5834.40 | 17616.80 | 500 | 03 | 15000 | 1500 | 4500 | - | 0% | - | - | - | - | - | - | |
| 1010 | 职工J | 4949.92 | 15002.23 | 500 | 03 | 15000 | 500 | 1500 | - | 0% | - | - | - | - | - | - | |
| 1011 | 职工H | 6312.13 | 19291.59 | 500 | 03 | 15000 | 600 | 1800 | 2,991.59 | 3% | - | 89.75 | - | 89.75 | - | 89.75 | |
| 1012 | 职工K | 5632.08 | 16930.64 | 500 | 03 | 15000 | 400 | 1200 | 1,230.64 | 3% | - | 36.92 | - | 36.92 | - | 36.92 | |
| 2020.03合计 | | 74,528.57 | 225654.10 | 6,000.00 | - | 180,000.00 | 10,000.00 | 30,000.00 | 26,408.35 | - | - | 792.25 | - | 792.25 | - | 792.25 | - |

### 9.4.3 引用累计预扣预缴税额

引用累计预扣预缴税额是指在计算扣除个税后的实发工资时运用 VLOOKUP 函数，根据每位职工的工号查找引用"本月应预缴税额"至"2020.01 月工资表"中。这一步看似简单，其实存在两个难点。

① 我们将在"累计预扣预缴计算表"中计算全年 1~12 月的应预缴所得税，因此所有职工的"工号"和"姓名"都会重复列示。而 VLOOKUP 函数仅能从"累计预扣预缴计算表"中查找到与工资表中工号匹配的第一个工号并返回对应的第一个"本月应预缴税额"数据。

② 如果要让 VLOOKUP 函数准确查找到对应月份的数据，就必须每月手动设置第 3 个参数"累计预扣预缴计算表"中当月数据所在的单元格区域，这在一定程度上对工作效率有所影响。

例如，在"2020.01 月工资表"中引用"本月应预缴税额"字段数据的公式为"=VLOOKUP(A3, 累计预扣预缴计算表 !A4:R16,15,0)"，那么在"2020.02 月工资表"中的公式就变为"=VLOOKUP( A3, 累计预扣预缴计算表 !A20:R32,15,0)"，以此类推。

那么，能否在 VLOOKUP 函数公式的第 3 个参数中嵌套一个函数公式自动识别每月应当引用"累计预扣预缴计算表"的单元格区域，其实我们依然可以运用 INDIRECT 函数实现，但是其中还需嵌套 MATCH 函数公式。由于公式较长，如果直接在单元格中设置组合公式，难以理解，因此我们在工资表中添加一个辅助单元格，设置 MATCH 函数公式返回所需数据，作为被 INDIRECT 函数引用的源数据。操作步骤如下。

**步骤01** 将"2020.01 工资表"中 A15 单元格的格式自定义为"@月合计"→输入"2020.01"显示"2020.01月合计"。其中，实际数值"2020.01"与"累计预扣预缴计算表"中 D2 和 A16 单元格数值完全相同。

## Chapter 09
### 管好企业的涉税风险防范——税金及纳税申报管理

**步骤02** 在空白区域的任一单元格中设置公式,如在 S3 单元格中设置公式 "=" 累计预扣预缴计算表 !A$"& MATCH(A15,累计预扣预缴计算表 !D:D,0)&":R$"&MATCH(A15,累计预扣预缴计算表 !A:A,0)",运用 MATCH 函数查找 A15 单元格中数值 "2020.01" 在 "累计预扣预缴计算表"中 D 列和 A 列的行数,并分别与指定的列标 "A" 和 "R" 组合。

公式返回结果为"累计预扣预缴计算表 !A$2:R$16"。下面将这一公式分解,并列示分解后的函数公式表达式,即可充分理解其原理,如下图所示。

| 公式结果 | 公式分解 | 公式表达式/单元格数值格式 |
|---|---|---|
| 累计预扣预缴计算表 !A$2:R$16 | 累计预扣预缴计算表 !A$ | 文本字符 |
| | 2 | =MATCH(A15,累计预扣预缴计算表 !D:D,0) |
| | :R$ | 文本字符 |
| | 16 | =MATCH(A15,累计预扣预缴计算表 !A:A,0) |

**步骤03** 最后在 M3 单元格中设置公式 "=VLOOKUP(A3,INDIRECT(S$3),15,0)"→向下填充公式至 M4:M14 单元格区域即可,效果如下图所示。

××市××有限公司2020年1月工资表

| 工号 | 姓名 | 所属部门 | 基本工资 | 工龄工资 | 职务津贴 | 绩效提成 | 交通补贴 | 其他补贴 | 应付工资 | 代扣社保 | 计税工资 | 代扣代缴个税 | 应发工资 | 考勤扣款 | 其他扣款 | 实发工资 |
|---|---|---|---|---|---|---|---|---|---|---|---|---|---|---|---|---|
| 1001 | 职工A | 销售部 | 6000 | 350 | 500 | 800.00 | 200 | 150 | 8000.00 | 832.00 | 7168.00 | 41.04 | 7126.96 | 200 | 60 | 6,867.00 |
| 1002 | 职工B | 市场部 | 4500 | 300 | 300 | 1,200.00 | 300 | 150 | 6750.00 | 702.00 | 6048.00 | 10.44 | 6037.56 | 150 | 10 | 5,878.00 |
| 1003 | 职工C | 财务部 | 6500 | 200 | 2000 | 1,500.00 | 120 | 150 | 10470.00 | 1,088.88 | 9381.12 | 110.43 | 9270.69 | 218 | 30 | 9,023.00 |
| 1004 | 职工D | 销售部 | 3000 | 350 | 500 | 1,000.00 | 200 | 150 | 5200.00 | 540.80 | 4659.20 | — | 4659.20 | — | — | 4,659.00 |
| 1005 | 职工E | 市场部 | 5200 | 150 | 300 | 800.00 | 240 | 150 | 6840.00 | 711.36 | 6128.64 | 30.86 | 6097.78 | — | — | 6,098.00 |
| 1006 | 职工F | 市场部 | 5500 | 50 | 500 | 920.00 | 150 | 150 | 7270.00 | 756.08 | 6513.92 | 39.42 | 6474.50 | — | — | 6,475.00 |
| 1007 | 职工G | 财务部 | 5000 | 450 | 500 | 900.00 | 180 | 150 | 7180.00 | 746.72 | 6433.28 | 7.00 | 6426.28 | — | — | 6,426.00 |
| 1008 | 职工H | 行政部 | 5500 | 250 | 400 | 850.00 | 200 | 150 | 7350.00 | 764.40 | 6585.60 | 26.57 | 6559.03 | 185 | — | 6,374.00 |
| 1009 | 职工I | 销售部 | 4500 | 300 | 300 | 1,200.00 | 300 | 150 | 6750.00 | 702.00 | 6048.00 | — | 6048.00 | — | — | 6,048.00 |
| 1010 | 职工J | 市场部 | 4000 | 100 | 200 | 882.80 | 280 | 150 | 5612.60 | 583.71 | 5028.89 | — | 5028.89 | — | 225 | 4,804.00 |
| 1011 | 职工L | 行政部 | 5500 | 150 | 200 | 768.00 | 150 | 150 | 7218.00 | 750.67 | 6467.33 | 35.02 | 6432.31 | — | — | 6,432.00 |
| 1012 | 职工K | 财务部 | 4500 | 400 | 300 | 830.00 | 100 | 150 | 6380.00 | 663.52 | 5716.48 | 18.74 | 5697.99 | — | — | 5,698.00 |
| 2020.01月合计 | | | 59700 | 3050 | 6400 | 11,680.60 | 2420 | 1800 | 85020.60 | 8842.14 | 76178.46 | 319.27 | 75859.19 | 978.00 | 100.00 | 74782.00 |

公式结果:累计预扣预缴计算表 !A$2:R$16

**步骤04** 测试公式效果。复制 S3 单元格,粘贴至"2020.02 工资表"的 S3 单元格中,可看到公式返回结果随之变为"累计预扣预缴计算表 !A$18:R$32"。同时,"代扣代缴个税"字段下的 M3:M14 单元格区域中数据已做自动运算,并且与"累计预扣预缴计算表"的 A18:R32 单元格区域中"本月应预缴税额"字段下的数据完全相符,表明公式正确无误,效果如下图所示。

349

| M3 | | | fx | =VLOOKUP(A3,INDIRECT($S$3),15,0) | | | | | | | | | | | | | |
|---|---|---|---|---|---|---|---|---|---|---|---|---|---|---|---|---|---|
| | A | B | C | D | E | F | G | H | I | J | K | L | M | N | O | P | Q | R | S |
| 1 | | | | | | | ××市××有限公司2020年2月工资表 | | | | | | | | | | | |
| 2 | 工号 | 姓名 | 所属部门 | 基本工资 | 工龄工资 | 职务津贴 | 绩效提成 | 交通补贴 | 其他补贴 | 应付工资 | 代扣社保 | 计税工资 | 代扣代缴个税 | 应发工资 | 考勤扣款 | 其他扣款 | 实发工资 | |
| 3 | 1001 | 职工A | 销售部 | 6000 | 350 | 500 | 1,000.00 | 200 | 100 | 8150.00 | 847.60 | 7302.40 | 42.07 | 7260.33 | 30 | — | 7,230.00 | 累计预扣预缴计算表!A$18:R$32 |
| 4 | 1002 | 职工B | 市场部 | 4500 | 300 | 300 | 1,150.00 | 300 | 100 | 6650.00 | 691.60 | 5958.40 | 15.19 | 5943.21 | — | — | 5,943.00 | |
| 5 | 1003 | 职工C | 财务部 | 6500 | 200 | 2000 | 820.00 | 120 | 100 | 9740.00 | 1,012.96 | 8727.04 | 87.81 | 8639.23 | — | — | 8,639.00 | |
| 6 | 1004 | 职工D | 销售部 | 3000 | 350 | 500 | 910.00 | 200 | 100 | 5060.00 | 526.24 | 4533.76 | — | 4533.76 | — | — | 4,534.00 | |
| 7 | 1005 | 职工E | 市场部 | 5200 | 150 | 300 | 680.00 | 240 | 100 | 6670.00 | 693.68 | 5976.32 | 23.29 | 5953.03 | — | — | 5,953.00 | |
| 8 | 1006 | 职工F | 销售部 | 5500 | 50 | 500 | 1,020.00 | 150 | 100 | 7320.00 | 761.28 | 6558.72 | 37.76 | 6520.96 | — | — | 6,521.00 | |
| 9 | 1007 | 职工G | 财务部 | 5000 | 450 | 500 | 1,265.00 | 180 | 100 | 7495.00 | 779.48 | 6715.52 | 12.46 | 6703.06 | — | — | 6,703.00 | |
| 10 | 1008 | 职工H | 行政部 | 5500 | 250 | 400 | 830.00 | 200 | 100 | 7280.00 | 757.12 | 6522.88 | 21.68 | 6501.20 | 60 | — | 6,441.00 | |
| 11 | 1009 | 职工I | 销售部 | 4500 | 300 | 400 | 900.00 | 200 | 100 | 6400.00 | 665.60 | 5734.40 | — | 5734.40 | — | — | 5,734.00 | |
| 12 | 1010 | 职工J | 市场部 | 4000 | 100 | 200 | 926.50 | 280 | 100 | 5606.50 | 583.08 | 5023.42 | — | 5023.42 | — | — | 5,023.00 | |
| 13 | 1011 | 职工H | 行政部 | 5500 | 150 | 500 | 868.00 | 150 | 100 | 7268.00 | 755.87 | 6512.13 | 33.36 | 6478.77 | — | 30 | 6,449.00 | |
| 14 | 1012 | 职工K | 财务部 | 4500 | 400 | 400 | 730.00 | 100 | 100 | 6230.00 | 647.92 | 5582.08 | 11.47 | 5570.61 | — | — | 5,571.00 | |
| 15 | 2020.02月合计 | | | 59700 | 3050 | 6400 | 11,099.50 | 2420 | 1200 | 83869.50 | 8722.43 | 75147.07 | 285.09 | 74861.98 | 90.00 | 30.00 | 74741.00 | |

> **专家点拨**
>
> 实务中制作工作表流程是：第1个月工资表模板制作完成后，核算次月工资时全部复制模板所在的整个工作表并粘贴至当月工作表中，只需修改 A1 和 A15 单元格中的月份数，再根据企业薪酬管理制度和实际经营数据修改工资项目中的变量数据，包括"绩效提成""交通补贴"和"其他补贴"等字段中的数据即可完成计算，其他包含公式的单元格中无须再做任何手动设置或修改。

## 9.5 纳税申报管理

实务中，财务人员在每月月末结账并计算得出各税种的应纳税款之后，还必须在次月申报期限内办理纳税申报。虽然这项工作总体看来非常简单，只需按照已经准备妥当的报表如实填报、缴税即可。但是，申报工作本身及之后涉及了许多简单却很重要的细节性事项，如报表填列、正式申报、实际缴纳税款、导出申报表、打印申报表、打印缴款凭证、税盘清卡、系统备份等，事无巨细都需要完成，而从事过报税工作的财务人员都非常清楚，由于种种原因，上述一系列操作通常不太可能连贯完成，这样就很容易在烦琐的工作中遗忘其中某些细节，从而影响工作效率。因此，本节将制作两个表格，包括申报进度表和万年历，其功能和作用如下图所示。

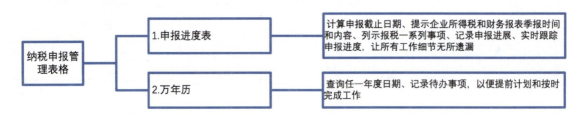

## 9.5.1 制作申报进度表,实时跟踪申报进度

制作申报进度表的方法很简单,根据实务中每个常用税种的申报要求,列示出其中相关细节工作,完成一项后及时做记录并自动返回当天日期即可。希望读者重点把握关于纳税申报的管理思路及 Excel 的运用技巧。具体操作步骤如下。

**步骤01** 新建 Excel 工作簿,命名为"纳税申报管理"→将工作表"Sheet1"重命名为"申报进度表"。绘制表格框架,根据税种和实际申报要求设置字段名称(同时列出企业所得税、财务报表及工商信息公示年报字段)。初始表格如下图所示。

**步骤02** 分别在各单元格中做以下操作,计算"倒计时"天数,并提示季报。

• A1 单元格:输入当月月份"12"→将单元格的格式自定义为"0月申报截止日期:"。

• C1 单元格:按照税收日历列示的实际申报截止日期输入 12 月申报截止日期"12-15"。

• D1 单元格:"=IF(C1-TODAY()<0,"已截止","申报倒计时:"&C1-TODAY()&"天")",以申报截止日期和当前计算机系统日期为依据,计算倒计时天数。

• I1 单元格:

① 设置公式"=MAX(IF(A1={1,4,7,10},{4,1,2,3}))",判断 A1 单元格中的月份数是否为 1 月、4 月、7 月、10 月,返回应在这些月份进行季报的季度数。

② 将单元格的格式自定义为"[=0]本月无须季报;[=4]"★请申报:上年第 # 季 企业所得税和财务报表;请申报:本年第 # 季 企业所得税和财务报表★"。根据 I1 单元格公式返回的数值呈不同的提示内容。这一效果也可运用 IF 或 TEXT 函数实现,效果如下图所示。

③ 测试 I1 单元格公式。

在 A1 单元格中输入"1",代表 1 月,I1 单元格显示内容如下图所示。

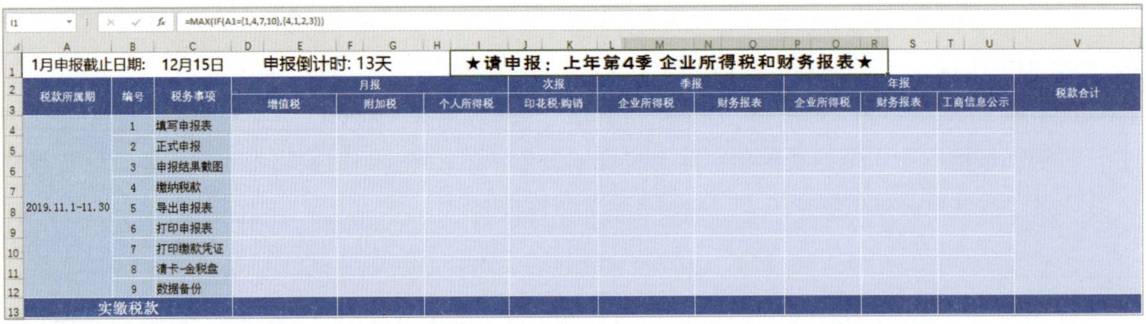

在 A1 单元格中输入"7",代表 7 月,I1 单元格显示内容如下图所示。

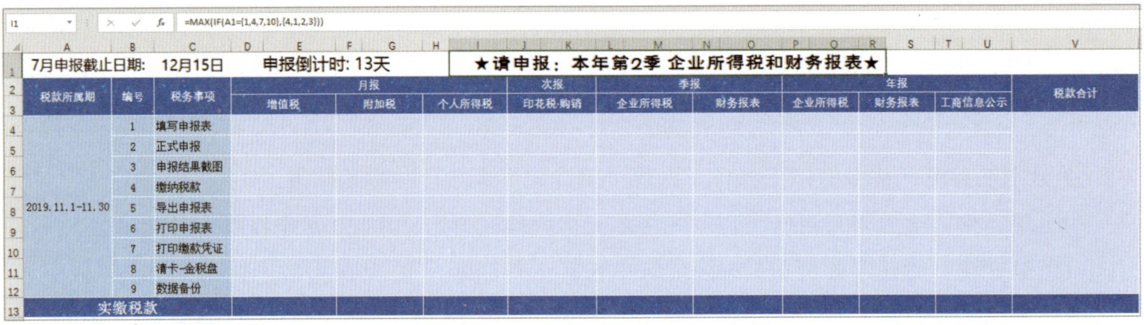

**步骤03** 记录工作进展和完成日期。

① 将 D4:D12、F4:F12、H4:H12、J4:J12、L4:L12、N4:N12、P4:P12、R4:R12、T4:T12 单元格区域的格式自定义为"[=1] √ ;[=2] ○ ;-",其含义是输入数字"1"时,显示"√",代表已完成;输入数字"2"时,显示"○",代表不能完成(是指因客观因素无法完成,并非未完成);输入数字"0"或其他数据时,显示"-",代表该税种不涉及此项操作。

② 在以上单元格区域中任意输入数字"0""1""2",以测试下一步公式效果。

③ 在 E4 单元格中设置公式"=IF(D4=0,"-",IF(E4="-",TODAY(),E4))"→将公式向下填充至 E5:E12 单元格区域→将 E4:E12 单元格区域公式复制粘贴至 G4:G12、I4:I12、K4:K12、M4:M12、O4:O12、Q4:Q12、S4:S12 和 U4:U12 单元格区域。

由于公式中引用了 E4 单元格本身,因此就形成了循环公式。公式设置逻辑:运用 IF 函数判断 D4 单元格数值是否为"0",判断结果为真时,表示没有此项工作,因此 E4 单元格返回符号"-"。否则,再次运用 IF 函数判断 E4 单元格中符号是否为"-",判断结果为真时,返回当天日期(即完成此项工作的日期),否则返回符号"-"。

④ Excel 系统在默认设置下,在输入循环公式后将会弹出提示对话框,提示因公式循环将导致计算不正确,如下图所示。

> Chapter 09
> 管好企业的涉税风险防范——税金及纳税申报管理

由于 E4 单元格所设公式的作用是逻辑判断，并不涉及计算数据，因此我们可以通过修改系统设置取消提示，同时使公式正常发挥作用。打开【Excel 选项】对话框→在【公式】选项中选中【启用迭代计算】复选框即可，如下图所示。

⑤ 最后可运用"条件格式"工具，将已填写申报进展情况的单元格填充颜色，以便与暂未完成的工作进行区分。

完成以上操作后，效果如下图所示。

**步骤04** 简单记录每一税种的实缴金额，并汇总税款总额。实际缴纳税款后，在 D13:T13 单元格区域中填入实缴金额，没有产生税金的税种或事项（如财务报表、工商信息公示）直接填 0 即可→分别在 V13、V4 和 V2 单元格中设置以下公式。

• V13 单元格："=ROUND(SUM(D13:U13),2)"，汇总当月实缴税款总额。

• V4 单元格："=IF(V13>0,V13," 本月暂无税款 ")"，在缴纳税款并填入报税进展之后，返回 V13 单元格中的合计金额，否则返回指定的文本字符。

• V2 单元格："=" 税款合计 "&ROUND(SUMIF(A:A," 实缴税款 ",V:V),2)"，汇总全年实缴税款。

353

最终效果如下图所示。

**专家点拨**

申报进度表模板制作完成后，每月报税前向下复制粘贴模板即可使用。

## 9.5.2 化繁为简制作动态万年历

说到万年历，其实 Excel 已为用户提供了各式各样的日历模板，需要时可搜索选择使用。但是，这些模板有一个共同点，就是公式冗长复杂，难以理解，这让很多想要参考模板公式自行制作个性化万年历的财务人员望而却步。例如，在"具有季节性插图的任意年份日历1"模板中，全年日历由每月一个（共12个）工作表组成，无法通过一个工作表查询所有月份日期。同时，计算日期的公式中嵌套了多个函数，表达式的逻辑思路也比较复杂，如下图所示。而且，每月日历的公式都略有不同，更不利于批量复制粘贴。

那么，有没有更简便的方法，只运用一些常用函数设置简单易懂的公式制作一份仅在同一工作表中就能按年度、月份查询日期的万年历呢？其实只要转换思路，理清日期和星期之间的逻辑关

系，就能找到简便方法实现这一目标。

### 1. 要点分析及制表思路

下面首先绘制一个万年历框架，再分析要点，将制作思路和流程化繁为简，快速制作出我们心目中的万年历。

（1）制作框架。

将"纳税申报管理"工作簿的工作表"Sheet2"重命名为"万年历查询"，借鉴上图模板格式绘制框架→在 B1 单元格中输入当前月份→设置单元格格式为"日期"-"2019 年 11 月"→在 B3:H3 单元格区域中依次输入数字 1~7 →设置单元格格式为"日期"-"星期三"，如下图所示。

（2）要点分析。

① 每月第 1 个星期与日期匹配。日历中，日期的排列规律是按照自星期日起至星期六止为 1 行，每 1 行 7 天这样周而复始排列。而每月的第 1 个星期（B4:H4 单元格区域）的 7 个日期中必然由上月末和本月初的 n 个日期组成。那么，要实现星期与日期自动匹配，首先要确定每月第 1 日的星期数。

② 推算本月第 1 个星期的第 1 天（星期日）的日期。确定每月第 1 日的星期数后，即可由此向前推算第 1 个星期中第 1 天的日期数。例如，2019 年 11 月 1 日是星期五，即可向前推算星期日的日期为 10 月 27 日，那么之后的日期从 10 月 27 日起逐日累加即可。

（3）制表思路。

通过要点分析，我们可以明确一点：只要计算得到每月第 1 日的星期数即可解决所有问题。由此可整理得出制作万年历的基本思路和方法，如下图所示。

◆添加辅助表，用于填入需要查询的年月或通过【数值调节钮】窗体控件控制需要查询的年数和月数

◆运用DATE函数返回该月份的第1日和星期数。如查询2019年11月，返回2019年11月1日和星期五

◆向前推算每月第1日的星期数与第1个星期第1天（即星期日）之间的差距天数→在日历中将第1日的日期减去这个差距天数，即可得到第1个星期第1天的日期→后面日期逐日累加。例如，2019年11月1日星期五与星期日差距5天，那么11月1日减5之后的结果为10月27日

◆运用“条件格式”工具区分日历中上月末、本月及下月初日期的格式，并突显“今天”的日期

◆在日期下面设置重要待办事项备忘，以便提示财务人员预先做好工作准备，也可避免因事务繁杂而有所遗漏

## 2. 制作万年历

从上图中的制表思路来看，制作万年历其实仅需 4 个函数，即 WEEKDAY、DATE、TODAY 和 VLOOKUP 函数，另外，在“条件格式”工具中设置格式时将用到 2 个函数，即 OR 和 EOMONTH 函数，均为常用简单函数。而且，公式也将非常简短、浅显易懂。具体操作步骤如下。

步骤01 在 K1:O2 单元格区域添加辅助表→设置字段名称和单元格格式→分别在 K2 和 L2 单元格中输入年份“2019”和月份“11”→分别在 M2、N2、O2 和 B1 单元格中设置以下公式。

• M2 单元格：“=DATE(K2,L2,1)”，将 K2 和 L2 单元格中的年份、月份及数字“1”组合成标准日期。

• N2 单元格：“=WEEKDAY(M2)”，计算 M2 单元格中日期的星期数。

• O2 单元格：“=N2-1”，计算第 1 日的星期数与星期日之间的差距天数。数字“1”代表每星期的第一天，即星期日。

• B1 单元格：“=M2”，直接引用 M2 单元格中的日期。

辅助表效果如右图所示。

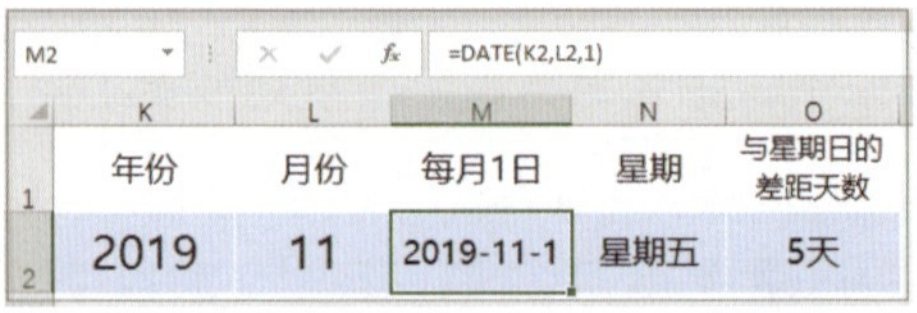
M2 =DATE(K2,L2,1)

| | K | L | M | N | O |
|---|---|---|---|---|---|
| 1 | 年份 | 月份 | 每月1日 | 星期 | 与星期日的差距天数 |
| 2 | 2019 | 11 | 2019-11-1 | 星期五 | 5天 |

步骤02 插入两个【数值调节钮】窗体控件，用于控制和调节年份和月份。分别按照左下图和右下图所示设置控件格式。

**步骤03** 分别在日历中的以下单元格中设置公式，计算日期。

• B4 单元格："=$B$1-$O$2"，用 B1 单元格中的日期数"2019-11-1"减去 O2 单元格中的差距天数即可得到星期日的日期为"2019-10-27"→将单元格的格式自定义为"d"，仅显示日期数。

• C4 单元格："=B4+1"→向右填充公式至 D4:H4 单元格区域。

• B6 单元格："=H4+1"，将 H4 单元格中的本月第 1 个星期的最后一天日期加 1，即得到第 2 个星期第 1 天的日期。

• C6 单元格："=B6+1"→向右填充公式至 D6:H6 单元格区域，逐日累加第 2 个星期每天的日期。

按照上述方法填充 B8:H8、B10:H10、B12:H12 和 B14:H14 单元格区域公式，效果如下图所示。

**步骤04** 运用"条件格式"工具对 B4:H14 单元格区域设置以下格式，发挥不同效果。设置方法如表 9-6 所示。

表 9-6 运用"条件格式"工具设置单元格区域格式

| 单元格区域 | 选择规则类型 | 公式表达式 | 格式 | 效果 |
| --- | --- | --- | --- | --- |
| B4:H14 | 使用公式确定要设置格式的单元格 | =OR(B4<$B$1,B4>EOMONTH($B$1,0)) | 将字体设置为灰色 | 上月末和下月初日期字体为灰色 |
| | | =B4=TODAY() | 填充颜色，字体设置为白色 | 突出显示"今天"的日期 |

**步骤05** 日历中同样可设置公式提示申报截至“倒计时”的提示。在 D2 单元格中输入 12 月申报截止日期→在以下单元格中设置公式或自定义格式。

• D1 单元格：“=TODAY()”→单元格的自定义格式为“今天是： m 月 d 日 星期 aaa”，同时显示日期和星期数。

• G1 单元格：“=IF(D2-D1<0," 已截止 "," 倒计时 :"&D2-D1&" 天 ")”，计算倒计时天数，并返回指定结果。公式效果如下图所示。

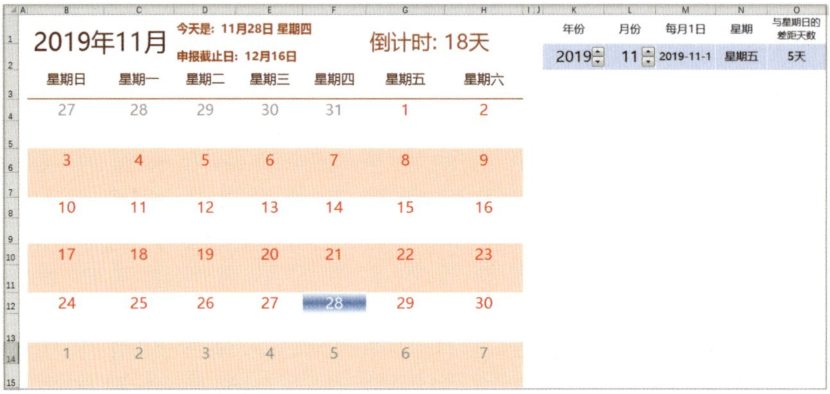


**步骤06** 最后在日期下面设置显示重要待办事项备忘，以便提示财务人员预先做好工作准备，也可避免因事务繁杂而有所遗漏。

① 新增工作表，命名为“备忘录”→创建超级表→填入近期重要待办事项，如左下图所示。

② 切换至“万年历查询”工作表→在 B5 单元格中设置公式“=IFERROR(VLOOKUP(B4, 备忘录 !$B:$C,2,0),"")”→将公式向右填充至 C5:H5 单元格区域→将 B5:H5 单元格区域公式复制粘贴至 B7:H7、B9:H9、B11:H11、B13:H13、B15:H15 单元格区域。最终效果如右下图所示。

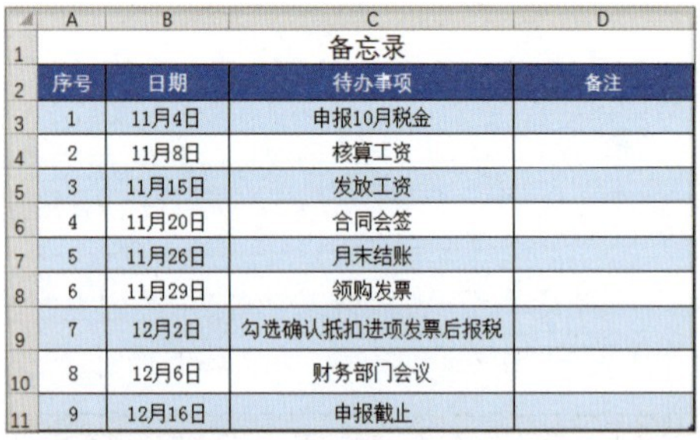

备忘录

| 序号 | 日期 | 待办事项 | 备注 |
|---|---|---|---|
| 1 | 11月4日 | 申报10月税金 | |
| 2 | 11月8日 | 核算工资 | |
| 3 | 11月15日 | 发放工资 | |
| 4 | 11月20日 | 合同会签 | |
| 5 | 11月26日 | 月末结账 | |
| 6 | 11月29日 | 领购发票 | |
| 7 | 12月2日 | 勾选确认抵扣进项发票后报税 | |
| 8 | 12月6日 | 财务部门会议 | |
| 9 | 12月16日 | 申报截止 | |

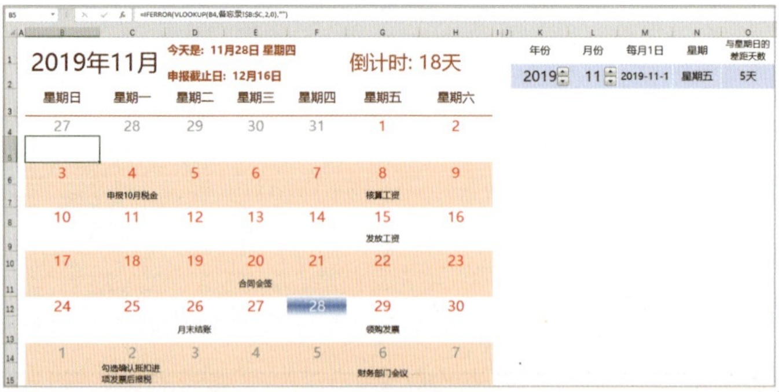


**步骤07** 测试效果。单击【数值调节钮】窗体控件，调节年份或月份，核对日期及其他数据是否正确，效果如下图所示。

▶Chapter 09
管好企业的涉税风险防范——税金及纳税申报管理

> **专家点拨**
>
> 本小节添加辅助表的目的是简化公式，便于理解。如果读者已经熟练掌握嵌套公式的方法，可将辅助表的公式与万年历中的公式嵌套组合。

> **高手自测 28**
>
> 本小节制作的万年历可以按照指定年月查询日期。如果全自动显示当前计算机系统日期，不通过辅助表查询，应当如何调整公式？能否删除辅助表？

## 高手神器 7：发票提取工具——一键提取进销发票明细

日常工作中，使用过"增值税发票税控开票软件"的财务人员都知道，在开票软件中无法直接将销项发票信息及发票明细导出为 Excel 文件。

这里推荐一款小巧简洁的发票提取工具，可一次性提取所有增值税发票明细（包括销货清单明细），便于财务人员后续分析统计。除此之外，还可从"增值税发票综合服务平台"网站直接提取供应商已开具的进项发票。财务人员不必登录网站即可查询进项发票信息及认证状态。发票提取工具使用方法如下。

**步骤01** 查询发票。上网搜索"发票提取工具"并下载安装包后，将其安装在装有"增值税发票税控开票软件"的计算机中，并确保已插入税控盘→打开软件后选择月份，单击【提取】按钮即可查询所选月份的全部销项发票信息，如下图所示。

359

步骤02 导出发票。单击【导出发票】按钮，弹出【导出发票】对话框→选择"EXCEL"文件格式→选择"开票年月"后单击【导出】按钮，如左下图所示→指定存储 Excel 表格的文件夹即可→打开已导出的 Excel 文件即可看到所有销项发票的全部商品明细→删除无用的字段后即可进行后续的统计分析，如右下图所示。

## 高手神器 8：税务工具箱——财务人员的办税好助手

税务工具箱是一款用于协助财务人员日常办公的小工具。它虽然小巧，但是集多种功能于一体，不仅能够及时为财务人员收集税务机关发布的最新公告、各种税收热点新闻、政策、税收法规及政策解读资讯，还能帮助财务人员快速下载各种税收软件、办税文档，并一键访问各大办税网站。下面简要介绍税务工具箱的使用方法。

步骤01 下载安装后打开"税务工具箱"即可看到【首页】选项卡中列示了最近一周的税收公告、政策解读等信息，如左下图所示。

步骤02 单击【软件】选项卡后可从中快速下载和安装办税必需的税务软件，包括各种开票软件、数字证书、办税客户端软件等。单击【下载软件】按钮即可下载→完成下载后单击【安装软件】按钮即可立即进行安装，如右下图所示。

▶ Chapter 09
管好企业的涉税风险防范——税金及纳税申报管理

步骤 03 单击【文档】选项卡,可从中下载各种税务文档,如办税指南、申报纳税、各种报税表单、文档等,如左下图所示。只需双击打开文件夹,从中下载所需文件即可。

步骤 04 单击【网站】选项卡,可看到各个办税网站的链接,单击链接即可一键访问,如右下图所示。

361

# Chapter 10
## 做好企业的经营成果分析
## ——财务报表和财务指标分析

财务报表是反映企业或预算单位一定时期资金、利润状况的会计报表。财务指标是指企业总结和评价财务状况和经营成果的相对指标。财务报表分析是为了判断企业的财务状况是否良好，经营管理是否健全而对财务报表所提供的数据进行加工后，再依据专门的财务指标做出比较、分析和评价。

我国财务报表的种类、格式、编报要求，必须遵循统一的会计制度规定，并由企业定期编报。财务报表主要包括资产负债表、利润表、现金流量表和所有者权益变动表。实际工作中，企业通常要求每月编制前三项报表，通过分析报表数据，及时掌握企业经营财务状况。而所有者权益变动表通常在企业的所有者权益项目发生变动时才要求编制。实务中，企业常用四大"能力"财务指标对财务报表数据进行分析与评价。四大财务指标包括偿债能力指标、营运能力指标、盈利能力指标和发展能力指标。

本章主要介绍运用 Excel 函数公式实现自动编制并计算分析右图所示的财务报表和四大财务指标。

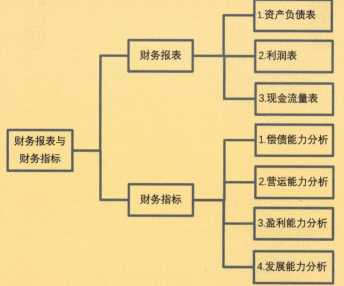

### 请带着下面的问题走进本章

（1）财务报表中，编制资产负债表和利润表涉及多个会计科目的数据，能否运用 Excel 设置函数公式，根据科目汇总表中数据自动生成所需数据，达到快速编制报表的目标？

（2）由于现金流量表中的项目名称与会计科目无一相同，因此在编制此表时难以设置公式引用科目汇总表中的相关数据，那么有什么方法能够解决这一难题？

## 10.1 财务报表编制与分析

资产负债表代表企业的资产负债及股东权益，利润表代表企业的利润来源，现金流量表代表企业的现金流和资产负债表的变化情况，这三项报表是财务报表中最重要的报表。本节将以第 6 章制作的"总分类账"工作簿中"科目汇总表"中的数据为基础，运用 Excel 自动生成 2019 年 11 月资产负债表的各项目数据，并分享报表数据分析的方法和思路。

### 10.1.1 资产负债表数据分析

资产负债表是反映企业在某一特定日期（如月末、季末、年末）全部资产、负债和所有者权益情况的会计报表，是企业经营活动的静态体现，根据"资产 = 负债 + 所有者权益"这一会计恒等式，依照一定的分类标准和次序，将某一特定日期的资产、负债、所有者权益的具体项目予以适当的排列编制而成。资产负债表利用会计平衡原则，将符合会计原则的"资产""负债""权益"科目大类划分为"资产"和"负债及所有者权益"两大板块，再经过分录、记账、分类账、试算、调整等会计核算流程后，以特定日期的静态财务状况为基准，将以上科目大类中的所有数据浓缩并体现在一张报表中，以便让企业经营者及管理层全面了解整体经营状况，并分析期初至期末的变动额及变动率，以及每一报表项目对总体数据的影响程度。

#### 1. 调整科目汇总表

根据一般企业资产负债表的统一编制要求，报表中的部分项目数据是由两个或两个以上一级科目的数据汇总而成。由于资产负债表和利润表都将引用"科目汇总表"中的数据，因此为了简化引用公式，在编制报表之前，首先将"科目汇总表"做调整。复制粘贴一份"总分类账"工作簿，将其名称修改为"财务报表管理"，按照下图所示步骤调整"科目汇总表"。

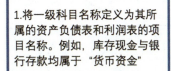
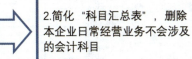

调整后的"科目汇总表"初始表格及基础数据如下图所示。

## 科目汇总表

| 科目类别 | 科目名称 | 借方发生额 | 贷方发生额 | | 方向 | 资产 | 负债 | 权益 | 成本 | 损益 | 合计 |
|---|---|---|---|---|---|---|---|---|---|---|---|
| 权益 | 4103 本年利润 | — | 53,423.29 | | 借方 | 1,520,211.93 | 327,387.00 | 119,775.95 | — | 1,308,163.25 | 3,275,538.13 |
| | | | | | 贷方 | 934,307.84 | 859,867.80 | 173,199.24 | — | 1,308,163.25 | 3,275,538.13 |

| 类别 | 编码级次 | 报表项目 | 科目编码 | 一级科目 | 二级科目 | 三级科目 | 余额 | | 2019年合计 | | 2019年10月 | | 2019年11月 | | 2019年12月 | |
|---|---|---|---|---|---|---|---|---|---|---|---|---|---|---|---|---|
| | | | | | | | 年初数 | 期末数 | 借方 | 贷方 | 借方 | 贷方 | 借方 | 贷方 | 借方 | 贷方 |
| | | | | | | | | | 3275538.13 | 3275538.13 | 1762429.98 | 1762429.98 | 1513108.15 | 1513108.15 | | |
| 资产 | 1 | 货币资金 | 1001 | 库存现金 | | | 209,708.72 | 47,347.32 | 40,000.00 | 202,361.40 | 20,000.00 | 101,180.70 | 20,000.00 | 101,180.70 | | |
| 负债 | 2 | | 220204 | 应收账款 | 丙公司 | | 400,000.00 | — | 603,932.46 | — | 203,932.46 | — | 128,278.66 | — | 75,653.80 | |
| 负债 | 2 | | 220205 | 应收账款 | 丁公司 | | — | -19,375.14 | 72,000.00 | 52,624.86 | 22,000.00 | — | 50,000.00 | 52,624.86 | | |
| 负债 | 1 | 预收账款 | 2203 | 预收账款 | | | — | — | — | — | — | — | — | — | | |
| 负债 | 1 | 应付职工薪酬 | 2211 | 应付职工薪酬 | | | — | — | 71,233.72 | 71,233.72 | 35,616.86 | 35,616.86 | 35,616.86 | 35,616.86 | | |
| 负债 | 2 | | 221101 | 应付职工薪酬 | 工资 | | — | — | 142,467.44 | 142,467.44 | 71,233.72 | 71,233.72 | 71,233.72 | 71,233.72 | | |
| 负债 | 2 | | 221102 | 应付职工薪酬 | 社保 | | — | — | 19,205.10 | 19,205.10 | 9,602.55 | 9,602.55 | 9,602.55 | 9,602.55 | | |
| 负债 | 1 | 应交税费 | 2221 | 应交税费 | | | 10,957.48 | 2,551.02 | 184,153.28 | 175,746.82 | 100,671.54 | 95,602.30 | 83,481.74 | 80,144.52 | | |
| 负债 | 2 | | 222101 | 应交税费 | 应交增值税 | | — | — | 159,688.26 | 159,688.26 | 85,904.41 | 85,904.41 | 73,783.85 | 73,783.85 | | |
| 负债 | 3 | | 22210101 | 应交税费 | 应交增值税 | 进项税额 | — | — | 159,688.26 | 159,688.26 | 85,904.41 | 85,904.41 | 73,783.85 | 73,783.85 | | |
| 负债 | 3 | | 22210102 | 应交税费 | 应交增值税 | 销项税额 | — | — | 159,688.26 | 159,688.26 | 85,904.41 | 85,904.41 | 73,783.85 | 73,783.85 | | |
| 负债 | 3 | | 22210103 | 应交税费 | 应交增值税 | 减免税款 | — | — | 159,688.26 | 159,688.26 | 85,904.41 | 85,904.41 | 73,783.85 | 73,783.85 | | |
| 负债 | 3 | | 22210104 | 应交税费 | 应交增值税 | 留抵进项税 | — | — | 159,688.26 | 159,688.26 | 85,904.41 | 85,904.41 | 73,783.85 | 73,783.85 | | |
| 负债 | 2 | | 222102 | 应交税费 | 未交增值税 | | 8,368.28 | 1,501.93 | 20,794.57 | 13,928.22 | 12,368.28 | 8,426.29 | 8,426.29 | 5,501.93 | | |
| 负债 | 2 | | 222107 | 应交税费 | 城建税 | | 865.78 | 385.14 | 1,455.62 | 974.98 | 865.78 | 589.84 | 589.84 | 385.14 | | |
| 负债 | 2 | | 222108 | 应交税费 | 教育费附加 | | 371.05 | 27.73 | 1,039.74 | 696.42 | 618.42 | 421.32 | 421.32 | 275.10 | | |
| 负债 | 2 | | 222109 | 应交税费 | 地方教育附加 | | 247.37 | 110.04 | 415.90 | 278.57 | 247.37 | 168.53 | 168.53 | 110.04 | | |
| 负债 | 2 | | 222111 | 应交税费 | 个人所得税 | | 985.00 | 297.15 | 687.85 | — | 687.85 | — | — | — | | |
| 负债 | 2 | | 222112 | 应交税费 | 企业所得税 | | — | — | — | — | — | — | — | — | | |
| 负债 | 2 | | 222113 | 应交税费 | 印花税 | | 120.00 | 91.70 | 487.24 | 458.94 | 226.80 | 260.44 | 260.44 | 198.50 | | |
| 负债 | 1 | 应付利息 | 2231 | 应付利息 | | | — | — | — | — | — | — | — | — | | |
| 负债 | 1 | 应付股利 | 2232 | 应付股利 | | | — | — | — | — | — | — | — | — | | |
| 负债 | 1 | 其他应付款 | 2241 | 其他应付款 | | | 30,000.00 | 30,000.00 | — | — | — | — | — | — | | |
| 负债 | 2 | | 224101 | 其他应付款 | 社保 | | — | — | 19,205.10 | 19,205.10 | 9,602.55 | 9,602.55 | 9,602.55 | 9,602.55 | | |
| 负债 | 2 | | 224102 | 其他应付款 | ××借款 | | 30,000.00 | 30,000.00 | — | — | — | — | — | — | | |

### 2. 编制资产负债表

"科目汇总表"中的数据准备好之后,即可在资产负债表中运用 SUMIF 函数汇总"科目汇总表"中同一报表项目的数据。具体操作步骤如下。

**步骤01** 新增工作表,命名为"2019 年 11 月资产负债表",按照统一格式绘制资产负债表框架,设置报表项目及单元格格式。初始表格如下图所示。

| | A | B | C | D | E | F |
|---|---|---|---|---|---|---|
| 1 | | | 资产负债表 | | | |
| 2 | 单位名称:××市××有限公司 | | | | 2019年11月 | 单位:元 |
| 3 | 资产 | 年初数 | 期末数 | 负债及所有者权益(或股东权益) | 年初数 | 期末数 |
| 4 | 流动资产: | | | 流动负债: | | |
| 5 | 货币资金 | | | 短期借款 | | |
| 6 | 交易性金融资产 | | | 交易性金融负债 | | |
| 7 | 应收账款 | | | 应付账款 | | |
| 8 | 预付款项 | | | 预收款项 | | |
| 9 | 其他应收款 | | | 应付职工薪酬 | | |
| 10 | 存货 | | | 应交税费 | | |
| 11 | 一年内到期的非流动资产 | | | 其他应付款 | | |
| 12 | 待摊费用 | | | 一年内到期的非流动负债 | | |
| 13 | 流动资产合计 | | | 其他流动负债 | | |
| 14 | 非流动资产: | | | 流动负债合计 | | |
| 15 | 可供出售金融资产 | | | 非流动负债: | | |
| 16 | 持有至到期投资 | | | 长期借款 | | |
| 17 | 长期应收款 | | | 应付债券 | | |
| 18 | 长期股权投资 | | | 长期应付款 | | |
| 19 | 投资性房地产 | | | 专项应付款 | | |
| 20 | 固定资产 | | | 预计负债 | | |
| 21 | 累计折旧 | | | 递延所得税负债 | | |
| 22 | 固定资产净值 | | | 其他非流动负债 | | |
| 23 | 生产性生物资产 | | | 非流动负债合计 | | |
| 24 | 油气资产 | | | 负债合计 | | |
| 25 | 无形资产 | | | 所有者权益(或股东权益): | | |
| 26 | 开发支出 | | | 实收资本(或股本) | | |
| 27 | 商誉 | | | 资本公积 | | |
| 28 | 长期待摊费用 | | | 减:库存股 | | |
| 29 | 递延所得税资产 | | | 盈余公积 | | |
| 30 | 其他非流动资产 | | | 未分配利润 | | |
| 31 | 非流动资产合计 | | | 所有者权益(或股东权益)合计 | | |
| 32 | 资产总计 | | | 负债和所有者权益(或股东权益)总计 | | |

**步骤02** 分别在以下单元格中设置公式,计算报表项目数据。

• B5 单元格:"=SUMIF( 科目汇总表 !$C:$C,TRIM($A5), 科目汇总表 !H:H)",汇总"货币资金"的年初数。其中,函数 TRIM 的作用是删除 A5 单元格中多余的空格。

将 B5 单元格公式复制粘贴至 B6:B12、B15:B21 和 B23:B30 单元格区域。

- B13 单元格:"=ROUND(SUM(B5:B12),2)",汇总"流动资产"的年初数。
- B22 单元格:"=ROUND(B20-B21,2)",计算"固定资产净值"的年初数。
- B31 单元格:"=ROUND(SUM(C16:C19,C22:C30),2)",汇总"非流动资产"的年初数。
- B32 单元格:"=ROUND(SUM(B13,B31),2)",汇总所有资产的年初数。

将 B5:B32 单元格区域公式向右填充至 C5:C32 单元格区域,即可计算得到资产类所有项目的期末数。

E5:F32 单元格区域按照同理设置公式即可。但需注意公式中引用的单元格及单元格区域与 B5:B32 单元格区域公式略有不同。

- D2 单元格:"=IF(AND(B32=E32,C32=F32),"",IF(B32<>E32," 年初数不平 ",IF(C32<>F32," 期末数不平 ")))",根据会计恒等式"资产 = 负债 + 所有者权益"设置公式判断 B32 和 C32 单元格中"资产总计"的年初数和期末数是否与 E32 和 F32 单元格中"负债和所有者权益(或股东权益)总计"的年初数和期末数相等,如果不相等,则显示提示文字,提醒财务人员及时检查数据。

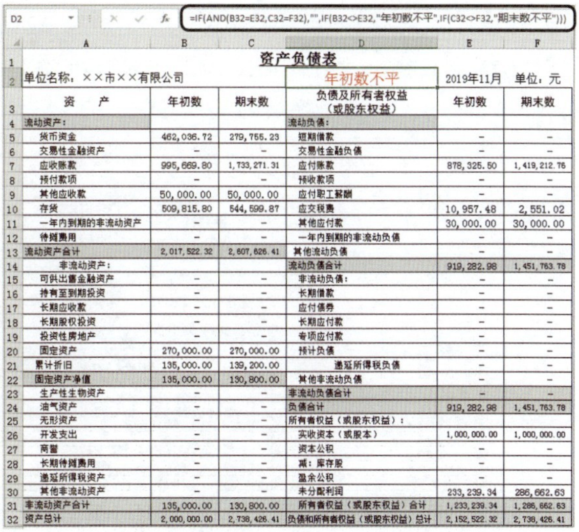

所有公式设置完成后,效果如左下图所示。

**步骤 03** 测试效果。在 B32 单元格中任意输入一个数字,即可看到 D2 单元格中显示提示数据不平的文字,效果如右下图所示。

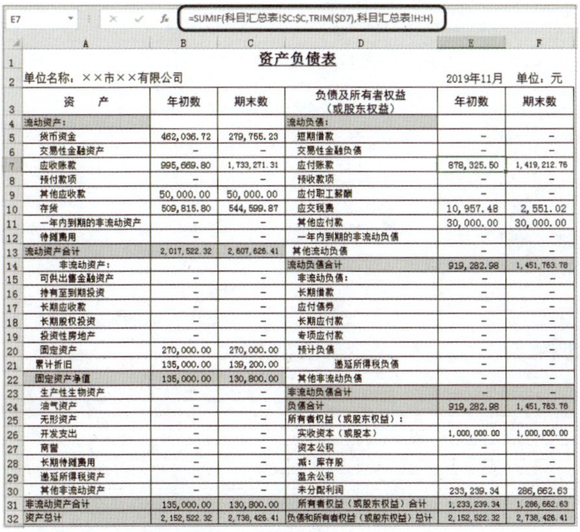

## 3. 分析资产负债表

编制好资产负债表后,还需要对资产负债表中各项目数据进行详尽的分析,根据分析结果,可以揭示资产负债表项目的实质内涵。企业管理层也可从分析数据中了解财务状况的变动情况及变动原因,评价企业会计对企业经营状况的反映程度,以正确指导后期经营政策。

资产负债表分析的内容主要包括资产负债表各项目变动额、变动率及对总额的影响程度。公式非常简单，只需按照普通会计公式的思路设置函数公式即可。操作步骤如下。

**步骤01** 为了保持资产负债表的表格格式，以便打印纸质报表，因此应在空白区域绘制表格用于分析数据，如下图所示。

**步骤02** 分别在以下单元格中设置公式，计算资产负债表各项目变动额、变动率及影响程度。

• H5 单元格："=IFERROR(ROUND(C5-B5,2),0)"，计算"货币资金"的变动额。

• I5 单元格："=IFERROR(ROUND(H5/B5,4),0)"，计算"货币资金"的变动率。

• J5 单元格："=IFERROR(ROUND(H5/B$32,4),0)"，计算"货币资金"的变动额对资产总额的影响程度。

将 H5:J5 单元格区域公式向下填充至 H6:J32 单元格区域→将 H5:J32 单元格区域公式复制粘贴至 K5:M32 单元格区域即可，效果如下图所示。

## 10.1.2 利润表数据分析

利润表是反映企业在一定会计期间经营成果的财务报表。常用的利润表格式有单步式和多步式两种。单步式是将当期收入总额、费用总额分别相加，然后一次计算出当期收益的方式，其特点是所提供的信息均是原始数据，便于理解；而多步式是将各种利润分多步计算求得净利润的方式，将不同性质的收入和费用类别进行对比，便于企业对经营情况和盈利能力进行比较和分析。因此实务中通常采用多步式利润表进行利润核算。本小节继续以调整后的"科目汇总表"中相关数据为基础，编制多步式利润表，并对其中数据做出分析。

### 1. 编制利润表

利润表与资产负债表不同，每一项目与其他项目数据都存在千丝万缕的钩稽关系，因此在绘制和计算利润表之前首先应明确两个细节，如下图所示。

> 1. 利润表中的项目可以根据本企业的实际经营业务做简化，但是所有多步式利润表中都应当单独列示的项目至少包括营业收入、营业成本、税金及附加、销售费用、管理费用、财务费用、所得税费用、净利润

> 2. 利润表中的项目不多，主要运用SUMIF函数和普通求和公式汇总"科目汇总表"数据。但是，要注意部分项目数据的计算公式有所不同，因此应单独设置公式，而不能全部批量填充

编制利润表的操作步骤如下。

**步骤01** 新增工作表，命名为"2019年11月利润表"，按照统一格式绘制表格框架，并设置项目名称及单元格格式。初始表格如下图所示。

**步骤02** 设置公式计算报表数据。主力函数依然是SUMIF，用于汇总"科目汇总表"中与利润表项目名称相同的数据。但是，利润表中的"营业利润""利润总额"和"净利润"项目只需根据普通会计公式思路在本表格中设置简单公式即可。下面列示各单元格公式表达式，虽然不尽相同，但是公式作用及原理都如出一辙，这里不再赘述。公式表达式如下图所示。

## 利润表

单位名称：××市××有限公司　　　　　　　　　　　　　　　　　2019年11月　单位：元

| 项目 | 行次 | 本期金额函数公式 | 本年累计函数公式 |
|---|---|---|---|
| 一、营业收入 | 1 | =SUMIF(科目汇总表!$C:$C,RIGHT($A4,4),科目汇总表!N:N) | =SUMIF(科目汇总表!$C:$C,RIGHT($A4,4),科目汇总表!J:J) |
| 减：营业成本 | 2 | =SUMIF(科目汇总表!$C:$C,RIGHT($A5,4),科目汇总表!N:N) | =SUMIF(科目汇总表!$C:$C,RIGHT($A5,4),科目汇总表!J:J) |
| 税金及附加 | 3 | =SUMIF(科目汇总表!$C:$C,TRIM($A6),科目汇总表!N:N) | =SUMIF(科目汇总表!$C:$C,TRIM($A6),科目汇总表!J:J) |
| 销售费用 | 4 | =SUMIF(科目汇总表!$C:$C,TRIM($A7),科目汇总表!N:N) | =SUMIF(科目汇总表!$C:$C,TRIM($A7),科目汇总表!J:J) |
| 管理费用 | 5 | =SUMIF(科目汇总表!$C:$C,TRIM($A8),科目汇总表!N:N) | =SUMIF(科目汇总表!$C:$C,TRIM($A8),科目汇总表!J:J) |
| 财务费用 | 6 | =SUMIF(科目汇总表!$C:$C,TRIM($A9),科目汇总表!N:N) | =SUMIF(科目汇总表!$C:$C,TRIM($A9),科目汇总表!J:J) |
| 资产减值损失 | 7 | =SUMIF(科目汇总表!$C:$C,TRIM($A10),科目汇总表!N:N) | =SUMIF(科目汇总表!$C:$C,TRIM($A10),科目汇总表!J:J) |
| 加：公允价值变动收益（损失以"-"填列） | 8 | =SUMIF(科目汇总表!$C:$C,MID(TRIM($A11),3,8),科目汇总表!N:N) | =SUMIF(科目汇总表!$C:$C,MID(TRIM($A11),3,8),科目汇总表!J:J) |
| 投资收益（损失以"-"填列） | 9 | =SUMIF(科目汇总表!$C:$C,LEFT(TRIM($A12),4),科目汇总表!N:N) | =SUMIF(科目汇总表!$C:$C,LEFT(TRIM($A12),4),科目汇总表!J:J) |
| 其中：对联营企业和合营企业的投资收益 | 10 | =SUMIF(科目汇总表!$C:$C,RIGHT($A13,15),科目汇总表!N:N) | =SUMIF(科目汇总表!$C:$C,RIGHT($A13,15),科目汇总表!J:J) |
| 二、营业利润（亏损以"-"号填列） | 11 | =ROUND(C4-SUM(C5:C10)+SUM(C11:C12),2) | =ROUND(D4-SUM(D5:D10)+SUM(D11:D12),2) |
| 加：营业外收入 | 12 | =SUMIF(科目汇总表!$C:$C,RIGHT($A15,5),科目汇总表!N:N) | =SUMIF(科目汇总表!$C:$C,RIGHT($A15,5),科目汇总表!J:J) |
| 减：营业外支出 | 13 | =SUMIF(科目汇总表!$C:$C,RIGHT($A16,5),科目汇总表!N:N) | =SUMIF(科目汇总表!$C:$C,RIGHT($A16,5),科目汇总表!J:J) |
| 其中：非流动资产处置损失 | 14 | =SUMIF(科目汇总表!$C:$C,RIGHT($A17,9),科目汇总表!N:N) | =SUMIF(科目汇总表!$C:$C,RIGHT($A17,9),科目汇总表!J:J) |
| 三、利润总额（亏损总额以"-"号填列） | 15 | =ROUND(SUM(C14:C15,-C16),2) | =ROUND(SUM(D14:D15,-D16),2) |
| 减：所得税费用 | 16 | =SUMIF(科目汇总表!$C:$C,RIGHT($A19,5),科目汇总表!N:N) | =SUMIF(科目汇总表!$C:$C,RIGHT($A19,5),科目汇总表!J:J) |
| 四、净利润（净亏损以"-"号填列） | 17 | =ROUND(C18-C19,2) | =ROUND(D18-D19,2) |
| 五、每股收益： | 18 | | |
| （一）基本每股收益 | 19 | | |
| （二）稀释每股收益 | 20 | | |

公式设置完成后，效果如下图所示。

| 项目 | 行次 | 本期金额 | 本年累计 |
|---|---|---|---|
| 一、营业收入 | 1 | 304,945.28 | 680,793.27 |
| 减：营业成本 | 2 | 222,055.35 | 507,594.03 |
| 税金及附加 | 3 | 858.74 | 2,130.34 |
| 销售费用 | 4 | 680.00 | 1,360.00 |
| 管理费用 | 5 | 53,621.03 | 115,749.61 |
| 财务费用 | 6 | 268.00 | 536.00 |
| 资产减值损失 | 7 | — | — |
| 加：公允价值变动收益（损失以"-"填列） | 8 | — | — |
| 投资收益（损失以"-"填列） | 9 | — | — |
| 其中：对联营企业和合营企业的投资收益 | 10 | — | — |
| 二、营业利润（亏损以"-"号填列） | 11 | 27,462.16 | 53,423.29 |
| 加：营业外收入 | 12 | — | — |
| 减：营业外支出 | 13 | — | — |
| 其中：非流动资产处置损失 | 14 | — | — |
| 三、利润总额（亏损总额以"-"号填列） | 15 | 27,462.16 | 53,423.29 |
| 减：所得税费用 | 16 | — | — |
| 四、净利润（净亏损以"-"号填列） | 17 | 27,462.16 | 53,423.29 |
| 五、每股收益： | 18 | | |
| （一）基本每股收益 | 19 | | |
| （二）稀释每股收益 | 20 | | |

## 2. 动态分析利润表

如前所述，利润表是反映指定会计期间经营成果的财务报表。在财务分析中，利润表数据分析非常重要，如果仅仅从表面数据分析企业的盈亏状况远远不能体现报表价值，还需要从不同角度对利润表数据进行深入分析。例如，可从趋势和结构两个角度分析经营成果的变化趋势和企业利润产生的变化。

（1）利润表趋势分析。

利润表趋势分析是将连续若干期间的利润表各项目数据或内部结构比率进行列示，以此考察企业经营成果的变化趋势。财务人员可通过观察和比较相同项目增减变动的金额和幅度，把握企业收入、费用、利润等数据的变动趋势。

# Chapter 10
## 做好企业的经营成果分析——财务报表和财务指标分析

实务中，利润表趋势分析一般以年度为一个期间对若干连续年度的数据进行列示和比较。因此，这里已预先新建一份名为"利润表数据"的工作簿，并在"利润表趋势分析"工作表中虚拟设置了2015—2019年的利润表数据。其中，部分项目细化分解并列示，如营业收入可分解为"主营业务收入"与"其他业务收入"，以此类推。但是，为了简化计算过程，表格中直接列示"其他业务收入"减去"其他业务成本"后的净额，即"其他业务利润"。表格框架及利润表数据如下图所示。

| 年度\项目 | 2015年 | 2016年 | 2017年 | 2018年 | 2019年 |
|---|---|---|---|---|---|
| 主营业务收入 | 1,714,968.11 | 2,556,037.37 | 2,870,987.19 | 2,052,360.25 | 3,224,744.49 |
| 主营业务成本 | 1,379,802.63 | 2,110,382.03 | 2,286,616.29 | 1,753,874.42 | 2,530,020.37 |
| 税金及附加 | 7,202.87 | 10,735.36 | 12,058.15 | 8,619.91 | 13,543.93 |
| 主营业务利润 | 327,962.61 | 434,919.98 | 572,312.75 | 289,865.92 | 681,180.19 |
| 其他业务利润 | 8,754.00 | 11,761.10 | 13,210.28 | 1,457.02 | 14,838.03 |
| 销售费用 | 102,898.09 | 153,362.24 | 172,259.23 | 123,141.62 | 193,484.67 |
| 管理费用 | 47,406.78 | 79,358.55 | 89,136.95 | 45,330.20 | 100,120.23 |
| 财务费用 | 22,191.51 | 20,692.73 | 16,870.29 | 15,019.60 | 18,949.01 |
| 营业利润 | 164,220.23 | 193,267.56 | 307,256.56 | 107,831.53 | 383,464.31 |
| 投资收益 | 9,213.78 | 9,467.77 | 5,155.55 | 7,279.14 | 6,627.85 |
| 营业外收入 | 2,373.62 | 3,735.46 | 5,918.37 | 5,059.80 | 6,031.53 |
| 营业外支出 | 1,277.24 | 6,550.68 | 5,902.26 | 7,392.85 | 6,013.52 |
| 利润总额 | 174,530.39 | 199,920.11 | 312,428.22 | 112,777.59 | 390,110.17 |
| 所得税费用 | 17,453.04 | 19,992.01 | 31,242.82 | 11,277.76 | 19,505.51 |
| 净利润 | 157,077.35 | 179,928.10 | 281,185.40 | 101,499.83 | 370,604.66 |

下面制作动态利润趋势分析表和迷你图表，以不同年份作为基期，动态分析和呈现利润表中各项数据的变化趋势。

**步骤 01** 在上图F列右侧的H2:M18 单元格区域绘制表格框架→预先在M4:M18 单元格区域插入"迷你折线图"，设置【数据范围】为H4:L18 单元格区域→设置基本单元格格式→在H1 单元格中输入基期"2015"，并将单元格的格式自定义为""趋势分析：基期-"#" 年 ""→在H4:H18 单元格区域中输入一个相同指数，如"100%"，以便将后面每期数据与之比较，并呈现完整的迷你图表。其他单元格将全部设置公式自动计算相关数据。初始表格如下图所示。

| | A | B | C | D | E | F | G | H | I | J | K | L | M |
|---|---|---|---|---|---|---|---|---|---|---|---|---|---|
| 1 | | ××市××有限公司2015-2019年利润表数据 | | | | | | 趋势分析：基期-2015年 | | | | | |
| 2 | 年度\项目 | 2015年 | 2016年 | 2017年 | 2018年 | 2019年 | | | | | | | 趋势图 |
| 3 | | | | | | | | | | | | | |
| 4 | 主营业务收入 | 1,714,968.11 | 2,556,037.37 | 2,870,987.19 | 2,052,360.25 | 3,224,744.49 | | 100% | | | | | |
| 5 | 主营业务成本 | 1,379,802.63 | 2,110,382.03 | 2,286,616.29 | 1,753,874.42 | 2,530,020.37 | | 100% | | | | | |
| 6 | 税金及附加 | 7,202.87 | 10,735.36 | 12,058.15 | 8,619.91 | 13,543.93 | | 100% | | | | | |
| 7 | 主营业务利润 | 327,962.61 | 434,919.98 | 572,312.75 | 289,865.92 | 681,180.19 | | 100% | | | | | |
| 8 | 其他业务利润 | 8,754.00 | 11,761.10 | 13,210.28 | 1,457.02 | 14,838.03 | | 100% | | | | | |
| 9 | 销售费用 | 102,898.09 | 153,362.24 | 172,259.23 | 123,141.62 | 193,484.67 | | 100% | | | | | |
| 10 | 管理费用 | 47,406.78 | 79,358.55 | 89,136.95 | 45,330.20 | 100,120.23 | | 100% | | | | | |
| 11 | 财务费用 | 22,191.51 | 20,692.73 | 16,870.29 | 15,019.60 | 18,949.01 | | 100% | | | | | |
| 12 | 营业利润 | 164,220.23 | 193,267.56 | 307,256.56 | 107,831.53 | 383,464.31 | | 100% | | | | | |
| 13 | 投资收益 | 9,213.78 | 9,467.77 | 5,155.55 | 7,279.14 | 6,627.85 | | 100% | | | | | |
| 14 | 营业外收入 | 2,373.62 | 3,735.46 | 5,918.37 | 5,059.80 | 6,031.53 | | 100% | | | | | |
| 15 | 营业外支出 | 1,277.24 | 6,550.68 | 5,902.26 | 7,392.85 | 6,013.52 | | 100% | | | | | |
| 16 | 利润总额 | 174,530.39 | 199,920.11 | 312,428.22 | 112,777.59 | 390,110.17 | | 100% | | | | | |
| 17 | 所得税费用 | 17,453.04 | 19,992.01 | 31,242.82 | 11,277.76 | 19,505.51 | | 100% | | | | | |
| 18 | 净利润 | 157,077.35 | 179,928.10 | 281,185.40 | 101,499.83 | 370,604.66 | | 100% | | | | | |

**步骤 02** 分别在以下单元格中设置公式，动态分析利润表趋势。

• H2 单元格："=H1"，引用 H1 单元格中的年份数→将 H2:L2 单元格区域的格式自定义为"# 年"。

• I2 单元格："=H2+1"→向右填充公式至 J2:L2 单元格区域，根据基期年份数向上累加年份。

• I4 单元格："=IFERROR(ROUND(INDEX($A$2:$F$18,,MATCH(I$2,$2:$2,0)) /INDEX($A$2:$F$18,,MATCH($H$2,$2:$2,0)),4),"-")"。公式原理如下。

① 此函数公式是根据会计公式"发展趋势 = 分析期数据 ÷ 基期数据"而设置。

② 公式表达式"INDEX($A$2:$F$18,,MATCH(I$2,$2:$2,0))"的作用是引用 J2 单元格中的年数所匹配的 A2:F18 单元格区域中的相关数据。其中，INDEX 函数的第 2 个参数为空，代表引用本行数据。另一个表达式"INDEX($A$2:$F$18,,MATCH($H$2,$2:$2,0))"同理。

将 I4 单元格公式向右填充至 J4:L4 单元格区域→将 I4:L4 单元格区域公式复制粘贴至 I5:L18 单元格区域即可。最终效果如下图所示。

| 项目 | 年度 | 2015年 | 2016年 | 2017年 | 2018年 | 2019年 | | 2015年 | 2016年 | 2017年 | 2018年 | 2019年 | 趋势图 |
|---|---|---|---|---|---|---|---|---|---|---|---|---|---|
| 主营业务收入 | | 1,714,968.11 | 2,556,037.37 | 2,870,987.19 | 2,052,360.25 | 3,224,744.49 | | 100% | 149.04% | 167.41% | 119.67% | 188.04% | |
| 主营业务成本 | | 1,379,802.63 | 2,110,382.03 | 2,286,616.29 | 1,753,874.42 | 2,530,020.37 | | 100% | 152.95% | 165.72% | 127.11% | 183.36% | |
| 税金及附加 | | 7,202.87 | 10,735.36 | 12,058.15 | 8,619.91 | 13,543.93 | | 100% | 149.04% | 167.41% | 119.67% | 188.04% | |
| 主营业务利润 | | 327,962.61 | 434,919.98 | 572,312.75 | 289,865.92 | 681,180.19 | | 100% | 132.61% | 174.51% | 88.38% | 207.70% | |
| 其他业务利润 | | 8,754.00 | 11,761.10 | 13,210.28 | 1,457.02 | 14,838.03 | | 100% | 134.35% | 150.91% | 16.64% | 169.50% | |
| 销售费用 | | 102,898.09 | 153,362.24 | 172,259.23 | 123,141.62 | 193,484.67 | | 100% | 149.04% | 167.41% | 119.67% | 188.04% | |
| 管理费用 | | 47,406.78 | 79,358.55 | 89,136.95 | 45,330.20 | 100,120.23 | | 100% | 167.40% | 188.03% | 95.62% | 211.19% | |
| 财务费用 | | 22,191.51 | 20,692.73 | 16,870.29 | 15,019.60 | 18,949.01 | | 100% | 93.25% | 76.02% | 67.68% | 85.39% | |
| 营业利润 | | 164,220.23 | 193,267.56 | 307,256.56 | 107,831.53 | 383,464.31 | | 100% | 117.69% | 187.10% | 65.66% | 233.51% | |
| 投资收益 | | 9,213.78 | 9,467.77 | 5,155.55 | 7,279.14 | 6,627.85 | | 100% | 102.76% | 55.95% | 79.00% | 71.93% | |
| 营业外收入 | | 2,373.62 | 3,735.46 | 5,918.37 | 5,059.80 | 6,031.53 | | 100% | 157.37% | 249.34% | 213.17% | 254.11% | |
| 营业外支出 | | 1,277.24 | 6,550.68 | 5,902.26 | 7,392.88 | 6,013.52 | | 100% | 512.88% | 462.11% | 578.82% | 470.82% | |
| 利润总额 | | 174,530.39 | 199,920.11 | 312,428.22 | 112,777.59 | 390,110.17 | | 100% | 114.55% | 179.01% | 64.62% | 223.52% | |
| 所得税费用 | | 17,453.04 | 19,992.01 | 31,242.82 | 11,277.76 | 19,505.51 | | 100% | 114.55% | 179.01% | 64.62% | 111.76% | |
| 净利润 | | 157,077.35 | 179,928.10 | 281,185.40 | 101,499.83 | 370,604.66 | | 100% | 114.55% | 179.01% | 64.62% | 235.94% | |

**步骤 03** 测试效果。在 H1 单元格中输入"2016"，以 2016 年数据作为基期数据，分析之后数据的发展趋势。可看到数据及迷你图表均已发生动态变化，效果如下图所示。

## Chapter 10 做好企业的经营成果分析——财务报表和财务指标分析

L4 =IFERROR(ROUND(INDEX($A$2:$F$18,,MATCH(L$2,$2:$2,0))/INDEX($A$2:$F$18,,MATCH($H$2,$2:$2,0)),4),"-")

| 项目 \ 年度 | 2015年 | 2016年 | 2017年 | 2018年 | 2019年 | 2016年 | 2017年 | 2018年 | 2019年 | 2020年 | 趋势图 |
|---|---|---|---|---|---|---|---|---|---|---|---|
| 主营业务收入 | 1,714,968.11 | 2,556,037.37 | 2,870,987.19 | 2,052,360.25 | 3,224,744.49 | 100% | 112.32% | 80.29% | 126.16% | - | |
| 主营业务成本 | 1,379,802.63 | 2,110,382.03 | 2,286,615.29 | 1,753,874.42 | 2,530,020.37 | 100% | 108.35% | 83.11% | 119.88% | - | |
| 税金及附加 | 7,202.87 | 10,735.36 | 12,058.15 | 8,619.91 | 13,543.93 | 100% | 112.32% | 80.29% | 126.16% | - | |
| 主营业务利润 | 327,962.61 | 434,919.98 | 572,312.75 | 289,865.92 | 681,180.19 | 100% | 131.59% | 66.65% | 156.62% | - | |
| 其他业务利润 | 8,754.00 | 11,761.10 | 13,210.28 | 1,457.02 | 14,838.03 | 100% | 112.32% | 12.39% | 126.16% | - | |
| 销售费用 | 102,898.09 | 153,362.24 | 172,259.23 | 123,141.62 | 193,484.67 | 100% | 112.32% | 80.29% | 126.16% | - | |
| 管理费用 | 47,406.78 | 79,358.55 | 89,136.95 | 45,330.20 | 100,120.23 | 100% | 112.32% | 57.12% | 126.16% | - | |
| 财务费用 | 22,191.51 | 20,692.73 | 16,870.29 | 15,019.60 | 18,949.01 | 100% | 81.53% | 72.58% | 91.57% | - | |
| 营业利润 | 164,220.23 | 193,267.56 | 307,256.56 | 107,831.53 | 383,464.31 | 100% | 158.98% | 55.79% | 198.41% | - | |
| 投资收益 | 9,213.78 | 9,467.77 | 5,155.55 | 7,279.14 | 6,627.85 | 100% | 54.45% | 76.88% | 70.00% | - | |
| 营业外收入 | 2,373.62 | 3,735.46 | 5,918.37 | 5,059.80 | 6,031.53 | 100% | 158.44% | 135.45% | 161.47% | - | |
| 营业外支出 | 1,277.24 | 6,550.68 | 5,902.26 | 7,392.88 | 6,013.52 | 100% | 90.10% | 112.86% | 91.80% | - | |
| 利润总额 | 174,530.39 | 199,920.11 | 312,428.22 | 112,777.59 | 390,110.17 | 100% | 156.28% | 56.41% | 195.13% | - | |
| 所得税费用 | 17,453.04 | 19,992.01 | 31,242.82 | 11,277.76 | 19,505.51 | 100% | 156.28% | 56.41% | 97.57% | - | |
| 净利润 | 157,077.35 | 179,928.10 | 281,185.40 | 101,499.83 | 370,604.66 | 100% | 156.28% | 56.41% | 205.97% | - | |

表头:××市××有限公司2015-2019年利润表数据 / 趋势分析:基期-2016年

(2)利润表结构分析。

在利润表趋势分析中,虽然能够从分析结果判断某一项目在连续期间的变化趋势,但是难以判断其中的重点项目,也无法从整体角度来分析利润表。因此,还应当进行利润表结构分析。本小节主要分析主营业务收入结构、营业收入结构及总收入结构。例如,主营业务收入数据是由主营业务成本、税金及附加、主营业务利润这三个项目数据构成,那么应分别与主营业务收入数据相比较,分别计算占比,以此分析主营业务收入结构。

在制表进行结构分析之前,首先应捋清上述三项"收入"所涵盖的具体项目及它们之间的钩稽关系和算术计算公式,如下图所示。

- **主营业务收入** — 计算公式:主营业务收入=主营业务成本+税金及附加+主营业务利润
- **营业收入(主营业务收入+其他业务利润)** — 计算公式:营业收入=主营业务成本+税金及附加+期间费用+营业利润
- **总收入(营业收入+投资收益+营业外收入)** — 计算公式:总收入=主营业务成本+税金及附加+期间费用+营业外支出+利润总额

公式构成项目说明如下。

① "其他业务利润"是其他业务收入减去其他业务成本后的净额。

② "期间费用"数据是销售费用、管理费用、财务费用的合计额。

下面制作利润表结构分析表和图表,按照不同年份动态分析和展现三项"收入"结构。

**步骤01** 在"利润表数据"工作簿中新增工作表,命名为"利润表结构分析"→将"利润表趋势分析"表中 2015—2019 年的利润表数据全部复制粘贴至此→为简化函数公式,可将表格略做调整,预先汇总期间费用数据(包括"销售费用""管理费用""财务费用"),作为结构分析表格中的数据源→在 H2:K18 单元格区域绘制表格→设置基本单元格格式→分别在 J6、J11 和 J18 单元格中设置基本求和公式,汇总各项"收入"构成项目的数据。初始表格如下图所示。

| | A | B | C | D | E | F | G | H | I | J | K |
|---|---|---|---|---|---|---|---|---|---|---|---|
| 1 | | | ××市××有限公司2015-2019年利润表数据 | | | | | | 利润表结构分析 | | |
| 2 | 年度\项目 | 2015年 | 2016年 | 2017年 | 2018年 | 2019年 | | 分析项目 | 构成项目 | | 占比 |
| 3 | | | | | | | | | 主营业务成本 | | |
| 4 | 主营业务收入 | 1,714,968.11 | 2,556,037.37 | 2,870,987.19 | 2,052,360.25 | 3,224,744.49 | | | 税金及附加 | | |
| 5 | 主营业务成本 | 1,379,802.63 | 2,110,382.03 | 2,286,616.29 | 1,753,874.42 | 2,530,020.37 | | 主营业务收入 | 主营业务利润 | | |
| 6 | 税金及附加 | 7,202.87 | 10,735.36 | 12,058.15 | 8,619.91 | 13,543.93 | | | 合计 | | — |
| 7 | 主营业务利润 | 327,962.61 | 434,919.98 | 572,312.75 | 289,865.92 | 681,180.19 | | | 主营业务成本 | | |
| 8 | 其他业务利润 | 8,754.00 | 11,761.10 | 13,210.28 | 1,457.02 | 14,838.03 | | | 税金及附加 | | |
| 9 | 销售费用 | 102,898.09 | 153,362.24 | 172,259.23 | 123,141.62 | 193,484.67 | | 营业收入 | 期间费用 | | |
| 10 | 管理费用 | 47,406.78 | 79,358.55 | 89,136.95 | 45,330.20 | 100,120.23 | | | 营业利润 | | |
| 11 | 财务费用 | 22,191.51 | 20,692.73 | 16,870.29 | 15,019.60 | 18,949.01 | | | 合计 | | — |
| 12 | 期间费用 | 172,496.38 | 253,413.52 | 278,266.47 | 183,491.42 | 312,553.91 | | | 主营业务成本 | | |
| 13 | 营业利润 | 164,220.23 | 193,267.56 | 307,256.56 | 107,831.52 | 383,464.31 | | | 税金及附加 | | |
| 14 | 投资收益 | 9,213.78 | 9,467.77 | 5,155.55 | 7,279.14 | 6,627.85 | | | 投资收益 | | |
| 15 | 营业外收入 | 2,373.62 | 3,735.46 | 5,918.37 | 5,059.80 | 6,031.53 | | 总收入 | 期间费用 | | |
| 16 | 营业外支出 | 1,277.24 | 6,550.68 | 5,902.26 | 7,392.88 | 6,013.52 | | | 营业外支出 | | |
| 17 | 利润总额 | 174,530.39 | 199,920.11 | 312,428.22 | 112,777.58 | 390,110.17 | | | 利润总额 | | |
| 18 | 所得税费用 | 17,453.04 | 19,992.01 | 31,242.82 | 11,277.76 | 19,505.51 | | | 合计 | | — |
| 19 | 净利润 | 157,077.35 | 179,928.10 | 281,185.40 | 101,499.82 | 370,604.66 | | | | | |

**步骤02** 运用"数据验证"工具在 J2 单元格中制作下拉列表,将"序列"来源设置为"=$B$2:$F$2"→在下拉列表中选择一个年份→分别在以下单元格中设置公式,计算相关数据。

• J3 单元格:"=IFERROR(VLOOKUP(I3,$A:$F,MATCH($J$2,$2:$2,0),0),0)",根据 J2 单元格中的年份,引用指定区域中的"主营业务成本"数据→将公式复制粘贴至 J4:J5、J7:J10 和 J12:J17 单元格区域。

• K3 单元格:"=IFERROR(ROUND(J3/$J$6,4),0)",计算"主营业务成本"占"主营业务收入"的比重→将公式向下填充至 K4:K6 单元格区域→同样设置 J7:K11 和 J12:K18 单元格区域公式。

• H3 单元格:"="主营业务收入:"&J6&" 元 "",连接字符和"主营业务收入"的合计金额,作为图表标题→同理设置 H7 和 H12 单元格公式。公式效果如下图所示。

## Chapter 10
做好企业的经营成果分析——财务报表和财务指标分析

| 年度 项目 | 2015年 | 2016年 | 2017年 | 2018年 | 2019年 |
|---|---|---|---|---|---|
| 主营业务收入 | 1,714,968.11 | 2,556,037.37 | 2,870,987.19 | 2,052,360.25 | 3,224,744.49 |
| 主营业务成本 | 1,379,802.63 | 2,110,382.03 | 2,286,618.29 | 1,753,874.42 | 2,530,020.37 |
| 税金及附加 | 7,202.87 | 10,735.36 | 12,058.15 | 8,619.91 | 13,543.93 |
| 主营业务利润 | 327,962.61 | 434,919.98 | 572,312.75 | 289,865.92 | 681,180.19 |
| 其他业务利润 | 8,754.00 | 11,761.10 | 13,210.28 | 1,457.02 | 14,838.03 |
| 销售费用 | 102,898.09 | 153,362.24 | 172,259.23 | 123,141.62 | 193,484.67 |
| 管理费用 | 47,406.78 | 79,358.55 | 89,136.95 | 45,330.20 | 100,120.23 |
| 财务费用 | 22,191.51 | 20,692.73 | 16,870.29 | 15,019.60 | 18,949.01 |
| 期间费用 | 172,496.38 | 253,413.52 | 278,266.47 | 183,491.42 | 312,553.91 |
| 营业利润 | 164,220.23 | 193,267.56 | 307,256.56 | 107,831.52 | 383,464.31 |
| 投资收益 | 9,213.78 | 9,467.77 | 5,155.55 | 7,279.14 | 6,627.85 |
| 营业外收入 | 2,373.62 | 3,735.46 | 5,918.37 | 5,059.80 | 6,031.53 |
| 营业外支出 | 1,277.24 | 6,550.68 | 5,902.26 | 7,392.88 | 6,013.52 |
| 利润总额 | 174,530.39 | 199,920.11 | 312,428.22 | 112,777.58 | 390,110.17 |
| 所得税费用 | 17,453.04 | 19,992.01 | 31,242.82 | 11,277.76 | 19,505.51 |
| 净利润 | 157,077.35 | 179,928.10 | 281,185.40 | 101,499.82 | 370,604.66 |

**利润表结构分析**

| 分析项目 | 构成项目 | 2015年 | 占比 |
|---|---|---|---|
| 主营业务收入：1714968.11元 | 主营业务成本 | 1,379,802.63 | 80.46% |
| | 税金及附加 | 7,202.87 | 0.42% |
| | 主营业务利润 | 327,962.61 | 19.12% |
| | 合计 | 1,714,968.11 | 100.00% |
| 营业收入：1723722.11元 | 主营业务成本 | 1,379,802.63 | 80.05% |
| | 税金及附加 | 7,202.87 | 0.42% |
| | 期间费用 | 172,496.38 | 10.01% |
| | 营业利润 | 164,220.23 | 9.53% |
| | 合计 | 1,723,722.11 | 100.00% |
| 总收入：1744523.29元 | 主营业务成本 | 1,379,802.63 | 79.09% |
| | 税金及附加 | 7,202.87 | 0.41% |
| | 投资收益 | 9,213.78 | 0.53% |
| | 期间费用 | 172,496.38 | 9.89% |
| | 营业外支出 | 1,277.24 | 0.07% |
| | 利润总额 | 174,530.39 | 10.00% |
| | 合计 | 1,744,523.29 | 100.00% |

**步骤03** 插入三个饼图，分别展示"主营业务收入""营业收入""总收入"结构，将每一图表标题链接至H3、H7、H12单元格→设置图表样式，效果如下图所示。

**步骤04** 测试效果。在J2单元格的下拉列表中选择其他年份，如"2018"。可看到所有数据及图表均发生动态变化，效果如下图所示。

## 10.1.3 现金流量表数据分析

前面小节介绍的资产负债表与利润表是基于权责发生制原则而编制，可以反映企业某一时间和某一时间段内的财务状况、经营成果。但是，尚不足以说明企业从经营活动和投资融资活动中获得的现金数额。而现金恰恰是保障企业维持正常运转、持续经营的最重要的经济来源。实务中，企业所有的经济活动都有可能导致现金流入或流出，因此及时编制现金流量表，提供现金流量信息对于企业的未来决策至关重要，同时也可以弥补资产负债表和利润表的不足。

现金流量表以现金的流入与流出为基础编制，其中的"现金"是指企业库存现金、可以随时用于支付的存款及现金等价物。具体包括库存现金、银行存款、其他货币资金（银行汇票、银行本票、在途货币资金等）、现金等价物（流动性强的短期投资等）。

本小节仍然以"财务报表管理"工作簿中 2019 年 11 月"银行存款"和"库存现金"科目的明细数据为例，介绍如何运用 Excel 高效编制现金流量表，并制作动态分析图表，帮助财务人员提高工作效率和工作质量。

### 1. 在明细账中定义现金流量项目

财务人员应该都清楚，编制现金流量表最大的难点就在于现金流量表中的诸多项目名称无一与会计科目名称相同，这正是运用函数公式引用相关数据的最大障碍，即便是使用各种专业的 ERP 系统编制现金流量表，也必须在填制记账凭证、录入会计分录的同时逐一将每一个相关会计科目归属于相应的现金流量表项目中，这在一定程度上影响了工作效率。因此，我们运用 Excel 编制现金流量表之前，同样需要定义现金流量表项目，但是方法和思路与 ERP 系统有所不同，更为简便快捷。下面介绍具体方法和操作步骤。

（1）生成银行存款明细账和库存现金明细账。

之前制作的明细账用于动态查询，而编制相关报表必须以静态数据为基础，才能保证报表数据的准确性和稳定性。生成静态明细账非常简单，按以下步骤操作即可。

## Chapter 10
### 做好企业的经营成果分析——财务报表和财务指标分析

新增两个工作表，分别命名为"2019年11月银行存款明细账"和"2019年11月库存现金明细账"→在"明细账"工作表中分别查询2019年11月的银行存款与库存现金科目的明细账后复制粘贴于两个工作表中→清除表格中的引用公式，仅保留公式结果→将表格略做调整，删除不必要的行列，增加1列用于定义现金流量项目，如下图所示。

| 序号 | 科目编码组合 | 科目名称 | 日期 | 凭证号 | 摘要 | 本期发生额 借方 | 本期发生额 贷方 | 期末余额 | 余额方向 | 现金流量表项目 |
|---|---|---|---|---|---|---|---|---|---|---|
| | | 银行存款 | | | | 82,500.00 | 99,288.80 | 336,348.77 | 借 | — |
| | | ——中国××银行××支行 | | | | | | 353,137.57 | 借 | |
| 1 | 100201-1 | 银行存款\中国××银行××支行100201 | 11-8 | 0001 | 缴纳10月增值税 | — | 8,426.29 | 344,711.28 | 借 | |
| 2 | 100201-2 | 银行存款\中国××银行××支行100201 | 11-8 | 0001 | 缴纳10月附加税 | — | 1,011.16 | 343,700.12 | 借 | |
| 3 | 100201-3 | 银行存款\中国××银行××支行100201 | 11-8 | 0001 | 缴纳印花税 | — | 260.44 | 343,439.68 | 借 | |
| 4 | 100201-4 | 银行存款\中国××银行××支行100201 | 11-8 | 0001 | 支取备用金 | — | 20,000.00 | 323,439.68 | 借 | |
| 5 | 100201-5 | 银行存款\中国××银行××支行100201 | 11-12 | 0006 | 支付物流费 | — | 9,720.36 | 313,719.32 | 借 | |
| 6 | 100201-6 | 银行存款\中国××银行××支行100201 | 11-18 | 0009 | 存入现金 | 22,500.00 | — | 336,219.32 | 借 | |
| 7 | 100201-7 | 银行存款\中国××银行××支行100201 | 11-18 | 0009 | 缴纳五险一金 | — | 9,602.55 | 326,616.77 | 借 | |
| 8 | 100201-8 | 银行存款\中国××银行××支行100201 | 11-26 | 0011 | 存入现金 | 22,500.00 | — | 349,116.77 | 借 | |
| 9 | 100201-9 | 银行存款\中国××银行××支行100201 | 11-26 | 0011 | 财务费用 | — | 268.00 | 348,848.77 | 借 | |
| 10 | 100201-10 | 银行存款\中国××银行××支行100201 | 11-30 | 0015 | 存入现金 | 22,500.00 | — | 371,348.77 | 借 | |
| 11 | 100201-11 | 银行存款\中国××银行××支行100201 | 11-30 | 0015 | 收到应收账款 | 15,000.00 | — | 386,348.77 | 借 | |
| 12 | 100201-12 | 银行存款\中国××银行××支行100201 | 11-30 | 0015 | 支付应付账款 | — | 50,000.00 | 336,348.77 | 借 | |

（2）制作现金流量表下拉列表备选项目的"序列"来源。

我们将在静态明细账中为每一笔账务定义现金流量表项目，为保证项目名称规范和统一，可运用"数据验证"工具制作下拉列表。操作步骤如下。

**步骤01** 事先准备一份统一制式的空白现金流量表，存放于新增工作表"2019年11月现金流量表"中→新增工作表，命名为"现金流量项目"→将空白现金流量表复制粘贴至此→删除不需要的项目。

**步骤02** 事先在B2单元格中设置公式"=" 经营 -"&TRIM(A2)"→向下填充公式至B17单元格→将B8:B12和B13:B17单元格区域公式中的字符"经营"分别批量替换为"投资"和"筹资"→清除公式→运用"定义名称"功能将B2:B17单元格区域名称定义为"现金流量项目"，效果如下图所示。

| | A | B |
|---|---|---|
| 1 | 项目 | 现金流量项目 |
| 2 | 销售产成品、商品、提供劳务收到的现金 | 经营-销售产成品、商品、提供劳务收到的现金 |
| 3 | 收到其他与经营活动有关的现金 | 经营-收到其他与经营活动有关的现金 |
| 4 | 购买原材料、商品、接受劳务支付的现金 | 经营-购买原材料、商品、接受劳务支付的现金 |
| 5 | 支付的职工薪酬 | 经营-支付的职工薪酬 |
| 6 | 支付的税费 | 经营-支付的税费 |
| 7 | 支付其他与经营活动有关的现金 | 经营-支付其他与经营活动有关的现金 |
| 8 | 收回短期投资、长期债券投资和长期股权投资收到的现金 | 投资-收回短期投资、长期债券投资和长期股权投资收到的现金 |
| 9 | 取得投资收益收到的现金 | 投资-取得投资收益收到的现金 |
| 10 | 处置固定资产、无形资产和其他非流动资产收回的现金净额 | 投资-处置固定资产、无形资产和其他非流动资产收回的现金净额 |
| 11 | 短期投资、长期债券投资和长期股权投资支付的现金 | 投资-短期投资、长期债券投资和长期股权投资支付的现金 |
| 12 | 购建固定资产、无形资产和其他非流动资产支付的现金 | 投资-购建固定资产、无形资产和其他非流动资产支付的现金 |
| 13 | 取得借款收到的现金 | 筹资-取得借款收到的现金 |
| 14 | 吸收投资者投资收到的现金 | 筹资-吸收投资者投资收到的现金 |
| 15 | 偿还借款本金支付的现金 | 筹资-偿还借款本金支付的现金 |
| 16 | 偿还借款利息支付的现金 | 筹资-偿还借款利息支付的现金 |
| 17 | 分配利润支付的现金 | 筹资-分配利润支付的现金 |

（3）定义现金流量项目。

这一步在Excel操作方面主要就是运用"数据验证"工具制作下拉列表，只需在两个明细账工作表的指定区域中，将"序列"来源设置为之前定义的名称"现金流量项目"即可。然后凭借财务人员的专业技术水平，对银行存款和库存现金明细账中的每一笔明细应归属哪一项现金流量项目做出准确判断后，在下拉列表中选择相应项目。银行存款明细账的现金流量项目定义完成后，效果如下图所示（银行存款明细账）。库存现金明细账的生成方式与之相同。

| 序号 | 科目编码组合 | 科目名称 | 日期 | 凭证号 | 摘要 | 本期发生额 借方 | 本期发生额 贷方 | 期末余额 | 余额方向 | 现金流量表项目 |
|---|---|---|---|---|---|---|---|---|---|---|
| | 100201 | 银行存款\中国××银行××支行100201 | | | 期初余额 | 353,137.57 | 发生次数 12 | | 2019年11月 | |
| | | 银行存款 | | | | 82,500.00 | 99,288.80 | 336,348.77 | 借 | |
| | | ——中国××银行××支行 | | | | - | - | 353,137.57 | 借 | |
| 1 | 100201-1 | 银行存款\中国××银行××支行100201 | 11-8 | 0001 | 缴纳10月增值税 | - | 8,426.29 | 344,711.28 | 借 | 经营-支付的税费 |
| 2 | 100201-2 | 银行存款\中国××银行××支行100201 | 11-8 | 0001 | 缴纳10月附加税 | - | 1,011.16 | 343,700.12 | 借 | 经营-支付的税费 |
| 3 | 100201-3 | 银行存款\中国××银行××支行100201 | 11-8 | 0001 | 缴纳印花税 | - | 260.44 | 343,439.68 | 借 | 经营-支付的税费 |
| 4 | 100201-4 | 银行存款\中国××银行××支行100201 | 11-8 | 0001 | 支取备用金 | - | 20,000.00 | 323,439.68 | 借 | 经营-支付其他与经营活动有关的现金 |
| 5 | 100201-5 | 银行存款\中国××银行××支行100201 | 11-12 | 0006 | 支付物业费 | - | 9,720.36 | 313,719.32 | 借 | 经营-支付其他与经营活动有关的现金 |
| 6 | 100201-6 | 银行存款\中国××银行××支行100201 | 11-18 | 0009 | 存入现金 | 22,500.00 | - | 336,219.32 | 借 | 经营-收到其他与经营活动有关的现金 |
| 7 | 100201-7 | 银行存款\中国××银行××支行100201 | 11-18 | 0009 | 缴纳五险一金 | - | 9,602.55 | 326,616.77 | 借 | 经营-支付的职工薪酬 |
| 8 | 100201-8 | 银行存款\中国××银行××支行100201 | 11-26 | 0011 | 存入现金 | 22,500.00 | - | 349,116.77 | 借 | 经营-收到其他与经营活动有关的现金 |
| 9 | 100201-9 | 银行存款\中国××银行××支行100201 | 11-26 | 0011 | 财务费用 | - | 268.00 | 348,848.77 | 借 | 经营-支付其他与经营活动有关的现金 |
| 10 | 100201-10 | 银行存款\中国××银行××支行100201 | 11-30 | 0015 | 存入现金 | 22,500.00 | - | 371,348.77 | 借 | 经营-收到其他与经营活动有关的现金 |
| 11 | 100201-11 | 银行存款\中国××银行××支行100201 | 11-30 | 0015 | 收到应收账款 | 15,000.00 | - | 386,348.77 | 借 | 经营-销售产成品、商品、提供劳务收到的现金 |
| 12 | 100201-12 | 银行存款\中国××银行××支行100201 | 11-30 | 0015 | 支付应付账款 | - | 50,000.00 | 336,348.77 | 借 | 经营-购买原材料、商品、接受劳务支付的现金 |

### 2. 编制现金流量表

编制现金流量表可根据之前定义的现金流量项目，直接在单元格中设置公式汇总银行存款明细账与现金明细账中的数据。但是，现金流量表中各项目的计算公式略有区别，并不适宜直接设置公式。例如，项目名称中包含"收到"二字，表示现金流入，应当汇总明细账中的"借方"金额。反之，包含"支付"二字，则表示现金流出，应当汇总日记账中的"贷方"金额。而且，所需数据分布在两个工作表中，同时需要区分"借方"与"贷方"金额，如果直接设置就需要嵌套多层函数公式，较为复杂，且不易于理解。因此，本小节的思路是添加辅助表格进行辅助核算，既可简化公式，也能清晰明确地呈现计算过程。操作步骤如下。

**步骤 01** 切换至"2019年11月现金流量表"→在F2:I24单元格区域绘制辅助表，设置字段名称及单元格格式。初始表格如下图所示。

| | A | B | C | D | E | F | G | H | I |
|---|---|---|---|---|---|---|---|---|---|
| 1 | ××市××有限公司现金流量表 | | | | | 2019年11月现金明细账汇总 | | | |
| 2 | 编制单位： | ××市××有限公司 | | 2019年11月 | 单位：元 | 银行存款 | | 库存现金 | |
| 3 | 项目 | | | 行次 | 本月金额 | 本年累计金额 | 借方 | 贷方 | 借方 | 贷方 |
| 4 | 一、经营活动产生的现金流量： | | | | | | | | |
| 5 | 销售产成品、商品、提供劳务收到的现金 | | | 1 | | | | | |
| 6 | 收到其他与经营活动有关的现金 | | | 2 | | | | | |
| 7 | 购买原材料、商品、接受劳务支付的现金 | | | 3 | | | | | |
| 8 | 支付的职工薪酬 | | | 4 | | | | | |
| 9 | 支付的税费 | | | 5 | | | | | |
| 10 | 支付其他与经营活动有关的现金 | | | 6 | | | | | |
| 11 | 经营活动产生的现金流量净额 | | | 7 | | | | | |
| 12 | 二、投资活动产生的现金流量： | | | | | | | | |
| 13 | 收回投资、长期债券投资和长期股权投资收到的现金 | | | 8 | | | | | |
| 14 | 取得投资收益收到的现金 | | | 9 | | | | | |
| 15 | 处置固定资产、无形资产和其他非流动资产收回的现金净额 | | | 10 | | | | | |
| 16 | 短期投资、长期债券投资和长期股权投资支付的现金 | | | 11 | | | | | |
| 17 | 购建固定资产、无形资产和其他非流动资产支付的现金 | | | 12 | | | | | |
| 18 | 投资活动产生的现金流量净额 | | | 13 | | | | | |
| 19 | 三、筹资活动产生的现金流量： | | | | | | | | |
| 20 | 取得借款收到的现金 | | | 14 | | | | | |
| 21 | 吸收投资者投资收到的现金 | | | 15 | | | | | |
| 22 | 偿还借款本金支付的现金 | | | 16 | | | | | |
| 23 | 偿还借款利息支付的现金 | | | 17 | | | | | |
| 24 | 分配利润支付的现金 | | | 18 | | | | | |
| 25 | 筹资活动产生的现金流量净额 | | | 19 | | | | | |
| 26 | 四、现金净增加额 | | | 20 | | | | | |
| 27 | 加：期初现金余额 | | | 21 | | | | | |
| 28 | 五、期末现金余额 | | | 22 | | | | | |

## Chapter 10
### 做好企业的经营成果分析——财务报表和财务指标分析

**步骤02** 分别在辅助表中的各单元格中设置公式，计算相关数据。

• F5 单元格："=SUMIF('2019年11月银行存款明细账'!$K:$K,"*"&TRIM($A5),'2019年11月银行存款明细账'!G:G)"→向右填充公式至 G5 单元格→将 F5:G5 单元格区域公式向下填充至 F6:G24 单元格区域，即可汇总银行存款明细账中所有现金流量项目的借贷双方发生额。

• H5 单元格："=SUMIF('2019年11月库存现金明细账'!$K:$K,"*"&TRIM($A5),'2019年11月库存现金明细账'!G:G)"→同样填充公式即可。

• F4 单元格："=ROUND(SUM(F5:F24),2)"→向右填充公式至 I4 单元格。公式效果如下图所示。

**步骤03** 计算现金流量表数据，只需根据会计公式设置函数公式即可。在 C27 单元格中填入 2019 年 10 月的现金余额→在 D5:D24 单元格区域中虚拟填入本年累计金额→分别在 C5:C28 单元格区域的各单元格中设置以下公式。

• C5 单元格："=ROUND(F5+H5-G5-I5,2)"→将公式复制粘贴至 C6:C10、C13:C17、C20:C24 单元格区域。

• C11 单元格："=ROUND(SUM(C5:C10),2)"，计算"经营活动产生的现金流量净额"。计算其他"现金流量净额"时同样在单元格中设置求和公式。公式效果如下图所示。

• C26 单元格："=ROUND(C11+C18+C25,2)"，计算"现金净增加额"。

• C28 单元格："=ROUND(C26+C27,2)"，计算"期末现金余额"。

将 C5:C28 单元格区域公式复制粘贴至 D5:D28 单元格区域。

| | A | B | C | D | E | F | G | H | I |
|---|---|---|---|---|---|---|---|---|---|
| 1 | ××市××有限公司现金流量表 | | | | | 2019年11月现金明细账汇总 | | | |
| 2 | 编制单位： | ××市××有限公司 | | 2019年11月 | 单位：元 | 银行存款 | | 库存现金 | |
| 3 | 项目 | 行次 | 本月金额 | 本年累计金额 | | 借方 | 贷方 | 借方 | 贷方 |
| 4 | 一、经营活动产生的现金流量： | | | | | 82,500.00 | 99,288.80 | 20,000.00 | 101,180.70 |
| 5 | 销售产成品、商品、提供劳务收到的现金 | 1 | 15,000.00 | 50,081.87 | | 15,000.00 | — | — | — |
| 6 | 收到其他与经营活动有关的现金 | 2 | 65,000.00 | 217,021.43 | | 67,500.00 | — | 20,000.00 | 22,500.00 |
| 7 | 购买原材料、商品、接受劳务支付的现金 | 3 | -50,000.00 | -83,469.78 | | — | 50,000.00 | — | — |
| 8 | 支付的职工薪酬 | 4 | -42,603.25 | -142,243.36 | | — | 9,602.55 | — | 33,000.70 |
| 9 | 支付的税费 | 5 | -9,697.89 | -49,304.36 | | — | 9,697.89 | — | — |
| 10 | 支付其他与经营活动有关的现金 | 6 | -75,668.36 | -265,700.81 | | — | 29,988.36 | — | 45,680.00 |
| 11 | 经营活动产生的现金流量净额 | 7 | -97,969.50 | -273,615.01 | | | | | |
| 12 | 二、投资活动产生的现金流量： | | | | | | | | |
| 13 | 收回短期投资、长期债券投资和长期股权投资收到的现金 | 8 | — | — | | — | — | — | — |
| 14 | 取得投资收益收到的现金 | 9 | — | 5,008.19 | | — | — | — | — |
| 15 | 处置固定资产、无形资产和其他非流动资产收回的现金净额 | 10 | — | 50,081.87 | | — | — | — | — |
| 16 | 短期投资、长期债券投资和长期股权投资支付的现金 | 11 | — | — | | — | — | — | — |
| 17 | 购建固定资产、无形资产和其他非流动资产支付的现金 | 12 | — | -400,654.95 | | — | — | — | — |
| 18 | 投资活动产生的现金流量净额 | 13 | — | -345,564.90 | | | | | |
| 19 | 三、筹资活动产生的现金流量： | | | | | | | | |
| 20 | 取得借款收到的现金 | 14 | — | — | | — | — | — | — |
| 21 | 吸收投资者投资收到的现金 | 15 | — | 333,879.13 | | — | — | — | — |
| 22 | 偿还借款本金支付的现金 | 16 | — | — | | — | — | — | — |
| 23 | 偿还借款利息支付的现金 | 17 | — | -3,338.79 | | — | — | — | — |
| 24 | 分配利润支付的现金 | 18 | — | — | | — | — | — | — |
| 25 | 筹资活动产生的现金流量净额 | 19 | — | 330,540.34 | | | | | |
| 26 | 四、现金净增加额 | 20 | -97,969.50 | -288,639.57 | | | | | |
| 27 | 加：期初现金余额 | 21 | 392,524.87 | 420,000.00 | | | | | |
| 28 | 五、期末现金余额 | 22 | 294,555.37 | 131,360.43 | | | | | |

### 3. 现金流量分析

分析现金流量数据可按照利润表的分析思路，分别对其进行趋势分析和结构分析。下面分别从现金收入和现金支出两个角度，分析二者的发展趋势和组成结构。

**步骤 01** 新建工作簿，命名为"现金流量分析"→预先准备 2015—2019 年的现金流量数据，将"现金收入"和"现金支出"数据按照"经营""投资""筹资"三项活动分别列示→插入迷你图表，如下图所示。

| | A | B | C | D | E | F | G |
|---|---|---|---|---|---|---|---|
| 1 | ××市××有限公司现金流量分析 | | | | | | |
| 2 | 一、现金收入趋势 | | | | | | |
| 3 | 项目 | 2015年 | 2016年 | 2017年 | 2018年 | 2019年 | 图表 |
| 4 | 经营活动现金收入 | 1,708,896.96 | 1,554,648.74 | 2,055,322.92 | 2,188,030.83 | 2,263,659.56 | |
| 5 | 投资活动现金收入 | 277,486.20 | 198,602.31 | 289,136.92 | 229,531.93 | 48,392.22 | |
| 6 | 筹资活动现金收入 | 326,572.54 | 729,697.31 | 762,834.69 | 462,864.45 | 474,335.20 | |
| 7 | 现金收入合计 | 2,312,955.70 | 2,482,948.36 | 3,107,294.53 | 2,880,427.21 | 2,786,386.98 | |
| 8 | 二、现金支出趋势 | | | | | | |
| 9 | 项目 | 2015年 | 2016年 | 2017年 | 2018年 | 2019年 | 图表 |
| 10 | 经营活动现金支出 | 1,575,479.20 | 1,311,104.62 | 1,479,180.75 | 1,422,484.90 | 1,828,651.43 | |
| 11 | 投资活动现金支出 | 111,083.79 | 159,519.82 | 178,052.84 | 247,135.04 | 70,488.07 | |
| 12 | 筹资活动现金支出 | 42,874.57 | 383,801.53 | 521,829.32 | 436,152.86 | 205,618.86 | |
| 13 | 现金支出合计 | 1,729,437.56 | 1,854,425.97 | 2,179,062.91 | 2,105,772.80 | 2,104,758.36 | |

> **Chapter 10**
> 做好企业的经营成果分析——财务报表和财务指标分析

**步骤02** 分别制作两个【选项按钮】和两个【复选框】窗体控件→将【选项按钮】窗体控件的名称分别命名为"现金收入"和"现金支出",并在【设置控件格式】对话框中设置【单元格链接】为 B14 单元格→将【复选框】窗体控件的名称分别命名为"趋势分析"和"结构分析",同时将【单元格链接】分别设置为 A14 和 A15 单元格,如右图所示。

**步骤03** 在 A16:F24 单元格区域绘制表格→设置字段名称和单元格格式。表格用于动态列示"现金收入"和"现金支出"的三项活动数据并计算每项"活动"所占总额的比重,也就是进行结构分析。空白单元格将全部设置函数公式。初始表格如下图所示。

**步骤04** 分别在以下单元格中设置公式,计算相关数据。

• A17 单元格:"=IF(AND($B$14=1,$A$14=TRUE),A4&" 趋势 ",IF(AND($B$14=2,$A$14=TRUE),A10&" 趋势 ",""))",根据控件所链接的单元格中数值变化,返回不同字符→向下填充公式至 A18:A19 单元格区域。

• B17 单元格:"=IFERROR(VLOOKUP(LEFT($A17,8),$A$4:$F$12, MATCH(B$16,$3:$3,0),0),"")",引用 2015 年的"现金收入"或"现金支出"数据→将公式复制粘贴至 C17:F17 和 B18:F19 单元格区域。

• B20 单元格:"=ROUND(SUM(B17:B19),2)",汇总 2015 年数据→向右填充公式至 C20:F20 单元格区域。

• A21 单元格:"=IF(AND($A$15=TRUE,$B$14=1),A4&" 结构 ",IF(AND($A$15=TRUE,$B$14=2),A10&" 结构 ",""))"→向下填充公式至 A22:A23 单元格区域。公式原理与 A17 单元格公式相同。

• B21 单元格:"=IF(A21="","",IFERROR(ROUND(IF($B$14=1,B4/B$7,B10/B$13),4),""))",计算各项现金收入或现金支出与总额的占比→将公式复制粘贴至 C21:F21 和 B22:F23 单元格区域。

将 B20:F20 单元格区域的求和公式复制粘贴至 B24:F24 单元格区域。由于占比的合计数必然为 100%,因此这里可不必将 ROUND 函数的第 2 个参数(小数位数)修改为 4。

• B15 单元格:"=""××市××有限公司现金 "&IF(B14=1," 收入 "," 支出 ")&" 分析 """,设

置动态标题。公式效果如下图所示。

> **步骤05** 制作动态图表。选择 A16:F19 和 A21:F23 单元格区域→插入组合图表，分别使用折线图和堆积柱形图呈现趋势分析和结构分析数据→将图表标题链接至 B15 单元格→设计图表样式→将四个控件移至图表区域内重新排列，效果如下图所示。

上图图表中同时选中了"趋势分析"和"结构分析"复选框，即同时呈现两个分析结果，下面操作控件单独呈现两种分析结果，可充分验证动态分析表中公式是否准确无误，以及动态图表是否按照动态分析表中的数据变化而正确呈现相关分析结果。

> **步骤06** 在图表中添加"数据表"元素→取消"图例"元素，便于同时观察数据和图形的动态变化。

① 单击"现金收入"选项按钮，仅选中"趋势分析"复选框，可看到图表仅呈现"现金收入"的趋势分析数据，如左下图所示→选中"结构分析"复选框并取消选中"趋势分析"复选框后，效果如右下图所示。

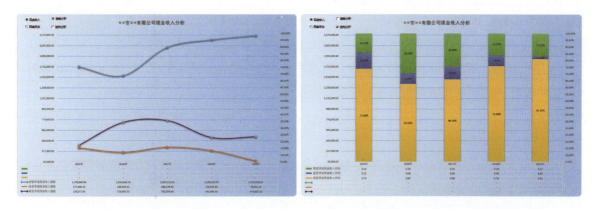

② 单击"现金支出"选项按钮，按照第一步方法分别选中"趋势分析"和"结构分析"复选框。动态变化效果如左下图和右下图所示。

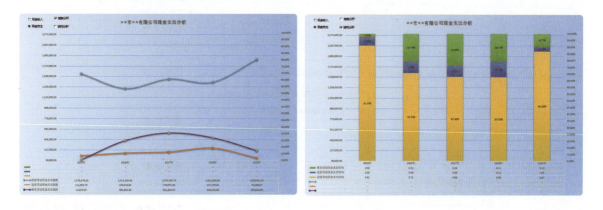

### 高手自测 29 >

现金流量表中，当借方合计金额小于贷方合计金额时（即现金支出大于现金收入），计算结果为负数，但是对外报送时，涉及"收到"和"支付"现金的项目金额一般不允许呈现负数，能否运用 ABS 函数将负数转换为正数？如果不能，请说明原因并使用正确方法进行调整。

## 10.2 财务指标计算与分析

如前所述，财务指标是企业对财务状况和经营成果进行总结和评价的相对指标，通过计算和分析，综合评价和衡量企业的偿债能力、营运能力、盈利能力、发展能力等。每种"能力"中都包含了多个具体的财务指标，发挥着不同的评价作用。因此，本节的学习重点是各种财务指标的基本概念和作用，以及每个指标的会计计算公式。财务人员只要充分理解并掌握了以上内容，那么运用

Excel 计算财务指标时就只需根据会计计算公式设置函数公式即可自动计算结果。下面分别介绍四种"能力"中各种财务指标的相关知识点和运用 Excel 高效计算指标值的具体方法。

由于计算指标需要从财务报表中取数，因此本节依然在"财务报表管理"工作簿中新增表格，以 2019 年 11 月的财务报表数据为基数计算财务指标。

## 10.2.1 偿债能力分析

偿债能力是指企业对债务清偿的承受能力或保证程度，是企业综合财务能力的重要组成部分和经济效益持续增长的稳健性保证。由于企业的偿债能力直接受企业负债的内容和偿债所需资产内容的影响，而企业负债分为流动负债和长期负债，资产分为流动资产和长期资产，因此对于偿债能力，也同样分为短期偿债能力分析和长期偿债能力分析，各自包含的具体指标如下图所示。

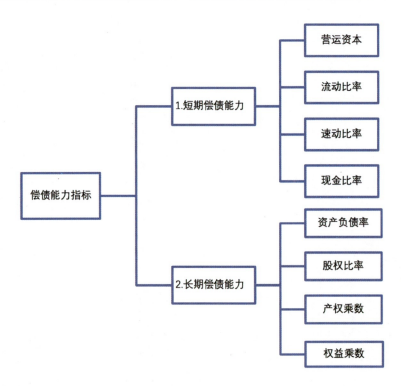

### 1. 短期偿债能力分析

短期偿债能力是指企业偿还流动负债的能力，即企业对短期债权或其承担的短期债务的保障程度。分析短期偿债能力无论对于企业的短期债权人和长期债权人，还是企业的股东或员工、管理者和供应商而言，都有着非常重要的影响和意义。

（1）具体指标和计算公式。

短期偿债能力的主要影响因素是流动资产和流动负债之间的关系，具体财务指标包括营运资本、流动比率、速动比率和现金比率，各指标的基本概念和作用如下图所示。

## Chapter 10
### 做好企业的经营成果分析——财务报表和财务指标分析

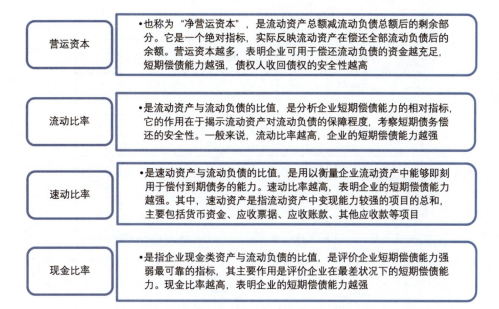

根据上面对各种短期偿债能力指标概念和作用的介绍，就不难理解计算指标的公式含义了，如下图所示。

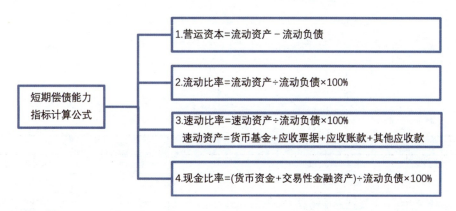

（2）计算指标值。

运用 Excel 计算短期偿债能力指标非常简单，根据资产负债表中涉及指标项目的数据套用会计计算公式设置函数公式即可。但需要注意的是，由于指标计算公式较多，不便于记忆，而且项目之间的钩稽关系错综复杂，容易混淆，因此可在表格中设置"会计计算公式"字段，预先输入会计计算公式，然后可对照设置函数公式，也可方便财务人员随时查阅各指标的计算公式。操作步骤如下。

**步骤01** 在"财务报表管理"工作簿中新增工作表，命名为"2019年11月偿债能力分析"→绘制表格，预留计算长期偿债能力的单元格区域→设置字段和指标名称及单元格格式→在 A1 单元格中输入字符"2019年11月"→将 A1 单元格的格式自定义为"××市×× 有限公司 @ 偿债能力分析"→设置短期偿债能力会计计算公式。初始表格如下图所示。

383

| | A | B | C | D |
|---|---|---|---|---|
| 1 | ××市××有限公司2019年11月偿债能力分析 | | | |
| 2 | | 指标 | 指标值 | 会计公式 |
| 3 | 短期偿债能力 | 营运资本 | | |
| 4 | | 流动比率 | | |
| 5 | | 速动比率 | | |
| 6 | | 现金比率 | | |
| 7 | 长期偿债能力 | 资产负债率 | | |
| 8 | | 股权比率 | | |
| 9 | | 产权比率 | | |
| 10 | | 权益乘数 | | |

**步骤02** 添加辅助表引用"资产负债表"期末余额，以简化指标计算公式。在计算表右侧的F2:I9单元格区域绘制辅助表，设置计算指标所需项目名称（必须与资产负债表中项目名称完全相同）及单元格格式→分别在G3和I3单元格中设置以下公式。

• G3单元格："=VLOOKUP("*"&F3&"*",INDIRECT($A$1&"资产负债表!A:C"),3,0)"，引用资产负债表中"货币资金"项目的期末余额→将公式复制粘贴至G4:G9单元格区域。

• I3单元格："=VLOOKUP("*"&H3&"*",INDIRECT($A$1&"资产负债表!D:F"),3,0)"，引用资产负债表中"短期借款"项目的期末余额→将公式复制粘贴至I4:I9单元格区域。公式效果如下图所示。

| | A | B | C | D | E | F | G | H | I |
|---|---|---|---|---|---|---|---|---|---|
| 1 | ××市××有限公司2019年11月偿债能力分析 | | | | | 偿债能力资产负债表数据 | | | |
| 2 | | 指标 | 指标值 | 会计公式 | | 资产 | 期末余额 | 负债及所有者权益 | 期末余额 |
| 3 | 短期偿债能力 | 营运资本 | | 营运资本=流动资产-流动负债 | | 货币资金 | 279,755.23 | 短期借款 | - |
| 4 | | 流动比率 | | 流动比率=流动资产÷流动负债×100% | | 交易性金融资产 | - | 交易性金融负债 | - |
| 5 | | 速动比率 | | 速动比率=速动资产÷流动负债×100%<br>速动资产=货币资金+应收票据+应收账款+其他应收款 | | 应收账款 | 1,733,271.31 | 应付账款 | 1,419,212.76 |
| 6 | | 现金比率 | | 现金比率=(货币资金+交易性金融资产)÷流动负债×100% | | 其他应收款 | 50,000.00 | 流动负债合计 | 1,451,763.78 |
| 7 | 长期偿债能力 | 资产负债率 | | | | 流动资产合计 | 2,607,626.41 | 非流动负债合计 | |
| 8 | | 股权比率 | | | | 非流动资产合计 | 130,800.00 | 所有者权益（或股东权益）合计 | 1,286,662.63 |
| 9 | | 产权比率 | | | | 资产总计 | 2,738,426.41 | 负债和所有者权益（或股东权益）总计 | 2738426.41 |
| 10 | | 权益乘数 | | | | | | | |

**步骤03** 计算指标值。根据会计计算公式在以下单元格中设置公式计算指标值。

• C3单元格："=ROUND(G7-I6,2)"，计算营运资本。

• C4单元格："=ROUND(G7/I6,4)"，计算流动比率。

• C5单元格："=ROUND(SUM(G3:G6)/I6,4)"，计算速动比率。

• C6单元格："=ROUND((G3+G4)/I6,4)"，计算现金比率。公式效果如下图所示。

# Chapter 10
### 做好企业的经营成果分析——财务报表和财务指标分析

**专家点拨**

虽然指标计算公式各不相同,无法批量填充,但是资产负债表格式和计算指标的公式均是固定不变的,因此仅需首次进行逐一设置,表格制作完成后可将其作为模板,在计算其他月份的偿债能力指标时直接复制粘贴模板并修改 A1 单元格中的年月数,即可自动改变辅助表公式中所引用的资产负债表数据。

| | 指标 | 指标值 | 会计公式 | | 资产 | 期末余额 | 负债及所有者权益 | 期末余额 |
|---|---|---|---|---|---|---|---|---|
| | | | ××市××有限公司2019年11月偿债能力分析 | | | 偿债能力资产负债表数据 | | |
| 短期偿债能力 | 营运资本 | 1,155,862.63 | 营运资本=流动资产-流动负债 | | 货币资金 | 279,755.23 | 短期借款 | - |
| | 流动比率 | 179.62% | 流动比率=流动资产÷流动负债×100% | | 交易性金融资产 | - | 交易性金融负债 | - |
| | 速动比率 | 142.10% | 速动比率=速动资产÷流动负债×100% 速动资产=货币资金+应收票据+应收账款+其他应收款 | | 应收账款 | 1,733,271.31 | 应付账款 | 1,419,212.76 |
| | 现金比率 | 19.27% | 现金比率=(货币资金+交易性金融资产)÷流动负债×100% | | 其他应收款 | 50,000.00 | 流动负债合计 | 1,451,763.78 |
| 长期偿债能力 | 资产负债率 | | | | 流动资产合计 | 2,607,626.41 | 非流动负债合计 | |
| | 股权比率 | | | | 非流动资产合计 | 130,800.00 | 所有者权益(或股东权益)合计 | 1,286,662.63 |
| | 产权比率 | | | | 资产总计 | 2,738,426.41 | 负债和所有者权益(或股东权益)总计 | 2738426.41 |
| | 权益乘数 | | | | | | | |

## 2. 长期偿债能力分析

长期偿债能力是指企业偿还长期负债的能力。企业的长期负债是指偿还期在一年或超过一年的一个营业周期以上的债务,一般数额较大,主要包括长期借款、应付债券、长期应付款三项内容。

(1) 具体指标和计算公式。

影响企业长期偿债能力的因素主要有企业的盈利能力、资本结构及企业长期资产的保值程度等。其分析指标主要包括资产负债率、股权比率、产权比率、权益乘数等。各指标的基本概念和作用如下图所示。

- **资产负债率**:是负债总额与资产总额的比值,即资产总额中有多大比例是通过负债筹资而形成的。它揭示了资产与负债的依存关系,即资产偿还负债的保障程度。资产负债率越高,表明资产对负债的保障程度越低,财务风险越大

- **股权比率**:是企业的所有者权益总额与资产总额的比值。它反映了企业全部资金中,由所有者提供资金的比例。企业的股权比率越高,资产负债率就越低,表明所有者投入的资金比例越大,对负债的保障程度也就越高,财务风险越小

- **产权比率**:也称为"负债与所有者权益比率",是负债总额与所有者权益总额之间的比率。它直接反映负债与所有者权益之间的关系。产权比率越低,表明企业的长期偿债能力越强,债权人权益保障程度越高

- **权益乘数**:也称为"权益总资产率",是指资产总额与所有者权益总额之间的比率,它实际反映企业资产总额是所有者权益的多少倍。比率越大,表明所有者投入的资本在资产总额中所占比重越小,对负债经营利用得越充分,但是长期偿债能力越弱

分析上述长期偿债能力指标的计算公式如下图所示。

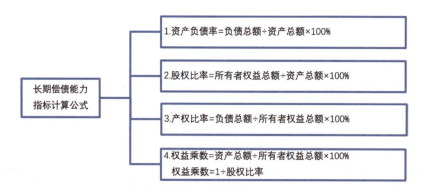

（2）计算指标值。

计算长期偿债能力的指标值时，所需资产负债表中的数据已经被引用至辅助表中，下面设置会计计算公式，并直接设置函数公式即可。操作步骤如下。

**步骤** 在 D3:D10 单元格区域设置各指标值的会计计算公式→分别在 C7:C10 单元格区域的各单元格中设置公式，计算指标值。

- C7 单元格："=ROUND((I6+I7)/G7,4)"，计算资产负债率。
- C8 单元格："=ROUND(I8/G9,4)"，计算股权比率。
- C9 单元格："=ROUND((I6+I7)/I8,4)"，计算产权比率。
- C10 单元格："=ROUND(1/C8,2)"，计算权益乘数。公式效果如下图所示。

## 10.2.2 营运能力分析

企业的营运能力主要是指企业运营资产的效率与效益，也就是企业运用各项资产以赚取利润的能力。企业运营资产的效率即资产的周转率或周转速度，企业运营资产的效益通常是指企业的产出量与资产占用量之间的比率。因此，对企业的营运能力分析就是对资产周转速度（周转率和周转期）进行分析。其中，周转率也称为周转次数，代表一定时间期内资产完成的循环次数。周转期又称为周转天数,代表资产完成一次循环所需要的天数。

营运能力分析主要包括流动资产营运能力分析、固定资产营运能力分析和总资产营运能力分析。具体指标如下图所示。

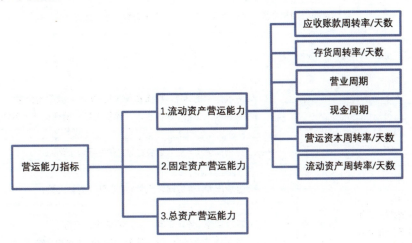

## 1. 流动资产营运能力分析

流动资产是指可以在一年内或超过一年的一个营业周期内变现或运用的资产,包括货币资金、存货、应收款项、预付款项、短期投资等。流动资产最显著的特点是周转速度快、变现能力强,企业可以通过对流动资产周转情况的分析了解管理层对流动资金的利用效率及运用流动资金的能力。

（1）具体指标和计算公式。

流动资产营运能力的具体财务指标及基本概念、作用如下图所示。

|  |  |
|---|---|
| 应收账款周转率/天数 | • 是指赊销收入净额与应收账款平均余额的比值。其中,赊销收入是指暂未收到货款的主营业务收入。赊销收入净额是赊销收入减去赊销退回、赊销折让和赊销折扣等项目后的净额。应收账款周转率越高,表明应收账款的流动性越强,则营运能力越强 |
| 存货周转率/天数 | • 是一定时期内企业销货或主营业务成本与存货平均余额的比值,是反映企业销售能力和存货周转速度的重要指标,同时也是衡量企业生产经营环节中运货运营效率的综合性指标 |
| 营业周期 | • 是指从外购商品或接受劳务从而承担付款义务开始,到收回因销售商品或提供劳务并收取现金之间的时间间隔。营业周期越短,表明企业完成一次营业活动所需时间越短,流动资产流动越快,资金回笼越迅速,企业的营运能力也就越强 |
| 现金周期 | • 是指衡量企业从置备存货支出现金到销售货款收回现金所需的时间。现金周期越短,表明企业的资金回收越快 |
| 营运资本周转率/天数 | • 是指企业一定时期内,产品或商品的销售净额与平均营运资本之间的比率,即营运资本的运用效率,反映每投入一元营运资本所能获得的销售收入及一年内营运资本的周转次数。营运资本周转率越高,表明其运用率越高,营运能力也就越强 |
| 流动资产周转率/天数 | • 是指企业一定时期的主营业务收入与流动资产平均余额之间的比率,是反映流动资产总体周转情况的综合性指标 |

计算营运能力指标时,将频繁使用到两个项目,即"平均余额"和"周转天数",通用计算公式如下图所示。

平均余额=(期初余额+期末余额)÷2    周转天数=360÷周转率

流动资产营运能力的各项指标及相关数据的计算公式如下图所示。

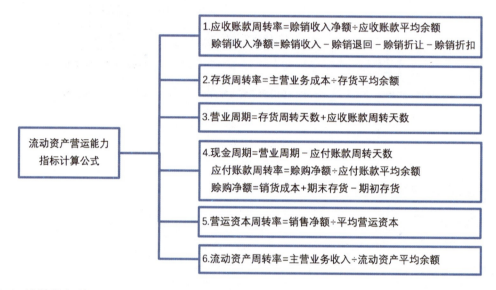

（2）计算指标值。

运用 Excel 计算营运能力指标同样按照会计公式设置函数公式即可。但需要注意的是,实务中,营运能力指标一般以一个会计年度的数据为基数进行计算和分析,因此这里预先虚拟录入计算指标所需项目的 2019 年全年数据。操作步骤如下。

**步骤01** 在"财务报表管理"工作簿中新增工作表,命名为"2019年营运能力分析"→绘制表格,设置字段名称及单元格格式,预留计算固定资产和总资产营运能力的单元格区域→录入流动资产营运能力指标的会计计算公式→添加辅助表,虚拟设置计算指标所需项目的 2019 年年初余额和 2019 年全年期末余额,并预先计算平均余额。注意"主营业务收入"和"主营业务成本"直接输入全年累计数即可。初始表格如下图所示。

**步骤02** 分别在 C3:C8 单元格区域的各单元格中设置公式，计算流动资产营运能力的指标值。

• C3 单元格："=ROUND(K3/I3,2)&"/"&ROUND(360/(K3/I3),0)&" 天 ""，计算应收账款周转率和周转天数，并运用文本运算符"&"将计算结果和字符连接。

• C4 单元格："=ROUND(K4/I4,2)&"/"&ROUND(360/(K4/I4),0)&" 天 ""，计算存货周转率和周转天数。公式含义与 C3 单元格公式相同。

• C5 单元格："=360/LEFT(C3,3)+360/LEFT(C4,4)"，计算营业周期。

• C6 单元格："=ROUND(C5-(360/((K4+H4-G4)/I8)),0)"，计算现金周期。

• C7 单元格："=ROUND(K3/I10,2)"，计算营运资本周转率。

• C8 单元格："=ROUND(K3/I5,2)"，计算流动资产周转率。公式效果如下图所示。

## 2. 固定资产和总资产营运能力分析

固定资产是在企业总资产中占有较大比重的一类重要资产，因此分析固定资产的营运能力对企业的生产经营及发展至关重要。

总资产是企业拥有或控制的能以货币计量，并且预期能够给企业带来经济利益的经济资源。

对固定资产和总资产营运能力的分析仍然通过周转率和周转天数两个指标进行，其会计计算公式如右图所示。

> 固定资产周转率=主营业务收入÷固定资产平均余额
> 固定资产周转天数=360÷固定资产周转率
> =固定资产平均余额×360÷主营业务收入

> 总资产周转率=主营业务收入÷平均资产总额
> 总资产周转天数=360÷总资产周转率
> =平均资产总额×360÷主营业务收入

下面依然在"2019 年营运能力分析"工作表预留的单元格中设置公式，计算固定资产和总资产营运能力的指标值。

• C9 单元格："=ROUND(K$3/I6,2)&"/"&ROUND(360/(K3/I6),0)&" 天 ""，计算 2019 年固定资产周转率和周转天数。

• C10 单元格："=ROUND($K3/I7,2)&"/"&ROUND(360/(K4/I7),0)&" 天 ""，计算 2019 年总资产周转率和周转天数。公式效果如下图所示。

| | A | B | C | D | E | F | G | H | I | J | K |
|---|---|---|---|---|---|---|---|---|---|---|---|
| 1 | | ××市××有限公司2019年营运能力分析 | | | | 运营能力分析项目 | | | | | |
| 2 | | 指标 | 指标值 | 指标计算公式 | | 项目 | 年初余额 | 期末余额 | 平均余额 | 项目 | 全年累计 |
| 3 | 流动资产营运能力 | 应收账款周转率/天数 | 3.07/117天 | 应收账款周转率=赊销收入净额÷应收账款平均余额 | | 应收账款 | 1,330,387.31 | 1,995,582.15 | 1,662,984.73 | 主营业务收入 | 5,112,710.76 |
| 4 | | 存货周转率/天数 | 3.37/107天 | 存货周转率=主营业务成本÷存货平均余额 | | 存货 | 1,134,492.30 | 1,564,578.59 | 1,349,535.45 | 主营业务成本 | 4,553,866.22 |
| 5 | | 营业周期 | 227天 | 营业周期=存货周转天数+应收账款周转天数 | | 固定资产净值 | 3,786,090.10 | 3,969,264.86 | 3,877,677.48 | | |
| 6 | | 现金周期 | 106 | 现金周期=营业周期-应付账款周转天数<br>应付账款周转率=赊购净额÷应付账款平均余额<br>赊购净额=销售成本+期末存货-期初存货 | | 流动资产合计 | 994,266.17 | 508,929.46 | 751,597.82 | | |
| 7 | | 营运资本周转率 | 22.81 | 营运资本周转率=销售净额÷平均营运资本 | | 资产总计 | 1,833,508.63 | 1,952,645.91 | 1,893,077.27 | | |
| 8 | | 流动资产周转率 | 1.32 | 流动资产周转率=主营业务收入÷流动资产平均余额 | | 应付账款 | 1,629,988.33 | 1,716,858.47 | 1,673,423.40 | | |
| 9 | 固定资产营运能力 | 固定资产周转率/天数 | 6.8/53天 | 固定资产周转率=主营业务收入÷固定资产平均余额 | | 流动负债合计 | 707,220.97 | 347,741.14 | 527,481.06 | | |
| 10 | 总资产营运能力 | 总资产周转率/天数 | 2.7/150天 | 总资产周转率=主营业务收入÷平均资产总额 | | 营运资本 | 287,045.21 | 161,188.32 | 224,116.77 | | |

## 10.2.3 盈利能力分析

盈利能力也称为企业的资产或资本增值能力，是指企业获取利润的能力，它是企业持续经营和长足发展的保证。因此，对于盈利能力的分析也是企业财务分析的一项重要内容。

实务中，影响企业的盈利能力包括多种因素，如企业的规模（投入的资金）、销售状况、股本（上市公司）、税收政策等。本小节主要根据前面示例文件中的相关数据，介绍分析与投资相关的盈利能力指标的方法。

### 1. 具体指标及计算公式

如前所述，企业获取利润的能力与其规模和投入的资金有关。企业在经营活动中产生的销售收入及最终取得的利润，均是以一定规模的原始投资为基础，所以获得的利润多少与投资额密切相关。因此，对于企业的盈利能力，可以通过总资产收益率、净资产收益率、流动资产收益率、固定资产收益率等指标进行分析。上述指标的基本概念和作用如下图所示。

**总资产收益率**
- 也称为"资产利润率"，是指企业净利润与总资产平均额的比率。它反映了全部资产的收益率

**净资产收益率**
- 也称为"所有者权益（或股东权益）收益率"，是企业净利润与其平均净资产之间的比值，反映股东投入的资金所获得的收益率。此项指标有两种含义和计算方法。一是"全面摊薄净资产收益率"，强调年末状况，反映期末单位净资产对经营净利润的分享；二是"加权平均净资产收益率"，强调经营期间净资产获取利润的结果，反映经营者在经营期间利用企业净资产为企业创造了多少利润

**流动资产收益率**
- 是企业净利润与流动资产平均余额的比率，反映企业在生产经营过程中，利用流动资产实现的利润

**固定资产收益率**
- 是企业净利润与固定资产平均余额的比率。固定资产平均净额是指固定资产原值减去累计折旧后的净值，因此这一指标可反映固定资产的实际价值和固定资产实现的利润

## Chapter 10
做好企业的经营成果分析——财务报表和财务指标分析

以上与投资相关的盈利能力指标的会计计算公式如下图所示。

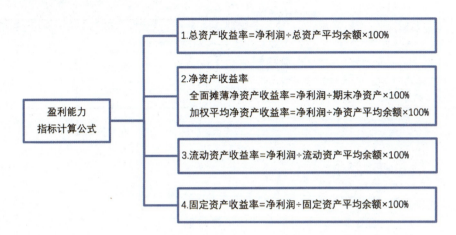

### 2. 计算指标值

在 Excel 中计算企业盈利能力的指标值也非常简单，只需要准备好相关数据，再根据以上会计计算公式设置简单的函数公式即可。操作步骤如下。

**步骤01** 在"财务报表管理"工作表中新增工作表（或新建工作簿），命名为"2019年盈利能力分析"→绘制表格，并设置单元格格式→录入指标计算公式→添加辅助表，设置虚拟的相关项目 2019 年全年数据，并计算平均余额。初始表格如下图所示。

**步骤02** 分别在 C3:C7 单元格区域的各单元格中设置公式，计算指标值。

- C3 单元格："=ROUND(K5/I5,4)"，计算总资产收益率。
- C4 单元格："=ROUND(K5/(H5-H6),4)"，计算全面摊薄净资产收益率。
- C5 单元格："=ROUND(K5/(I5-I6),4)"，计算加权平均资产收益率。
- C6 单元格："=ROUND(K5/I4,4)"，计算流动资产收益率。
- C7 单元格："=ROUND(ROUND(K5/I3,4),4)"，计算固定资产收益率。公式效果如下图所示。

| | A | B | C | D | E | F | G | H | I | J | K |
|---|---|---|---|---|---|---|---|---|---|---|---|
| 1 | | | ××市××有限公司2019年盈利能力分析 | | | | 盈利能力分析项目 | | | | |
| 2 | 项目 | | 指标值 | 指标计算公式 | | 项目 | 年初余额 | 期末余额 | 平均余额 | 项目 | 全年累计 |
| 3 | 总资产收益率 | | 9.56% | 总资产收益率=净利润÷总资产平均余额×100% | | 固定资产净值 | 3,786,090.10 | 3,969,264.86 | 3,877,677.48 | 主营业务收入 | 5,112,710.76 |
| 4 | 净资产收益率 | 全面摊薄 | 45.78% | 全面摊薄净资产收益率=净利润÷期末净资产×100% | | 流动资产合计 | 994,266.17 | 508,929.46 | 751,597.82 | 主营业务成本 | 4,553,866.22 |
| 5 | | 加权平均 | 27.64% | 加权平均净资产收益率=净利润÷净资产平均余额×100% | | 资产总计 | 1,833,508.63 | 1,952,645.91 | 1,893,077.27 | 净利润 | 181,006.40 |
| 6 | 流动资产收益率 | | 24.08% | 流动资产收益率=净利润÷流动资产平均余额×100% | | 负债总额 | 919,282.98 | 1,557,260.80 | 1,238,271.89 | — | — |
| 7 | 固定资产收益率 | | 4.67% | 固定资产收益率=净利润÷固定资产平均余额×100% | | | | | | | |

## 10.2.4 发展能力分析

企业的发展能力，是指企业通过自身的生产经营活动，不断成长、扩大积累而形成的发展潜能。企业的发展能力是直接影响企业财务管理目标实现的一个重要因素，其衡量的核心是企业价值的增长率。因此，对发展能力进行系统的分析更是财务工作中的一个重点。

企业的发展能力受多方面因素影响，主要包括政策环境、主营业务、经营能力、企业管理制度、行业环境、财务状况等。在以上因素中，财务状况是由企业过去的经营决策和经营活动而产生的结果，以经营能力为主的其他因素则是影响企业未来财务状况的动因。因此，对于企业的发展能力可从发展动因和发展结果，即经营发展能力和财务发展能力两个层面进行分析，而分析这两种"能力"具体需要用到的指标如下图所示。

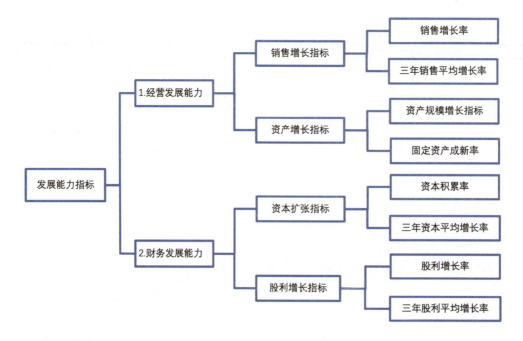

### 1. 经营发展能力分析

企业价值的增长主要源自企业正常的生产经营活动，那么分析企业的经营发展能力首要分析企业的销售增长能力。同时,企业开展生产经营活动、实现价值增长必须要拥有以一定的资产作为取得收入和偿还债务的基础。资产总量的不断增长,能够充分体现企业的发展,并且为其持续发展提供动力。因此,分析企业经营发展能力,也要关注并分析资产规模的增长。

(1) 具体指标和计算公式。

如前所述,对于企业经营发展能力,应从销售增长和资产增长两个方面进行分析,具体来说,就是通过销售增长和资产增长两类指标来衡量企业的经营发展能力。其中,销售增长指标包括销售增长率和三年销售平均增长率,资产增长指标包括资产规模增长指标(总资产增长率和三年总资产平均增长率)和固定资产成新率。各指标的基本概念和作用如下图所示。

|  |  |
| --- | --- |
| 销售增长率 | 是指企业本年销售(营业)收入增长额与上年销售(营业)收入总额的比率,反映了企业销售(营业)收入的增减变动情况,是评价企业发展状况和发展能力的重要指标 |
| 三年销售(营业)平均增长率 | 是指本年年末销售(营业)收入总额与三年前年末销售(营业)收入总额的比率的平均值,反映企业销售(营业)收入连续三年的增长趋势和稳定程度,能够较好地体现企业的发展状况和发展能力 |
| 总资产增长率 | 是指本年总资产增长额与本年初(即上年末)资产总额的比率。它是从企业资产总量扩张方面衡量企业的发展能力,体现企业规模增长水平对企业发展的影响 |
| 三年总资产平均增长率 | 是指本年年末资产总额与三年前年末资产总额的比率的平均值,其作用与三年销售(营业)平均增长率相似 |
| 固定资产成新率 | 是指企业当期平均固定资产净值与平均固定资产原值的比率。它反映的是企业拥有的固定资产的新旧程度,体现了固定资产更新速度和持续发展能力 |

以上经营发展能力指标的会计计算公式如下图所示。

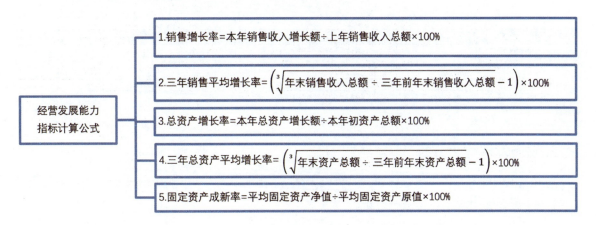

经营发展能力指标计算公式:

1. 销售增长率 = 本年销售收入增长额 ÷ 上年销售收入总额 × 100%
2. 三年销售平均增长率 = $\left(\sqrt[3]{\text{年末销售收入总额} \div \text{三年前年末销售收入总额}} - 1\right) \times 100\%$
3. 总资产增长率 = 本年总资产增长额 ÷ 本年初资产总额 × 100%
4. 三年总资产平均增长率 = $\left(\sqrt[3]{\text{年末资产总额} \div \text{三年前年末资产总额}} - 1\right) \times 100\%$
5. 固定资产成新率 = 平均固定资产净值 ÷ 平均固定资产原值 × 100%

(2) 计算指标值。

下面依然在"财务报表管理"工作簿中绘制表格计算经营发展能力的指标值。操作步骤如下。

**步骤01** 新增工作表，命名为"2019年发展能力分析"→绘制表格（包括辅助表），设置单元格格式→预先录入指标计算公式及计算指标值所需的相关数据。初始表格如下图所示。

**步骤02** 分别在以下单元格中设置公式，计算指标值。

- I5 单元格："=ROUND((H5-H4)/H4,4)"→将公式复制粘贴至 I6:I7 和 K5:K7 单元格区域，计算销售收入和总资产的增长率。

- M10 单元格："=ROUND(AVERAGE(M4,M7),2)"→向右填充公式至 N10 单元格，计算 2019 年固定资产原值和净值的平均值。公式表达式中 AVERAGE 函数的作用即计算平均值。

- D4 单元格："=I7"，直接引用 I7 单元格中的 2019 年销售增长率。

- D5 单元格："=ROUND(POWER(H7/H4,1/3)-1,4)"，计算三年销售平均增长率。公式表达式中 POWER 函数的作用是返回指定数字的乘幂，它的第 1 个参数即指定的数字，如果第 2 个参数为整数，代表计算乘幂；如果第 2 个参数为分数，则代表计算根数。如本例，第 2 个参数为"1/3"，即计算"H7/H4"的值的立方根数。

- D6 单元格："=K7"，引用 K7 单元格中的 2019 年总资产增长率。

- D7 单元格："=ROUND(POWER(J7/J4,1/3)-1,4)"，计算三年总资产平均增长率

- D8 单元格："=ROUND(N10/M10,4)"，计算固定资产成新率。公式效果如下图所示。

## 2. 财务发展能力分析

企业发展的结果具体体现在利润、股利和净资产的增长，因此对于企业的财务发展能力可通过资产扩张指标和股利增长指标进行分析。

（1）具体指标和计算公式。

分析企业财务发展能力的上述两个指标中,资本扩张指标包括资本积累率和三年资本平均增长率,而股利增长指标包括股利增长率和三年股利平均增长率。各指标的基本概念和作用如下图所示。

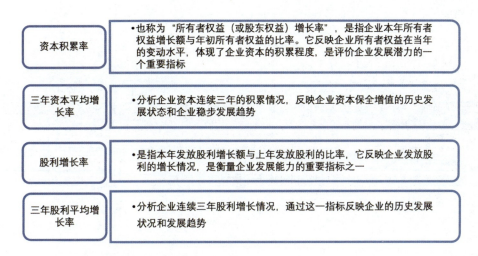

以上财务发展能力指标的会计计算公式如下图所示。

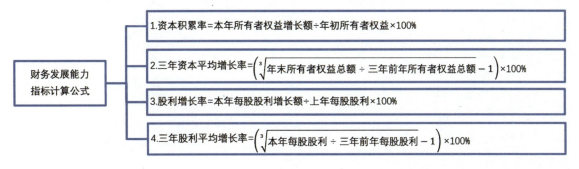

(2)计算指标值。

下面在"2019年发展能力分析"工作表中绘制表格计算经营发展能力的指标值。

**步骤01** 在工作表空白区域绘制表格和辅助表,设置单元格格式→录入指标计算公式→准备计算指标所需数据,预先计算2017—2019年的所有者权益和每股股利增长率。初始表格如下图所示。

| A | B | C | D | E | F | G | H | I | J | K |
|---|---|---|---|---|---|---|---|---|---|---|
| | ××市××有限公司2019年发展能力分析 | | | | | 2016-2019年所有者权益及股利明细表 | | | | |
| | 财务发展能力分析指标 | | 指标值 | 指标计算公式 | | 年份 | 所有者权益 | | 股利 | |
| | | | | | | | 总额 | 增长率 | 每股股利(元) | 增长率 |
| 一、资本扩张指标 | 1.资本积累率 | | | =本年所有者权益增长额÷年初所有者权益×100% | | 2016年末 | 358148.15 | — | 0.23 | — |
| | 2.三年资本平均增长率 | | | =(³√末所有者权益总额÷三年前所有者权益总额−1)×100% | | 2017年末 | 384637.50 | 7.40% | 0.26 | 13.04% |
| 二、股利增长指标 | 1.股利增长率 | | | =本年每股股利增长额÷上年每股股利×100% | | 2018年末 | 404214.58 | 5.09% | 0.29 | 11.54% |
| | 2.三年股利平均增长率 | | | =(³√本年每股股利÷三年前每股股利−1)×100% | | 2019年末 | 433686.64 | 7.29% | 0.31 | 6.90% |

**步骤02** 分别在 D14:D17 单元格区域的各单元格中设置公式,计算指标值。

- D14 单元格："=I17"，直接引用 I17 单元格中的 2019 年所有者权益增长率。
- D15 单元格："=ROUND(POWER(H17/H14,1/3)-1,4)"，计算三年资本平均增长率。
- D16 单元格："=ROUND(J17/J16-1,4)"，计算股利增长率。
- D17 单元格："=ROUND(POWER(J17/J14,1/3)-1,4)"，计算三年股利平均增长率。公式效果如下图所示。